H. NORMAN
SCHWARZKOPF

Man muß kein Held sein

H. NORMAN
SCHWARZKOPF

Man muß kein Held sein

DIE AUTOBIOGRAPHIE

In Zusammenarbeit
mit Peter Petre

Aus dem Amerikanischen von
Hans-Jürgen Baron von Koskull
und Stephen Tree

C. Bertelsmann

Die Originalausgabe erschien 1992
unter dem Titel »It doesn't take a hero«
bei Bantam Books, New York

Umwelthinweis:
Dieses Buch und der Schutzumschlag
wurden auf chlorfrei gebleichtem Papier gedruckt.
Die Einschrumpffolie (zum Schutz vor Verschmutzung) ist aus
umweltfreundlicher und recyclingfähiger PE-Folie.

1. Auflage

Umschlaggestaltung: Manfred Waller unter Verwendung
von Fotos von People Weekly/William Campell (Titelbild)
und Michael A. Gorenflo (Rückseite).
Satz: Uhl + Massopust, Aalen
Druck und Bindung: Wiener Verlag
Printed in Austria
ISBN 3-570-01594-7

Für meine Familie
und meine Soldaten

Vorwort

Fast wäre dieses Buch nicht geschrieben worden. Im Jahr 1991, am Tag der Siegesparade für den Golfkrieg, die in Washington, D.C., stattfand, nahm ich am Gedenkgottesdienst für die Männer und Frauen, die bei den Unternehmen »Desert Shield« und »Desert Storm« gefallen waren, auf dem Friedhof in Arlington teil. Ich saß auf der Tribüne hinter dem Präsidenten und blickte auf die Hinterbliebenen der Gefallenen. Der Kummer, der sich in ihren Gesichtern spiegelte, weckte in mir das Gefühl, ein Buch, in dem ich den Verlauf des Golfkrieges schilderte, könnte ihren Schmerz nur noch verstärken. Aber als ich am selben Tag mit einigen von ihnen sprach, sagten sie mir zu meiner Überraschung, ich sollte dieses Buch unbedingt schreiben. Das gleiche erlebte ich zwei Tage später nach der Konfettiparade in New York. Auch hier fragten mich Angehörige von Gefallenen: »Wann werden Sie Ihr Buch schreiben? Wir wollen wissen, wie sich alles zugetragen hat.« Wenn sie mich nicht in dieser Weise ermutigt hätten, wäre ich mit diesem Vorhaben nicht vorangekommen.

Zunächst wollte ich mir die Memoiren von U. S. Grant zum Vorbild nehmen – das berühmte zweibändige Werk, das für mich die beste militärhistorische Darstellung des amerikanischen Bürgerkrieges ist. Aber anders als Grant wollte ich eine vollständige Autobiographie vorlegen und nicht in erster Linie die Geschichte eines Krieges. Beim Schreiben zeigte es sich, daß in meiner Darstellung sehr viel mehr Emotionen zum Ausdruck kommen als in dem kriegsgeschichtlichen Werk aus dem 19. Jahrhundert. Nur so konnte ich die Ereignisse glaubwürdig wiedergeben, obwohl man mich in West Point gelehrt hatte, daß ein Offizier es vermeiden müsse, seine Gefühle öffentlich zur Schau zu stellen. Zu Beginn meiner militärischen Laufbahn war ich besonders stolz darauf gewesen, auch unter chaotischsten Umständen völlig unberührt bleiben zu können. Aber diese Haltung konnte ich nur bis Vietnam bewahren, denn dort mußte ich feststellen, daß es um Menschenleben ging und sich der Verlust eines menschlichen Lebens durch nichts ersetzen ließ. Ich lernte sehr bald, daß es nicht falsch ist, Gefühle zu haben und sie zu zeigen.

Besonders schwer ist mir die Entscheidung darüber gefallen, ob ich die Trunksucht meiner Mutter im Buch erwähnen sollte oder nicht. Ihr Alkoholismus hat meine persönliche Entwicklung ebenso stark beeinflußt wie die Tatsache, daß mein Vater General war. In meiner Jugend war ihr Leiden unser streng gehütetes Familiengeheimnis, und ich habe es bis zu meinem fünfundzwanzigsten Lebensjahr mit mir herumgetragen, bevor ich wagte, mit meinen besten Freunden darüber zu sprechen. Heute gibt es viele Organisationen und Einrichtungen, die es sich zur Aufgabe gemacht haben, Alkoholikern und ihren Familien zu helfen. Ich hoffe, daß Kinder von Alkoholikern, die mein Buch lesen, auf diese Weise erfahren werden, daß sie nicht allein sind.

Bei der Zusammenarbeit mit Peter Petre erlebte ich, daß ich zugleich mit meiner eigenen Lebensgeschichte auch die Geschichte der Armee der Vereinigten Staaten erzählte. Seit meinem zwölften Lebensjahr bis zum Ausscheiden aus dem aktiven Dienst mit siebenundfünfzig Jahren *war* die Armee mein Leben. Mir gefiel es, Vorgesetzter von Soldaten zu sein und mit Menschen zusammenzuleben, die sich berufen fühlten, ihrem Land zu dienen. Ich hatte das Glück, mit sehr anregenden Aufgaben betraut zu werden und dabei viele interessante Orte kennenzulernen, von Südkalifornien bis Westberlin. Doch obwohl ich ein guter Soldat war und rasch befördert wurde, hatte ich an der Armee vieles auszusetzen. Oft habe ich mich über das geärgert, was um mich herum geschah, und bin mehr als einmal nahe darangewesen, den Dienst zu quittieren. Zu der Zeit, als ich zum Leutnant befördert wurde, litt die Armee noch unter den Nachwirkungen des Koreakrieges. Sie war in mancher Weise moralisch bankrott, und das führte schließlich zu dem Debakel in Vietnam. Am Ende meines zweiten Einsatzes in Vietnam hatte die Armee nicht nur ihren Tiefpunkt erreicht, sondern auch das Vertrauen der amerikanischen Bevölkerung verloren. Ich habe damals schwer um die Frage gerungen, ob ich Soldat bleiben sollte oder nicht, und ich blieb es in der Hoffnung, eines Tages an der Beseitigung der von mir erkannten Fehler mitarbeiten zu können. Während ich im Lauf der Jahre in höhere Rangstufen aufstieg, erlebte ich, wie sich die Armee in eine Streitmacht verwandelte, auf die die Amerikaner stolz sein konnten. Die Verbände, die ich während des Unternehmens »Desert Storm« befehligte, waren das Ergebnis zwanzig Jahre dauernder Reformen, und alle unsere Soldaten und Offiziere gehörten der bestausgebildeten und am besten ausgerüsteten und bewaffneten Armee der Welt an.

In meinem Bericht über das Unternehmen »Desert Storm« habe ich versucht, eine ungeheuer komplexe Folge von Ereignissen so klar, zutreffend und vollständig wie möglich darzustellen. Ich habe es dabei ganz bewußt vermieden, in militärische oder politische Analysen abzuschweifen, die sich nicht unmittelbar auf den Ablauf der Ereignisse beziehen. Auch habe ich nicht versucht, die verschiedenen von uns getroffenen Entscheidungen zu rechtfertigen oder zu entschuldigen. Die hinter den Kulissen gefaßten Beschlüsse habe ich aufgrund meiner persönlichen Erinnerungen und der genauen Aufzeichnungen dargestellt, die ich während der Krise gemacht hatte. Wie mein Bericht über die Gespräche mit Präsident Bush, Verteidigungsminister Cheney und General Colin Powell zeigen wird, wurden die Entschlüsse manchmal erst nach quälenden, mit emotionalen Spannungen geladenen Debatten gefaßt, denn wir wußten, daß unsere Entscheidungen sich auf das Leben von Hunderttausenden von Menschen ebenso auswirken würden wie auf das Ansehen der Vereinigten Staaten. Die hier aufgezeichneten Gespräche und Meinungsverschiedenheiten, sind *nicht* als Kritik an der Führung gemeint. Ich achte und bewundere den Präsidenten, Cheney und Powell, und wir sind bei allen wichtigen Fragen schließlich zu der gleichen Auffassung gelangt.

In meinem Bericht über diesen Krieg fehlt die Darstellung gewisser Operationen, die zum Teil hinter den irakischen Linien stattgefunden haben, denn sie unterliegen bis heute der Geheimhaltung. Zudem habe ich es sorgfältig vermieden, geheime Programme oder Informationen zu erwähnen. Ihre Schilderung würde auch nichts an den Schlußfolgerungen ändern, die ich hier gezogen habe. Im Verlauf dieser Ereignisse haben mir auch viele Generäle und Entscheidungsträger anderer Länder vertrauliche Mitteilungen gemacht, und ich habe es für meine Pflicht gehalten, darüber Stillschweigen zu bewahren. Zudem habe ich in diesem Buch und bei meiner Schilderung des Unternehmens »Desert Storm« die Offiziere nicht beim Namen genannt, an denen ich in einer Weise Kritik geübt habe, die ihre Familien kränken oder in Verlegenheit bringen könnte.

Zu meinem Bedauern habe ich aber auch andere Einzelheiten unerwähnt lassen müssen. Ich wünschte, ich hätte die vielen tausend Persönlichkeiten nennen können, die mir geholfen, mich belehrt, mich unterstützt, mich ermutigt und an meiner Seite gedient haben. Das sind die Sekretärinnen, die dafür gesorgt haben, daß der Eindruck entstanden ist, ich beherrschte die englische Rechtschreibung; es sind die Fahrer, die mich fast immer zur rechten Zeit ans Ziel gebracht haben; die Mannschaften, die mir geholfen haben, ausländische Würdenträger in meinem Haus zu bewirten; es sind die Adjutanten, die für meinen Terminkalender verantwortlich waren und für dessen Einhaltung besser gesorgt haben, als ich es selbst hätte tun können; es sind die Pfarrer, die mir seelischen Beistand geleistet, und die Ärzte, die mich zusammengeflickt haben; es sind die Wildhüter der Armee, die mich durch die schönsten Reviere zum Jagen und Fischen geführt haben; es sind die Zivilangestellten in den unter meinem Befehl stehenden Garnisonen, die bereitwillig darauf eingingen, wenn ich für sie ungewohnte Neuerungen einführen wollte; es sind die Mannschaften, Unteroffiziere und Offiziere, die meine Befehle entgegennahmen und sie so ausführten, daß man mich dafür höher einschätzte, als ich es verdient hätte; es sind meine Stabschefs, stellvertretenden Kommandeure und andere Stellvertreter, denen ich das Leben nicht immer leichtgemacht habe, die mir jedoch loyal zur Seite gestanden und mich nie im Stich gelassen haben; es sind meine Vorgesetzten, die sich die Zeit genommen haben, mich zu einem brauchbaren Untergebenen zu machen, und es sind die ausländischen Freunde, die mir nicht nur ihre Gastfreundschaft gewährt, sondern mich auch in die Feinheiten der Kultur ihrer Länder eingeweiht haben. Ich wünschte, ich hätte ausführlicher über meine Klassenkameraden in West Point und ihre Frauen sowie über Dutzende anderer Freunde und Gleichgesinnter schreiben können. Schließlich wünschte ich, auch die vielen hundert Mitglieder des Stabes des Central Command einzeln nennen zu können, die mich vor, während und nach dem Unternehmen »Desert Storm« in so großartiger Weise unterstützt haben. Sie haben mich laufend darüber unterrichtet, wo sich die einzelnen mir unterstellten Verbände befanden; sie haben die Aufklärungsergebnisse gesammelt, die Befehle weitergegeben, die Berichte geschrieben, für den Nachschub gesorgt, die Telefonverbindungen hergestellt, die Verpflegung herangeschafft und auf diese Weise das ganze Unternehmen erst möglich gemacht. Ein kleines Stück dieses Buches gehört einem jeden einzelnen von ihnen.

Tampa, Florida,
2. August 1992

»Man braucht kein Held zu sein,
Soldaten in den Krieg zu schicken.
Man muß jedoch ein Held sein,
um zu denen zu gehören,
die in den Krieg ziehen.«

General H. Norman Schwarzkopf
(In einem Fernsehinterview mit Barbara Walters
am 15. März 1991)

1

Als mein Vater im August 1942 in den Krieg zog, erklärte er mir zum Abschied, daß ich nun der Herr im Hause sei. Ich stand mit ihm und meiner Mutter im Garten hinter dem Haus, der mit seinen hohen immergrünen Büschen, dem duftenden Flieder und einem geheimnisvollen alten, aus Steinen gemauerten Feuerplatz für mich immer eine magische Anziehungskraft besessen hatte. Die Sonne war untergegangen, und man sah schon die ersten Glühwürmchen. Meine älteren Schwestern, Ruth Ann und Sally, waren im Haus geblieben. Ich war gerade sieben Jahre alt.

Pop stellte sich vor mir auf und hielt mir eine kleine Rede. Er erklärte, daß er uns jetzt verlasse, um unserem Land zu dienen. Deshalb müsse ich nun eine große Aufgabe übernehmen und auf die Mädchen aufpassen, denn die Männer seien nun einmal die Beschützer der Frauen. Er sagte, er habe großes Vertrauen, daß ich das schaffen würde, und um dieses zu unterstreichen, wolle er mir etwas geben. Dann ging er ins Haus, während ich mit Mom draußen wartete. Als er wieder herauskam, brachte er seinen Säbel mit. »Ich übergebe dir diesen Säbel zu treuen Händen, bis ich wieder zurückkomme«, sagte er und reichte ihn mir. »Nun, mein Sohn, ich verlasse mich auf dich. Jetzt hast du die Verantwortung.«

Meines Vaters Säbel war in unserer Familie ein heiliger Gegenstand. Wir nannten ihn den »West-Point-Säbel«, denn er war ihm 1917 nach bestandenem Offiziersexamen verliehen worden. Er hat uns oft gesagt, West Point habe sein ganzes Leben geprägt. »Pflicht, Ehre, Vaterland«, der Wahlspruch von West Point, war sein Glaubensbekenntnis, und das wurde auch meines.

Der Säbel lag immer auf einem Tisch in seinem Arbeitszimmer, und als ich noch ein kleiner Junge war, zog er ihn manchmal aus der Scheide und zeigte mir, wo sein Name auf der Klinge eingraviert war. (Dort stand N. Norman Schwarzkopf, denn der Graveur hatte sich geirrt, aber darauf kam es nicht an.) Der Säbel hatte für mich eine besondere Bedeutung, weil dies auch mein Name war und weil mir meine Eltern, solange ich denken konnte, immer gesagt hatten, auch ich würde einmal nach West Point gehen. Meinen Schwestern gefiel das nicht, denn Mädchen waren von diesen Dingen ausgeschlossen. Aber es hat nie ein Zweifel daran bestanden, welchen Weg ich einschlagen würde.

Als mein Vater mir den Säbel gab, hatte ich das Gefühl, eine ehrfurchtgebietende Verpflichtung einzugehen. Nicht nur für den Säbel, sondern auch für meine Mutter und die Schwestern verantwortlich zu sein – das war überwältigend. Ich glaubte, mit meiner Mutter würde es schon klappen, aber was meine Schwestern betraf, so machte ich mir da etwas größere Sorgen, denn bisher hatte nicht ich, sondern sie hatten den Ton angegeben.

Mom sagte mir, ich solle den Säbel wieder an seinen Platz legen, und dann war es Zeit, ins Bett zu gehen. Meine Mutter war Krankenschwester und achtete streng darauf, daß wir uns immer früh schlafen legten. Mein Vater gab mir einen letzten Gutenachtkuß, und ich lag da und schaute aus dem Fenster. Es war noch nicht ganz dunkel, und ich beobachtete, wie die ersten Sterne am Himmel erschienen. Ich schlief mit dem Gedanken ein: »Wie werde ich das nur schaffen?«

Als ich am Morgen aufwachte, war mein Vater schon fort, und nichts blieb so, wie es war.

Bis dahin hatte ich eine wunderbare Kindheit gehabt, und ich denke noch heute an meine Hunde, die Weihnachtsabende, die Geburtstage, das Klettern auf Bäume, die Schlittenfahrten und alle möglichen Freunde. Auch zur Zeit der Depression hatten wir immer genug zu essen, und die schweren Zeiten wurden uns nur bewußt, wenn Landstreicher an unsere Hintertür kamen und unsere Mutter dem Hausmädchen sagte, es solle ihnen etwas zu essen geben. Aber wenn sie gegessen hatten, mußten sie sofort wieder gehen.

Wir lebten in einem großen Steinkasten, dem sogenannten Green House an der Main Street in Lawrenceville, New Jersey. Die Mauern waren mit Efeu bewachsen, und auf einem Schild neben der Tür stand die Jahreszahl 1815. Wir hatten das Haus von der Lawrenceville School gekauft, einem exklusiven Knabeninternat, dessen Sportgelände hinter einem eisernen Zaun auf der anderen Seite der Straße lag. Nach links waren es sechs Kilometer bis Princeton und nach rechts sechs Kilometer bis Trenton, der Hauptstadt des Staates New Jersey. Wir hatten einen großen Vorgarten mit einer Blutbuche, deren Krone in den Himmel zu reichen schien. In dem Jahr, als mein Vater an die Front ging, schnitt ich meine Initialen in den Stamm ein. Neben der Buche stand eine große Ulme, deren Äste zum Klettern einluden. Wenn man hinaufstieg, konnte man sich in dem dichten Laub verstecken. Jenseits des Grillplatzes im Garten hinter dem Haus besaßen die Eltern ein Stück Land, auf dem sie einen Badmintonplatz angelegt hatten. Dort befand sich auch der Blumengarten meiner Mutter, durch den ein schmaler, gepflasterter Pfad führte.

Es war ein sehr geräumiges Haus mit hohen Decken, einem großen Salon mit antiken Möbeln, in dem wir nicht spielen durften, meines Vaters Arbeitszimmer mit einem Erkerfenster und bequemen Ledersesseln sowie einem großen Wohnzimmer, in dem auch das Radio stand. Hier hörten wir die Hörspiele »The Shadow«, »The Lone Ranger« und »The Green Hornet« und die Stimme unseres Vaters. Millionen von Amerikanern kannten seinen Namen, weil er zur Zeit der Entführung des Lindbergh-Babys Polizeichef des Staates New Jersey gewesen war. Nachdem er den Polizeidienst quittiert hatte, wurde er Moderator der Krimiserie »Gang Busters«. Das war eine der beliebtesten Radiosendungen in Amerika. Sie wurde jeden Samstagabend um zwanzig Uhr ausgestrahlt, und das war der einzige Abend in der Woche, an dem wir länger aufbleiben durften.

Der Vorspann von »Gang Busters« war ein simulierter Gefängnisausbruch. Zuerst hörte man die Gefangenen über das Pflaster marschieren. Dann heulten plötzlich die Sirenen, man hörte, wie die Gefangenen davonliefen, und es ertönten die Trillerpfeifen der Wärter. Dann knatterten Maschinengewehre. Und am Schluß sagte der Ansager: »Philips H. Lord präsentiert Ihnen ›Gang Busters‹!«

Philips H. Lord war der Produzent. Unser Vater interviewte die Beteiligten. Ein Ansager schilderte den Kriminalfall der aktuellen Folge und sagte: »Jetzt hören wir, was der mit der Aufklärung dieses abscheulichen Verbrechens beauftragte Polizeibeamte zu sagen hat. Er wird von dem ehemaligen Leiter der Staatspolizei von New Jersey, Oberst H. Norman Schwarzkopf, interviewt werden.«

Dann hörten wir die vertraute, ruhige, vernünftig klingende, aber nicht zu tiefe Stimme unseres Vaters. Er sagte zum Beispiel: »Nun, Sheriff Smith, wir sind heute abend zusammengekommen, um über den Mordfall Joe Ludwig zu sprechen. Soweit ich weiß, haben Sie bei der Aufklärung dieses Falls in Morristown, New Jersey, als Polizeibeamter die Leitung übernommen. Können Sie uns sagen, was am Abend des 26. Oktober 1933 geschehen ist?«

»Aber ja, Oberst Schwarzkopf. Ich werde diesen Abend nie vergessen. Ich saß in meinem Büro, und draußen schneite es. Plötzlich läutete das Telefon...«

Man hörte ein Telefon klingeln, und dann lasen die Schauspieler ihre Rollen. Wenn es Zeit für die Werbung war, wurden die Stimmen der Schauspieler leiser, und unser Vater kam ans Mikrophon und sagte: »Das ist sehr interessant, Sheriff Smith. Wir müssen noch ausführlicher darüber sprechen.« Und dann ertönte der Ansager: »Aber zuerst ein Wort über die Palmolive-Rasiercreme.«

Nach der Werbung sagte unser Vater: »Erzählen Sie mir nun mehr über das gestohlene Auto, das mit hoher Geschwindigkeit die Straße entlangfuhr...«

Es war einfach phantastisch.

Diese Hörspiele basierten immer auf echten Kriminalfällen. Meine Mutter wollte mir zunächst verbieten, die Sendungen anzuhören, weil sie so gewalttätig wären, und eines Abends bestätigten sich ihre Befürchtungen. Es war eine Sendung über die »Blonde Tigerin«, eine Bandenführerin, die aus dem Gefängnis ausgebrochen war, nachdem sie einem Wärter eine Stricknadel durch das Ohr ins Gehirn gestoßen und ihn auf diese Weise umgebracht hatte. Noch monatelang spürte ich den Impuls, mir die Ohren zuzuhalten, wenn ich daran dachte.

Die Sendung endete jedesmal mit dem Steckbrief eines Verbrechers, der sich noch auf freiem Fuß befand. Für mich war das der Höhepunkt. Der Ansager schilderte ein grausiges Verbrechen und sagte dann: »Seien Sie auf der Hut, und achten Sie auf einen Mann, auf den die folgende Beschreibung paßt: einen Meter fünfundsechzig groß, Gewicht einhundertvierzig Pfund, schwarzes Haar, braune Augen.« Ich merkte mir jedes Wort, auch wenn ich keine Ahnung hatte, wie groß ein Mann mit einem Meter fünfundsechzig ist. Aber ich versuchte, mir sein Gesicht vorzustellen. In meiner Phantasie hatten die Verbrecher alle einen schwarzen Schnurrbart und sahen Adolf Hitler ähnlich.

An der Rückseite unseres Hauses kam man durch einen langen Korridor und das Eßzimmer in die Küche. Hier hielt sich die Familie Schwarzkopf am liebsten auf. Die Küche war geräumig, warm, und es roch gut. Die Regale in der Speisekammer enthielten die köstlichsten Dinge. Meine Mutter hatte damals einen großen Vorrat an

Eingemachtem angelegt. In einer Ecke der Küche stand unser Frühstückstisch, dann gab es dort einen großen Herd und in der Mitte einen mit Blech beschlagenen Holztisch. Wenn mein Vater Fasane, die er geschossen oder Fische, die er gefangen hatte, nach Hause brachte, wurden sie auf diesem Tisch ausgenommen. Hier wurde auch der Kuchenteig ausgerollt.

Meist fuhr ich mit dem Fahrrad zur Schule. Der Weg führte mich zunächst die Main Street hinunter, dann ging es nach links ein Stück bergauf, dann nach rechts, wieder nach links und eine Anhöhe hinauf. Nach dem Unterricht schloß ich mich meinen Freunden Johnny Chivers, Billy Kraus und Jimmy Wright an. Wir gaben ein paar Cents im »Jigger Shop«, der beliebtesten Eisbar unserer Stadt, aus, spielten Räuber und Gendarm und zerschlugen Coca-Cola-Flaschen an den Gittern der Abflußkanäle. In der Nähe des Hauses von Johnny Chivers überquerte die Straßenbahn von Lawrenceville auf einer etwa einen Meter zwanzig hohen Brücke einen kleinen Bach. Eines Nachmittags machte es uns keinen Spaß mehr, dem Tod zu trotzen und auf diesen Schienen entlangzubalancieren, und deshalb stahlen wir auf dem Acker des Vaters von Billy Kraus einige Karotten und Kartoffeln. Dann holten wir in einer alten Konservendose Wasser aus dem Bach, zündeten ein kleines Feuer an und stellten die Dose mit dem Gemüse hinein, um es zu kochen. Wir kamen uns dabei sehr verwegen vor, denn so etwas taten auch die Landstreicher. Obwohl die Kartoffeln noch halb roh waren und beim Hineinbeißen knirschten wie Äpfel, hatte mir noch nie eine Mahlzeit so gut geschmeckt wie diese.

Meine Knabenjahre wären ein Traum gewesen, wenn ich nicht zwei ältere Schwestern gehabt hätte. In meinen frühen Kinderjahren habe ich manchmal geglaubt, mein zweiter Vorname sei »Dummkopf«, wenn es zum Beispiel hieß: »Da kommt mein Bruder Norman, der Dummkopf« oder »Norman, was bist du für ein Dummkopf«. Sally und Ruth Ann besuchten eine private Mädchenschule in Princeton. Wir nannten sie Miss Fine's School. Ruth Ann, die vier Jahre älter war als ich, war Papas Liebling. Er nannte sie Yan. Sie war blond und hatte eine Vorliebe für schöne Kleider. Sie verkörperte alle weiblichen Tugenden, die man von einem kleinen Mädchen erwarten kann. Wenn sie nach der Schule nach Hause kam, übte sie Klavier, las und dachte sich interessante Fragen aus, über die sie mit ihrem Vater sprechen wollte. Sally war zweieinhalb Jahre älter als ich und eher ein Wildfang. Obwohl auch sie gerne Schallplatten hörte und noch mehr las als ihre Schwester, spielte sie am liebsten im Freien. Wenn Ruth Ann nicht zu Hause war, tobte sie manchmal mit mir und meinen Freunden draußen herum, allerdings nur, wenn sie das Kommando haben durfte.

Wenn die beiden Schwestern sich herabließen, mich an ihren Spielen im Garten zu beteiligen, war Ruth Ann eine Prinzessin. Sally übernahm die Rolle eines Generals, und ich war der Diener. Das größte Vergnügen bereitete es ihnen, mich reinzulegen. Eines Tages redeten sie mir ein, Schneewittchen sei am Telefon. Ich schwärmte für Schneewittchen, denn ich hatte den Film von Walt Disney gesehen, und für mich war sie das schönste Mädchen, das ein Junge sich wünschen konnte. So nahm ich den Hörer, und Ruth Ann fragte: »Was hat sie gesagt?«

»Sie sagte, ›Ihre Nummer bitte‹«, antwortete ich. Meine Schwestern hatten nämlich die Vermittlung angerufen und fanden das nun so komisch, daß sie sich vor Lachen auf dem Boden wälzten und sich die Bäuche hielten.

Manchmal konnte ich mich rächen. In dem Jahr bevor Vater nach Übersee ging, nahm uns unsere Mutter eines Nachmittags ins Kino mit, wo der Film »Geronimo« lief. Ich schwärmte für Indianer und fand den Film großartig, denn er war ziemlich blutig und grausam. Unter anderem skalpierte Geronimo in diesem Film viele Frauen und Kinder. Am nächsten Tag war ich in der Küche und störte meine Mutter bei der Arbeit. Sie sagte: »Warum gehst du nicht hinaus und spielst etwas?«

»Ich habe niemanden, mit dem ich spielen könnte.«

»Dann geh doch hinauf und spiele Geronimo.«

Ich hatte kürzlich einen Indianerkopfschmuck und eine Trommel geschenkt bekommen, und daher kam der Vorschlag gerade recht. Ich nahm einen Hammer aus der Schublade des Küchentisches und ging hinauf in das Zimmer meiner Schwestern. Dort fiel ich über ihre Puppen her, benutzte den Hammer als Tomahawk und stanzte jeder ein sauberes rundes Loch in die Stirn. Als Sally und Ruth Ann nach Hause kamen, schrien sie wie am Spieß, doch ich erklärte meiner Mutter: »Aber du hast mir doch gesagt, ich solle Geronimo spielen.«

In solchen Fällen mußte meine Mutter den Streit schlichten, denn auch damals war unser Vater nur selten zu Hause. Als Präsident Roosevelt im November 1940 die Mobilmachung der Nationalgarde anordnete, gab mein Vater seinen Posten als Vizepräsident der Middlesex Transportation Company, einer Tochtergesellschaft von Johnson & Johnson, auf und ließ sich reaktivieren. Er kam nur noch an den Wochenenden nach Hause, aber er und unsere Mutter sorgten dafür, daß wir immer seine Nähe spürten. Wenn er am Freitagabend erschien, mußten wir Rechenschaft über unser Benehmen in der vergangenen Woche ablegen. Wenn wir brav gewesen waren, bekamen wir Orden. Unser Vater hatte eine große Sammlung von Medaillen, die er im Lauf der Jahre als guter Schütze gewonnen hatte. Mit einer solchen Medaille ausgezeichnet zu werden war für mich der Höhepunkt der Woche. Daß sie die Inschrift »Bester Pistolenschütze, New Jersey State Police 1925« trug, spielte keine Rolle, weil ich damals noch nicht lesen konnte.

Zum Glück war unsere Mutter nicht nachtragend und behielt unsere kleinen Vergehen, wie zum Beispiel meinen Mordanschlag auf die Puppen, meist für sich. Als ich jedoch im Dezember 1941 versuchte, vor unserer Garage ein Lagerfeuer anzuzünden, hielt sie es doch für richtig, es meinem Vater zu sagen. Sie hatte die abgebrannten Streichhölzer und Zweige im Schnee gefunden und sprach mich darauf an, aber ich bestritt, etwas davon zu wissen. Als mein Vater am Freitag nach Hause kam, brachte er die Sache noch einmal zur Sprache. Die Eltern hatten Nachbarn eingeladen, und nach dem Essen versammelten wir uns alle im Salon. Mein Vater nahm mich beiseite und setzte sich mit mir auf eine kleine Bank nahe der Tür, wo man es nicht sehr bequem hatte. Er sagte, er habe erfahren, daß ich versucht hätte, ein Feuer anzuzünden, und daß ich dabei hätte zu Schaden kommen oder sogar das Haus niederbrennen können. Während er sprach, zog er sein Feuerzeug aus der Tasche. Er war Kettenraucher, und dieses Feuerzeug faszinierte mich. Er zündete sich eine Zigarette an, hielt mir das Feuerzeug hin und sagte: »Wenn du mit Feuer spielen und dich verbrennen willst, dann kannst du dazu jetzt gleich auch dieses Feuerzeug benutzen und deine Hand in die Flammen halten. Willst du das tun?«

»Nein«, sagte ich.

»Gut«, erwiderte er. »Dann sollst du auch nie wieder mit Streichhölzern spielen.«

Dann appellierte er an meine Ehre und sagte: »Was auch geschieht, wie unangenehm es auch sein mag, welche Folgen es deiner Ansicht auch haben wird, wenn du die Wahrheit sagst: Ein ehrenhafter Mann lügt nicht. Ein Schwarzkopf lügt nicht.«

Als sich mein Vater 1940 reaktivieren ließ, konnte er auf eine für einen Stabsoffizier in der Armee sehr ungewöhnliche Laufbahn zurückblicken. Er hatte die meisten seiner Erfahrungen nicht als Vorgesetzter von Soldaten, sondern von Polizisten gemacht. Er war in Newark als einziges Kind in einem deutschsprachigen Haushalt aufgewachsen und hatte dann unmittelbar nach Abschluß seiner Ausbildung in West Point als Offizier am Ersten Weltkrieg teilgenommen. In der Marneschlacht geriet er in einen Gasangriff und war seit jener Zeit anfällig für Lungenentzündungen. Nach dem Waffenstillstand wurde er zum Chef der Militärpolizei einer besetzten deutschen Stadt ernannt, weil er deutsch sprach. Doch zwei Jahre später nahm er seinen Abschied, weil sein an Arthritis leidender Vater seinen Beruf als Juwelier nicht mehr ausüben konnte und Vaters Offizierssold nicht ausreichte, neben der eigenen Familie auch die Eltern zu unterhalten.

1921 beauftragte ihn Teddy Edwards, der Gouverneur von New Jersey und Vater eines Offiziers, der zusammen mit meinem Vater im Ersten Weltkrieg gedient hatte, die Staatspolizei zu reorganisieren. Kurz zuvor war die Prohibition eingeführt worden, und in New Jersey herrschten Verhältnisse wie im Wilden Westen. Es war damals nicht die Gegend der Vorstadtsiedlungen und Autoschlangen wie heute. Wenn man sich dort nachts auf die Landstraßen wagte, dann tat man es in bestimmten Gegenden auf eigene Gefahr. Schwarzbrenner und Schmuggler brachten Alkohol und Zigaretten aus dem Süden nach New York, und Straßenräuber machten die ländlichen Gegenden unsicher. Gouverneur Edwards, ein politischer Außenseiter, brauchte für die Führung der Polizei einen Mann, der keine persönlichen Beziehungen zum politischen Establishment im nördlichen New Jersey hatte, das von einigen der Banden gekauft worden war. Obwohl mein Vater damals erst fünfundzwanzig Jahre alt war, besaß er die für diese Aufgabe erforderlichen Qualifikationen. Er verfügte nicht nur über reiche Erfahrungen als Chef der Militärpolizei, sondern er war auch entschlußfreudig, ehrlich und hart. In der Armee hatte er Football gespielt, war Kapitän der Polomannschaft und bester Schwergewichtsboxer seiner Klasse in West Point gewesen.

In jenem ersten Sommer warb mein Vater mehr als einhundert Mann an. Er brachte sie in Zelten unter und unterwarf sie einem mehrere Wochen dauernden harten Ausbildungsprogramm, das dem Drill bei der amerikanischen Kavallerie ähnelte. Es war genau die richtige Aufgabe für ihn, und es bereitete ihm große Freude, die

Polizeitruppe aufzustellen, das Ausbildungsprogramm festzulegen, die Uniformen zu entwerfen und sich Übungen auszudenken, die die Moral seiner Männer stärkten. Es gibt noch Fotos von den besonderen Kunststücken, die er den Rekruten beibrachte. Eines davon zeigt vier nebeneinander galoppierende Pferde, auf denen vier seiner Männer stehen. Von einundertsechzehn Rekruten genügten achtzig den Anforderungen. Etwa die Hälfte von ihnen setzte er beritten im südlichen Teil des Staates ein, wo das Straßennetz noch nicht für den Autoverkehr ausgebaut worden war, und die andere Hälfte auf Motorrädern im Norden.

Mein Vater sprach gerne von der Zeit, als wir Kinder noch nicht geboren waren. Dann erzählte er, wie er und seine Männer sich einmal Motorboote geliehen hätten, um irgendwelche Piraten zu schnappen, die auf dem Raritan-Fluß Kohlenschlepper überfielen, oder wie Schwarzbrenner ihn zu bestechen versuchten, damit er seine Polizisten von den Straßen fernhielt, über die sie den schwarz gebrannten Schnaps schmuggeln wollten. Er machte es so wie der Sheriff im Western, der dem Revolverhelden sagt: »Bis Sonnenuntergang hast du die Stadt verlassen!« Wenn eine Verbrecherbande in die Stadt kam, stattete er mit ein paar Polizisten dem Anführer einen Besuch ab und sagte: »Sie wollen doch nicht in die Bank einbrechen? Ich werde Ihnen sagen, was geschehen wird, wenn Sie es tun...« Unser Vater war fünfzehn Jahre lang unter fünf Gouverneuren Polizeichef in New Jersey, und allmählich gelang es ihm, die Ruhe und Ordnung wiederherzustellen.

Er besaß eine ganze Reihe von Andenken aus der Zeit bei der Polizei. Auf dem Bartisch in unserem Keller stand ein Spielautomat, den seine Polizisten konfisziert hatten. Er war so eingerichtet, daß er nur mit Spielmarken funktionierte, und es waren genügend Spielmarken vorhanden, mit denen man sich an dem Automaten amüsieren konnte. Im Keller befand sich auch ein Pistolenschießstand. Das war ein gußeiserner Kasten, in dem man die Scheiben aufhängen konnte. An der Rückwand des Kastens war eine gebogene Panzerplatte angebracht, auf der die Projektile aufschlugen und dann nach unten rutschten. Ich faßte manchmal hinein und griff nach den plattgedrückten Bleigeschossen. Sie fühlten sich schmutzig an.

Im Wohnzimmer hingen Fotos mit Szenen von der Lindbergh-Entführung. Das war das aufsehenerregendste Verbrechen der dreißiger Jahre. Da es in einem ländlichen Bezirk von New Jersey geschah und es kein entsprechendes Bundesgesetz gab, übernahm die Polizei des Staates New Jersey den Fall. Die Ermittlungen führten 1935 zur Verurteilung des aus Deutschland eingewanderten Tischlers Bruno Hauptmann, der 1936 hingerichtet wurde. Gegen ihn lagen nur Indizienbeweise vor, und das veranlaßte einige, von einer glänzenden Polizeiarbeit zu sprechen, während andere behaupteten, es sei ein abgekartetes Spiel gewesen. Wir Kinder wußten nur, daß die Meinungen geteilt waren, aber mein Vater sagte uns, der Mann sei zu Recht verurteilt worden, und wir glaubten ihm. Doch nachdem der Fall abgeschlossen worden war, wurde Harold Hoffman, ein Politiker, den unser Vater nicht ausstehen konnte, zum Gouverneur gewählt. Er nahm die Kontroverse zum Vorwand, meinen Vater durch einen seiner politischen Freunde ablösen zu lassen.

Die Kontroverse ist bis heute nicht beigelegt. Es war eine besondere Eigenart meines Vaters, wichtige Unterlagen aufzubewahren, und so stand auf unserem Dachboden in Lawrenceville ein Aktenschrank voller Kopien aller den Fall Lindbergh betreffenden Schriftstücke, die über den Schreibtisch meines Vaters gegangen waren. Als ich älter geworden war, schlich ich mich eines Tages auf den Boden und las sie. Nach dieser Lektüre zweifelte ich nicht mehr daran, daß der Beschuldigte zu Recht verurteilt worden war. Nach dem Tode meines Vaters hat meine Mutter diese Akten der Staatspolizei von New Jersey übergeben, und als der Staat New Jersey den Fall in den Jahren 1977 bis 1981 noch einmal untersuchen ließ, kam man zu dem gleichen Schluß.

Meine ersten Erinnerungen an meinen Vater reichen nur bis in die Zeit nach dem Lindbergh-Fall zurück, als er Ende der 1930er Jahre in der Radiosendung »Gang Busters« mitwirkte. Er war nicht reich, verdiente aber genug, um das Green House zu kaufen, ein Dienstmädchen zu bezahlen und meine Schwestern auf eine Privatschule zu schicken. Lawrenceville war zwar keine so elegante Stadt wie Princeton – zu unseren Nachbarn gehörten Ladenbesitzer, Farmer und Lehrer an der Schule von Lawrenceville –, aber wir besaßen eines der schönsten Häuser in der Stadt, und meine Eltern gehörten zu ihren angesehensten Bürgern. Ihre Freunde waren Professoren, Geschäftsleute und andere Angehörige der Oberschicht. Sie waren Mitglieder im Country Club, Bridge- und Badmintonclub. Ihre Namen waren allerdings nicht in dem Nachschlagewerk verzeichnet, in dem die prominenten Mitglieder der Gesellschaft aufgeführt waren. Abends lud mein Vater manchmal seine Freunde aus der Polizeitruppe zum Poker ein. Er hatte mir die Regeln dieses Spiels erklärt, und ich durfte neben ihm sitzen und zusehen. Im Sommer wurden Gartenfeste veranstaltet, und um die Weihnachtszeit luden die Eltern ihre Freunde zu fröhlichen Partys ein, auf denen tüchtig getrunken wurde. Nach solchen Partys ging ich am Morgen hinunter und aß die Oliven und Maraschinokirschen, die noch in den Cocktailgläsern lagen.

Als mein Vater 1940 zum Dienst in der Armee einberufen wurde, änderte sich nicht viel. An den Wochenenden führten meine Eltern weiterhin ihr geselliges Leben, und manchmal nahm mich mein Vater in das Militärlager mit, in dem er seinen Dienst tat. Das erste war Camp Kilmer, auf halbem Weg zwischen Princeton und New York gelegen. Ich weiß noch, wie ich ihm durch eine lange Reihe von Zelten folgte und er mich in das Zelt führte, in dem er schlief. Er hatte die Decke so straff über das Feldbett gezogen, daß eine Vierteldollarmünze, die man darauf fallen ließ, abprallte und in die Höhe sprang. Er zeigte mir auch das Zelt mit der Regimentsflagge, das er sich als Büro eingerichtet hatte. Nach fast einem Jahr wurde er nach Fort Hancock versetzt. Dort befanden sich Befestigungsanlagen zum Schutz der Hafeneinfahrt von New York. Ich war sehr gespannt, diese Anlagen zu sehen, denn er hatte mir versprochen, mir die Geschütze zu zeigen, die man verschwinden lassen konnte. Diese Vorstellung faszinierte mich, denn damals trat überall der Zauberkünstler Mandrake auf, der sich bei seinen Auftritten in Luft auflöste, um dann wieder aufzutauchen. So konnte ich es kaum erwarten, die Geschütze zu sehen. Als es schließlich soweit war, wurde ich bitter enttäuscht. Die Geschütze waren auf Lafetten montiert, auf denen sie zum Feuern so weit hochgehievt wurden, daß die Rohre über der Brustwehr freies Schußfeld hatten. Anschließend wurden sie sofort wieder abgesenkt und so aus der direkten Schußlinie des Gegners genommen. Wenn man aber hinter der Brustwehr stand, verschwanden sie ganz und gar nicht. Offenbar hatte mein Vater nicht daran gedacht, wie wörtlich ein Siebenjähriger alles nimmt, was man ihm erzählt.

Dann ging er mit mir in sein Schlafzimmer und zeigte mir ein Buch auf seinem Nachttisch. Es war »Mein Kampf«. Er sagte mir, Hitler sei ein böser Mann, und vieles von dem, was er in diesem Buch geschrieben habe, müsse die Welt jetzt erleben. Der Titel war in Frakturschrift gedruckt. Ich lernte damals gerade das Alphabet und stellte fest, daß die Buchstaben hier ganz anders aussahen. Das war im November 1941.

Einige Wochen danach erfolgte der Angriff auf Pearl Harbor, und ich spürte, daß etwas Entscheidendes geschehen war. Als das Radio die Meldung brachte, saß ich gerade auf einem Baum neben dem Haus von Johnny Chivers. Seine Mutter sagte mir: »Das ist schrecklich. Es bedeutet, daß dein Vater in den Krieg ziehen muß!« Ich begriff nicht, was sie damit sagen wollte. Er war doch schon Soldat und nicht mehr zu Hause. In den folgenden Tagen hörte ich mit meiner Mutter und meinen Schwestern die Nachrichtensendungen, konnte aber noch immer nicht recht begreifen, was wirklich geschehen war. Weihnachten stand vor der Tür, und während ich mich darum bemühte, mir die Dinge klarzumachen, und es fiel mir schwer, Tojo, Hitler, Mussolini und den Nikolaus auseinanderzuhalten.

In Lawrenceville bereitete man sich indessen auf mögliche Luftangriffe vor. An allen Fenstern mußten Verdunklungsrollos angebracht werden, und die Stadt hielt Luftschutzübungen ab. Sobald die Luftschutzsirenen ertönten, mußten die Rollos herabgelassen werden. Die Befolgung dieser Anordnung wurde durch einen Beamten, der zum Luftschutzwart ernannt worden war, überprüft, und wer seine Fenster nicht richtig verdunkelt hatte, wurde verwarnt. Einmal brach fast eine Panik aus, als ein Kleinluftschiff vom Marineflughafen Lakehurst vor der Küste ein deutsches U-Boot gesichtet hatte. Wir glaubten wirklich, die Deutschen würden in New Jersey landen, und eine Woche lang mußten alle Häuser verdunkelt werden.

Inzwischen hatten wir Jungen uns bis an die Zähne mit Spielzeugmaschinengewehren bewaffnet und spielten, als Soldaten verkleidet und mit Tarnhelmen auf dem Kopf, Krieg gegen Japaner und Deutsche. In der Schule war es die größte Beleidigung, jemanden als »Nazi« oder »Jap« zu bezeichnen. Das am häufigsten verwendete Schimpfwort war »Dummkopf«, und ich mußte meinen Mitschülern immer wieder erklären, daß das Wort Dummkopf nichts mit dem Namen Schwarzkopf zu tun hatte. Dabei kam es aber nur selten zu Raufereien, denn ich war einer der größten und stärksten unter meinen Altersgenossen. Ich ließ mich aber auch sonst nur ungerne auf irgendwelche Prügeleien ein, weil ich fürchtete, ich könnte meinen Gegner verletzen.

So vergingen etwa sechs Monate, und ich glaubte, das Leben werde während des ganzen Krieges so weitergehen. Doch im Juni 1942 wurde mein Vater nach Washington zu General George C. Marshall befohlen. Meine Eltern waren überrascht. Als Chef des Generalstabes war er der höchstrangige General in der ganzen Armee und Vorgesetzter von Eisenhower, Bradley und Patton. Auf der militärischen Stufenleiter zwischen ihm und meinem Vater gab es wahrscheinlich Tausende von Offizieren. Aber man wußte, daß Marshall gerne auf Absolventen von West Point zurückgriff, um bestimmte Probleme zu lösen. An dem Weg, der vom Umkleideraum zum Footballstadion in West Point führt, ist eine Plakette mit einem Zitat von Marshall angebracht: »Ich brauche einen Offizier für eine geheime und gefährliche Aufgabe. Ich brauche einen Footballspieler aus West Point.« In diesem Fall war mein Vater dieser Footballspieler, und der ihm zugedachte Auftrag sollte ihn in den Iran führen.

Marshalls Problem bestand darin, den Sowjets militärische Hilfe zu leisten. Stalins Soldaten brauchten dringend Waffen und Ausrüstung. Im Süden der Sowjetunion näherten sich die deutschen Truppen Stalingrad. Ihre strategischen Ziele waren die Ölfelder am Kaspischen Meer und im Kaukasus und damit die Öffnung eines Zugangs zum Nahen Osten. Um die Sowjetunion in ihrem Abwehrkampf gegen den deutschen Vormarsch zu unterstützen, lieferten die Vereinigten Staaten große Mengen Kriegsmaterial. Ein großer Teil davon erreichte die Russen über den sogenannten Persischen Korridor: Schiffe brachten diese Güter bis zum Schatt el-Arab am Persischen Golf, wo sie auf Lastwagen verladen und durch den Iran und über den Kaukasus nach Norden in die Sowjetunion transportiert wurden.

Doch oft erreichten diese Transporte nicht ihr Ziel. In der Wildnis des Iran wurden sie von dort lebenden Gebirgsstämmen überfallen und ausgeraubt, oder die Straßen wurden von Angehörigen dieser Stämme gesperrt, die dann einen übermäßig hohen Wegzoll verlangten. Als sich der Botschafter der Vereinigten Staaten beim Schah darüber beschwerte und forderte, diese Überfälle müßten aufhören, erwiderte dieser: »Dazu sind wir nicht in der Lage.« Der Iran verfügte über eine Polizeitruppe mit zweiundzwanzigtausend Mann, die Kaiserlich Iranische Gendarmerie. Sie war dafür verantwortlich, auf dem flachen Land für Ruhe und Ordnung zu sorgen, aber ihr Name war beeindruckender als die Organisation selbst. So mußte General Marshall sich also nicht nur damit beschäftigen, ein paar Millionen amerikanischer Soldaten auf den Kriegseinsatz vorzubereiten, sondern auch dafür sorgen, daß die durch den Iran führenden Straßen sicherer wurden. Dabei sollte ihm mein Vater helfen. Der General befahl ihm, nach Teheran zu gehen und als Berater der iranischen Regierung aus der Kaiserlich Iranischen Gendarmerie eine tüchtige Polizeitruppe zu machen.

Aus der Perspektive eines Siebenjährigen hatte ich nur begriffen, daß mein Daddy nach Washington gereist war, um dort einen Menschen namens George Marshall zu treffen. Zwei Tage später läutete das Telefon, und mein Vater teilte Mom mit, was man von ihm verlangte. Während die Eltern miteinander telefonierten, lag ich in der Hängematte auf dem Balkon und vermißte Pop. Unsere Mutter rief uns zusammen und sagte, Pop werde nach Teheran gehen. Wir hatten keine Ahnung, wo das war, und so führte sie uns zum Globus, und wir fingen an zu suchen. Das dauerte eine ganze Weile, aber plötzlich tippte Ruth Ann mit dem Finger auf eine Stelle und sagte: »Hier.« Der Punkt lag auf der anderen Seite der Erdkugel. Mom erklärte mir, unser Vater, werde in ein fernes, geheimnisvolles Land reisen, das Land der Märchen aus Tausendundeiner Nacht, wo die Leute lange Gewänder und Dolche im Gürtel trügen und auf Kamelen durch die Wüste ritten. Sicher wußte sie nur zu gut, was geschehen konnte, wenn die Wehrmacht ihren Vormarsch über den Kaukasus fortsetzte, aber darüber sprach sie nicht. Ich hatte immer noch nicht begriffen, was ein Krieg bedeutete und daß mein Vater fallen könnte.

Seine Abreise war also keine große Tragödie. Er würde längere Zeit nicht nach Hause kommen. Aber was war schon eine längere Zeit? An den Wochentagen war er ohnedies nicht da, und das war auch schon eine lange Zeit. Niemand hatte mir bisher erklärt, was Monate oder Jahre sind, und selbst wenn man es versucht hätte, hätte ich es wahrscheinlich nicht verstanden.

2

Ich glaube, unsere Mutter wäre froh gewesen, wenn auch sie am Krieg hätte teilnehmen können. Ich kann sie mir als Leiterin eines Feldlazaretts vorstellen, in dem sie die Zusammenarbeit von Ärzten und Schwestern koordinierte, sich um die Lieferung von Verbandszeug und Medikamenten kümmerte und dabei ruhig und überlegt handelte, um auf diese Weise möglichst viele Leben zu retten. Doch statt dessen mußte sie sich mit zeitraubenden und ganz unheroischen Aufgaben an der Heimatfront abfinden. Der Mittelpunkt des gesellschaftlichen Lebens meiner Eltern war immer mein Vater gewesen. Ihm galt die Aufmerksamkeit unserer Freunde und Bekannten, und meine Mutter hatte sich damit zufriedengegeben, den Platz an seiner Seite auszufüllen. Nun fand sie sich als alleinstehende Mutter wieder, mit einem großen Haus, drei Kindern und einem Lebensstil, den man mit einem Offiziersgehalt nicht aufrechterhalten konnte. Noch schlimmer war die Tatsache, daß sich keiner unserer Freunde in Lawrenceville in der gleichen Situation befand. Die anderen Väter waren alle nicht mehr im wehrpflichtigen Alter. Das galt zwar auch für unseren Vater, aber er gehörte als einziger der Nationalgarde an. Und unsere Mutter war nicht darauf vorbereitet, einen solchen Krieg zu führen.

Sie war eine bemerkenswerte Frau. Sie war im Jahr 1900 als Ruth Bowman in der kleinen Stadt Bluefield, West Virginia, geboren worden, wo sie sich als Kind ihr Taschengeld damit verdiente, daß sie Touristen am frühen Morgen auf einen Berg führte und ihnen den Sonnenaufgang zeigte. Ihr Vater war Kreisschulrat gewesen und ihre Mutter die Vorsitzende der Woman's Christian Temperance Union, eines Verbands zur Bekämpfung des Alkoholismus. Ihre Eltern ließen sich scheiden, als sie achtzehn Jahre alt war. Ein Scheidungsgrund war die Vorliebe meines Großvaters für den Alkohol und die Tatsache, daß meine Großmutter ihm das Trinken nicht abgewöhnen konnte.

Später hat mir meine Mutter erzählt, sie habe Bluefield verlassen, weil sie beide Eltern liebte und sich nicht für einen Elternteil entscheiden konnte, obwohl beide versucht hätten, sie in diesem Sinne zu beeinflussen. Sie ging nach Norden und ließ sich im größten Krankenhaus von Trenton zur Krankenschwester ausbilden. Dort brachte sie es bis zur stellvertretenden Oberschwester, arbeitete aber dann als selbständige Krankenpflegerin bei reichen Familien.

Sie und mein Vater lernten sich 1928 auf einem Empfang in Trenton zu der Zeit kennen, als er noch Chef der Staatspolizei war. Er lud sie zum Essen ein, und sie folgte seiner Einladung. Sie erzählte gerne die Geschichte, wie sie ihn in der folgenden Woche bei einer Parade in seiner schmucken Uniform auf einem Schimmel gesehen und zu einer ihrer Freundinnen gesagt habe: »Das ist der Mann, den ich heiraten werde.« Es entwickelte sich eine stürmische Romanze. Mein Vater war dreiunddreißig Jahre alt, und viele junge Mädchen in der Stadt kannten und bewunderten ihn. Er machte meiner Mutter den Hof, aber obwohl sie einen anderen Bewerber seinetwegen abgewiesen hatte, konnte er sich nicht entschließen, sie um ihre Hand zu bitten. Also sagte meine Mutter: »Zum Teufel mit dir, mein Junge«, ging nach New York, nahm eine Stelle im Columbia Presbyterian Hospital an und ließ sich von anderen Männern ausführen. Damit erregte sie die Eifersucht meines Vaters, der nach New York fuhr, sie zurückholte und heiratete.

Obwohl sie Bluefield schon lange verlassen hatte, war sich meine Mutter ihrer Wurzeln in West Virginia immer noch bewußt, und man konnte es daran sehen, wie sie die Menschen beurteilte. Sie lehnte ererbten Reichtum und damit verbundene Privilegien entschieden ab. Organisationen wie »Töchter der amerikanischen Revolution« und »Erste Familien von Virginia« ärgerten sie, wenngleich sie stolz darauf war, daß sie ihre Abstammung väterlicherseits bis auf Thomas Jefferson zurückführen konnte. Als man ihr die Mitgliedschaft bei den »Töchtern der amerikanischen Revolution« anbot, lehnte sie das empört ab und sagte: »Mit diesen Schwachköpfen will ich nichts zu tun haben! Damit werde ich meine Zeit nicht verschwenden.« Sie achtete Menschen, die sich ihre Stellung durch harte Arbeit erworben hatten und denen nicht alles in den Schoß gefallen war.

Mein Vater hat mein Ehrgefühl geweckt, aber meine Mutter hat mich gelehrt, was es bedeutet, tolerant zu sein. Nachdem mein Vater in den Iran abgereist war, nahm sie mich von der Grundschule in

Lawrenceville und meldete mich bei der Grundschule in Princeton an, wo ich nach ihrer Meinung eine bessere schulische Ausbildung genießen würde. So mußte ich täglich mit dem Bus nach Princeton fahren, und eines Tages auf dem Heimweg stieg auch unser ehemaliges schwarzes Mädchen in den Bus ein. Ich hatte gelernt, jeder Dame, die den Bus bestieg, meinen Platz anzubieten. Das tat ich auch diesmal, aber einige meiner Mitschüler fingen an, zu kichern und zu flüstern, als hätte ich etwas sehr Törichtes getan. Als ich nach Hause kam, erzählte ich es meiner Mutter, die in der Küche den Abendbrottisch deckte. Sie unterbrach ihre Arbeit, setzte sich mir gegenüber und sagte, ich hätte das Richtige getan: »Du mußt begreifen, daß du einer der glücklichsten Menschen auf der Welt bist. Du bist als Weißer geboren, als Protestant und als Amerikaner. Das bedeutet, daß dir die Vorurteile erspart bleiben werden, mit denen viele andere Menschen fertig werden müssen. Aber denke immer daran, daß du selbst nichts dafür getan hast, als Weißer geboren worden zu sein. So gibt dir das auch nicht das Recht, auf andere herabzuschauen, die nicht dieses Glück gehabt haben. Was die anderen Kinder auch sagen mögen: Du darfst nie auf irgend jemanden herabblicken.«

Daß sie ihren Beruf aufgegeben hatte und am gesellschaftlichen Leben in Princeton und Lawrenceville teilnahm, war für meine Mutter eine Selbstverständlichkeit gewesen, solange sie ihr Leben mit dem meines Vaters teilte. Meine Eltern führten eine glückliche Ehe und waren mit ihrem Leben und ihren Freunden zufrieden. Solange mein Vater zu Hause war, fühlte sich meine Mutter sicher und unabhängig, und sie war stolz auf seine Erfolge und auf das, was sie selbst leistete. Nachdem er gegangen war, war jedoch alles, was ihr in diesem gemeinsamen Leben Freude gemacht hatte, plötzlich verschwunden, aber die Bürden des Lebens blieben, und sie mußte sie nun allein tragen.

Die größten Kopfschmerzen bereitete ihr das Haus. Es war mit einer hohen Hypothek und hohen Steuern belastet, und auch die Unterhaltskosten waren zu hoch. Schon bald nach der Abreise meines Vaters versuchte sie es zu verkaufen, fand aber keinen Interessenten. Dann dachte sie daran, einen Teil des Hauses zu vermieten, aber schließlich traf sie eine andere Entscheidung. Sie ließ die Ölheizung ausbauen, weil Amerika alles Öl für die Kriegsanstrengungen brauchte. Dafür wurde im Winter 1942/43 eine Kohleheizung eingebaut, und Mutter mußte oft zweimal täglich in den Keller gehen und Kohle schaufeln. Eine Haushaltshilfe war schwer zu finden, denn alle jungen Mädchen arbeiteten in Trenton in der Munitionsfabrik. Auch das Benzin wurde knapp. Wir hatten einen sehr schönen Pontiac, bei dem man den rückwärtigen Teil des Daches abnehmen konnte. Daß meine Mutter den Wagen nun nicht mehr benutzen konnte, betrübte sie, denn sie fuhr sehr gerne Auto. Das Benzin war rationiert, und wir erhielten die geringste Zuteilung. Ende 1942 waren es zwölf Liter in der Woche und 1943 noch weniger. Das meiste davon sparte meine Mutter, um Großmutter Schwarzkopf in dem achtzig Kilometer entfernten Newark zu besuchen. Sie und unsere Großmutter mochten sich nicht besonders. Als Ruth Ann geboren wurde, sagte Großmutter Schwarzkopf: »Eine deutsche Frau hätte zuerst einen Jungen auf die Welt gebracht« – doch unsere Mutter bemühte sich dennoch stets darum, eine gute Schwiegertochter zu sein.

Ich genoß diese Besuche bei der Großmutter, zumindest in der ersten halben Stunde, denn sie verwöhnte mich, weil ich meines Vaters *Sohn* war. Es gab immer reichlich Süßigkeiten und irgendein kleines Geschenk wie zum Beispiel einen Zinnsoldaten. Aber dann hatte ich bald genug und wollte wieder nach Hause fahren. Ich fand, alte Leute redeten zuviel, und ich mochte es nicht, so oft umarmt und geküßt zu werden. Außerdem rochen alte Leute komisch.

Während Vaters Abwesenheit versuchte jeder von uns, die Kriegsanstrengungen unseres Landes auf seine Weise zu unterstützen. In jenem ersten Jahr bildete unsere Mutter Frauen in Lawrenceville zu Schwesternhelferinnen aus. Ruth Ann und Sally arbeiteten in Princeton bei der Hilfsorganisation British War Relief und trennten alte Pullover auf, aus deren Wolle die Damen Socken strickten. Im Radio hörten wir die Kriegsberichte, und als die Meldung kam, daß die Alliierten in Nordafrika gesiegt hatten und in Sizilien gelandet waren, jubelten wir, obwohl ich noch zu jung war, um zu begreifen, was wirklich geschah. Meine Schule beteiligte sich an einer Geldsammlung für das Kriegsministerium, und auch ich ging mit der Sammelbüchse von Haus zu Haus, um mitzuhelfen, das Geld für einen Jeep zusammenzubringen, den wir der Armee schenken wollten. Ich glaube, dazu brauchten wir siebenhundertfünfzig Dollar. Als uns das gelungen war, feierten wir den »Jeeptag«, und die Armee brachte tatsächlich unseren Jeep zur Schule. Ich werde nie vergessen, wie phantastisch dieser Jeep aussah. Er stand auf einem Pritschenwagen, hatte weiße Sterne an den Seiten, war mit grüner Tarnfarbe angestrichen und mit rot-weiß-blauen Fahnen drapiert. Höchstwahrscheinlich wurde derselbe Jeep zu allen Schulen in New Jersey gebracht, aber das wußten wir nicht. Es war der Jeep, den *wir* gekauft hatten, und nun sollte er den Soldaten übergeben werden, die gegen die Deutschen und die Japaner kämpften.

Das Geldsammeln brachte mich auf die Idee, auch selbst etwas zu verdienen. Meine Mutter war begeistert und half mir, eine Stelle als Zeitungsausträger zu bekommen. Jeden Nachmittag holte ich mein Zeitungsbündel an der Ausgabestelle der »Trenton Times« ab. Man mußte die Zeitungen so zusammenfalten, daß man sie vom Fahrrad aus auf die Veranda des jeweiligen Abonnenten werfen konnte. Bei mir dauerte das ziemlich lange. Die anderen Zeitungsausträger falteten ihre Zeitungen zusammen und waren längst schon unterwegs, während ich noch damit beschäftigt war, meine zusammenzulegen. Wenn ich mich dann auf mein Fahrrad schwang, um die Zeitungen auszutragen, gelang es mir oft nicht, die Zeitungen weit genug zu werfen, und meist landeten sie im Gebüsch zwischen dem Haus und der Straße. Dann mußte ich entweder absteigen und die Zeitung zur Veranda bringen oder sie einfach dort liegenlassen, wo sie hingefallen war. Gewöhnlich ließ ich sie einfach liegen. So kam es, daß sich die Abonnenten bei der Redaktion beschwerten und behaupteten, die Zeitung sei nicht zugestellt worden. Nach drei Wochen besprach meine Mutter die Angelegenheit mit mir, und wir beide kamen zu dem Schluß, daß dies nicht der richtige Job für mich sei.

Ich begann mich nun für den Verkauf von Samen zu interessieren. In Comic-Heften hatte ich die Anzeigen einer Samenhandlung entdeckt, die wunderbare Prämien für den Haustürverkauf von Samen versprach. Ich beschloß, auf diese Weise eine Angelausrüstung zu verdienen, die aus einer Angelrute, einer Rolle für die Angelschnur und einer Dose mit Blinkern und Haken bestand. Wir rechneten aus, wieviel ich verkaufen müßte, um diese Prämie zu gewinnen. »Glaubst du wirklich, daß du so viel wirst verkaufen können?« fragte meine Mutter. »Vielleicht solltest du dich zunächst mit einem Vergrößerungsglas zufriedengeben.« Aber ich wollte unbedingt die Angelausrüstung haben.

Die Samen wurden in kleinen Tüten geliefert, die zu zehn Cents das Stück verkauft werden sollten. Darauf waren die Pflanzen, die man aus den Samen ziehen konnte, farbig abgebildet – exotische Melonen, tropische Blumen und Feuerdorn, mit dem man ganze Hauswände beranken konnte. Ich konnte nicht verstehen, weshalb so wenige Menschen diese Samen kaufen wollten. Wochenlang ging ich in Lawrenceville von Haus zu Haus, aber immer noch hatte ich einen

Vorrat von einigen hundert nicht verkauften Samentüten. Die Samenhandlung schickte mir Mahnungen und schrieb: »Sie haben Ihre Ware bekommen, und wir warten auf das Geld.« Meine Mutter versuchte, neue Kunden für mich zu werben, aber umsonst. Die Mahnungen der Samenhandlung wurden immer dringender, und schließlich sagte mir meine Mutter, ich hätte mir große Mühe gegeben, aber nicht mehr verkaufen können. Sie bezahlte also den Rest, und ich wartete ungeduldig auf meine Angelausrüstung. Als das Paket der Samenhandlung schließlich kam, sah es nicht so aus, als enthielte es eine Angelrute, und als ich es auspackte, fand ich darin eine Bibel. In dem Paket lag ein Brief, in dem ich auf das Kleingedruckte in dem Vertrag mit der Samenhandlung hingewiesen wurde, wo es hieß, wenn die Ware nicht innerhalb einer bestimmten Frist bezahlt werden würde, könne die Samenhandlung bestimmen, welchen Preis der Verkäufer bekäme. Ich hielt das für unfair, aber meine Mutter sagte nur: »Nächstes Jahr werden wir keine Samen verkaufen, Norman.«

Inzwischen wurden wir von meinem Vater mit Post überschüttet. Er hatte sich in Teheran eine Schreibmaschine besorgt und schrieb uns jede Woche mehrere lange Briefe. Manchmal verzögerte sich die Post um bis zu drei Wochen, und plötzlich kamen zwölf oder fünfzehn Briefe auf einmal. Dann setzte sich Mom mit uns ins Wohnzimmer und las sie uns vor. Es waren interessante Briefe, die mein Vater mit farbigen Zeichnungen von den Dingen, die ihm besonders aufgefallen waren, und mit lustigen Karikaturen illustriert hatte. Er schrieb uns von Marmorpalästen, Moscheen, Hungerdemonstrationen, den Kämpfen mit den wilden Bergstämmen, langweiligen Arbeitssitzungen mit den Diplomaten, dem Leben in der Villa, die er mit den anderen Mitgliedern der amerikanischen Mission bewohnte, seinem Hausburschen Ali, den Debatten im iranischen Parlament und den Zahnschmerzen, mit denen er zu kämpfen hatte. Vieles ging über meinen Horizont hinaus, aber in jedem Brief standen auch Dinge, die mich fesselten, zum Beispiel die Art, wie die Teppichhändler die Teppiche behandelten, um sie älter und wertvoller erscheinen zu lassen. Er schrieb: »Sie legen sie auf die Straßen, und tagelang laufen die Menschen, die Esel, Schafe und Kamele darüber, und neulich sah ich einen Mann, der seinen Teppich sogar auf die Fahrbahn legte, wo Autos und Pferdefuhrwerke darüberfuhren.«

Wir bekamen auch Pakete mit Geschenken, die er auf dem Basar für uns gekauft hatte – Schmuck aus Silberfiligran, Gebetsteppiche und Mützen aus Lammfell. Für mich suchte er immer etwas Besonderes aus, zum Beispiel ein Jagdmesser, eine Kamelglocke und das Gehörn einer Bergziege, die er geschossen hatte. Das beste war ein dreihundert Jahre altes persisches Kriegsbeil, das er mir zu meinem zehnten Geburtstag schenkte. Es war etwa siebzig Zentimeter lang, mit Einlegearbeiten aus Silber verziert und trug eine Inschrift, derzufolge es einem jungen Adligen gehört hatte. In seinem Begleitbrief schrieb mein Vater, das Kriegsbeil sei »ein Hinweis auf deine Erfolge im ›Lebenskampf‹«. Mit herzlichen Worten sprach er dann von seiner Liebe zu mir und brachte seine guten Wünsche für meine Zukunft zum Ausdruck:

> Es ist etwas Besonderes, das erste Jahrzehnt des Lebens vollendet zu haben, auf die Jahre zurückzublicken und sich bewußt zu werden, welche Freude Du Mommy und mir in dieser Zeit gemacht hast, wie großartig Du mit Deinen hübschen Schwestern auskommst, was Du alles geleistet und welche Freunde Du gewonnen hast. Mit all diesen Erfahrungen und Fortschritten auf Deinem Lebensweg hast Du mich stolz gemacht, mein Junge, und wenn ich mir überlege, welche Anlagen Du bisher gezeigt hast, dann bin ich überzeugt, daß eine große Zukunft vor Dir liegt. Im Herzen von Mommy und auch in meinem Herzen liegen unausgesprochene Hoffnungen für Deine Zukunft, unerschütterliche Liebe und Verständnis und die Gewißheit, daß der Erfolg unseres Lebens in Deinen Taten zum Ausdruck kommen wird.

Unsere Eltern schrieben sich aber auch Briefe, die wir Kinder nicht zu sehen bekamen, und ihr Inhalt kann nicht immer sehr erfreulich gewesen sein, weil meine Mutter während des ganzen Jahres 1943 große finanzielle Sorgen hatte und allmählich den Mut verlor. Im selben Sommer beschlossen die Eltern, daß wir aus dem Green House ausziehen und es umbauen sollten, um kleinere Wohnungen einzurichten, die vermietet werden könnten, um so die Unkosten zu bezahlen, bis sich ein Käufer fand. Ein Freund meines Vaters erklärte sich bereit zu helfen, aber die Bank, bei der die Eltern die Hypothek aufgenommen hatten, wollte den Umbau nicht finanzieren, und außerdem gab es noch andere Probleme. Nun mußte meine Mutter eine neue Unterkunft für uns finden, die wir uns leisten konnten, und den zum Ende des Jahres vorgesehenen Umzug vorbereiten.

Im Oktober 1943, auf dem Höhepunkt all dieser Ereignisse, kam unser Vater für ein paar Tage nach Hause. Er war nach Washington geflogen, weil er Lastwagen und Stiefel für seine Polizisten brauchte. Ich kann mich kaum mehr an seinen Besuch erinnern. Ich weiß nur noch, was Sally zu Halloween erlebte. Sie und Ruth Ann kamen nach Hause, nachdem sie, wie das an diesem Tag üblich ist, mit anderen Kindern die Runde bei den Nachbarn gemacht hatten, um kleine Geschenke einzusammeln. Ich war schon zu Bett gegangen, und die Eltern waren in der Küche. Als Sally zur Tür hereinkam, sah sie beide Zigaretten rauchend und in ein ernstes Gespräch vertieft am Tisch sitzen. Mutter weinte. Meine Schwester war darüber tagelang verstört. Sie konnte keine Erklärung dafür finden, was ihre Mutter so traurig gemacht haben könnte. Die Erwachsenen hielten natürlich ihre Probleme von uns fern, doch eines stand fest: Nach Vaters Abreise mußte unsere Mutter den ganzen folgenden Winter ohne ihn auskommen.

Ein paar Wochen später kam ich eines Tages von der Schule nach Hause und fand meine Mutter in Tränen aufgelöst auf der Treppe sitzen. Sie war eben aus dem Keller heraufgekommen und ganz mit Kohlenstaub bedeckt. Ich erschrak und versuchte festzustellen, was ihr fehlte. Aber sie konnte nur mit schwerer Zunge sprechen. Sie behauptete, wir hätten nichts zu essen, und es sei nichts mehr im Haus. Deshalb könne sie uns heute kein Abendessen vorsetzen. Aber ich wußte, daß noch etwas da war. Irgend etwas war mit meiner Mutter geschehen, ich wußte nur nicht, was.

Anfang Dezember zogen wir nach Princeton, zuerst in ein Appartement und dann in ein gemietetes Haus an der Hibben Road in einer guten Wohngegend in der Nähe des Theologischen Seminars von Princeton. Das Haus war kleiner und leichter in Ordnung zu halten als das Green House, aber meine Schwestern, die es gewohnt waren, in der vornehmsten Gegend von Lawrenceville zu leben, glaubten, dieser Umzug bedeute einen Abstieg auf der sozialen Stufenleiter, denn das neue Haus war ein Holzhaus, während die meisten anderen Häuser in dieser Gegend Steinhäuser waren. Es hatte jedoch Erkerfenster und eine geschlossene Veranda, und im Grunde fehlte uns nichts – außer daß wir zwei sehr unglückliche Jahre in diesem Haus zugebracht haben. Nachdem wir Lawrenceville verlassen hatten, zeigte sich, daß unsere Mutter angefangen hatte, stark zu trinken. Das war auch der Grund dafür, daß sie mit schwerer Zunge sprach und nicht mehr derselbe Mensch war wie vorher. Vielleicht hatte sie schon zu trinken angefangen, bevor wir umgezogen waren, und wir hatten es nicht gemerkt. Aber in Princeton wurde das Problem so ernst, daß es sich nicht mehr verbergen ließ. Im Verlauf eines halben Jahres war es zu der unseren Alltag bestimmenden Tatsache geworden.

Ich fürchtete mich, abends nach Hause zu kommen. Deshalb ging ich zuerst ans Küchenfenster und sah hinein, um festzustellen, was mich erwartete. Unsere Mutter lebte praktisch in zwei Welten. Wenn sie nüchtern war, dann war sie die reizendste, rücksichtsvollste, liebevollste und intelligenteste Person, die man sich vorstellen konnte. Aber wenn sie sich betrunken hatte, mußte man sich vor ihr fürchten.

Sie trank schon vor dem Essen. Manchmal nahm sie ein Viertelliterglas, goß es zu drei Viertel voll mit Bourbon und trank es in einem Zuge aus. Wir saßen am Tisch, starrten sie erschreckt an, und sie legte los. Wenn unsere Mutter betrunken war, konnte sie schrecklich gemein sein, und das zeigte sich meist in Form von persönlichen Angriffen gegen meine Schwestern. So konnte sie zum Beispiel an Sally herumnörgeln und sagen: »Sitz gerade! Warum machst du immer einen Buckel? Warum richtest du dich nicht auf, wenn du am Tisch sitzt?« Oder es hieß: »Wie siehst du nur aus? Nichts ist in Ordnung. Sieh dir dein Haar an.« Diese kleinen Sticheleien gingen weiter, bis sie glaubte, einen besonders empfindlichen Punkt getroffen zu haben, und dann bohrte sie so lange, bis meine Schwester in Tränen ausbrach. Manchmal ging es um einen Verehrer, dann wieder um die Leistungen in der Schule, oder es wurde beanstandet, daß eines der Mädchen zu dick geworden sei. Was es auch war, unsere Mutter fand jedesmal den wunden Punkt.

Ich versuchte solchen Szenen dadurch zu entgehen, daß ich mich nach Möglichkeit aus allem heraushielt. Ich fand mich pünktlich zum Essen ein und ging anschließend sofort auf mein Zimmer. Da Sally und Ruth Ann jedoch das Geschirr abwaschen mußten, konnten sie sich nicht so leicht entziehen. Dann standen sie an dem alten gußeisernen Waschbecken mit dem Rücken zu ihrer Mutter, die am Küchentisch saß und ständig etwas an ihnen auszusetzen hatte. Wer nie mit einem alkoholkranken Elternteil zusammengelebt hat, kann sich kaum vorstellen, wie sich diese Szenen entwickelten. Jahre später hat Ruth Ann in einem Aufsatz für das College einen solchen Abend beschrieben. Darin nannte sie sich selbst Bethesda, und Sally hieß Lena. Aber der Rest war ein wirklichkeitsgetreuer Tatsachenbericht:

An jenem Abend ließ Mutter sie bis neun Uhr in der Küche an der Wand stehen, weil sie beim Geschirrspülen französisch gesprochen hatten.
»Ihr glaubt wohl, besonders schlau zu sein, wenn ihr so über eure Mutter sprecht. Stellt euch dort an die Wand«, sagte sie immer wieder. Sie beobachtete die beiden, während sie sich selbst den Mund mit grünen Bohnen aus dem Kochtopf vollstopfte.
»Was habt ihr denn so Wichtiges zu tun? Bleibt nur dort stehen. Und du, Miss Bethesda, nimm die Beine zusammen. Hast du mich gehört? Drück deine fetten Oberschenkel mehr zusammen!« Die Bohnen fielen ihr aus dem Mund, als sie »fette Oberschenkel« sagte. »Was tust du so vornehm und schaust auf deine Mutter herab? Mit deinem Französisch kommst du dir wohl besonders schlau vor! Warum hältst du es nicht durch, abzunehmen? Antworte mir!«
»Ich weiß es nicht, Mutter«, entgegnete Bethesda. Sie wußte es wirklich nicht. Sie wünschte, daß es ihr gelänge, schlanker zu werden. Sie schämte sich, wenn sie daran dachte, wie häßlich sie war mit ihrem schweren Körper und dem krausen Haar.
»Du glaubst wohl, du bist etwas Besonderes, weil du die Schule von Miss Fine besuchen darfst«, sagte die Mutter, wobei sie den Namen der Schule affektiert betonte. »Stolz wie ein Pfau schaust du mit den Damen der Gesellschaft auf die Leute herab, die etwas für den Krieg tun. Wie wäre es, wenn du einmal daran denken würdest, deiner Mutter zu helfen? Was denkst du darüber, Miss Bethesda?« Und das ging immer so weiter. Lena sprach kein Wort.
Dann fing Mutter an, sich über Daddy zu beschweren und darüber, daß er mit seinem Hausburschen Ali Akbar ein so bequemes Leben führe. Bethesda hatte keine Ahnung, warum Mutter diesen Hausburschen so sehr haßte. »Ali Akbar, Ali Akbar. Der Oberst und sein kleiner Hausbursche Ali Akbar«, höhnte Mutter mit zusammengekniffenen Augen. An diesem Punkt verteidigte Bethesda jedesmal ihren Vater.
»Er tut seine Pflicht«, sagte sie, obwohl sie wußte, was nun kam. Mutter schickte Lena aus dem Zimmer, warf sich über den Tisch und fing an zu weinen.
»Niemand kümmert sich um mich. Kein einziger Mensch auf der ganzen Welt kümmert sich darum, was mit mir geschieht.« Bethesda beobachtete sie aufmerksam. »Reiß dich zusammen«,

hätte sie ihr am liebsten gesagt. »Du mußt das Leben nehmen, wie es ist. Es herrscht doch Krieg!« Aber sie schwieg. Sie sah, wie die Mutter ihren in den Armen verborgenen Kopf hin- und herrollte. Sie wartete darauf, was nun folgen würde. Sie wußte, ihre Mutter brachte jetzt auch sie zum Weinen.

Als wir nach Princeton umgezogen waren, freundete sich Mutter mit einer Frau an, die wir Kinder nicht ausstehen konnten. Sie kam aus einer sehr wohlhabenden Familie, gehörte aber zu den Leuten, mit denen unsere Mutter normalerweise nichts zu tun haben wollte. Diese Frau war eine unverbesserliche Alkoholikerin. Ich glaube, ich habe sie niemals nüchtern gesehen. Sie war immer stark geschminkt, ihre Lippen waren mit Lippenstift verschmiert, die Augenbrauen rasiert und nachlässig mit einem schwarzen Schminkstift nachgezogen. Wir hielten sie für die Ursache des Alkoholismus unserer Mutter, weil sie nüchtern mit dieser Frau fortging und jedesmal betrunken zurückkam.

Oft brachte diese Freundin auch ihren Bruder mit, einen großen, übergewichtigen Burschen, der ständig schwitzte. Meine Mutter hat sich über ihn wahrscheinlich nur lustig gemacht. Und noch ein anderer Kerl hing ständig mit ihnen herum, der aussah wie der Filmschauspieler Sonny Tufts, ein Kräftiger mit glattem blonden Haar, blauen Augen und einem strahlenden Lächeln. Er bemühte sich besonders um Sally und mich. Einmal nahm er uns sogar mit auf die Fasanenjagd auf einem Feld, nicht weit von dem Gerichtsgebäude entfernt, wo der Lindbergh-Prozeß stattgefunden hatte. Ich hielt den Burschen für einen Schwindler und legte keinen Wert auf seine Freundschaft. Am liebsten hätte ich ihm mit meinem persischen Kriegsbeil eins ausgewischt. Mit solchen Leuten hatten meine Eltern früher nicht verkehrt.

Jedes von uns Kindern reagierte auf seine Art auf dieses Durcheinander. Ruth Ann ließ sich auf lange Diskussionen mit ihrer Mutter ein, und je älter sie wurde, desto heftiger wurden die Auseinandersetzungen. Sally war geduldiger. Sie war die Tochter, die versuchte, die Familie zusammenzuhalten. Ich verabscheute Konfrontationen, wehrte mich aber manchmal mit Sabotage. Wenn meine Mutter nicht zu Hause war, suchte ich in der Küche nach den Bourbon- und Ginflaschen, schüttete den Inhalt hinter der Garage aus und zerschlug sie. Manchmal war ich wütend, manchmal hatte ich Angst, aber meist fühlte ich mich vollkommen hilflos. Ich zog mich einfach zurück, und meine Mutter ließ es zu, weil ich der Jüngste und ihr Liebling war. Wenn die Situation für mich unerträglich wurde, konnte ich ganz abschalten und mir meine schmerzlichen Gefühle nicht anmerken lassen. Ich bewahrte mir aber die Fähigkeit, anderen Menschen freundlich zu begegnen und Hunde zu lieben. Es bereitete mir Freude, alte Damen über die Straße zu führen und mich ganz normal zu benehmen. Ich hatte viele Spielkameraden, aber keinen wirklichen Freund. Ich lernte es, zurückhaltend und unabhängig zu sein. Vielleicht hatte ich das von meiner Mutter.

Wenn ich nicht gerade zu Hause sein mußte, war ich eigentlich ganz zufrieden. In der Schule wurde der Unabhängigkeitskrieg durchgenommen, besonders die Ereignisse aus dieser Gegend wie die Schlacht von Princeton, die Schlacht von Trenton und Washingtons Überquerung des Delaware. Mir gefiel die Vorstellung, hier denselben Boden zu betreten wie George Washington. Aber auch das Fach Naturkunde faszinierte mich, besonders die Ornithologie. Es gab keine Vogelart im Staat New Jersey, die ich nicht kannte. Ich konnte die männlichen von den weiblichen Vögeln unterscheiden und anhand der Eier oder Nester bestimmen, zu welcher Vogelfamilie sie gehörten.

Ich wollte auch ein guter Jäger sein. Hinter dem Haus standen neben der Garage ein paar Apfelbäume, und dort stellte ich ständig Fallen auf. Die erste Falle war eine weiße Schachtel, deren Deckel mit einem Stöckchen, an dem eine Schnur befestigt war, offengehalten wurde. Aber ich stellte sehr bald fest, daß die Tiere dafür zu schlau waren. Man konnte mit dieser Methode nicht einmal eine Hauskatze fangen. Dann fand ich in der Schulbibliothek ein Buch über das Überleben in der Wildnis und lernte daraus, alle möglichen Fallen zu bauen, die aber auch nicht funktionierten. Schließlich ließ ich mir eine Falle aus Drahtgitter mit einer kleinen, durch eine Feder gesicherten Tür kommen, mit der man Erdhörnchen lebendig fangen konnte. Ich war sehr gespannt und wollte, wenn ich genügend Erdhörnchen gefangen hatte, diese abrichten und »H. Norman Schwarzkopfs dressierte Erdhörnchen« im Zirkus zeigen. Ich stellte mir vor, »Barnum und Bailey« würden glücklich sein, mich mit meinen dressierten Erdhörnchen auftreten zu lassen. Schließlich fing ich etwas. Eines Morgens fand ich ein kleines Erdhörnchen in der Falle, das vor Angst fürchterlich piepste. Ich ließ es sofort frei und schämte mich, dem Tierchen, wenn auch nur für kurze Zeit, die Freiheit genommen zu haben. Mein Mitleid war immer wieder stärker als meine Jagdleidenschaft.

Ich weiß noch genau, wie es war, als ich zum ersten Mal in meinem Leben einen Vogel schoß. Es war eine Wanderdrossel. Ich übte damals fleißig mit Pfeil und Bogen und schoß auf alle möglichen Ziele, glaubte aber nie daran, daß ich sie wirklich treffen könnte. Dann sah ich eines Tages die Wanderdrossel in unserem Garten. Ich zielte, schoß den Pfeil ab, und mein Gott, ich hatte den Vogel getroffen! Der Pfeil hatte ihn durchbohrt, und nun lag er am Boden und flatterte kurze Zeit, bis er starb. Es gab keine Möglichkeit, die Wanderdrossel wieder lebendig zu machen, und alles war meine Schuld.

Ich ging ins Haus, holte den schönsten Karton, den ich finden konnte, polsterte ihn aus und begrub den Vogel in einem tiefen Loch. Dabei sagte ich alle Gebete her, die ich kannte, und schwor dem lieben Gott, ich würde nie wieder einen Vogel oder irgendein anderes Lebewesen schießen, wenn er mir dieses fürchterliche Verbrechen verzeihen wollte. Mein Vater hatte uns immer wieder eingeschärft, daß wir niemals auf ein Lebewesen zielen dürften, wenn wir nicht auch die Absicht hätten zu schießen. Und nun wurde mir bewußt, wie recht er hatte. Von nun an hütete ich mich davor, mit Pfeil und Bogen oder mit meinem Luftgewehr auf irgend etwas zu schießen, was sich bewegte. Wenn ich mit meinen Spielkameraden zusammen war, tat ich manchmal so, als wollte ich mein Gelübde brechen. Dann näherten wir uns leise irgendeinem lebendigen Ziel, und wenn wir dicht genug herangekommen waren, schoß ich, zielte aber jedesmal absichtlich daneben.

Meine Mutter schien Verständnis dafür zu haben, daß ich außerhalb des Hauses eine sinnvolle Beschäftigung brauchte. So unternahm sie alles, um für mich etwas Geeignetes zu finden. Aber die Auswahl war nicht groß, denn nach Ausbruch des Krieges war die örtliche Pfadfindergruppe aufgelöst worden, und es gab auch keinen Footballverein mehr. Ich ging aber jeden Samstag in den Jugendclub und lernte, mit dem Tesching zu schießen. Außerdem sang ich im Knabenchor der Trinity Episcopal Church. Dabei konnte ich sogar etwas verdienen, denn jeder Junge bekam für eine lange Probe und einen Sonntagsgottesdienst fünfzig Cents, und das war für mich viel Geld. Ich nahm sogar Tanzstunden, obwohl es mir sehr peinlich gewesen wäre, wenn meine Freunde es erfahren hätten; aber es machte mir viel Spaß. In der Schule ging ich in eine gemischte Klasse, und einige meiner Mitschülerinnen waren recht hübsche Mädchen. Schon im Alter von acht oder neun Jahren war ich ein sehr romantischer junger Mann.

Als meine Mutter meinem Vater schrieb, was ich in meiner Freizeit tat, fürchtete er, ich könnte ein Weichling werden. Zwar hatte auch er in West Point in einem Chor gesungen und war ein ausgezeichneter Tänzer, er hätte es aber lieber gesehen, wenn ich mehr Sport getrieben hätte. Während des ganzen Jahres 1944 ermahnte er mich in seinen Briefen immer wieder, mich sportlich zu betätigen, und trug mir auf, ihm jede Woche die Ergebnisse der Footballspiele mitzuteilen, an denen Mannschaften der Armee beteiligt waren. Obwohl ich regelmäßig schwamm, im Sommer lange Wanderungen unternahm und Baseball spielte, hatte ich keinen besonderen sportlichen Ehrgeiz.

Die Abenteuer, die mein Vater während des Krieges zu bestehen hatte, traten für mich angesichts der Kämpfe, die bei uns zu Hause ausgefochten wurden, im Lauf der Zeit immer mehr in den Hintergrund. Je länger wir in Princeton lebten, desto weniger interessierte mich der Inhalt seiner Briefe. Niemand hatte ihm gesagt, mit welchen Schwierigkeiten seine Familie zu kämpfen hatte, und wenn einer seiner Offiziere uns auf dem Wege in den Iran besuchte, ließ sich unsere Mutter ihre Abhängigkeit vom Alkohol nicht anmerken. So hatte mein Vater keine Ahnung, wie es bei uns aussah. Seine Briefe enthielten oft Sätze wie: »Ich weiß, daß ich mich auf Dich verlassen kann und Du Deine Aufgaben als einziger Mann im Haus erfüllen wirst«, aber ich hatte das Gefühl, völlig versagt zu haben. Er fragte mich aber niemals danach, was mir fehlte oder was ich brauchte. Vor allem fehlte mir der Vater. Viele meiner Freunde hatten das Glück, daß ihre Väter als Lehrer an den Schulen in Princeton oder Lawrenceville nicht eingezogen wurden und zu Hause geblieben waren. Diese Männer waren sehr freundlich zu mir, aber keiner von ihnen versuchte, mir den Vater zu ersetzen. Hätten sie es getan, dann hätte ich mich dagegen gewehrt, denn niemand konnte die Lücke ausfüllen, die durch die Abwesenheit meines Vaters entstanden war.

Wir beteten darum, daß er bald nach Hause kommen und uns retten möge, wußten aber nicht, wann das möglich sein würde. Der erste Kriegsbericht, der für mich wirklich eine Bedeutung hatte, war die Radiomeldung vom Juni 1944, in der ich hörte, daß der Tag des Waffenstillstands kurz bevorstand. Der Radiosprecher zitierte den Gouverneur von Ohio, John Bricker, mit den inzwischen berühmt gewordenen Worten, man sehe jetzt »den Anfang des Endes der Kräfte des Bösen und der Zerstörung«. Ich war aufs höchste erstaunt und erregt, denn das bedeutete, daß der Krieg fast vorüber war und unser Vater vielleicht bald nach Hause kommen würde. Aber als das nationalsozialistische Deutschland im folgenden Frühjahr kapitulierte, war die Regierung des Schahs auch weiter von den Vereinigten Staaten abhängig, und mein Vater schrieb, er werde unter Umständen noch jahrelang in Teheran bleiben müssen. Dann wurde er überraschend zu Konsultationen nach Washington gerufen und kam für einen einmonatigen Urlaub nach Princeton. Das war im Juni 1945.

Erst viel später erfuhr ich, wie sehr ihn Mutters Zustand erschüttert hatte, obwohl er es sich damals nicht anmerken ließ. Wenn sie anfing, ihm während des Essens etwas vorzujammern, wechselte er entweder das Thema oder schickte uns Kinder hinaus. Schließlich sprach er mit Ruth Ann und Sally über das Alkoholproblem unserer Mutter, aber nur um ihnen zu sagen, daß er nicht bei uns bleiben und etwas dagegen unternehmen könne. Der damals fünfzehnjährigen Ruth Ann sagte er: »Der Krieg ist noch nicht zu Ende, und bis dahin gibt es noch viel zu tun. Du hast die besondere Aufgabe, für deine Mutter zu sorgen, und ich bin überzeugt, daß du deine Pflicht tun wirst.« Der dreizehnjährigen Sally sagte er: »Du mußt das Leben nehmen, wie es ist.«

Mir gegenüber erwähnte er den Alkoholismus unserer Mutter mit keinem Wort, aber was er für mich tat, war sehr viel wirkungsvoller. Ich bat ihn, mich auf eine militärische Schule zu schicken, und er war einverstanden. Er selbst hatte eine solche Schule besucht, und ich hatte schon versucht, meine Mutter für diese Idee zu gewinnen. Ich sagte ihm: »Ich habe es satt, als einziger Junge nur mit Frauen zusammenleben zu müssen. So kann ich kein richtiger Mann werden.« Das genügte. Ich konnte ihm nicht sagen, daß ich den Alkoholismus meiner Mutter und die ewigen Streitigkeiten nicht mehr ertragen wollte. Es wäre mir zu peinlich gewesen, diese Dinge zu erwähnen.

Im September trat ich in die sechste Klasse der Bordentown Military Academy ein. Ich war glücklich, denn damit begann die Laufbahn, für die mich mein Vater bestimmt hatte. Ich kannte Fotos, die ihn als kleinen Jungen in Uniform zeigten. Jetzt sollte auch ich eine militärische Schule besuchen und vielleicht eines Tages nach West Point gehen. Meine einzige Sorge war, daß meine Leistungen auch den Anforderungen entsprachen.

Die Bordentown Military Academy lag auf halbem Wege zwischen Princeton und Philadelphia. Es war ein großes, altes, weißes Steingebäude mit einem Exerzierplatz davor. Dahinter lagen die Schülerwohnheime und die Sportanlagen. Zum ersten Mal in meinem Leben konnte ich hier wirklich etwas leisten – schulisch, sportlich und militärisch. Bisher hatte ich nur etwas über dem Durchschnitt liegende Zeugnisnoten nach Hause gebracht, und in meinen Beurteilungen hieß es etwa: »Normans Leistungen sind befriedigend, aber er könnte bessere Leistungen zeigen.« Jetzt glänzte ich in allen Fächern. Es wurde mehr von mir verlangt als in der Grundschule von Princeton, aber in Bordentown wurden abends die Hausaufgaben überwacht, und es gab keine hübschen Mädchen, keine Radiosendungen und keine Abenteuer mit meinen Klassenkameraden, die mich hätten ablenken können.

Auch in meiner körperlichen Entwicklung machte ich rasche Fortschritte. Ich wuchs schnell und war in diesem Winter schon einen Meter achtzig groß. Ich spielte Football und übte mich im Speerwerfen und Kugelstoßen. Noch im selben Jahr wurde ich Gefreiter. Das war der höchste Rang, zu dem man in der sechsten Klasse befördert werden konnte. Ich trug gerne die Uniform, gewöhnte mich rasch an gute Manieren bei Tisch und hatte nichts dagegen, in geschlossener Formation zum Unterricht geführt zu werden. Die militärische Disziplin tat mir gut. Wenn man aus einem so chaotischen Elternhaus kommt, wie es das meine damals war, dann ist es beruhigend zu wissen, was von einem erwartet wird. Wir jüngeren Schüler lebten in einem Wohnheim, das von Mrs. McKay geleitet wurde, einer warmherzigen älteren Dame, die mich gern zu haben schien und mir das Gefühl der absoluten Sicherheit und Geborgenheit gab. Innerhalb eines Jahres war aus einem pausbäckigen Schuljungen ein hochgewachsener junger Mann geworden. Ich bin überzeugt, meine Schwestern haben diese Verwandlung mit gemischten Gefühlen zur Kenntnis genommen, besonders in der ersten Zeit. Als ich zu den Weihnachtsferien nach Hause kam, wollte ich ihnen zeigen, daß sie mich nicht mehr herumkommandieren konnten, schlug ihnen mit geballter Faust auf den Oberarm und sagte: »Wenn du schreist, schlage ich noch einmal zu.«

Nach dem Besuch meines Vaters im Jahr 1945 bin ich nie mehr längere Zeit zu Hause gewesen, und er sorgte dafür, daß das so blieb. Nach Beginn der Sommerferien im Juni schrieb er meiner Mutter, daß ich zu ihm in den Iran übersiedeln sollte, da der Krieg jetzt vorüber sei. Eines Tages kam sie zu mir in mein Zimmer und sagte: »Was würdest du dazu sagen, zu deinem Vater in den Iran zu gehen?«

Sie mußte ihre Frage noch einmal wiederholen, denn ich konnte es zunächst gar nicht glauben. Meine Antwort war: »Wann fahren wir ab?«

Mein Vater hatte Major Dick Waters, der im August in seinen Stab nach Teheran versetzt werden sollte, gebeten, mich mitzunehmen. Die Reise sollte in Washington beginnen, und zunächst wollte Major Waters mit mir nach Florida fahren, um sich dort von seiner Familie zu verabschieden, und dann vom Militärflughafen West Palm Beach in den Iran fliegen. Schon nach einer Woche fand ich mich mit meiner Mutter im Pentagon wieder, wo ich meinen Paß abholte und gegen die Pest, Diphtherie und andere Infektionskrankheiten geimpft werden sollte, die man sich im Iran holen konnte. Das Pentagon – das amerikanische Kriegsministerium – war erst kurz zuvor fertiggestellt worden, und ich erinnere mich noch sehr deutlich, welchen Eindruck seine riesigen Ausmaße auf mich machten. Wir wurden überall freundlich behandelt, wahrscheinlich auch deshalb, weil mein Vater kürzlich zum Brigadegeneral befördert worden war, um die Bedeutung der Beziehungen der Vereinigten Staaten zum Iran zu unterstreichen.

Es verging noch fast ein Monat, in dem wir mehrmals nach Washington fahren mußten, bis ich alle notwendigen Impfungen bekommen hatte. Dort kamen wir bei einer Freundin meiner Mutter aus der Zeit ihrer Ausbildung zur Krankenschwester unter und fuhren anschließend mit meinen Schwestern für zwei Wochen in den kleinen Badeort Sea Girt, New Jersey, an der Atlantikküste. Dort lernte ich ein Mädchen namens Eileen kennen und war überzeugt, ich würde sie mein Leben lang lieben. Ich ging mit ihr ins Kino und war sogar mutig genug, ihre Hand zu halten, wenn ich neben ihr saß – für einen Elfjährigen ein tolles Erlebnis. Doch dann mußten wir uns für immer verabschieden, denn nun sollte mein Leben in der Wüste beginnen.

An meinem zwölften Geburtstag, am 22. August 1946, stand endlich die weiße Limousine von Major Waters vor der Tür. Ich legte meinen Koffer auf den Rücksitz, gab meiner Mutter einen Abschiedskuß, und wir fuhren ab. Für mich war dieser Tag der Beginn meiner militärischen Laufbahn, denn von nun an lebte ich nur noch unter Soldaten.

3

Damals war eine Flugreise von den Vereinigten Staaten in den Nahen Osten keine einfache Sache. In der letzten Augustwoche starteten wir von West Palm Beach in einer vollbesetzten Passagiermaschine der Luftwaffe. Wir flogen zunächst die Küste hinauf und überquerten den Nordatlantik via Neufundland, Labrador und Azoren. Dann überflogen wir Europa und Nordafrika, mußten dabei aber alle eintausend bis eintausenddreihundert Kilometer zum Auftanken zwischenlanden. Bis zu unserer Ankunft in Kairo brauchten wir, einschließlich der Zwischenaufenthalte, fünf Tage. Dorthin hatte uns mein Vater ein altes zweimotoriges Transportflugzeug entgegengeschickt, das nun darauf wartete, uns über die letzten eintausendsechshundert Kilometer nach Teheran zu bringen.

Das war meine erste Begegnung mit dem heißen Wüstenklima. Mit einem halben Dutzend anderer Passagiere saßen wir angegurtet im Laderaum auf Metallsitzen, die an den Außenwänden der Maschine angebracht waren. Die Fenster waren winzig, die Temperatur betrug rund vierzig Grad Celsius. Wir stiegen auf etwa tausend Meter, wo das Flugzeug auf Warmluftströmungen aus der Wüste stieß und fürchterlich anfing zu bocken. Wir alle wurden luftkrank, und ich beschloß, nie wieder in ein Flugzeug zu steigen. In Bagdad machten wir eine Zwischenlandung zum Auftanken. Der Flughafen lag mitten in der Wüste, ringsherum nichts als gelber Sand. Die Nachmittagsluft war heiß und vollkommen trocken, und es wehte ein Wind, wie ich ihn noch nie erlebt hatte. Er war nicht erfrischend, sondern man hatte das Gefühl, in einen riesigen Ballon geraten zu sein, in den heiße Luft gepumpt wurde. Es gab kein Flughafengebäude und keinen Schatten. Deshalb setzten wir uns unter eine Tragfläche, während die Maschine aufgetankt wurde. Nachdem ich wieder eingestiegen war, schlief ich ein, erschöpft von der Luftkrankheit und der Hitze, und wachte erst auf, als wir in Teheran landeten.

Mein Vater war nicht gekommen, um uns abzuholen, sondern hatte zwei seiner Leute mit einem Jeep damit beauftragt. So fuhren wir auf einer staubigen Straße, vorbei an ärmlichen Eseltreibern und verschleierten Frauen, nach Teheran hinein, um eine Verkehrsinsel herum und dann wieder aus der Stadt hinaus in Richtung auf am Horizont liegende Berge. Schließlich hielten wir vor einem großen Eisentor, und ich erkannte dahinter die Villa, die ich schon auf Fotos gesehen hatte. Ich ging die Stufen zum Eingang hinauf, und als ich oben angekommen war, stürzte mein Vater aus der Tür und lief an mir vorbei die Stufen hinunter. Ich war im vergangenen Jahr so gewachsen, daß er mich nicht gleich erkannte. Ich lief ihm hinterher, und wir umarmten uns. Zum ersten Mal nach vier Jahren lebte ich wieder mit meinem Vater unter einem Dach zusammen.

Die einflußreichsten Amerikaner im Iran waren damals mein Vater und Botschafter George Allen, mit dem er eng zusammenarbeitete. Mein Vater wurde jederzeit vom Schah empfangen, führte laufend Gespräche mit dem iranischen Premierminister und war mit wichtigen Stammesältesten befreundet. Außerhalb von Teheran verfügte er sogar über noch bessere Verbindungen als Botschafter Allen. Er hatte aus der Gendarmerie einen gut ausgebildeten, gut bezahlten und straff organisierten, aus zwanzigtausend Mann bestehenden Verband gemacht, dessen Mannschaftsstärke angesichts der Tatsache, daß er in einem Gebiet für Ruhe und Ordnung sorgen mußte, das so groß war wie der Ostteil der Vereinigten Staaten, nicht besonders hoch erschien. Aber mit fünfzehn an strategischen Punkten im ganzen Land stationierten Regimentern wirkte die Gendarmerie als eine leistungsfähige und stabilisierende Kraft und war vermutlich der stärkste Machtfaktor im Iran.

Schon lange vor Kriegsende hatte sich der Auftrag meines Vaters geändert. Die Vereinigten Staaten und die Sowjetunion waren im Krieg gegen Deutschland in Europa immer noch Verbündete, aber die Sowjets versuchten, den Iran durch alle möglichen Manöver in ihre Einflußsphäre zu bringen, und mein Vater hatte den Auftrag, dafür zu sorgen, daß der Kommunismus im Iran nicht Fuß fassen konnte. Stalin gefiel es nicht, daß sich der Einfluß der Vereinigten Staaten im Iran ausweitete und eine starke Gendarmerie die Stellung des Schahs befestigte, wenngleich die Sowjetunion auf der anderen Seite auf die amerikanischen Hilfslieferungen angewiesen war, für deren sicheren Transport ebendiese Gendarmerie eingesetzt wurde.

Schah Mohammed Resa Pahlewi war noch nicht dreißig Jahre alt und unternahm große Anstrengungen zur Konsolidierung seiner Macht. Als sowjetische und britische Truppen im Frühjahr 1946 wenige Monate vor meiner Ankunft die Randprovinzen des Iran räumten, rückten die Gendarmen meines Vaters in ihre Stellungen ein. Sie sorgten in diesen Gebieten für Ruhe und Ordnung, konfiszierten Waffen und unterstützten die örtliche Polizei, wenn es zu Demonstrationen gegen den Schah kam. Aus diesem Grund begann sich die sowjetische Propaganda mit meinem Vater zu beschäftigen. Die Nachrichtenagentur TASS brachte gegen ihn gerichtete Berichte, und wenn die iranischen Kommunisten Demonstrationen veranstalteten, dann zeigten sie auch jedesmal Transparente mit der Aufschrift »Nieder mit Schwarzkopf«. Das war meinem Vater nur recht, denn er war stolz darauf, mit seiner Arbeit dazu beizutragen, daß der Iran aus dem sowjetischen Machtbereich herausgehalten wurde.

Mein Vater teilte sein großes Haus mit vier seiner Offiziere. Zwei von ihnen hatten kürzlich die Erlaubnis bekommen, ihre Frauen nachzuholen, aber außer mir wohnten hier keine Kinder. Es war eine elegante Villa mit einer gelungenen Raumaufteilung und mit Terrassen, Balkonen und Wänden aus weißem Marmor. Sie war umgeben von einem großen gepflegten Park, den man erreichte, wenn man durch eine Glastür über eine Terrasse die Marmorstufen hinunterging. Hier standen uns zwei Schwimmbäder zur Verfügung, was mich beeindruckte, denn ich hatte noch nie davon zu träumen gewagt, auch nur eines zu besitzen. Im Erdgeschoß lagen ein großer Speisesaal, ein geräumiges Wohnzimmer und eine riesige Halle, und die weißen Marmorfußböden waren mit Perserteppichen bedeckt. Die oberen Stockwerke waren in einzelne Zimmer und Appartements eingeteilt. Die Büros befanden sich im Kellergeschoß. Mein Vater stellte mich sehr feierlich den Dienstboten vor – seinem Hausboy Ali (zu meiner Überraschung ein erwachsener Mann von fünfunddreißig Jahren mit Frau und Kindern), dem Koch, den Kellnern, dem Gärtner und dem Hausknecht Bussorgy. Das war ein furchterregend aussehender, aber geistig zurückgebliebener Riese.

Um nachts der Hitze in den geschlossenen Räumen zu entgehen, schliefen die meisten Menschen in Teheran im Freien. Mein Zimmer hatte keinen Balkon, und deshalb stand mein Bett auf dem Dach. Von dort aus konnte ich in südlicher Richtung über die ganze Stadt bis in die dahinterliegende Wüste sehen. Im Norden lagen das Elbursgebirge und am fernen Horizont der mehr als sechstausend Meter hohe

Berg Demawend. Am ersten Morgen wachte ich schon früh vom Ruf der Muezzins auf, die von ihren Minaretten die Gläubigen zum Gebet riefen. Mir gefiel der musikalische, rhythmische Klang. Die Moscheen waren über ganz Teheran verstreut, und im Lauf der Zeit konnte ich die einzelnen Stimmen voneinander unterscheiden.

Am Tage beobachtete ich die fremdartigen und interessanten Szenen vor unserem Tor. Die Villa lag an der von Teheran zum Elbursgebirge führenden Straße, und die Kamelkarawanen kamen auf ihrem Wege in die Stadt an diesem Tor vorbei. Die Kamele trugen große Messingglocken am Hals, gewöhnlich waren es mehrere Glocken übereinander, und ich hörte ihren Klang, wenn die Kamele hinter der das Grundstück umgebenden Mauer vorbeizogen. Teppichhändler klopften an das Tor, und manchmal durfte einer, der genügend vertrauenerweckend aussah, hereinkommen und seine Ware anbieten. Dann versammelten sich alle Erwachsenen, und er breitete die Teppiche auf dem Fußboden des Wohnzimmers aus. Das Feilschen um den Preis dauerte oft zwei oder drei Stunden.

Auch unser Wasser kam über das Tor aus einem großen betonierten Wassergraben, der parallel zur Straße verlief. In Teheran gab es keine unterirdischen Rohrleitungen, und da die Stadt an einem Hang lag, nutzte man das Gefälle aus, um das Wasser hineinfließen zu lassen. Zweimal täglich öffnete ein Techniker die Schleusen. Jeden Tag schütteten der Gärtner und Bussorgy einen kleinen Damm auf und leiteten das Wasser in eine Zisterne auf dem Dach. Das war das Wasser, mit dem wir uns wuschen. Die Wohlhabenden lebten oberhalb der Stadt, wo auch unsere Villa stand, die Armen unterhalb. So war das Wasser für die Reichen sauber, aber nachdem es durch die ganze Stadt geflossen war, kam es unten schmutzig an. Unser Trinkwasser bezogen wir aus der amerikanischen Botschaft, in der es einen Brunnen gab. Es wurde in einem großen Faß auf einem Eselskarren geliefert, und wir füllten es in Wodkaflaschen ab. Im Badezimmer stand immer eine solche Flasche zum Zähneputzen.

Mir gefiel Teheran von Anfang an. Am Tag nach meiner Ankunft setzten mein Vater und ich uns in einen Wagen und fuhren in die Stadt. Er zeigte mir den Hauptplatz, der von drei Palästen gesäumt wurde. Der eine war rosenfarben, der andere grün und der dritte weiß. Der weiße war der Palast des Schahs. Dann zeigte mir mein Vater die historischen Moscheen und die Ministerien, in denen er mit den Bürokraten um die Durchsetzung seiner Pläne bei der Aufstellung der Polizeitruppe kämpfen mußte. Mich fesselten besonders die

Tiere und Menschen auf den Straßen. Kamele und Esel mit schweren gewebten Satteltaschen wurden von wild aussehenden Männern vorbeigetrieben. Da gab es Mullahs in schwarzen Gewändern, Bettler und Leprakranke. Alle möglichen Tiere liefen auch frei in der Stadt herum, und man hörte ständig ein lautes Stimmengewirr. Überall sah man klapprige Pferdedroschken, und die mageren kleinen Pferde, die sie zogen, sahen sehr eigenartig aus: Denn um sie zu identifizieren, tauchten ihre Besitzer die Hände in Henna und markierten sie mit einem roten Handabdruck auf der Kruppe, bemalten sie aber auch mit anderen Zeichen. Über eine Steintreppe ging es dann hinunter zum unterirdischen Basar. Dieser war ein Gewirr von Tunneln, das von Kerzen und freihängenden elektrischen Birnen beleuchtet wurde. In den Tunnelwänden waren Öffnungen, und hinter jeder Öffnung befand sich irgendein Laden oder eine Werkstatt. Mein Vater begrüßte seinen Teppichhändler, der einem Kunden gerade eine Tasse Kaffee vorgesetzt hatte, während er mit ihm um den Preis feilschte. Dann sahen wir einem alten Kunstschmied zu, der bei Kerzenlicht mit einem kleinen Hammer und einem Nagel wunderschöne Muster in ein großes Messingtablett eingravierte.

Jeden Morgen bekam ich ein typisch amerikanisches Frühstück mit Eiern, Toast, aus einem Pulver angerührten Orangensaft und Dosenfleisch, das uns die moslemischen Köche bereitwillig vorsetzten, weil sie nicht wußten, daß es Schweinefleisch war. Ich frühstückte mit den Erwachsenen im Eßzimmer. Mein Vater saß am Kopfende des Tisches und ich rechts neben ihm. Anschließend machte ich mich auf den Weg zur Schule. Mein Vater hatte mich in der presbyterianischen Missionsschule angemeldet, die von allen amerikanischen Kindern in Teheran besucht wurde. Mein Schulbus war ein Armeelastwagen mit einem großen weißen Stern auf jeder Seite und einem Segeltuchverdeck, und der Busfahrer war ein amerikanischer Unteroffizier. An der amerikanischen Botschaft stiegen die Söhne des Botschafters zu. Meine Klassenkameraden gehörten den verschiedensten Nationalitäten an. Es waren Amerikaner, Iraner und Kinder, deren Eltern als Flüchtlinge in Teheran gelandet waren – Armenier, Weißrussen, deutsche Juden und Juden aus Palästina. Ich gewann viele Freunde und lernte die verschiedensten Kulturen kennen. Nach der Schule brachte ich ein armenisches Mädchen nach Hause und versuchte ihr beizubringen, wie man sich in Amerika an der Hand hält. Dann wieder besuchte ich meinen besten Freund Michael Lieberman, einen Juden aus Palästina, und hier hörte ich, wie sein älterer Bruder Jacob davon sprach, daß er sich den Terroristen anschließen wollte, die gegen die Briten kämpften, um einen jüdischen Staat zu gründen. Manchmal besuchte ich auch eine britische Familie, wo die Menschen feierlich ihren Tee tranken.

Die dienstlichen Obliegenheiten meines Vaters nahmen ihn von morgens bis abends in Anspruch, und deshalb hatte er keine Zeit, sich ausschließlich mit mir zu beschäftigen. So nahm er mich, wenn irgend möglich, zu den diplomatischen Empfängen und offiziellen Essen mit. Wenn er selbst Gäste hatte, erwartete er von mir, daß ich anwesend sein würde, und sagte: »Geh zu den Leuten und stelle dich ihnen vor; sage ihnen, wer du bist.«

Besonders gerne nahm er auch jede Gelegenheit wahr, den Nahen Osten und seine Wunder kennenzulernen. Eines Abends Ende September sagte er: »Wir gehen aus.« Wir stiegen in den Wagen, und er erklärte, wir seien vom Ältesten eines Belutschenstammes eingeladen worden, der Teheran einen Besuch abstattete. Die Belutschen waren Nomaden aus dem östlichen Teil des Landes und betrachteten sich als autonom, aber dieser Stammesälteste war ein treuer Gefolgsmann des Schahs. Wenn die Belutschen nach Teheran kamen, stiegen sie nicht in irgendeinem Hotel ab. Sie brachten ihre Unterkünfte mit. So fuhren wir an den Stadtrand und kamen in der Abenddämmerung an den Rand eines Tafelberges. Am Fuß der Anhöhe sahen wir die dunkelbraunen Zelte des Belutschenlagers. Um das große Zelt des Ältesten gruppierten sich Dutzende kleinerer Zelte. Überall sah man Ziegen, Esel, Kamele und Pferde, einige von ihnen in behelfsmäßig aufgestellten Gattern, andere liefen frei herum und wurden von Kindern gehütet.

Wir fuhren auf einem schmalen Pfad hinunter und hielten vor dem großen Zelt. Etwa zwanzig Stammesangehörige in langen Gewändern und mit Gewehren und Dolchen bewaffnet sprachen mit meinem Vater und seinem Dolmetscher, während ich wartete. Nach fünfzehn Minuten wurden wir ins Zelt gebeten. Der Boden war mit farbigen Teppichen ausgelegt, auf denen Kissen aus grob gewobener Wolle lagen. Mir wurde ein Platz neben meinem Vater angewiesen. Ich fürchtete mich ein wenig vor den verwegen aussehenden Gestalten und wendete mich an meinen Vater, aber er befahl mir, zu schweigen und mich beim Essen so zu verhalten wie er. Auf dem Boden vor uns türmten sich auf meterlangen Platten Berge von Reis. Es gab süßen Reis mit roten und grünen Gewürzen, Safranreis, Reis mit Hühnerfleisch und Reis mit Obst. Von den Gemüsesalaten sollte ich nichts essen, weil das Gemüse, wie mein Vater sagte, mit nicht ganz sauberem Wasser abgespült worden sei. Die Diener brachten einige am Spieß gebratene Schafe herein und legten sie auf den Reis. Auch vor mir lag ein solches Schaf. Während die Diener herumgingen und die Teller füllten, wurde laut geredet und gelacht. Doch rührte noch niemand die Schafe an.

Als jeder seine Portion bekommen hatte, nahmen die Diener den Schafen die Augen heraus, die für die Belutschen eine besondere Delikatesse sind. Die Verteilung der Augen war ein feierliches Ritual. Als Ehrengast bekam mein Vater das erste, und ich beobachtete ihn, wie er es in die Hand nahm, mit etwas Reis in den Mund steckte und kaute. Dann bekamen der Stammesälteste und zwei oder drei seiner ranghöchsten Gefolgsleute je ein Auge. Schließlich kam die Rede auf mich, und irgend jemand sagte: »Da sitzt der Sohn des Generals. Sollten wir ihm nicht auch ein Auge geben?« Ich glaubte zunächst, das sei nur ein Scherz. Doch der Stammesälteste sagte: »Der nächste, den wir ehren wollen, ist der Sohn des Generals!« Alles lachte und klatschte in die Hände. Mein Vater strahlte.

Also bekam auch ich ein Schafsauge. Aber nachdem es so lange gebraten und mit Fett übergossen war, sah es nicht mehr aus wie ein Auge, das einen anstarrt, sondern eher wie eine braune Feige. Doch immerhin war es für mich noch ein Auge, und ich sagte zu meinem Vater: »Das werde ich nicht essen.« Aber er zischte mir aus dem Mundwinkel zu: »Du wirst es essen!« Da ich kein Stammesangehöriger war, hatte man mir einen Löffel neben den Teller gelegt. Mit angehaltenem Atem schob ich das Auge mit dem Löffel in den Mund und schluckte es unzerkaut hinunter. Alles applaudierte. Später sagte mir mein Vater, es habe ihn gefreut, daß ich ihm gefolgt sei. »Sie wollten dir damit eine besondere Ehre erweisen, und wenn du das Auge nicht gegessen hättest, hättest du sie beleidigt«, meinte er. »Aber du hast es gegessen und damit etwas für die guten Beziehungen zwischen Amerikanern und Iranern getan. Ich bin stolz auf dich.« Diese anerkennenden Worte trösteten mich darüber hinweg, daß ich ein Schafsauge hatte essen müssen.

Manchmal dachte ich an meine Freunde in Princeton und stellte mir vor, wie sie mit den Pfadfindern das Herbstlaub auf den Straßen zusammenkehrten, während ich das Glück hatte, mit meinem Vater die arabischen Nächte zu erleben, ohne von irgendwelchen Frauen herumkommandiert zu werden. Ich durfte ein Leben führen, von dem jeder andere Junge nur träumen konnte.

So empfand ich auch nicht das geringste Heimweh. Auch die Krankheiten und die schlechten hygienischen Verhältnisse, mit denen man es im Nahen Osten zu tun hatte, hinderten mich nicht daran, dieses Leben zu genießen. Ich schwamm in den Schwimmbekken im Garten unserer Villa, obwohl wir keine Filteranlage hatten und man sich manchmal anschließend von den Blutegeln befreien mußte, die man sich dabei holte, und ich gewöhnte mich daran, unter einem Moskitonetz zu schlafen, das auch die Sandflöhe abhalten sollte, die ein der Malaria ähnliches Wechselfieber übertrugen. Es bestand immer die Möglichkeit, sich mit irgendwelchen Tropenkrankheiten zu infizieren. Wir waren alle gegen Cholera, Typhus, Paratyphus und Gelbfieber geimpft, aber nach dem Genuß von iranischer Eiscreme oder wenn man Milch getrunken hatte, konnte man an Brucellose erkranken. Ein Offizier im Stab meines Vaters hatte sich diese Krankheit zugezogen und starb nach einem Jahr daran. Bei einem anderen wurde ein zehn Meter langer Bandwurm festgestellt. Durch das unsaubere Wasser wurden auch weniger gefährliche Krankheiten wie Durchfall und Gelbsucht übertragen. Viele Kinder in der Missionsschule litten an Gelbsucht, was man an ihrer gelben Gesichtshaut erkannte. Auch ich erkrankte zweimal daran und fühlte mich dann eine Zeitlang unwohl, ging aber weiter zum Unterricht und nahm die vom Arzt verordneten Medikamente ein. Dann hatte ich die Gelbsucht nach etwa einer Woche wieder überwunden. Daß man hin und wieder mit einem gelben Gesicht herumlief, war schon fast eine Selbstverständlichkeit.

Wenn mein Vater nicht die Zeit finden konnte, sich um mich zu kümmern, sorgte er dafür, daß ich die interessanten Dinge zu sehen bekam, die er entdeckt hatte. So beauftragte er einen Dolmetscher, mit mir zur Zentralbank zu fahren, wo wir von einem iranischen Beamten und einer Wache in die unterirdischen Tresorräume geführt wurden. Sie öffneten eine Tür, und ich betrat einen Raum, in dem ich die sagenhaften iranischen Kronjuwelen bewundern durfte. Hier sah ich die persische Kaiserkrone mit faustgroßen Rubinen und Smaragden, mit Diamanten bestickte Schärpen und mit Edelsteinen besetzte goldene Schwerter. In den Ecken des Raumes lagen buchstäblich ganze Haufen von Smaragden und Rubinen, und von der Decke hingen dicke Perlenschnüre. Was mich jedoch besonders beeindruckte, war ein in der Mitte des Raumes stehender Globus. Er war aus reinem Gold, und die Ozeane waren mit Smaragden, die Kontinente mit Ausnahme des Iran mit Rubinen ausgelegt. Auf dem Gebiet des Iran glänzten geschliffene Diamanten. Ich kam aus dem Staunen gar nicht mehr heraus, wendete mich an den Bankbeamten und rief aus: »Sehen Sie sich nur diesen Globus an!«

»Oh«, sagte er, »man hat dafür nur die Edelsteinsplitter verwendet, die übriggeblieben waren.«

Dann fragte er mich, ob ich das Gold sehen wolle. Es lag in einem größeren Tresorraum. Wenn man hineinkam, war es so, als beträte man eine Bibliothek des Reichtums. Die Goldbarren waren reihenweise auf eisernen Regalen übereinandergestapelt. An der Tür stand ein iranischer Wachtposten mit gekreuzten Armen wie der Geist in dem Märchen »Aladins Wunderlampe«. Er lachte, sagte etwas auf persisch, und der Dolmetscher fragte: »Willst du wissen, was er gesagt hat?«

»Nein.«

»Er sagte, ich solle dir sagen, daß du alles Gold behalten darfst, das du hinaustragen kannst.«

Ich sagte: »Wirklich?«, ging hinüber und griff nach einem Goldbarren, der etwa so groß war wie ein Laib Brot, aber er war so schwer, daß ich ihn nicht von dem Regal herunterholen konnte. Alles lachte.

Wenn mein Vater abends zu Hause blieb, bat ich ihn manchmal, mir bei den Hausaufgaben zu helfen, aber das endete meist mit langen Gesprächen. In seinem Zimmer standen vier gepolsterte Sessel vor einem kleinen Ölofen, und an manchen Abenden saßen wir dort stundenlang zusammen. Wir unterhielten uns über alles mögliche: über die Leute, denen wir begegnet waren, über das, was wir auf den Straßen gesehen hatten, über meine Volleyballmannschaft in der Schule, über das iranische Parlament und die letzten Zusammenstöße zwischen den Gendarmen und den Banditen. Wir sprachen auch über militärische Dinge, über West Point und die Soldatenehre. Gelegentlich sagte er mir auch etwas über die ihm unterstellten Offiziere. Manche von ihnen bewunderte er als selbstlos und loyal, hielt aber andere für verschlagen und glaubte, sie seien nur auf den eigenen Vorteil bedacht. Dann sagte er etwa: »Vor diesem Burschen mußt du dich in acht nehmen. Er ist unehrlich und nicht so, wie er zu sein scheint.« Diese abendlichen Gespräche bedeuteten mir sehr viel, denn dann gehörte mein Vater mir allein. Es kam nicht so sehr darauf an, was er sagte, und manchmal interessierte es mich auch gar nicht. Wichtig war nur, daß ich mit ihm zusammensein durfte.

Aber zu meinem großen Bedauern blieb das nicht lange so. Im November, ich war jetzt erst zwei Monate in Teheran, rief mich mein

Vater in sein Zimmer und sagte: »Ich muß eine wichtige Angelegenheit mit dir besprechen.« Er zeigte mir einen Brief meiner Mutter, in dem sie schrieb, sie wolle mit meinen Schwestern in den Iran kommen. Das Haus in Lawrenceville war vermietet, und so hielt sie nichts mehr in Princeton außer der Schule, die die Schwestern besuchten. Und Miss Fines Lehrplan fand ohnedies nicht ihre ungeteilte Zustimmung. Der Krieg war vorüber, und die Frauen von im Ausland stationierten Soldaten durften jetzt zu ihren Männern ziehen. Es war ihr Wunsch, die Familie wieder unter einem Dach vereinigt zu sehen, und sie war entschlossen, diese Möglichkeit zu nutzen und zu uns in den Iran zu kommen.

»Wie wird es sein, wenn deine Mutter herkommt?« fragte er. Er wußte, daß sie trank, und er fürchtete, daß sich dieser Umstand schädlich auf seine Beziehungen zu den Iranern, zum diplomatischen Korps und zu seinen eigenen Leuten auswirken könnte. Er machte sich auch Sorgen um die möglichen Folgen für sein und mein Leben. Vielleicht erwartete er, daß ich Verständnis haben würde, wenn er nun versuchte, nach reiflicher Überlegung zu der richtigen Entscheidung zu kommen. Aber ich hatte schon eine sehr entschiedene Meinung zu dieser Frage und platzte heraus: »Ich möchte nicht, daß sie kommen. Wenn du sie kommen läßt, wird alles anders werden. Es wird genauso werden, wie es in New Jersey war. Es wird Streitereien und Meinungsverschiedenheiten geben, und wir werden uns zu Hause nicht mehr wohl fühlen. Ich möchte nicht wieder in einem Haus leben, in dem ich mich nicht wohl fühlen kann!«

Damit begann unser erstes Gespräch über das, was in Princeton geschehen war. Mein Vater erzählte, wie er nach Kriegsende auf Urlaub nach Hause gekommen war und festgestellt hatte, daß seine Frau trank. Das überraschte mich, denn ich hatte bisher geglaubt, er habe das schon längst gewußt. Dann fragte er nach unserem Leben zu dieser Zeit, und wir sprachen darüber, wie sich die Persönlichkeit meiner Mutter veränderte, wenn sie betrunken war. Mein Vater sah darin fast einen Grund, ihr Verhalten zu entschuldigen. »Deine Mutter ist eine liebenswerte, wunderbare Krankenschwester und voller Mitgefühl«, sagte er. »Aber sie ist krank, und wenn sie sich so betrinkt, dann ist sie es in Wirklichkeit nicht selbst, sondern es ist die Krankheit, die sich dann zeigt.« Es war, als spräche er von zwei verschiedenen Menschen.

Aber inzwischen war mir klargeworden, daß er sie kommen lassen würde und er mich jetzt darauf vorbereiten wollte. Er sagte: »Sie ist meine Frau und deine Mutter. Wie kann ich da nein sagen? Auch wenn wir wissen, daß sich unser Leben jetzt völlig verändern und alles aus dem Gleichgewicht geraten wird, haben wir keine andere Wahl.« Ich wollte nicht wieder gezwungen werden, für ihn Stellvertreter zu spielen, aber er bat mich, ihm zu helfen, und im weiteren Verlauf des Gesprächs gab ich nach. Schließlich sagte er: »Wir müssen zusammenhalten und mit dieser Sache fertig werden. Wir müssen uns selbst schützen, wir müssen deine Mutter und deine Schwestern schützen und einen Weg finden, auf dem uns das gelingt.« Ich erwiderte: »Okay, Pop, ich halte zu dir, und es wird uns gelingen.«

Ich bin überzeugt, daß er erleichtert zu Bett gegangen war, nachdem er diese Angelegenheit mit seinem Sohn besprochen hatte, und sich darüber freute, daß sein Sohn eine positive Haltung zeigte. Wahrscheinlich hat er auch geglaubt, daß unser Vorhaben gelingen werde. Ich selbst war mir dessen nicht so sicher. Ich versuchte, es zu glauben, denn wahrscheinlich war die Abwesenheit meines Vaters die Ursache dafür gewesen, daß meine Mutter angefangen hatte zu trinken. Deshalb würde sie vielleicht aufhören, wenn er wieder seine Rolle als Familienoberhaupt übernahm. Aber im tiefsten Inneren wußte ich, daß sich die Wogen nicht so leicht würden glätten lassen.

Mein Vater gab sich große Mühe, alles für die Ankunft meiner Mutter sorgfältig vorzubereiten. In der Villa war kein Platz für unsere fünfköpfige Familie. Deshalb bereitete er unseren Umzug in ein Haus an der Khiaban-Khoch-Straße in der Nähe des Schloßplatzes vor. Es war ein dreistöckiges aus hellen Ziegeln errichtetes Gebäude, nicht so luxuriös möbliert und ausgestattet wie die Villa, aber doch bequem und im westlichen Stil eingerichtet. Die große Haustür führte auf die Straße, und auf einer Seite lag ein Garten. Aus meinem Fenster im dritten Stock, wo ich schlief, konnte ich hinter der Gartenmauer ein Gewirr von Häusern, Innenhöfen, Gärten und engen Gassen sehen, die alle von der Straße her nicht auszumachen waren. Ali und ein Chauffeur kamen mit, und mein Vater stellte einen iranischen Gärtner, ein weißrussisches Mädchen, einen Koch namens Kachev, der vorher in der französischen Botschaft gearbeitet hatte, und Hauslehrerinnen für die Mädchen an, denn in Teheran gab es keine geeignete englischsprachige Schule. Die Kosten für das alles übernahm die iranische Regierung. Inzwischen befanden sich meine Mutter und meine Schwestern schon an Bord eines italienischen Passagierdampfers auf der Fahrt über den Atlantik. Anfang Dezember machte das Schiff im ägyptischen Hafen Alexandria fest, und mein Vater, der sie dort erwartet hatte, brachte sie zum Flughafen von Kairo, wo ein Transportflugzeug bereitstand.

Sobald unsere Mutter das Haus betreten hatte, ließ sie uns ihre Gegenwart fühlen. Kachev trug das Essen auf und servierte uns zum Dessert eine köstliche Süßspeise, ein sogenanntes Queen Anne's Bonnet. Unsere Mutter erklärte, das Konfekt sei zu kalorienreich – und wir bekamen es nie wieder zu sehen. Dann holte sie alle Familienfotos aus Vaters Büro ins Wohnzimmer. Er versuchte, ihr das auszureden, weil er hier auch seine offiziellen Gäste empfangen wollte, aber sie sagte, ohne die Fotos fühle sie sich nicht zu Hause. Dann ging sie in die Küche und befahl Kachev, alle Küchengeräte zu desinfizieren. Keine Frage – das Familienleben nahm seinen gewohnten Verlauf.

Auch an mir hatte sie vieles auszusetzen. So hatte ich mich zum Beispiel daran gewöhnt, mich von unserem Hauspersonal bedienen zu lassen. In jedem Zimmer gab es einen Klingelknopf. Wenn ich auf diesen Knopf drückte, erschien Ali, und ich sagte: »Ali, bring mir bitte eine Coca-Cola.« Dann sagte er: »Ja, Sir« und kam nach fünf Minuten mit der Coca-Cola wieder. Das war phantastisch! Aber nach der Ankunft meiner Mutter war es mit dem Knöpfedrücken vorbei. Von nun an holten wir uns unsere Coca-Cola selbst.

Sie schränkte auch sofort meine bisherige Bewegungsfreiheit ein. Es gefiel ihr nicht, wenn ich abends aufblieb und mit den Männern Poker spielte. Sie sagte meinem Vater, auf diese Weise würde ich zu früh »heranreifen«, und es sei nicht mehr nötig, mich zu den offiziellen Essen und Empfängen mitzunehmen, weil ich nicht mehr allein zu Hause bleiben müsse. Wenn mein Vater abends ausging, begleitete sie ihn. Ich hatte das Gefühl, meine Mutter und meine Schwestern würden mein ganzes Leben zerstören. Sie zwangen mich, wieder ein normaler zwölfjähriger Junge zu sein.

Mein Vater gab sich die größte Mühe, seiner Frau das Trinken abzugewöhnen, was ihm jedoch nicht gelang; aber es gefiel ihr, die Frau eines Generals zu sein, und wenn es darauf ankam, konnte sie sich auch beherrschen. Wenn sie sich zu Hause betrunken hatte und anfing, an einer meiner Schwestern oder an mir herumzunörgeln, griff mein Vater ein. Wenn es bei Tisch geschah, sagte er: »Es ist Zeit für eure Hausaufgaben«, und dann durften wir gehen. Ich bewunderte ihn, denn in solchen Fällen richteten sich die Angriffe anschließend gegen ihn. Er konnte mit solchen Vorfällen emotional viel besser fertig werden als wir, und ich glaube, meiner Mutter fiel es schwerer, ihre üble Laune an ihm auszulassen, als uns zu kränken.

Sally und Ruth Ann, die mit vierzehn und sechzehn Jahren inzwischen richtige Teenager waren, stürzten sich mit Begeisterung in das gesellschaftliche Leben von Teheran. Der ranghöchste Offizier in der Gendarmerie, General Moshiri, hatte eine Tochter im Alter von Sally, die perfekt englisch sprach und meine Schwestern mit den entsprechenden jungen Männern bekannt machte. So hatten beide bald ihre iranischen Verehrer. Bei Sally müssen es drei oder vier gewesen sein. Das überraschte mich, denn bisher hatte ich den Eindruck gehabt, daß sie weniger romantisch veranlagt war als ihre Schwester. Einer ihrer Freunde war der Halbbruder des Schahs, Gholam, den sie im Jahr zuvor kennengelernt hatte, als er in Princeton zur Schule ging. Daß er einem westlichen Mädchen den Hof machte, war für die Iraner ein Skandal. Deshalb verhängte er alle Fenster seines Wagens, wenn er mit Sally in die Stadt fuhr. Aber nach einiger Zeit gab sie Gholam den Laufpaß, und das bedeutete wieder einen Skandal. Ihr nächster Schwarm war der iranische Schwergewichtsmeister im Boxen, ein gewisser Jimmy. Als er sie einlud, mit ihm auszugehen, sagte mein Vater, das sei nicht die richtige Gesellschaft für seine Tochter. Aber meine Mutter hielt auch hier an ihrem Grundsatz fest, daß man keine Vorurteile haben dürfe, und sagte: »Unsinn. Sie kann ausgehen, mit wem sie will!« Also lud Jimmy meine Schwester zum Tanzen auf der Terrasse des Palasthotels ein, was von den Damen im diplomatischen Korps mißbilligend zur Kenntnis genommen wurde und meinen Vater dazu veranlaßte, seine Frau davon zu überzeugen, daß sie dieser Freundschaft ein Ende bereiten müsse.

Dagegen hatte Ruth Ann nur einen Verehrer. Das war General Moshiris Sohn Changes. Soweit ich mich erinnern kann, war er ein liebenswürdiger, intelligenter, etwas zurückhaltender, ruhiger Mann von offenbar großer innerer Stärke. Er war eine geborene Führerpersönlichkeit, und die anderen jungen Iraner begegneten ihm mit Respekt. Er schien auch einen stabilisierenden Einfluß auf Ruth Ann zu haben, und ich glaube, daß die Zeit in Teheran für sie eine der glücklichsten gewesen ist.

Ich versuchte, mich möglichst wenig um meine Schwestern und die Aufregung, die sie verursachten, zu kümmern. Auch wenn meiner Freiheit jetzt gewisse Grenzen gesetzt waren, war ich doch viel unabhängiger als seinerzeit in Lawrenceville. Ich konnte mich mit den Dingen beschäftigen, die mich interessierten, ging mit den Untergebenen meines Vaters auf die Jagd, spielte mit den Engländern Tennis und unternahm Radtouren in die Umgebung von Teheran mit meinem besten Freund Michael. Oft bestiegen wir einen klapprigen Bus, auf dessen Dach wir unsere Fahrräder festgemacht hatten, und fuhren vom Stadtzentrum Teherans hinaus in das Schemran-Vorgebirge. Das waren sanfte und fruchtbare grüne Hügel, auf denen Ziegen und Schafe weideten und es Mandelgärten und Melonenfelder gab. Der Bus hielt auf dem Marktplatz eines Bauerndorfes, und dort bestiegen wir die Räder und sausten zurück nach Teheran, vorbei an Eselskarren und Kamelkarawanen.

Seit wir in der Nähe des Schloßplatzes wohnten, waren wir weniger vom Leben in der Stadt isoliert als in der großen Villa. Eines Tages fuhr der Schah im Triumphzug durch die ganze Stadt und kam dabei auch an unserem Haus vorbei. Es war im April, einige Monate nachdem die iranische Armee in die Provinzen Aserbeidschan und Kurdistan einmarschiert war, wo während des Krieges sowjetische Truppen stationiert waren und die Kommunisten versucht hatten, eigene Regierungen einzusetzen. Nun hatte der Schah eine Reise nach Aserbeidschan unternommen, um den Anspruch des Iran auf diese Provinz formal zu bestätigen, und seine Anhänger in Teheran organisierten bei seiner Rückkehr einen triumphalen Empfang für ihn. Auf der ganzen Strecke vom Flughafen bis zum Palast errichteten sie hölzerne Triumphbögen, die sie zum Teil mit persischen Teppichen drapierten oder mit holzgeschnitzten Tierköpfen und anderen Siegeszeichen schmückten. Tausende von Menschen säumten die Straßen und jubelten ihm zu. Seine Autokolonne fuhr langsam unsere Straße entlang, und an jedem Triumphbogen wurden Ziegen und Schafe geopfert, deren Blut über die Straße floß, so daß sein Wagen durch die Blutlachen fahren mußte. Die Männer an dem Triumphbogen vor unserem Haus opferten ihre Tiere, als die Polizeieskorte vorbeibrauste. Das Blut ergoß sich auf die Straße, aber noch war der Schah nicht zu sehen. Als er schließlich auftauchte, war es schon geronnen. Ich sah den schlanken jungen Mann in der mit Orden geschmückten Khakiuniform in seinem Wagen stehen. Die Männer, die die Tiere geopfert hatten, wollten unbedingt erreichen, daß er ihr Opfer anerkannte, und deshalb zogen sie die toten Opfertiere noch einmal auf die Straße und sprangen darauf herum, um das letzte Blut herauszupressen. Der Schah bedankte sich, sie schafften die Tierleichen wieder beiseite, und er fuhr weiter.

In unserer neuen Wohnung konnte ich die Arbeit meines Vaters besser verfolgen als in der alten. Neben seinen Pflichten beim Einsatz der Gendarmerie hatte er augenscheinlich auch gewisse geheimdienstliche Aufgaben zu erfüllen, ohne daß ich wußte, worum es sich im einzelnen handelte. In der großen Villa hatte ich nicht darauf geachtet, wer ihn in seinem im Kellergeschoß gelegenen Büro aufsuchte. Aber in dem Haus an der Khiaban-Khoch-Straße kamen manchmal sehr eigenartige Leute an unsere Tür. Als es eines Tages läutete, stand dort ein schmutziger, ungepflegter Iraner, der nicht so aussah, als habe er etwas mit der Gendarmerie zu tun. Aber dann sagte er in korrektem Englisch: »Ich habe eine Verabredung mit Ihrem Vater.« Und als ich ihn anmeldete, sagte mein Vater: »Das ist schon in Ordnung, bitte ihn herein.« Beide verschwanden im Arbeitszimmer, und die Tür wurde geschlossen. Als der Mann gegangen war, sagte mein Vater: »Vergiß, daß du diesen Menschen je gesehen hast.« Ich wußte nicht, wer es gewesen war, und sagte nur: »Jawohl, Sir.« Ich vermutete, daß es bei solchen Besprechungen um Konflikte mit den Sowjets gegangen war und es sich bei diesen Leuten um irgendwelche Agenten handelte. Ich glaubte aber, auch als Sohn des Generals dürfe ich in solchen Fällen nicht zu viele Fragen stellen.

In jenem Frühjahr wurde viel darüber gesprochen, wo meine Schwestern und ich künftig zur Schule gehen sollten. Meine Eltern sahen in dem Unterricht meiner Schwestern bei Hauslehrerinnen nie mehr als einen Notbehelf, und auch ich war bald so weit, daß ich eine höhere Schule besuchen konnte, denn ich hatte ein Schuljahr übersprungen und war jetzt in der achten Klasse der Missionsschule. Die nächstgelegenen Schulen für die Angehörigen amerikanischer Soldaten befanden sich in dem dreitausendvierhundert Kilometer entfernten besetzten Deutschland, aber es waren keine Internatsschulen, und deshalb hätten meine Eltern Familien finden müssen, die bereit gewesen wären, uns aufzunehmen. Schließlich entschieden sie sich auf Empfehlung von Diplomatenfreunden meines Vaters für die Ecole Internationale, eine Internatsschule in Genf.

Sally und Ruth Ann waren begeistert. Ein Schweizer Internat war genau das, was sie sich wünschten, und ich glaube, sie hatten sich im geheimen gefürchtet, nach Newark geschickt zu werden, um dort bei Großmutter Schwarzkopf zu leben. Ich konnte mir nicht vorstellen, wie es in der Schweiz sein würde, war aber neugierig und bereit, es zu versuchen. Ich glaubte, ich würde auf jeden Fall im nächsten Juni in den Iran zurückkommen können.

Um mir zum Abschied eine besondere Freude zu machen, luden mich einige Amerikaner und Iraner, die für meinen Vater arbeiteten, zu einem Jagdausflug ein. Bisher war ich nie länger als einen Tag mit meinem Vater oder ein paar anderen Leuten im Hügelland bei Teheran auf die Jagd gegangen, wo wir mit Gewehren bewaffnet in felsigem Gelände herumkletterten, und ich hatte noch nie etwas geschossen. Aber diesmal sollten wir über Nacht in der Wüste bleiben, um Wildesel zu jagen, die im Iran eine fast mythische Bedeutung hatten. Die persische Wüste war eine der wenigen Gegenden, in denen es noch Wildesel gab. Das langhaarige, wollige, braungraue Fell des Wildesels war eine begehrte Trophäe, und wenn ein Jäger das Glück hatte, in der Wüste einer Eselherde zu begegnen, gelang es ihm fast nie, bis auf Schußweite heranzukommen.

Zehn iranische Gendarmen, drei andere Amerikaner und ich machten uns am Spätnachmittag in einem offenen Armeelastwagen auf den Weg. Es waren keine hochrangigen Offiziere darunter, und deshalb ging es ganz kameradschaftlich zu. Es war sehr heiß, ähnlich wie bei meiner Ankunft auf dem Flughafen von Bagdad im vergangenen Sommer. Aber inzwischen hatte ich mich völlig akklimatisiert. Mir gefiel dieses Wetter, und ich war so stark von der Sonne gebräunt, daß ich keinen Sonnenbrand mehr bekam. Nachdem wir die Stadt verlassen hatten, fuhren wir durch eine Reihe von Dörfern, die immer kleiner wurden, je weiter wir uns von Teheran entfernten. Im letzten kauften wir einige Dutzend grüne Melonen, die man zum Durstlöschen anstelle von mit Wasser gefüllten Feldflaschen mitzunehmen pflegte. Bei Sonnenuntergang verließen wir das Dorf.

Wir waren etwa acht Kilometer gefahren, als einer von uns in der Abenddämmerung einen grasenden Gazellenbock ausmachte. Der Wagen hielt an, und einige von uns nahmen ihre Gewehre auf und zielten. Ich wußte nicht, daß die Männer verabredet hatten, mir den ersten Schuß zu gönnen. So war ich der einzige, der schoß, und zu meiner Überraschung sank die Gazelle um. Die Iraner sprangen aus dem Wagen und rannten zu dem erlegten Tier, denn nach moslemischem Brauch muß das getötete Wild völlig ausbluten. So wurde der Gazelle die Kehle durchschnitten. Ich war entsetzt. Zwar hatte ich die Gazelle geschossen, aber nicht damit gerechnet, so viel Blut zu sehen. Doch die Iraner waren begeistert, denn für sie war das Erlegen des Wildes der Beweis für das Erreichen der Mannbarkeit. So wurde die Gazelle sofort zerlegt und ein Teil des Wildbrets am offenen Feuer gebraten. Inzwischen war es Nacht geworden, und es wehte ein kühler Wind. Feierlich überreichte man mir das gebratene Herz der Gazelle, und diesmal mußte mir mein Vater nicht sagen, was ich zu tun hatte. Ich aß das Fleisch und mußte es nicht hinunterwürgen wie das Schafsauge, denn es schmeckte vorzüglich. Dann setzten wir uns in den Lastwagen und fuhren noch eine weite Strecke, bis wir mitten in der Nacht einen geeigneten Lagerplatz fanden. Es war kalt geworden, und ich lag eingewickelt in alles, was ich finden konnte, auf dem steinigen Boden, konnte aber nicht warm werden. Doch das ganze Abenteuer hatte mich so erregt, daß ich ohnedies nicht hätte schlafen können.

Am Morgen machten wir uns wieder auf die Suche nach den Wildeseln. Wir fuhren durch ein unebenes, steiniges Gelände, und ich wurde furchtbar durchgerüttelt. Plötzlich sahen wir in einiger Entfernung in der Wüste eine Herde Wildesel. Im gleichen Augenblick kamen wir an ein ausgetrocknetes Flußbett, das in die Richtung auf die Esel weiterführte. Der Fahrer gab Gas, und wir fuhren mit hoher Geschwindigkeit in dem Flußbett entlang. Alle griffen nach ihren Gewehren. Die Amerikaner hatten Karabiner und die Iraner lange, schwere, altmodische Gewehre mit Bolzenverschlüssen, wahrscheinlich noch aus der Zeit des Ersten Weltkrieges. Als die Esel das Flußbett überquerten, wollten wir ihnen den Weg abschneiden, aber sie galoppierten in einer Entfernung von nur fünfzehn Metern an uns vorbei. Der Leitesel war offenbar schon sehr alt, denn er hatte ein ganz weißes Fell. In dem Augenblick, als wir das Feuer eröffneten, schwenkte der Fahrer zur Seite, um die Uferböschung hinaufzufahren, die Schüsse verfehlten ihr Ziel, und die Schützen hielten sich an den Seitenwänden des Lastwagens fest oder fielen hin. Die Esel müssen mit einer Geschwindigkeit von achtzig Stundenkilometern gelaufen sein, und als sie die Schüsse hörten, beschleunigten sie noch das Tempo. Nach wenigen Sekunden waren die Tiere schon fünfhundert Meter vor uns.

Die ganze Herde entkam, und uns blieb nichts anderes übrig, als zu wenden und nach Teheran zurückzufahren. Auf der langen Fahrt sprach alles erregt durcheinander, und jeder versuchte zu erklären, weshalb sein Schuß danebengegangen war. Aber mir war klar, daß die Esel auch entkommen wären, wenn der Wagen beim Überqueren der steinigen Böschung nicht so geschwankt hätte. Dann hätte jeder Schuß um etwa einen Meter zu hoch gelegen, weil wir unsere Visiere auf dreihundert Meter eingestellt hatten, da wir nicht glaubten, näher an die schlauen Esel heranzukommen.

4

Der Unterschied zwischen den Steinwüsten des Iran und der Schweizer Landschaft mit ihren Bergwäldern und blauen Seen machte einen großen Eindruck auf mich. Genf hatte den Zweiten Weltkrieg völlig unversehrt überstanden, und ich war erstaunt, eine Stadt zu sehen, in der es anstelle von Moscheen Kirchen, anstelle von Droschken Straßenbahnen und anstelle von Palästen mittelalterliche Stadthäuser gab. Es erinnerte an ein buntes Bild auf einer Konfektschachtel. Die Stadt lag am Austritt der Rhône aus dem Genfer See, mit dem modernen Teil am nördlichen und der Altstadt am südlichen Ufer. Der Hügel der Altstadt wurde von der großen Kathedrale von St. Pierre gekrönt. In den engen Straßen gab es hübsche kleine Restaurants, in denen man Schweizer Fondue, Wein und Bier bekommen konnte – und wie wir sehr bald feststellten, wurden wir Schüler dort ebenso bedient wie die Erwachsenen.

Die Ecole Internationale war ein etwa einen Kilometer östlich der Altstadt gelegener Gebäudekomplex aus weißgetünchten Häusern mit roten Dächern. Als ich am ersten Tag das Hauptgebäude betrat, sah ich ein sehr attraktives Mädchen die Treppe herunterkommen, das einen schweren Koffer hinter sich her zog. Sie trug Bluejeans und eine bunte Bluse und hatte langes dunkles Haar, das mit einem Band zusammengehalten wurde. Ein so hübsches Mädchen hatte ich lange nicht gesehen. Ich blieb stehen und staunte sie an, und sie sagte: »Willst du noch lange da stehenbleiben, oder willst du mir helfen?« Ich lief zu ihr hinüber und wurde mir plötzlich bewußt, daß ich nicht mehr im Iran war, wo es gegen die guten Sitten verstieß, wenn ein Mann einer Frau seine Hilfe anbot.

Die Schule war zur Zeit der Gründung des Völkerbundes für die Kinder der Delegierten eingerichtet worden. Die »Ecolint«, wie sie allgemein genannt wurde, stand Kindern aller Nationalitäten offen, war nicht sehr exklusiv und nicht sehr teuer. In dieser Hinsicht unterschied sie sich wesentlich von den anderen Schweizer Internaten, denen Millionäre aus der ganzen Welt ihre Kinder anvertrauten. Der Krieg hatte dramatische Auswirkungen auf jeden an der »Ecolint« gehabt. Zu meinen Mitschülern gehörten die Kinder britischer Aristokraten, die von ihren Eltern während der deutschen Luftangriffe dort in Sicherheit gebracht worden waren, ebenso aber auch abgebrühte Teenager aus Osteuropa, die unter Partisanen aufgewachsen waren und hier ihre gute Erziehung nachholen sollten. Ein Mädchen, das Dachau überlebt hatte, zeigte meinen Schwestern die Tätowierung auf seinem Arm. Ein anderes war gerade in der Schule gewesen, als die Nazis ihre Familie in Paris verhafteten, und hatte ihr Überleben allein dieser Tatsache zu verdanken. Außerdem gab es Franzosen, Deutsche, Amerikaner, Inder, Schweizer, Polen, Tschechen, Jugoslawen und sogar Äthiopier.

Allein die Tatsache, Schüler an dieser Schule zu sein, hatte einen erzieherischen Wert, und ich erlebte es immer wieder, daß man historische Ereignisse nicht einseitig beurteilen durfte. Als die Kommunisten Mitte des Schuljahrs in Prag die Regierung stürzten, rief unsere französische Lehrerin, Madame Maurette, die Schüler zusammen und hielt eine leidenschaftliche Ansprache, in der sie sagte, dieser Umsturz bedeute den Tod der Freiheit. Es waren aber auch Kinder unter uns, deren Väter an dem Umsturz beteiligt waren, wie auch Kinder, deren Eltern auf der Seite der bisherigen Machthaber gestanden hatten.

Den Verhältnissen in dieser Schule gerecht zu werden, bedeutete für mich eine größere Herausforderung als alles, was ich in Teheran erlebt hatte. Während meine Schwestern so klug gewesen waren, im Sommer ihr Französisch zu vervollkommnen, hatte ich geglaubt, da die Schule dreisprachig war – im Unterricht wurde englisch, französisch und deutsch gesprochen –, würde ich mit meinem Englisch auskommen. Aber die Umgangssprache war Französisch. Das mußte ich schon am ersten Abend feststellen, als wir uns im Speisesaal zum Essen hinsetzten. An meinem Tisch saßen zehn Mitschüler, und sogar die Engländer sprachen französisch. Ich verstand kein einziges Wort und hatte nur noch schwache Erinnerungen an das, was ich an der presbyterianischen Missionsschule gelernt hatte. Doch jetzt war die Kenntnis der französischen Sprache lebenswichtig. Wenn man nicht sagen konnte: »Du pain, s'il vous plaît«, dann durfte man nicht erwarten, ein Stück Brot zu bekommen.

Meine Rettung war meine Körpergröße. Ich überragte die meisten meiner Klassenkameraden. So wurde ich sofort in die Fußballmannschaft aufgenommen, und dieser Sport spielte eine große Rolle. Ich hatte bisher noch nie Fußball gespielt, aber weil ich den Ball über das ganze Spielfeld schießen konnte und so groß war, setzte mich der Trainer als Verteidiger ein. Meine Hauptaufgabe bestand darin, so lange im rückwärtigen Teil des Spielfeldes zu warten, bis ein gegnerischer Spieler sich freigespielt hatte und auf unser Tor zulief. Dann mußte ich dafür sorgen, daß dieser Spieler, der meist viel kleiner war als ich, den Ball verlor. Zu Beginn der Spielzeit suchte ich das gewöhnlich dadurch zu erreichen, daß ich mit ihm zusammenstieß, aber im Lauf der Zeit verbesserte sich meine Fußarbeit mit Hilfe meiner Mitspieler und des Trainers. Wir waren eine wirklich gute Mannschaft. Wir schlugen nicht nur alle Schülermannschaften am Genfer See, sondern gewannen auch die Jugendmeisterschaft in der Westschweiz. Als Fußballspieler gewann ich zudem die Anerkennung meiner Mitschüler, und im November beherrschte ich das Französische so weit, daß ich mich gut in dieser Sprache verständigen konnte.

Meine besten Freunde waren die anderen Fußballspieler im Stumphaus, dem Wohnheim für die jüngeren Internatsschüler. Es waren Jack, der Sohn eines italienischen Geschäftsmannes und einer Inderin, Uri, ein französischer Jude, und Jiro, ein Tscheche. Wir hatten täglich neun Unterrichtsstunden, und zwar in doppelt so vielen Fächern wie in einer normalen amerikanischen Oberschule. Ich hatte keine Schwierigkeiten, dem Unterricht zu folgen, außer im Lateinischen, das ich manchmal mit dem Französischen verwechselte. Im Lateinischen hatte ich die Note D. An den Wochenenden durchstreiften Jack, Uri, Jiro und ich die Stadt. Mein wöchentliches Taschengeld belief sich nur auf fünf Franken, aber damit konnte ich gut auskommen. Wir gingen entweder ins Kino oder besuchten ein Freiluftkonzert am See. Anschließend leisteten wir uns in einem Café ein Stück Kuchen und eine Tasse Schokolade. Abends durften wir ohne Begleitung Erwachsener nicht ausgehen, aber die Schule veranstaltete Tanzabende, und ich lernte den Jitterbug und den Tango. Manchmal gingen wir mit unserem Erzieher in ein Konzert der Schweizer Symphoniker, und mein Lieblingskomponist war Tschaikowsky.

In Genf hörte ich auch zum ersten Mal eine Oper und rauchte bei dieser Gelegenheit meine erste Zigarette. Die Oper »Aida« machte einen großen Eindruck auf mich. Besonders gefielen mir der berühmte Marsch und die ägyptische Bühnendekoration, die mich an Teheran erinnerte. In der Pause gingen wir hinaus, und einige der älteren Schüler hatten Zigaretten. Auch mir wurde eine angeboten, und ich zündete sie an, als sei das eine Selbstverständlichkeit. Ich sah, daß die anderen den Rauch nicht nur ausbliesen, wußte aber noch nicht, wie man einen Lungenzug nimmt. Deshalb schluckte ich den Rauch hinunter. Im Zuschauerraum saß ich neben einem älteren Schweizer Herrn mit einer Brille, einer breiten Krawatte und einem steifen Kragen. In dem Augenblick als die Musik einsetzte, mußte ich aufstoßen, und eine große Rauchwolke kam aus meinem Mund. Mein Nachbar sah mich verwundert an. Wieder mußte ich aufstoßen, und wieder produzierte ich dabei eine Rauchwolke. Entsetzt wendete er sich von mir ab und vermied es nun bis zum Schluß der Vorstellung, mich anzusehen.

Ebenso »weltmännisch« benahm ich mich, als ich zum ersten Mal ein Mädchen küßte. Claudine war eine sehr attraktive französische Schülerin, die sich für mich zu interessieren schien, nachdem wir die Fußballmeisterschaft gewonnen hatten. Sie forderte mich zu einem Spaziergang auf einem schmalen Weg hinter den Sportanlagen auf. Das war der Treffpunkt vieler Pärchen, und neben dem Weg stand ein Baum, unter dem sich diese Pärchen zu küssen pflegten. Sicherlich erwartete Claudine einen leidenschaftlichen Kuß von mir. Aber in meiner Schüchternheit wagte ich sie nur kurz mit den Lippen zu berühren. Das war das Ende dieser Romanze, und schon am folgenden Tag gab sie mir den Laufpaß.

Meine Schwestern, die im Mädchenwohnheim untergebracht waren, gingen jede für sich ihren eigenen Weg. Ruth Ann interessierte sich für den Marxismus und war eine Zeitlang mit einem jugoslawischen Kommunisten befreundet. Er hieß Stanko Brcic und versuchte ihr einzureden, daß unser Vater einer ganz bösen Sache diene. Mit einem solchen Mann befreundet zu sein, war für ein Mädchen aus dem Hause Schwarzkopf angesichts der Einstellung meines Vaters zum Kommunismus ein unerhört rebellisches Verhalten. Im Gegensatz dazu zeigte Sally schöngeistige Interessen. Sie und ihre Freundinnen lasen bis spät in die Nacht Gedichte von Shelley und Byron. Meine Mitschüler und ich nahmen das Leben nicht so ernst. Wir spielten Fußball, gingen zum Tanzen und verabredeten uns mit jungen Mädchen.

Zu engeren Kontakten mit meinen Schwestern kam es eigentlich nur während der Ferien. Da Teheran zu weit entfernt lag und die

Reise dorthin zu umständlich gewesen wäre, erlaubten uns die Eltern, in Begleitung unserer Erzieher Bildungsreisen durch Europa zu unternehmen. Am lebhaftesten erinnere ich mich noch an die Osterferien von 1948, als meine Schwestern mich überredet hatten, mit ihnen und einigen anderen Schülern nach Florenz zu fahren. Es sollte eine Kunstreise sein. Unser Begleiter war ein gewisser Mr. Henderson, ein blasser, rothaariger, vierzigjähriger Engländer und Lehrer für politische Wissenschaft. Um auf dieser Reise nebenher etwas Geld zu verdienen, hatte er von einer australischen Zeitung den Auftrag übernommen, über die bevorstehenden allgemeinen Wahlen in Italien zu berichten. Der Ausgang dieser Wahlen wurde auf der ganzen Welt mit Spannung erwartet, denn es bestand die Möglichkeit, daß die Kommunisten sie gewinnen würden. So nahm uns Mr. Henderson, wenn wir nicht gerade Kirchen und Museen mit ihm besuchten, auf seine Erkundungsfahrten mit. In Stresa am Lago Maggiore gingen wir zuerst zu einer Versammlung der Christdemokraten. Hier hatten sich auch zahlreiche Journalisten mit ihren Schreibmaschinen eingefunden, doch uns langweilte diese Veranstaltung. Dann nahmen wir an einer kommunistischen Parteiversammlung in einem großen Weinkeller teil, wo riesige Weinfässer die Wände säumten. Die Parteimitglieder waren Fischer mit wollenen Jacken und Mützen, die reichlich tranken und einen sehr vergnügten Eindruck machten. Sie begrüßten uns mit breitem Lächeln, schüttelten uns die Hände, klopften uns auf die Schultern und versorgten uns großzügig mit Propagandamaterial. Es handelte sich dabei um Plakate, auf denen Karl Marx und Garibaldi abgebildet waren, sowie mit roten Sternen und Hammer und Sichel bedruckte kommunistische Wahlaufrufe. Mir gefielen diese Plakate, und deshalb nahm ich sie nach Genf mit und hängte sie in meinem Zimmer an die Wand. Ich glaubte, die Kommunisten würden die Wahl in diesem Bezirk gewinnen, denn sie waren viel lustiger als die Christdemokraten. Über die Gefahr des Weltkommunismus machte ich mir keine Gedanken. Ich teilte zwar die Meinung meines Vaters und hielt den Kommunismus für schlecht, dachte aber: »Wir haben die Nazis besiegt, wir haben die Japaner besiegt, und wir werden auch den Kommunismus besiegen.«

Zwar fühlte ich mich an der »Ecolint« durchaus wohl, freute mich aber doch darauf, im Juni in den Iran zurückkehren zu können. Doch im Frühjahr bekam ich einen Brief von meinen Eltern, der meine Hoffnungen zerschlug. Mein Vater hatte die Mitteilung erhalten, daß er zum Hauptquartier der amerikanischen Armee in Europa nach

Frankfurt versetzt werden würde, um dort bei der Militärpolizei zu arbeiten. Ich war überzeugt, ich würde den Iran nie wiedersehen, sondern die Schweiz verlassen und wieder bei meinen Eltern leben müssen. Ich war verzweifelt, fand aber bei Ruth Ann und Sally kein Verständnis, denn für sie würde sich nichts ändern. Sie wußten, sie würden in der Schweiz bleiben dürfen, weil sie kurz vor dem Abitur standen. So überließen sie mich meinem Kummer, und nach zwei Tagen setzte ich mich hin und verfaßte ein Gelübde, eines Tages in den Iran zurückzukehren. Zunächst wollte ich diesen Schwur mit meinem Blut unterzeichnen. Aber dann fürchtete ich, mir weh zu tun, wenn ich mir eine blutende Wunde beibrachte, und redete mir ein, dieser Eid würde keineswegs an Wert verlieren, wenn ich ihn mit Tinte unterschriebe.

Im Sommer 1948 zeigte Frankfurt immer noch die Spuren der Eroberung durch die Dritte Armee unter General Patton vor drei Jahren. Am Stadtrand lebten in Lagern Tausende von Deutschen, Ungarn und Polen, die vor den sowjetischen Truppen aus dem Osten geflohen waren. In der Stadt selbst sahen wir von Bomben zerstörte Gebäude und überall in den Mauern die Einschußlöcher von Maschinengewehrsalven und Granaten. Die Deutschen hatten nur wenig zu essen, und in den Lagern standen Männer und Frauen Schlange, um die täglichen Zuteilungen an Kartoffeln, Gemüse, Eiern und Milchpulver zu bekommen. Der Schwarzmarkt blühte, obwohl die Militärpolizei alles unternahm, ihn zu unterbinden.

Mein Vater sollte den Posten des stellvertretenden Kommandeurs der Militärpolizei in der amerikanischen Besatzungszone Deutschlands übernehmen. Zwar gefiel es ihm nicht, irgendwo nur die Nummer zwei zu sein, besonders da sein unmittelbarer Vorgesetzter ein Offizier war, mit dem er in West Point denselben Lehrgang besucht hatte, aber wie üblich machte er sich mit großem Eifer an seine neuen organisatorischen Aufgaben. Zunächst mußte er einen Streifendienst auf den Autobahnen einrichten, und anschließend stellte er einen besonderen Grenzpolizeiverband auf, um den Schmuggel an den Zonengrenzen zu verhindern.

Als Amerikaner führten wir ein relativ luxuriöses Leben. Die meisten Offiziere und ihre Familien hatten es noch nie so gut gehabt. Generäle und Obersten lebten in einem Villenvorort am Nordwestrand der Stadt in Häusern, die nationalsozialistischen Funktionären und reichen Industriellen gehört hatten. Das Vorzimmer in unserem

Haus war mit Walnußholz getäfelt. Dahinter lag ein geräumiges, elegantes Speisezimmer. Auf der anderen Straßenseite befand sich ein schöner Park. Die zentrale Hausverwaltung stellte uns ein deutsches Mädchen und einen Gärtner zur Verfügung, und der Dienstwagen, den beide Eltern benutzen durften, war eine Militärlimousine mit einem Fahrer. Das gesellschaftliche Leben spielte sich vor allem im Offizierskasino und in vornehmen Restaurants ab, die früher nur von reichen Leuten besucht worden waren. Eines Abends nahm mich mein Vater in das »Carlton Hotel« mit. In dem prächtigen Speisesaal hingen Kristallkronleuchter, die irgendwie die Bombenangriffe überlebt hatten. Dort zeigte er mir bei Kerzenlicht, wie man Hummer ißt. Er kannte eine besondere Technik, das Hummerfleisch bis auf den letzten Rest aus den Schalen zu lösen. Das hatte er von seinem Vater gelernt und brachte es nun mir bei, als sei es ein besonderes, uraltes Geheimnis. Ich mochte alles in Butter Getunkte, aber der Hummer schmeckte wirklich köstlich, und das feierliche Ritual erhöhte den Genuß. Noch heute habe ich eine Vorliebe für Hummer.

Man konnte zwei Jahre in Frankfurt leben, ohne mit einem Deutschen Freundschaft geschlossen zu haben. Es gab in und um Frankfurt Tausende von amerikanischen Soldaten mit ihren Angehörigen, und die Armee unterhielt ein eigenes Krankenhaus, eine Zahnklinik, einen Supermarkt und sogar ein Kino, wo die Eintrittskarte einen Vierteldollar kostete. Natürlich gab es in Frankfurt auch eine amerikanische Oberschule, an der Football gespielt wurde, wo man sich an Wettbewerben im Sackhüpfen beteiligen konnte und es alle anderen Einrichtungen gab, die auch in den Vereinigten Staaten dazugehören. Zu solchen Veranstaltungen versammelten sich die amerikanischen Jugendlichen aus der ganzen Gegend.

Ich war zwei Jahre nicht mehr in den Vereinigten Staaten gewesen, und die Welt des amerikanischen Teenagers war mir fremd. Als ich im Juli nach Frankfurt kam, trug ich schweizerische Sommerkleidung, während alle anderen Amerikaner Bluejeans, weiße Socken und Mokassins trugen. Ich hatte langes, strähniges Haar, wie das damals in Europa Mode war, aber die jungen Amerikaner in Frankfurt bevorzugten einen kurzen Haarschnitt. Ich glaube, ich habe mich noch nie so deplaziert gefühlt. Stundenlang blätterte ich in Versandhauskatalogen und suchte nach passenden Kleidungsstücken. Ich wünschte mir echte Bluejeans, Westernhemden und Cowboygürtel, wußte aber nicht, daß man diese Dinge von Deutschland aus bestellen konnte. In der Schweiz hatte mir ein Mitschüler, dessen Vater in einer Hilfsorganisation arbeitete, einen getragenen Mantel geschenkt, den irgendein freundlicher Mensch aus den Vereinigten Staaten einem Flüchtling zugedacht hatte. Ich trug ihn überall, und er wurde zu meinem Markenzeichen.

Eines Tages kam ich zum Frühstück nach unten ins Eßzimmer und fand unter meinem Stuhl ein Paar Sportschuhe. Mein Vater wollte unbedingt, daß ich Football spielte, aber ich kannte nicht einmal die Spielregeln. Ich war auch nicht schnell genug. Deshalb schloß ich mich jetzt der Mannschaft an und trainierte täglich, aber wenn der Trainer am Wochenende erschien, teilte er mich niemals zu irgendeinem Spiel ein. Mein Vater wußte, daß es mich ärgerte, und engagierte den deutschen Trainer Schultz, der vor dem Krieg die deutschen Sportler bei den Olympischen Spielen betreut hatte. Herr Schultz und ich stimmten darin überein, daß es mir an Muskelkraft fehlte, und deshalb lehrte er mich, Hanteln zu benutzen. Dazu zeigte er mir Fotos von muskulösen deutschen Gewichthebern in ärmellosen Unterhemden und meinte, im nächsten Jahr würde ich an den Turnieren teilnehmen können.

Es dauerte Monate, bis ich mir meine schweizerischen Eigenarten abgewöhnt und mich auf die amerikanische Lebensart eingestellt hatte. Ich war ein Teenager, und wie alle Teenager wollte ich mich meinen Altersgenossen anpassen. Im Frühjahr frequentierte ich vor allem die beiden wichtigsten Treffpunkte der amerikanischen Jugend in Frankfurt. Das waren der »Teen Club« und die Snackbar im PX. Jeden Tag nach der Schule gingen meine Freunde und ich entweder in den Club oder in die Snackbar. Dort saßen wir stundenlang, tranken Milchshakes, aßen Pommes frites, flirteten mit den Mädchen und unterhielten uns prächtig. Im »Teen Club« im Park gegenüber unserem Haus gab es einen Billardtisch und einen Musikautomaten. Anders als manche andere Jugendliche mußte ich jeden Abend zum Essen zu Hause sein, oder ich bekam Stubenarrest. An den Abenden, an denen ich Schulunterricht hatte, durfte ich überhaupt nicht ausgehen. Dann ging ich hinauf in mein Zimmer, hörte Radio, übte Gewichtheben, las oder schrieb romantische Gedichte, zum Beispiel darüber, wie junge Soldaten selbstlos in der Schlacht sterben. Mit meinen Freunden sprach ich allerdings nie darüber.

Es kam jetzt auch häufiger zu Zusammenstößen mit meinem Vater. An den Wochenenden mußte ich spätestens um halb zwölf abends zu Hause sein, und wenn ich mich verspätete, hatte er jedesmal auf mich gewartet und konnte sehr böse werden. Er achtete auch sehr streng auf meine Leistungen in der Schule. Ich nahm die Schulbücher nie nach Hause mit, sondern machte meine Hausaufgaben während der dafür vorgesehenen Zeit in der Schule. Es war eine Kleinigkeit für mich, den Anforderungen in allen Fächern zu genügen, denn jetzt nahm ich in jedem Semester nur in vier Fächern am Unterricht teil, während es an der »Ecolint« zehn gewesen waren. Aber wenn ich vom Unterricht nach Hause kam, fragte mich mein Vater jedesmal: »Welche Note hast du für die letzte Schulaufgabe bekommen?«

»Es ging ausgezeichnet. Ich habe eine Acht bekommen.«

»Ist dir klar, daß das bedeutet, daß du zwanzig Prozent der Fragen nicht hast beantworten können?« Das machte mich wütend.

Er dachte stets daran, daß meine Leistungen den für die Aufnahme in West Point gestellten Anforderungen genügen mußten. Ich fürchtete mich schon davor, ihm mein Zeugnis zu zeigen, weil er sich mit nichts geringerem als der Note B zufriedengeben würde. Wenn ich ein C nach Hause brachte, dann bedeutete das die Einschränkung meiner Freiheiten. Wenn ich behauptete, die Note A in zwei Fächern könne ein C ohne weiteres ausgleichen, sagte er, C bedeute durchschnittlich, und man würde als durchschnittlicher Schüler nicht in West Point zugelassen.

Rückblickend muß ich sagen, daß es nichts Ungewöhnliches war, daß er mich so unter Druck setzte, aber verglichen mit seiner Nachsicht im Iran erschien mir sein Verhalten ungerecht und zu hart. Ich war jetzt fast zwei Jahre älter und, wie ich glaubte, auch reifer; aber er verlangte von mir die Befolgung strenger Regeln, und von dem kameradschaftlichen Ton, der damals zwischen uns geherrscht hatte, war nichts mehr übriggeblieben. Ich empfand es als schmerzlich, daß diese freundschaftliche Beziehung zwischen uns nicht mehr zu bestehen schien.

Auch der Alkoholismus meiner Mutter stand wie eine Barriere zwischen uns, und das empfand ich als besonders schmerzlich. Ich werde nie den Freitagabend vergessen, an dem ich Ausgangsverbot hatte und meine Freunde Harold Nunn und Gene Heady kamen, um mir Gesellschaft zu leisten. Meine Mutter war betrunken, und bevor ich hinuntergehen und sie an der Haustür empfangen konnte, hatte meine Mutter sie hereingelassen, obwohl sie schon torkelte und nur mit schwerer Zunge lallen konnte. Als Harold anfing zu kichern, fuhr sie auf ihn los, wie sie es mit meinen Schwestern tat. Harold wußte nicht, wie er darauf reagieren sollte, und versuchte die Situation damit zu retten, daß er nur noch lauter lachte und Gene in die Rippen stieß. Und ich glaubte vor Scham sterben zu müssen, denn es waren doch meine Freunde. Deshalb griff ich ein und sagte: »Ihr habt doch eine Verabredung im ›Teen Club‹. Es tut mir leid, aber heute habe ich keine Zeit.«

Dann schob ich sie praktisch aus der Haustür hinaus, und meine Mutter sagte: »Ja, ich glaube auch, sie sollten gehen!«

Nachdem ich zu Bett gegangen war, lag ich noch lange mit schmerzendem Magen da und dachte: »Was soll ich nur tun, wenn ich diese Burschen morgen wiedersehe? Jetzt sind sie drüben im ›Teen Club‹ und erzählen jedem, daß Schwarzkopfs Mutter betrunken ist.« Aber das Thema kam nie wieder zur Sprache. Über so etwas redete man einfach nicht.

Mein Vater erleichterte es uns auch nicht, mit diesem Thema fertig zu werden. Wenn er abends nach Hause kam, nahm er mindestens zwei starke Drinks, bevor er nach oben ging und die Uniform auszog. Wahrscheinlich taten unsere Nachbarn alle das gleiche, denn in der Armee wurde viel getrunken. Aber wenn er trank, dann tat es meine Mutter natürlich auch. Er forderte sie sogar dazu auf. »Möchtest du auch einen?« fragte er sie dann. Und ich sah ihn an und dachte: »Verdammt, weißt du denn nicht, wohin das führen wird?« Ich liebte und bewunderte ihn, aber wenn er ihr Alkohol zu trinken gab, war ich empört.

Am Ende des Schuljahres kamen Sally und Ruth Ann von der Schweizer Schule nach Hause; wir nahmen einen Zug nach Bremerhaven und brachten sie zu einem Schiff, das nach New York fuhr. Beide hatten Stipendien in den Vereinigten Staaten, Ruth Ann am Barnard College und Sally am Smith College. Für meine Eltern war es eine große Erleichterung, sie dort in guter Obhut zu wissen. Die Mädchen waren für ihren Geschmack zu kosmopolitisch geworden und hatten sogar in Europa studieren wollen, aber als mein Vater davon erfuhr, verbot er es ihnen. Ruth Anns Neigung zum Marxismus bereiteten ihm große Sorgen. Im vergangenen Jahr hatte sie ihn gefragt, ob sie die Sommerferien in einem bulgarischen Jugendlager verbringen dürfe. Aber meine Mutter hatte versucht, ihn zu beruhigen: »Das darf dich nicht aufregen, mein Lieber, dieses Stadium wird sie bald überwunden haben. Wir werden sie in den Vereinigten Staaten auf ein College schicken, und dann wird alles wieder in Ordnung sein.« Ich glaube, sie hat meinen Vater von der Richtigkeit ihrer Ansicht überzeugen können.

Zu dieser Zeit wurde das Hauptquartier der amerikanischen Besatzungsarmee in Deutschland von Frankfurt in das achtzig Kilometer weiter im Neckartal gelegene Heidelberg verlegt, und wir mußten wieder umziehen. Als ich zur amerikanischen Oberschule in Heidelberg kam, trug ich Bluejeans, ein Hemd aus grobem Baumwollstoff, einen Cowboygürtel mit einem großen Schloß und Armeestiefel. Diesmal hatte alles seine Ordnung. Auch hier wollte ich Football spielen und war jetzt stark genug, um in die Mannschaft aufgenommen zu werden. Der Trainer, Lou Barth, war Major bei der Militärpolizei und hatte bei den Philadelphia Eagles gespielt. Ich kam sehr gut mit ihm aus, und er machte mich zum Stürmer, was auch er gewesen war. Zwar war ich nicht der beste Spieler in der Heidelberger Mannschaft, aber ich war nicht schlecht und wurde mit jedem Spiel besser. In dieser Spielzeit schlugen wir alle sechs amerikanischen Oberschulmannschaften in Deutschland und gewannen die europäische Meisterschaft. Bei unseren Mitschülern erfreuten wir uns großer Beliebtheit, und ich selbst hatte das Gefühl, unter meinesgleichen zu sein.

Ich hatte mich einer Gruppe von acht Burschen angeschlossen, die sich die »Hoods« nannten. In den Vereinigten Staaten gab es viele Jugendbanden – wir kannten sie aus amerikanischen Filmen. Wir benahmen uns allerdings keineswegs kriminell, sondern interessierten uns für Sport, waren gebildet und wohlerzogen und hielten uns für die Elite der Unterstufe. Trotzdem gefiel uns das äußere Erscheinungsbild dieser Banden. Jeder hatte seinen besonderen Spitznamen wie »Babyface«, »Chopper« und »Chief«. Ich war »Cuddles« (Schmuser), weil ich im Stadtomnibus mit einer meiner Freundinnen geschmust hatte. Wir waren alle gleich angezogen und trugen weiße Hemden mit aufgerollten Ärmeln und einem Päckchen Zigaretten in der Brusttasche, weiße Socken, Mokassins, Pullover mit aufgedruckten großen Buchstaben und Jeans. Unser Stammlokal war »Bohlers Bar« in Heidelbergs Hauptstraße. In dieser Gegend gab es viele Studentenkneipen, zum Beispiel den »Roten Ochsen«, dessen Geschichte sich bis in das Jahr 1703 zurückverfolgen läßt. Herr Bohler war ein tüchtiger Geschäftsmann. Als wir häufiger in sein Lokal kamen, fürchtete er, die jungen Amerikaner könnten seine deutschen Gäste vergraulen, aber natürlich wollte er auch an uns etwas verdienen. Deshalb reservierte er uns im oberen Stockwerk ein kleines Zimmer, das mit Tischen, Stühlen und einer Bar mit drei Hockern möbliert und mit bayerischen Holzfiguren dekoriert war. Jetzt war es das Clublokal der »Hoods«. An den Wochenenden gingen wir abends gegen halb sieben in den Teenagerclub, um Billard zu spielen und zu tanzen. Etwa um neun Uhr nahmen wir unsere Freundinnen zu »Bohlers Bar« mit, tranken Bier und aßen Schwarzbrot mit geräuchertem Schinken. Ich habe mich bei diesen Unternehmungen immer glänzend unterhalten.

Mein Vater freute sich darüber, daß ich Football spielte, aber es gefiel ihm nicht, daß ich mich auf der Straße herumtrieb. Er wollte mir nicht erlauben, abends länger fortzubleiben, obwohl ich der einzige in meiner Gruppe war, der zu einer bestimmten Zeit zu Hause sein mußte. Außerdem fragte er mich ständig nach den Noten, die ich für meine schulischen Leistungen bekam. Mir gefiel die Schule, und ich kam so gut mit meinen Mitschülern aus, daß sie mich in den Schülerrat wählten, aber das Lernen stand bei mir nicht an erster Stelle.

Zum großen Knall kam es, als uns die Militärpolizei eines Abends im Frühjahr festnahm, weil wir angeblich mit irgendwelchen Deutschen in Streit geraten wären, was allerdings nicht stimmte. Zwar glaubte mein Vater mir, aber er erkannte, daß meine Chancen, in West Point angenommen zu werden, immer geringer wurden. Da ich erst fünfzehn Jahre alt war und erst in zwei Jahren einen Aufnahmeantrag stellen konnte, sah er sich nach Möglichkeiten um, mir in der Zwischenzeit weitere Schwierigkeiten aus dem Weg zu räumen. Der Trainer Barth machte den in dieser Lage vernünftigsten Vorschlag und riet ihm, mich wieder auf eine militärische Schule zu schicken. Er kannte den Trainer bei der Militärakademie von Valley Forge in der Nähe von Philadelphia und sagte, er könne mir dort ein zweijähriges Stipendium als Footballspieler vermitteln.

Die Sorge meines Vaters, ich sei irgendwie vom richtigen Pfad abgewichen, war unbegründet. Zwar fühlte ich mich zu Hause nicht sehr wohl, war aber nicht so aufsässig wie andere junge Leute, die ihren Widerstand gegen das Elternhaus dadurch zum Ausdruck brachten, daß sie sich an Bandenkriegen beteiligten, frühzeitig heirateten oder mit der Polizei aneinandergerieten. Ich war stolz darauf, daß es mir in Genf gelungen war, mich in einen europäischen Jugendlichen zu verwandeln, um in Deutschland wieder ein typisch amerikanischer Teenager zu werden. Aber mein Ziel war es trotzdem geblieben, nach West Point zu gehen. Als mein Vater nun erklärte, es sei Zeit, mich von meinen bisherigen Freunden und Freundinnen zu trennen und auf das angenehme Leben in Europa zu verzichten, um nach Valley Forge zu gehen, hatte ich nichts dagegen einzuwenden.

Aber ich war nicht der einzige, der ihm Kopfschmerzen bereitete. Es stellte sich heraus, daß es falsch gewesen war, Ruth Ann auf ein College in den Vereinigten Staaten zu schicken, um sie wieder auf den richtigen Weg zu bringen. Ihre Leistungen am Barnard College waren so schlecht, daß die Gefahr bestand, sie könnte ihr Stipendium verlieren, und das College beschwerte sich in einem Brief an meinen Vater über ihre politischen Aktivitäten. Sie hatte sich der NAACP (National Association for the Advancement of Colored People) angeschlossen und war Mitglied bei der Columbia Labor Youth League geworden. Als mein Vater ihr schrieb und fragte, was sie sich dabei gedacht habe, antwortete sie, sie habe sich entschlossen, für eine gute Sache zu kämpfen, und sei stolz darauf. Meinem Vater warf sie vor, er ruiniere ihr Leben: »Ich würde gerne der kommunistischen Partei beitreten, aber man hat mir gesagt, Deinetwegen könne ich es nicht tun!« Mein Vater war verzweifelt. Ruth Ann war schon immer sein Liebling gewesen, und ich sehe ihn noch, wie er in unserem Wohnzimmer in Heidelberg auf und ab ging und sagte: »Deine Schwester ist in New York verrückt geworden! Was zum Teufel ist mit meiner Tochter geschehen? Was habe ich falsch gemacht? Ich habe mein Leben damit zugebracht, den Kommunismus zu bekämpfen, und nun wird aus ihr eine Kommunistin!«

Den Sommer verbrachten wir in Rom, wo mein Vater als Chef einer Organisation mit der Bezeichnung Military Assistance and Advisory Group die Auslieferung militärischer Hilfsgüter an die Italiener überwachen sollte. Wir lebten wie wohlhabende Italiener in einer prächtigen Dachwohnung ganz in der Nähe der Villa Borghese. Ich schloß Freundschaft mit jungen Amerikanern, zu denen auch der Sohn des amerikanischen Marineattachés gehörte. Wir gingen fast jeden Abend aus und amüsierten uns glänzend. In einem kleinen Lokal gegenüber der Spanischen Treppe tranken wir Bier, kauften uns Eis in einem Straßencafé und besorgten uns verbilligte Eintrittskarten für die Oper in den Caracalla-Thermen. Dort sah ich zum ersten Mal die Oper »Carmen«, und in der Szene vor der Stierkampfarena kamen echte Pferdekutschen auf die Bühne. Bei einer »Aida«-Aufführung wurden sogar lebendige Elefanten gezeigt.

Im Juli verliebte ich mich wahnsinnig in die dunkeläugige Rosario, die Tochter des spanischen Botschafters. Als ich sie im Juli eines Abends von einer Party nach Hause brachte, blieben wir hinter jeder römischen Säule stehen und küßten uns. Dann gingen wir weiter bis zum Trevi-Brunnen und küßten uns auch dort. Der Mond schien, die Nachtluft fächelte uns Kühlung zu, und das Leben war unglaublich schön. Mein Lieblingsplatz war das Kolosseum. Wir nannten es »Joe's Place«. Der Sohn des Marineattachés hatte eine Stelle gefunden, an der man sich nachts hineinschleichen konnte. Wie romantisch war doch das Leben, wenn man fünfzehn Jahre alt war und im nächtlichen Rom im Kolosseum herumgeisterte!

Das waren alles unschuldige Vergnügungen, aber als meine Eltern feststellten, daß ich jeden Abend ausging, fürchteten sie das Schlimmste. Meine Freunde und ich spielten Poker um wenige Cents, und meine Eltern glaubten, das könnte meine Spielleidenschaft wecken. Meine Mutter sagte mir, mein Vater habe die Befürchtung, wenn er mir seinen West-Point-Ring schenkte, würde ich ihn beim Poker verlieren. Wahrscheinlich wären ihnen diese Sorgen erspart geblieben, wenn ich mich häufiger mit ihnen unterhalten hätte, aber wir schienen uns damals nur sehr wenig zu sagen zu haben.

Sie müssen sehr erleichtert gewesen sein, als ich im August an Bord eines Schiffes ging, das mich nach New York bringen sollte. Für Reisen zwischen Europa und den Vereinigten Staaten standen den Angehörigen amerikanischer Soldaten meist Truppentransportschiffe zur Verfügung. Gewöhnlich trugen sie die Namen von Präsidenten oder Generälen. So gab es die »President Tyler« oder die »General Patch«, aber mein Vater hatte für mich eine Überfahrt auf der »Private Johnson« gebucht, und dieser Name entsprach genau der Größe des Schiffes. Damit es eine interessante Reise für mich wurde, hatte er mich zusammen mit türkischen Matrosen, die nach New London, Connecticut, unterwegs waren, um dort ein überzähliges amerikanisches U-Boot abzuholen, unterbringen lassen. Auf dem Atlantik kamen wir in so rauhe See, daß wir alle tagelang seekrank waren. Eines Nachmittags lag ich an Deck auf einem Lukenbezug und fühlte mich so schlecht, daß ich am liebsten gestorben wäre, und den seekranken Türken ging es nicht anders. Ich fragte mich, wie jemand auf den Gedanken kommen konnte, zur Marine zu gehen.

Ich war nun schon vier Jahre nicht mehr in Amerika gewesen und freute mich darauf, heimzukehren. Als bei der Einfahrt in den New Yorker Hafen die Freiheitsstatue vor mir auftauchte, lief mir ein Schauer den Rücken hinunter. Ich stand an der Reeling und dachte stolz: »Jetzt bin ich wieder in meiner Heimat, ich bin wieder in Amerika. Ich bin froh, nach Hause zu kommen!«

Irgendwie hatte sich der Kreis geschlossen. Valley Forge war nur etwa sechzig Kilometer von der Militärakademie Bordentown entfernt, wo ich vor fünf Jahren zur Schule gegangen war. Ebenso wie in Bordentown gab es auch hier schöne, aus Ziegeln gemauerte Häuser aus der Kolonialzeit, einen blitzsauberen Kasernenhof und die gleiche strenge Disziplin, die mir damals so gutgetan hatte. Es bereitete mir nicht die geringsten Schwierigkeiten, mich sofort an den geregelten Tagesablauf zu gewöhnen. Wir standen täglich zur gleichen Zeit auf, gingen zum Frühstück in den Speisesaal, mußten in einer bestimmten Zeit gegessen haben und bereiteten uns anschließend in unseren Wohnheimen auf den Unterricht vor. Bevor wir unsere Zimmer verließen, machten wir die Betten und räumten auf, so daß wir bei der täglichen Inspektion nicht auffielen. Während des Unterrichts trugen wir Uniform – ein graues Hemd mit Krawatte, Hosen mit Streifen an der Seitennaht, eine kurze marineblaue Jacke und eine Mütze. Wenn es Zeit zum Mittagessen war, traten wir vor dem Schulgebäude kompanieweise an und marschierten zum Speisesaal. Nach der Schule wurde Sport getrieben. Ich spielte zunächst Football und trieb anschließend Leichtathletik. Gegen Ende des Jahres beteiligte ich mich am Freistilringen. Abends marschierten wir wieder zum Speisesaal, und nach dem Essen ging es sofort zurück in die Wohnheime zu den Hausaufgaben. Dann saßen wir in unseren Zimmern bei offenen Türen hinter unseren Büchern. Dabei mußten wir uns ganz auf unsere Arbeit konzentrieren und durften weder sprechen noch Radio hören. Aufpasser patrouillierten durch die Korridore, und wenn sie jemanden ertappten, der sich nicht an die Disziplin hielt, wurde der Betreffende schriftlich gemeldet. Mir gefiel die strenge Disziplin, meine schulischen Leistungen wurden immer besser, und bald gehörte ich zu den besten Schülern meiner Klasse. Ich hätte mich schon gleich nach meiner Ankunft in Valley Forge zum Abschlußexamen für die Oberschule melden können, um in das Juniorencollege aufgenommen zu werden, aber es wurde eine Reihe von Kursen angeboten, die mich interessierten, so zum Beispiel in den Fächern »West Point English« und »West Point Math«. Anders als in Heidelberg war Football hier eine ernste Angelegenheit. Der Trainer war ein mürrischer Major mit Namen Novak, der glaubte, wenn man ein Footballstipendium hatte, sei man in gewisser Weise sein Eigentum. So sagte er mir zum Beispiel: »Schwarzkopf! Ist das alles, was Sie können? Haben Sie vergessen, daß wir Ihren Aufenthalt in Valley Forge bezahlen?« Wir gehörten zu einer Gruppe von Mannschaften, die darauf vorbereitet wurden, eines Tages in die Oberliga der großen Universitäten aufgenommen zu werden. Wenn die Marine zum Beispiel den Star einer Schülermannschaft rekrutierte und man glaubte, er müsse seine Schulkenntnisse noch vertiefen, um in ein College aufgenommen zu werden, schickte man ihn für zwei Jahre in unsere Liga. Zu meiner Mannschaft gehörten zehn dieser Burschen, hervorragende Sportler, und obwohl wir während meines ersten Jahres in Valley Forge nur zwei von neun Spielen gewonnen hatten, mußte ich mich sehr anstrengen, um mit den anderen mithalten zu können. Im Jahr darauf bekamen wir einen neuen Trainer, Major L. Maitland Blank, und nun verbesserten sich unsere Leistungen so weit, daß wir fünf Spiele gewannen und nur drei verloren. Auch ich wurde besser, und der Trainer stellte fest, daß ich am besten spielte, wenn ich wütend war. Deshalb nahm er mich manchmal aus dem Spiel und setzte mich für ein paar Minuten auf die Reservebank, um mich richtig aufzustacheln.

Die harte Behandlung beim Football machte mir nichts aus, aber es störte mich, daß die Schüler in zwei Klassen eingeteilt waren: in die der Habenichtse und in die der Wohlhabenden. Ich gehörte zu den Habenichtsen, die ihr Stipendium dem Football oder ihrer Musikalität zu verdanken hatten. Wir waren gegenüber den Wohlhabenden in der Minderheit. Das waren Kinder reicher Eltern, typische Zöglinge einer militärischen Internatsschule: Jungen aus Lateinamerika, Kinder geschiedener Eltern oder solche, die aus anderen Privatschulen hinausgeworfen worden waren. Einige von ihnen protzten mit ihrem Reichtum, und die Schule tat nichts, um sie davon abzuhalten, mit Geld um sich zu werfen und die Habenichtse zu tyrannisieren. Wir Stipendiaten mußten unsere Mitschüler im Speisesaal bedienen, und manchmal spielten sich die reichen Jungen uns gegenüber auf und riefen: »Geh und hol mir noch mehr Brot.«

Wenn mir so etwas passierte, antwortete ich ihnen: »Ich bin nicht euer Sklave«, und da ich ihnen körperlich überlegen war, wagten sie es nicht, mich weiter zu belästigen.

Valley Forge war besonders stolz darauf, einen ähnlichen Ehrenkodex entwickelt zu haben wie West Point. Man lehrte uns die gleichen Grundregeln der Selbstdisziplin: Ein Kadett lügt nicht, betrügt nicht, stiehlt nicht und läßt es auch nicht zu, daß es ein anderer tut. Und unsere Erzieher waren dafür verantwortlich, daß wir uns nach diesem Ehrenkodex richteten, wie das auch in West Point verlangt wurde. Das war gut und schön, aber in Valley Forge war man bei der Durchsetzung dieser Regeln so ungeschickt, daß die Disziplin manchmal in Grausamkeit ausartete. Eines Tages kurz nach meiner Ankunft wurde ein vierzehnjähriger Junge aus der Akademie hinausgetrommelt, weil er gestohlen hatte. Wir waren vor dem Mittagessen auf dem Hof angetreten, und die Trommler hatten sich am Haupttor aufgestellt. Dann rief der Kommandeur des Kadettenregiments den Jungen zu sich und schnitt ihm alle Knöpfe und Insignien an seiner Uniform ab, bis nichts mehr übrigblieb, was ihn als Angehörigen von Valley Forge kennzeichnete. Als das geschehen war, wurden die Trommeln gerührt, ein hartes, hohles Geräusch, und der Junge mußte mit offenem Hemd an der ganzen Front der Kadetten entlanggehen und verschwand auf Nimmerwiedersehen durch das offene Tor. Ich habe mir diese Szene später oft in Erinnerung gerufen und mich dabei gefragt, ob die Eltern des Jungen mit dieser Demütigung einverstanden gewesen waren, und ich habe mir Gedanken darum gemacht, was aus ihm geworden sein könnte.

Zwei Monate später bekam auch ich die Folgen eines Verstoßes gegen die Disziplin zu spüren. Am letzten Schultag vor den Ferien saßen wir im Speisesaal beim Weihnachtsessen. Es hatte uns großartig geschmeckt, aber dann wurde der Nachtisch serviert, ein breiiger, halbroher Kürbispudding. Niemand wollte das Zeug essen, und plötzlich landete eine Portion Pudding mitten auf unserem Tisch. Das löste eine regelrechte Puddingschlacht aus, und auch ich konnte der Versuchung nicht widerstehen, den auf meinem Teller liegenden Klumpen in die Gegend zu werfen.

Gutgelaunt gingen wir nach dem Essen in unsere Unterkünfte zurück, aber eine Stunde später ließ uns der Regimentskommandeur auf dem Exerzierplatz antreten. Er war für die Ruhe und Ordnung in Speisesaal verantwortlich und hielt uns nun eine lange Strafpredigt. Zum Schluß sagte er: »Ich verlange von jedem, der sich an dem Puddingwerfen beteiligt hat, daß er sich meldet. Wer es nicht tut, macht sich einer Ehrverletzung schuldig und muß damit rechnen, aus Valley Forge hinausgeworfen zu werden. Wegtreten.« Wir gingen zurück in unsere Zimmer, ich setzte mich auf mein Bett und dachte an den Jungen, der hinausgetrommelt worden war. Selbstverständlich mußte ich mich jetzt melden. Also ging ich in das Zimmer unseres Kadettenoffiziers, der sich gerade mit zwei anderen Offizieren unterhielt.

»Was willst denn du hier?« fragte er.

»Ich bin hier, um zu melden, daß ich heute abend im Speisesaal mit

Pudding geworfen habe.« Ohne das geringste Verständnis für meine Ehrlichkeit drohten mir die drei Männer, dafür würde ich mit Stubenarrest und Urlaubssperre bestraft werden. Mein Kadettenoffizier sagte: »Hol deine Waffe, geh hinaus auf den Exerzierplatz und marschiere, bis über deine Strafe entschieden worden ist.«

Ich gehorchte. Es schneite, und sie ließen mich stundenlang allein über den Exerzierplatz marschieren. Ich kochte vor Wut über diese Ungerechtigkeit. Ja, es war richtig, ich hatte mit Pudding geworfen und damit gegen die Hausordnung verstoßen, aber nur weil ich als einziger den Ehrenkodex ernst genommen und mich gemeldet hatte, machte man mich nun zum Sündenbock. Um zwei Uhr morgens wurde ich endlich hereingerufen, und man sagte mir, ich dürfe zwar zu den Weihnachtsferien nach Hause fahren, aber während der Ferien werde die Verwaltung die Entscheidung über mein endgültiges Schicksal treffen. Wunderbar! Fröhliche Weihnachten! So mußte ich mit dieser Sorge belastet zu meiner Großmutter in die Ferien nach Newark fahren.

Die Sache endete schließlich mit einem schriftlichen Verweis, der in meine Papiere eingetragen wurde; aber ich hatte etwas Wesentliches darüber gelernt, wie man mit einem Ehrenkodex umgehen muß. Die Ehre ist im Grunde eine Sache des Gewissens. Jede Institution, die von ihren Mitgliedern ein ehrenhaftes Verhalten erwartet, darf das Ehrgefühl eines Menschen nicht zu seinem Schaden mißbrauchen, wie das in Valley Forge geschah. Daß wir mit Pudding geworfen hatten, war ein Verstoß gegen die geltenden Regeln gewesen, aber der Kadettenoffizier hatte bewiesen, daß es ihm an Einsicht fehlte, als er eine Bagatelle zur Ehrensache machte.

Ich war für zwei Jahre nach Valley Forge gegangen, weil ich hier die Möglichkeit hatte, mich auf West Point vorzubereiten. Dieses Ziel zu erreichen war für mich inzwischen ebenso wichtig wie für meinen Vater. Aus der amerikanischen Militärakademie waren die Heerführer hervorgegangen, die die Achsenmächte besiegt hatten: Eisenhower, Bradley, MacArthur, Patton und viele andere, und West Point genoß weltweit ein so hohes Ansehen wie nie zuvor. Das und die Tatsache, daß die Ausbildung in West Point nichts kostete, machten die Akademie zu dem begehrtesten College in den Vereinigten Staaten. Man konnte sich nicht mit einem einfachen schriftlichen Antrag um die Aufnahme in West Point bewerben. Um zu den achthundertsechzehn Kadetten zu gehören, die jedes Jahr zugelassen wurden, mußte man von einem Senator oder einem Kongreßabgeordneten empfohlen werden und dann eine Reihe akademischer, sportlicher und medizinischer Tests bestehen.

Mein Vater kam im Februar 1951 nach Valley Forge, und wir überlegten gemeinsam, was jetzt zu tun sei. Auf seinen Rat stellte ich eine Liste der Kongreßabgeordneten aus New Jersey zusammen und schrieb an jeden einen Brief, in dem ich mich vorstellte und darum bat, als Kandidat für die Aufnahme in der Militärakademie von West Point im Jahr 1952 nominiert zu werden. Aber ich bekam lauter Absagen wie die folgende: »Lieber Kadett Schwarzkopf, vielen Dank für Ihre Anfrage. Es ist festgestellt worden, daß weder Sie noch Ihre lieben Eltern im Wahlbezirk des Abgeordneten Jones wohnen, und er nominiert grundsätzlich nur Kandidaten aus seinem Bezirk. Vielen Dank für Ihr Interesse an der Landesverteidigung.« Ich war bitter enttäuscht. Ich war der Sohn eines Offiziers, der seinem Land in Übersee diente, und weil er seinen gegenwärtigen Wohnsitz außerhalb des Landes hatte, konnte ich nicht nominiert werden.

Ich schrieb auch noch an Abgeordnete in Pennsylvania und New York. Als ich hörte, daß die Abgeordneten von South Carolina Schwierigkeiten hatten, Kandidaten zu finden, richtete ich meine Bitte auch an sie. Aber als mein Vater im Mai 1951 aus dem aktiven Militärdienst ausschied und mit meiner Mutter in die Vereinigten Staaten zurückkehrte, hatte ich noch immer nichts erreicht. An einem Samstag saßen mein Vater und ich in dem neuen Haus meiner Eltern in Maplewood, New Jersey, am Küchentisch zusammen und beratschlagten über unsere weitere Vorgehensweise. Mit Hilfe eines alten Bekannten war es ihm gelungen, für mich ein Gespräch mit Senator H. Alexander Smith aus New Jersey zu arrangieren. Wir wußten, daß Senator Smith für 1952 schon einen Kandidaten und einen Ersatzmann hatte, aber offenbar gefielen ihm die Leistungsnachweise, die ich ihm vorlegte, und er erklärte sich bereit, mich als seine dritte Wahl zu nominieren. Das berechtigte mich dazu, im nächsten Frühjahr die Aufnahmeprüfung für West Point abzulegen, es genügte aber wahrscheinlich nicht, mir die Aufnahme zu sichern. Die beiden anderen Kandidaten waren einfach zu gut, um schlechter abzuschneiden als ich.

Obwohl meinem Vater sehr viel daran lag, mich in West Point zu sehen, hatte er bisher nicht persönlich eingegriffen oder versucht, seine Beziehungen spielen zu lassen. Er glaubte an mich und an die Fairneß der Zulassungsbedingungen und war überzeugt, daß man meine Leistungen gerecht beurteilen würde. Ich war ebenso zuversichtlich. Man hatte mir mein ganzes Leben immer wieder gesagt, daß ich nach West Point gehen würde, und ich konnte mir einfach nicht vorstellen, daß man mich abwies. Wir rechneten einfach nicht damit, daß ich unter Umständen noch einige Zeit auf meine Zulassung würde warten müssen. Zum Zeitpunkt seiner Aufnahme mußte der Kandidat zwischen siebzehn und zweiundzwanzig Jahren alt sein. Wenn ich es also 1952 nicht schaffte, konnte ich mich entweder in einem Juniorencollege einschreiben oder in die Armee eintreten und versuchen, im folgenden Jahr aufgenommen zu werden.

Mein Vater riet mir, es über das Militär zu versuchen, denn jedes Jahr reservierte West Point einige Stellen, um die sich Kandidaten aus militärischen Schulen bewerben konnten. Ihre Auswahl erfolgte aufgrund ihrer Führungsqualitäten, ihrer schulischen und sportlichen Leistungen, ihrer Beteiligung an anderen von der Schule organisierten Aktivitäten und des Ergebnisses einer Prüfung, die etwa den Versetzungsprüfungen am College entsprach. Die Gewinnchancen waren gering, denn in jenem Jahr gab es Hunderte von Bewerbern, aber nur fünf offene Stellen. Doch mein Vater war so sehr davon überzeugt, daß ich gewinnen konnte, daß ich wieder nach Valley Forge ging, entschlossen, mein Bestes zu tun. Im Football und in der Leichtathletik bekam ich gute Noten, und militärisch gehörte ich zu den höchstrangigen Kadetten meines Jahrgangs. In den akademischen Fächern war ich der Beste meiner Klasse. Ein freundlicher Englischlehrer, Leutnant Esery, nahm mich unter seine Fittiche, übertrug mir die Redaktion des Jahresberichts und ermutigte mich, an einem Diskussionswettbewerb teilzunehmen, den ich gewann. Meine besondere Stärke waren die Multiple-Choice-Tests, so daß ich bei dem für die Aufnahme in die Militärakademie von West Point entscheidenden Examen sehr gute Noten bekam. Schließlich mußte ich bei der Examensfeier sogar die Abschiedsrede halten. So hatte sich alles erwartungsgemäß entwickelt, und es fehlte nur noch die offizielle Aufforderung, an der Aufnahmeprüfung für West Point teilzunehmen. Statt dessen erhielt ich ein Angebot, in die Marine einzutreten, die mir ein Stipendium für ein College meiner Wahl zusagte. Anschließend würde ich, wenn ich es wünschte, in der Marineinfanterie dienen können. Bei der Familie Schwarzkopf löste das keine große Freude aus.

Nach bestandenem Examen hielt ich meine Abschiedsrede und sagte meinen Freunden: »Nächstes Jahr gehe ich nach West Point.«

Dann fuhr ich zu meinen Eltern nach Maplewood und wartete einige Wochen ungeduldig auf die letzte Entscheidung. Das Dienstjahr für die neu eingestellten Kadetten sollte am 1. Juli beginnen, und während der Juni allmählich verstrich, dachte ich darüber nach, wie sich mein Alternativplan gestalten würde, der vorsah, daß ich im Elternhaus wohnen und das Newark College of Engineering besuchen sollte, eine kleine Schule, in der ich ein Jahr lang technische Lehrgänge besuchen konnte, während ich gleichzeitig versuchte, doch noch nach West Point zu kommen.

Das langersehnte Telegramm traf am 26. Juni ein. Dort hieß es:

> BERECHTIGT ZUR BEWERBUNG UM ZULASSUNG WEST POINT NACH EXAMEN MILITÄRSCHULE STOP MELDUNG BEI SCHULINSPEKTOR WEST POINT NEW YORK VOR ELF UHR VORMITTAGS SOMMERZEIT 1. JULI ZUR ZULASSUNG ALS KADETT

Ich las das Telegramm dreimal. Mein Vater war nicht zu Hause, aber ich zeigte es meiner Mutter, und sie vergoß ein paar Tränen. Dann ging ich zum Friseur und ließ mir die Haare militärisch kurz schneiden. Ich hielt das für die angemessene Art, meinen Erfolg zu feiern.

Endlich kam auch mein Vater nach Hause. Als er ins Zimmer trat, sagte er: »Hey, dein Haarschnitt gefällt mir.«

»Das hier wird dir viel besser gefallen«, sagte ich und zeigte ihm das Telegramm. Er umarmte mich, ging mit mir in die Küche, und wir begossen meinen Erfolg mit einem Bier.

5

Am Morgen des 1. Juli 1952 verabschiedete ich mich von meinen Eltern, küßte meine Mutter, umarmte meinen Vater und stieg in den Wagen eines mit meinem Vater befreundeten Autohändlers, der in einer Stadt unweit von West Point Chevrolets verkaufte. Auf meinem Schoß hielt ich eine Sporttasche mit den wenigen Gegenständen, die ich mitbringen sollte. Das waren unter anderem ein Rasierapparat, eine Zahnbürste und ein Scheck über dreihundert Dollar, mit denen während der folgenden vier Jahre meine Toilettenartikel und andere Kleinigkeiten bezahlt werden sollten. Ich war aufgeregt und sah dem, was mich jetzt erwartete, mit einigem Bangen entgegen. Ich hatte ein ähnliches Gefühl wie im letzten Sommer, als meine Eltern und ich eine Dampferfahrt auf dem Hudson unternahmen. Als das Schiff an West Point vorüberfuhr, machte mich mein Vater auf die Kadetten aufmerksam, die mit ihren Freundinnen auf einem am Flußufer entlangführenden Weg, dem sogenannten Flirtation Walk, spazierengingen. Beim Anblick der uniformierten Kadetten dachte ich: »Das könnte auch ich sein. Aber bin ich wirklich gut genug? Werde ich die an mich gestellten Anforderungen erfüllen können?« Bald sollte ich Gelegenheit haben, mir diese Fragen selbst zu beantworten.

Wir fuhren durch das aus Granit erbaute Haupttor und folgten den Wegweisern mit der Aufschrift »Neue Kadetten melden sich hier«. Schließlich hielten wir vor einem zwischen zwei hohen Backsteingebäuden gelegenen Eingang. Ich nahm meine Tasche, stieg aus und nannte dem Wachtposten meinen Namen. Er sagte: »Gut, gehen Sie durch diese Tür.« Nun betrat ich einen Raum von der Größe einer Turnhalle, an dessen Wänden Tische aufgestellt waren. Hinter jedem dieser Tische saß ein Schreiber. Davor standen Dutzende eben eingetroffener Kadetten. Man meldete sich am ersten Tisch und ging dann der Reihe nach zu allen anderen, um Fragen zu beantworten, Formblätter auszufüllen und den Scheck über dreihundert Dollar abzugeben. Alles war straff organisiert, ganz so, wie ich es mir vorgestellt hatte. Zum Schluß kam der peinlichste Teil der Prozedur. Man mußte sich ausziehen, auf ein Podest steigen und wurde dort, bis auf ein Suspensorium splitternackt, von hinten und von der Seite fotografiert. Diese Fotos befestigte man später an der Innenseite seiner Spindtür, wo sie die ganze Zeit über hängenblieben, um einen an den Tag zu erinnern, an dem man nach West Point gekommen war. Nachdem ich mich wieder angezogen hatte, sagte mir einer der Schreiber: »Gehen Sie hier hinaus.«

In diesem Augenblick betrat ich eine für mich völlig neue Welt. Hier warteten schon die Kadetten der obersten Klasse auf uns, die sogenannten Senioren, die den Auftrag hatten, uns den ersten Schliff beizubringen. Welchen Rang wir auch aufgrund besonderer schulischer oder sportlicher Leistungen bisher eingenommen hatten, er bedeutete nun nichts mehr. Sofort wurden wir angebrüllt: »Komm her! Stell dich in die Reihe! Nimm Haltung an! Nennst du das Haltung, Mister? Nimm das Kinn zurück! Nimm die Schultern zurück! Noch mehr! Noch mehr! Laß die Tasche fallen! Heb sie wieder auf! Nicht schnell genug! Wenn ich dir sage, du sollst die Tasche fallen lassen, dann tust du das sofort!« Ich hatte das erwartet – mein Vater hatte mich gewarnt –, aber wenn einem jemand ins Ohr brüllt, verkrampft man sich ganz unwillkürlich. Schon nach wenigen Minuten schwitzte ich ebenso wie alle anderen.

Offiziell heißen die ersten acht Wochen der Ausbildung »Rekrutensommer«, aber inoffiziell – und das ist zutreffender – heißen sie »Beast Barracks«, und die Senioren sind das »Beast Detail«. Die Ausbildung ist viel härter als die Grundausbildung bei der Armee und soll die neuen Kadetten, die der körperlichen und psychischen Belastung nicht gewachsen sind, dazu bringen, auf einen längeren Aufenthalt in West Point zu verzichten. Wer trotzdem dableibt, soll sich an die Disziplin gewöhnen und die Grundkenntnisse erwerben, die er braucht, um in West Point weiterzukommen.

Auf dem von vierstöckigen Kasernen umgebenen zentralen Exerzierplatz von der Größe eines Fußballfeldes begannen die Senioren sofort, mit uns zu exerzieren – linksum, rechtsum, kehrt. Dabei lernten wir, in geschlossener Formation zu marschieren. Ich wurde der Ersten Rekrutenkompanie zugeteilt, die in der dem Eingang am nächsten gelegenen Kaserne untergebracht war. Nach dem Exerzieren wurden wir in die Kompanieschreibstube geführt. Hier mußten wir weitere Formblätter ausfüllen. Nachdem ich mit einem Fragebogen fertig war, warf ihn mir der Schreiber ins Gesicht und brüllte mich an: »Du Dummkopf! Kannst du nicht lesen? Hier steht: Vorname und Anfangsbuchstabe des zweiten Vornamens!«

»Sir, ich habe keinen Vornamen. Ich heiße H. Norman Schwarzkopf. Anstelle eines Vornamens steht bei mir nur ein Anfangsbuchstabe.«

»Wer hat je davon gehört, daß jemand keinen Vornamen hat! Was steht denn in deiner Geburtsurkunde?« Zwar gefiel es mir nicht, herumkommandiert zu werden, es tröstete mich aber, daß mein Vater hier das gleiche erlebt hatte. Er hieß eigentlich Herbert Norman Schwarzkopf, aber der Name Herbert gefiel ihm nicht, und deshalb nannte er sich »H. Norman«. Ihm war es zu seiner Kadettenzeit ebenso gegangen wie mir, und deshalb wurde der Name Herbert auf all seinen von der Armee ausgestellten Papieren ausgeschrieben. Um mir das zu ersparen, hatte er mich offiziell als »H. Norman« in der Geburtsurkunde eintragen lassen. Nun brauchten die Senioren einige Minuten, um in den Vorschriften eine Lösung dieses Problems zu finden. Schließlich wiesen sie mich an, meinen Namen künftig »H. (F.I.O.) Norman Schwarzkopf« zu schreiben. Dabei hatten die Buchstaben »F.I.O.« die Bedeutung »first initial only« (anstelle des ersten Vornamens steht nur der Anfangsbuchstabe).

Nun mußten wir in den vierten Stock zu unseren Zimmern hinauflaufen und dort unsere Taschen ablegen. Anschließend ging es wieder hinunter zum Friseur, der mir die Haare noch mehr stutzte, und zum Krankenrevier, wo wir ärztlich untersucht und geimpft wurden. Dann wurde in der Kleiderkammer Maß genommen, und wir bekamen unsere Arbeitsanzüge, Hemden, Unterwäsche und Socken, die wir in zwei Wäschesäcken in unsere Unterkünfte zu bringen hatten. Das alles mußten wir im Laufschritt und ohne uns umzusehen erledigen, während wir bei jedem Schritt von den Senioren angeschrien wurden.

Zum Mittagessen marschierten wir in geschlossener Formation zum Speisesaal, wo uns die richtigen »Tischmanieren« beigebracht werden sollten. Während des Essens mußten wir aufrecht auf den vorderen fünfzehn Zentimetern der Stuhlkante sitzen, durften nicht sprechen und uns nicht umsehen. Zuerst schnitt man ein Stück Fleisch ab, legte das Messer auf den Tisch, nahm den Bissen in den Mund, legte auch die Gabel hin und kaute. Als ich es zum ersten Mal tat, wurde mir ständig ins Ohr gebrüllt: »Sieh geradeaus, du Dummkopf!« Und: »Das ist ein zu großer Bissen!« Da jeder einzelne von uns so angeschrien wurde, entstand ein Höllenlärm. Machte man etwas falsch, dann befahl der Senior: »Setz dich auf!« Das bedeutete, man mußte aufhören zu essen, das Kinn anziehen und stillsitzen, bis der Senior sagte: »Okay, essen.« Erst dann durfte man den nächsten Bissen in den Mund nehmen. Auf diese Weise hatten wir kaum etwas in den Magen bekommen, als die Teller wieder abgeräumt wurden.

Die Schinderei an diesem ersten Tag hatte uns alle so durcheinandergebracht, daß wir uns am Schluß kaum noch an irgendwelche Einzelheiten erinnern konnten. Aber gegen siebzehn Uhr mußten wir uns umziehen und die sogenannte Rekrutenhaut anlegen. Das waren graue Hosen, ein graues Hemd und eine Schirmmütze. So marschierten wir dann zum »Trophy Point«, einem landschaftlich schön gelegenen Aussichtspunkt, von dem man aus den ganzen Hudson überblicken konnte. Dort wurden wir ebenso wie jeder Offizier, der in die Armee eintrat, auf die Verfassung der Vereinigten Staaten vereidigt. Es ertönte ein Kanonenschuß, und die Regimentsfahne wurde zu den Klängen des Marsches »The Star-Spangled Banner« gesenkt. Damit begann ein neuer Abschnitt in meinem Leben, aber es fiel mir schwer, mich zu konzentrieren, weil ich den ganzen Tag angeschrien worden war, und auf dem Rückweg in die Kaserne überlegte, was mich wohl jetzt noch erwarten könnte. Ich vermochte es immer noch kaum zu glauben, daß ich es geschafft hatte, in West Point aufgenommen worden zu sein. Jetzt kam es darauf an, die ersten Monate zu überstehen.

Die Ausbildung begann am nächsten Morgen – Sport und Exerzieren. Auch im Schwimmen wurden wir geprüft. Wir mußten uns am Rand des Schwimmbeckens aufstellen, auf Kommando ins Wasser springen und eine Strecke von dreihundert Metern zurücklegen. Ein Kadett in meiner Gruppe, ein großer muskulöser Bursche, konnte nicht schwimmen. Aber wir hatten uns inzwischen daran gewöhnt, jeden Befehl widerspruchslos zu befolgen. Als der Senior daher rief: »Ins Wasser!«, sprang er. Es vergingen ein paar Minuten, bis der Senior bemerkte, daß er nicht mehr auftauchte. So wurde er herausgezogen, man pumpte ihm das Wasser aus den Lungen und brüllte ihn an: »Dummkopf! Warum hast du nicht gesagt, daß du nicht schwimmen kannst?«

Die meisten von uns zu befolgenden Regeln waren im Grunde sinnlos. So durften wir zum Beispiel in unseren Unterkünften nicht aus dem Fenster sehen. Das kleinste Vergehen wurde damit bestraft, daß man entweder sofort oder bei nächster Gelegenheit verhöhnt und beschimpft wurde. So wurde ich zum Beispiel immer wieder als »Gang Busters Poop« verspottet. Einer der Senioren hatte diese Bezeichnung für mich erfunden, nachdem er herausgefunden hatte, daß zwischen meinem Namen und der Radiosendung eine Verbindung bestand. So hieß es dann: »Schwarzkopf! Mach den ›Gang Busters Poop‹!« Dann mußte ich mit den Füßen aufstampfen, das Sirenengeheul und die Maschinengewehrsalven imitieren, mit denen die Sendung begann, an der mein Vater beteiligt war, und dann sagen: »Philips H. Lord präsentiert Ihnen jetzt ›Gang Busters‹!« Am besten wurde man mit diesen Schindereien fertig, wenn man Humor hatte. Aber eines meiner größten Probleme bestand darin, daß ich nicht immer ernst bleiben konnte. Wenn ich das Gesicht zu einem Lächeln verzog, schrie mich der Senior an: »Du grinst ja, du Dummkopf! Nimm das Kinn zurück! Nimm Haltung an!« Dabei berührte er mit seiner Nase fast mein Gesicht, und wenn er kleiner war als ich, mußte ich natürlich lachen – was meine Lage noch verschlimmerte.

Während der acht Wochen dauernden Grundausbildung wurden die körperlichen Anforderungen zunehmend härter. Wir übten das Überwinden von Hindernissen, machten Freiübungen mit unseren Gewehren und unternahmen anstrengende Gepäckmärsche. Dutzende von Kadetten warfen das Handtuch, weil sie diesen Strapazen nicht gewachsen waren. Mir taten sie leid, aber wir alle hatten Verständnis für sie und waren überzeugt, daß sie das Richtige getan hatten. Wenn ein Kadett körperlich und geistig nicht widerstandsfähig genug war, die Grundausbildung durchzustehen, dann hätte er es die vier Jahre in West Point nicht aushalten können, gar nicht zu reden von den hohen Anforderungen, die im Krieg an einen Truppenführer gestellt werden.

Ganz besonderer Wert wurde darauf gelegt, uns zur Ehrenhaftigkeit zu erziehen. West Point litt noch immer unter dem Betrugsskandal, zu dem es im Jahr zuvor zum ersten Mal in seiner Geschichte gekommen war und der zur Entlassung von neunzig Kadetten geführt hatte. Die ganze Footballmannschaft war darin verwickelt gewesen. Irgendwie hatten die Sportler herausbekommen, welche Fragen ihnen bei den bevorstehenden Prüfungen gestellt werden würden. Als die Angelegeneit öffentlich bekannt wurde, machte sie Schlagzeilen, weil die Footballmannschaft der Armee zu den besten Teams im ganzen Land gehörte. Um den guten Ruf der Akademie zu wahren, wurden auch einige der besten Spieler entlassen.

Wir waren die ersten Kadetten, die nach diesem Skandal aufgenommen wurden, und West Point unternahm alles, um uns den Sinn des hier geltenden Ehrenkodexes verständlich zu machen. Im Lehrplan für die Grundausbildung waren zehn Unterrichtsstunden über dieses Thema vorgesehen. Die Grundregel war ganz einfach: Ein Kadett lügt nicht, betrügt nicht, stiehlt nicht und läßt es auch nicht zu, daß ein anderer es tut. Das ganze Erziehungssystem beruhte darauf, daß sich die Kadetten an diese Grundsätze hielten. Wir hatten innerhalb und außerhalb des Klassenzimmers viele Möglichkeiten, gegen die Regeln zu verstoßen. Die Lehrer gaben gewöhnlich mehreren Kadettengruppen innerhalb von zwei Tagen die gleichen Aufgaben. So ließ es sich nicht verhindern, daß diejenigen, die sie als erste bekamen, die Fragen an ihre Kameraden weitergaben, die später an die Reihe kamen – es sei denn, sie sahen darin eine Verletzung ihrer Ehre. Wenn wir an den Wochenenden Ausgang hatten, mußten wir eine Erklärung unterschreiben, in der es hieß, unsere Abwesenheit sei gerechtfertigt. Das bedeutete, daß wir nicht irgendein Lokal besuchten, um dort Bier zu trinken. Wenn der diensthabende Offizier diese Erklärungen in der Hand hatte, verzichtete er grundsätzlich darauf, uns weiter zu kontrollieren.

Damit wollte man uns zur Aufrichtigkeit erziehen und in uns die Überzeugung festigen, daß ein Offizier sein Leben lang nicht von der Wahrheit abweicht. Mir gefiel ein Ehrenkodex, an den ich täglich vierundzwanzig Stunden lang gebunden war, und es gefiel mir auch, daß man mir aufs Wort glaubte.

Eines Nachmittags wurde für den Mittelbau eine Stubenkontrolle angeordnet. Ein junger Kadett, der in der uns gegenüberliegenden Kaserne untergebracht war, kam zu mir und sagte: »Hast du etwas dagegen, wenn ich aus deinem Fenster sehe?«

»Du weißt doch, daß wir das nicht dürfen.«

»Mach dir keine Sorgen. Ich werde mich weit genug vom Fenster auf diesen Stuhl stellen, und niemand wird mich sehen.«

Eigentlich hätte ich es ihm nicht erlauben dürfen, aber ich sagte nur: »Es geht um deinen Hals. Wenn du es unbedingt tun willst, habe ich nichts dagegen.«

Gleich nach der Inspektion stürmte ein Senior in mein Zimmer. Er hieß Nerone, und ich war schon einige Male mit ihm zusammengestoßen. Er hatte mir gesagt, wenn er könnte, würde er mich aus West Point hinausschmeißen. Ich wußte nicht, was er gegen mich hatte, aber augenscheinlich haßte er mich aus irgendwelchen ganz persönlichen Gründen. Er ließ mich Haltung annehmen, putzte mich gründlich herunter und sagte, das würde mich teuer zu stehen kommen. Als er endlich eine Pause machte, sagte ich: »Sir, ich habe die Inspektion nicht beobachtet.«

»Ich habe dich auf diesem Stuhl stehen sehen! Glaubst du wirklich, du kannst mich zum Narren halten?«

»Sir, ich habe die Inspektion nicht beobachtet.«

»Du hast es nicht getan?«

»Nein, Sir.«

»In Ordnung«, sagte er und ging zur Tür hinaus. Damit war die Sache erledigt. Obwohl er mich nicht mochte, verlangte der Ehrenkodex von ihm, mir zu glauben. Und ich war nicht verpflichtet gewesen, den Burschen zu melden, der aus meinem Fenster geschaut hatte, und niemand hätte es von mir erwartet, denn es war ein Verstoß gegen die Regeln, aber keine Verletzung des Ehrenkodexes gewesen.

Als das Studienjahr begann, wurden unsere Rekrutenkompanien aufgelöst, und wir wurden auf die vierundzwanzig Kadettenkompanien verteilt. Bis jetzt hatten uns nur Kadetten aus der obersten Klasse herumkommandiert, aber nun taten es auch Hunderte aus der zweiten und dritten Klasse. Trotzdem beendete ich meine Grundausbildung und war überzeugt, es auch weiterhin zu schaffen.

Obwohl die militärische Ausbildung im Sommer am anstrengendsten war, hatten wir wärend des ganzen akademischen Jahres reichlich zu tun. West Point war eine technische Hochschule, an der viel verlangt wurde. Die Hauptfächer waren Physik, Maschinenbau, Mathematik, Geschichte und Sozialwissenschaften. Außerdem wurden wir auch in Taktik unterrichtet, anhand von Beispielen aus der Kriegsgeschichte von Alexander dem Großen bis zu den wichtigsten Schlachten des Zweiten Weltkrieges. Außerdem gab es täglich Übungsmärsche, Inspektionen und das Exerzieren, gar nicht zu reden vom Sportprogramm, an dem alle Kadetten teilnahmen. An manchem Abend, wenn ich Freistilringen trainiert hatte, schleppte ich mich nur noch mühsam in mein Zimmer und verschlief das Abendessen, mußte aber zur rechten Zeit wieder aufstehen, um unter Aufsicht meine Hausarbeiten zu machen. Es vergingen Monate, in denen mir kaum bewußt wurde, was in der Welt geschah. Zu den weltbewegenden Ereignissen gehörten damals die Erprobung der Wasserstoffbombe, das Ende des Koreakrieges, die Niederlage der

Franzosen in Dien Bien Phu und die Auseinandersetzungen der Armee mit Joseph McCarthy bei den Anhörungen im Kongreß, die dazu führten, daß er seine Ämter verlor.

Aber als ich zur Zeit der Anhörungen über die Beziehungen von McCarthy zur Armee in den Osterferien des Jahres 1954 nach Hause kam, saß ich wie gebannt vor dem Fernsehgerät. Für mich war McCarthy ein Verrückter, der nicht besser war als der Ku-Klux-Klan. Er hatte keine Ahnung von den Rechten des Individuums, und ich lehnte seine Methoden strikt ab. Aber andererseits glaubte ich, daß er mit seiner Beurteilung der Kommunisten recht hatte. Höchstwahrscheinlich hatten sie überall ihre geheimen Zellen – und soweit ich wußte, gehörte auch meine Schwester Ruth Ann zu einer von ihnen. Die Fälle Hiss und Rosenberg zeigten deutlich, daß amerikanische Staatsgeheimnisse ausgekundschaftet wurden. Die Sowjets hatten uns bei der Herstellung von Atomwaffen eingeholt und waren offensichtlich entschlossen, die Weltherrschaft an sich zu reißen. Ich war ein überzeugter Antikommunist und freute mich auf den Tag, meinen Beitrag zur Verteidigung Amerikas leisten zu können.

In West Point wurde uns das soldatische Ethos in sehr anschaulicher Weise nahegebracht. Unsere Lehrer waren Offiziere, die sich im Krieg durch besondere Tapferkeit ausgezeichnet hatten. Im ersten Jahr hatte ich Taktikunterricht bei Oberstleutnant James Hollingsworth, der im Zweiten Weltkrieg Kommandeur eines Panzerverbandes gewesen war. Er war eine starke Persönlichkeit und ein hervorragender Fachmann. Oft hielt er sich nicht an den Lehrplan, und anstatt uns zu erklären, wie man ein Maschinengewehr in einer Verteidigungsstellung der Infanterie einsetzt, erzählte er uns von seinen Erlebnissen in Nordafrika und von den Panzerschlachten in Europa: »Da waren wir nun, ich und Georgie Patton mit unseren Panzern am Kasserine-Paß ...« Er schilderte uns auf die lebendigste Art die siegreichen Gefechte, an denen er teilgenommen hatte, und wir waren fasziniert. Leute wie Hollingsworth ließen uns den ganzen Kleinkram und die Schleiferei leichter ertragen.

Der Unterricht bei Hollingsworth begeisterte mich so sehr, daß ich eine Zeitlang unbedingt Offizier bei der Panzertruppe werden wollte, denn das bedeutete – wie er uns sagte – Beweglichkeit, Feuerkraft und schlagartiges Angreifen, während man bei der Infanterie »mit fünf Kilometern in der Stunde marschiert und nachgrübelt«. Er verstand es wirklich, mich zu begeistern. Bei einem Übungsschießen mit einem Raketenabschußgerät, das aus einem langen Rohr bestand und ebenso wie eine Panzerfaust aus dem Zweiten Weltkrieg von der Schulter abgefeuert wurde, zielten wir mit Übungsraketen über eine Entfernung von hundertfünfzig Metern auf Panzerattrappen. Hollingsworth ging hinter uns auf und ab, als ich meine Rakete abfeuerte und die Attrappe traf. Er klopfte mir auf die Schulter und sagte: »Großartig, Mister! Sie sind genau das Kaliber, das wir in der Armee brauchen!« Ich hatte das Gefühl, Gottes Segen empfangen zu haben.

Unser Lehrer im Fach Maschinenbau war Hauptmann Alton H. Quanbeck, der als kühner Jagdflieger am Koreakrieg teilgenommen hatte. Er schilderte uns, wie dicht er die kommunistischen MiGs verfolgt hatte, um sie abzuschießen. Unser Lehrer für Sozialwissenschaften war Hauptmann Paul F. Gorman jr., der als Infanterist den Rückzug vom Jalu-Fluß mitgemacht hatte. Er sprach nicht viel vom Krieg, aber er hatte den Ringfinger an seiner linken Hand verloren. Es hieß, die Chinesen seien in seine Stellung eingebrochen, und ein chinesischer Soldat, der ihn für tot hielt, habe ihm den Finger abgeschnitten, um ihm seinen West-Point-Ring abzuziehen. Jedesmal wenn Hauptmann Gorman die Hand hob, um irgend etwas zu betonen, mußten wir daran denken, mit was vielleicht auch wir zu rechnen hatten.

Einer meiner Mentoren war Hauptmann Samuel Rucks Martin, mein Englischlehrer in der obersten Klasse. Er hatte in Korea eine Panzerkompanie geführt. Er war nicht nur ein hervorragender Offizier, sondern verstand auch etwas von Lyrik, und ich muß zugeben, daß auch ich noch meine besondere Vorliebe für Gedichte hegte. Er erzählte uns wunderbare Abenteuergeschichten, etwa wie er und seine Männer Kästen mit Bier aus brennenden Güterwagen geholt hatten. Aber sehr viel wichtiger war das, was er uns über die Führung einer Truppe beibrachte und was in keiner Vorschrift stand. So erzählte er uns zum Beispiel, wie er die Moral seiner Soldaten in Korea dadurch gestärkt hatte, daß er auf Ehrenbezeugungen verzichtete. Wenn er an einer Straßenkreuzung in seinem Panzer saß und die Kompanie an ihm vorüberfuhr, winkten ihm seine Männer einen Gruß zu, obwohl sie ihm nach der Vorschrift eine Ehrenbezeugung hätten erweisen müssen. Ein Pedant hätte das als eine grobe Disziplinlosigkeit angesehen. Aber Hauptmann Martin machte uns klar, daß die Disziplin in keiner Weise darunter gelitten hatte. Das Winken zeigte, daß diese Männer stolz auf ihre Kompanie waren, und es war Ausdruck ihrer guten Kampfmoral.

Wir waren begierig, Geschichten zu hören, die uns zeigten, was es bedeutete, ein guter Offizier zu sein. Wir hatten noch keine praktischen Erfahrungen, nach denen wir den Wert solcher Erzählungen beurteilen konnten, sondern nur unseren Idealismus und das, was wir in Büchern gelesen hatten. Vor allem bewegte uns natürlich die Frage, wie wir uns selbst im Gefecht verhalten würden. Außerdem überlegten wir, was wir tun würden, wenn wir in Gefangenschaft gerieten: »Werde ich stark genug sein, das durchzustehen? Was wird geschehen, wenn man mich foltert?« Wir hörten sehr aufmerksam zu, als zwei Armeepsychiater eine faszinierende Vorlesung über die Gehirnwäsche an amerikanischenen Gefangenen in Korea hielten. Bei ihren Untersuchungen hatten sie festgestellt, daß von drei gefangenen Amerikanern meist einer zum Kollaborateur geworden war, und schilderten erschütternde Fälle, in denen Soldaten für den Tod von Mitgefangenen verantwortlich waren, weil sie ihre Kameraden bei dem koreanischen Wachpersonal angeschwärzt hatten. In dieser Untersuchung wurde das Verhalten der Kollaborateure auf einen Mangel an Selbstdisziplin zurückgeführt – und wir hofften natürlich, daß wir niemals eine solche Schuld auf uns laden würden.

Eine der erregendsten Veranstaltungen, an denen ich teilgenommen habe, war die Vorführung des bekannten Propagandafilms von Leni Riefenstahl über Hitlers Parteitag von 1934 in Nürnberg, »Triumph des Willens«. Obwohl ich wußte, welche Verbrechen die Nazis begangen hatten, und obwohl ich sie deshalb aus tiefstem Herzen verabscheute, konnte ich mich der Wirkung der Marschmusik, der im Gleichschritt defilierenden Verbände und der offensichtlichen Begeisterung der Massen nicht entziehen. Tagelang haben wir uns mit dem Problem der grundsätzlichen Immoralität des Krieges beschäftigt, ohne jedoch bei unseren Diskussionen zu einer endgültigen Lösung zu kommen. Man hat uns in West Point aber angeregt, Fragen zu stellen, um uns auf die ethischen und moralischen Kriterien hinzuweisen, zwischen denen wir als Offiziere eines Tages entscheiden mußten. Die Akademie wollte erreichen, daß wir uns niemals so verhielten wie die nationalsozialistischen Generale, die nach dem Zweiten Weltkrieg in Nürnberg vor Gericht standen und ihre Teilnahme an Kriegsverbrechen damit entschuldigen wollten, daß sie sagten: »Dienst ist Dienst«, was heißen sollte: »Ich habe nur meine Pflicht getan.«

Wir alle glaubten, im Ernstfall würden wir tapfere Soldaten sein, aber nur wenige waren wirklich blutrünstig. In einem Frühjahr hatten wir einen Kurs über »Lehrmethoden«. Jeder von uns mußte über ein bestimmtes Thema zwei Unterrichtsstunden abhalten. In der ersten wurde die theoretische und in der zweiten die praktische Seite behandelt. Ich wählte das Thema »Judo«. Mein Klassenkamerad Charlie Sarkis hatte bei ausgedehnten Streifzügen durch die Wildnis reiche Erfahrungen gesammelt und entschied sich für das Thema »Überlebenstaktiken«. Für die praktische Unterweisung brachte er einen Eimer Wasser und ein Kaninchen mit und erklärte, die beste Methode ein Kaninchen zu töten sei, es zu ertränken. Dann nahm er das Kaninchen, hielt es unter Wasser, bis es ertrunken war, und zog ihm das Fell ab. Nach dieser Demonstration holte er zwölf weitere Kaninchen und forderte uns auf, das gleiche zu tun. Wir weigerten uns, und unser Lehrer brach den Unterricht ab, gab Charlie aber die Note A.

Unsere Leistungen wurden jeden Tag benotet, und obwohl ich mich nicht jedesmal sehr gründlich vorbereitete, gelang es mir immer, den Anforderungen zu genügen. Ich hatte auch nicht den Ehrgeiz, bessere Noten zu bekommen. In jeder Klasse gab es »Böcke« und »Bienen«. Die »Böcke« waren die Kadetten mit den schlechtesten Leistungen. Dieser Spitzname hatte einen verächtlichen Beigeschmack – der Ziegenbock ist das Maskottchen der Marine. Die »Bienen« waren die Kadetten mit den besten Leistungen, die danach trachteten, mit einem Rhodes-Stipendium belohnt zu werden, oder es handelte sich um Streber, denen es nur darauf ankam, im Unterricht zu glänzen.

Meine Kameraden sagten manchmal: »O Schwarzie, du bist eine ›Biene‹.« Das ärgerte mich, denn ich wollte nichts anderes sein als ein guter Schüler, ein guter Kamerad, ein guter Sportsmann und ein guter Soldat, ohne deshalb zum Streber zu werden. Meine Freunde waren die Kadetten, die ebenso dachten, Leute, mit denen man gerne zusammen war und die das Leben nicht allzu ernst nahmen.

Leroy Suddath und David Horton waren während der ganzen vier Jahre meine Stubenkameraden. Leroy war ein hochgewachsener, blonder Junge aus Georgia mit dem typischen Akzent des Südstaatlers und viel Sinn für Humor. Sein Vater und sein Bruder waren auch in West Point gewesen, hatten aber vorzeitig ausscheiden müssen. Leroy war entschlossen, diese Familientradition nicht fortzuführen. Als er nach West Point kam, hatte er schon drei Jahre College hinter sich. Er hatte in der Mannschaft von Auburn Basketball gespielt, aber trotzdem hatte er einige Mühe, den Anforderungen in West Point zu genügen. Und doch war Leroy eine Führerpersönlichkeit. Die anderen Kadetten spürten das sofort, aber er wurde so schlecht benotet, daß es zwei Jahre dauerte, bis unsere Lehrer seine Vorzüge erkannten. Nach der Grundausbildung wurde er für die Sommermonate nach Fort Dix, New Jersey, kommandiert, wo er die Vertretung eines Leutnants übernahm. Als er zurückkam, brachte er eine hervorragende Beurteilung mit; seine Soldaten hatten ihn geradezu verehrt.

Wahrscheinlich hat ihm mein Einfluß sehr geschadet, denn ich mußte mich nicht besonders gründlich auf den Unterricht vorbereiten. Anstatt uns hinter die Bücher zu klemmen, erzählten Leroy und ich uns Geschichten oder trieben irgendwelchen Unfug, der unseren anderen Stubenkameraden David wahnsinnig machte. Er war ein großer, kräftiger Bursche aus Cove Creek, North Carolina, der seine Hausaufgaben gewissenhaft erledigte. Eines Abends im Dezember beschäftigten wir uns mit der Wahrscheinlichkeitsrechnung, aber Leroy und mich langweilte es, und wir beschlossen, die Sache mit einem Experiment lebendiger zu gestalten. Wir öffneten das Fenster, und während ein eisiger Wind ins Zimmer wehte, unterhielten wir uns darüber, welche statistische Wahrscheinlichkeit dafür sprach, daß ein Blatt ins Zimmer geblasen würde. Der arme Dave hielt verzweifelt die vor ihm liegenden Papiere fest und schrie: »Um Himmels willen, nehmt doch etwas Rücksicht, ich muß arbeiten!« Mit seinem Fleiß war es Dave gelungen, im Unterricht durchschnittliche Leistungen vorzuweisen, aber mit seinen Führungsqualitäten war er einer der Besten in unserer Klasse.

An den Samstagnachmittagen und -abenden hatten wir dienstfrei, durften das Gelände von West Point aber nicht verlassen. Deshalb verließen wir uns auf die Mädchen, die aus New Jersey und Long Island in der Hoffnung zu uns kamen, einen Kadetten kennenzulernen. An den meisten Samstagen wurden unter der strengen Aufsicht unserer Erzieher Tanzabende veranstaltet, zu denen wir in Paradeuniform erschienen. Die Mädchen führten Tanzkarten, auf denen sie die Namen ihrer Tänzer notierten. Sichtbare Beweise der Zuneigung waren streng verboten. Es gab kein Händchenhalten, man durfte seiner Partnerin nicht den Arm um die Schulter legen und sie natürlich auch nicht küssen, solange man die Uniform anhatte. Die Kadetten der älteren Jahrgänge durften ihre Mädchen zu Spaziergängen auf dem »Flirtation Walk« mitnehmen, aber den jüngeren war das nicht erlaubt. Die einzige Stelle, an der wir uns unbeaufsichtigt treffen konnten, war Fort Putnam, eine Ruine aus der Zeit des Revolutionskrieges auf einer Anhöhe hinter den Hauptgebäuden des Campus.

Im zweiten Jahr genossen wir schon größere Freiheiten. Jetzt durften uns unsere Mädchen an manchen Wochenenden in ihren Wagen abholen, und dann fuhren wir nach New York City, gingen ins Theater, luden unsere Mädchen zum Essen ein oder wurden selbst zu Partys eingeladen. In der Nähe des Times Square lag das alte Hotel »Piccadilly«, in dem viele Kadetten abstiegen. Hier mieteten wir zu sechst oder siebt ein Zimmer, in das wir auch unsere Mädchen mitnahmen. Das Hotel reservierte ein ganzes Stockwerk für die Kadetten, so daß wir niemanden störten, wenn wir um drei Uhr morgens mit lautem Geschrei den Korridor entlangtobten. Was wir in Manhattan unternahmen, war unsere Sache und ging West Point nichts an, besonders wenn wir nicht in Uniform waren. Die einzige Bestimmung, an die wir uns halten mußten, war, daß wir nicht heiraten durften. Solange »Uncle Sam« unsere Ausbildung bezahlte, sollten wir nicht durch Frau und Kinder abgelenkt werden. Wenn wir uns am Sonntag in unseren Unterkünften zurückmeldeten, mußten wir eine Erklärung unterschreiben, in der es hieß: »Ich bin nicht verheiratet und bin auch noch nicht verheiratet gewesen.«

Zu Weihnachten und zu Ostern fuhr ich jedesmal zuerst zu meinen Eltern, die in Maplewood, New Jersey, einem Vorort von New York, ein erstaunlich ruhiges Leben führten. Vor seinem Ausscheiden aus dem aktiven Militärdienst hatte mein Vater den neugeschaffenen Posten eines Verwaltungsdirektors im Ministerium für Justiz und öffentliche Sicherheit des Staates New Jersey angenommen und fuhr jeden Morgen in sein Büro in Trenton, obwohl die Fahrt anderthalb Stunden dauerte. Er war ein begeisterter Autofahrer. Sein Dienstwagen war ein Buick mit einer Zwölf auf dem Nummernschild. Auf dieser Fahrt winkte er jeder Polizeistreife zu, denn das waren, wie er sagte, seine Leute. Wenn er abends nach Hause kam, tranken beide Eltern ein Glas zusammen, aßen zu Abend und setzten sich vor den Fernseher. Obwohl Maplewood eine ebenso vornehme Wohngegend war wie Lawrenceville oder Princeton, nahmen sie nicht mehr so intensiv am gesellschaftlichen Leben teil. Das lag, wie ich glaube, unter anderem auch daran, daß meine Mutter trank, doch wahrscheinlich hatten sie in Teheran, Deutschland und Rom so viele gesellschaftliche Verpflichtungen absolviert, daß sie nun ihre Ruhe brauchten.

Nach den Feiertagen lieh ich mir den Wagen meiner Eltern und fuhr nach Washington, D.C. Dort lebten jetzt zwei meiner Heidelberger Freunde von den »Hoods« und eine Reihe netter Mädchen, mit denen ich befreundet war. In Washington traf ich mich auch mit anderen Kadetten und besuchte mit ihnen meine Schwester Sally, die uns in ihrem kleinen Haus in Georgetown unterbrachte. Sally hatte ihr Studium beendet und arbeitete jetzt für die Nationale Sicherheitsbehörde (NSA), sprach mit uns aber nie über ihre Tätigkeit. Ruth Ann sah ich nur selten. Sie war Sozialarbeiterin geworden und nach Providence, Rhode Island, gezogen, und ich war fest davon überzeugt, daß sie auch dort wieder in Schwierigkeiten geraten würde.

Mein Vater war in West Point ein hervorragender Sportler gewesen, was ich von mir nicht behaupten kann. Beim Football erlebte ich die größten Enttäuschungen. Zuerst hatte man mich als Stürmer eingesetzt, es zeigte sich aber sehr bald, daß ich mich nicht dazu eignete. In West Point gab es ein besonderes System, nach dem jeder offensiv und defensiv spielte. In der Defensive war ich recht gut, aber für die Offensive war ich zu langsam und behinderte die eigene Mannschaft. Am Schluß der Spielzeit wechselte ich zu anderen Sportarten über und brachte ganz gute Leistungen im Ringen, im Fußball und in der Leichtathletik. (Das Laufen war nicht meine Stärke – meine Sportarten waren das Kugelstoßen und das Diskuswerfen.)

In der Welt des Militärs fühlte ich mich am wohlsten. Ich trug gerne Uniform, freute mich, wenn eine Freundin oder meine Eltern mich besuchten, um mich bei einer Parade zu sehen, und ich war stolz, wenn ich befördert wurde. Im zweiten Jahr wurde ich zum Kadettenkorporal befördert. Das war eine Ehre, die ich mit etwa einem Drittel meiner Klassenkameraden teilte. Als Senior wurde ich Kadettenhauptmann und Kompanieführer. Hauptmann war der höchste Rang, den man in West Point erreichen konnte. In unserer Kommandostruktur stand der Erste Hauptmann an oberster Stelle. Es folgten zwei Regimentskommandeure, sechs Bataillonskommandeure und vierundzwanzig Kompanieführer. Die Kompanieführer waren für jeweils einhundert Mann verantwortlich.

Ich übernahm nun zum ersten Mal Führungsaufgaben und hatte den Eindruck, daß ich es gut machte. In West Point führten die obersten Jahrgänge die Kadettenkompanien, und zwar unter der Aufsicht der als Lehrer eingesetzten Armeeoffiziere. Als Kompanieführer war ich für alles verantwortlich, was in der Zeit vom Wecken bis zum Zapfenstreich in der Unterkunft geschah: vom täglichen Antreten über die Einteilung des Stubendienstes bis zum Schlichten von

Streitigkeiten. Aber ich war bei der Wahrnehmung dieser Pflichten nicht allein, sondern verfügte über mir unterstellte Kadettenleutnants, Unteroffiziere und Obergefreite. Jedoch wenn irgend etwas schiefging, mußte ich dafür geradestehen.

Ich hatte beobachtet, daß ein Absinken der Moral in einer Kadettenkompanie oft dadurch verursacht wurde, daß sich rivalisierende Cliquen gebildet hatten. Ich beschloß daher, alle Cliquen in meiner Kompanie aufzulösen. Es gab drei, und zwar die militärischen Fanatiker, die eine strenge Disziplin für notwendig hielten, die Kadetten, denen die Belange der Kompanie gleichgültig waren, und Burschen wie ich, die in der Mitte standen. Wenn ich befohlen hätte: »Ich bin der Kompanieführer, und ihr werdet tun, was ich sage«, dann hätte ich diese Gruppen noch mehr auseinandergetrieben. Statt dessen brachte ich alle ranghöheren Kadetten dazu, mit mir zusammenzuarbeiten. Um ein erfolgreicher Vorgesetzter zu sein, muß man mit Menschen umgehen können. Man muß erkennen, wo die Stärken und Schwächen derjenigen liegen, die für einen arbeiten sollen, und jedem die Aufgaben geben, für die er am besten geeignet ist. Das zu tun, ist nicht immer ein Vergnügen, es sei denn, man ist ein skrupelloser Intrigant. Vergnügen macht es jedoch, wenn der Betreffende seinen Auftrag erfüllt hat und dann fragt: »Was kann ich jetzt tun?«

Einer aus der Gruppe der Gleichgültigen war künstlerisch begabt, so bat ich ihn, für die Kompanie einen Becher zu entwerfen. Offiziell sollte es ein Kaffeebecher sein, aber in Wirklichkeit war es ein Bierkrug. Als er mir seinen Entwurf vorlegte, schlug ich ihm vor, den Krug auch herstellen zu lassen. Die Fanatiker konnten wiederum ihre überschüssige Energie beim Schleifen der neuen Rekruten einsetzen. Mir selbst war das zuwider, aber diesen Burschen bereitete es besonderes Vergnügen, die jungen Kadetten Haltung annehmen zu lassen, sie anzuschreien und ihnen zu befehlen, sie sollten ihre Stiefel noch einmal blankputzen. Ich erlaubte ihnen aber nur, so weit zu gehen, wie es den hier geltenden Grundsätzen entsprach, und legte ihnen sofort die Zügel an, wenn sie es übertrieben. Nach meiner Erfahrung hatte man viel bessere Erfolge, wenn man den Neuen in ruhigem Ton erklärte, was von ihnen verlangt wurde, ihnen mit gutem Beispiel voranging und bereit war, ihnen zu helfen.

Der Höhepunkt der militärischen Ausbildung in West Point war der Tag, an dem sich jeder für die Truppengattung entscheiden mußte, bei der er dienen wollte. Das geschah drei Monate vor der Abschlußprüfung. Aber die einzelnen Waffengattungen – Pioniere, Panzertruppe, Nachrichtentruppe, Artillerie und Infanterie – begannen schon im zweiten Ausbildungsjahr mit der Rekrutierung. Wir konnten uns auch für die Luftwaffe entscheiden, die Absolventen von West Point rekrutieren durfte, weil sie selbst keine eigene Militärakademie hatte. Unter den Lehrern in West Point gab es Offiziere aus allen Waffengattungen, und jeder versuchte, die besten Kadetten für seine Waffengattung zu begeistern. Deshalb bekamen wir auch so viele interessante Berichte über ihre Kriegserlebnisse zu hören. Nach dem zweiten Studienjahr wurden wir zu den verschiedensten Truppenteilen im ganzen Land abkommandiert, damit wir uns ein Bild von der militärischen Praxis machen konnten.

Wir waren verpflichtet, nach der Abschlußprüfung in West Point wenigstens drei Jahre in der Armee zu dienen, und mit Ausnahme der wenigen Kadetten, die Generäle wurden oder später zu einer anderen Waffengattung überwechselten, blieb jeder während seiner ganzen Dienstzeit bei derselben Waffengattung. Und jede von ihnen war eine Welt für sich mit einer eigenen Geschichte, eigenen Traditionen und Gepflogenheiten. Die Auswahl der Waffengattung war eine ebenso schicksalhafte Entscheidung wie der Entschluß, eine bestimmte Frau zu heiraten.

Der Leistungsstand legte die Reihenfolge fest, in der die Kadetten die Waffengattung wählen durften, in der sie dienen wollten, und da es in jeder Waffengattung nur eine bestimmte Zahl von offenen Stellen gab, mußten sich die am schlechtesten beurteilten Kadetten mit dem begnügen, was übrigblieb. West Point war als Pionierschule gegründet worden, und deshalb war es im allgemeinen so, daß die Besten zu den Pionieren gingen. Die dreißig oder vierzig »Böcke« endeten meist bei der Infanterie, der zahlenmäßig stärksten Waffengattung. Der Dienst in der Infanterie galt als der härteste, und Kadetten, die nicht Berufsoffiziere werden wollten, wurden gewöhnlich nicht Infanteristen, weil es im Zivilleben für Leute, deren Spezialität es ist, mit aufgepflanztem Seitengewehr eine feindliche Verteidigungsstellung zu stürmen, keine besonders günstigen Berufsaussichten gibt.

Im Sommer 1954, dem zweiten Jahr meiner Ausbildung in West Point, wurden meine Klassenkameraden und ich zu drei verschiedenen Verbänden der Luftwaffe abkommandiert, und ich überlegte mir ernstlich, ob ich mich nicht für die Fliegerei entscheiden sollte. Auch in der Abgeschiedenheit von West Point war es uns allen klar, daß der Kongreß den Etat der Armee gekürzt und der Luftwaffe das meiste Geld zur Verfügung gestellt hatte. Die Sowjets verfügten jetzt über die Wasserstoffbombe, und man war allgemein der Ansicht, daß es nie wieder zu einem Landkrieg kommen würde. Das Strategische Luftkommando (Strategic Air Command) stand im Mittelpunkt des öffentlichen Interesses, und wir waren überzeugt, daß General Curtis LeMay und seine B-52-Bomber im Fall eines kommunistischen Angriffs nach Moskau fliegen und die Sowjets vernichtend schlagen würden. Der Aufbau der Luftwaffe war so rasch erfolgt, daß es dort schon jetzt viele relativ junge Obersten und Generäle gab. Die Unterkünfte für die Verbände der Luftwaffe, die ich besuchte, waren ganz neu und viel komfortabler als die Kasernen der Armee, die ich kannte. Wir wurden sehr gastfreundlich aufgenommen und bewirtet, und die Offiziere sagten uns, wie sehr sie sich freuen würden, wenn wir uns zur Luftwaffe meldeten. Aber zwei Gründe hielten mich davon ab. Erstens wollte ich als Offizier meine Männer ins Gefecht führen, und hier würden das nur sehr wenige sein. Als Hauptmann bei der Infanterie unterstand einem eine Kompanie mit zweihundert Mann. Als Hauptmann bei der Luftwaffe wäre ich der Pilot einer Maschine, und meine Untergebenen wären die Besatzungsmitglieder. Zweitens wurde ich leicht luftkrank. Das hatte ich schon als Kind auf dem Flug nach Teheran erlebt und auch zweimal in einer Schulmaschine der Luftwaffe. Ich hatte den Film »Die Brücken von Toko-Ri« gesehen und konnte mir nicht vorstellen, als Kopilot von William Holden im Sturzflug eine feindliche Stellung anzugreifen. Ich war mir ziemlich sicher, mich dabei mit der Sauerstoffmaske vor dem Gesicht übergeben zu müssen.

Als nächstes verbrachten wir einen Monat bei der Infanterie in Fort Benning, Georgia. Zu meiner Überraschung bemühten sich die Offiziere hier nicht so sehr darum, den Kadetten den Dienst bei ihrer Truppe schmackhaft zu machen. Sie wußten, daß *sie* die Armee waren und daß die Infanterie bedeutende Heerführer wie Omar Bradley hervorgebracht hatte. Sie wußten zudem, daß sie nicht damit rechnen konnten, die besten Kadetten zu bekommen. Sie brauchten anständige Offiziere und waren überzeugt, daß auch diejenigen, die ihren Abschluß in West Point nicht mit dem besten Zeugnis gemacht hatten, ihren Ansprüchen genügen würden. Obwohl die Infanterie nicht als vornehmste Truppe angesehen wurde, fühlte ich mich von ihrem militärischen Elan angezogen. Und ich war beeindruckt, als ich hörte, daß es der Infanterie gelungen war, einen Teil der

Gelder erfolgreich für sich zu beanspruchen, die im Verteidigungsetat für die Luftwaffe eingeplant worden waren. Entsprechend dem Strategic Air Command hatte die Armee ein Strategisches Armeekommando (Strategic Army Corps) aufgestellt, daß aus Luftlandedivisionen bestand, die für den Einsatz auf dem atomaren Gefechtsfeld ausgebildet wurden.

Im folgenden Sommer besuchte ich Garnisonen der anderen Waffengattungen. Die Nachrichtentruppe in Fort Monmouth, New Jersey, interessierte mich nicht, sie war mir zu technisch. Ebensowenig konnte ich mich für die Artillerie erwärmen, die wir in Fort Sill, Oklahoma, kennenlernten. Ich mußte daran denken, was Hollingsworth über die Artillerie gesagt hatte. Er nannte sie »Heckenschützen, die auf zwanzig Kilometer entfernte Ziele schießen«.

Fort Belvoir, Virginia, war eine Pioniergarnison. Die Pioniere wurden allgemein als Elitetruppe angesehen, obwohl die meisten berühmten amerikanischen Generale aus der Panzertruppe, der Artillerie und der Infanterie kamen. Ich versuchte, mich von solchen Überlegungen nicht beeinflussen zu lassen. Ein Oberst führte uns zu einem tief eingeschnittenen Wasserlauf, machte uns mit einem Leutnant bekannt und sagte: »Sie werden jetzt sehen, wie der Zug dieses Mannes eine Brücke baut. Beobachten Sie ihn genau, denn er übernimmt damit eine große Verantwortung. Das könnte im nächsten Jahr auch Ihre Aufgabe sein, wenn Sie sich für die Pioniere entscheiden.« Dann wandte sich der Oberst dem Leutnant zu und sagte: »In Ordnung, jetzt sind Sie an der Reihe.« Der Leutnant wandte sich an seinen Unteroffizier und befahl: «Bauen Sie die Brücke!« Der Zug baute die Brücke, während der Leutnant wortlos dabeistand. Ich dachte: »Halt, eigentlich erwarte ich mehr vom Leben als das.«

Seit Hollingsworth und Martin uns von ihren Kriegserlebnissen erzählt hatten, wünschte ich mir, einmal einen Panzerverband zu führen. Deshalb sah ich gespannt unserem Besuch in Fort Knox, Kentucky, entgegen, wo ein Panzerregiment stationiert war. Der große Tag kam, als wir die Erlaubnis bekamen, die Panzer auszuprobieren. Aber es war glühendheiß, und man setzte uns in kleine T-41-Tanks für vier Mann Besatzung, in denen es sehr eng war. Einer meiner Klassenkameraden fuhr den Panzer, und ich saß im Turm. Es ging über eine sehr holperige Strecke, ich wurde fürchterlich durchgerüttelt und hatte schließlich nicht nur das Gefühl, bei lebendigem Leibe gekocht zu werden, sondern mir wurde auch furchtbar übel, und ich mußte mich erbrechen. Ich kletterte aus dem Fahrzeug und sagte mir: »Zur Panzertruppe werde ich wohl nicht gehen.«

Als das letzte Jahr meiner Ausbildung in West Point begann, hatte ich mich entschlossen, Infanterist zu werden. Suddath, Horton und etwa zwanzig andere trafen die gleiche Entscheidung. Wir standen uns sehr gut mit unserem ranghöchsten Taktiklehrer, Major Hal Moore, einem hochdekorierten Infanteristen aus dem Zweiten Weltkrieg und dem Koreakrieg. Er sah aus wie der Marlboro-Mann, hochgewachsen und schlank mit einem energischen Kinn, und er konnte ebenso lebendig über seine Kriegserfahrungen berichten wie Hollingsworth. Aber im übrigen imponierte er mir auch mit seiner ruhigen, ernsten Art. Wenn er uns etwas über seine Kriegserfahrungen erzählt hatte, dann sprach er am Schluß oft über die Verantwortung, die ein Offizier im Gefecht für seine Männer hat. Dabei wurden wir uns der Tatsache bewußt, daß jeder Fehler, den ein militärischer Vorgesetzter begeht, Menschenleben kosten kann.

Um die Weihnachtszeit dachten die Kadetten der Abschlußklasse kaum an etwas anderes als an die Auswahl der Truppengattung, und diejenigen von uns, die sich für die Infanterie entschieden hatten, bemühten sich darum, das Ansehen des Infanteristen bei ihren Kameraden zu fördern. Schließlich entwickelten wir einen Plan, um die freien Stellen in der Infanterie mit guten Leuten zu besetzen und so zu erreichen, daß die weniger guten in andere Waffengattungen kamen. Wir sprachen also mit den Leuten und sagten: »Hast du dich schon für eine Waffengattung entschieden?«

»Nein.«

»Nun, ich gehe zur Infanterie, und ich werde dir sagen, warum.«

Als der Tag, an dem die Entscheidung getroffen werden mußte, immer näher rückte, besorgten uns Major Moore und einige andere Infanterieoffiziere gut einen halben Meter große Holzmodelle des Fallschirmjägerabzeichens sowie der Gefechtsspange für Infanteristen, die jedem verliehen wurde, der sich im Kampf bewährt hatte. Wir nagelten sie in den vierundzwanzig Kompanieschreibstuben an die Wände, und die Kadetten freuten sich darüber, denn die Schreibstuben wirkten in ihrer Schmucklosigkeit öde und deprimierend. Dieses Unternehmen erregte aber so viel Aufsehen, daß der Kadettenkommandant von West Point dem Major Moore befahl, die Aktion abzublasen. »Dieser Bekehrungseifer geht zu weit«, meinte er. Aber wir hatten mit unserem Werbefeldzug Erfolg, denn die Offiziere aus den anderen Waffengattungen fingen an, sich zu beschweren.

Am Abend des Tages, an dem sich unser Schicksal endgültig entscheiden sollte, versammelten sich die vierhundertachtzig Angehörigen der obersten Klasse im Hörsaal für Elektrotechnik. Vorne stand eine große Tafel, auf der die noch offenen Stellen verzeichnet waren. Daneben saßen die Vertreter der sechs Waffengattungen. Die Kadetten wurden einzeln aufgerufen, und zwar in der Reihenfolge ihres Leistungsstandes. Wenn einer aufstand und sagte: »Ich entscheide mich für die Pioniere«, dann wurde sein Name auf die Liste gesetzt und eine der offenen Stellen bei dieser Waffengattung gestrichen.

Ich war der dreiundvierzigste in meiner Klasse und wollte mich eigentlich als erster zur Infanterie melden, aber ein anderer kam mir zuvor, und ich war der zweite. Aber das machte mir nichts aus, denn ich verfolgte den ganzen Vorgang mit gespannter Aufmerksamkeit. Jedesmal wenn ein Kadett sagte: »Ich entscheide mich für die Infanterie«, riefen alle, die den gleichen Entschluß gefaßt hatten: »Gut so!« und klatschten Beifall. Viele änderten noch in letzter Minute ihre Meinung, und wenn jemand sich zunächst zur Panzertruppe hatte melden wollen, die offenen Stellen dort aber schon besetzt waren, war die Artillerie für ihn die zweite und die Infanterie die dritte Wahl gewesen. Doch als er sah, daß sich so viele seiner Kameraden zur Infanterie meldeten, gab auch er der Infanterie den Vorzug. Das geschah nun immer häufiger.

Als der Vorletzte an die Reihe kam, waren nur noch zwei Stellen offen: eine bei der Infanterie und eine bei der Artillerie. Wir hielten den Atem an, als er aufstand und sagte: »Ich entscheide mich für die Infanterie.« Wir klatschten Beifall, und das Schlußlicht mußte sich mit der Artillerie zufriedengeben. Es war mein Freund Jack Sloan. Auch er hatte zur Infanterie gehen wollen. Als er sah, daß für ihn nur noch eine Stelle in der Artillerie übrigblieb, war er verzweifelt. So gingen wir alle nach vorn, um mit dem ranghöchsten Artillerieoffizier zu sprechen. Ich sagte: »Sir, erlauben Sie mir bitte, daß ich etwas dazu sage. Jack Sloan ist sehr enttäuscht, weil er zur Artillerie gehen muß. Glauben Sie, daß es eine Möglichkeit gibt, ihn noch in die Infanterie aufzunehmen?«

Der Offizier ärgerte sich so sehr über das schlechte Abschneiden der Artillerie, daß er mich anfuhr und sagte: »Verdammt, wir legen keinen Wert auf Leute, die nicht zur Artillerie wollen. Wenn er zur Infanterie gehen will, dann soll er es tun.«

»Ist das Ihr Ernst, Sir?«

»Ja, zum Teufel, es ist mein Ernst!« So erfüllte sich noch in letzter

Minute Jacks Wunsch, mit uns in die Infanterie aufgenommen zu werden.

Am 5. Juni 1956 hatte ich meine Ausbildung in West Point abgeschlossen, und die Aushändigung der Diplome war der Höhepunkt einer ganzen Woche der Paraden, Ansprachen, Zeremonien, Konzerte und Festessen, denen Dutzende kirchlicher Trauungen in einer Kapelle auf dem Campus der Akademie folgten. Ich war stolz auf meine vier Ärmelstreifen, die den militärischen Rang bezeichneten, den ich als Kadett erreicht hatte, stolz auf die Beförderung zum Leutnant der Armee der Vereinigten Staaten, stolz darauf, daß ich als Dreiundvierzigster zum Empfang meines Diploms nach vorn gerufen wurde, und dieser Stolz fand seinen Ausdruck darin, daß wir alle jubelnd unsere weißen Mützen in die Luft warfen. Aber am meisten bewegte es mich, daß ich den Erwartungen meines Vaters gerecht geworden war. Er und meine Mutter nahmen natürlich an dieser Feier teil, und als er mich anschließend umarmte, hatte er Tränen in den Augen. Seine Freude zeigte mir, daß mit dem erfolgreichen Abschluß meines Studiums in West Point für ihn ein Traum in Erfüllung gegangen war. Mehr als an irgendeinem anderen Tag meines Lebens hatte ich das Gefühl, ein guter Sohn zu sein.

Bis heute kann ich nicht genau sagen, wie weit ich durch West Point geprägt worden bin. In den vier Jahren, die ich in West Point zubrachte, haben sich meine Wertvorstellungen verändert und gefestigt. Am Anfang waren die Worte »Pflicht, Ehre, Vaterland« für mich nur der Wahlspruch meines Vaters. Natürlich liebte ich mein Vaterland und konnte zwischen richtig und falsch unterscheiden, aber mein Bewußtsein war noch nicht sehr stark entwickelt. Als ich West Point verließ, waren die dort vermittelten Werte zu meinen Leitsternen geworden. Es war eine gewaltige innere Befreiung. Die Armee, in der die Rangordnung, die Auszeichnungen und die dienstlichen Beurteilungen eine so große Rolle spielen, ist die Institution, in der man am leichtesten vom Ehrgeiz gepackt werden kann. Es gibt Offiziere, die ihre ganze Zeit damit zubringen, sich bei ihren Vorgesetzten beliebt zu machen und auf die nächste Beförderung zu warten – eine elende Art zu leben. Doch West Point hat mich davor bewahrt und mich gelehrt, meinen Dienst höher zu bewerten als meine persönlichen Interessen – meine Pflichten gegenüber dem Vaterland ohne Rücksicht auf die Vorteile zu erfüllen, die es mir persönlich bringen könnte, und zwar auch dann, wenn es mir nichts nützte. Das eröffnete mir mehr als nur eine erfolgreiche militärische Laufbahn – es verschaffte mir eine Lebensaufgabe.

Nicht alle Kadetten verließen West Point mit einem solchen Sendungsbewußtsein, aber viele von uns taten es. Dreißig Jahre nach meinem Abschluß saß ich mit zwei guten Freunden bei einer Tasse Kaffee in einem Büro im Pentagon zusammen. Es waren Tom Weinstein, ein ehemaliger Klassenkamerad, und Bob Riscassi, der als Reserveoffizier zum aktiven Dienst übergewechselt war. Wir waren inzwischen zu Dreisternegenerälen befördert worden und bedauerten es, daß so viele von denen, die in Washington sowohl im Pentagon als auch auf dem Capitol Hill unsere Wege kreuzten, kein höheres Ziel hatten als die eigene Karriere.

Tom ist ein intelligenter Bursche. Jetzt war er Chef des Militärischen Nachrichtendienstes und verstand es, den Dingen auf den Grund zu gehen. Ich fragte ihn: »Wie kommt es, daß du kein Karrieremacher bist? Weshalb versuchst du, dich in deinem Leben von moralischen und ethischen Grundsätzen leiten zu lassen, die anderen Leuten fehlen?«

Er zögerte nicht mit seiner Antwort und sagte: »Als ich nach West Point kam, war ich ein kleiner jüdischer Junge aus New Jersey und hatte von nichts eine Ahnung. Erinnerst du dich noch an den ganzen Scheißdreck, den man uns in den vier Jahren, die wir dort waren, beigebracht hat? Nun, ich habe wirklich daran geglaubt.«

Das hatte ich auch getan.

6

Wenig von dem, was ich in West Point gelernt hatte, war eine Vorbereitung auf den Alltag eines Leutnants in der Armee der Vereinigten Staaten gewesen. Als ich mich Anfang 1957 bei der 101. Luftlandedivision in Fort Campbell, Kentucky, meldete, war ich der typische junge West-Point-Absolvent: Ich war begierig, meinem Land zu dienen, war bereit, mein Bestes zu geben und wollte mich als Vorgesetzter meiner Soldaten bewähren. Ich hatte mich für diesen Truppenteil entschieden, weil er als Teil des Strategic Army Corps zu den in vorderster Front einzusetzenden Verbänden gehörte und kürzlich als erste amerikanische »Pentomic«-Division, die dafür vorgesehen und ausgebildet worden war, auf dem atomaren Schlachtfeld zu kämpfen, das besondere Interesse der Öffentlichkeit gefunden hatte. Die Division war zudem in die Geschichte eingegangen, denn es waren Fallschirmspringer der 101. Division gewesen, die nach der Landung in der Normandie hinter den deutschen Linien abgesprungen waren und die Angriffe deutscher Panzer erfolgreich abgewehrt hatten.

Die Armee, in die ich nun eintrat, litt noch unter den Folgen des Koreakrieges. Der Verteidigungsetat war so zusammengestrichen worden, daß es sogar für den normalen Dienstbetrieb an den notwendigen Mitteln fehlte. Angesichts der noch geltenden Doktrin von der massiven Vergeltung hatte man in der Armee das Gefühl, von der Luftwaffe in die Ecke gedrängt zu werden. Doch trotz all dieser Bedenken ließen meine Freunde und ich uns nicht entmutigen. Das politische Tauziehen fand in dem viele hundert Kilometer entfernten Pentagon statt, und wir konnten seine Ergebnisse ohnedies nicht beeinflussen, auch wenn wir es gewollt hätten. Doch wir wußten, daß unser Land immer eine Armee brauchen würde. Wer hatte schließlich schon feindliches Gebiet allein mit Flugzeugen erobert und besetzt gehalten? Unsere Aufgabe war es, uns auf den Ernstfall vorzubereiten.

Im Vergleich zu West Point gab es in Fort Campbell nicht viel zu sehen. Es lag, von Feldern umgeben, in einer welligen, eintönigen Landschaft, und die meisten Gebäude waren blaßgelbe Holzbaracken aus dem Zweiten Weltkrieg und neuere, aus Hohlziegeln errichtete Kasernen. Ich meldete mich bei Oberstleutnant Leroy David Brummitt, dem Kommandeur der 2. Kampfgruppe des 187. Luftlande-Infanterieregiments, der aus zweitausend Mann bestehenden Truppe, der ich zugeteilt worden war. Als ich sein Dienstzimmer betrat, erwartete ich, über die Aufgaben unserer Einheiten bei der Landesverteidigung unterrichtet zu werden und zu erfahren, welchen wichtigen Beitrag dazu der Leutnant Schwarzkopf zu leisten habe. Statt dessen sah er mich prüfend an und fragte: »Sie spielen doch Football, nicht wahr?«

»Nein, Sir.«

»Wie bitte? Bei Ihrer Größe sollten Sie Football spielen. Tun Sie es wirklich nicht?«

Als ich ihm sagte, ich hätte jahrelang nicht mehr gespielt, schien er enttäuscht zu sein. Später erfuhr ich, daß die Kampfgruppe mich angefordert hatte, weil ich, wie es in meiner Personalakte stand, einen Meter siebenundachtzig groß war, zweihundertzwanzig Pfund wog und in West Point als Stürmer gespielt hatte. Die Kampfgruppe war der Verband in der 101. Luftlandedivision, der sich besonders durch seine sportlichen Leistungen ausgezeichnet hatte, und deshalb waren die »Sondereinsätze« für Oberstleutnant Brummitt gegenwärtig das Wichtigste. Das bedeutete, daß der Dienst fast ausschließlich darin bestand, Football oder Basketball zu spielen oder zu boxen. Aber da ich nun schon hier war, konnte er mich nicht mehr zurückschicken und teilte mich der E-Kompanie unter Hauptmann John J. Plosay zu.

Einen besseren Vorgesetzten hätte ich mir nicht wünschen können. Plosay war ein schlanker, drahtiger Mann aus Pennsylvania, der nach Abschluß seines Studiums in die Armee eingetreten war. Anschließend besuchte er eine Offiziersschule und wurde dort zum Leutnant befördert. Nun, im Alter von achtundzwanzig Jahren, war er ein tüchtiger Offizier, an dem sich jeder junge Truppenführer ein Beispiel nehmen konnte. Als Kompaniechef trug er die Verantwortung für das Leben von zweihundertfünfzig Soldaten und für eine Ausrüstung, die einige hunderttausend Dollar wert war. Selbstverständlich mußte er die Befehle seiner Vorgesetzten befolgen, aber den täglichen Ablauf des normalen Dienstes in seiner Einheit konnte er ganz nach eigenen Vorstellungen gestalten.

Plosay freute sich darüber, daß ich ihm zugeteilt worden war, denn von den sechs Planstellen für Leutnante in der E-Kompanie war bisher nur eine besetzt. Obwohl ich meine infanteristische Grundausbildung abgeschlossen und nach West Point einen achtmonatigen Lehrgang an der Fallschirmspringerschule absolviert hatte, fehlten mir alle Erfahrungen im normalen Truppendienst, und ich hatte keine Ahnung von den besonderen Aufgaben eines Offiziers bei der Luftlandetruppe. Dazu gehörten die Zusammenarbeit mit der Luftwaffe beim Einsatz ihrer Flugzeuge, die Ausgabe und Überprüfung der Fallschirme sowie die Koordination des Absetzens der Fallschirmspringer. Aber das störte Plosay nicht. Er hielt sich nicht mit langen Erklärungen auf, sondern sagte nur: »Kommen Sie mit«, um mich alles aus der Praxis lernen zu lassen. Er übergab mir die Führung des Waffenzuges, fünfzig mit Granatwerfern und rückstoßfreien Gewehren ausgerüstete Soldaten, wo ich, wie er wußte, in besten Händen war. Im allgemeinen verfügte die Luftlandetruppe über erfahrene Leute, und im Waffenzug standen mir zwei kampferprobte alte Unteroffiziere, Calvert und Barney, zur Verfügung, die am Zweiten Weltkrieg und am Koreakrieg teilgenommen hatten. Sie waren gern bereit, mir zu helfen. Calvert war bis zu meiner Ankunft Zugführer gewesen und kannte seine Pflichten so gut, daß ich mich fragte, weshalb ich ihn ablösen sollte. Aber er erklärte, er freue sich, keine Entscheidungen mehr treffen und nicht mehr die Verantwortung tragen zu müssen, wenn irgend etwas nicht klappte.

Schon sehr bald mußte ich erkennen, daß ich mir in West Point unrealistische Vorstellungen vom Truppendienst gemacht hatte. Wenn eine Parade in West Point für siebzehn Uhr angesetzt war, dann wurden die Kadetten um sechzehn Uhr fünfundfünfzig alarmiert, und man konnte sich darauf verlassen, daß alle zweitausendvierhundert Kadetten sofort in den vorgeschriebenen Uniformen mit ihren Gewehren auf dem Exerzierplatz antraten und nach wenigen Minuten in geschlossener Formation über den Platz marschierten. Wenn man aber in einer normalen Garnison mit so vielen Soldaten um siebzehn Uhr eine Parade veranstalten wollte, dann konnte man die Männer um elf Uhr alarmieren und hatte Glück, wenn die Parade zur rechten Zeit begann.

Die Erfahrung zeigt, daß man in der Armee bei allen Unternehmungen, an denen Soldaten beteiligt sind, jederzeit damit rechnen muß, daß es zu einem furchtbaren Durcheinander kommt. Ich erlebte das zum ersten Mal, als ich mit meinem Zug in der ersten

Woche an einem Übungsspringen teilnahm. Unmittelbar bevor ich nach Fort Campbell kam, hatte ich einen Fallschirmspringer-Lehrgang absolviert, und beim Springen aus dem Flugzeug wurden jedesmal die gleichen exakten Regeln befolgt. Der leitende Offizier stellte sich neben die geöffnete Tür, und wenn er sagte: »Fertigmachen!«, setzten sich die Männer in Haltung auf den Rand der mit Leinwand bezogenen Sitzbänke und hielten in der rechten Hand die Reißleinen, welche die Fallschirme im Augenblick des Absprungs automatisch öffneten. Auf das Kommando »Aufstehen!« stellten sich die Männer mit dem Gesicht zum Heck des Flugzeugs auf. Es folgten die Befehle zum Einhängen der Reißleinen, zur gegenseitigen Überprüfung der Ausrüstung und die Durchgabe der Meldung »Okay!« von vorne bis zum rückwärtigen Teil des Flugzeugs, zum Aufstellen an der Tür und zum Absprung. Vom Start des Flugzeugs bis zu dem Augenblick, an dem wir nach dem Absprung wieder den Boden berührten, vergingen nur fünfzehn Minuten. Deshalb nannten erfahrene Fallschirmspringer diese Übung verächtlich »Hollywoodspringen«.

In Fort Campbell wollte man die Ausbildung realistischer gestalten. Bei unserer ersten Übung mußten wir vor dem Springen anderthalb Stunden in geringer Höhe kreisen. Die Maschine schlingerte stark, und viele Soldaten wurden luftkrank und fühlten sich so schwach, daß sie sich auf den Boden des Flugzeugs legten. Das sah nicht sehr vielversprechend aus, aber ich war trotzdem entschlossen, die Übung wie vorgesehen zu Ende zu führen. Als wir schließlich über der großen freien Fläche ankamen, über der wir abspringen sollten, stellte ich mich an die Tür und rief: »Fertigmachen!« Aber in der Maschine ging alles drunter und drüber. Die Soldaten fielen hin und kletterten übereinander hinweg, während die Ausrüstung über die ganze Kabine verstreut herumlag. Auf mein Kommando »Aufstehen!« konnte sich nur die Hälfte der Soldaten auf den Beinen halten. Dann drückte einer auf den falschen Knopf, sein Reserveschirm entfaltete sich, und die Seide verteilte sich über die ganze Kabine. Die Unteroffiziere brüllten ihn an, und wir zogen ihn zur Seite, damit die anderen springen konnten. Acht von vierzig Springern landeten außerhalb des für die Landung vorgesehenen Bereichs, aber für mich war es schon ein Erfolg, daß wir sie alle sicher aus der Tür gebracht hatten.

Die meisten Soldaten dieser Gruppe waren Wehrpflichtige. Es war ein bunt zusammengewürfelter Haufen – junge Collegeabsolventen, die in der Großstadt zu Hause waren, Söhne von Farmern und Aussteiger ohne abgeschlossene Berufsausbildung. Die letzteren hatten Tätowierungen auf den Armen wie »Lieber tot als unehrlich« oder Fallschirme und Totenschädel mit gekreuzten Dolchen. Schon sehr bald wurde mir klar, daß es für den Anführer einer kleinen Truppeneinheit keine allgemeingültige Methode gab, sich bei seinen Soldaten Respekt zu verschaffen. Man mußte mit jedem so sprechen, daß er einen verstand. Die Collegeabsolventen ließen sich durch logische Erklärungen überzeugen, bei den Farmersöhnen mußte man den gesunden Menschenverstand ansprechen, und die Aussteiger respektierten nur die körperliche Überlegeneit ihres Vorgesetzten und die Tatsache, daß er es verstand, sich hart und rücksichtslos durchzusetzen.

Im Sommer 1957 kamen viele Wehrpflichtige zu uns, und wir hatten fünfzehn Stunden täglich zu tun, sie vernünftig auszubilden und in unsere Einheit zu integrieren. Der schlechteste Soldat unter ihnen war ein Bursche aus dem Staat New York. Er behauptete, sich bei einem Motorradunfall eine Hirnverletzung zugezogen zu haben, als deren Folge er gelegentlich das Bewußtsein verlöre. Da bei der ärztlichen Einstellungsuntersuchung nichts Derartiges festgestellt worden war, konnten wir das nicht recht glauben und mußten sehr bald feststellen, daß zwischen diesen Anfällen und der Aussicht auf harte Arbeit ein direkter Zusammenhang bestand. Wenn wir zum Beispiel bei einer Geländeübung ein Lager aufgeschlagen hatten und uns zu dem über eine Strecke von fünfundzwanzig Kilometern führenden Rückmarsch in die Kaserne fertigmachten, fiel er in Ohnmacht. Das gleiche geschah, wenn ein Hindernislauf angesetzt war. Jedesmal brachten wir ihn dann zur Krankenstation, aber immer wachte er kurz vor Eintreffen des Arztes wieder auf.

Der Arzt stand vor einem Rätsel. Er konnte weder sagen, was dem Burschen fehlte, noch behaupten, daß er völlig gesund sei. Die Feldwebel Montoya und Gonzales, die beide den Koreakrieg mitgemacht hatten und jetzt die Rekruten ausbildeten, hielten nicht viel von dieser Art, mit dem Problem umzugehen: »Sir, dieser Hundesohn bescheißt uns!«

Ich fürchtete, wenn dem Mann wirklich etwas fehlte, könnte er womöglich sterben, und sagte: »Hören Sie, Feldwebel, vielleicht tut er das, vielleicht aber auch nicht. Wir wissen es noch nicht, und wir dürfen uns auf kein Risiko einlassen.«

Also improvisierten die Unteroffiziere ihre eigene Kur. Die Rekruten waren im zweiten Stock der Kaserne untergebracht, und jeden

Freitagabend hatten sie eine sogenannte GI-Party. Dazu gehörte das Schrubben des Fußbodens, der anschließend eingewachst und auf Hochglanz poliert werden mußte. An einem der nächsten Freitage hörte ich ein lautes Schreien, rannte nach oben und stürmte in das Zimmer, in dem diese Gruppe untergebracht war. Montoya und Gonzales hatten den Rekruten mit dem Kopf nach unten an den Fußgelenken aus dem Fenster gehängt. Er hatte panische Angst, aber Gonzales brüllte ihn an: »Du kleiner Bastard! Diesmal hast du nicht lange dazu gebraucht, aufzuwachen!« In der Folgezeit hatte der Mann keine Ohnmachtsanfälle mehr, wurde allerdings schon nach wenigen Monaten als dienstuntauglich aus der Armee entlassen.

Der im Umgang mit seinen Männern härteste und zugleich kleinste Unteroffizier in der ganzen Kampfgruppe war Feldwebel Carlos Leal. Er war nur einen Meter neunundsechig groß und wog einhundertdreißig Pfund. Zu seiner Kompanie gehörte ein großer, bärenstarker Soldat – er hatte früher als Stürmer in der Footballnationalmannschaft gespielt –, der manchmal jähzornig wurde und andere Soldaten zusammenschlug. Dann brachten ihn die Unteroffiziere zu Leal, der ihm die Leviten lesen mußte. Als ich eines Tages in die Schreibstube kam, stand dieser Rekrut vor dem Schreibtisch von Leal und stammelte irgend etwas. Leal sagte: »Du Hundesohn, wenn du das noch einmal tust, kriegst du von mir den Arsch voll. Hast du mich verstanden? Und jetzt geh mir aus den Augen!« Leal hatte den Soldaten allein durch sein energisches Auftreten in Angst und Schrecken versetzt.

Nachdem er gegangen war, fragte ich: »Was würden Sie tun, wenn einer dieser Burschen es wagte, Sie anzugreifen?« Er erwiderte: »Sir, das wäre kein Problem.« Dann holte er unter seinem Schreibtisch einen abgesägten Baseballschläger hervor. »Damit würde ich dem Hundesohn seine Unverschämtheiten schon austreiben, wenn er es je wagen sollte, mich anzufassen.«

Es machte mir Vergnügen, Leal bei der Arbeit mit seinen Männern zu beobachten. Er liebte sie, und sie liebten ihn. Im Sommer nach meinem Eintritt in die Luftlandedivision bekamen wir einen neuen Regimentskommandeur, der in einem Tagesbefehl erklärte, er habe festgestellt, daß bei dieser Truppe zu viele unanständige, unflätige Ausdrücke benutzt würden. Das sei sofort zu unterlassen. Ich ging natürlich am nächsten Morgen zur Gruppe von Leal, als er sie nach dem Wecken antreten ließ. Er stand auf den Treppenstufen vor seinen Soldaten und sagte: »Ihr Ficker, hört einmal zu. Wir haben einen neuen Kommandeur, und er sagt, in seinem Regiment dürfe man nicht mehr mit schmutzigen Ausdrücken um sich werfen. Also ihr Scheißköpfe, ihr sollt begreifen, daß ihr das beschissene Fluchen in Zukunft zu unterlassen habt. Habt ihr mich verstanden?«

»Jawohl, Feldwebel!«

»In Ordnung. Wegtreten!« Leal war ein loyaler Unteroffizier. Er hatte nicht die Absicht, den Befehl des Obersten zu sabotieren. Er gab ihn nur in der Weise weiter, wie es seine Art war, und zwar mit Worten, die seine Soldaten verstanden.

Jahre später ist Leal als Militärberater in Thailand bei einem Fallschirmabsprung im freien Fall tödlich verunglückt. Bis heute erwärmt mir der Gedanke an ihn das Herz und läßt mich lächeln.

Obwohl ich mit meinen Soldaten und Unteroffizieren eine sehr glückliche Zeit zugebracht hatte, war ich am Ende meines ersten Jahres bei der Luftlandetruppe enttäuscht und hin- und hergerissen. Mir imponierte die glanzvolle Tradition der 101. Luftlandedivision. In den Augen der Öffentlichkeit waren wir immer noch die »Teufel in Pluderhosen« aus dem Zweiten Weltkrieg. In der ganzen übrigen Armee wurden Schnürschuhe getragen, aber wir trugen schwere schwarze Fallschirmspringerstiefel, in deren Schäfte die Hosen hineingesteckt wurden. Unsere Abzeichen waren stilisierte Flügel auf farbigem Grund. Und an unseren Mützen trugen wir kleine rot-weißblaue Fallschirme. Irgendwie waren wir ein geheimnisumwitterter Verband. Auf die Frage, wie es sei, mit dem Fallschirm abzuspringen, antworteten wir natürlich immer ganz bescheiden: »Ach, eigentlich ist gar nichts dabei«, aber wenn wir das sagten, dann hofften wir im stillen, daß die Menschen das Gegenteil glaubten. Es war schon eine großartige Sache, einer so todesmutigen Truppe anzugehören.

Aber als ich die anderen Offiziere näher kennenlernte, war ich entsetzt. Ich hatte mich zur Luftlandetruppe gemeldet, weil ich glaubte, das sei ein Eliteverband, aber gute Truppenführer wie Plosay waren die Ausnahme. Die meisten Leutnante und Hauptleute, die ich hier kennenlernte, waren trinkfreudige Nichtskönner aus dem Zweiten Weltkrieg und dem Koreakrieg. Wirklich begabte und kriegserfahrene Truppenführer dienten entweder als Obersten oder Generäle an höherer Stelle in der Armee oder hatten sich pensionieren lassen und einen einträglichen Zivilberuf ergriffen. Wer es nur zum Oberleutnant oder Hauptmann gebracht hatte, gehörte meist zum letzten Aufgebot – es waren Burschen, die sonst nichts mit ihrer

Zeit anzufangen wußten, ohne ein Gefühl für Pflicht und Ehre, und sie betrachteten die Welt mit vom Alkohol verschleierten Augen. Zum ersten Mal in meinem Leben sah ich mich gezwungen, Leuten zu gehorchen, die ich nicht achten konnte, und auf dieses Dilemma war ich nicht vorbereitet gewesen.

In West Point hatte mir niemand gesagt, daß man von einem schlechten Vorgesetzten ebensoviel lernen kann wie von einem guten, aber im Lauf dieses Jahres hatte ich reichlich Gelegenheit, das selbst festzustellen. Schon nach drei Monaten wurde Hauptmann Plosay zum Stab der Kampfgruppe versetzt, der aus Offizieren bestand, die den Oberst bei der Führung der Personalakten, in nachrichtendienstlichen Angelegenheiten, bei der Aufstellung von Ausbildungsprogrammen und bei der logistischen Planung unterstützten. Plosays Nachfolger als Kompaniechef war ein kleiner, dicker, fauler vierzigjähriger Oberleutnant, der nach dem Koreakrieg aus der Armee ausgeschieden und dann wieder eingetreten war, weil er im Zivilleben versagt hatte. Er war wegen des Geldes wieder zur Luftlandetruppe gegangen, denn jeder Offizier, der sich am Fallschirmspringen beteiligte, bekam monatlich eine Prämie von einhundert Dollar. Das war eine Menge Geld, wenn man bedenkt, daß ein Oberleutnant ein Monatsgehalt von etwa zweihundertfünfzig Dollar bezog. Aber dieser Mann war zu feige zum Springen. Wenn ein Übungsspringen angesetzt war, weckten die Zugführer ihre Leute um vier Uhr morgens und ließen sie dann zum Frühstück antreten. Auch der Oberleutnant erschien im Speisesaal und erklärte: »Ich habe schlecht geschlafen und bin erkältet. Leider kann ich heute nicht mitmachen. Ich werde da sein, wenn ihr abgesprungen seid.«

So führten wir mit der Kompanie das Übungsspringen durch, und während wir an unseren Fallschirmen auf den Landeplatz zuschwebten, stand unten schon der Oberleutnant, und wenn ein Offizier aus dem Stab der Kampftruppe kam, um die Kompanie bei der Ausbildung zu beobachten, tat er so, als klopfe er sich den Staub von der Uniform. Der Inspizient ließ sich von ihm täuschen, seine Soldaten aber nicht. Sie wußten, daß er Angst hatte. Selbst wenn sie Durchfall gehabt hätten, wären sie ihm nicht zur Latrine gefolgt.

Der Oberleutnant blieb nur zwei Monate unser Kompanieführer, aber ich diente noch fast ein Jahr unter seinem Nachfolger. Es war ein vierundvierzigjähriger Offizier der Panzertruppe, der ebenso wie der Oberleutnant in der Armee geblieben war, weil er im Zivilleben nicht zurechtgekommen war. Unser neuer Hauptmann war Alkoholiker. Jeden Morgen kam er gegen neun Uhr zum Dienst, unterschrieb die Morgenmeldung und sagte: »Ich habe noch etwas im Stabsquartier zu erledigen. Übernehmen Sie die Kompanie und bleiben Sie so lange da, bis ich wieder zurück bin.« Oft kam er nicht zurück, und um sechs Uhr abends rief mich der Kellner aus dem Club an und sagte, daß mein Kompaniechef völlig hinüber sei. Dann fuhr ich hin, lud den Hauptmann in den Wagen, brachte ihn nach Hause und übergab ihn seiner Frau.

Um fair zu sein, muß ich zugeben, daß bei der Luftlandetruppe allgemein stark getrunken wurde, aber im Vergleich mit dem, was seine Kameraden tranken, war sein Alkoholkonsum wirklich extrem. Wenn man am Freitagnachmittag nicht im Offizierskasino erschien, um sich an dem allgemeinen Besäufnis zu beteiligen, galt man als Schwächling. Ein Drink kostete fünfundzwanzig Cents, und es kam darauf an, bis sieben Uhr so viele Drinks hinunterzuspülen wie irgend möglich. Dann fing die Band an zu spielen, und die Offiziere tanzten mit den Frauen ihrer Kameraden, besonders die älteren Offiziere mit den gutaussehenden Frauen der jüngeren. Das führte oft zu Streitigkeiten, und auf dem Parkplatz kam es zu lautstarken Auseinandersetzungen zwischen Majoren oder Oberstleutnanten und ihren jüngeren Untergebenen. Am Samstagmorgen fanden die wöchentlichen Inspektionen statt, zu denen wir um sechs Uhr völlig verkatert erschienen. Auch die meisten Soldaten kamen in diesem Zustand zum Dienst. Diese Inspektionen zogen sich bis ein Uhr mittags hin, und dann versammelten wir uns wieder im Kasino, um den Teufel mit dem Beelzebub auszutreiben.

Wenn der Hauptmann betrunken war, erzählte er mir lang und breit, wie sehr er Offiziere hasse, die aus West Point kämen. Es bereitete ihm besonderes Vergnügen, sich von mir vertreten zu lassen, vor allem nachdem ich Ende 1957 zum Oberleutnant befördert und zu seinem Stellvertreter ernannt worden war. Normalerweise übernahm der stellvertretende Kompanieführer nur bestimmte Verwaltungsaufgaben wie die Aufsicht im Speisesaal und in der Fahrbereitschaft. Darüber hinaus beaufsichtigte er die Arbeit des Rechnungsführers und sorgte für die Ausfertigung der Routinemeldungen. Aber der Hauptmann verlangte von mir auch die Übernahme seiner anderen Dienstpflichten. Wenn zum Beispiel im Stabsquartier der Kampfgruppe eine Besprechung zur Ausarbeitung der Befehle für die nächsten Manöver angesetzt wurde, nahm er mich mit. Jeder Kompaniechef hatte vierundzwanzig Stunden Zeit, einen Gefechtsplan auszuarbeiten und dem Regimentskommandeur vorzutragen, wie er mit seiner Kompanie die vom Regiment erlassenen Befehle durchführen wollte. In solchen Fällen wandte sich der Hauptmann an mich und sagte: »Schwarzkopf, dabei können Sie etwas lernen. Entwerfen Sie die Meldung, und sagen Sie mir, wie Sie diesen Befehl ausführen würden.« Dann brachte ich viele Stunden damit zu, die Lage auf der Karte einzuzeichnen und den Einsatzbefehl zu entwerfen. Der Hauptmann sah sich meine Arbeit an und erklärte: »So etwas Dämliches habe ich noch nie gesehen. Haben Sie in dieser verdammten Offiziersschule am Hudson denn gar nichts gelernt?« Daraufhin ging er allein zum Stabsquartier und legte meinen Entwurf als seinen eigenen vor.

Ende Dezember brachte der Hauptmann mit seinem Trinken die ganze Kompanie in Schwierigkeiten. Wir schafften es nicht, bei einem Probealarm für den Ernstfall rechtzeitig fertig zu werden: Für eine ganze Woche wurde Alarmbereitschaft angeordnet. Dazu mußten die Soldaten die Waffen zum Abtransport bereithalten, die Jeeps beladen und ihre Tornister packen. Wenn der Alarm kam, hatte man zwei Stunden Zeit, den Rest zu verstauen und zur Inspektion anzutreten, um sofort in ein entferntes Kriegsgebiet abfliegen zu können. Am Abend des Alarms war ich Offizier vom Dienst beim Stab der Kampfgruppe, und der einzige andere Leutnant, der erst kürzlich zu uns gekommen war, wußte nicht, wie ein solcher Alarm ablief. So mußte der Hauptmann die Sache in die Hand nehmen. Mit einer Verspätung von fünfundvierzig Minuten versammelte sich die Kompanie schließlich auf dem Appellplatz, und die Jeeps waren so nachlässig beladen, daß die Hälfte der Ausrüstung herausfiel.

Der Kommandeur der Kampfgruppe, Oberstleutnant Brummitt, war wütend. Obwohl die Woche, in der wir uns alarmbereit halten mußten, inzwischen vergangen war, ordnete er für den 30. Dezember einen neuen Übungsalarm an und sagte, wenn wir dabei wiederum versagten, werde er die Alarmübung zu Silvester wiederholen lassen. Der Gedanke, daß zweihundertvierzig Soldaten auf ihre Silvesterfeier würden verzichten müssen, weil ihr Kompaniechef nichts taugte, ärgerte mich. Deshalb bemühte ich mich darum, für den Probealarm am 30. Dezember alles so sorgfältig wie möglich vorzubereiten, damit es diesmal klappte.

Am 30. Dezember um die Mittagszeit verschwand der Hauptmann. Mir war das nur recht, denn er störte uns nur. Ich befahl die Unteroffiziere zu mir und sagte: »Diesmal werden wir es schaffen.

Alles wird wie am Schnürchen laufen.« Bei Einbruch der Dunkelheit hatten wir alles eingepackt. Gegen neun Uhr kam der Hauptmann sturzbetrunken in die Kaserne zurück und verlangte etwas zu essen. Der Küchenunteroffizier hatte natürlich schon alles eingepackt, aber ich sagte ihm, er solle dem Hauptmann etwas zu essen geben, damit er wieder nüchtern werde. Der Unteroffizier setzte ihm ein Steak mit Pommes frites vor. Nachdem der Hauptmann die Hälfte aufgegessen hatte, erklärte er plötzlich: »Verdammt, diese Pommes frites sind zu fett«, schleuderte das Tablett durch den Speisesaal. Dabei verteilten sich die Pommes frites über den ganzen Raum. Als er sah, daß zwei Rekruten ihn verständnislos anglotzten, beschloß er, ihr Marschgepäck zu inspizieren, und fing an, ihre Uniformen, Socken und Unterhosen herauszuziehen und in die Luft zu werfen.

Dann befahl er dem Kompaniefeldwebel: »Lassen Sie die Kompanie antreten.« Die Kompanie stellte sich vor der zur Kasernentür hinaufführenden Treppe auf, und der Hauptmann stand schwankend auf der obersten Stufe. Er sagte: »Ihr Hundesöhne habt den letzten Probealarm platzen lassen, weil ihr mir Schwierigkeiten machen wolltet. Das ist mir, solange ich Soldat bin, noch nie passiert und wird mir auch diesmal nicht passieren.«

Die Männer sahen natürlich, daß er betrunken war, und lachten ihn aus. Das erzürnte ihn noch mehr, und nun beschloß er, auch die vor der Kaserne geparkten Jeeps zu inspizieren. Wir hatten den ganzen Tag damit zugebracht, sie ordnungsgemäß zu beladen, und nun riß er alles auseinander und warf die einzelnen Ausrüstungsstücke auf den Boden. Schließlich konnte ich es nicht mehr mit ansehen, packte ihn und sagte: »Sir, kommen Sie mit.« Ich führte ihn in die Schreibstube, blies eine Luftmatratze auf, legte sie auf den Boden und sagte: »Legen Sie sich hin, und schlafen Sie sich aus. Sie brauchen jetzt Ruhe.«

»O Norm, wie gut Sie für mich sorgen! Sie sind der einzige in der ganzen Kompanie, der mich wirklich liebt!«

Glaubte er wirklich, daß ich ihn liebte? Am liebsten hätte ich den Kerl umgebracht! Aber noch wichtiger war es mir, daß der Alarm diesmal klappte. Der Hauptmann war eingeschlafen, und um vier Uhr morgens wurde der Alarm ausgelöst. Um sechs Uhr stand die ganze Kompanie sauber ausgerichtet auf dem Kasernenhof und wartete auf die Inspektion. Ich weckte den Kompaniechef, führte ihn hinaus und stellte ihn vor die Front. Ich dachte: »Jetzt wirst du etwas erleben, du Hundesohn! Der Oberstleutnant wird sehen, daß die

Kompanie abmarschbereit ist, aber er wird auch feststellen, daß du betrunken bist.«

Aber es kam alles ganz anders. Oberstleutnant Brummitt kam auf den Kasernenhof gefahren, hielt mit seinem Jeep vor dem Hauptmann und sagte: »Hoffentlich haben Sie etwas daraus gelernt. Sorgen Sie dafür, daß so etwas nicht noch einmal vorkommt.« Damit fuhr er wieder fort.

Einigen Soldaten in der Kompanie reichte es jetzt, und sie meldeten dem Generalinspekteur, daß ihr Kompaniechef betrunken zum Dienst gekommen sei. Aber Oberstleutnant Brummitt wollte nicht, daß sich der Generalinspekteur in die Angelegenheiten der Kampfgruppe einmischte, und der Oberstleutnant, den er mit der Untersuchung der Angelegenheit beauftragte, nannte dem Hauptmann die Namen der Soldaten, die sich bereit erklärt hatten, als Zeugen auszusagen. Der Hauptmann befahl sie einzeln zu sich und schüchterte sie so ein, daß sie bestritten, irgend etwas gesehen zu haben. Das war das Ende der Untersuchung.

Ich war im Kompaniegeschäftszimmer, als das Stabsquartier dem Hauptmann telefonisch mitteilte, daß er aus dem Schneider sei. Er lachte schallend! Zunächst war ich wie vor den Kopf geschlagen, aber dann schäumte ich vor Wut. Irgendwie war mir der Geduldsfaden gerissen. Ich rief den Offizier an, der die Sache hatte untersuchen sollen, und bat ihn um ein Gespräch. »Worum geht es?« fragte er.

»Ich muß mit Ihnen über einen Vorfall sprechen, zu dem es in meiner Kompanie gekommen ist.«

»Wollen Sie das wirklich tun?«

»Ja, Sir. Ich halte es für meine Pflicht.«

Ich wußte, daß ich den Dienstweg nicht eingehalten hatte, und als ich das Büro des Oberstleutnants betrat, fühlte ich mich nicht ganz sicher. Er sagte: »Oberleutnant, ich will Ihnen einmal etwas sagen. Der wichtigste Grundsatz bei der Luftlandetruppe ist, daß man gegenüber seinen Vorgesetzten loyal sein muß. Das heißt Loyalität unter allen Umständen. Jeder Versuch, die Autorität eines Vorgesetzten zu untergraben, wird von allen Offizieren unseres Stabes als ein schwerwiegender Verstoß gegen die Ehre angesehen. Nun sagen Sie mir, worüber Sie mit mir sprechen wollen.«

Ich sagte: »Sir, ich möchte nichts mehr mit Ihnen besprechen.« Beim Hinausgehen dachte ich: »Dich und deine ganze Luftlandetruppe soll der Teufel holen.«

In den folgenden vierzehn Tagen überlegte ich mir ernsthaft, ob ich nicht meine Versetzung zu einer anderen Waffengattung beantragen sollte. Die Absolventen von West Point durften das tun, nachdem sie zwei Jahre aktiv gedient hatten, und so fuhr ich noch im März nach Washington, um festzustellen, ob ich in das Feldzeugkorps aufgenommen werden könnte, dessen Hauptaufgabe es war, die Armee mit Munition und schweren Fahrzeugen zu versorgen. Der Vertreter des Feldzeugkorps in West Point hatte mir gesagt, man würde sich freuen, wenn ich mich entschließen könnte, dort zu dienen. Aber in Washington teilte man mir mit, wenn ich meine Waffengattung wechselte, müßte ich wieder ganz von vorn anfangen und an einem Lehrgang teilnehmen, in dem mir die Grundbegriffe dieses für mich neuen Dienstbereichs beigebracht werden sollten. Deshalb gab ich meine Absicht auf, ging zurück nach Fort Campbell und dachte: »Okay, aber was jetzt?«

Auf jeden Fall mußte ich es noch weitere fünf Monate bei dem Hauptmann aushalten. Daß ich einen unfähigen Kompaniechef hatte, brachte mir aber auch gewisse Vorteile, denn ich konnte viel selbständiger arbeiten als die meisten Leutnante und Oberleutnante. Zudem wußte jeder, wer die Kompanie wirklich führte. Der Feldwebel und die Zugführer kamen zu mir, wenn sie etwas wissen wollten. Auch beim Kampfgruppenstab war man sich dieser Lage deutlicher bewußt, als ich es glaubte. Hauptmann Plosay und die anderen Offiziere dort wußten, daß ich die Pflichten des Kompanieführers übernommen hatte, und im Juli 1958 wurde ich in den Stab der Kampfgruppe versetzt.

Mein neuer Vorgesetzter, Major Tom Whelan, stammte aus dem mittleren Westen und war ein intelligenter, ehrlicher und arbeitsamer Mann, der den Ruf hatte, viel von seinen Untergebenen zu verlangen. Ebenso wie mein bisheriger Kompaniechef kam er aus dem Unteroffiziersstand, aber das Militär war für ihn das Sprungbrett gewesen, etwas aus sich zu machen. Ihm habe ich es zu verdanken, daß ich den Offiziersberuf nicht nach drei Jahren an den Nagel gehängt habe, was ich hätte tun können. Viele meiner Klassenkameraden aus West Point sind tatsächlich wieder ausgeschieden – es war ein Viertel der Männer aus meiner Kadettenkompanie –, weil sie glaubten, die Ideale, die ihnen auf der Militärakademie beigebracht worden waren, ließen sich nicht mit den Realitäten des Truppendienstes in Einklang bringen. Eines Tages sagte ich Whelan, wie enttäuscht ich sei, und er wußte genau, was er mir sagen mußte, um mich davon zu überzeugen, daß ich bleiben müsse: »Es gibt zwei

Möglichkeiten, mit diesem Problem fertig zu werden. Erstens kann man ausscheiden, aber zweitens kann man bleiben und eines Tages, wenn man zu einem höheren Rang aufgestiegen ist, diese Probleme lösen. Vergessen Sie eines aber nicht: Wenn Sie ausscheiden, dann haben die Nichtskönner gewonnen.« Das wollte ich natürlich nicht.

Wir waren eine kleine Gruppe ziemlich tüchtiger junger Offiziere. Auch zwei meiner Klassenkameraden aus West Point, Ed Valence und Russ Mericle, gehörten dem Stab der Kampfgruppe an: Ed als Ausbildungsoffizier und Russ in der Planungsabteilung. Wir unterhielten uns oft über die Schwächen der Luftlandetruppe. Das Strategic Army Corps tat so, als sei es ein ungewöhnlich leistungsfähiger Kampfverband, aber wir wußten, daß wir in Wirklichkeit gar nicht so gut waren. Das sahen wir an unseren Offizieren, an den Leistungen der Truppe im Manöver und an der Qualität unserer Ausrüstung. Es wurde behauptet, wir seien stark genug, um in Europa den Kampf gegen die massiven sowjetischen Panzerverbände aufzunehmen. Das war natürlich Unsinn! Wir verfügten nur über wenige und nicht sehr wirkungsvolle Panzerabwehrwaffen, und die Sowjets hätten leichtes Spiel mit uns gehabt. Wir waren auch nicht so beweglich, wie unsere Führung glaubte. Luftlandetruppen sind für den Einsatz in einer Krisensituation gedacht, weil sie ins Kampfgebiet geflogen und dort abgesetzt werden können, um sich sofort dem Gegner zu stellen. Das Problem bestand darin, daß wir, wenn wir abgesprungen waren, nur über die Jeeps verfügten, die gleichzeitig abgesetzt wurden und mit unserer Munition, den Granatwerfern, den rückstoßfreien Gewehren und den schweren Maschinengewehren beladen waren, sich aber nicht eigneten, so schweres Gerät querfeldein zu transportieren. Sogar in Kentucky habe ich die Hälfte meiner Zeit als Zugführer damit zugebracht, im knietiefen Schlamm steckengebliebene Jeeps wieder frei zu bekommen. Die Luftlandetruppe machte sich hinsichtlich ihrer Leistungsfähigkeit gerade zu der Zeit Illusionen, als der Kalte Krieg in eine kritische Phase geriet – die Sowjets hatten den »Sputnik« in die Erdumlaufbahn gebracht und entlang der Grenze der NATO-Staaten hochmoderne Waffen zusammengezogen.

Doch niemand wagte, von diesen Schwächen zu reden. Die Ausbildung drehte sich um ein Ritual mit der Bezeichnung »Jährliche Überprüfung des Ausbildungsstandes«, und wir übten das ganze Jahr nur Dinge, von denen wir wußten, daß sie bei diesen Tests von uns verlangt werden würden, und zwar sowohl bei der Einzelausbildung als auch im Rahmen der Gruppe, des Zuges und der Kompanie bis hinauf zur Kampfgruppe. Zwei Wochen vor Beginn dieser Tests fand eine Generalprobe statt, und zwar gewöhnlich in demselben Gelände, in dem auch die Tests abgehalten werden würden. Im Grunde war es ein billiger Selbstbetrug. Und trotzdem konnte ich, als ich an einem dieser Tests teilnahm, sehen, daß die Leistungen der Kampfgruppe schlecht waren. Die Befehle kamen nicht rechtzeitig, der Angriff wurde nicht energisch genug geführt, und es gab überall Probleme. Doch bei der Schlußbesprechung wurde behauptet, wir hätten unsere Aufgabe zu 99,8 Prozent erfüllt! Das war das Übliche. Eine Schwäche einzugestehen, wurde als Zeichen dafür gewertet, daß es der betreffende Offizier an der von ihm erwarteten kämpferischen Haltung fehlen ließ. Für mich war das nicht nur verrückt, sondern auch unvereinbar mit jener Ehrlichkeit, die man in West Point von uns verlangt hatte.

Im Stab der Kampfgruppe wurden die Kompanien nicht nach ihrem Ausbildungsstand oder dem Zustand ihrer Ausrüstung beurteilt, also nicht nach Faktoren, von denen das Überleben unserer Soldaten im Gefecht abhängig war. Die jeden Monat verliehene Auszeichnung für die beste Kompanie erhielt jene Einheit, in der sich die wenigsten Soldaten unerlaubt von der Truppe entfernt oder mit einer Geschlechtskrankheit infiziert hatten und die den größten Geldbetrag für die Airborne Association gespendet hatte. Das war bis zum Frühjahr 1958 jedesmal die A-Kompanie. Doch dann machte die Polizei eine Einbrecherbande dingfest, zu der auch Soldaten gehörten, deren Operationsbasis die Kaserne der A-Kompanie war. Sie waren in Geschäfte im nahegelegenen Clarksville, Tennessee, eingebrochen und hatten die gestohlene Ware auf dem Dachboden der Kaserne versteckt, wo sie nicht entdeckt wurde, weil der Kompaniechef sich nie die Mühe gemacht hatte, hinaufzugehen und festzustellen, wie es dort aussah.

Aber das alles änderte nichts an der Tatsache, daß wir eine Aufgabe zu erfüllen hatten, und wir bemühten uns nach Kräften, das auch zu tun. Wir waren jeden Tag von früh bis spät reichlich beschäftigt, und das war eine besondere Belastung für jeden, der Frau und Kinder zu Hause hatte. Nicht verheiratet zu sein war nach meiner Ansicht sehr viel besser. Ich hatte zwar Freundinnen, glaubte aber, daß ein junger Offizier, der eine Familie zu versorgen hatte, kaum in der Lage war, seine Dienstpflichten gewissenhaft zu erfüllen.

Ich hatte auch die Beziehungen zu meinem Elternhaus fast vollständig abgebrochen. Während des ersten Jahres in Fort Campbell besuchte ich meine Eltern nur ein einziges Mal. Mein Vater holte mich am Flughafen ab. Ich erzählte ihm, daß bei einem Übungsspringen zum ersten Mal mein Fallschirm versagt habe und ich an der Notleine habe ziehen müssen, um den Reserveschirm zu öffnen. Das faszinierte ihn. Er hätte gern mehr über meine Erfahrungen bei der Truppe gewußt, aber ich nahm mir nie die Zeit, ihm ausführliche Briefe zu schreiben. Manchmal rief ich zu Hause an, aber da das Telefonieren teuer war, blieb es bei kurzen Gesprächen.

Mein Vater wußte nicht recht, was er mit seiner Zeit anfangen sollte. Nachdem ich meine Ausbildung in West Point abgeschlossen hatte, ließ er sich pensionieren. Er nahm sich vor, in seinem Arbeitszimmer eine Holzvertäfelung anzubringen und den Fußboden im Keller neu zu fliesen, und besorgte sich das notwendige Werkzeug, aber er ist mit diesen Arbeiten nie fertig geworden. Er verfaßte Kurzgeschichten und schickte sie an »Reader's Digest«. Er hielt sich für einen guten Schriftsteller und rechnete damit, daß sie veröffentlicht werden würden, aber das geschah nicht. Eine Firma, die seine Beziehungen ausnutzen wollte, stellte ihn als Berater für den Verkauf von Sicherheitsgurten an, und einmal schenkte er mir solche Gurte zu Weihnachten. Ich hielt sie für denkbar unpraktisch. Außerdem mußte man, um sie anzubringen, Löcher in den Boden seines Wagens bohren. Jedesmal wenn ich ihn anrief, fragte er: »Wie gefallen dir deine Sicherheitsgurte?«, und ich sagte: »Ach Pop, ich bin immer noch nicht dazu gekommen, sie anzubringen.«

Es ging ihm gesundheitlich nicht gut, aber da ich ihn so selten sah, fiel es mir lange nicht auf. Daß er wirklich krank war, erfuhr ich erst im Augut 1958, als ich nach einer mehrwöchigen Dienstreise in den Pazifik nach Fort Campbell zurückkam. Auf einer Cocktailparty, die zu meiner Begrüßung veranstaltet wurde, bat mich die Frau meines Kommandeurs in ein Nebenzimmer und sagte: »Es tut mir sehr leid, Ihnen das sagen zu müssen. Ihr Vater ist gestorben. Sie müssen sofort nach Hause fahren.«

Ich fuhr völlig verstört in meine Unterkunft zurück und rief meine Mutter an. Mein Vater war nicht gestorben. Offenbar hatte sie angerufen, um mir zu sagen, daß es ihm nicht gutginge, und um herauszufinden, weshalb ich mich so lange nicht gemeldet hatte. Aber sie hatte getrunken, und der Mann, der den Anruf entgegennahm, glaubte, mit einer Frau zu sprechen, die voller Verzweiflung ihren Mann betrauerte.

Wenn ich mit meiner Mutter telefonierte, wußte ich nie, ob es die liebevolle Ehefrau und treusorgende Krankenschwester war, mit der ich sprach, oder ob der Alkohol diktierte, was sie sagte. Nach ein paar Wochen rief sie wieder an und teilte mir mit, daß mein Vater schwer erkrankt sei. Ich machte mich sofort auf den Weg nach New Jersey – aber es war ein blinder Alarm. Mein Vater lag nicht einmal zu Bett und schien überrascht zu sein, mich zu sehen. Er hatte zwar stark abgenommen, machte aber im übrigen einen ganz gesunden Eindruck. Doch dann sagte er mir, er habe Lungenkrebs und sei vor einem Monat operiert worden. Er versicherte mir, daß man den Tumor entfernt habe und der Krebs geheilt sei. Das alles war sehr verwirrend. Meine Eltern hatten mir nichts sagen wollen, daß mein Vater Krebs hatte, aber andererseits nahmen sie es mir übel, daß ich nicht wußte, was geschehen war. Ich sagte ihnen, wenn ich es geahnt hätte, wäre ich sofort gekommen. Es betrübte mich, daß sie so taten, als wüßten sie nicht, wie sehr ich sie liebte.

Eine Woche vor Thanksgiving rief mich meine Mutter wieder an und sagte, mein Vater liege mit einer Lungenentzündung zu Bett, und wenn ich könnte, solle ich kommen. Das klang nicht so, als müßte man um sein Leben fürchten, und deshalb bestellte ich mir für einen der nächsten Tage ein Flugticket. Aber als ich bei ihnen eintraf, war mein Vater schon tot. Meine Mutter und Sally waren bei ihm gewesen, als er starb, und ich werde es mir solange ich lebe nicht verzeihen können, daß ich es versäumt habe, rechtzeitig nach Hause zu kommen. Mein Vater war ein treuer Staatsdiener, ein aufrichtiger Patriot, ein Ehrenmann und liebender Familienvater gewesen. Ich bewunderte und liebte ihn von Herzen. Zu meinem Kummer haben wir nicht mehr die Gelegenheit gehabt, voneinander Abschied zu nehmen. Der Alkohol hatte unser Familienleben schwer belastet, und ich hatte mich von meinen Eltern distanziert, als er mich am dringendsten brauchte.

Mein Vater hinterließ ein ausführliches Testament, und ich sorgte dafür, daß seine letzten Wünsche buchstabengetreu erfüllt wurden. Ruth Ann, die sich noch weniger um unsere Eltern gekümmert hatte als ich, kam aus Rhode Island zu der schlichten Feier, die wir in einem Bestattungsinstitut abhielten und an der außer der engsten Familie nur wenige Freunde und einige seiner Männer von der Staatspolizei teilnahmen. Schon vor vielen Jahren hatte mein Vater mir gesagt, daß er eingeäschert werden wollte, und ich kümmerte mich nun darum. Am folgenden Tag wurde die Urne in West Point beigesetzt. Das geschah mit allen militärischen Ehren, einer Ehrenwache und dem Abfeuern von dreizehn Kanonenschüssen über den Hudson, wie es ihm als Generalmajor in der Armeereserve zustand. Als ich den Geschützdonner an diesem grauverhangenen Novembertag hörte, wurde mir bewußt, daß zu seinen Lebzeiten nie eine Ehrensalve für ihn abgefeuert worden war, denn er hatte als General nie einen Truppenverband befehligt. Nun freute es mich, daß ihm diese Ehrung gerade in West Point zuteil wurde.

In jenem Winter ernannte mich Major Whelan zum Lufttransportoffizier. Das bedeutete, wenn die Kampfgruppe verlegt wurde, war ich verantwortlich für die Bereitstellung der Flugzeuge und hatte das Verladen von zweitausend Fallschirmjägern, Hunderten von Jeeps, Lastwagen, Geschützen und vielen Tonnen Kriegsmaterial zu überwachen. Später wurde ich Zweiter Generalstabsoffizier der Gruppe. Das war normalerweise eine Hauptmannsstelle, aber Whelan entschied sich für mich, weil die wenigen guten Hauptleute in der Kampfgruppe Kompaniechefs waren und die anderen sich nicht für diese Aufgabe eigneten. Die meisten von ihnen waren erleichtert, nicht unter einem so strengen Vorgesetzten Dienst tun zu müssen. Im Frühjahr nahm Whelan an einem vier Monate dauernden Lehrgang am Generalstabscollege teil, und ich vertrat ihn in seiner Stelle als Erster Generalstabsoffizier der Gruppe. Damit mußte ich als Oberleutnant die Aufgaben eines Majors übernehmen.

So hatte ich die Gelegenheit, das Leben in der Kampfgruppe aus der Perspektive des Führungsstabes zu beobachten, und habe viel dabei gelernt. Die Gruppe bestand aus sieben Kompanien, und die Qualität der Mannschaften war überall fast die gleiche, aber drei Kompanien wurden gut und die anderen schlecht geführt. Zu meiner Überraschung waren die besten Kompaniechefs diejenigen, die auch sinnlose Befehle ausführen konnten, und zwar ohne daß es der Moral ihrer Männer schadete. Als zum Beispiel bekanntgegeben wurde, daß der Viersternegeneral, der die Heeresverbände in den ersten achtundvierzig Staaten befehligte, zu einer Inspektion kommen würde, erhielten alle Kompanien den Befehl, ihre Mannschaftsunterkünfte neu anzustreichen, und zwar ohne Rücksicht darauf, ob es notwendig war oder nicht.

Alle sieben Kompaniechefs protestierten, aber als sich zeigte, daß der Kommandeur seine Meinung nicht ändern würde, führten die drei guten Kompaniechefs den Befehl aus, als seien sie selbst auf diesen Gedanken gekommen. Sie sagten ihren Männern: »Wir haben einen neuen Auftrag. Zum Empfang des Generals müssen unsere Unterkünfte anständig aussehen. Wir werden ihm zeigen, welches die beste Kompanie in Fort Campbell ist!« Die Soldaten machten sich an die Arbeit, und in kürzester Zeit strahlten ihre Kasernen in frischer grüner Farbe. Die anderen vier Kompaniechefs versuchten indessen, den Kommandeur umzustimmen, bis er sie schließlich hinauswarf. Sie sagten den Soldaten: »Der General kommt zur Inspektion, und der Kommandeur verlangt von uns, daß wir unsere Unterkünfte neu anstreichen, auch wenn das gar nicht notwendig ist.« Die Folge war, daß sich die Leute nur sehr unwillig an die Arbeit machten, herumtrödelten und auch noch das Wochenende damit zubringen mußten, die Kasernenwände zu streichen, während die Soldaten der tüchtigen Kompaniechefs ihren Sonntagsurlaub in der Stadt genießen durften.

Ich habe oft ähnliches beobachten können, denn es kam immer wieder vor, daß es törichte Befehle gab. Inzwischen hatten wir einen neuen Kommandeur, der siebzehn Jahre lang dem Verteidigungsministerium angehört und im Pentagon gearbeitet hatte. Bisher waren unsere Kommandeure trotz aller Schwächen erfahrene Fallschirmspringer gewesen, aber dieser Oberst hatte augenscheinlich einflußreiche Fürsprecher und war zum Befehlshaber der Kampfgruppe ernannt worden, um sich den Generalsstern verdienen zu können. Sein Fallschirmspringer-Abzeichen hatte er erst eine Woche vor seinem Eintreffen in Fort Campbell erworben.

Um fair zu sein, muß man sagen, daß sogar General George Patton viel hätte lernen müssen, wenn er nach siebzehn Jahren am Schreibtisch im Pentagon ein Truppenkommando hätte übernehmen wollen. Der Oberst bekam dazu keine Gelegenheit. Bei der ersten Offiziersbesprechung, die er abhielt, erklärte er, der Fallschirm sei nur ein Transportmittel: »Wenn ein Verband der Luftlandetruppen abgesprungen ist, unterscheidet er sich in keiner Weise von anderen Infanterieeinheiten.« So ließen sich die Herzen der Fallschirmspringer nicht gewinnen. Die Unteroffiziere verärgerte er damit, daß er sie abkanzelte, weil sie bestimmte technische Einzelheiten nicht kannten, über die er sich selbst eben erst aus den Vorschriften informiert hatte. Das war zum Beispiel die Frage, wie oft das Rohr eines Granatwerfers beim Übungsschießen gereinigt werden müsse. Auch seine persönlichen Gewohnheiten störten die Männer. Bei der ersten Geländeübung erklärte er, es gäbe keinen Grund, weshalb ein Soldat –

und damit meinte er sich selbst – es im Felde nicht bequem haben sollte. Er sagte: »Wir alle haben ein Recht darauf, uns nachts richtig ausschlafen zu können.« Er ließ neben dem Befehlszelt ein kleines Einmannzelt aufstellen und zog jeden Abend einen Pyjama, einen seidenen Schlafrock und bequeme Pantoffeln an. Dann setzte er sich auf sein Feldbett, und die Soldaten, die im verdreckten Kampfanzug vorüberkamen, sagten: »Seht euch doch diesen verwöhnten Zuckerarsch an.«

Am ersten Tag der jährlichen Geländeinspektion hatten wir über der vorgesehenen Verteidigungsstellung abzuspringen und uns dort einzugraben. Gegen Mittag sollte ein feindlicher Atombombenangriff simuliert werden. Dazu wurde ein sogenannter atomarer Simulator eingesetzt, der einen auf viele Kilometer sichtbaren Rauchpilz erzeugte. Wenn wir den Rauchpilz sahen, sollten wir so schnell wie möglich in unsere Jeeps springen und in alle Himmelsrichtungen ausweichen, um nicht in den tödlichen radioaktiven Fallout zu geraten. Im Lauf des Tages hatten wir die Verteidigungsstellung ausgebaut, und am nächsten Abend sollte der feindliche Infanterieangriff erfolgen. Wir sollten die Stellung halten, bis der Feind einen Durchbruch erzielt hatte, um dann die Reserve einzusetzen und den Gegner aus unserer Stellung zu werfen. Am dritten Tag sollten wir die feindliche Stellung angreifen und das Gefecht für uns entscheiden. Damit sollte die Übung zu Ende sein. Vorher hatten wir alles eingeübt: den Anflug des Verbandes und das Abspringen mit dem Fallschirm, das Auseinanderziehen der Kampfgruppe, die Verteidigung der Stellung, den Gegenstoß aus der Tiefe und schließlich den eigenen Angriff.

Die Übung fand im März bei Fort Campbell statt. Die Schiedsrichter stellte unser Erzrivale, die in Fort Bragg, North Carolina, stationierte 82. Luftlandedivision. Wir sprangen und richteten unsere Verteidigungsstellung ein. Bis zum zweiten Abend lief alles bestens. Gegen dreiundzwanzig Uhr griff der Feind an. Der Angriff war jedesmal um die gleiche Zeit erfolgt, und im Operationszelt standen wir neben der Karte mit unseren fertigen Plänen für den Gegenangriff. Wir ließen dann einen kurzen Moment verstreichen und schließlich wendete sich Major Whelan an seinen Kommandeur und sagte: »Sir, der Feind ist bis zu diesem Punkt durchgebrochen. Ich schlage vor, den Befehl zum Gegenangriff ›Adlerklaue‹ zu geben.« Für unsere Operationen erfanden wir immer solche großartigen Decknamen.

Ich hatte meine Planskizze für »Adlerklaue« in der Hand und

wollte sie über der Karte befestigen. Aber der Kommandeur sagte: »Auf keinen Fall! Man will uns nur zum Einsatz unserer Reserve bewegen, um dann an anderer Stelle anzugreifen. Auf dieses Täuschungsmanöver werden wir nicht hereinfallen.«

»Jawohl, Sir.« Im vergangenen Jahr war die Übung ganz genauso verlaufen, und man konnte ihren Ablauf sogar in der Ausbildungsvorschrift nachlesen. Aber der Einsatz der Reserve ist eine wichtige Entscheidung, und deshalb war es wirklich nicht ganz falsch, noch etwas damit zu warten. Der Kommandeur ging zu Bett.

Die Schiedsrichter ließen den Feind noch weitere anderthalb Kilometer vorstoßen. Inzwischen war es ein Uhr morgens geworden, und irgend jemand weckte den Kommandeur. Er kam im Schlafrock und mit Filzpantoffeln zum Gefechtsstand. Die Schiedsrichter von der 82. Luftlandedivision waren zu verblüfft, um zu lachen, und ich hätte mich am liebsten in ein Mauseloch verkrochen.

Inzwischen hatten wir die Skizze von den Truppenbewegungen beim Gegenstoß »Adlerklaue« über der Karte angebracht. Major Whelan sagte: »Sir, der Feind ist anderthalb Kilometer weiter vorgestoßen. Er ist tief in unsere Stellungen eingedrungen. Ich habe die Reservekompanie alarmiert, und sie steht bereit, den Gegenstoß zu führen.«

Der Oberst sagte: »Tom, ich habe Ihnen schon gesagt, es ist ein Täuschungsmanöver! Haben Sie das nicht begriffen?«

»Sir, angesichts der Tiefe des feindlichen Einbruchs ...«

»Nein, nein, nein! Ich werde es nicht tun!« Damit stürmte er aus dem Zelt und verließ den Gefechtsstand. Wir mußten jede Minute damit rechnen, überrannt zu werden. Wieder holten wir den Kommandeur aus dem Bett, und Whelan sagte: »Sir, ich empfehle Ihnen dringend, jetzt die Reserve einzusetzen.«

Der Oberst erwiderte wütend: »Ich habe es Ihnen doch gesagt! Ich werde mich durch diese Kriegslist nicht täuschen lassen!« Nun meldete sich einer der Schiedsrichter von der 82. Division zu Wort und sagte: »Verdammt, Herr Oberst! Geben Sie endlich den Befehl für den Einsatz dieser dämlichen Reserve, damit wir alle zu Bett gehen können!« Unser Oberst fuhr herum und fragte: »Wer sind Sie?«

»Ich bin der Oberschiedsrichter, Oberst Withers von der 3. Luftlandekampfgruppe aus Fort Bragg. Wollen Sie nun endlich Ihre verdammte Reserve einsetzen?« Nach langem Hin und Her gab unser Oberst schließlich nach und sagte: »Nun gut. Ich werde den Einsatzbefehl geben. Aber hier sind meine Zeugen. Tom, Norm, Sie können das bestätigen. Wenn Sie mich mit einem schmutzigen Trick übertölpeln wollen, dann werden diese Leute bezeugen, daß Sie mir befohlen haben, meine Reserve einzusetzen.« Also trat die Reservekompanie zum Gegenstoß an, der Gegner zog sich zurück, die Verteidigungsstellung konnte gehalten werden, und alles legte sich schlafen.

Am folgenden Tag sollte angegriffen werden, und der Divisionskommandeur, Generalmajor William C. Westmoreland, stattete uns einen Besuch ab. Bisher hatte sich noch kein Divisionskommandeur bei einer solchen Übung sehen lassen, aber als Westmoreland hörte, was in der vergangenen Nacht geschehen war, beschloß er, sich die Sache anzusehen. Aber das trug nicht dazu bei, unseren Kommandeur zu besseren Leistungen anzuspornen. Anstatt einen Flankenangriff anzusetzen, wie es die Lage erfordert hätte, befahl er einen Frontalangriff. Als sich zeigte, daß diese Taktik zur Katastrophe führen mußte, geriet der Oberst ganz aus dem Häuschen. Er lief hinter den angreifenden Soldaten her, schüttelte ihre Feldflaschen und sagte: »Mann, warum haben Sie kein Wasser mitgenommen?«

Westmoreland äußerte sich mit keinem Wort. Aber in der Schlußkritik bekam unsere Kampfgruppe die Note 80. Es war das erste Mal in der Geschichte dieser »Jährlichen Überprüfungen des Ausbildungsstandes«, daß ein Truppenteil eine schlechtere Note bekam als 95. Schon am folgenden Tag mußte der Oberst uns verlassen. Er mochte ein glänzender Stabsoffizier gewesen sein, aber irgend jemand, der versucht hatte, ihm zu einer Beförderung zu verhelfen, hatte ihn an die falsche Stelle gesetzt. Er hätte mir leid getan, wenn ich mir nicht der Tatsache bewußt gewesen wäre, daß in dieser Lage und unter einer solchen Führung im Krieg keiner von uns am Leben geblieben wäre.

7

Als ich im Juni 1959 für zwei Jahre nach Berlin abkommandiert wurde, war ich ebenso freudig erregt wie viele Jahre zuvor, als ich von Princeton, New Jersey, nach Teheran zu meinem Vater fliegen durfte. Nun verließ ich das ländliche Kentucky und Tennessee und wurde an den Ort versetzt, wo am ehesten ein Krieg zwischen den Vereinigten Staaten und der Sowjetunion ausbrechen konnte.

Berlin war eine vierundzwanzig mal zweiunddreißig Kilometer große Enklave auf ostdeutschem Gebiet, einhundertsechsundsiebzig Kilometer von der Grenze zu Westdeutschland entfernt und seit Ende des Zweiten Weltkrieges von amerikanischen, britischen, französischen und sowjetischen Truppen besetzt. Aber in jenem Winter hatte Nikita Chruschtschow die Westmächte in einem Ultimatum aufgefordert, die Stadt innerhalb von sechs Monaten zu räumen. Obwohl er diese Frist verstreichen ließ, ohne etwas zu unternehmen, nachdem Präsident Eisenhower auf Verhandlungen gedrängt hatte, blieb Berlin ein Pulverfaß.

Als ich in Berlin ankam, konnte ich verstehen, weshalb Chruschtschow diese Stadt so abstoßend fand. Die von den Russen besetzte Hälfte lag noch in Trümmern, und die Straßen von Ostberlin boten ein erschreckendes Bild vom Leben in einem totalitären Staat. In den Läden gab es kaum etwas zu kaufen. In dem Schaufenster eines Lebensmittelgeschäfts stand nur eine aus verstaubten Kondensmilchdosen aufgebaute Pyramide. Die Fußgänger in abgetragenen Mänteln eilten mit gesenktem Blick durch die Straßen, und nirgendwo zeigte sich auch nur ein einziges Auto. An der Stalinallee, der Ostberliner Prachtstraße, hatte die Regierung lange Häuserreihen mit repräsentativ wirkenden Fassaden bauen lassen, aber wenn ich in die Toreinfahrten blickte, dann sah ich Berge von Müll, und von den Fassaden bröckelte schon der Putz ab.

Westberlin wirkte dagegen wie eine farbenprächtige Reklame für ein freies Wirtschaftssystem. Hier sah man deutlich, was beim Wiederaufbau von Westdeutschland in den vergangenen zehn Jahren geleistet worden war. Der Schutt der im Krieg zerbombten Häuser war fortgeräumt worden, und an ihrer Stelle hatte man schöne Grünanlagen geschaffen. Überall sah man Neonreklamen, und in den großen Kaufhäusern konnte man sich nach der letzten Mode einkleiden. Volkswagen und elegante Autos der Marken Mercedes und Porsche sausten durch die Straßen, und am Kurfürstendamm, dem Mittelpunkt des Westberliner Nachtlebens, reihten sich ungezählte Straßencafés, Restaurants, Konditoreien und Nachtlokale aneinander. Chruschtschow hatte das verächtlich als Dekadenz bezeichnet und in seiner Rede, mit der er das Ultimatum verkündet hatte, erklärt: »Westberlin wird uns in die Hände fallen wie ein verfaulter Apfel.« Doch da das Leben in Ostberlin so trostlos, grau und bedrükkend war und es noch keine Mauer zwischen Ost- und Westteil der Stadt gab, kamen die Ostdeutschen, die nicht länger in einem kommunistischen Land leben wollten, einfach nach Berlin und gingen hinüber in den Westsektor. Das waren an jedem Wochenende Hunderte, und das ständige Einströmen der Flüchtlinge, die den Weg in die Freiheit gewählt hatten, erzeugte in Westberlin eine Art Aufbruchstimmung.

Ich hatte den Eindruck, daß die amerikanischen Besatzungstruppen in Deutschland viel disziplinierter waren als die Soldaten in den Vereinigten Staaten. Die Einheiten kannten ihren Auftrag, wurden gut ausgebildet und waren jederzeit einsatzbereit. Während ich in Fort Campbell an Stellen eingesetzt worden war, die normalerweise Hauptleuten und Majoren vorbehalten sind, mußte ich in Berlin wieder die Rolle eines gewöhnlichen Zugführers übernehmen, die meinem Rang als Oberleutnant entsprach. Aber das störte mich nicht, denn der Dienst war interessant, und die hier eingesetzten Verbände gehörten wirklich zur Elite der amerikanischen Armee. Die Armee hatte die nach Berlin zu kommandierenden Männer bis hinunter zum einfachen Soldaten sehr sorgfältig ausgewählt. Wer keine einwandfreie Beurteilung hatte, kam nicht in Frage. Bei der geringsten Verfehlung während des Aufenthalts in Berlin wurde man sofort zurückgeschickt. Die Armee wollte es nicht riskieren, das Pulverfaß durch ein Versehen detonieren zu lassen.

Mein Zug wurde zum Streifendienst an der Grenze eingesetzt, beteiligte sich an gemeinsamen Gefechtsübungen mit den Briten und Franzosen und übernahm den Wachdienst im Spandauer Gefängnis, wo Rudolf Heß und zwei andere nationalsozialistische Kriegsverbrecher ihre Gefängnisstrafe absaßen. Wir beteiligten uns an zahllosen Paraden, um die Präsenz der Amerikaner in Berlin zu demonstrieren, und wurden auf den Einsatz bei inneren Unruhen vorbereitet, weil man im Westen fürchtete, eines Tages könnten kommunistische Provokateure nach Westberlin eingeschleust werden, um Krawalle anzuzetteln und damit den Sowjets den Vorwand für ein militärisches Eingreifen zu liefern. Unter diesen Umständen fiel es mir nicht schwer, meine Männer zu motivieren. Ich mußte sie nur an die Grenze führen, ihnen die ostdeutschen Grenzpolizisten und die sowjetischen Soldaten zeigen und sagen: »Das sind eure Feinde.« Das genügte.

Nach drei Monaten bekam ich einen Auftrag, wie er interessanter nicht hätte sein können: Ich sollte die Führung des Aufklärungszuges der Kampfgruppe übernehmen. In einem normalen Infanterietruppenteil werden dem Aufklärungszug die besten Leute zugeteilt, und er operiert sehr viel selbständiger als die anderen Züge einer Infanteriekompanie. Im Krieg wird er vor allem als Spähtrupp zur Feindaufklärung vor der eigenen Front eingesetzt, oder er unternimmt überraschende Vorstöße in die feindliche Stellung. In Berlin war es unsere Aufgabe, die Aktivitäten der ostdeutschen und sowjetischen Kräfte zu beobachten und unsere Aufklärungsergebnisse zu melden.

Zu unseren Streifenfahrten nach Ostberlin benutzten wir zwei mit je zwei Mann besetzte Dienstwagen und überquerten am Brandenburger Tor die Sektorengrenze. Die Funkgeräte waren unsere einzige Ausrüstung. (Da die vier Besatzungsmächte immer noch als Verbündete galten, führten wir keine Schußwaffen mit.) Manchmal hatten wir den Auftrag, Informationen zu sammeln, aber oft sollten wir mit diesen Fahrten nur das Recht des freien Zugangs demonstrieren, das nach den geltenden Vereinbarungen allen Angehörigen der alliierten Streitkräfte zustand.

Die für solche Unternehmungen geltenden Regeln waren Ausdruck der im Grunde wirklichkeitsfremden Situation in der geteilten Stadt. An der Grenze stand die ostdeutsche Volkspolizei, aber da die Vereinigten Staaten Ostdeutschland nicht anerkannten, sollten wir sie nicht beachten und uns nicht von den ostdeutschen Grenzposten anhalten lassen. Wenn daher der Schlagbaum heruntergelassen war, fuhren wir langsam weiter, bis die Durchfahrt freigegeben wurde. Wenn ein Grenzposten sich vor einem unserer Wagen aufstellte, taten wir so, als würden wir ihn nicht sehen und fuhren langsam auf ihn zu, bis er zur Seite trat. Manchmal zielte dann ein nervös gewordener Posten mit seiner Waffe auf uns, während wir vorbeifuhren, aber wir blickten stur geradeaus und hofften, daß er sich an die geltenden Regeln halten und uns nicht die Heckscheibe mit einer Maschinengewehrgarbe zertrümmern würde. Das Ganze war ein nicht allzu riskantes Glücksspiel. Bei unserer Rundfahrt durch Ostberlin achteten wir auf Truppenkonzentrationen, besondere militärische Ausrüstung, Radarantennen und alles, was irgendwie von militärischem Interesse war, um bei unserer Rückkehr über unsere Beobachtungen zu berichten.

Jedes Jahr am 1. Mai veranstalteten die Sowjets und die Ostdeutschen einen großen Aufmarsch auf dem Marx-Engels-Platz und zeigten dabei ihre Panzer, Geschütze und Fernlenkraketen. Um den Platz tagsüber nicht für den Verkehr sperren zu müssen, fand die Generalprobe eine Woche vorher um drei Uhr morgens statt. Wir hatten den Befehl, festzustellen, ob bei diesem Aufmarsch irgendwelche neue Waffen gezeigt werden sollten.

In der Nacht vor der Generalprobe fuhren wir am Brandenburger Tor ungehindert über die Sektorengrenze. Aber als wir zum Marx-Engels-Platz kamen, irrten wir uns in der Richtung und befanden uns plötzlich inmitten der Kolonne der Militärfahrzeuge, die hier für die Generalprobe zusammengezogen worden waren. So fuhren wir zwischen sowjetischen Fernlenkraketen und Panzern an der Tribüne vorbei. Die sowjetischen und ostdeutschen Ordner liefen uns aufgeregt winkend und rufend hinterher, aber im gleichen Augenblick erreichten wir eine Straßenkreuzung, fuhren mit quietschenden Reifen um die Straßenecke und gaben Gas. Es war ein richtiges Katz-und-Maus-Spiel.

Weil wir so viele verschiedene Aufgaben zu erledigen hatten, bestand unser Zug aus fünfundsiebzig Mann. Das war mehr als das Doppelte eines normalen Aufklärungszuges. Der für Personalfragen zuständige Offizier in der Kampfgruppe hatte die Mannschaften meines Zuges einzeln ausgewählt, und deshalb erwartete man von uns auf allen Gebieten die besten Leistungen. An der Tür unserer Waffenkammer war sogar ein Schild mit der Aufschrift angebracht:

WAFFEN DES AUFKLÄRUNGSZUGES
BESTE WAFFENKAMMER IN DER KAMPFGRUPPE

Die Männer wußten, daß jeder Vorgesetzte, der uns inspizierte, im stillen dachte: »Denen werde ich es schon noch zeigen.« Aber *wir wußten,* daß wir unsere Waffen gewissenhaft gepflegt hatten und nichts an ihnen auszusetzen war. Wir waren stolz darauf, in jeder Beziehung das Beste zu leisten, und das stärkte natürlich auch die Moral der Truppe.

Das Zusammengehörigkeitsgefühl des Zuges war so stark, daß es für jeden die größte Strafe bedeutete, zu einer anderen Dienststelle versetzt zu werden. Wenn sich ein Soldat etwas zuschulden kommen ließ, konnte ich ihn zusammenstauchen oder mit Stubenarrest bestrafen. Das ärgerte ihn zwar, aber viel schlimmer wäre es gewesen, wenn ich gedroht hätte, ihn hinauszuwerfen. Das ist mir allerdings erst bewußt geworden, als es einmal wirklich dazu kam. Wir hatten einen hervorragenden Funker. Er stammte aus Alabama und hieß Eiselle. Dieser Bursche hatte offenbar das perverse Bedürfnis, wider den Stachel zu löcken. Er wußte, daß er in unserem Zug eine wichtige Aufgabe hatte und fast unentbehrlich war. Deshalb glaubte er, ich würde es ihm nachsehen, wenn er unpünktlich war, den Zapfenstreich nicht einhielt und sich andere geringfügige Verstöße gegen die militärische Disziplin erlaubte. Ich besprach die Angelegenheit mit meinen Unteroffizieren, die ihn ebenso wie ich immer wieder auf die möglichen Folgen seines Verhaltens aufmerksam gemacht hatten. Als ich ihm schließlich sagte, er müsse den Zug verlassen, wollte er es nicht glauben und brach schließlich völlig zusammen. Feldwebel Winton, der ranghöchste Unteroffizier in meinem Zug, war Zeuge dieses Auftritts gewesen und sagte mir später: »Sir, als er anfing zu weinen, glaubte ich, Sie würden nachgeben.«

»Ich hätte es fast getan.«

»Das konnte ich sehen, und ich hoffte, daß Sie es nicht tun würden. Sie haben die richtige Entscheidung getroffen.« Wenn ein alter und erfahrener Soldat wie Winton das sagte, dann war das ein großes Lob, und es zeigte sich, daß er recht hatte. Der Vorfall wirkte sich günstig auf die Disziplin des ganzen Zuges aus, und das Zusammengehörigkeitsgefühl meiner Männer wurde gestärkt. Damit wurde der Verlust des guten Funkers mehr als ausgeglichen.

Schon ein Gang durch die Stadt war gut für die Moral. Obwohl wir theoretisch immer noch eine Besatzungsarmee waren, behandelten uns die Berliner wie Helden. Zu Weihnachten wurden amerikanische Soldaten von deutschen Familien eingeladen. Als die Harlem Globetrotters nach Berlin kamen, war der Sportpalast bis zum letzten Platz ausverkauft. Wenn man am Wochenende eine der Bars am Kurfürstendamm besuchte, luden einen die Deutschen zu einer Runde Bier ein und ließen die USA hochleben. Die Luftbrücke von 1949 war nicht vergessen. Damals hatten Amerikaner und Briten die Stadt vor dem Einmarsch von Stalins Truppen in den Westteil von Berlin bewahrt, und die Bevölkerung war sich immer noch der Tatsache bewußt, daß es mit Sicherheit dazu gekommen wäre, wenn die Vereinigten Staaten ihre Streitkräfte abgezogen hätten.

Die Bonner Flüchtlingspolitik hatte dazu geführt, daß es in Westberlin viermal so viele Frauen wie Männer gab. Wenn die Menschen aus dem Osten herüberkamen, hatten nur Personen mit einer guten Berufsausbildung die Chance, in Westdeutschland Arbeit zu finden. Die meisten Männer konnten eine solche Ausbildung nachweisen, die meisten Frauen nicht, und deshalb stieg der Frauenanteil in Berlin rapide an. Es war nicht schwierig, eine gutaussehende, gebildete Frau kennenzulernen. So war die Stadt ein Paradies für Junggesellen. Ein beliebter Treffpunkt war das Tanzlokal »Resi«. Auf jedem Tisch standen eine gut lesbare Nummer und ein Telefon. (Es war allerdings auch ein Treffpunkt für Spione.) Wenn einem ein hübsches Mädchen an einem anderen Tisch gefiel, rief man es an; trug man eine amerikanische Ausgehuniform, läutete auch das eigene Telefon wie wild.

Einige Offiziere brachten ihre deutschen Freundinnen auch ins Kasino mit, aber ich traf mich mit meinen Eroberungen außerhalb des militärischen Bereichs. Ich lud sie in Restaurants oder in ein hübsches, ruhiges Nachtlokal ein. Trotzdem wurde ich immer wieder auf Cocktailpartys von den Ehefrauen älterer amerikanischer Offiziere angesprochen, die mir sagten: »Wie ich gehört habe, sind Sie mit einem deutschen Mädchen befreundet. Das ist schön und gut. Aber Sie wollen dieses Mädchen doch nicht heiraten. Wenn Sie heiraten wollen, dann sollten Sie sich ein anständiges amerikanisches Mädchen aussuchen.« Ich konnte nicht einsehen, weshalb es unbedingt eine Amerikanerin sein mußte, besonders wenn ich daran dachte, wie es in vielen amerikanischen Ehen aussah. Manchmal erlebte ich es, daß ausgerechnet eine der Frauen, die so mit mir gesprochen hatte, oder ihr Ehemann sich auf derselben Party sehr intensiv mit einem oder einer anderen beschäftigte.

Am Ende des ersten Jahres meiner Dienstzeit in Berlin wurde ich zum Adjutanten des Generals Charles E. Johnson III., des Befehlshabers der amerikanischen Streitkräfte in Berlin, ernannt. Dieser war ein geselliger Mann, der laut und herzlich lachen konnte. Wenn er sich im Offizierskasino aufhielt, hörte man es sofort.

General Johnson war neunundvierzig Jahre alt und als Oberstleutnant zur gleichen Zeit in Rom gewesen wie mein Vater; ich war ihm dort aber nie begegnet. Wenn ich jetzt beobachtete, mit welchem Geschick er seine Aufgaben in der militärisch-diplomatischen Welt in Berlin wahrnahm, erinnerte mich das an die Zeit, die ich bei meinem Vater im Iran zugebracht hatte. Zusammen mit den britischen und französischen Truppen veranstalteten wir Geländeübungen, verhandelten mit Diplomaten und westdeutschen Zivilbehörden und hatten es natürlich auch mit den Ostdeutschen und den Sowjets zu tun. Von der Flexibilität, Geduld und dem diplomatischen Geschick des Generals habe ich viel gelernt. So bat uns Willy Brandt, der Regierende Bürgermeister von Westberlin, eines Tages, ihm amerikanische Armeezelte für einen Parteitag kostenlos zur Verfügung zu stellen und sie von unseren Soldaten aufstellen zu lassen. Als Befehlshaber einer Besatzungsarmee hätte General Johnson einfach sagen können: »Das kommt gar nicht in Frage.« Aber angesichts des Ansehens, das Brandt auf der internationalen Bühne genoß, erklärte Johnson sehr höflich und diplomatisch, er sei nicht berechtigt, das Geld des amerikanischen Steuerzahlers für solche Zwecke auszugeben.

Ich war verantwortlich für den Terminkalender des Generals und begleitete ihn überall hin. Wenn er zu einem diplomatischen Empfang oder einer Cocktailparty eingeladen wurde, dann galt diese Einladung selbstverständlich auch für mich. Wenn Johnson andere Generäle in einem deutschen Restaurant zum Essen einlud, war ich dabei, organisierte alles, übernahm die Bezahlung der Rechnung und sorgte dafür, daß genügend Dolmetscher zur Verfügung standen. Schon in Teheran war ich gerne mit Ausländern umgegangen und hatte gelernt, daß es klüger war, sich ihnen anzupassen, als zu verlangen, daß sie sich nach unseren Gepflogenheiten richteten. Mit meiner Freundin sprach ich meist deutsch und beherrschte die Sprache so gut, daß viele Berliner mich nicht für einen Amerikaner hielten, wenn ich Zivil trug. Das erleichterte mir meine Rolle als Vermittler zwischen Deutschen und Amerikanern. Ich hatte damals einen deutschen Schäferhund. Er hieß Troll. Sonntagnachmittags zog ich mir eine Tweedjacke und Lederhosen an und ging mit dem Hund im Grunewald spazieren und trank in irgendeinem kleinen Gartenlokal ein Glas Bier. Ich fühlte mich wohl in Berlin und glaubte, von den Berlinern als netter junger Mann akzeptiert zu werden.

Doch trotzdem war mir bewußt, daß diese schöne Zeit auch ganz plötzlich zu Ende gehen könnte. Es bestanden erhebliche Spannungen zwischen Ost und West, und im September hatte Chruschtschow bei den Vereinten Nationen seinen Schuh ausgezogen und mit dem Absatz auf das Rednerpult eingehämmert. Im folgenden Sommer erreichte die Krise in Berlin ihren Höhepunkt. An jedem Wochenende kamen Tausende von Flüchtlingen aus Ostdeutschland nach Westberlin, und die Regierung der DDR mußte feststellen, daß ihre tüchtigsten Fachleute in den Westen gingen. Eine Woche nachdem ich Berlin verlassen hatte, wurde die Mauer gebaut.

Im Sommer 1961 wurde ich zum Hauptmann befördert und zu einem einjährigen Lehrgang für moderne Infanterietaktik nach Fort Benning, Georgia, geschickt. Der Lehrplan enttäuschte mich, denn das Thema, für das ich mich wirklich interessierte, die Truppenführung im Gefecht, wurde kaum behandelt. Meine Erfahrungen in Fort Campbell hatten mir gezeigt, daß viele Offiziere auf diesem Gebiet einer gründlicheren Ausbildung bedurften. Doch die Armee war von der Idee geprägt, ein moderner Krieg werde künftig von den atomaren Gefechtsfeldwaffen entschieden werden, und während des Wettrüstens im Kalten Krieg war ein gewaltiges Arsenal aus atomaren Artilleriegranaten sowie Kurz- und Mittelstreckenraketen mit nuklearen Sprengköpfen entstanden. Deshalb wurde auf dem Lehrgang in Fort Benning vor allem der Einsatz von Kernwaffen auf dem Schlachtfeld behandelt. Wir lernten, ein militärisches Ziel danach zu beurteilen, welche nukleare Sprengkraft erforderlich wäre, es zu zerstören. Die Vorlesungen bezogen sich daher auf komplexe technische Probleme, und ihr Inhalt war natürlich streng geheim. Jeder hatte seinen eigenen Safe, in den er nach der Vorlesung sein Arbeitsmaterial einschließen mußte. Die Lehrer gaben einem zu verstehen, daß ein aktiver Offizier nur dann gute Berufsaussichten hatte, wenn er den hier vermittelten Stoff beherrschte.

Ich beendete den Lehrgang als Drittbester und bekam besonders gute Noten für meine schriftlichen Arbeiten und den mündlichen Vortrag. Schließlich gewann ich sogar einen Tennispokal für ein siegreiches Doppel mit meinem alten Stubenkameraden aus West Point, Leroy Suddath, der am selben Lehrgang teilgenommen hatte. Außerdem wurde ich mit dem sogenannten George C. Marshall

Award for Excellence in Military Writing ausgezeichnet, und zwar für einen Aufsatz mit dem Titel »Der zerbeulte Helm«. Darin schilderte ich die Gedanken eines Befehlshabers nach dem Sieg in einer großen Schlacht und begann meine Erzählung mit den folgenden Sätzen:

> Der Feldherr schleppte sich ermattet in sein Zelt und warf den Helm auf das Feldbett. Der ohnedies schon zerbeulte Kopfschmuck zeigte eine neue tiefe Kerbe. Er durfte nicht vergessen, sich einen neuen Helm geben zu lassen. Als Befehlshaber aller in diesem Gebiet eingesetzten Truppen sollte er sich auf dem Schlachtfeld nicht mit einem so arg mitgenommenen Helm sehen lassen.
> Er ließ sich in einen Sessel fallen und zog die schlammverkrusteten Stiel aus. Es war ein anstrengender Tag gewesen. Seit dem Aufmarsch seiner Truppen bei Sonnenaufgang, dem siegreichen Angriff und der rücksichtslosen Verfolgung des Gegners war der Feldherr nicht zur Ruhe gekommen. Was er geleistet hatte, befriedigte ihn zutiefst, aber er war zu erschöpft, um seine Freude sichtbar zum Ausdruck zu bringen. Zudem gab es noch viel zu tun.

In diesem Aufsatz hatte ich zeigen wollen, daß im Krieg zu allen Zeiten die gleichen Grundsätze galten. Nach einer genauen Schilderung der Angriffe, Täuschungsmanöver und Gegenangriffe erfuhr der Leser, daß der Feldherr Julius Cäsar war, der den Rebellen Pompejus auf dem Schlachtfeld von Pharsalus besiegte.

Auch ich hatte den Ehrgeiz, Soldaten in der Schlacht zu befehligen, aber es gab zu jener Zeit, soweit mir bekannt war, keinen Krieg. Man erfuhr, daß Präsident Kennedy immer mehr amerikanische Streitkräfte nach Vietnam schickte; aber wir wußten nur das, was wir in den Zeitungen lasen, und niemand nannte es einen Krieg. Ich wurde nicht nach Vietnam geschickt, sondern erhielt die Möglichkeit, auf sehr friedliche Weise etwas für meine Bildung zu tun. Ich durfte zwei Jahre auf Kosten des Steuerzahlers an der technischen Fakultät der Universität von Südkalifornien studieren, um dort den Magistergrad zu erwerben. Auf Veranlassung der Armee war dort ein besonderer Studienzweig für Maschinenbau und Luftfahrttechnik eingerichtet worden, der mit dem Magisterexamen im Fach Fernlenkwaffentechnik abschloß. Nur wenige Offiziere wurden dazu abkommandiert, und die technische Abteilung in West Point hatte sich bereit erklärt, für mich zu bürgen, wenn ich die folgenden drei Jahre als Lehrer an der Akademie arbeiten wollte. Ich hielt das für ein faires Angebot, denn es eröffnete mir neue Möglichkeiten, meinem Land zu dienen. Ich muß aber zugeben, daß ich diesem Vorschlag auch deshalb zugestimmt hatte, weil ich noch nicht verheiratet war, weil die Universität in Südkalifornien lag und weil ich, seit ich erwachsen war, nur in Kasernen gelebt hatte.

Um in Kalifornien nicht als Außenseiter aufzufallen, hielt ich es für notwendig, mich von der Sonne bräunen zu lassen. Jetzt im späten Frühjahr herrschte in Georgia schon warmes, sonniges Wetter, und so legte ich mich jeden Tag in der Mittagspause im Garten des Offizierskasinos von Fort Benning in die Sonne. Kurz vor der Abreise nach Kalifornien verkaufte ich meinen alten Renault und erwarb an seiner Stelle ein schönes braunes Oldsmobile-Kabriolett mit einem starken Motor.

Im Juni besuchte ich meine Mutter in New Jersey, und anschließend machten Troll und ich uns auf den Weg nach Westen. Die große Überlandstraße nach Kalifornien war damals noch nicht gebaut, deshalb fuhren wir zunächst nach St. Louis, kamen dort auf die Route 66, durchquerten den amerikanischen Südwesten, besichtigten den Grand Canyon und machten einen Zwischenstopp in Las Vegas, wo ich mein Glück im Spiel versuchen wollte. Niemand hatte mir erzählt, daß es den Las Vegas Strip gibt, und so besorgte ich mir ein Hotelzimmer in der Innenstadt und endete schließlich in einem ziemlich schäbigen Spielsalon, der gleich nebenan lag. Dabei dachte ich: »So prächtig, wie ich es mir vorgestellt hatte, ist Las Vegas doch nicht.« Aber immerhin gewann ich zweihundert Dollar. Durch das südwestliche Wüstengebiet fuhr ich, nur mit der Badehose bekleidet, mit offenem Verdeck. Zwar war es furchtbar heiß, aber als ich in Los Angeles eintraf, war an meiner Sonnenbräune nichts mehr auszusetzen.

An dem Tag, als ich in das Becken von Los Angeles hinunterfuhr, erlebte ich eine Überraschung. Die Luft war feucht und der Himmel wolkenverhangen, und sehr bald erfuhr ich, daß das Wetter während des ganzen Frühjahrs regnerisch gewesen war. So schien ich der einzige braungebrannte Mensch in ganz Los Angeles zu sein. Überall sagten die Leute: »Oh, Sie müssen erst kürzlich hergekommen sein«, und fragten, ob ich aus Arizona käme.

Ich mietete eine bescheidene Wohnung in Redondo Beach mit

Blick auf den Pazifischen Ozean: Wenn man sehr genau hinschaute, konnte man zwischen zwei Häusern auf der anderen Straßenseite gerade noch das Wasser erkennen. Aber ich fühlte mich wie im Paradies. Ich betrachtete das Studium an der Universität von Südkalifornien als günstige Gelegenheit, eine schmerzliche Lücke in meiner Erziehung zu schließen: Ich war noch nie auf einem College gewesen, auf dem es männliche und weibliche Studenten gab. Doch nun erlebte ich eine zweite herbe Enttäuschung. Am ersten Tag gingen ein anderer unverheirateter Offizier und ich zum Mittagessen in die Mensa. Wir kamen an den Eingang, und ich sah hinter der Glastür drei Studentinnen auf uns zukommen, die aussahen wie die Erfüllung all meiner Träume. Ich richtete mich auf, zog den Bauch etwas ein und hielt ihnen höflich die Tür auf. Sie sahen zuerst mich und dann einander an und sagten: »Vielen Dank, Sir.« Und plötzlich wurde mir klar, für wen sie mich hielten – für einen erwachsenen Mann um die Dreißig –, und ich wurde mir zu meinem Kummer der Tatsache bewußt, daß meine Träume vom gemischten Collegeleben nie in Erfüllung gehen würden.

Der dritte Schock war die Erkenntnis, daß ich so wenig Geld hatte. In Los Angeles konnte man mit dem Sold eines Offiziers kaum auskommen. Das Gehalt eines Hauptmanns und mein Wohngeld ergaben zusammen vierhundert Dollar im Monat, und ich brauchte die Hälfte davon, um die Ausgaben für den Wagen und meine Miete zu bezahlen. Die verheirateten Männer mit Familien hatten es besonders schwer. Deshalb waren wir alle gezwungen, zusätzlich etwas zu verdienen. Ein Offizier arbeitete in einem Eisenwarengeschäft, und ein anderer verkaufte Schuhe bei »Sears, Roebuck«. Ich fand eine Stelle als Lehrer für Mathematik und Maschinenbau am Northrop Institute. Außerdem unterrichtete ich am South Bay Women's College, einer Schule für Sekretärinnen, kaufmännisches Rechnen. Hier wurde ich nicht so gut bezahlt wie im Northrop Institute, aber die Arbeit wirkte sich außerordentlich positiv auf meine seelische Verfassung aus.

Wenige Häuserblocks von meiner Wohnung entfernt gab es ein Lokal, wo ich den mit der Sängerin Julie London verheirateten Pianisten und hervorragenden Bluesinterpreten Bobby Troup hörte. Mir gefielen alle Arten der Popmusik vom Blues bis zu Elvis Presley, aber am meisten liebte ich Folksongs. Vielleicht war ich der einzige Hauptmann in der Armee der Vereinigten Staaten, der mit solcher Begeisterung »The Weavers« und »Peter, Paul and Mary« hörte. Ich besaß jede Schallplatte von Joan Baez und war ein großer Fan von Bob Dylan. Einer meiner Lieblingssongs war »The Times They Are a-Changin'«. Mir gefielen nicht nur diese Melodien, sondern auch die Texte, in denen ein starkes soziales Engagement zum Ausdruck kam. Ich war ein Liberaler und bewunderte den Präsidenten Kennedy. Mir mißfielen jedoch die prahlerischen Reden von Barry Goldwater, in denen er eine Beschneidung der Bürgerrechte verlangte und die Sowjetunion zu einem Krieg herausforderte.

Das Erwerben des Magistergrads erwies sich als nicht so schwer, wie ich es erwartet hatte. Hier saßen wir nur ein Drittel der Zeit im Hörsaal, die wir West Point bei den Vorlesungen zugebracht hatten. Auch sonst wurde im allgemeinen weniger von uns verlangt. Die meisten Offiziere, die an diesem Lehrgang teilnahmen, waren überzeugt, daß die Zukunft der Armee im Einsatz der Fernlenkwaffen mit atomaren Sprengköpfen lag. Sie teilten auch die von vielen während des Kalten Krieges vertretene Ansicht, daß man mit dem Ausbruch eines mit Kernwaffen geführten Konflikts rechnen müsse. Daran konnte ich nicht recht glauben. Während der zwei Jahre, die ich in Berlin gelebt hatte, mußten wir ständig mit dem Ausbruch eines solchen Krieges rechnen. Trotzdem erschien mir das Gerede von einem massiven sowjetischen Angriff auf die Vereinigten Staaten unbegründet. Die sowjetischen Bombenflugzeuge mußten dafür eine zu weite Strecke zurücklegen, die Fernlenkwaffen der Sowjets waren nicht so gut, und wir hatten ein ausgezeichnetes Frühwarnsystem, ganz zu schweigen von unserer Fähigkeit, einen Vergeltungsschlag zu führen. Deshalb hatten die Vorlesungen über die Technik der Fernlenkwaffen für mich nicht die gleiche Bedeutung wie für einige meiner Kameraden.

Meine Überzeugung, daß es nicht zum Krieg kommen werde, wurde nur zur Zeit der Kuba-Krise erschüttert. Im Oktober, nach Beginn meiner Studien in Kalifornien, verkündete Präsident Kennedy an einem Montag die »Quarantäne« durch Seestreitkräfte und bezeichnete diese Maßnahme bewußt nicht als Blockade, weil eine Blockade eine Kriegshandlung ist. Mir war jedoch klar, daß wir jetzt wirklich am Rande eines Krieges standen. Am Dienstagmorgen ging ich zum Strand hinunter. Der Ozean und der Himmel waren grau, und über dem Wasser entdeckte ich in der Ferne ein Flugzeug. Mein erster Gedanke war: »Das könnte ein sowjetischer Bomber sein, der eine Wasserstoffbombe auf Los Angeles abwerfen soll.« Ich wußte, daß meine Phantasie mit mir durchging, aber ich konnte den ganzen

Tag das Gefühl nicht loswerden, daß wir uns in großer Gefahr befanden. Am späten Nachmittag fuhr ich nach Fort MacArthur, einer Garnison im nahe gelegenen San Pedro, um dort einzukaufen. Als ich das Hornsignal zum Zapfenstreich hörte und die Flagge eingeholt wurde, nahm ich Haltung an und sagte mir, wenn es zum Krieg kommen sollte, würde ich meine Pflicht tun. Aber ich machte mir auch Sorgen, denn gegenwärtig gehörte ich keinem militärischen Verband an, sondern führte das Leben eines Zivilisten. Was hätte ich tun können, wenn Los Angeles wirklich bombardiert worden wäre? Für einen solchen Fall hatte ich keine Befehle. Würde ich dann versuchen, das Pentagon anzurufen? Wahrscheinlich wäre die Telefonverbindung unterbrochen. Und wenn der Krieg ausbrach, dann hätte man im Pentagon mehr zu tun, als an die Verwendung von Hauptmann H. Norman Schwarzkopf an der Universität von Südkalifornien zu denken.

Die Lage hatte sich längst wieder beruhigt, als ich mit den anderen Offizieren im folgenden Sommer Raumfahrtlabors sowie Forschungs- und Entwicklungsanlagen in Südkalifornien besuchte. Bei der North American Aviation lernte ich einige der Ingenieure kennen, die am Apolloprogramm mitarbeiteten, und besichtigte die riesigen »Saturn«-Triebwerke, mit denen die Astronauten zum Mond befördert werden sollten. Ich hatte an einem Lehrgang über Astronautik teilgenommen, in dem uns die technischen Probleme der Raumfahrt erklärt worden waren, und ich bewunderte die Ingenieure, die ganz konkret daran arbeiteten. Sie beschäftigten sich mit einer komplizierten Materie, die ich nie begreifen würde. Ich war an die Erde gefesselt, während sie die Aufgabe hatten, der Menschheit das Tor zum Weltraum zu öffnen. Sicher würde ich ein guter Lehrer für Maschinenbau in West Point sein, aber mehr auch nicht. Diese Männer waren Pioniere, die in Bereiche vorstießen, die zu erforschen mir niemals vergönnt sein würde.

Während ich mein Studium an der Universität und die damit verbundene Atempause genoß, wurde die Welt in jenem Jahr durch die Ermordung von Präsident Kennedy überschattet. Im folgenden Frühjahr erschütterte mich die Nachricht vom Tod eines guten Freundes. Eines Morgens las ich auf der Titelseite der »Los Angeles Times« den Bericht über Tom McCarthy, mit dem ich in West Point befreundet gewesen war und der in Vietnam gefallen war. Tom war zwei Jahre vor mir zur Infanterie gegangen. Was die Politiker über die Ereignisse in Vietnam auch sagen mochten – jetzt erkannte ich, daß dort ein Krieg geführt wurde, in dem amerikanische Männer starben. Aber ich genoß seit zwei Jahren ein angenehmes Leben in Kalifornien und sollte anschließend drei Jahre lang ein angenehmes Leben in West Point haben. Mein Pflichtgefühl sagte mir, daß dies nicht richtig sei; jetzt gehörte ich nach Vietnam.

Im Sommer 1964 verließ ich Kalifornien, nachdem ich mein Magisterexamen bestanden und noch ein Semester Computertechnik studiert hatte, die mich interessierte, weil ich glaubte, die Computer hätten eine große Zukunft. Zu Beginn des akademischen Jahres ging ich nach West Point und führte dort ein sehr bequemes Leben. Ich nahm in vier Klassen jeweils den gleichen Stoff durch, so daß ich mich wöchentlich nur auf drei Unterrichtsstunden vorbereiten mußte. Ich arbeitete lediglich vormittags und hatte nachmittags frei und reichlich Zeit zum Nachdenken.

Inzwischen dienten zwanzigtausend Amerikaner als Militärberater und Besatzungen von Hubschraubern und Jagdflugzeugen in Südvietnam, und im Spätsommer verabschiedete der Kongreß die Resolution über den Golf von Tonkin, in der erklärt wurde, daß die Freiheit Südostasiens im vitalen Interesse der Vereinigten Staaten läge und die Präsident Johnson ermächtigte, Kampfverbände nach Vietnam zu schicken. Mein Stubenkamerad aus West Point, Leroy Suddath, war schon als Berater der südvietnamesischen Luftlandetruppen dort. Die Kriegsfolgen wurden auch innerhalb des Offizierskorps spürbar, und zwar nicht nur, weil Männer, die wir kannten, in Vietnam gefallen waren, sondern auch weil Offiziere als Folge der Vergrößerung des Heeres rascher befördert wurden. Normalerweise hätte ich als Hauptmann meines Jahrgangs noch einige Jahre auf die Ernennung zum Major warten müssen. Aber als die Liste der für die Beförderung vorgeschlagenen Offiziere im Herbst veröffentlicht wurde, standen auch ich und einige meiner Jahrgangskameraden darauf. Das bedeutete, daß wir uns schon im kommenden Jahr die Majorsrangabzeichen auf die Schulterklappen würden heften können.

Eines der Hauptgesprächsthemen im Offizierskasino von West Point war Vietnam. Die meisten Offiziere an der Akademie äußerten sich abfällig über den Dienst beim MACV (Military Assistance Command, Vietnam). Das war der Beraterstab, bei dem die meisten nach Vietnam kommandierten Offiziere landeten. Die Offiziere in West Point meinten, dort habe man kaum die Gelegenheit, sich irgendwie auszuzeichnen, denn das sei nur bei der kämpfenden Truppe möglich, und die Offiziersstellen bei den wenigen aktiven Truppenteilen in Vietnam seien bereits besetzt. Ich selbst hätte nichts dagegen einzuwenden gehabt, als Militärberater eingesetzt zu werden, denn schon mein Vater hatte im Iran eine ähnliche Stellung bekleidet. Einige andere Offiziere teilten meine Meinung. Doch ironischerweise wurde behauptet, wer darum bäte, von West Point nach Vietnam versetzt zu werden, beginge beruflichen Selbstmord. Die Akademie würde es als illoyal ansehen, wenn jemand versuchte, vor Erfüllung seines Lehrauftrags West Point zu verlassen, und es nicht erlauben. Ich war bitter enttäuscht, und mein Kummer verstärkte sich, als ich mit einem Offizier aus dem Personalamt des Verteidigungsministeriums sprach und er mir sagte, daß der Krieg längst zu Ende sein werde, wenn 1967 mein Lehrauftrag in West Point auslaufe. Ich könne dann mit einer Verwendung im Bereich der Forschung und Entwicklung rechnen.

Doch schließlich wurde mir bewußt, daß bisher noch niemand darum gebeten hatte, West Point verlassen und nach Vietnam gehen zu dürfen. Als sich daher bei einer Umstrukturierung meiner Fakultät herausstellte, daß wir im folgenden Jahr zu viele Lehrkräfte haben würden, ging ich zum stellvertretenden Dekan der technischen Abteilung, einem alten Pionieroberst namens Harvey Frazer, der mich stirnrunzelnd ansah, als ich ihm meinen Wunsch vortrug. Nachdem er mich angehört hatte, sprang er auf, schlug mit der Faust auf den Tisch und sagte: »Schwarzkopf, Sie Hundesohn! Wissen Sie was, ich habe während des ganzen Koreakrieges versucht, aus dieser verdammten Akademie herauszukommen, und man hat mich nicht gehen lassen.«

Ich dachte: »Du liebe Zeit, jetzt kommt die Strafpredigt, und ich werde künftig mit allerhand Schwierigkeiten rechnen müssen.«

Doch Frazer sagte: »Deshalb werde ich dafür sorgen, daß Sie nach Vietnam versetzt werden.« Und er hat es wirklich getan. West Point ließ mich unter der Voraussetzung gehen, daß ich nach einem Jahr zurückkam und so lange blieb, wie es mein Lehrauftrag von mir verlangte.

Einige von denen, die angeblich auch nach Vietnam hatten gehen wollen, behaupteten jetzt, meine Versetzung dorthin werde sich katastrophal auf meine weitere berufliche Laufbahn auswirken. Das MACV werde mir vor meiner Ankunft in Vietnam nicht sagen, an welcher Stelle ich verwendet werden sollte, und damals wurden nur verhältnismäßig wenige Offiziere zur kämpfenden Truppe versetzt.

Sie prophezeiten mir, ich würde entweder in Saigon oder in einer der Provinzstädte enden und als Assistent eines Generals oder Obersten, der höhere südvietnamesische Beamte beriet, am Schreibtisch arbeiten.

Ihr gehässiges Gerede machte mich wütend. Ich war zum Infanterieoffizier ausgebildet worden, und als solcher war es meine Aufgabe, für die Sache der Freiheit zu kämpfen. Natürlich hoffte ich auf ein Kommando bei der kämpfenden Truppe, dachte dabei aber nicht daran, möglichst rasch Karriere zu machen. Was ich empfand, konnte ich schwer in Worte fassen, aber das Musical »Ben Franklin in Paris«, das ich am Broadway sah, nachdem ich mich nach Vietnam gemeldet hatte, brachte meine Gefühle sehr zutreffend zum Ausdruck. In dem Stück reist Franklin nach Frankreich und wirbt dort für die Unterstützung der Amerikanischen Revolution. Aber man sagt ihm, wenn er auf den Vorschlag eingehe, unter freiem Geleit nach London zu reisen, würde er gefangengesetzt und hingerichtet werden. Das Stück endet damit, daß Franklin darüber nachdenkt, was er tun soll, und er versucht sich vorzustellen, was für Menschen die Amerikaner in zweihundert Jahren seien werden:

> Ich frage mich, wie werden sie sich mir dann zeigen – jene Amerikaner, denen die Bezeichnung »Amerikaner« nicht mehr neu sein wird. Werden sie die Freiheit lieben, die ihnen umsonst in die Wiege gelegt worden ist? Werden sie wissen, daß man, wenn man unfrei ist, jede Hoffnung aufgeben muß, und werden sie, die ernten dürfen, was wir gesät haben, bereit sein, es auch zu bewahren? Daß alle Menschen gleich geschaffen sind! Und daß unser Schöpfer uns mit gewissen unveräußerbaren Rechten ausgestattet hat.

Nach einer Pause sagt er:

> Und würden sie bereit sein, dafür zu sterben? Das ist die Frage, die man sich stellen muß. Würde ich dafür sterben? Und die Antwort muß lauten – ja, Sir, das würde ich!

Diese Worte hatten mich tief beeindruckt. Sie sagten in aller Kürze, weshalb ich mich nach Vietnam gemeldet hatte. Und das hatte ich nicht getan, weil ich möglichst rasch befördert werden wollte, sondern weil es meinen Idealen entsprach.

8

Am Militärflughafen Travis nördlich von San Francisco traf ich auf meinen Klassenkameraden aus West Point, John Snodgrass. Auf dem langen Flug nach Saigon saßen wir nebeneinander. In Honolulu mußte die Maschine zum Auftanken zwischenlanden. Wir stiegen aus und taten das, was, wie wir glaubten, jeder Soldat tut, bevor er zum Kriegseinsatz an die Front kommt. Wir gingen an eine Bar und stärkten uns mit fremdartigen tropischen Getränken. Nach zwei Stunden saßen wir wieder im Flugzeug. Beim Start wurde noch viel gelacht und gescherzt, aber schon bald ertönte überall lautes Schnarchen. Unsere frisch gestärkten Khakiuniformen waren längst völlig zerknittert, und ich mußte daran denken, daß wir bei unserer Landung in Saigon sicher nicht den Eindruck der stahlharten, kampfesmutigen Krieger machen würden, für die wir uns hielten.

Nach und nach wachten alle Passagiere wieder auf, und die allgemein fröhliche Unterhaltung begann von neuem. John war in einem Sonderlehrgang für den Umgang mit den Vietnamesen ausgebildet worden und nahm sich jetzt zwei Stunden Zeit, mir einen Vortrag über die vietnamesische Kultur zu halten. Ich stellte ihm viele Fragen. Dann sagte jemand, der aus dem Fenster gesehen hatte: »Wir fliegen jetzt über Land.« Wir wußten nun, daß wir Vietnam erreicht hatten. Von diesem Augenblick bis zur Landung war es ganz still in der Kabine.

Auf dem Flughafen von Tan Son Hut am Stadtrand von Saigon warteten Armeebusse mit Drahtgittern vor den Fenstern auf uns. Man sagte uns, die Drahtgitter sollten den Vietcong daran hindern, Handgranaten in die Busse zu werfen. In der vergangenen Woche hatten sie im Flughafengebäude eine Bombe detonieren lassen. Wir waren etwa fünfzig Offiziere, und als wir durch das Gebäude geführt wurden, sahen wir überall auf dem Fußboden noch die Glassplitter liegen. Dann versammelten wir uns in einer stickigen, erst kürzlich errichteten Holzbaracke neben dem Hauptgebäude. Hier wurden uns die wichtigsten Verhaltensregeln erläutert. Vor allem sagte man uns, was wir nicht tun dürften: Gehen Sie nicht in großen Gruppen durch die Stadt, wandern Sie nachts aber auch nicht allein durch Saigon und so weiter. Dann brachten uns die Busse zu dem in der Stadtmitte gelegenen Hotel »Majestic«, wo wir bis zur endgültigen Entscheidung über unsere Verwendung untergebracht werden sollten. Das Hotel war ein fünfstöckiges, weiß angestrichenes Gebäude am Ende der Tu-Do-Straße und lag unmittelbar am Ufer des Saigon-Flusses. Das war ein breiter, schlammiger Wasserlauf, und an den mit dichtem Grün bewachsenen Ufern lagen zahlreiche Hausboote. Der Fluß erinnerte mich an Fotos, die ich in der Zeitschrift »National Geographic« gesehen hatte.

John hatte eine Liste der besten Restaurants in Saigon, und wir beschlossen, unsere Ankunft mit einem guten Essen zu feiern. Doch am Abend machte sich der Zeitunterschied bemerkbar, und wir waren so müde, daß wir statt dessen im Hotelrestaurant auf dem Dach des »Majestic« aßen. Wir hatten gerade unsere Bestellung aufgegeben, als wir von einer lauten Explosion auf der Straße aufgeschreckt wurden. John und ich sprangen auf, und alle anderen Gäste warfen sich auf den Boden. Ich fragte den Kellner: »Was war das?« Er sagte einfach: »VC«, er meinte den Vietcong.

Die Sirenen fingen an zu heulen, und wir blickten über den Rand des Daches nach unten und sahen auf der anderen Straßenseite ein am Flußufer festgemachtes schwimmendes Restaurant. Männer und Frauen, viele von ihnen blutüberströmt, drängten sich auf dem zum Ufer führenden Steg. Plötzlich wurden sie durch eine zweite Explosion ins Wasser geschleudert. Das war ein vom Vietcong sorgfältig geplanter Bombenanschlag. Zuerst ließen die Terroristen eine Bombe im Inneren des Restaurants detonieren, und als die Gäste und Angestellten in Panik gerieten und nach draußen drängten, detonierte ein zweiter Sprengsatz, eine sogenannte Claymoremine, die so angebracht war, daß die Splitter die Flüchtenden auf dem Laufsteg treffen mußten. Bei diesem Anschlag starben neununddreißig Menschen, darunter neun Amerikaner. Als der Kellner uns den Namen des Restaurants nannte – »My Canh« –, stellten wir zu unserem Schrecken fest, daß es auf unserer Liste der empfehlenswerten Restaurants an erster Stelle stand. Das also war meine Begrüßung in Vietnam.

Am folgenden Morgen entkam ich mit knapper Not einer Katastrophe ganz anderer Art. Ich sollte mich im Stabsquartier an der Ausarbeitung von Computermodellen für den Krieg beteiligen. Dazu hätte ich die ganze Zeit meines Aufenthalts in Vietnam in Saigon bleiben müssen. So ging ich zu einem Oberstleutnant in der Personalabteilung und flehte ihn an, mich an der Front einzusetzen. Zuerst behauptete er, dort sei keine Stelle mehr frei, aber schließlich gab er doch nach und fragte, ob ich bereit sei, zur 25. ARVN-Division zu gehen. Die Buchstaben ARVN bedeuteten Armee der Republik von Vietnam. Es handelte sich um eine vietnamesische Division, von der mehrere Einheiten bei den Kämpfen gegen den Vietcong fast vollständig aufgerieben worden waren. Diese Division war bekannt dafür, daß ihre Angehörigen in der Schlacht immer wieder davongelaufen waren und die amerikanischen Berater zurückgelassen hatten. Ich antwortete: »Wenn dort meine Aufgabe liegt, dann werde ich hingehen.« Wenigstens würde ich damit nicht die ganze Zeit am Schreibtisch sitzen müssen.

Am nächsten Tag ging ich zur Bekleidungskammer, um meine Kampfstiefel und andere Ausrüstungsgegenstände abzuholen, und traf dort meinen alten Stubenkameraden aus West Point, Leroy Suddath, der bereits den Tarnanzug und das rote Barett trug, die Uniform der vietnamesischen Luftlandetruppen und ihrer Berater. »Da bist du ja!« sagte er. »Warum hast du dich nicht vorher bei mir gemeldet? Komm mit. Ich werde dich meinem Vorgesetzten vorstellen.« Oberst Francis Naughton, der ranghöchste Berater der vietnamesischen Luftlandebrigade, war ein hochgewachsener, schlanker, erfahrener Fallschirmjäger, den es augenscheinlich nicht besonders beeindruckte, daß ich meine Ausbildung in West Point mit guten Noten abgeschlossen und in der 101. Luftlandedivision und in Berlin gedient hatte. Als ich ihm aber sagte, daß ich auf der Oberschule Französisch gelernt hätte, strahlte er. »Großartig!« rief er aus. »Nicht alle Vietnamesen können Englisch, aber die meisten sprechen französisch. Würden Sie zur Luftlandetruppe kommen wollen?« Er hängte sich ans Telefon und sorgte dafür, daß meine Versetzung, um die ich am Tage zuvor gebeten hatte, rückgängig gemacht wurde, und ließ mich zu einem neu aufgestellten Kampfverband von Fallschirmjägern für Sondereinsätze versetzen. So hatte ich es Madame Maurette und der Ecole Internationale zu verdanken, daß ich bei einem der begehrtesten Posten für Militärberater in Vietnam landete.

Die Luftlandebrigade war der beste und zuverlässigste südvietnamesische Kampfverband und bestand aus sechs Bataillonen mit fünftausend Mann. Die südvietnamesische Regierung verwendete sie ebenso wie die Marineinfanteriebrigade als »nationale Reserve« oder Allzweckverband: Wenn die reguläre Armee irgendwo an entscheidender Stelle in Schwierigkeiten geriet, und das geschah oft, wurde die Luftlandebrigade oder die Marineinfanteriebrigade dorthin geschickt, um die Lage zu bereinigen. Viele Offiziere und Unteroffiziere in diesen Truppenteilen waren alte, erfahrene Berufssoldaten, die schon vor Dien Bien Phu gegen die Kommunisten gekämpft hatten. Obwohl sie die militärische Unterstützung durch die Vereinigten Staaten begrüßten, erinnerten sie uns bei jeder Gelegenheit daran, daß dies *ihr* Krieg war. Schon am ersten Abend, den ich bei der Kampfgruppe, der ich zugeteilt worden war, im Dschungel zubrachte, sagte mir der Operationschef dieser Truppe, Hauptmann Hop, es wäre ihm lieber, seine Kinder würden sterben, als daß sie den Kommunisten in die Hände fielen. Ohne es böse zu meinen, fügte er hinzu: »Die amerikanischen Militärberater kommen hierher und kämpfen, aber nach einem Jahr verlassen sie uns und dürfen in ihre friedliche Heimat zurückkehren. Aber das hier ist unsere Heimat, und wir kämpfen um unser Überleben.«

Einige Offiziere der vietnamesischen Luftlandetruppe betrachteten die amerikanische Beteiligung am Krieg mit einer gewissen Ironie. Eines Abends, ich war schon einige Monate in Vietnam, trank ich mit Major Hao, einem Kampfgruppenkommandeur, eine Flasche Cognac. Plötzlich grinste er und fragte, ob ich wüßte, daß er Buddhist sei.

»Ja, natürlich«, sagte ich verwundert.

»Nun, ich möchte einmal als amerikanischer Berater wiedergeboren werden. Ihr habt es großartig eingerichtet. Wenn wir eine Schlacht gewinnen, bekommt der Berater einen Orden. Wenn wir verlieren, gebt ihr dem vietnamesischen Kommandeur die Schuld.«

Der vietnamesischen Luftlandebrigade waren fünfunddreißig amerikanische Berater zugeteilt. Die in Saigon stationierten Amerikaner waren im sogenannten BOQ untergebracht, den »bachelor officers' quarters« (dem Quartier für unverheiratete Offiziere). Im zweiten Stock befanden sich eine Bar und ein Speisezimmer, und wir alle legten zusammen, um unseren chinesischen Koch Gun zu bezahlen, der uns phantastische Mahlzeiten vorsetzte. Wir führten ein sehr angenehmes Leben. Bei den vietnamesischen Einheiten an der Front wurden hohe Anforderungen an uns gestellt, aber wenn eine

Gefechtspause eintrat, kehrten wir nach Saigon zurück, wo es nicht viel mehr zu tun gab, als zu feiern und auf die nächste Krise zu warten. Die Bataillone verbrachten diese Zeit in ihren Unterkünften am Militärflughafen von Tan Son Nhut oder am Stadtrand von Saigon, wo sie ihre Ausrüstung ergänzten und Rekruten ausbildeten. Ihre Kommandeure waren so tüchtig und erfahren, daß sie unsere Hilfe nicht brauchten. Wir hielten uns rund um die Uhr alarmbereit, und wenn wir zu den Einheiten zurückgerufen wurfen, packten wir unsere Tornister, sprangen in einen Jeep und fuhren zum Stabsquartier der Luftlandetruppen in Tan Son Nhut, um von dort ins Kampfgebiet zu fliegen. An der Front lebten wir genauso wie die Vietnamesen: Wir aßen, was sie aßen, schliefen, wo sie schliefen, trugen die gleichen Uniformen und machten die gleichen Strapazen durch. Wir hatten engere Beziehungen zu den vietnamesischen Soldaten als viele amerikanische Berater bei der regulären Armee. Sie hielten sich normalerweise nur tagsüber bei den Vietnamesen auf und kehrten am Abend in die relative Sicherheit der amerikanischen Unterkünfte zurück.

Ich war nach Vietnam gekommen, um gegen die nordvietnamesischen Kommunisten zu kämpfen, aber der Feind bei meinem ersten Einsatz Mitte Juli war das Klima. Unser Auftrag bestand darin, eine bestimmte Strecke auf der Route 19 zu öffnen. Das war die über Pleiku durch ganz Vietnam führende Hauptstraße, und Pleiku war eine Provinzhauptstadt im zentralen Hochland, etwa dreihundertsiebzig Kilometer nördlich von Saigon. Man bezeichnete sie im allgemeinen als »la rue sans joie« (»Die Straße ohne Freude«). Aus der Luft hatte man den Eindruck, daß das Gelände beiderseits der Straße eben sei, aber unter dem dichten Blätterdach des Dschungels stellten wir fest, daß es von zahlreichen tiefen und schlammigen Schluchten durchzogen war. An jeder dieser Schluchten mußten wir zuerst prüfen, ob sich keine Vietcong darin versteckten. Wir gingen in einer Reihe vor, rutschten den schlüpfrigen Hang hinunter in schmutziges Wasser und kletterten mühsam auf der anderen Seite wieder hinauf. Pflanzen, deren Blätter so groß waren wie Elefantenohren, hielten die stickige, heiße Luft am Boden fest, die Mücken summten uns um die Ohren, und bizarr aussehende Insekten fielen aus dem Blattwerk der Baumkrone auf uns herab.

Ich begann daran zu zweifeln, ob ich mich für einen solchen Einsatz eignete. Man hatte mir gesagt, es fehle den vietnamesischen Soldaten an Ausdauer, aber wenn ich erst die Hälfte eines solchen

Hanges atemlos und schweißbedeckt erreicht hatte, wurde ich oft von einem kleinen vietnamesischen Fallschirmspringer überholt, der einen Zentner Granatwerfermunition auf dem Rücken trug und mich freundlich anlächelte. Ich hatte inzwischen das vietnamesische Wort für Wasser gelernt. Wenn ich mich dann umdrehte und *»nuoc!«* stöhnte, kam mein Fahrer, Unteroffizier Hung, mit einer großen Feldflasche nach vorn. Hung hatte schon bei der Luftlandetruppe gedient, als sie noch von den Franzosen befehligt wurde. Nachdem er mir als Fahrer zugeteilt worden war, hatte er geglaubt, ein angenehmes Leben führen zu können. Man hatte ihm nicht gesagt, daß die vietnamesischen Fahrer ihre amerikanischen Berater zum Einsatz an der Front begleiten und ihre Ausrüstung tragen sollten. Zu den ersten Differenzen zwischen uns war es gekommen, als ich darauf bestand, einen schweren Tornister mit der ganzen Ausrüstung eines amerikanischen Offiziers mitzunehmen. Dazu gehörten ein Schlafsack, eine Hängematte, Unterwäsche und so weiter. Diesen Tornister mußte Hung tragen. Ich selbst schleppte auf meinem Rücken ein schweres Funkgerät mit, denn meine Hauptaufgabe im Gefecht war es, das Feuer der schweren Waffen zu koordinieren. Zur Unterstützung des Infanteriegefechts standen uns in erster Linie amerikanische Waffen zur Verfügung. So mußte ich das Artilleriefeuer, die Unterstützung durch Kampfhubschrauber und Kampfflugzeuge anfordern, sicherstellen, daß die Piloten oder Richtkanoniere wußten, wo wir lagen, damit sie das Feuer gegen den Feind richteten und die Geschosse und Bomben nicht auf uns herunterprasselten. In den Gefechtspausen hatte ich dafür zu sorgen, daß unsere Verpflegung mit Hubschraubern herangebracht und die Verwundeten abtransportiert werden konnten. Hung beschwerte sich ständig auf vietnamesisch darüber, daß ich zuviel Wasser verbrauchte. Später erfuhr ich, daß er mir den Spitznamen »Wasserbüffel« gegeben hatte, und nun nannten mich auch seine Kameraden so.

Die Versorgung der vietnamesischen Luftlandetruppen war anders organisiert als die der amerikanischen Verbände, und ich muß zugeben, daß mir manches sehr gut gefallen hat. So wurden die Vietnamesen besser und vernünftiger verpflegt als die amerikanischen Soldaten. Bevor wir zu einem längeren Marsch aufbrachen, band sich jeder Soldat lebendige Enten und Hühner an das Koppel und schnürte ihnen die Schnäbel zu, damit sie uns nicht durch ihr Gackern und Schnattern verraten konnten. Im Tornister nahm er frisches Rind- und Schweinefleisch und einige Dosen Ölsardinen mit und wickelte sich einen mit Reis gefüllten Baumwollschlauch um den Körper. Das Hauptnahrungsmittel war Reis, aber wie lange wir schon unterwegs waren, sah man daran, was zum Reis gegessen wurde. In den ersten Tagen war es Schweinefleisch, dann Rindfleisch und schließlich Huhn und Ente. Nach etwa zwanzig Tagen, kurz vor Ende des Unternehmens, kamen die Ölsardinen an die Reihe. Wenn der Einsatz länger dauerte und unsere Vorräte nicht ergänzt worden waren, aßen wir nur noch Reis mit irgendwelchem Grünzeug, das wir im Dschungel fanden und das mit dem Reis gekocht wurde. Beim Essen saßen wir im Kreis um den Reiskessel mit übergeschlagenen Beinen auf dem Boden. Das aus Fleisch und Reis bestehende Gericht wurde mit fermentiertem Fischöl, dem »nuoc mam«, gewürzt. Die Amerikaner in Saigon behaupteten, dieses Öl habe einen widerlichen Geschmack, aber die meisten von ihnen hatten es nie probiert. Mir schmeckte es ausgezeichnet.

Am Ende des ersten Marsches über vierzig Kilometer, der vierzehn Stunden dauerte, hatte ich mich allmählich an dieses Leben gewöhnt. Wir richteten unseren Gefechtsstand oberhalb der Straße ein und blieben einige Tage dort, während ein südvietnamesisches Pionierbataillon vom Vietcong zerstörte Brücken reparierte und der Nachschub zu rollen begann. Unteroffizier Hung und ich führten lange Gespräche in gebrochenem Französisch über unsere Familien, unsere Heimat und vor allem über meine Ausrüstung. Nachdem ich ihm versprochen hatte, das nächste Mal leichteres Gepäck mitzunehmen und mich auch darin den Vietnamesen anzupassen, wurden wir Freunde. Am Ende des Unternehmens luden uns die Pioniere zur Einweihung der Brücke ein. Jeder bekam ein Glas mit einem großen Schluck Whiskey. Dann wurde ein Schwein geschlachtet, die Gläser wurden bis zum Rand mit Schweineblut aufgefüllt, es wurde ein Toast ausgebracht, und wir tranken den Blutcocktail aus. Ich hatte in Teheran gelernt, daß man immer mit solchen Überraschungen rechnen mußte, und während der amerikanische Berater beim Pionierbataillon diesen Cocktail nicht anrühren wollte, schüttete ich meinen hinunter und brachte einen Toast auf die neugebaute Brücke aus. Die vietnamesischen Offiziere waren überrascht und freuten sich. Später sagten sie mir, der Kommandeur des Pionierbataillons hätte die Amerikaner in Velegenheit bringen wollen, aber durch mein Verhalten hätte ich viel zum Ansehen der Luftlandetruppe beigetragen. Jedenfalls hatte ich auf diese Weise die guten Beziehungen zu den

Vietnamesen gefestigt, die sich später im Kampfeinsatz als lebenswichtig erweisen sollten.

In der letzten Juliwoche erhielten wir den Befehl, den kommandierenden General des Zweiten Südvietnamesischen Armeekorps mit Hauptquartier in Pleiku, Generalmajor Vinh Loc, mit einem Kampfeinsatz zu unterstützen. Wir sollten den Vietcong von dem Camp Duc Co, das von einem südvietnamesischen Sonderverband gehalten wurde, vertreiben. Duc Co lag in der sogenannten Vierundzwanzigsten Taktischen Zone am westlichen Ende der Route 19, wo diese Straße die Grenze nach Kambodscha überquerte. Die Verteidigungsstellung in Duc Co war eingerichtet worden, um die Guerillas am Überschreiten der Grenze zu hindern, aber nun wurde diese Stellung schon fast den ganzen Sommer von den Guerillas belagert, die jetzt die Oberhand gewonnen hatten. Niemand wußte genau, wie übermächtig der Feind wirklich war, man schätzte seine Stärke aber auf zwei Vietcong-Bataillone, und das waren etwa siebenhundert Mann.

Ich war beeindruckt, als ich den Einsatzbefehl las. Der vietnamesische Befehlshaber der »Vierundzwanzigsten Taktischen Zone«, ein Untergebener von Vinh Loc, und seine amerikanischen Berater hatten ihn im perfekten amerikanischen Befehlsstil verfaßt und dabei augenscheinlich an alles gedacht. Der Befehl sah einen fünfundzwanzig Minuten dauernden Luftangriff vor, mit dem der Gegner zurückgedrängt werden sollte. Dann sollten wir etwa elf Kilometer nordöstlich von Duc Co mit Hubschraubern landen. Es entsprach der üblichen Taktik, eine solche Landung mit einem Luftangriff vorzubereiten, denn die Hubschrauber lassen sich am leichtesten kurz vor dem Aufsetzen abschießen. Deshalb ist es für einen Soldaten, der eingeflogen werden soll, am unangenehmsten, wenn sein Kampfgebiet während der Landung unter feindlichem Feuer liegt. Von der Landungszone aus sollten wir zu Fuß in westlicher Richtung auf die kambodschanische Grenze hin angreifen und dann im großen Bogen um das Lager herum weiter nach Süden vorstoßen. Laut Befehl sollten wir dabei von Jagdbombern und »der gesamten verfügbaren Artillerie« unterstützt werden, und als Reserve würde uns ein auf dem Flugplatz von Pleiku stationierter Verband vietnamesischer Ranger zur Verfügung stehen.

Wir hatten achtundvierzig Stunden Zeit, unsere Männer auf dieses Unternehmen vorzubereiten. Die Nacht brachte ich damit zu, dem

Kommandeur der Kampfgruppe, Major Nghi, bei der Planung des infanteristischen Teils der Operation zu helfen. Nghi war der Bruder eines berühmten Kriegshelden und auch selbst eine bemerkenswerte Persönlichkeit. Er hatte sich bei einem Unfall mit einer Übungsgranate, die in seiner Hand detoniert war, schwer verletzt. Während er am nächsten Morgen seinen Soldaten den Angriffsplan erläuterte, ging ich zu dem Kommando der amerikanischen Luftstreitkräfte beim Stab von Vinh Loc, um mich zu vergewissern, daß auch hier alles für den Luftangriff vorbereitet war. Aber der Bursche, der dort am Schreibtisch saß, starrte mich verständnislos an und sagte: »Wir wissen nichts von irgendeiner Operation bei Duc Co.« Als ich ihm den Befehl vorlas, der von einem zwanzig Minuten dauernden Luftangriff sprach, behauptete er, eine solche Anforderung nicht bekommen zu haben. Er sagte: »Im übrigen werden Sie, wenn das Unternehmen morgen beginnen soll, auf eine Unterstützung aus der Luft verzichten müssen, denn wir brauchen achtundvierzig Stunden, um die Maschinen startbereit zu machen.«

Ich dachte: »Himmel, dann muß ich eben dafür sorgen, daß wir genügend Artillerieunterstützung bekommen.« Ich ging zu der dafür zuständigen Stelle und zeigte dort zwei Männern meinen Befehl. Auf meine Frage, wie viele Geschütze zur Verfügung stünden, lachten sie nur.

»Wissen Sie, daß unsere ganze Artillerie nur aus einem Granatwerfer besteht?« sagte der eine.

»Ja, aber verlassen Sie sich nicht zu sehr darauf«, meinte der andere, »denn wir haben nur noch zwanzig Granaten.« Das waren wirklich Komiker.

Wie in solchen Fällen üblich wollte ich die Landungszone mit dem Führer des Hubschrauberverbandes, der unsere Soldaten dort absetzen sollte, erkunden. Wir flogen in niedriger Höhe nach Duc Co, um nicht das Feuer des Vietcong auf uns zu ziehen, und stellten fest, daß es keinen geeigneten Landeplatz gab. An der Stelle, an der wir abgesetzt werden sollten, standen zu viele Bäume. Die für den Angriffsbefehl verantwortlichen Stabsoffiziere hatten sich auf eine Karte verlassen, auf der die vorgesehene Landungszone aussah wie eine Lichtung. Aber im Dschungel wächst eine freie Stelle in kürzester Zeit wieder zu. Die nächste offene Stelle lag auf der anderen Seite von Duc Co und war etwa vierundzwanzig Kilometer von der ersten entfernt.

Ich war einer Panik nahe. Der für die »Vierundzwanzigste Taktische Zone« verantwortliche Kommandeur und seine Berater hatten einen vorschriftsmäßigen Befehl verfaßt, aber offenbar hatte sich niemand die Mühe gemacht, dafür zu sorgen, daß er auch ausgeführt werden konnte. Als ich nach Pleiku zurückkam, ging ich in die Snackbar, um eine Kleinigkeit zu essen. Dort traf ich zufällig Hauptmann Paul Leckinger, den Berater des Rangerbataillons, das uns als Reserve zur Verfügung stehen sollte und den ich aus Fort Benning kannte. Ich erzählte ihm, auf welche Schwierigkeiten ich bei der Vorbereitung des Angriffs gestoßen war, und sagte: »Nun, wenigstens werden Sie da sein, wenn wir Sie brauchen.«

Er sah mich ungläubig an. »Wovon reden Sie? Mein Bataillon ist eben erst von einem drei Wochen dauernden Einsatz an der Front zurückgekehrt. Wir haben die Leute alle nach Hause geschickt, damit sie sich eine Zeitlang ausruhen können. Sie könnten frühestens in drei bis vier Tagen wieder zurück sein.«

Aber jetzt war es neunzehn Uhr, und am nächsten Morgen in aller Frühe sollte der Angriff beginnen. Nun suchte ich Major Nghi auf. Er machte große Augen, als ich ihm erzählte, was ich festgestellt hatte. Nghi galt nicht als besonders tüchtiger Kommandeur, und ein paar andere amerikanische Berater hatten mir erzählt, daß er seine Stellung guten politischen Beziehungen verdanke. Er hatte jedoch begriffen, daß wir uns in einer sehr schwierigen Lage befanden. »Was würden Sie raten?« fragte er.

»Ich würde sagen, daß wir das Unternehmen abblasen müssen. Wir brauchen mindestens achtundvierzig Stunden, um irgendeinen Ausweg zu finden.« Nghi stimmte mir zu. Er informierte sein Stabsquartier in Saigon und rief dann widerstrebend General Vinh Loc an.

Ich konnte hören, wie der General ihn anschrie, und als er den Hörer auflegte, machte Nghi ein sehr unglückliches Gesicht. Er schien sehr nervös zu sein, als er mir sagte, wir sollten uns um zweiundzwanzig Uhr im Haus des Generals melden, und Vinh Loc sei nicht nur ein wichtiger General, sondern auch ein vietnamesischer Prinz, der unbedingten Gehorsam verlange.

Der General lebte in einer prächtigen Villa aus der Kolonialzeit in der Stadtmitte von Pleiku. Wir wurden in einen großen Saal mit einem Marmorfußboden geführt, an dessen Ende sich ein halbkreisförmiges Podest befand. Vinh Loc saß in der Mitte, neben ihm sein amerikanischer Berater, ein Oberst. Im Halbkreis darum hatten vietnamesische Generäle und Obersten mit ihren amerikanischen Beratern Platz genommen. Das Ganze erweckte den Anschein eines Militärtribunals. Vor dem Podest standen zwei Stühle, einer für Nghi, der andere für Schwarzkopf.

Vinh Loc fragte uns auf vietnamesisch: »Wie wagen Sie es, zu sagen, Sie würden morgen nicht angreifen?« Major Nghi erklärte, er habe auf Empfehlung seines amerikanischen Beraters um eine Verschiebung des Angriffsbeginns gebeten. Darauf wendete sich Vinh Loc an seinen Berater, den amerikanischen Oberst, der sich nun mir zuwandte: »Hauptmann! Wie *wagen* Sie es, diesen Leuten zu sagen, sie sollten nicht angreifen!«

Ich erwiderte: »Sir, wir haben keine Unterstützung aus der Luft, wir haben keine Unterstützung durch die Artillerie, und wir mußten uns einen ganz neuen Landeplatz suchen. Das bedeutet, daß wir noch keinen Platz für die taktische Durchführung haben. Außerdem haben wir keine Reserve.«

»Was regen Sie sich so sehr über zwei Vietcong-Bataillone auf? Und was wollen Sie damit sagen, wenn Sie behaupten, Sie hätten keine Unterstützung aus der Luft? Wenn Sie in Schwierigkeiten geraten, werden wir Ihnen andere Flugzeuge zur Verfügung stellen. Das ist die Art, wie wir solche Probleme lösen.«

Ich bemühte mich, mit ganz ruhiger Stimme zu sprechen: »Und wie steht es mit dem Luftangriff, der vor unserer Landung erfolgen sollte?«

»Den brauchen Sie nicht. Sie werden dort auf keinen Widerstand stoßen.«

»Sir, nach meiner Ansicht ist das keine ausreichende Unterstützung aus der Luft.«

Der Oberst kochte vor Wut. Er kniff die Augen zusammen, beugte sich nach vorn und sagte sarkastisch: »Nun, Hauptmann, was halten Sie denn für eine ausreichende Unterstützung aus der Luft?«

Jetzt war auch ich wütend geworden. »Sir, wenn mein Arsch dort gelandet ist, dann werden hundert über dem Landeplatz kreisende Maschinen vom Typ B-52 gerade genug sein. Ich bin zwar bereit, mich auch mit etwas weniger zu begnügen, aber ich bin nicht bereit, mich mit gar nichts zufriedenzugeben.«

Ich war erst anderthalb Monate in Vietnam und hatte noch kein Gefecht mitgemacht. Aber ich wußte, daß das, was Vinh Loc und der Oberst von uns verlangten, falsch war, und wenn ich die Aufgabe hatte, die Vietnamesen zu beraten, dann mußte ich ihnen die Wahrheit sagen. Der Oberst redete weiter auf mich ein und nannte mich sogar »eine Schande für die Vereinigten Staaten von Amerika«. Aber ich blieb bei meiner Meinung. Soweit ich wußte, hatten auch er und seine Untergebenen in Vietnam noch an keinem Gefecht teilgenommen. Sie gehörten zu den Leuten, die sich am liebsten weit hinter der Front in irgendeinem Stabsquartier herumdrückten. Und außerdem hätten sie dafür sorgen müssen, daß ihr Operationsbefehl befolgt wurde. Schließlich fuhr mich der Oberst an: »Hauptmann, Sie sind offensichtlich nicht für diesen Posten geeignet. Sie sind ab sofort von Ihren Pflichten entbunden.«

»Sir, es tut mir leid, aber Sie sind nicht mein Vorgesetzter. Ablösen kann mich nur der mir übergeordnete Militärberater.« Wütend brüllte der Oberst: »Holen Sie diesen Mann ans Telefon.«

Es war inzwischen dreiundzwanzig Uhr dreißig, aber irgendwie gelang es, die Verbindung zu Oberst Naughton in Saigon herzustellen. Er hörte sich an, was jeder von uns zu sagen hatte, und erklärte dem Oberst: »Ich stimme mit Hauptmann Schwarzkopf überein, und mein vietnamesischer Befehlshaber vertritt die gleiche Ansicht wie Major Nghi. Wir verlangen nur eine Verschiebung der Operation um achtundvierzig Stunden.«

Am nächsten Morgen kam Oberst Naughton selbst zu uns, sah sich die Lage an und erklärte, daß ich recht hatte. Wie sich zeigte, brauchten wir zweiundsiebzig Stunden, um den Angriff sorgfältig vorzubereiten. Beim Stabsquartier in Pleiku behauptete man immer noch: »Es sind doch nur zwei Vietcong-Bataillone, und es lohnt sich nicht, deshalb ein solches Geschrei zu machen.« Für diese Leute war H. Norman Schwarzkopf ein rotes Tuch. Doch Naughton hatte inzwischen den Befehl bekommen, mich zum Major zu befördern, und heftete mir persönlich die Rangabzeichen an die Uniform.

In der Nacht vor dem Angriff kampierten wir auf einer großen freien Fläche zwischen Pleiku und Duc Co. Im Morgengrauen landeten vierzig Hubschrauber, und als ich eine Maschine mit elf vietnamesischen Soldaten bestieg, bekam ich einen ganz trockenen Mund: ein Zeichen dafür, daß mein ganzer Körper mit Adrenalin überflutet wurde. Unmittelbar nach dem Start streifte der Hubschrauber den einzigen Baum auf dem freien Feld und stürzte an dessen Rand in den Dschungel. Dabei wurden wir tüchtig durchgerüttelt, aber niemand wurde ernstlich verletzt. Wir stiegen aus und fanden Platz in einem anderen Hubschrauber. Inzwischen waren die ersten schon in Duc Co gelandet, und zwar auf einem Landeplatz unmittelbar neben dem Camp. Obwohl vor der Landung der geplante Luftangriff stattgefunden hatte, meldeten die Piloten über Funk, daß sie mit Granatwerfern beschossen wurden. Der ganze Landeplatz lag unter Feuer, und ich hatte jetzt wirklich einen vollkommen ausgedörrten Mund. Beim Anflug stellte ich fest, daß der in der heißen Sonne liegende rote Landestreifen an drei Seiten von dichtem Dschungel umgeben war. Das Camp lag südlich davon in einer Waldlichtung.

Bei der Landung schlugen rings um uns herum die Granaten ein, und wir liefen einen flachen Hang hinauf zum Camp, aber niemand wurde getroffen. Das Camp lag in einem mit Stacheldraht eingezäunten Dreieck, das nicht größer war als ein Fußballplatz. Überall sah man Granattrichter und eingestürzte Bunker. Die Verteidigungsstellung hatte offenbar schon seit längerer Zeit unter Granatwerferfeuer gelegen. Ein amerikanischer Leutnant begrüßte mich. Es war der Berater der hier eingesetzten Einheit. Er wußte sich vor Freude kaum zu fassen, denn endlich war die langersehnte Verstärkung gekommen. Seit Wochen hatte er die Stellung mit fünfzig südvietnamesischen Soldaten halten müssen und ständig damit gerechnet, überrannt zu werden.

Am folgenden Tag verließen wir das Camp durch das Tor an der Nordseite und begannen die zwei Tage dauernde Säuberungsaktion. Der Angriffsplan sah immer noch einen Vorstoß in westlicher Richtung bis zur kambodschanischen Grenze, dann eine Wendung nach Süden und schließlich einen Umfassungsangriff bis zur Westseite des Lagers vor. Am Nachmittag hatten wir eine Strecke von etwa achtzehn Kilometern durch den gleichen dichten Dschungel zurückgelegt, den wir schon von unseren früheren Operationen entlang der Route 19 kannten. Major Nghi und ich gingen mit dem 3. Bataillon vor, das von drei amerikanischen Militärberatern begleitet wurde. Das waren der Oberleutnant Chuck Gorder, der an der Spitze der fünfhundert Mann starken Kolonne marschierte, Hauptmann Mike Trinkle, der sich ebenso wie wir in der Mitte des Bataillons hielt, und Feldwebel Vince Romano, der den Zweiten Weltkrieg und den Koreakrieg mitgemacht hatte und nun die Operation am Schluß der Marschkolonne begleitete. In einem gewissen Abstand folgte das 8. Bataillon mit weiteren drei Beratern unter der Führung von Hauptmann George Livingston jr.

Wenige Kilometer vor der kambodschanischen Grenze hörte ich Gefechtslärm. Ich nahm die Funkverbindung zum OberLeutnant auf und fragte: »Gorder, was ist los?«

»Sir, es ist der Vietcong!«

»Gorder, das weiß ich. Wie stark ist der Vietcong, und wo sind seine Stellungen?«

»Sir, ich weiß nur, daß es verdammt viele sind. Wir bekommen Feuer von allen Seiten, und wir haben schon Verluste!«

Wir erwiderten das Feuer und forderten Kampfhubschrauber an, denen es gelang, die Angreifer zu vertreiben. Schließlich erreichten wir Gorder und seine Vorhut am Rande einer Lichtung. Drei seiner Leute waren gefallen. Anders als einige andere südvietnamesische Einheiten legte die Luftlandedivision großen Wert darauf, die gefallenen Soldaten ihren Familien zu übergeben. Einige Männer wickelten die Gefallenen sorgfältig in Decken, verschnürten sie am Hals und an den Fußgelenken und banden sie an Stangen, um sie beim Weitermarsch mitnehmen zu können. Aber als ein amerikanischer Armeehubschrauber mit der von mir angeforderten Munition landete, beschlossen die vietnamesischen Soldaten, die Gefallenen im Hubschrauber nach Pleiku zurückbringen zu lassen. »Nein, keine Leichen!« rief die Besatzung und versuchte, die Gefallenen wieder hinauszuschieben, während der Pilot die Rotorblätter in Gang setzte. Ich lief hinüber und kletterte auf die Gleitschienen neben dem Fenster des Piloten. Es war ein Hauptmann. Ich rief: »Was geht hier vor?«

»In diesem Hubschrauber nehmen wir keine Gefallenen mit. Dann wird alles mit Blut und Dreck verschmiert.«

»Hören Sie, wir müssen diese Gefallenen herausbringen. Wenn Sie sie nicht mitnehmen, müssen wir sie tragen.«

»Das ist mir scheißegal. Wir nehmen keine Leichen mit.« Wenn es gefallene Amerikaner gewesen wären, hätte er sich das nicht lange überlegt, und das ärgerte mich.

»Ich werde Ihnen etwas sagen, Sportsfreund. Entweder Sie nehmen diese Gefallenen mit oder Sie bleiben hier, denn ich werde auf diesen Kufen stehenbleiben. Wenn Sie starten, werde ich herunterfallen und sterben. Wollen Sie die Verantwortung dafür übernehmen? Und zweitens, wenn Sie versuchen sollten zu starten, werde ich Ihnen den Arsch abschießen!« Entweder hatte er nicht begriffen, daß ich bluffte, oder es beeindruckte ihn, daß ich Major war: Jedenfalls wurden die Gefallenen an Bord genommen.

Ohne es beabsichtigt zu haben, hatte ich damit die Herzen der vietnamesischen Soldaten gewonnen. Sie hatten gesehen, daß sich ein Amerikaner gegenüber einem Hubschrauberpiloten durchgesetzt und ihn gezwungen hatte, ihre Toten mitzunehmen. Die Nachricht von dem Vorfall verbreitete sich sogar bis zu dem Kommandeur der

Luftlandedivision in Saigon, Brigadegeneral Du Quoc Dong. Ich war schon wieder einige Wochen in Saigon, als ich immer noch von amerikanischen Beratern auf diese Geschichte angesprochen wurde, von der sie durch südvietnamesische Offiziere ihrer Truppenteile gehört hatten.

Daß wir die Grenze erreicht hatten, erkannten wir an einer zerstörten Straßensperre. Es dauerte zwei Stunden, bis wir uns für die Nacht eingerichtet hatten. Dazu bauten wir eine halbkreisförmige Verteidigungsstellung aus, sicherten sie mit Gefechtsvorposten, gruben zum Schutz gegen das Granatwerferfeuer Schützenlöcher und stellten für den Fall eines feindlichen Angriffs einen Feuerplan auf. Die Nacht verging ohne Zwischenfälle, und am Morgen setzten wir unseren Marsch fort. Diesmal marschierte das 8. Bataillon an der Spitze, und das 3. Bataillon übernahm die Nachhut. Unsere Kampfgruppe blieb in der Mitte. Bis zum Mittag ging es entlang der Grenze in südlicher Richtung auf überwachsenen Dschungelpfaden weiter.

Doch plötzlich brach die Hölle los. Wir wurden von allen Seiten beschossen. Dann herrschte eine Minute lang vollkommene Ruhe, und die Schießerei begann von neuem. Im Dschungel hört man, wenn ein Geschoß vorbeifliegt, keinen Knall, sondern nur ein häßliches leises Knattern. Ich hörte es überall, aber der Dschungel war so dicht, daß wir nichts sehen konnten. Dann hörten wir den dumpfen Abschuß eines Granatwerfers und wußten, daß der Schuß in unsere Richtung abgefeuert worden war. Nirgends gab es Deckung. Das Gestrüpp neben dem Pfad war so dicht, daß man sich dagegenlehnen konnte, ohne umzufallen. Wir konnten nur stehenbleiben und warten, bis wir die Detonation der Granate beim Aufschlag hörten. Die Männer blieben ganz ruhig. Ihre geradezu fatalistische Gelassenheit beeindruckte mich. Sie waren schon oft im Feuer gewesen. Wenn eine Granate einschlug, murmelte vielleicht einer auf vietnamesisch: »Das war ganz in der Nähe«, und dann ging es weiter, als sei nichts geschehen.

Den ganzen langen Nachmittag verbrachten wir in dieser geradezu verzweifelten Situation. Wir waren in eine feindliche Truppenkonzentration geraten, wo der Gegner auf uns gewartet hatte. Wenn wir bis zum Einbruch der Dunkelheit nicht wieder das Lager Duc Co erreicht hatten, würde der Feind uns in der Nacht oder am nächsten Tag aus vorbereiteten Stellungen angreifen und vernichtend schlagen können. Fünf- oder sechsmal während dieses Nachmittags mußte ich Unterstützung aus der Luft anfordern, wenn ein Teil der

Kampfgruppe durch das feindliche Feuer am Weitermarsch gehindert wurde. Dann mußten wir so lange warten, bis die Flugzeuge oder Kampfhubschrauber ihre Aufgabe erledigt hatten. Major Nghi, der seine Leute unbedingt und so rasch wie möglich in Sicherheit bringen wollte, wurde ungeduldig. Schließlich ließen er und sein Stab mich zurück, während ich auf Teile des 3. Bataillons wartete, die eine Zeitlang aufgehalten worden waren. Dann traf ich auf Feldwebel Romano und schloß mich ihm an. Er hatte schon zwei Kriege mitgemacht, aber unsere gegenwärtige Lage schien ihm gar nicht zu gefallen. Jedesmal wenn wir in das Feuer automatischer Waffen gerieten, sah er mich an und sagte: »Heiliger Scheißdreck.«

Eine halbe Stunde blieb es einigermaßen ruhig, aber dann wurden wir wieder beschossen. Der Feind hatte den Dschungelpfad vor uns gesperrt und wollte uns am weiteren Vorrücken hindern. Ich forderte Luftunterstützung an und feuerte eine Signalrakete ab, um unsere Position zu bezeichnen.

»Okay, ich kann Sie sehen«, sagte ein Pilot. »Wo ist unser Ziel?«

»Etwa hundert Meter vor mir.«

»Jesus, hundert Meter – das ist verdammt nah.«

»Wenn das nicht geht, nützt es uns nichts.«

Romano war unmittelbar vor mir, als wir aufblickten und die Bomben fallen sahen. Sie schienen direkt auf uns herunterzukommen. Wir gerieten in Panik und fingen an zu laufen, stießen aber zusammen und fielen zu Boden. Die Bomben segelten über unsere Köpfe hinweg und schlugen genau an der richtigen Stelle ein.

Bei Einbruch der Dunkelheit erreichten wir das Lager von Duc Co. Major Nghi war schon dort. Er und sein Stab waren damit beschäftigt, eine Brustwehr aus Sandsäcken zu bauen. Aber bevor ich ihn dafür zur Rede stellen konnte, daß er mich im Stich gelassen hatte, mußte ich mit einem dringenderen Problem fertig werden. Das 8. Bataillon hatte das Lager erreicht, aber Mike Trinkle meldete mir über Funk, er und Teile des 3. Bataillons seien noch im Dschungel und hätten Schwierigkeiten, den Weg ins Lager zu finden. Die Soldaten im Lager fürchteten indessen, vom Gegner überrannt zu werden, und waren bereit, auf alles zu schießen, was sich bewegte. Ich wendete mich an Nghi. »Irgend jemand muß das 3. Bataillon finden und herführen.« Er starrte mich verständnislos an. »Haben Sie niemanden, der das tun könnte?« fragte ich.

»Nein.«

»Gut, dann werde ich gehen. Sorgen Sie nur dafür, daß niemand auf uns schießt.« Offenbar hatte er nicht die Absicht, selbst hinauszugehen, und konnte es daher auch nicht verstehen, daß ich es tat.

Als ich durch das Tor hinaustrat, hatte ich das gleiche eigenartige Gefühl wie schon den ganzen Nachmittag: Es war so, als hätte ich meinen Körper verlassen und beobachtete aus sicherem Abstand, wie Schwarzkopf sich außerhalb der Verteidigungsstellung in den Dschungel wagte und riskierte, von einer Granate zerrissen zu werden. Aber es war nichts Unheimliches oder Geheimnisvolles daran, sondern ich hatte das Empfinden, von einem automatischen Piloten gesteuert zu werden.

Westlich des Lagers überquerte ich eine große Lichtung und hielt dabei die ganze Zeit die Funkverbindung zu Trinkle aufrecht. Es war stockdunkel, und deshalb feuerte ich eine rote Leuchtkugel ab, nach der sich die Männer orientieren konnten. »Ich glaube, ich habe sie gesehen«, sagte Trinkle. »Können Sie eine zweite Leuchtkugel abschießen?« Der Feind hatte angefangen, auf mich zu schießen, aber ich entsprach seiner Bitte und ging so rasch wie möglich weiter. Nach etwa zweihundert Metern stieß ich auf einige Soldaten aus Trinkles Bataillon und zeigte ihnen den Weg ins Lager. Dann traf ich auch auf Trinkle selbst, und wir kehrten gemeinsam zurück.

Der Feind hatte uns eingekesselt. In zwei Tagen waren mehr als vierzig Fallschirmjäger gefallen, und mindestens doppelt so viele waren schwer verwundet. Über Funk forderte ich in Pleiku Hubschrauber an, um die Verwundeten auszufliegen. Die Antwort lautete: »Es tut uns leid, aber wir können jetzt nicht zu Ihnen hinausfliegen. Das wäre zu riskant.« Das Lager von Duc Co lag in einer Senke, und die Flugzeuge, die dort landen wollten, mußten einen hohen Gebirgskamm überfliegen, auf dem sich der Feind eingegraben hatte. Aber Leutnant Earl S. Van Eiweegen, ein Pilot der Luftwaffe, hatte in einer Bar in Pleiku von unserer Bitte gehört und meldete sich freiwillig, die Verletzten zu holen. Am nächsten Morgen brachten wir die Verwundeten auf Tragbahren an den Landestreifen und warteten.

Als die viermotorige Turbopropmaschine vom Typ C-130 erschien, eröffnete der Feind das Feuer. Ich glaubte nicht, daß Van Eiweegen und seine dreiköpfige Besatzung es schaffen würden. Als die Maschine landete, sahen wir, daß ihr Rumpf völlig durchlöchert war und das hydraulische System an drei Stellen leckte. Die Besatzung öffnete die rückwärtige Rampe, und Van Eiweegen ließ die Motoren laufen, während wir die Tragbahren mit den Verletzten in den Laderaum schoben. Inzwischen wurde der Landestreifen von Granatwerfern beschossen, weitere Soldaten wurden verwundet, und wir luden auch sie in das Flugzeug. Van Eiweegen saß mit seinem Copiloten im Cockpit und wartete geduldig ab, bis ich ihm das Startzeichen gab. Dann wendete er die Maschine und flog über denselben Gebirgskamm zurück, von dem aus er wieder beschossen wurde. Obwohl das Flugzeug stark beschädigt war, flog er an Pleiku vorbei und brachte die Verwundeten nach Saigon, wo sie medizinisch besser versorgt werden konnten. Was dieser Pilot wagte, war die größte Heldentat, die ich je erlebt hatte.

Wir hatten keine Ahnung, wie stark der feindliche Verband war, der uns eingekesselt hatte. Tagsüber schickten wir Spähtrupps hinaus, aber gleichgültig in welche Richtung sie gingen, sie gerieten überall sofort in feindliches Feuer. Wir wurden auch von einem Verband amerikanischer Aufklärungsflugzeuge vom Typ Cessna-0-1 unterstützt. Wir nannten sie die »Roten Barone«. Sie leiteten die Einsätze der Jagdbomber und Kampfhubschrauber. Als eine dieser Maschinen ein wenige Kilometer von uns entferntes Gebiet überflog, hörte ich den Piloten ausrufen: »Jesus! Der ganze Wald bewegt sich!« Er hatte Hunderte von feindlichen Soldaten gesehen, die sich mit grünen Zweigen getarnt hatten und nun Deckung suchten, bevor unsere Jagdbomber eintrafen.

Der AP-Berichterstatter Peter Arnett war während der ersten drei Tage der Belagerung in Duc Co. Nachdem er viele Filmaufnahmen gemacht hatte, sagte er mir, er wolle uns jetzt verlassen, um seinen Bericht abzugeben. Ein südvietnamesischer Bataillonskommandeur war schwer verwundet worden, und ich forderte in Pleiku für den Abend einen Hubschrauber an, der ihn abholen sollte. Ich sagte: »Wenn Sie unbeleuchtet anfliegen, wird der Vietcong Sie nicht sehen.«

Pleiku bat mich, an den Ecken des Landeplatzes Männer mit Taschenlampen aufzustellen, um dem Hubschrauber die Landung zu erleichtern. Es gehörte Mut dazu, eine brennende Taschenlampe in die Höhe zu halten, denn dabei konnte man von einem Scharfschützen getroffen werden. Ich sagte zu Arnett: »Gut, wenn Sie mitgenommen werden wollen, dann halten Sie diese Taschenlampe.« Wir brachten den Verwundeten zum Landeplatz und hörten, wie der Hubschrauber näher kam. Der Pilot meldete sich über Funk und sagte: »Ich kann eure Lichter nicht erkennen. Bewegt sie doch etwas hin und her, damit ich sie besser sehen kann.« Ich gab diese Bitte an die Männer mit den Taschenlampen weiter, und darauf ertönte eine Stimme aus dem Dunkeln: »Ich weiß nicht, wie es bei euch ist, aber meine Taschenlampe wackelt schon, seit ich hier stehe.« Das war Arnett. Der Hubschrauber landete sicher, und er durfte mitfliegen.

Jeden Abend beim Zubettgehen rechneten wir damit, nachts überrannt und getötet zu werden. Ich lernte, mit gespitzten Ohren zu schlafen, denn ich wußte, daß es in jeder Nacht irgendwann zu einem Feuerüberfall mit Granatwerfern kommen würde. Der Abschuß der Granaten war einige hundert Meter weit zu hören, und anschließend hatte ich noch acht Sekunden Zeit, um in mein Schützenloch zu springen. Oft tat ich es noch im Halbschlaf, ohne recht zu wissen, weshalb, aber jedesmal krachten dann die Granateinschläge rings um mich herum. Morgens wachten wir dann erleichtert und mit dem Bewußtsein auf, es vielleicht doch noch zu schaffen.

Während die Tage vergingen, wurden die Zustände im Lager immer unerträglicher. Schon ganz am Anfang war unser Wassertank durch einen Volltreffer zerstört worden. Zwar gab es außerhalb des Camps ein Wasserloch, aber auch der Gegner kannte es. Wenn wir also Wasser brauchten, mußte ein ganzer Zug ausrücken und sich bis dorthin durchkämpfen. Auch die Verpflegung wurde knapp. Doch als man versuchte, uns aus der Luft zu versorgen, überflogen uns die Maschinen in so großer Höhe, daß die Fallschirme vom Wind abgetrieben wurden und außerhalb des Lagers landeten. Wir baten Pleiku, diese Versuche aufzugeben, weil auf diese Weise nur der Feind mit Nahrungsmitteln versorgt wurde. Sehr bald hatten wir außer Reis und Salz nichts mehr zu essen. Hin und wieder kroch Feldwebel Hung durch den Stacheldraht hinaus und kam mit Wurzeln zurück, die er im Dschungel ausgegraben hatte. Sie sahen aus wie große Rüben und konnten auch roh gegessen werden. Wenn wir dann bei unserer Reismahlzeit saßen, wurde eine solche Wurzel herumgereicht, und jeder nahm einen Bissen.

Nach etwa zehn Tagen machte sich eine Abteilung der südvietnamesischen Marineinfanterie, die östlich von uns stationiert war, auf den Weg, um uns abzulösen. Sie wurde von zwei Regimentern der regulären nordvietnamesischen Armee angegriffen, die doppelt so stark und sehr viel besser ausgebildet und ausgerüstet waren als die beiden Vietcong-Bataillone, mit denen wir zunächst gerechnet hatten. Bevor die Marineinfanteristen das Camp erreicht hatten, lieferten sie den Kommunisten ein Gefecht und trieben sie zurück über die kambodschanische Grenze. Nun wurden unsere Spähtrupps, die wir tagsüber ausschickten, nicht mehr beschossen, und die Versorgungsflugzeuge konnten so niedrig fliegen, daß uns die von ihnen abgeworfene Verpflegung erreichte.

Ein Offizier vom Stab in Pleiku forderte mich über Funk auf, die genaue Gefallenenzahl des Gegners anzugeben. »Ich habe keine Ahnung«, sagte ich ihm. »Wir haben doch nicht haltgemacht, um nachzuzählen. Es war schon schwer genug, uns bis zum Lager durchzukämpfen.«

»Dann sagen Sie uns wenigstens, was Sie schätzen, denn man verlangt von uns eine genaue Zahlenangabe.«

Ich fragte die Berater bei den einzelnen Bataillonen, und ihre Antworten lauteten etwa: »Ich habe keine Ahnung. Aber mein vietnamesischer Kommandeur sagt, vielleicht sind es fünfzig.« Ich sammelte diese Angaben und sprach wieder mit Pleiku. »Nach meiner Schätzung sind es einhundertfünfzig. Aber ich muß dazu sagen, daß ich eine genaue Zahl nicht nennen kann. Das ist nur eine Vermutung.« In der offiziellen Meldung hieß es dann: »Zählung ergibt einhundertfünfzig Gefallene beim Gegner.« Ich hatte das Gefühl, an einem bürokratischen Täuschungsmanöver beteiligt zu sein.

Inzwischen lagen schon etwa zwanzig Leichen unserer Gefallenen neben dem Landestreifen, die in Verwesung übergingen, und die Ärzte sagten mir, wir müßten sie wegen der Seuchengefahr ausfliegen lassen. Amerikanische Armeehubschrauber überflogen das Lager in großer Höhe, landeten aber zunächst nicht, weil ihre Piloten es für zu riskant hielten. Das ärgerte mich, und zum ersten Mal bekam ich in aller Öffentlichkeit einen Wutausbruch. Die Anspannung war in den vergangenen zwei Wochen so groß gewesen, daß es nun zu einer Entladung kam und ich ins Mikrophon brüllte: »Ihr Hundesöhne! Wir müssen dafür sorgen, daß diese verdammten Leichen ausgeflogen werden! Warum kommt ihr nicht herunter und helft uns?« Natürlich war es ein Verstoß gegen alle Regeln, im Funkverkehr grobe Ausdrücke zu benutzen.

Schließlich landete ein Hubschrauber – und ihm entstieg der ranghöchste Militärberater von Vinh Loc, der Oberst, der von uns verlangt hatte, den Vorstoß ohne Luft- und Artillerieunterstützung zu unternehmen. »Wer hat den letzten Funkspruch durchgegeben?« wollte er wissen. Die Antwort lag auf der Hand. Ich war der einzige, der ein Funkgerät auf dem Rücken hatte, aber ich war nicht bereit, mir irgendwelchen Unsinn von ihm anzuhören. Als er mich sah, schlug er einen sehr versöhnlichen Ton an. Das war mein Glück, denn sonst hätte ich mich mit meiner Reaktion wahrscheinlich in große Schwierigkeiten gebracht. Er sagte: »Major, ich weiß, daß man in der Hitze des Gefechts auch einmal zu weit gehen kann, aber Sie dürfen nicht die Selbstbeherrschung verlieren und über Funk Leute anschreien.«

»Verdammt Sir, ich muß diese Leichen hier loswerden.«

»Keine Sorge. Das werden wir schon erledigen«, erwiderte er und forderte zwei weitere Hubschrauber an. Aber wir mußten die Toten selbst zu den Hubschraubern bringen und sie verladen, weil sie so stark rochen, daß die Besatzungen sie nicht anfassen wollten. Als wir einen Gefallenen aufhoben, floß ein Teil der verwesten Körperflüssigkeit aus der Decke und über meinen Arm. Nachdem wir fertig waren, wusch ich mich gründlich und immer wieder, konnte den Gestank aber nicht loswerden.

Der Oberst war aus einem ganz bestimmten Grund im Camp gelandet, den er uns aber nicht genannt hatte. Offenbar hatte er in Duc Co eine größere Lagebesprechung anberaumt, um einem hochrangigen General einen ausführlichen Bericht über die Belagerung unseres Stützpunkts zu geben, und er wollte sich nun an Ort und Stelle ein Bild vom Verlauf der Kämpfe machen. Am nächsten Morgen kam der Oberst zurück und brachte seinen ganzen Stab aus Pleiku mit. Da waren sie nun alle mit ihren sauberen, frischgestärkten Uniformen, blankgeputzten Stiefeln, mit ihren Kartenbrettern, Lageskizzen und Zeigestöcken. Als sie den Stützpunktkommandeur aus seiner Unterkunft herausholten und sich auf die Besprechung vorbereiteten, fragte ich mich: »Wie zum Teufel wollen *sie* wissen, was in Duc Co geschehen ist? Sie sind ja nicht dabeigewesen!«

Nach kurzer Zeit landete eine ganze Flotte von Hubschraubern. In dem einen saßen der General und sein Stab, die anderen brachten unzählige Reporter und Kameraleute mit, die sich über das ganze Camp verteilten, ohne uns zu beachten, die wir todmüde und schmutzig, erschöpft von zwei Wochen dauernden Kämpfen dastanden und das Geschehen beobachteten. Sie gingen an uns vorüber, als seien wir Luft, und versammelten sich dann zu ihrer Besprechung in der Unterkunft.

Nach einiger Zeit kamen der General und der Oberst wieder heraus. Der Oberst wendete sich an den General und sagte: »Sir, das ist Major Schwarzkopf, der Militärberater der Bodentruppen.« Der General kam auf mich zu, trat aber sofort wieder einen Schritt zurück, denn ich war eine Woche nicht aus meiner Uniform herausgekommen, hatte geholfen, die Gefallenen in den Hubschrauber zu verladen, und stank nach Leichen. Die Kameraleute waren dem General gefolgt, und nun näherten sich auch einige Reporter mit ihren Mikrophonen. »Nein, nein«, sagte der General. »Bitte keine Mikrophone. Ich will mit diesem Mann sprechen.«

Ich weiß heute nicht mehr, welche Fragen ich von ihm erwartete, vielleicht die folgenden: »Haben Ihre Männer alles gut überstanden? Wie viele von ihnen sind gefallen?« Oder »Gut gemacht – wir sind stolz auf Sie.« Statt dessen fragte er mich nach kurzem Schweigen: »Wie war denn die Verpflegung?«

Die Verpflegung? Mein Gott, zuletzt hatten wir nur noch Reis, Salz und rohe Wurzeln gehabt, die Hung unter Lebensgefahr aus dem Dschungel geholt hatte. Ich war so verblüfft, daß ich nur sagen konnte: »Oh, in Ordnung, Sir.«

»Haben Sie regelmäßig Ihre Post bekommen?«

Meine Post war zu meinem Stab nach Saigon gegangen, und ich nahm an, daß sie dort angekommen war. Deshalb sagte ich: »Jawohl, Sir.«

»Gut, gut! Gut gemacht, mein Junge.« *Mein Junge?* Das war alles – offensichtlich nur ein publikumswirksamer Auftritt für die Presse. Er hatte die Mikrophone fortgeschickt, aber die Kameras hatten die ganze Zeit gesurrt. Vor einem solchen Vorgesetzten konnte ich keine Achtung haben. Am folgenden Abend rief der örtliche Fernsehsender in New Jersey meine Mutter an und sagte ihr, sie würde ihren Sohn in den Abendnachrichten sehen können. Sie sah sich die Sendung an und hat solange sie lebte immer wieder begeistert von diesem wunderbaren General gesprochen, der in Vietnam die Moral ihres Sohnes gestärkt habe.

Ich war für Gott, mein Vaterland und den Apfelkuchen meiner Mutter nach Vietnam gegangen. Aber im September kämpfte ich für die Freiheit meiner südvietnamesischen Kameraden und Freunde. Die amerikanischen Offiziere, die den Vietnamkrieg als Berater vietnamesischer Luftlandetruppen mitmachten, erregten oft den Unwillen anderer Berater, die in Provinzstädten wie Pleiku und Kontum arbeiteten. Sie hielten uns für verrückt, weil wir es ablehnten, in ihren sicheren und mit Klimaanlagen ausgestatteten Unterkünften zu schlafen. Wenn sie mich danach fragten, sagte ich: »Nein, es tut mir leid. Wir bleiben bei unseren Einheiten.«

»*Was?* Sie wollen draußen bei diesen ›Gooks‹ bleiben?«

»Ja, wir bleiben draußen. Und nennen Sie diese Leute nicht ›Gooks‹. Es sind südvietnamesische Soldaten.«

»Woher wollen Sie wissen, daß diese kleinen Ficker sich nicht nachts aus dem Staub machen und Sie allein lassen?«

»Das werden sie nicht tun, denn wir sind ihre Kameraden!« Sie haben es auch nie getan. Die anderen Amerikaner wollten sich nicht der Gefahr eines nächtlichen Überfalls aussetzen und begründeten das nun mit ihrem Mißtrauen gegenüber den Vietnamesen. Aber gerechtigkeitshalber muß ich zugeben, daß einige vietnamesische Einheiten, denen sie zugeteilt waren, sich militärisch nicht mit der Luftlandetruppe vergleichen ließen. Ich blieb jedenfalls bei meiner Einheit und zweifelte nicht an ihrer Fähigkeit zu kämpfen oder an ihrer Bereitschaft, sich für mich einzusetzen.

Ich fühlte mich so ausgefüllt wie noch nie. Ich war froh, in Vietnam zu sein und Männern helfen zu können, die ich mochte und achtete, weil sie für ihr Land und ihre Freiheit kämpften.

Aber der Krieg hatte sich bereits von einem zunächst regionalen Konflikt zu einem Ringen zwischen Nordvietnam und den Vereinigten Staaten ausgeweitet. Auf Empfehlung von General Westmoreland schickte Präsident Johnson Hunderttausende von amerikanischen Soldaten nach Vietnam. Solange ich dort war, waren es wenigstens sechs Divisionen. Und überall in Südvietnam wurden mit amerikanischen Planierraupen, Zementmischmaschinen und Kränen Straßen, Unterkünfte, Flugplätze, Hubschrauberlandeplätze und Nachschubbasen gebaut. An der Küste entstanden neue Häfen, und obwohl ich selbst nicht daran beteiligt war – das alles schien Teil eines ganz anderen Krieges zu sein –, spürten auch wir bei unseren Gefechtseinsätzen diesen dramatischen Wandel.

Hanoi reagierte auf den massiven Einsatz amerikanischer Streitkräfte mit der Verstärkung seiner eigenen Truppen im Süden. Bis dahin hatten die Nordvietnamesen noch keine starken Truppenverbände nach Südvietnam geschickt, und die Partisanen im Süden hatten es im allgemeinen vermieden, starke amerikanische oder südvietnamesische Truppenkonzentrationen anzugreifen. Aber im Spätsommer und Herbst 1965 änderte Hanoi seine Taktik. Es zog drei Regimenter – etwa siebentausend Mann – im zentralen Hochland zusammen. Bei Duc Co waren wir auf zwei dieser Regimenter gestoßen, als sie von Kambodscha über die Grenze nach Südvietnam eindrangen. Ihre Absicht war es, vom Hochland aus in das dichtbesiedelte Küstentiefland bei Qui Nhon vorzustoßen und das Land so in zwei Hälften aufzuteilen. Dieser Angriff wurde Mitte November abgewehrt, als die 1. US-Kavalleriedivision (als Luftlandetruppe) einen großen Teil der kommunistischen Streitkräfte am Ia-Drang-Fluß südlich von Duc Co vernichtend schlug. In dem Feldzug wurden zum ersten Mal starke amerikanische Verbände während einer Schlacht mit Hubschraubern von einem Einsatzort zum anderen verlegt. Das war ein Wendepunkt in der Geschichte der modernen Kriegsführung und auch ein Wendepunkt in meinem Leben, denn hier lernte ich den hervorragendsten Taktiker kennen, der mir je begegnet ist.

Oberst Ngo Quang Truong war General Dongs Generalstabschef. Äußerlich machte er nicht den Eindruck eines genialen militärischen Strategen. Er war nur einen Meter sechzig groß, Mitte Vierzig, sehr mager, hatte eine schlechte Haltung und einen Kopf, der zu groß für diesen Körper zu sein schien. Mit seinem ausgemergelten, scharfgeschnittenen Gesicht und der ständig an seinen Lippen hängenden Zigarette war er alles andere als ein gutaussehender Mann. Aber seine Offiziere und Soldaten verehrten ihn gleichermaßen, wie ihn die nordvietnamesischen Befehlshaber, die seine Fähigkeiten kannten, fürchteten. Jedesmal wenn es zu einer besonders verzwickten Gefechtslage kam, übergab Dong ihm das Kommando.

Nach der Schlacht im Ia-Drang-Tal wurde die Luftlandedivision alarmiert, um die dort geschlagenen nordvietnamesischen Regimenter am Entkommen über die Grenze nach Kambodscha zu hindern. Ich lag nach einem üppigen Mahl, bestehend aus Curryreis, Huhn und einigen Gläsern Bier, im Halbschlaf in meiner Unterkunft, als der Befehl durchgegeben wurde, sofort zum Militärflughafen hinauszufahren. Truong hatte einen ungewöhnlich starken Kampfverband mit etwa zweitausend Mann zusammengestellt, der am folgenden Morgen in das Ia-Drang-Tal abfliegen sollte, und mich als Berater angefordert.

Zuerst flogen wir in Transportflugzeugen bis zu dem roten Landestreifen bei Duc Co in die mir schon bekannte Gegend und von dort mit Hubschraubern nach Süden in das Flußtal. Sofort nach der Landung gerieten wir in feindliches Feuer. Das Tal war an der Stelle, wo der Fluß sich nach Westen in Richtung auf Kambodscha wendete, etwa zwanzig Kilometer breit und bestand aus dichtem Dschungel, in dem der Hauptteil der feindlichen Truppen versuchte, sich zur rettenden Grenze durchzuschlagen. Wir waren nördlich von ihnen gelandet, und Truong befahl den Bataillonen, den Fluß zu überqueren und auf den steil aufragenden Bergketten des Chu Pong südlich des Flusses Stellung zu beziehen. Es war faszinierend, ihn bei einer solchen Operation zu beobachten. Auf dem Marsch hielt er gelegentlich an, um sich auf der Karte zu orientieren, deutete dann auf irgendeinen Punkt und sagte: »Dort soll das Artilleriefeuer liegen.« Zuerst war ich skeptisch, nahm aber trotzdem die Verbindung zur Artillerie auf und gab den Feuerbefehl. Wenn wir an die Stelle kamen, fanden wir die gefallenen feindlichen Soldaten. Truong, der seit fünfzehn Jahren gegen diesen Feind kämpfte und dabei reiche Erfahrungen gesammelt hatte, konnte allein nach der Beschaffenheit des Geländes mit untrüglicher Sicherheit voraussagen, wie sich der Gegner verhalten würde.

Als wir am Abend unseren Gefechtsstand einrichteten, faltete er seine Karte auseinander, zündete sich eine Zigarette an und erläuterte uns seinen Schlachtplan. Er erklärte, der Dschungelstreifen zwischen unserer Stellung auf den Bergkämmen und dem Fluß sei ein natürlicher Korridor, den die nordvietnamesischen Kräfte höchstwahrscheinlich benutzen würden. Er sagte: »Im Morgengrauen werden wir ein Bataillon dorthin in Marsch setzen. Es wird dort links von uns zwischen dem Gebirgszug und dem Fluß in Stellung gehen und den Durchgang sperren. Gegen acht Uhr morgens werden starke feindliche Kräfte auf das Bataillon stoßen. Dann werde ich ein zweites Bataillon hier nach rechts schicken, und es wird gegen elf Uhr Feindberührung haben. Halten Sie die Artillerie bereit, die dann das Gelände vor uns unter Feuer nehmen muß. Daraufhin werden wir mit unserem dritten und vierten Bataillon mit Stoßrichtung Fluß angreifen. Auf diese Weise wird der Feind mit dem Fluß im Rücken in eine Falle geraten sein.«

In West Point hatte ich nie etwas Ähnliches gehört. Ich dachte: »Was soll das heißen: gegen acht Uhr und um elf Uhr? Wie kann er den Verlauf einer Schlacht zeitlich so genau festlegen?« Aber ich erkannte auch, welcher Gedanke seinem Plan zugrunde lag. Truong wendete die gleiche Taktik an wie Hannibal im Jahr 217 v. Chr., als er die römischen Legionen an den Ufern des Trasimenischen Sees umzingelte und vernichtend schlug.

Aber, so fügte Truong hinzu, wir hätten ein Problem. Die vietnamesische Luftlandetruppe habe diesen Auftrag erhalten, weil man höheren Orts fürchte, amerikanische Truppen könnten bei der Verfolgung des Feindes zu nahe an die kambodschanische Grenze herankommen. Er sagte: »Auf Ihrer Karte liegt die kambodschanische Grenze hier, zehn Kilometer weiter östlich als auf meiner Karte. Um das Unternehmen nach meinem Plan ausführen zu können, müssen wir meine und nicht Ihre Karte benutzen, weil wir sonst den Gegner nicht in so weitem Bogen umgehen können, wie wir das tun müssen, wenn wir unsere erste Sperre einrichten wollen. Also, *thieu-ta* Schwarzkopf (*thieu-ta* ist das vietnamesische Wort für Major), was raten Sie mir?«

Wenn wir es zugelassen hätten, daß sich der Feind hinter die kambodschanische Grenze zurückzog und sich dort in Sicherheit brachte, hätte mich das ebenso geärgert wie jeden anderen Soldaten. Einige dieser Burschen waren dieselben, gegen die ich vor vier Monaten bei Duc Co hatte kämpfen müssen, und darauf war ich nach weiteren vier Monaten nicht noch einmal scharf. Weshalb sollte ich daher glauben, daß die Grenze auf meiner Karte korrekter eingezeichnet war als auf Truongs?

»Ich entscheide mich dafür, daß wir uns nach der Grenzziehung auf Ihrer Karte richten.«

Lange nachdem er seine Angriffsbefehle gegeben hatte, saß Truong noch Zigaretten rauchend vor der Karte und besprach bis spät in die Nacht alle Einzelheiten der bevorstehenden Schlacht mit mir. Im Morgengrauen setzten wir das 3. Bataillon in Marsch. Es erreichte die vorgesehenen Stellungen, und tatsächlich erhielten wir um acht Uhr die Meldung, daß die Einheiten mit starken feindlichen Kräften zusammengestoßen waren. Darauf ließ Truong das 5. Bataillon nach rechts abmarschieren, und um elf Uhr meldete auch dieses Bataillon die Feindberührung. Wie Truong vorausgesagt hatte, war der Feind im Dschungel an der Grenze auf das 3. Bataillon gestoßen und zu dem Entschluß gekommen: »Auf diesem Wege kommen wir nicht hinaus. Deshalb gehen wir zurück und versuchen es an einer anderen Stelle.« Mit diesem Entschluß verletzte er einen taktischen Grundsatz, der bei all solchen Ausweichmanövern gilt und besagt, daß man den schwierigsten Weg wählen muß, um nicht in einen feindlichen Hinterhalt zu geraten. Wenn der Gegner versucht hätte, das Tal zu verlassen und über das Chu-Pong-Massiv zu entkommen, wäre ihm das vielleicht gelungen. Statt dessen blieb er im Tal, wie Truong es vorhergesehen hatte, und wurde nun von unseren Truppen angegriffen. Truong sah mich an und sagte: »Geben Sie Ihrer Artillerie den Feuerbefehl.« Eine halbe Stunde lang beschossen wir den unter uns im Tal liegenden Dschungel. Dann gab Truong seinen beiden letzten

Bataillonen den Befehl zum Angriff den Hang hinunter. Wir folgten den angreifenden Soldaten, die in ein heftiges Feuergefecht verwikkelt wurden.

Gegen dreizehn Uhr erklärte Truong: »Okay. Wir stellen den Angriff ein.« Auf einer hübschen kleinen Waldlichtung setzten wir uns mit seinem Stab zum Mittagessen. Er war noch nicht ganz fertig, da stellte er seine Reisschüssel auf den Boden und gab über Funk einen Befehl durch. »Was tun Sie?« fragte ich. Er hatte seine Männer angewiesen, die auf dem Schlachtfeld liegengebliebenen Waffen einzusammeln. »Viele feindliche Soldaten sind gefallen, und die anderen haben ihre Waffen fortgeworfen und sind geflohen.«

Er selbst hatte nichts von alledem gesehen, denn die Kämpfe hatten im dichten Dschungel stattgefunden. Aber wir blieben bis zum Abend auf dieser Lichtung, und seine Soldaten kamen mit großen Mengen von Handfeuerwaffen aus dem Dickicht und legten sie vor uns hin. Ich war erregt, denn wir hatten einen entscheidenden Sieg davongetragen. Aber Truong saß nur da und rauchte seine Zigaretten.

Nachdem ich so lange und so eng mit den südvietnamesischen Luftlandetruppen zusammengearbeitet hatte, sah ich die Auswirkungen des vermehrten Einsatzes amerikanischer Kampftruppen zum Teil durch ihre Augen und hatte gemischte Gefühle dabei. Einerseits begrüßte ich die zusätzliche Feuerkraft. Die 1. Kavalleriedivision leistete zum Beispiel Großartiges beim Einfliegen von Geschützen in den Dschungel, die sofort das Feuer eröffneten. Das ermöglichte unserer Kampfgruppe die Durchführung von Überraschungsangriffen wie im Flußtal des Ia Drang.

Andererseits beunruhigte es mich, daß die Operationen stark von amerikanischen Vorstellungen beeinflußt wurden. Wir schlugen plötzlich bei der Zusammenarbeit mit den Vietnamesen die falsche Richtung ein. Es war ihr Land und ihr Krieg, und am Ende würden sie die Folgen tragen müssen. Ich fand, wir sollten sie entsprechend ausbilden, ihr Vertrauen gewinnen, ihnen die Ausrüstung geben, die sie brauchten, und sie zu ihrem Kampf ermutigen. Obwohl wir offiziell lediglich Streitkräfte zur Unterstützung von Südvietnam ins Land brachten, wurden in Wahrheit immer mehr Schlachten allein von amerikanischen Truppen geschlagen, anstatt daß es zu einer Zusammenarbeit von amerikanischen und südvietnamesischen Einheiten gekommen wäre. Die amerikanischen Offiziere hörte man immer häufiger Dinge sagen wie: »Diese Burschen können mit dem

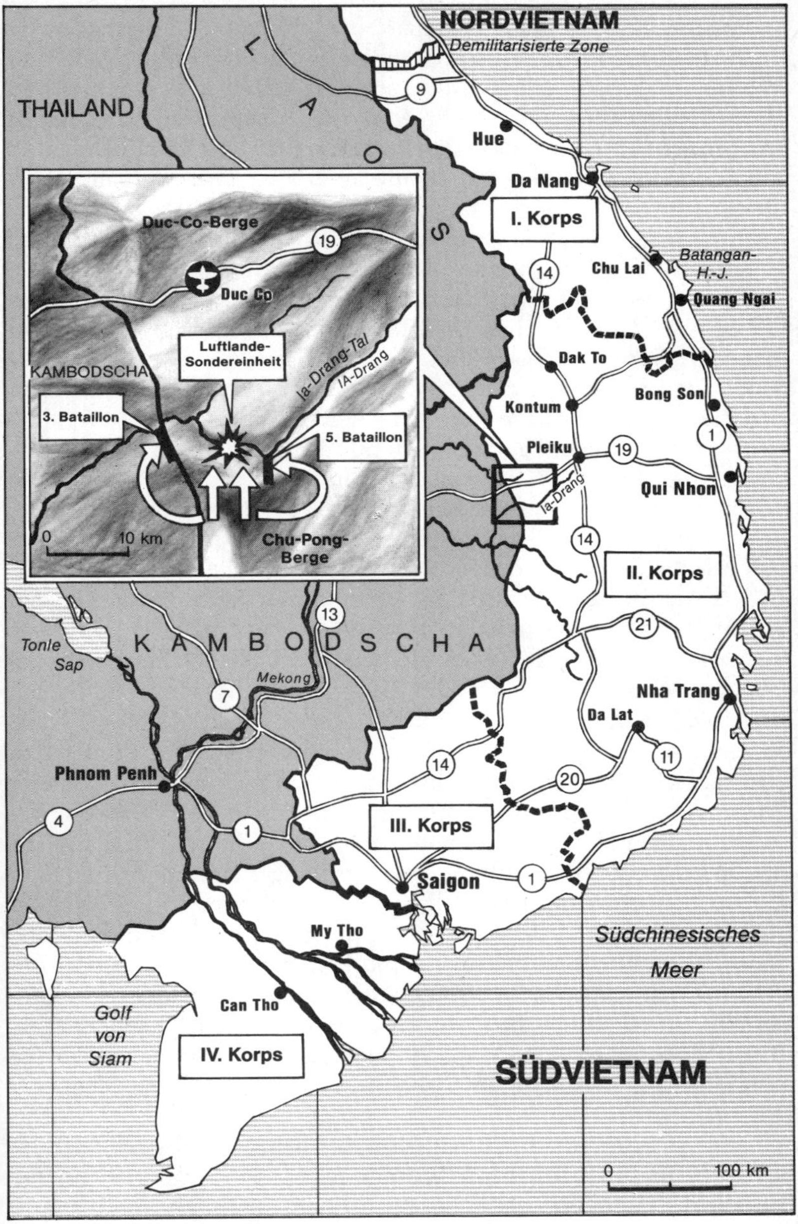
NORDVIETNAM
Demilitarisierte Zone
THAILAND
LAOS
Hue
Da Nang
I. Korps
Chu Lai
Batangan-H.-J.
Quang Ngai
Dak To
Kontum
Bong Son
Pleiku
Qui Nhon
Ia-Drang
II. Korps
Duc-Co-Berge
Duc Co
Luftlande-Sondereinheit
Ia-Drang-Tal
IA-Drang
KAMBODSCHA
3. Bataillon
5. Bataillon
0
10 km
Chu-Pong-Berge
Tonle Sap
KAMBODSCHA
Mekong
Nha Trang
Da Lat
Phnom Penh
III. Korps
Saigon
My Tho
Südchinesisches Meer
Can Tho
Golf von Siam
IV. Korps
SÜDVIETNAM
0
100 km
9
19
14
1
21
13
7
11
20
4

Krieg nicht fertig werden. Es sind keine Kämpfer, und niemand von ihnen taugt etwas.« (Die südvietnamesische Luftlandebrigade und Marineinfanteriebrigade wurden zwar weiterhin bei gemeinsamen Operationen zusammen mit den Amerikanern eingesetzt, aber selbst wir konnten erkennen, daß hier die Versorgung mit Verpflegung und Ausrüstung schwieriger war, da die amerikanischen Verbände Vorrang hatten.)

Wir vergaßen auch allzu leicht, daß wir in einem fremden Land waren. So bezog zum Beispiel die 1. Infanteriedivision, die berühmte »Big Red One«, Stellungen nördlich von Saigon und begann dort ein Übungsschießen mit ihrer Artillerie. Das war das Übliche, wenn man eine Verteidigungsstellung besetzt hatte, aber in diesem Fall bedeutete es auch, daß die Granaten in den Reisfeldern einschlugen und die Bauern in Angst und Schrecken versetzten.

Als Washington die ursprünglich mit der Entsendung von Militärberatern verfolgten Ziele aufgab, wurden die südvietnamesischen Soldaten und ihre amerikanischen Berater als Bürger zweiter Klasse behandelt. An einem Sonntag im November nahm ich meinen vietnamesischen Kommandeur in eine amerikanische Unterkunft mit. Es war der Oberstleutnant Kha, ein frommer Katholik, der in den Vereinigten Staaten zur Schule gegangen war und dort den Mais kennengelernt hatte, den es in Vietnam nicht gab. Ich hatte monatelang die Verpflegung aus seiner Feldküche genossen, und als ich hörte, daß es im Offizierskasino von Kontum ganz in unserer Nähe Dosenmais gab, lud ich Kha mit einigen anderen seiner Offiziere und zwei amerikanischen Bataillonsberatern zum Essen ein. Wir alle freuten uns auf eine Abwechslung. Am Tor unseres Kasernenbereichs hielt mich ein Militärpolizist auf und erklärte, Vietnamesen hätten keinen Zutritt. Aufgrund meines Ranges als Major konnte ich die Angelegenheit sehr schnell in Ordnung bringen, aber Kha, der perfekt englisch sprach, fühlte sich beleidigt, und mir war die Sache außerordentlich peinlich. Im Kasino kam ein Verwaltungsbeamter an den Tisch und erklärte: »Wir bedienen keine Vietnamesen.« Wieder konnte ich mich durchsetzen (aufgrund meiner Körpergröße), aber während der ganzen Mahlzeit hatte ich Magendrücken. Ich habe Kha noch einige Male zum Essen eingeladen, aber er hat jedesmal höflich abgelehnt.

Sicher war ich nicht der einzige Amerikaner in Vietnam, der die Südvietnamesen mochte und Verständnis für sie hatte. Viele andere lebten wie ich täglich mit ihnen zusammen, kämpften an ihrer Seite und hatten große Achtung vor ihnen. Doch wir waren entschieden in der Minderheit. Die Mehrzahl der Amerikaner in Vietnam spaltete sich in zwei Gruppen auf: in die Mitglieder der rein amerikanischen Stäbe und Kampfeinheiten, die überhaupt keinen Kontakt zum südvietnamesischen Militär hatten, und in die Angehörigen der US-Beraterkommandos, die über keine direkten südvietnamesischen Ansprechpartner verfügten und die in ihren Büros die meiste Zeit nur mit Amerikanern zu tun hatten. Da sie keine Südvietnamesen kannten, glaubten sie das Märchen, daß ihre Verbündeten nicht kämpfen könnten. Unsere höheren Offiziere hätten dies richtigstellen können, aber auch ihr Blickwinkel war verzerrt: In den höheren Stäben gab es zahlreiche korrupte oder unfähige vietnamesische Offiziere, die mit ihrem Verhalten zwar nicht die Mehrheit repräsentierten, die aber die einzigen waren, mit denen es viele hochrangige amerikanische Offiziere regelmäßig zu tun hatten.

Während des ganzen Winters 1965 waren wir ständig im Einsatz. Als Berater einer Kampfgruppe nahm ich an doppelt so vielen Gefechten teil wie die Berater bei den Bataillonen. Die Bataillone lösten einander ab, während die Kampfgruppen fast ununterbrochen im Einsatz waren. Die Kommunisten hatten ihre Angriffe gegen die Verbände der regulären südvietnamesischen Armee verstärkt, und die Einheiten der Luftlandetruppen mußten ständig eingreifen, um die regulären Truppen in kritischen Situationen zu unterstützen. Bei einem Unternehmen hatten wir mehr als fünfzig Prozent Verluste. Im Verlauf jener sechs Monate nahm ich an sechs größeren Operationen teil, und die Strapazen, denen ich im Dschungel ausgesetzt war, setzten mir auch gesundheitlich zu. Ich mußte zweimal ins Lazarett. Einmal erkrankte ich in Nha Trang an Malaria, und ein anderes Mal mußte ich in Qui Nhong wegen einer Amöbenruhr behandelt werden. Ich hatte mich vollkommen verausgabt.

Ende Januar verlagerte sich die Kampftätigkeit in das Tiefland von Bong Son. Das war ein etwa fünfundsechzig Kilometer langer Küstenstreifen nördlich von Qui Nhon, der seit Jahren vom Vietcong beherrscht worden war. Die südvietnamesischen Luftlandetruppen, die 1. US-Kavalleriedivision sowie amerikanische und südvietnamesische Marineinfanterie durchkämmten dieses Gebiet in einem koordinierten Manöver, um es wieder in Besitz zu nehmen. Unter der Führung von Oberstleutnant Kha waren wir schon eine Woche unterwegs und hatten schwere Verluste hinnehmen müssen, als wir über offene Reisfelder hinweg einige Dörfer angriffen, wo sich der Vietcong in Erdlöchern und unterirdischen Bunkern verschanzt hatte. Die Stimmung war aufs äußerste gespannt. In dieser Lage erhielt Kha aus dem zweihundertachtzig Kilometer weiter südlich gelegenen Saigon, wo seine Familie lebte, eine erschütternde Nachricht. Ein auf dem Militärflughafen Tan Son Nhut stationierter Kampfhubschrauber hatte versehentlich eine Rakete abgefeuert, die über die Stadt geflogen war, das Haus von Kha getroffen hatte und darin detoniert war. Dabei war seine achtjährige Tochter ums Leben gekommen. Kha hatte jahrelang als tapferer Soldat an diesem Krieg teilgenommen, aber als er die Nachricht vom Tod seines Kindes erhielt, brach er zusammen. Er ging zurück nach Saigon und blieb zwar bei der Armee, gehörte aber nicht mehr zur kämpfenden Truppe.

Der Fortgang von Kha wurde von der ganzen Kampfgruppe als schwerer Verlust empfunden, und auch ich machte mir große Sorgen. Wir hatten einen ganzen Tag in dem elenden kleinen Dorf gesessen, das wir eingenommen hatten, als die Lage noch bedrohlicher wurde. Ich sah, wie sich unsere Sanitäter sehr aufgeregt unterhielten und ging zu ihnen hinüber, um festzustellen, was geschehen war. Sie zeigten mir ein halbes Dutzend ausgemergelter Leichen, die sie aus einem Unterstand des Vietcong herausgezogen hatten, und sagten, diese Männer seien an der Cholera gestorben. Ich fühlte mich plötzlich nach Teheran zurückversetzt, wo man nichts so sehr gefürchtet hatte wie die Cholera, und mir sträubte sich das Haar.

Noch am selben Nachmittag wurde ich nach Bong Son zu Oberst Truong befohlen, der auf Anordnung von General Dong die Führung der Kampfgruppe übernehmen sollte. Wir hatten den Auftrag, einen Verband des Vietcong zu verfolgen, der versuchte, sich von der Küste nach Westen in das An-Lao-Tal abzusetzen, das dem Vietcong schon seit langer Zeit als Unterschlupf diente. Wir vermuteten den Feind in einem bestimmten Dorf, und Truong sagte, wir würden es am folgenden Tag mit zehn gepanzerten Mannschaftsfahrzeugen angreifen. Auch diesmal saß er bis spät in die Nacht über seinen Karten. Dann sagte er: »Sehen Sie sich einmal das Gelände an. Wenn wir in dieser Richtung vorgehen, laufen wir Gefahr, auf den Feind zu stoßen. Was halten Sie davon?«

Er war immer noch damit beschäftigt, seinen Angriffsplan zu entwerfen, als ich mich in meine Steppdecke wickelte und einschlief. Dann träumte ich, daß mich irgend jemand durch die Umkleideräume in West Point jagte. Ich lief durch viele lange Korridore, und am Ende rannte ich gegen eine Ziegelmauer. Mein Verfolger flüsterte: »Wir werden dich verwunden.« Er sagte nicht: »Wir werden dich töten«, sondern: »Wir werden dich verwunden.« Ich wachte schweißgebadet auf. Dann dachte ich: »Was für ein dummer Traum« und schlief wieder ein.

Am nächsten Morgen trafen die Mannschaftstransportwagen ein, und Truong sagte lachend: »Heute werden Sie es nicht so schwer haben. Wir werden den Stab auf diesen Wagen verladen, und dann brauchen Sie nicht zu laufen.« Die Wagen hatten kein Verdeck, so daß die Mannschaften über den Rand hinausschauen konnten, aber die Vietnamesen waren im allgemeinen kleinwüchsig, und für sie war der Rand zu hoch. Deshalb stellten sie Munitionskisten auf den Boden der Wagen. Für mich war das jedoch ein ausgesprochener Nachteil, denn wenn ich auf den Kisten stand, stand ich fast bis zum Gürtel ungeschützt im Freien.

Das Dorf, das wir angreifen sollten, sah aus wie eine kleine aus Bäumen und Büschen bestehende Insel inmitten der offenen Reisfelder. Die Vorarbeit unserer Aufklärer erwies sich als richtig, denn es war von starken Vietcong-Einheiten besetzt. So geriet unser Bataillon bald unter schweres Feuer. Während wir auf das Dorf zufuhren, sah ich links von uns eine Baumreihe und sagte einem der Offiziere: »Hoffentlich hat irgend jemand festgestellt, ob der Feind auch unter diesen Bäumen sitzt.« Er versicherte mir, daß dies geschehen sei, aber als wir näher kamen, eröffnete ein Maschinengewehr das Feuer. Plötzlich hörte ich das Knattern der Maschinengewehrgabe und spürte einen Schlag auf meinen linken Arm – ich war getroffen worden. Ich hockte mich hin und sah, daß ich stark blutete. Wange, Augenbraue und Augenlid waren von den Splittern der Geschosse verletzt worden, die von der Panzerplatte abgeprallt waren. Mein linkes Auge schwoll zu.

Das Maschinengewehr brachte man zum Schweigen, und ich wurde verbunden, stand aber immer noch unter Schock. Ich zog die Augenlider mit den Fingern auseinander, um festzustellen, ob ich noch sehen konnte. »Alles in Ordnung«, dachte ich, obwohl meine Wunden höllisch weh taten. Truong hockte sich neben mich und sagte: »Mein Freund, wenn Sie wollen, lasse ich unser Fahrzeug wenden und bringe Sie zurück, damit ein Hubschrauber Sie ins Lazarett fliegen kann. Aber gerne täte ich das nicht. Wir haben unsere Ausgangsstellung erreicht, und jetzt bräuchte ich Ihre Hilfe.«

Ich sagte ihm, ich würde bleiben. Unsere Männer in den Reisfeldern wurden durch das Feuer des Vietcong niedergehalten, und

Truong brauchte die amerikanische Artillerie und Luftwaffe zur Unterstützung des weiteren Angriffs. Das übliche Verfahren lief wie folgt ab: Zunächst wurden Kampfflugzeuge eingesetzt. Sie warfen erst Napalm- und dann Sprengbomben ab und griffen den Gegner zum Schluß im Tiefflug mit 20-mm-Gatling-Maschinengewehren an. Wenn die Maschinen den Luftraum verlassen hatten, setzte das Artilleriefeuer ein. Nach dem Feuerüberfall der Artillerie ging die Infanterie zum Angriff vor. Doch obwohl wir die feindlichen Stellungen unter schweres Feuer genommen hatten, kamen wir kaum voran. Während die Bomben und Granaten fielen, suchte der Vietcong Schutz in seinen Unterständen, und während der Feuerpausen brachte er seine Maschinengewehre wieder in Stellung und feuerte auf uns.

Der Angriffsplan, den ich Truong vortrug, sollte dem Feind keine Gelegenheit geben, zurückzuschießen. Danach sollten die feindlichen Stellungen zunächst aus der Luft bombardiert werden, aber ich sagte den Piloten: »Werft das Napalm und die Bomben ab, verzichtet aber auf den Beschuß mit Bordwaffen. Sobald ihr eure Bomben abgeworfen habt, laßt es mich wissen, damit ich der Artillerie das Feuer freigeben kann.« Dem Artillerieoffizier sagte ich: »Nach dem Luftangriff soll das Dorf fünfzehn Minuten unter Artilleriefeuer genommen werden. Aber anschließend dürfen die Geschütze nicht schweigen, sondern müssen das offene Gelände hinter dem Dorf mit Sperrfeuer belegen, um dem Gegner den Rückweg abzuschneiden.« Den hinter unserer Stellung bereitgestellten Kampfhubschraubern sagte ich: »Wenn die Artillerie ihr Feuer verlegt, müßt ihr starten, über uns hinwegfliegen und unmittelbar vor uns in das Dorf feuern.« Truong sagte ich: »Im gleichen Augenblick sollten unsere gepanzerten Mannschaftsfahrzeuge den Angriff mit dem Feuer ihrer 0,50-Maschinengewehre beginnen. Die Mannschaftstransportwagen werden unter den Kampfhubschraubern vorrücken, und so werden wir das Dorf einnehmen.« Truong war einverstanden.

Der Angriff verlief ganz nach Plan. Unter dem Feuerschirm der eigenen schweren Waffen drangen wir in das Dorf ein. Der Feind hatte eine schwere Niederlage erlitten und hohe Verluste hinnehmen müssen. Als die Männer die Leiche eines hochrangigen Vietcong-Offiziers fanden, hängten sie den Toten an eine lange Stange und trugen ihn im Triumph durch die Gassen.

Wir richteten unseren Gefechtsstand in einer noch stehengebliebenen Hütte ein, ich nahm ein Schmerzmittel und legte mich hin.

Nun erschien auch Truong, lachte und schüttelte den Kopf. »*Thieuta* wird durch einen Zauber beschützt«, sagte er und wiederholte, was er draußen von den Soldaten gehört hatte.

»Wovon reden Sie?« fragte ich.

»Gehen Sie hinaus und sehen Sie sich den Mannschaftstransportwagen an.« Draußen standen einige Unteroffiziere vor dem Fahrzeug und zeigten auf ein paar Einschüsse unmittelbar unter dem Rand der Panzerplatte. Sie sagten: »Seht doch, der Vietcong hat genau auf ihn gezielt, aber er wurde nur von Splittern getroffen!« Mir gefiel das nicht so gut. Wenn der Schütze die Mündung seines Maschinengewehrs auch nur um einen Millimeter angehoben hätte, dann wäre ich in der Mitte durchlöchert worden.

Inzwischen war eine Schlechtwetterfront heraufgezogen, und der Sanitätshubschrauber verspätete sich. Es wurde Nacht, bis ich endlich ausgeflogen werden konnte. Ich wartete draußen im strömenden Regen und stellte mit Entsetzen fest, was wir hier angerichtet hatten. Die Bäume lagen kreuz und quer übereinander, im Hintergrund brannte es, und als der Hubschrauber näher kam, drang das Licht seiner Scheinwerfer durch die Regenschwaden, hinter denen die Flammen der brennenden Häuser flackerten. Dieser unwirkliche Anblick erinnerte mich an meinen Traum. Ich fragte mich, was ich tun würde, wenn ich das gleiche noch einmal träumen sollte, besonders wenn die Stimme sagen würde: »Wir werden dich töten.«

Nach dem Angriff auf Bong Son habe ich nur noch eine größere Schlacht mitgemacht. Ich war mit zwei silbernen und drei Bronzesternen ausgezeichnet worden, hatte an sieben größeren Operationen teilgenommen, war einmal verwundet worden, hatte mich zweimal mit Tropenkrankheiten infiziert und war immer noch am Leben. Mitte März, ich war jetzt neun Monate in Vietnam, ließ mich unser neuer ranghöchster Militärberater, Oberst Jim Bartholomees, kommen und sagte: »Sie werden noch drei Monate in Vietnam bleiben müssen, aber ich möchte nicht, daß Sie erneut an die Front gehen. Sie bleiben von jetzt an in Saigon.«

Ich war völlig erschöpft und hatte nichts dagegen einzuwenden. Während des Frühjahrs blieb ich beim Stab der vietnamesischen Luftlandedivision am Militärflughafen Tan Son Nhut. In meiner dortigen Stellung hatte ich mit den wichtigen Entscheidungen über die Kriegführung in Vietnam nichts zu tun. Vielleicht betrachtete ich die Geschehnisse nun nicht mehr aus der Regenwurmperspektive, sondern bereits aus der eines Käfers. Aber während meiner ganzen Zeit in Vietnam sollte ich nicht dazu kommen, die Dinge aus der Vogelperspektive, geschweige denn aus der Perspektive des Adlers zu sehen. Ich hatte viel mit Truong zu tun und half, die Luftlandebrigade zu einer kriegsstarken Division auszubauen. Saigon hatte sich verwandelt. Als ich im Sommer zuvor in die Stadt gekommen war, schien sie noch die Perle Asiens zu sein, ein stiller Ort mit Akazienalleen, Straßencafés und einer angenehm friedlichen Atmosphäre. Die Amerikaner belebten das Straßenbild, aber sie paßten sich an, und viele von ihnen hatten gute Freunde unter den Vietnamesen. Nur selten zeigte sich ein amerikanischer Soldat im Kampfanzug auf den Straßen. Sie trugen Khakiuniformen mit kurzärmeligen Hemden, und wenn sie Arbeitsanzüge anhatten, waren sie sauber und gestärkt. Es gab auch einen Rotlichtbezirk, die Tu-Do-Straße, aber auch dort ging es recht ruhig zu. Außerdem gab es zahlreiche Nachtlokale, in denen man Frauen treffen konnte, ohne auf sexuelle Abenteuer aus zu sein. Oft besuchte ich diese Bars mit meinen Kameraden. Wenn wir unser Bier tranken, setzten sich die Barmädchen zu uns, tranken ihren Tee, der uns als Whiskey auf die Rechnung gesetzt wurde. Auf diese Weise zahlten wir für das Vergnügen, uns mit ihnen unterhalten zu können. Wir scherzten mit ihnen, spielten Gesellschaftsspiele, und wenn es Zeit war, nach Hause zu gehen, standen wir auf und verabschiedeten uns.

Aber im Frühjahr 1966, ein knappes Jahr nach meiner Ankunft in Vietnam, beklagte sich Botschafter Henry Cabot Lodge bei der militärischen Führung der amerikanischen Truppen über die »Dodge-City-Atmosphäre« auf der Tu-Do-Straße, die unsere Soldaten dort geschaffen hätten. Wenn ich jetzt nachts durch diese Straße ging, erlebte ich es immer wieder, daß Lastwagen von der Front hereinkamen, die hintere Klappe herunterließen und die Männer in schmutzigen Kampfanzügen heraussprangen. Schon bald sah man diese Burschen mit Bierflaschen in den Händen und mit lautem Gebrüll durch die Straßen torkeln. Es war kein Vergnügen mehr, hier auszugehen, und aus der Perle Asiens war ein großes Bordell geworden.

Ich hatte kein Verlangen, mich unter diese Leute zu mischen, sondern verkehrte lieber mit den anderen Beratern der Luftlandetruppe. Aber meine besten Freunde waren die Vietnamesen. Ich hatte eine vietnamesische Freundin mit Namen Loan, eine schöne junge Frau aus einer katholischen Familie in Hue. Ihr Vater war Professor an der Universität. Mein Lieblingslokal war das »Arc-en-Ciel«, halb

Nachtbar und halb chinesisches Restaurant. Früher hatte dort die französische Legion verkehrt. Jetzt waren die Gäste in der Bar amerikanische Diplomaten und Journalisten. Das Speiselokal wurde hauptsächlich von Chinesen und Vietnamesen besucht. Es war auch mein bevorzugter Aufenthaltsort.

Das Leben in Saigon war immer noch gefährlich. Manchmal wurde die Stadt bombardiert, und in den Außenbezirken kam es oft zu Gewalttätigkeiten. Im Frühjahr gab es einen Aufruhr unter den Buddhisten, und wir wurden angewiesen, zu Hause zu bleiben. Das einzige Problem bestand darin, daß der Haupttempel in derselben Straße lag wie unsere Unterkunft, und unmittelbar vor dem Haupteingang unseres Gebäudes kam es zu einem Zusammenstoß zwischen Demonstranten und der Polizei. Deshalb roch es dort eine Woche lang nach Tränengas.

Ich nutzte meine Zeit hinter der Front dazu aus, möglichst oft mit den Vietnamesen Fallschirmspringen zu üben. Bis zum Sommer hatte ich das große amerikanische Fallschirmspringerabzeichen verdient. Um auch das entsprechende vietnamesische Abzeichen zu bekommen, das nur selten an Amerikaner verliehen wurde, absolvierte ich drei Absprünge im freien Fall. (Ich sprang nur ungern ohne Reißleine aus einem Flugzeug, denn sie gab einem eine gewisse Sicherheit, aber Oberst Truong legte Wert darauf, daß ich auch dieses Abzeichen bekam.)

Ich war sehr gerne in Vietnam und wäre am liebsten noch länger geblieben. Aber als ich an das Verteidigungsministerium schrieb und um Verlängerung meines Kommandos in Vietnam bat, wurde mein Gesuch abgelehnt, und ich erhielt einen Brandbrief vom Dekan meiner Fakultät in West Point, in dem er praktisch erklärte: »Was fällt Ihnen ein? Haben Sie vergessen, daß Sie sich verpflichtet haben, nach einem Jahr zurückzukommen? West Point hat Ihnen die Gelegenheit gegeben, einen akademischen Grad zu erwerben, damit Sie hier einen Lehrauftrag übernehmen können. Für die nächsten zwei Jahre gehören Sie uns.« Ich mußte zugeben, daß er recht hatte.

Als ich mich von Feldwebel Hung verabschiedete, hatte er Tränen in den Augen. Ich hatte noch nie einen vietnamesischen Soldaten weinen sehen. Ich schenkte ihm meine Pistole und verstieß damit gegen ungefähr hundert amerikanische Vorschriften bezüglich des Fraternisierens mit den Vietnamesen, aber das war mir gleich. Als ich auf dem Flughafen ankam, wurde ein Teil der Luftlandedivision zu einem neuen Einsatz in das Gebiet nördlich von Hue geschickt.

Truong war schon im Kampfgebiet. Als meine Maschine die Startbahn hinunterrollte, jubelten alle amerikanischen Passagiere, aber ich hatte einen Kloß im Hals. Als ich aus dem Fenster sah, konnte ich gerade noch erkennen, wie meine Fallschirmspringer in die Transportflugzeuge des Typs C-130 verladen wurden. Es schmerzte mich, die Männer verlassen zu müssen, an deren Seite ich gekämpft hatte. Ich hatte das Gefühl, sie im Stich zu lassen.

9

Zwei Tage, nachdem ich Tan Son Nhut verlassen hatte, saß ich am frühen Morgen schwitzend in einem Hubschrauber. Unter mir lag nicht Vietnam, sondern New York City. Ich war auf dem Kennedy-Flughafen gelandet und dann in den Hubschrauber gestiegen, der nach Newark flog und auf dem Wege dorthin eine Zwischenlandung auf dem Pan-Am-Gebäude in Manhattan machte. Als ich auf das Gewirr von Straßen und Gebäuden hinunterblickte, hatte ich das unangenehme Gefühl, daß wir viel zu hoch flogen. In Vietnam hatte ich viele hundertmal im Hubschrauber gesessen, aber wir waren immer dicht über den Bäumen des Dschungels geblieben.

Auf dem Flughafen in Newark nahm ich ein Taxi. Ich trug meine mit allen Ordensbändern geschmückte Uniform und das Barett der vietnamesischen Luftlandedivision und wartete darauf, vom Taxifahrer angesprochen zu werden, etwa: »Hey, Sie sind wohl gerade aus Vietnam zurückgekommen!« Nichts dergleichen. Ich versuchte, mit ihm ins Gespräch zu kommen, und sagte: »Ich bin schon lange nicht mehr im Newark gewesen.« Aber er setzte mich ziemlich wortlos vor der Wohnung meiner Mutter ab.

Nach dem Tod meines Vaters war sie in ein kleines Appartement in einem Hochhaus gezogen – einen Ort, den ich nicht als mein Zuhause ansehen konnte. Sie öffnete die Tür, nahm mich in die Arme und weinte, und in den nächsten Tagen stopfte sie mich so mit Essen voll, als sei ich aus einem Kriegsgefangenenlager entlassen worden. Es fiel mir schwer, mich hier zurechtzufinden. Ich konnte an nichts anderes denken als an Vietnam. Die Zeitungen berichteten ausführlich über die Kriegsereignisse, aber die Menschen schienen sich nicht dafür zu interessieren. Selbst wenn meine Mutter ihre Freunde einlud, hörte ich nur Äußerungen wie: »Nun, ich nehme an, jetzt werden Sie wieder ein normales Leben führen können.« Niemand wollte etwas über Vietnam wissen. Die Anteilnahme der Bevölkerung am Krieg ließ sich nicht mit dem vergleichen, was ich als Schüler während des Zweiten Weltkrieges erlebt hatte. Nach zwei Tagen hatte ich das Bedürfnis, durch die Straßen zu laufen und zu schreien: »Hey! In Vietnam sterben die Menschen! *Es sind Amerikaner, die sterben!* Wie könnt ihr nur so tun, als sei nichts geschehen?«

Ich versuchte mich dadurch abzulenken, daß ich alle möglichen Dinge kaufte – ein Stereogerät, einen Liegestuhl und ein grünes Mustang-Kabrio mit Vierradantrieb und Rennreifen. In Vietnam hatte man nirgends Geld ausgeben können, und so hatte sich auf meinem Gehaltskonto eine ansehnliche Summe angesammelt. In den drei Tagen, die ich bei meiner Mutter zu Besuch war, gab ich fünftausend Dollar aus. Aber meine Stimmung wurde nicht besser. Ich unternahm lange einsame Spaziergänge in die Umgebung der Stadt, doch in mir hatte sich eine solche Aggressivität angestaut, daß ich fast wünschte, von irgendeinem Strolch überfallen zu werden.

Obwohl ich bis zum Beginn des akademischen Jahres noch ein paar Wochen warten mußte, fuhr ich schon jetzt nach West Point. Bevor ich die Akademie verlassen hatte, um nach Vietnam zu gehen, hatte es mich irgendwie gestört, in dieser von der Außenwelt isolierten Welt leben zu müssen. Jetzt war West Point, wie ich glaubte, der richtige Ort, die inneren Spannungen abzubauen. Aber die gewohnte Routine – das Schleifen der Kadetten, das Footballtraining und die Vorbereitungen für das nächste Semester –, das alles erschien mir leer und inhaltslos, wenn ich es mit dem erregenden Leben an der Front verglich. Eines Morgens rief mich Chuck Gorder an, der Leutnant, der mit mir an den Kämpfen bei Duc Co teilgenommen hatte. Er sagte: »Wissen Sie, was ich gestern abend fast getan hätte? Ich wollte in Gegenrichtung auf die Autobahn fahren. Mir fehlte die Gefahr.«

»Reißen Sie sich zusammen«, sagte ich. »Das dürfen Sie auf keinen Fall tun.« Dann fügte ich lachend hinzu: »Das ist ein Befehl!«

»Jawohl, Sir. Richtig, Sir. Habe verstanden. Ich werde es nicht tun.«

Er war nicht der einzige, dem es so ging. Jedesmal, wenn die Rede auf Vietnam kam, fiel es mir schwer, mich zu beherrschen. Ich war schon einen Monat wieder in West Point, als ich an einem Nachmittag zum »Delafield Pond«, dem Schwimmbad der Akademie, ging. Ich wollte mich dort in die Sonne legen und hoffte, das würde mir helfen, mich zu entspannen. Ich hatte mich gerade auf meinem Badetuch ausgestreckt, da kam ein Professor für Sozialwissenschaften vorbei, den ich als Kadett sehr geschätzt hatte, und setzte sich zu mir. Er war ein ständiges Mitglied des Lehrkörpers und würde nie nach Vietnam gehen. Nun wollte er mit mir über meine Erfahrungen in Vietnam sprechen und fragte mich: »Glauben Sie nicht, daß wir unsere Zeit verschwenden, wenn wir versuchen, ein korruptes Regime zu unterstützen?«

Meine spontane Reaktion auf diese Frage machte mir angst: Ich hatte das unwiderstehliche Verlangen, aufzustehen und ihn zusammenzuschlagen. Dieses Gefühl war so stark, daß ich mich entschuldigte und fortging. Dabei sagte ich mir: »Verliere nicht die Beherrschung. Bleibe auf dem Teppich!« Als ich mich beruhigt hatte, wurde ich mir klar darüber, daß viele Amerikaner ähnlich dachten und ich vielleicht der Außenseiter war, der sich wieder an das normale Leben gewöhnen mußte.

Im Krieg hatte ich die Familienväter beneidet. Die härtesten vietnamesischen Kommandeure fanden den notwendigen inneren Halt bei ihren Angehörigen, und fast jeder Amerikaner wußte, daß seine Familie zu Hause auf ihn wartete. Schon vor meiner Rückkehr nach Amerika hatte ich beschlossen, die Beziehungen zu meiner Mutter und meinen Schwestern wieder aufzunehmen, besonders zu Ruth Ann, die ich fast völlig aus den Augen verloren hatte. Seit der Beerdigung unseres Vaters vor sieben Jahren waren wir uns nicht mehr begegnet.

Vor Semesterbeginn fuhr ich für eine Woche nach Oberlin, Ohio, um sie zu besuchen. Ich war noch Kadett in West Point gewesen, als sie einen Dozenten von der Brown University heiratete. Er hieß Simon Barenbaum. Für meinen Vater war das zuerst ein ziemlicher Schock gewesen, denn Simon war ein französischer Marxist, ein jüdischer Intellektueller. Zu den beiden Trauungen in einer Synagoge und einer Unitarierkirche hatte ich nicht fahren können, weil ich keinen Urlaub bekam, aber jahrelang hörte ich meinen Vater immer wieder stolz erklären, er sei mit seinem Schwiegersohn einverstanden und habe bei der jüdischen Trauung sogar ein schwarzes Käppchen getragen.

Simon war jetzt Professor an der Universität von Oberlin, nahm aber zur Zeit meines Besuchs an einer Konferenz in Frankreich teil. Mit meinen Nichten und meinem Neffen kam ich glänzend aus. Es waren die fünfzehnjährige Nicole, die elfjährige Miriam und der achtjährige Kadia. Ich glaube, sie hatten bis dahin noch nie einen

Soldaten kennengelernt. Kadia beeindruckte meine Körpergröße, und Nicole und Miriam führten lange Gespräche darüber, daß ich Miriam nicht heiraten könnte, weil wir Blutsverwandte wären, wohl aber Nicole, Simons Tochter aus erster Ehe. Es waren intelligente, freundliche und fröhliche Kinder. In ihrer Gegenwart konnte ich mich nach langer Zeit zum ersten Mal wieder richtig entspannen.

Ruth Ann hatte sich kaum verändert. Sie gehörte immer noch der Bürgerrechtsbewegung an und beschäftigte sich mit Dingen, die ich für dummes Zeug hielt. Sie war Mitglied der Organisation Women Strike for Peace, die sich gegen das nukleare Wettrüsten wendete. Ein Hauptproblem war für sie die Belastung der Milch durch den radioaktiven Fallout, der bei den Atombombentests frei wurde. Ruth Ann hatte das Organisationstalent ihres Vaters geerbt und bei der Veranstaltung eines Protestmarsches von Müttern und Babys aus Ohio mitgewirkt, über den alle örtlichen Zeitungen berichteten. Da wir gut miteinander auskommen wollten, hielten Ruth Ann und ich es für das beste, uns nicht über den Sinn des Krieges zu streiten. Aber wenn ich etwas von der vietnamesischen Kultur und den Menschen dort erzählte, die ich kennengelernt hatte, hörte sie aufmerksam zu. Sie fand es sehr gut, daß ich eine vietnamesische Freundin gehabt hatte, und fragte mich: »Warum hast du sie nicht mitgebracht?«

Zwei Tage bevor ich nach West Point zurückkehren sollte, kam der beste Freund von Simon und Ruth Ann aus Michigan zu Besuch. Es war der bekannte französische Marxist Raymond Jean. Ruth Ann hatte ihm gesagt, daß ich da sei, aber er behauptete, er habe sowieso kommen wollen, und Ruth Ann meinte: »An Gesprächsstoff wird es euch wenigstens nicht fehlen.« Raymond war vor dem Fall von Dien Bien Phu Universitätsprofessor in Vietnam und französischer Kulturattaché in Marokko gewesen.

Er war ein etwas zerzauster Bursche, trug eine Brille und war wesentlich älter als ich. Wir unterhielten uns bis spät in die Nacht über das schöne Vietnam und seine freundliche Bevölkerung. Dann wollte er mir erzählen, wie der heldenhafte Ho Chi Minh mit seinem Sieg über die Franzosen auf dem Schlachtfeld den Kolonialisten bewiesen habe, welche Fehler sie begangen hätten. Ich erwiderte: »Ho Chi Minh vertrat nur die Ansicht eines Teils der vietnamesischen Bevölkerung. Viele Vietnamesen, die an meiner Seite gekämpft haben, gehören zu Familien, die aus dem Norden vertrieben wurden und alles verloren haben, was sie besaßen. Sie wollen wieder zurück in ihre Heimat, und sie wollen frei sein.« Wir waren beide sehr höflich, aber keiner von uns konnte den anderen überzeugen. Später erfuhr ich, daß Raymond gesagt hatte, er hielte mich für einen intelligenten und vernünftigen jungen Mann, aber: »Es ist wirklich tragisch, daß er sich an so etwas hat beteiligen müssen.«

Ruth Ann besaß nur ein Gästebett. Ich hatte die ganze Woche darin geschlafen, aber da Raymond älter war als ich, erklärte ich mich bereit, mit dem Fußboden vorliebzunehmen. Es würden nur zwei Nächte sein, und ich dachte: »Was macht das schon aus; ich habe ein ganzes Jahr auf dem Boden gepennt.«

Aber es ärgerte mich trotzdem. Während ich in meinem Schlafsack auf dem Boden lag, dachte ich daran, wie ich vor nicht langer Zeit in meine Decke gewickelt in dem verdammten Dschungel gelegen hatte. Nun war ich wieder zu Hause, zu Besuch bei meiner Schwester und mußte auch hier auf dem Boden liegen – *und einem französischen Kommunisten mein Bett überlassen!* Je länger ich darüber nachdachte, desto ärgerlicher wurde ich. »Das ist nicht richtig. Das ist wirklich nicht richtig!«

Am folgenden Tag fuhren wir an den Eriesee, und ich ging mit den Kindern schwimmen. Dabei hatten wir viel Spaß. Aber als ich mich am Sonntag verabschiedete, war mein Ärger noch lange nicht verflogen. Die Beziehungen zu meinen Angehörigen gestalteten sich nicht so, wie ich es gehofft hatte. Jetzt wurde mir klar, daß ich heiraten und eigene Kinder haben müßte, wenn ich Wert auf ein harmonisches Familienleben legte.

In West Point war ich der »hochdekorierte Vietnamveteran«. Nicht viele Lehrer waren drüben gewesen, und keiner war mit so vielen Auszeichnungen zurückgekommen. Jedesmal wenn die Studentenzeitung das Foto eines Vietnamkämpfers mit ordensgeschmückter Brust brauchte, war ich an der Reihe. Das erregte natürlich auch die Aufmerksamkeit der Kadetten, und so wurde ich zu ihrem Oberst Hollingsworth beziehungsweise Major Moore und mußte ihnen von meinen Kriegserlebnissen erzählen, anstatt ihnen etwas über Mechanik beizubringen.

Zu Beginn des Unterrichts in einer neuen Klasse stellte ich mich jedesmal wie folgt vor: »Mein Name ist Major Schwarzkopf. Wenn ihr wollt, könnt ihr mich beim Vornamen nennen – Major. Es gibt Lehrer in West Point, die nennen sich ›akademische Offiziere‹. Sie sollen wissen, daß ich kein akademischer Offizier bin, sondern ein TOAD.« Dann schrieb ich diese Buchstaben an die Tafel und erklärte: »Das bedeutet ›temporarily on academic duty‹. Bezeichnen Sie mich also niemals als akademischen Offizier. Ich bin Infanterist in der Armee der Vereinigten Staaten und verdammt stolz darauf!«

Oft legte ich das Lehrbuch beiseite, setzte mich auf den Rand meines Tisches und sprach darüber, was es bedeutet, Offizier zu sein, sprach über Ehrbegriffe, Moral und Ehre. Ich hielt das für viel wichtiger, als den Kadetten zu erklären, was Reibung ist und warum Räder bergab rollen. Natürlich mußten die Kadetten in die Grundsätze der Mechanik eingeführt werden, aber nur um ihre Prüfungen zu bestehen und gute Offiziere zu werden.

Der Lehrberuf vermittelte mir wieder das Gefühl, eine sinnvolle Aufgabe zu erfüllen. Besondere Freude machte mir die Arbeit mit den schlechten Schülern. Ich wußte, daß sich keiner von ihnen für die Aufnahme ins Pionierkorps qualifizieren würde, aber einige würden großartige Offiziere werden, wenn es mir gelang, ihnen die notwendigen technischen Kenntnisse beizubringen, die sie brauchten, um das Examen zu bestehen. Ich erzwang die Aufmerksamkeit meiner Schüler mit allerlei Tricks und warf, wenn sie einschliefen, die Zeichenkreide gegen die Wandtafel. Der Kadett Keith Harrelson, ein guter Footballspieler, dessen Schicksal davon abhing, ein Examen zu bestehen, bei dem er das erste Mal durchgefallen war, hatte das Zeug, ein guter militärischer Vorgesetzter zu werden, und ich wollte es unter allen Umständen verhindern, daß er an irgendwelchen Zahlen und Formeln scheiterte. Deshalb gab ich ihm jeden Abend Nachhilfeunterricht und verlangte viel von ihm. Ich schrie ihn an, und wenn er die Beherrschung verlor und auch zu schreien anfing, dann schrie ich noch lauter und paukte so lange mit ihm, bis er gelernt hatte, was er für das Examen brauchte. Er bestand es und wurde zum Schluß zum Leutnant befördert. Einige meiner Kadetten haben es nicht geschafft, aber das waren nicht viele.

Selbst im Elfenbeinturm von West Point spürten wir die Auswirkungen der Kontroverse um den Vietnamkrieg. 1967, ein Jahr nach meiner Rückkehr in die Vereinigten Staaten, meldeten sich kaum noch genügend Kandidaten für die Zulassung zur Grundausbildung. Angesichts dieses Mangels an Nachwuchs änderte sich auch die Haltung der Akademie gegenüber den Kadetten. Ich hatte während meiner vierjährigen Kadettenzeit immer wieder beweisen müssen, daß ich gut genug war, um bleiben zu dürfen, aber nun hatte man den Eindruck, West Point müsse beweisen, daß *seine* Leistungen gut genug seien. Das Einstellungsbüro fing an, die Tatsache herunterzuspielen, daß West Point eine militärische Einrichtung war. Man überlegte sich sogar, den Wortlaut der offiziellen Programmatik von West Point zu ändern. Aufgabe von West Point war bisher gewesen, »die künftigen Armeeführer der Vereinigten Staaten auszubilden«. Nun sollte es nur noch heißen, »die künftigen Führer der Vereinigten Staaten auszubilden«. Damit würde sich West Point in nichts mehr von Harvard oder Yale unterscheiden. Mike McCarthy, der mit mir in Vietnam gewesen war und jetzt die militärische Grundausbildung der neu eingetretenen Kadetten übernommen hatte, sagte mir, er bezweifle, daß die Rekruten eine Vorstellung davon hätten, was es bedeute, Soldat zu sein, und der Vietnamkrieg sei ihnen völlig gleichgültig. Deshalb bat er mich, ihnen einen Vortrag zu halten. Ich erschien dazu in meiner Tarnuniform mit dem roten Barett und schilderte ausführlich, was ich ein Jahr lang in Vietnam erlebt hatte. Dazu zeigte ich eine Reihe von Farbdias, vermied es aber, näher auf die schweren blutigen Verluste und die Grausamkeiten des Krieges einzugehen. Ich wollte meinen Zuhörern nur vermitteln, was es bedeutete, als Soldat an einem Krieg teilzunehmen. Am folgenden Tag rief Mike mich an und sagte: »Großartiger Vortrag, aber ich fürchte, wir werden Schwierigkeiten bekommen.« Fünf junge Kadetten hatten an diesem Morgen erklärt, sie würden West Point verlassen, denn sie seien sich nicht der Tatsache bewußt gewesen, daß man von ihnen erwartete, sich an solchen Kämpfen zu beteiligen.

Indessen hatte meine Mutter ihren Freunden erzählt: »Norman hat Interessantes über den Krieg zu sagen.« Ihr Bankier, ein Mitglied des örtlichen Rotary Clubs, ließ mich zu einem Vortrag bitten, was wiederum zu Einladungen bei anderen Bürgervereinigungen führte. Das Ansteigen der amerikanischen Verlustziffern in Vietnam führte zu einer Verunsicherung der amerikanischen Öffentlichkeit, und die Menschen fragten sich, weshalb sich die Vereinigten Staaten an diesem Krieg beteiligen müßten. Ich konnte diese Fragen beantworten und ihnen etwas über meine persönlichen Erfahrungen sagen. Ich erklärte, daß es falsch sei, wenn die Presse behaupte, die Südvietnamesen seien feige, korrupt und unfähig. Ebenso wie dem marxistischen Freund von Ruth setzte ich ihnen auseinander, daß diese Menschen für ihr Vaterland und ihre Freiheit kämpften. Während die öffentliche Diskussion im Verlauf des akademischen Jahres immer erregter wurde, machte ich mir einen Namen als Anwalt der amerikanischen Vietnampolitik. Im folgenden Frühjahr hielt ich einen Vortrag bei der American Veterans Association in Atlantic City,

New Jersey, und sprach im August vor dem Nationalkonvent dieser Vereinigung in Hollywood, Florida, der von einigen tausend Mitgliedern besucht wurde. Das gab mir das Gefühl, etwas für die amerikanischen Kriegsanstrengungen zu tun, auch wenn ich mich nicht mehr an den Kämpfen in Vietnam beteiligen konnte.

Oft stellte ich mir vor, wie es sein würde, wenn auch ich einmal Kinder hätte, die mich liebten und zu mir aufblickten, aber ich hatte noch nicht geheiratet, weil ich glaubte, meine Aufgaben als Offizier nicht mit denen eines Ehemanns und Vaters vereinen zu können. Während der Zeit in West Point bin ich mit vielen attraktiven jungen Frauen ausgegangen – einer hübschen deutschen Pan-Am-Stewardeß, einem Mädchen vom »Manhattan Playboy Club«, der Tochter eines Generals, einer Krankenschwester, die dann nach Vietnam ging, und einigen anderen. Aber ich hatte noch keine Frau gefunden, die ich heiraten wollte. Als ich an einem Samstagabend im November mit meinem Freund Russ Parsons in der Bar des Offizierskasinos zusammensaß, sprach ich mit ihm darüber. Russ hatte mit mir an der Universität von Südkalifornien studiert und war auch noch Junggeselle. Wir hatten uns vorher ein Footballspiel der Armee angesehen, für das ich zwei Karten hatte. Aber diesmal hatte ich meinen Freund Russ und nicht eine meiner Freundinnen dazu eingeladen.

»Wie es aussieht, werde ich wahrscheinlich nie heiraten«, sagte ich ihm.

Ich glaubte, als Soldat hätte ich kaum die Gelegenheit, die richtige Frau kennenzulernen. Und da ich in einem chaotischen Haushalt aufgewachsen war, stellte ich hohe Ansprüche. Ich brauchte eine wirklich warmherzige, ausgeglichene Persönlichkeit, die mir eine treue Ehefrau und meinen Kindern eine gute Mutter sein würde.

Fünf Minuten später kam Walt Gordon, der zur gleichen Zeit wie ich Kadett in West Point gewesen war, zu mir herüber und sagte: »Ich möchte dich mit jemandem bekannt machen.« Immer wieder versuchten es meine Freunde, mich mit heiratsfähigen jungen Damen zu verkuppeln, aber ich dachte: »Warum nicht?« Walt war aus der Armee ausgeschieden und arbeitete jetzt als Pilot bei TWA. Nun führte er mich an seinen Tisch und sagte mir auf dem Weg dorthin, seine Frau, eine TWA-Stewardeß, habe eine Freundin von der Arbeit mitgebracht, aber der junge Mann, mit dem sie verabredet hatte, der Freundin Gesellschaft zu leisten, sei nicht gekommen. An seinem Tisch mußten wir uns zuerst an einer Gruppe von Junggesellen vorbeidrängen, die sich vor einer schönen, bezaubernd lächelnden brünetten Frau versammelt hatten. Walt stellte mich ihr vor. Sie hieß Brenda Holsinger. Kaum hatte ich sie begrüßt, wurde sie auch schon von ihren neuen Bewunderern zur Feier eines siegreichen Footballspiels entführt, und ich mußte mich damit abfinden, den Rest des Abends auf meinem Stammplatz an der Kasinobar zuzubringen.

Meine Samstagabende verliefen nach einem festen Schema. Nach dem Footballspiel ging ich gewöhnlich bis neunzehn Uhr ins Kasino, dann kehrte ich nach Hause zurück, um mir Zivil anzuziehen (als Zuschauer bei den Footballspielen sollten wir nach Möglichkeit Uniform tragen), und ging dann wieder ins Kasino zum Essen. Im Anschluß daran setzte ich mich meist an die Bar. Im Kasino gab es keine Kellnerinnen, und deshalb mußte man, wenn man etwas trinken wollte, an die Bar gehen. Dort unterhielt ich mich mit den anderen Junggesellen, und das Gesprächsthema war in den meisten Fällen der Krieg in Vietnam. Ich hielt mich für einen großartigen Geschichtenerzähler und glaubte, dieses Talent von meinem Vater geerbt zu haben. Oft führte ich bei einer Flasche Sekt lange Gespräche mit dem Barmann, der früher im »Stork Club« gearbeitet hatte und dessen Gesellschaft wir Junggesellen nicht nur deshalb schätzten, weil er ein großer Philosoph war, sondern auch, weil er uns manchen Drink spendierte.

An jenem Abend kamen Brenda und ihre Freunde erst sehr spät zurück und sahen sich nach Walt um, der ihnen versprochen hatte, sie nach Hause zu fahren. Aber er war verschwunden. Brenda setzte sich an die Bar und wartete mit der gleichen Geduld, die sie aufbringen mußte, wenn sich der Abflug einer ihrer Maschinen verspätete. Irgend jemand machte uns noch einmal miteinander bekannt, und als Walt schließlich erschien, verlegen lachte und den Staub aus seiner Jacke schüttelte – er hatte ein wenig ausruhen wollen und war dabei eingeschlafen –, bat ich Brenda um ihre Telefonnummer.

Wir gingen ein paarmal miteinander aus, und sehr bald erkannte ich, welch ein warmherziger und unprätentiöser Mensch sie war. Irgendwo im Hinterkopf glaubte ich, eine leise Stimme zu hören, die mir sagte: »Vielleicht ist sie die Richtige ...« Brenda war sechsundzwanzig Jahre alt, das einzige Kind ihrer Eltern und in der kleinen Stadt Timberville, Virginia, im Shenandoahtal geboren und aufgewachsen. Sie hatte das Juniorencollege abgeschlossen und sich dann mit ihrer Jugendliebe aus der Schülerzeit verlobt. Gerade noch rechtzeitig hatte sie erkannt, daß sie ihr Leben nicht in einer solchen Kleinstadt verbringen wollte. Deshalb löste sie die Verlobung auf, zog nach New York und ging zur Fluggesellschaft TWA. Dazu gehörte eine ganze Portion Mut, und ich bewunderte Brenda dafür, daß sie sich trotzdem ihren weiblichen Charme bewahrt hatte. Sie hatte ein offenes Herz für andere Menschen und verstand es, das Gute in ihnen zu wecken – sogar in einem so störrischen alten Junggesellen, wie ich es war.

Außerdem war Brenda die erste Frau, die meiner Mutter gefiel, als ich sie ihr vorstellte. Bisher hatte ich meine Freundinnen nur ungern nach Hause mitgebracht. Meine Mutter hatte das Gefühl, mich unbedingt davor bewahren zu müssen, daß ich einer geschickten Verführerin ins Netz ging und zu früh heiratete, was das Ende meiner militärischen Laufbahn bedeuten könnte. Bis zur Vollendung meines dreißigsten Lebensjahres sagte sie mir immer wieder: »Genieße dein Leben, bevor du dich endgültig entscheidest.« Als ich dreißig Jahre alt geworden war, hieß es dann: »Weißt du nicht, daß ein unverheirateter Mann über dreißig irgendwie komisch wirkt?« Aber selbst dann lehnte sie noch jede Frau ab, die ich kennenlernte und ihr vorstellte.

Zweimal passierte es sogar, daß ich eine Freundin mit nach Hause brachte und meine Mutter sich betrank und das Mädchen beleidigte. Aber gegenüber Brenda zeigte sie sich von ihrer besten Seite. Ich machte die beiden an einem Samstag im Januar 1968 miteinander bekannt. Sally war aus Washington gekommen, und wir besuchten zu viert eine Matinee von »The Prime of Miss Jean Brodie« am Broadway. Anschließend gingen wir gemeinsam zum Essen. Meine Mutter und Sally waren begeistert von Brenda. Als Brenda sich für kurze Zeit entschuldigte und hinausging, steckten die beiden die Köpfe zusammen und flüsterten wie Schulmädchen: »Ist sie nicht phantastisch?« Das hätte mich nicht überraschen dürfen, denn Brenda war schließlich ein Mädchen vom Lande aus Virginia und hatte ebenso wie meine Mutter das Elternhaus verlassen, um sich eine Arbeit in der Stadt zu suchen. Aber mir fiel trotzdem ein Stein vom Herzen, denn ich hatte mich bereits entschieden, Brenda um ihre Hand zu bitten.

Zwei Monate später kam sie zu einer Party nach West Point. Kurz bevor das Fest anfing, saßen wir zusammen auf der Couch in meinem Wohnzimmer. Brenda wußte, daß ich ihr einen Heiratsantrag machen würde, und ich wußte, daß ich mit ihrem Ja rechnen konnte. Das war gut, denn mein Antrag war denkbar unromantisch. Ich sagte: »Ich werde dich bitten, mich zu heiraten, aber bevor ich das tue, sollst du wissen, worauf du dich einläßt, wenn du ja sagst. Als Frau eines Soldaten wirst du dich damit abfinden müssen, daß ich manchmal bis spät in die Nacht arbeiten muß.Es wird auch Zeiten geben, in denen ich ins Manöver gehe und zwei oder drei Wochen nicht zu Hause sein werde.

Wahrscheinlich werde ich auch häufig versetzt werden, und so sehr uns der Ort auch gefällt, an dem wir gerade leben, wenn der Versetzungsbefehl kommt, werden wir packen und umziehen müssen. Das bedeutet, daß wir nirgends Wurzeln schlagen können.

Aber das Wichtigste ist, daß ich im Fall eines Krieges zum Dienst an der Front befohlen werden kann. Und wenn das geschieht, dann kann es sehr plötzlich dazu kommen, und vielleicht werde ich dir nicht einmal sagen können, wohin man mich schickt. Bevor du mir sagst, daß du meine Frau werden willst, möchte ich mich daher vergewissern, daß du das alles verstanden hast.« Dies war nicht das erste Mal, daß ich Brendas Geduld auf die Probe stellte. Sie hatte sich das alles offenbar schon selbst überlegt und war nun erstaunt, daß ich ihr bei meinem Heiratsantrag einen so langen Vortrag hielt. Aber ich hatte erlebt, was die Trennung von Ehepartnern im Krieg für die Familie bedeuten kann, und ich hatte zu viele amerikanische Ehen scheitern sehen, weil sich die Ehefrau nicht der Tatsache bewußt war, daß sie mit ihrem Mann auch eine Institution geheiratet hatte. Und jetzt wollte ich mich auf kein Risiko einlassen.

»Nachdem ich dir das alles gesagt habe«, fuhr ich fort, »möchte ich dich bitten, mich zu heiraten. Ich bin dreiunddreißig Jahre alt und kein Heiliger. Ich habe Beziehungen zu vielen Frauen gehabt, und du wirst mit Sicherheit etwas davon erfahren und vielleicht auch sogar einige von ihnen kennenlernen. Aber du sollst wissen, daß du die einzige bist, die ich heiraten will. Du bist die einzige, mit der ich für den Rest meines Lebens zusammenbleiben möchte.«

Brenda vergoß ein paar Tränen und nahm meinen Antrag an. Ich schenkte ihr einen Verlobungsring, eine verkleinerte Kopie meines West-Point-Ringes mit einem Diamanten, den ich von Großmutter Schwarzkopf geerbt hatte.

Wir meldeten die kirchliche Trauung für den 6. Juli 1968 in der Kirche von West Point an. Die örtliche Zeitung kündigte das Ereignis unter der Schlagzeile »Holsinger–Schwarzkopf« an. Das veranlaßte Russ Parsons, den ich gebeten hatte, das Amt des Brautführers zu übernehmen, einen schlechten Witz zu machen: »Das klingt nicht wie eine Hochzeitsanzeige, sondern eher wie die Ankündigung eines neuen Fleischerladens.«

Brendas Mutter Elsie kam im Frühjahr nach New York, und wir verstanden uns ausgezeichnet. Jetzt fehlte mir nur noch das Einverständnis von Jesse Jefferson Holsinger. Brendas Vater war auf dem Lande aufgewachsen und hatte sich nach dem Schulabschluß im Selbststudium zum Elektriker ausgebildet. Er arbeitete in dem einhundertfünfzig Kilometer von Timberville entfernten Washington, D.C., wo er sich den Ruf eines tüchtigen Handwerksmeisters erworben hatte. Die Woche über blieb er in der amerikanischen Hauptstadt und kam nur zu den Wochenenden nach Hause.

Zunächst konnte sich Jesse nicht mit dem Gedanken anfreunden, daß seine Tochter einen Offizier der Yankee-Armee heiraten sollte, und als ich meine künftigen Schwiegereltern zum ersten Mal besuchte, war er zunächst sehr zurückhaltend. Ich hatte meinen Mustang gegen einen Ford Kombi eingetauscht, und als ich sah, wie interessiert Jesse sich den neuen Wagen ansah, fragte ich ihn, ob er damit eine Probefahrt machen wolle.

»Ja, laß uns eine Runde drehen und sehen, was er taugt.« Timberville war damals ein kleines Dorf mit weniger als eintausend Einwohnern, und so waren wir bald zwischen Wiesen und Feldern und rasten die ungepflasterten, staubigen Feldwege entlang, während ich fürchtete, daß Bremsen und Stoßdämpfer diese wilde Fahrt nicht aushalten könnten. Als wir schließlich hinter dem Haus hielten, erklärte Jesse: »Also, der Wagen scheint in Ordnung zu sein. Er ist gut gelaufen.« Ich war wie gerädert.

Als wir hineingingen, sagte er: »Wie wäre es mit einem Drink vor dem Essen?« Das überraschte mich, denn ich hatte nicht den Eindruck, daß in Timberville viel getrunken wurde. Das einzige Bierlokal war ein Bäckerladen mit dem Namen »The Downy Flake«. Ich dachte: »Der Bursche scheint gar nicht so übel zu sein. Wir werden schon miteinander auskommen.«

Wir gingen in die Küche, und er fragte: »Was willst du trinken?«

»Scotch.«

»Was ist das?«

»Eine Art Whiskey.«

Er holte eine Flasche Bourbon und sagte: »Ist das Scotch? Das ist alles, was ich dir anbieten kann. Wie willst du ihn trinken?« Er holte ein Glas und goß mir einen Schluck ein. Es gab kein Sodawasser, und so ging ich an den Spültisch und füllte das Glas mit Leitungswasser auf. Nachdem Jesse einen Schluck getrunken hatte, sagte er: »Okay, jetzt wollen wir essen.« Ich folgte ihm an den Tisch und wußte nicht recht, was ich mit dem verwässerten Bourbon machen sollte.

Am Wochenende kamen die Nachbarn zu Besuch, um sich den Verlobten von Brenda anzusehen. Wir saßen im Wohnzimmer, die Leute schauten mich prüfend an und fragten Elsie: »Aus welchem Teil des Nordens kommt er denn?« Ich unterhielt mich mit den Männern über die Jagd und über die Erfahrungen, die einige von ihnen bei der Armee gemacht hatten. Das Gespräch mit den Frauen beschränkte sich auf die Gartenarbeit und das Wetter. Es waren nette Menschen, das Salz der Erde, aber die erregenden Ereignisse dieses Jahres – die Tet-Offensive im Januar, die Ermordung von Martin Luther King vor wenigen Tagen und das Attentat auf Bobby Kennedy im Frühjahr – schienen hier noch ferner zu liegen als in West Point.

Mit Jesse habe ich erst zum Frühstück am Tag vor unserer Abreise ein ernstes Gespräch führen können. Es gab geräucherten Landschinken, und ich blickte aus dem Fenster und sah am fernen Horizont die Blue Ridge Mountains. Ich sagte: »Es ist wirklich sehr schön hier.«

»Darüber wollte ich mit dir sprechen«, sagte Jesse. »Du weißt, Brenda ist unser einziges Kind, und Elsie und ich haben immer gehofft, daß sie hier leben würde.« Die Familie Holsinger und Elsies Familie, die Hartmans, waren vor sechs Generationen mit der großen Einwandererwelle deutscher Bauern in das Hügelland von Pennsylvania und Virginia gekommen. Nun fürchtete Jesse, daß ich mich mit seiner Tochter ganz woanders niederlassen könnte und sie nie nach Timberville zurückkehren würde.

»Sir, machen Sie sich darum keine Sorgen. Ich weiß, daß Brenda dieses Tal liebt. Natürlich wechselt man als Soldat häufig seinen Wohnort, aber wir werden immer wieder nach Hause zurückkommen.« Viel mehr konnte ich nicht sagen. Brenda selbst hatte Timberville schon vor langer Zeit verlassen.

Zwei Wochen später heirateten wir. Es war ein herrlicher Nachmittag, und wir alle waren glücklich und zufrieden. Nach der Trauung in der protestantischen Kadettenkapelle gingen Brenda und ich zum »Trophy Point«, um das Hochzeitsfoto aufnehmen zu lassen. Dann ging es zum offiziellen Empfang im Offizierskasino. Meine Mutter war auch gekommen, trug ein neues grünes Kleid, benahm sich völlig korrekt und strahlte, wie es sich für die Mutter des Bräutigams gehört. Sally war Brautjungfer, aber Ruth Ann, die wir auch eingeladen hatten, hatte sich nicht frei machen können. Es war eine klassische West-Point-Hochzeit mit weißen Paradeuniformen und den traditionellen gekreuzten Säbeln für das Brautpaar, als es aus der Kapelle kam. Aber im übrigen hatten wir uns vorgenommen, nicht zuviel Geld auszugeben. Der Geschäftsführer des Offizierskasinos und sein Stellvertreter waren gute Freunde und hatten für das Hochzeitsessen, zu dem zweihundert Personen eingeladen waren, nur vierzehnhundert Dollar berechnet. Trotzdem erbleichte der Brautvater, als er die Rechnung über siebenhundert Dollar erhielt, ein Zeichen dafür, wie weit Timberville von West Point entfernt ist. Brenda und ich hatten ihm einen allzu großen Schock ersparen wollen und ohne sein Wissen die Hälfte bezahlt.

Während des akademischen Jahres 1968/69 sollte ich an einem Lehrgang am Command and General Staff College in Fort Leavenworth, Kansas, teilnehmen. Schon wenige Wochen nach der Hochzeit waren Brenda und ich in unserem überladenen Kombiwagen unterwegs nach Westen, um dort unsere erste gemeinsame Wohnung einzurichten. Der dortige Quartiermeister hatte mir geschrieben: »Sehr geehrter Major Schwarzkopf, wir freuen uns, Ihnen mitteilen zu können, daß wir für Sie ein Haus mit drei Schlafzimmern am Pershing Park bereitgestellt haben. Anliegend schicken wir Ihnen die Grundrißzeichnungen.«

Voller Stolz zeigte ich Brenda den Brief und sagte: »Siehst du, du hast Glück, einen Major geheiratet zu haben. Die meisten meiner Klassenkameraden waren Oberleutnante, als sie heirateten, und sie und ihre Frauen mußten mit recht schäbigen kleinen Wohnungen vorliebnehmen.«

Dann sahen wir uns die Zeichnungen genauer an. Offenbar waren die Zimmer sehr klein, aber ich war überzeugt, irgend jemand habe die falschen Maße eingetragen. Als wir nach Fort Leavenworth kamen und vor dem Haus 16, Heintzelman Court hielten und ich meine junge Frau über die Schwelle tragen wollte, war ich entsetzt und dachte: »Ich mute meiner Frau zu, in eine Keksschachtel zu ziehen, in der sie sich nicht wohl fühlen kann!« Aber ich irrte mich. Brenda war begeistert von dem winzigen Haus und machte sich sofort daran, es gemütlich einzurichten.

Es war ein glühendheißer Augusttag, und wir hatten Mühe, all unsere Sachen unterzubringen. Das Doppelbett paßte kaum in das größte Schlafzimmer, und nachdem wir auch noch einen Kleiderschrank hineingestellt hatten, konnten wir uns kaum noch darin

Mein Vater, Herbert Norman Schwarzkopf, nach seinem Abschluß an der United States Military Academy von West Point im April 1917 – durch den Ausbruch des Ersten Weltkrieges drei Monate früher als geplant. (Foto: U.S. Military Archives)

Bei meinem Abschluß in West Point am 5. Juni 1956. Ich wurde als Leutnant zur Infanterie der US-Armee einberufen. (Foto: U.S. Military Archives)

Links: 1937 im Alter von dreieinhalb Jahren. Ich erlebte glückliche frühe Kindertage in Lawrenceville, New Jersey.

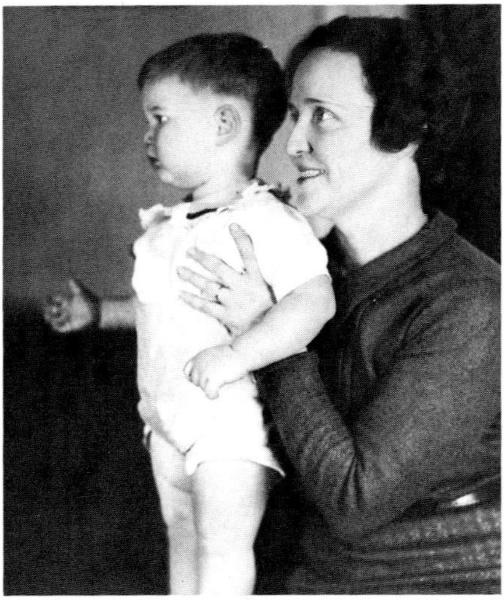

Oben: Im Alter von zwei Jahren mit meiner Mutter. Sie hatte ihr Elternhaus in West Virginia verlassen, um in New Jersey als Krankenschwester zu arbeiten, bis sie heiratete.

Links: Nachdem mein Vater 1941 in den Iran kommandiert worden war, machte meine Mutter regelmäßig Fotos von uns, damit er sehen konnte, wie schnell meine Schwestern und ich wuchsen (Sally sitzend, Ruth Ann stehend).

Oben: Unser Zuhause war ein altes Steinhaus aus dem Jahr 1815. Weihnachten wurde es stets mit Lichterketten geschmückt.

Links: Nachdem ich ein Jahr auf einer Schule in Genf verbracht hatte, sah ich mich als welterfahrenen Studenten.

Oben: 1946 zogen meine Mutter und meine Schwestern zu meinem Vater und mir nach Teheran (links Sally, rechts Ruth Ann). Meine Schwestern waren unglücklich, weil sie ihre Schule in New Jersey verlassen mußten. Ich war nicht besonders glücklich, daß sie nun wieder bei uns waren.

Rechts: Mein Vater als Oberst im Iran. So habe ich ihn in Erinnerung: ein begeisterter Offizier, mit einem herzlichen Lächeln und einem Zwinkern in den Augen.

Links: Zu einer offiziellen Audienz bei König Abd el-Asis III. 1945 in Saudi Arabien mußte mein Vater, damals Brigadegeneral, in voller arabischer Uniform erscheinen.

Oben: Sommer 1952. Leroy Suddath teilte mit mir das Zelt am Ende der »Beast Barracks« und war auch in den vier Jahren mein Zimmergenosse in West Point. Er kommandierte später weltweit alle Sondereinheiten der Armee.

Unten links: Als West-Point-Rekrut lernte ich, meinen Sinn für Humor zu bewahren. Das half mir, die manchmal harten Seiten der Ausbildung zu überstehen.

Unten rechts: Sommer 1953. Mein Vater war sehr stolz auf mich, als ich das erste Jahr in West Point gut überstanden hatte.

Rechte Seite: Das Lager der Sondereinheit in Duc Co im August 1965. Als ich einem verletzten vietnamesischen Fallschirmjäger nach der Explosion einer Granate half, fotografierte uns Peter Arnett, ein junger AP-Reporter.
(Foto: AP/Wide World Photos)

Nach der Belagerung von Duc Co mußten wir auf der Route 19 knapp hundert Kilometer zurücklegen, um die feindlichen Linien zu überwinden. Der Panzer im Hintergrund gehörte zu dem Rettungstrupp, der uns herausgeholt hatte. (Foto: UPI/Bettmann)

Links: Oberst Truong, der Chef der Luftlandebrigade, war einer der besten Kommandeure, die ich je getroffen habe. Hier nach einem wichtigen Sieg im Ia-Drang-Tal im November 1965.

Unten: Oberstleutnant Kha war mein vietnamesischer Partner, der Kommandeur der Ersten Einsatztruppe der vietnamesischen Luftlandebrigade. Seine Tochter wurde durch eine versehentlich abgefeuerte US-Rakete zu Hause getötet.

Links: Am 14. Februar 1966 wurde ich in Bong Son beim »St.-Valentins-Massaker«, wie wir es später ironisch nannten, verwundet.

Links: Brigadekommandeur (von der 1. Brigade der Americal Division) Oberst Joe Clemons, der Held der Schlacht am Pork Chop Hill in Korea. Er war ein geradliniger, zuverlässiger Soldat und einer der besten Vorgesetzten, die ich je hatte.
(Foto: U.S. Army Photograph)

Rechts: 1970 vor meiner Stabsstelle in der »Feuerbasis Dottie«. Die metallenen Munitionskästen hinter mir waren mit Sand gefüllt und immer paarweise übereinander um den Bunker herum eingegraben.

Unten: Ich erhielt meinen dritten »Silver Star« nach einem Vorfall in einem Minenfeld im Frühjahr 1970. Der Orden wurde mir von Generalmajor Meloy verliehen, dem Divisionskommandeur der Americal.
(Foto: U.S. Army Photographer)

Brenda Holsinger hatte die Kleinstadt Timberville im Shenandoahtal, Virginia, verlassen, um Stewardeß bei der TWA zu werden. Wir lernten uns 1967 kennen und heirateten am 6. Juli 1968 in West Point. Der Trauzeuge und die Ehrengarde bilden für uns mit ihren Säbeln ein Spalier. (Foto: Salvatore J. Palazzo, Highland Falls, N.Y.)

Unten: Meinen siebenunddreißigsten Geburtstag feierte ich flach auf dem Rücken liegend nach einer Operation an der Wirbelsäule. Ich hatte mir von Brenda einen Tennisschläger gewünscht, der mich anspornen sollte, schneller wieder auf die Beine zu kommen.

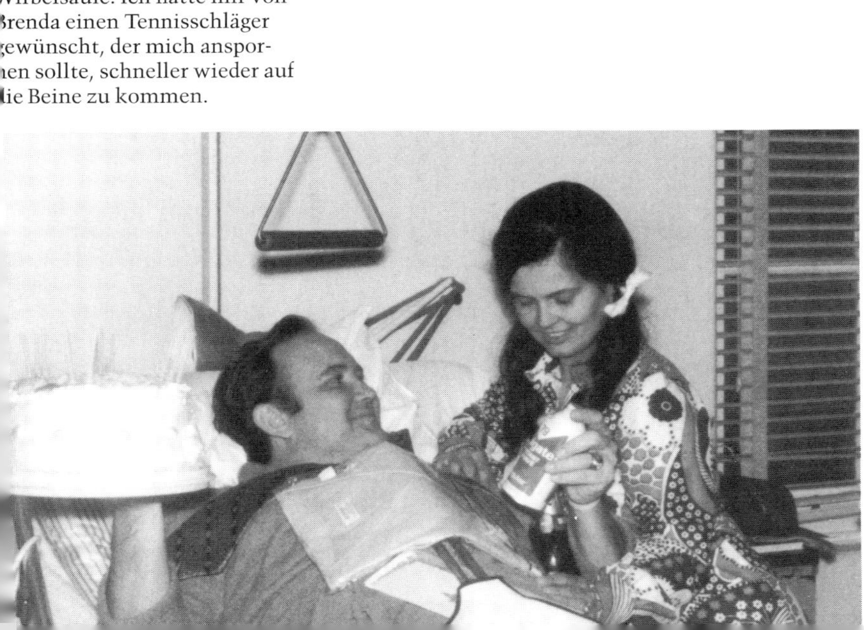

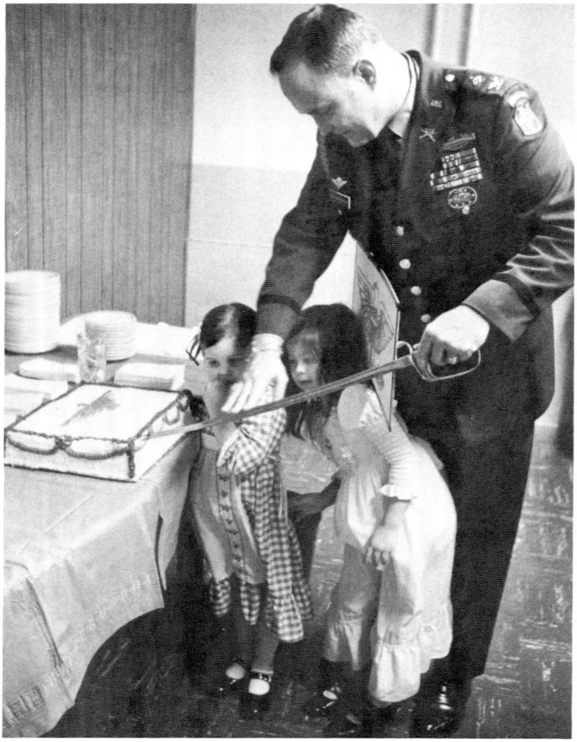

Am 1. November 1975 wurde ich zum Oberst befördert. Meine Töchter, Cindy (fünf) und Jessica (drei) schauten mit großen Augen zu, als ich mit meinem Säbel die Festtagstorte anschnitt.

In Mainz. Meine Töchter und ich machten an den Wochenenden lange Wanderungen in der herrlichen Landschaft. Cindy (elf), Jessica (neun) und ich mit Rocky, unserem Schäferhund.

Oben: Mein Sohn Christian wurde am 20. Juni 1977 geboren, als ich in Fort Lewis, Washington, stationiert war und meine zweite Brigade kommandierte.

Oben: Christian feierte seinen zehnten Geburtstag in Fort Lewis, wohin ich als Generalleutnant zurückgekehrt war und das Kommando über den Standort und das Erste Korps innehatte.

Links: Wir hatten Glück, daß ich bei Jessicas Abschlußfeier von der High School im Juni 1990 dabeisein konnte, denn wegen der Golfkrise war ich nicht anwesend, als sie dann im Herbst aufs College kam.

Rechts: Brenda und ich besuchten Cindy während ihres ersten Jahres an der Auburn University.

Oben links: Fort Greeley, Alaska, 1975. Zu den bevorzugten Trainingsmethoden von Brigadegeneral Will Latham gehörten lange Märsche. In diesem Fall ging es über fünfundzwanzig Kilometer, und weil ich gerade Brigadekommandeur war, mußte ich den Marsch dreimal mitmachen. (Foto: U.S. Military Photographer)

Oben rechts: Ich genoß jede Minute meines Aufenthalts in Alaska. Ich war von der Schönheit der Natur fasziniert und nahm jede Gelegenheit wahr, sie zu erkunden.

Mitte rechts: Sommer 1976 auf dem Kenai-Fluß in Alaska. Fischen und Bootfahren sind zwei meiner Lieblingshobbys.

Unten rechts: Im Herbst 1989 verbrachte ich zwei Wochen mit Generalmajor Tom Fields auf einer Floßfahrt nördlich des Polarkreises. Am Ende unserer Fahrt sagte Tom, ich sähe aus wie ein Trapper, nicht wie ein General.

Als Brigadekommandeur in Fort Lewis 1977 konnte ich die dramatischen Umstrukturierungen der Armee miterleben.

Bei einer Feier im Juni 1978 in Fort Lewis hefteten mir Brenda und Generalmajor Dick Cavazos die Generalssterne an die Uniform. (Foto: U.S. Military Photographer)

Als Kommandeur in Mainz legte ich sehr vie Wert auf die Betreuung der Soldatenfamilien. 1980 half ich in Jessicas Schule beim Thanksgiving-Essen.

Canberra, Australien, 197 Als Mitglied eines militärischen Planungsausschusses trat ich den australischen Brigadegeneral Neil Paramour (links und den neuseeländischen Brig degeneral Rob Williams (rechts). (Foto: U.S. Military Photographer)

Rechts: Mein militärischer Ansprechpartner 1980 in Mainz war Generalmajor Hermann Vogt, der sehr für die deutsch-amerikanischen Beziehungen eintrat. (Foto: U.S. Military Photographer)

Unten: Fort Stewart, Georgia, 1984. Ich gratulierte dem Gewinner des Wettbewerbs im Tortenessen beim jährlichen Familientag, den ich ins Leben gerufen hatte. (Foto: U.S. Military Photographer)

Oben: 1987 mußte ich den Befehl über das Erste Korps nach nur einem Jahr wieder abgeben und kehrte nach Washington zurück. Bei meinem letzten Rundgang mit dem Kommandeur des Forces Command, Joe Palestra, und meinem Nachfolger Generalleutnant Bill Harrison.
(Foto: U.S. Military Photographer)

Links: Mein erster Besuch des nationalen Truppenübungsplatzes in der kalifornischen Wüste 1983. Ich sollte mit meiner Division noch oft nach hier zurückkommen.

Rechts: Als Kommandeur des Central Command besuchte ich Kuwait Ende 1989. Generalmajor el-Sanii, der Stabschef der kuwaitischen Armee, lud mich ein, bei einem Essen zu meinen Ehren arabische Kleidung zu tragen.

Unten: Während eines Besuchs in Pakistan im Sommer 1989 reiste ich zum Khyber-Paß und inspizierte eine Ehrengarde der berühmten Khyber Rifles.

bewegen. Aber wir waren nur zu zweit, und so konnten wir all die schönen Dinge, die meine Eltern im Lauf der Jahre aus dem Iran und aus Deutschland mitgebracht hatten, in einem der anderen Schlafzimmer unterbringen. Besorgt machte mich Brenda auf eine schiefe Außenwand aufmerksam, die ihr aufgefallen war, weil die Rolläden fünfzehn Zentimeter vom Fensterbrett entfernt herabhingen. »Ich hoffe nur, wir erleben hier keinen der für Kansas so typischen Tornados. Aber das macht nichts. Ich werde ein paar hübsche Gardinen davorhängen.«

Verheiratet zu sein war für mich ein großes Glück. Mit Brenda hatte ich zum ersten Mal seit meinem achten Lebensjahr ein richtiges Zuhause. Es bedeutete aber trotzdem eine gewisse Umstellung. Man kann nicht jahrelang ein Singledasein geführt haben wie wir – ich war jetzt vierunddreißig und Brenda siebenundzwanzig – und sich sofort an ein glückliches Eheleben gewöhnen. In unserem winzigen Badezimmer brachte Brenda zum Beispiel an dem Toilettendekkel einen rosafarbenen Überzug an. Ich fand ihn ganz hübsch, aber als Junggeselle hatte ich so etwas nicht gehabt. Die Schwierigkeit bestand nur darin, daß der Deckel nicht oben bleiben wollte, wenn ich die Toilette benutzte, und ich ihn dann mit dem Knie festhalten mußte. Außerdem mußte ich manches essen, was ich seit meiner Kindheit nicht mehr angerührt hatte, zum Beispiel falschen Hasen. In New York hatte Brenda jahrelang ein selbständiges Leben geführt, aber niemals kochen gelernt. Ein wichtiger Bestandteil unserer Mahlzeiten war Ketchup. Der Beginn unserer Ehe wurde dadurch erleichtert, daß Brenda weiterhin ihrem Beruf nachging. Ihr Heimatflughafen war Kansas City, der vierzig Kilometer von Fort Leavenworth entfernt lag. So hatte jeder von uns auch reichlich Zeit für sich selbst.

Pershing Park war voller Kinder, und außer uns hatte jede Familie in der kleinen Straße, in der wir wohnten, Nachwuchs. Die Kinder hatten sich bald an uns gewöhnt und besuchten uns häufig. Dann führte ich ihnen Zaubertricks vor, die mich seit jeher fasziniert hatten. Auch die Kinder waren begeistert. Brenda backte Plätzchen für sie und erzählte ihnen Geschichten. Sie liebten sie mehr als mich. Zu ihrem achtundzwanzigsten Geburtstag im März 1969 hatten die Kinder ihr Taschengeld zusammengelegt, kamen an die Haustür und überreichten Brenda feierlich einen Dollar. Brenda war überwältigt.

Wenn Offiziere zu einem akademischen Lehrgang kommandiert wurden, mußten sie nicht schon im Morgengrauen aufstehen und bis in den späten Abend in der Kaserne Dienst tun. Sie hatten Zeit, sich intensiver um ihre Familie zu kümmern, alte Freundschaften zu erneuern und an Cocktailpartys, Bällen und Picknicks teilzunehmen. Hier traf ich auch meine alten Klassenkameraden aus West Point, Pete Lash und Bill Cody, wieder, deren Frauen, Ginger und Nancy, Brenda unter ihre Fittiche nahmen. Daß ich an diesem Lehrgang teilnahm, erleichterte es für sie, sich an das Leben als Offiziersfrau zu gewöhnen.

Ich konzentrierte mich sehr gewissenhaft auf meine Arbeit. Das Command and General Staff College war für viele Offiziere der Höhepunkt der militärischen Ausbildung. Eisenhower und Bradley berichteten begeistert, wieviel sie hier gelernt hätten, und Oberst Truong bedauerte zutiefst, nicht die Gelegenheit gehabt zu haben, dieses College zu besuchen. (Ich habe allerdings nie jemanden kennengelernt, der so leicht darauf hätte verzichten können wie Truong. Er hätte die Lehrbücher schreiben können.) Dieser Lehrgang sollte dem Offizier das taktische Wissen vermitteln, das er braucht, um Feldzüge und Manöver auf der Basis von Divisionen und Armeekorps zu planen. Daneben erfuhr er etwas über die bürokratischen Verfahren, die bei der Arbeit in den höheren Stäben im Pentagon beachtet werden müssen. Die Kriegskunst war für mich ein hochinteressantes Wissensgebiet, aber die Verwaltungstechnik, auf die es im Pentagon ankam, verabscheute ich. Ich konnte mir nicht vorstellen, als höherer Offizier in Washington arbeiten zu müssen. Ich arbeitete jedoch fleißig genug, um zu den zehn Besten meiner Klasse zu gehören.

Um die Weihnachtszeit sagte ich Brenda, daß ich mich unter Umständen wieder nach Vietnam melden wollte. Wir beide freuten uns darauf, Kinder zu haben und eine Familie zu gründen, aber ich wußte, daß der Krieg mich nicht loslassen würde, bevor ich nicht noch einmal an der Front gewesen war. Die Vereinigten Staaten hatten jetzt fünfhundertvierzigtausend Mann in Vietnam, und die Truppen dort brauchten dringend tüchtige Offiziere. Da ich über Kampferfahrung verfügte und wußte, wie man im Dschungel überleben kann, glaubte ich, ein von mir geführter Verband werde weniger Verluste haben als ein Truppenteil, dessen Kommandeur die Verhältnisse in Vietnam noch nicht kannte. Ein Personalsachbearbeiter für die Infanterie hatte mir gesagt, wenn ich nach Vietnam abkommandiert werden wollte, müßte ich mich freiwillig melden. Ich war inzwischen zum Oberstleutnant befördert worden und sollte für die nächsten drei Jahre zum Stab des Chefs der Forschungs- und Entwicklungsabteilung in Washington gehen, wo man meine Fachkenntnisse auf dem Gebiet der Fernlenkwaffen brauchen konnte. Viele meiner Freunde hielten es für verrückt, daß ich mich wieder nach Vietnam melden wollte. Sie sagten: »Warum tust du das, wenn du nicht dazu gezwungen wirst?«

Ich sagte Brenda, ich hielte es für meine Pflicht, und wir sollten erst nach meiner Rückkehr an unseren Nachwuchs denken. So würde sie auch in meiner Abwesenheit als Stewardeß arbeiten können und etwas Sinnvolles zu tun haben. Im stillen dachte ich natürlich auch daran, daß ich in Vietnam fallen könnte und Brenda es leichter haben würde, ein neues Leben zu beginnen, wenn wir noch keine Kinder hatten. Brenda zeigte Verständnis dafür, daß ich mich verpflichtet fühlte, wieder an die Front zu gehen, obwohl wir noch nicht ein Jahr verheiratet waren und ihr eine andere Lösung lieber gewesen wäre. An dem Abend, an dem wir diesen Entschluß faßten, hätte sie vieles sagen können, was, wie ich wußte, andere Frauen gesagt hatten, als sich ihre Männer freiwillig an die Front meldeten: »Wenn du mich liebst, wie kannst du mich dann verlassen?« oder »Geh, wenn du willst, aber rechne nicht damit, daß ich auf dich warten werde.« Brenda äußerte nichts Derartiges. Sie wußte, daß ich sie liebte und daß ich zurückkommen würde – und ich wußte, daß sie dann für mich da sein würde.

So meldete ich mich freiwillig, und mein Marschbefehl kam im März. Ich sollte im Juni ein Bataillon in der 9. Infanteriedivision im Mekongdelta, südlich von Saigon, übernehmen. Im Frühjahr bereitete ich mich auf meine neuen Aufgaben vor und konzentriete mich bei meinen Studien in Fort Leavenworth auf die Taktik bei Flußübergängen. Teile der 9. Infanteriedivision kämpften offensiv an den südvietnamesischen Flüssen und Kanälen und setzten dabei schwergepanzerte Wasserfahrzeuge ein. Nachdem ich die Abschlußprüfung bestanden hatte, nahm ich einen Monat Urlaub, um Brenda bei der Einrichtung einer Wohnung in der Nähe von Washington zu helfen, wohin ich nach meiner Rückkehr aus Vietnam versetzt werden sollte.

Am letzten Wochenende vor meiner Abreise besuchten wir meine Schwiegereltern in Timberville. Als ich am Samstagmorgen zum Frühstück herunterkam, begrüßte mich Jesse mit einem breiten Lächeln. »Rate mal, was passiert ist, Norm«, sagte er. »Du mußt nicht mehr nach Vietnam gehen! Sieh dir das an.« Die Schlagzeile in der Zeitung lautete: »US-Division kehrt in die Heimat zurück.« Im

Rahmen ihrer Vietnamisierungspolitik, mit der die Südvietnamesen jetzt die Verantwortung für die Kriegführung übernehmen sollten, hatte die Regierung Nixon mit dem Abzug amerikanischer Streitkräfte begonnen. Die erste Division, die in die Heimat zurückverlegt wurde, war die 9. Infanteriedivision, der ich zugeteilt worden war.

Jesse konnte nicht recht begreifen, weshalb ich diese Nachricht so skeptisch aufnahm. Er wußte nicht, wie die Dinge bei der Armee laufen. Die Tatsache, daß die 9. Infanteriedivision aus Vietnam abgezogen wurde, befreite mich nicht von der Verpflichtung, nach Vietnam zu gehen. Sie bedeutete nur, daß ich nicht mehr damit rechnen durfte, ein Bataillon zu übernehmen. Ich konnte mir schon lebhaft vorstellen, was jetzt auf mich wartete. Wahrscheinlich würde ich in Saigon an irgendeinem Schreibtisch landen.

10

An einem feuchtheißen Julinachmittag kam ich im Armeehauptquartier Long Binh nordöstlich von Saigon an. Ich ging sofort in meine Unterkunft, zog mir meinen alten Kampfanzug an und setzte mich dann an die Bar des Stabsquartiers. Dort unterhielt ich mich mit ein paar Freunden und trank australisches Bier, an das ich mich schon während meines ersten Aufenthalts in Vietnam gewöhnt hatte, als ein Leutnant hereinkam und mich ansprach.

»Ich soll Sie bitten, mitzukommen, Sir«, sagte er. »General Mabry möchte mit Ihnen sprechen und Ihnen sagen, daß Sie sein Verwaltungsoffizier werden sollen.«

»Reden Sie keinen Quatsch, Leutnant! Ich bin nicht hergekommen, um im Stabsquartier zu arbeiten. Ich bin gekommen, um ein Bataillon zu übernehmen. Und jetzt verschwinden Sie wieder!« Das war grob, aber es wirkte. Er machte auf dem Absatz kehrt und ging. Ich wendete mich wieder meinen Freunden und meinem Bier zu, wußte aber natürlich, daß General Mabry es nicht dabei bewenden lassen würde. Es dauerte nicht lange, bis der Leutnant zurückkam, nur diesmal brachte er einen Oberst mit, der sagte: »Schwarzkopf, kommen Sie mit.« Ich kochte vor Wut.

Unter anderen Umständen hätte ich mich sicher sehr gefreut, General George Mabry kennenzulernen, einen drahtigen kleinen Mann mit einer Brille, der im Zweiten Weltkrieg mit der »Medal of Honor« ausgezeichnet worden war. Mabry hatte viel Humor und konnte sich sogar über seine eigene geringe Körpergröße lustig machen: »Ich bin fünf Fuß und sechsdreiviertel Zoll groß, und vergessen Sie nicht die dreiviertel Zoll.« Er war Chef des Stabes bei Frank Mildren, dem Oberbefehlshaber aller amerikanischen Heerestruppen in Vietnam. Mildrens direkter Vorgesetzter war Creighton Abrams, der Nachfolger von Westmoreland als Oberbefehlshaber aller amerikanischen Streitkräfte in Vietnam.

Mabry bot mir einen Platz an und fragte, was ich davon hielte, in seinem Stab zu arbeiten.

»Sir, das möchte ich nicht. Ich habe mich für Vietnam gemeldet, um ein Bataillon zu übernehmen.«

»Glauben Sie, daß Sie damit etwas Besseres sind?«

»Nein, Sir, das glaube ich nicht. Aber Sie haben mich nach meiner Meinung gefragt, und ich gebe Ihnen eine ehrliche Antwort.«

»Schwarzkopf, ich möchte Ihnen etwas sagen: Ich bin hierhergekommen, um Divisionskommandeur zu werden und nicht, um im Stabsquartier als Chef des Stabes herumzusitzen. Aber hier braucht mich die Armee.«

»Sir, ich bin Soldat. Ich werde tun, was die Armee von mir verlangt. Aber Sie sollen wissen, daß ich hierhergekommen bin, um ein Bataillon zu führen.«

»In Ordnung. Wir verstehen einander. Wenn Sie sich bewähren, werde ich versuchen, zu erreichen, daß man Sie nach sechs Monaten zum Bataillonskommandeur macht.«

Damit übernahm ich meinen Arbeitsplatz an einem der drei Schreibtische im Vorzimmer von General Mabry. An den beiden anderen saßen seine Sekretärin und sein Adjutant, der Leutnant, der mich zu ihm geführt hatte. Der ganze an den General gerichtete Schriftverkehr des Stabes der amerikanischen Armee in Vietnam ging über meinen Schreibtisch. Das waren Pläne und Berichte über alles, was in diesem Befehlsbereich vorkam, von den Gefechtsmeldungen und Verlustlisten bis zu den Abrechnungen der Finanzverwaltung und der Truppenbetreuung. Der Armeestab war für den reibungslosen Ablauf des gesamten Dienstes inerhalb der Armee verantwortlich. Mabry stand an oberster Stelle einer administrativen Hierarchie, zu der zahlreiche Dienststellen gehörten, zum Beispiel die Personalabteilung, der Planungsstab für Stationierung und Gliederung der Kampftruppe, die Verteilung von Kraftstoff, Öl und Schmiermitteln und die Abteilung für das Rechnungswesen. Alle diese Dienststellen hatten die Aufgabe, die fünfhunderttausend Soldaten unterzubringen und zu versorgen, die hier weit entfernt von ihrer Versorgungsbasis in den Vereinigten Staaten ihren von der amerikanischen Regierung erteilten Auftrag erfüllen mußten.

Obwohl Mabry ein großartiger Vorgesetzter und viele Offiziere in seinem Stab prächtige Burschen waren, war mir jeder Tag zuviel, den ich hier zubringen mußte. Long Binh war ein trostloses drei mal sechs Kilometer großes, von einem Stacheldrahtzaun umgebenes

Truppenlager mit Hunderten von provisorischen Gebäuden, in denen Tausende von Soldaten untergebracht waren und wo man alles erleben konnte, was an der amerikanischen Armee in Vietnam auszusetzen war. Es war eine vergrößerte Version der Unterkünfte für amerikanische Militärberater in Pleiku und Kontum, in denen zu leben ich vor einigen Jahren bewußt vermieden hatte. Sie waren dazu bestimmt, die Amerikaner aufzunehmen und die »Gooks« auszusperren. Nach dem Dienst versammelten sich die Angehörigen der Stäbe in den Offizierskasinos in der Umgebung dieser Unterkünfte, düsteren, schmutzigen Spelunken, in denen Unmengen von Alkohol konsumiert wurden. Jeden Mittwoch wurde ein Steakabend veranstaltet. Dann besorgte sich jeder ein Stück Fleisch und briet es auf dem Grill. Irgendeine japanische oder philippinische Rockband spielte irgendwelche amerikanische Songs. Die Offiziere hockten vor ihren Drinks und prahlten mit ihren Heldentaten oder unterhielten sich über ihre angeblichen sexuellen Eroberungen.

Die Kantinen für Unteroffiziere und Mannschaften waren noch schlimmer. Einige Unteroffiziere füllten sich die Taschen mit den Münzen aus den Spielautomaten, was schließlich zu einem großen Skandal führte. In den Bars traten Stripteasetänzerinnen von der gleichen Qualität wie die Musiker in den Offizierskasinos auf. Das Dampfbad, das den amerikanischen Soldaten zur Verfügung stand, war in Wirklichkeit ein Bordell. Das erfuhr ich erst, als ich hinging, um dort ein Schwitzbad zu nehmen und mich der Kassierer ungläubig anstarrte. Laufend verschwanden Ausrüstungsgegenstände und Fahrzeuge. Monatelang versuchte ich, einen neuen Jeep für General Mabry zu bekommen, aber jedesmal verschwand das Fahrzeug, das ich auf dem Parkplatz hatte abstellen lassen, schon am nächsten Tag. Viele Offiziere fuhren Jeeps mit Kennzeichen wie »1CAV« (1st Cavalry Division) oder »5MD« (5th Mechanized Division). Diese Fahrzeuge hatte man sich bei der Kampftruppe an der Front »besorgt«. Das Schlimme an diesen Zuständen war, daß weder General Mabry noch sonst irgend jemand etwas dagegen tun konnte. In Long Binh gab es so viele verschiedene Truppenteile, daß man sich in dem Gewirr der Zuständigkeiten nicht mehr zurechtfinden konnte. Für mich war Long Binh ein Saustall.

Meine Unterkunft war eine winzige Sperrholzhütte, doppelt so breit wie mein Feldbett. Durch den Lüftungsspalt zwischen dem Dach und der Wand drang bei jedem Windzug feiner brauner Staub ein und bedeckte alles. Bei meiner Tätigkeit erlebte ich die in jedem

Krieg in der Etappe herrschende tödliche Langeweile. An jedem Wochentag arbeiteten wir zwölf Stunden und dann noch den halben Sonntag. Auch abends konnte man nur ins Kasino gehen und trinken. Ich ging lieber früh zu Bett, aß Crackers mit Käse und las, bis ich einschlief.

Die Monate vergingen, und ich studierte eifrig alle Gefechtsberichte, um festzustellen, welche Truppenteile am häufigsten an der Front eingesetzt wurden, um mich später bei einer solchen Einheit zum Frontdienst zu melden. Taktisch verlief der Krieg durchaus günstig. Die amerikanischen Truppen waren dem Feind überlegen, und dort, wo der Gegner sich zum Kampf stellte, wurde er geschlagen. Aber zu größeren Kampfhandlungen war es in letzter Zeit nicht gekommen, schon gar nicht zu Schlachten, wie ich sie seinerzeit im Ia-Drang-Tal erlebt hatte. Die Truppenbefehlshaber waren von Washington angewiesen worden, die Verluste unter allen Umständen niedrig zu halten, und im Stabsquartier hatte man alle Vorkehrungen getroffen, um gegebenenfalls einen sofortigen Rückzug einzuleiten. Die 9. Infanteriedivision befand sich bereits wieder in den Vereinigten Staaten, und nun folgten ihr zwei weitere Divisionen, so daß sich die Stärke der amerikanischen Streitkräfte in Südvietnam Ende 1969 um sechzigtausend Mann verringert hatte. Zumindest eine in der Nähe von Saigon, wo die südvietnamesische Armee am stärksten war, stationierte Division sollte folgen.

Im November sagten mir Freunde in der Personalabteilung, daß die Stelle eines Bataillonskommandeurs in der Americal Division (der 23. Infanteriedivision) frei würde, und ich bewarb mich sofort darum. Meine größte Befürchtung war allerdings, daß ich zu einem Truppenteil versetzt werden könnte, der nur noch die Zeit bis zu seiner Ablösung totschlug, aber aus den Gefechtsmeldungen wußte ich, daß diese Division in letzter Zeit häufiger an der Front eingesetzt worden war als irgendeine andere. Noch günstiger erschien es mir, daß sie im Küstenabschnitt zwischen Quang Ngai und Chu Lai operierte, nicht weit von der Gegend entfernt, in der ich schon während meines ersten Einsatzes in Vietnam gekämpft hatte. General Mabry erlaubte mir großzügig, diese Gelegenheit wahrzunehmen, obwohl das halbe Jahr, für das ich mich verpflichtet hatte, in seinem Stab zu arbeiten, noch nicht ganz vergangen war.

Zu Thanksgiving nahm ich eine Woche Urlaub und traf mich in Hongkong mit Brenda. Für uns war es wie eine Wiederholung der Flitterwochen. Wir gingen zusammen zum Essen, tanzten, unternahmen Hafenrundfahrten und kauften uns hübsche Dinge zum Anziehen. In dieser Woche hatte ich das Gefühl, Brendas Güte habe mich irgendwie von allem Schmutz gereinigt, in den ich während meines Aufenthalts in Long Binh geraten war. Fern von Vietnam konnte ich mir kaum vorstellen, daß das wirklich gefährliche Leben jetzt erst beginnen sollte. Aber schon wenige Tage nachdem wir uns verabschiedet hatten und ich nach Saigon zurückgekehrt war, bestieg ich ein Transportflugzeug, das mich zur kämpfenden Truppe nach Chu Lai brachte.

Am 9. Dezember, zwei Tage bevor ich offiziell mein Kommando übernahm, landete ich in der Küstenstadt Chu Lai. Ein Ordonnanzoffizier begleitete mich zu dem komfortabel eingerichteten Wohnwagen, in dem ich die Nacht zubringen sollte, und sagte: »General Ramsey bittet Sie, um neunzehn Uhr zum Abendessen im Offizierskasino zu sein.« Im stillen wunderte ich mich, daß es hier an der Front ein richtiges Kasino geben sollte, aber ich wusch mich und ging hinüber.

Das Kasino hätte den Vergleich mit jedem vornehmen Club ausgehalten. Es war ein geräumiges Gebäude mit einer überdachten Glasveranda und lag auf einer Anhöhe, von der aus man die wunderbare Aussicht auf das Südchinesische Meer genießen konnte. Generalmajor Lloyd B. Ramsey, seine Stellvertreter, die Offiziere seines Stabes und ich setzten uns an einen großen, U-förmigen, mit einem weißen Tischtuch, Porzellan und Weingläsern gedeckten Tisch und wurden von Soldaten in Uniform bedient. Nach der Mahlzeit erlebte ich ein allabendliches Ritual: Ein Offizier des Stabes stand auf und berichtete in Form eines Gedichts über die Ereignisse des Tages. Alles lachte und applaudierte. Dann kündigte ein anderer Offizier mit einer humorvollen kleinen Ansprache den an diesem Abend gezeigten Film an. Ich war entsetzt. Draußen im Dschungel lagen unsere etwa achtzehntausend Mann im Dreck, kämpften gegen den Feind und starben vielleicht gerade in diesem Augenblick, da ihre höchsten Vorgesetzten in ihrem eleganten Kasino saßen, sich das Essen auf feinem Porzellan servieren ließen und nette kleine Gedichte aufsagten.

Anschließend versammelten wir uns in einem anderen Zimmer, um den Film anzusehen. Die Ordonnanzen servierten die Getränke, und wir saßen in Polstersesseln und sahen uns den neuesten Kriegsfilm aus Hollywood an. Es war kaum zu glauben. Als der Film zu

Ende war, luden mich zwei Obersten zum Tanztee am Wochenende ein. *»Tanztee?«* fragte ich ungläubig.

Einer der beiden Männer sagte mir, daß sei eine höchst amüsante Veranstaltung. Der Tanztee fände an jedem Sonntagnachmittag statt, und die Damen seien junge Mädchen vom Roten Kreuz und Krankenschwestern aus dem Lazarett.

»Wenn alles gut läuft, können Sie sich dabei eine nette kleine Biene aussuchen«, sagte der andere. »Hier ist wirklich was los.«

Am folgenden Tag erfuhr ich Näheres über das Bataillon, das ich übernehmen sollte. Es war das 1. Bataillon des 6. Infanterieregiments. Als man mir diese Stelle anbot, hatte ich versäumt zu fragen, ob es ein gutes Bataillon sei. Das war mir nicht so wichtig erschienen, solange es ein Frontkommando war. Doch jetzt bekam ich gewisse Bedenken. Ich erfuhr, daß die anderen zehn Bataillone des Regiments Stellungen im Dschungel oder im Vorgebirge besetzt hielten und es ihre Aufgabe war, das Gelände zu verteidigen. Mein Bataillon war in einem Lager in der sogenannten Landezone Bajonett untergebracht, und zwar unmittelbar neben der großen Durchgangsstraße außerhalb von Chu Lai. Dort lag auch das Stabsquartier der aus drei Bataillonen bestehenden Brigade, zu der wir gehörten, und unsere Aufgabe war es, den Feind in der »Rocket Pocket« niederzuhalten. Das war eine Hügelkette westlich der Stadt. Der Vietcong versuchte immer wieder, ungesehen in diesen Bereich einzudringen, um von dort aus das rückwärtige Versorgungsgebiet der Division mit Raketen zu beschießen. Die Raketen sahen aus wie zwei Meter fünfzig lange Ofenrohre und waren mit etwa so viel Sprengstoff geladen wie eine große Mörsergranate. Einige Male im Monat detonierten solche Raketen mit dumpfem Knall in Chu Lai, und soweit ich wußte, hatten sie bisher noch keinen großen Schaden angerichtet, obwohl sie in der Etappe Angst und Schrecken auslösten. Nach meinem Gefühl unterschied sich unser Kampfauftrag kaum von einem gewöhnlichen Wachdienst.

Es beunruhigte mich, daß die fünf Offiziere des Stabes, die mich einweisen sollten, der Beantwortung meiner detaillierten Fragen immer wieder auswichen und nur ganz allgemein erklärten: »Nun, das 1. Bataillon ... hat sich recht gut bewährt, es sind recht ordentliche Leute.« Nach dieser ersten Lagebesprechung äußerten sich zwei von ihnen begeistert über die Bataillone, die *sie* in den nächsten Monaten übernehmen sollten. So fragte ich mich natürlich, weshalb niemand sich um das Kommando des 1. Bataillons beworben hatte. Als ich am

Abend im Kasino hörte, welchen Spitznamen das Bataillon hatte, bekam ich einen Schreck: Das 1. Bataillon (the First of the Sixth) war bekannt als das schlechteste Bataillon (the Worst of the Sixth).

Die feierliche Übergabe des Kommandos erfolgte am nächsten Morgen bei trübem Wetter auf einem schlammigen Kasernenhof. Als ich die Bataillonsstandarte übernahm, fragte ich mich, auf was ich mich hier eingelassen hatte. Als wir anschließend in einem Speisesaal bei Plätzchen und Punsch zusammensaßen, teilte mir der stellvertretende Divisionskommandeur, ein Brigadegeneral, der mich bis dahin sehr freundlich behandelt hatte, mit, daß das Bataillon bei der letzten Inspektion seiner Ausrüstung durchgefallen sei und von möglichen hundert Punkten nur sechzehn bekommen habe. Er fügte hinzu: »Wir werden die Inspektion in dreißig Tagen wiederholen. So haben Sie Zeit genug, die Sache in Ordnung zu bringen. Für das Ergebnis tragen Sie die Verantwortung.«

Dann kam mein Vorgänger, ein unscheinbarer, älterer, mittelgroßer, aber hagerer Mann, den ich bis dahin noch nicht kennengelernt hatte, auf mich zu und sagte: »Kommen Sie doch mit in meine Behausung, ich muß etwas mit Ihnen besprechen.« Wir fuhren die etwa anderthalb Kilometer bis zur Unterkunft des Bataillons am Fuß einer Anhöhe und gingen dann etwa die Hälfte des Hanges hinauf zu einer kleinen Hütte. Auf dem Tisch stand eine Flasche »Johnnie Walker Black Label Scotch«. »Der ist für Sie«, sagte er. »Sie werden ihn brauchen.« Ich glaubte, wir würden jetzt zwei oder drei Stunden über das Bataillon, die Offiziere, die Unteroffiziere und unseren Kampfauftrag sprechen, aber er sagte nur: »Ich hoffe, Sie werden mehr Erfolg haben als ich. Ich habe versucht, das Bataillon möglichst gut zu führen, aber es ist ein lausiges Bataillon. Die Kampfmoral ist schlecht, und unser Auftrag taugt nichts. Ich wünsche Ihnen viel Glück.« Damit schüttelte er mir die Hand und ging hinaus.

Am Berghang unmittelbar neben der Unterkunft des Kommandeurs lag das Bataillonsstabsquartier. Ich ging hinüber, und der stellvertretende Kommandeur begrüßte mich militärisch. Er sagte: »Sir, dürfen wir Sie jetzt in die Lage einweisen?«

»Das hat noch Zeit. Zuerst möchte ich die Kompanien sehen.«

»Sir?«

»Ich möchte die Kompanien sehen. Steht dem Bataillonsstab denn kein Hubschrauber zur Verfügung?«

»Sir, wir haben einen, aber Major Lee ist damit unterwegs.« Major

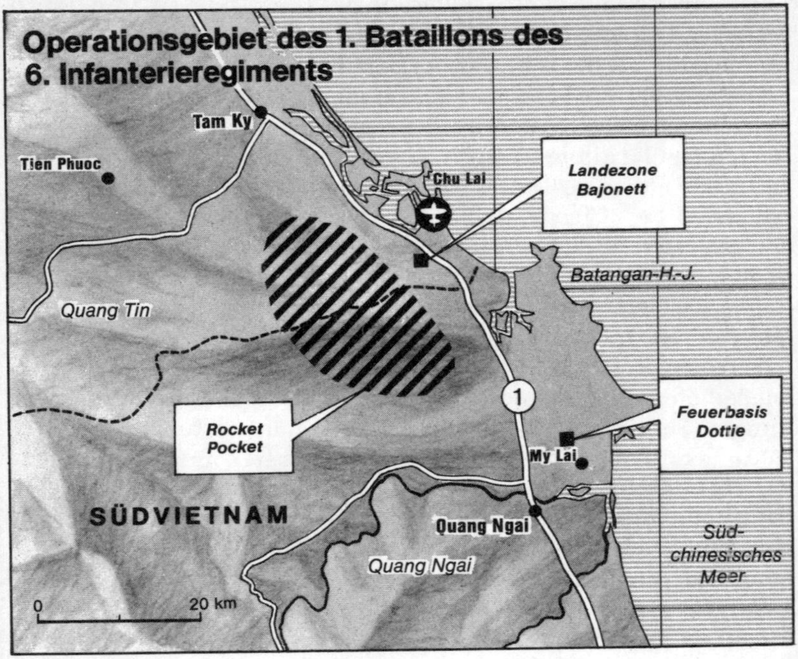

Operationsgebiet des 1. Bataillons des
6. Infanterieregiments
Tam Ky
Tien Phuoc
Chu Lai
Landezone
Bajonett
Batangan-H.-J.
Quang Tin
1
Feuerbasis
Dottie
Rocket
Pocket
My Lai
SÜDVIETNAM
Quang Ngai
Quang Ngai
Süd-
chinesisches
Meer
0
20 km

Will Lee war der für den taktischen Einsatz des Bataillons zuständige Offizier. »Der Major ist ständig damit unterwegs.«

»Was soll das heißen? Ist das nicht der Hubschrauber für den Bataillonskommandeur? Lassen Sie ihn sofort herkommen.« Einige Augenblicke herrschte verlegenes Schweigen. Dann sagte der stellvertretende Kommandeur: »Sir, darf ich Sie einen Augenblick hinausbitten? Ich muß Ihnen etwas sagen.« Wir gingen hinaus, und er erklärte: »Ich weiß, Sie werden es für ungewöhnlich halten, aber der Hubschrauber ist nicht hier, weil Ihr Vorgänger nie an der Front gewesen ist und ihn daher nicht brauchte.«

Da der Hubschrauber erst in einer halben Stunde da sein konnte, ging ich wieder hinein und stellte fest, daß es im Bataillonsstabsquartier keinen Platz für den Kommandeur gab – keinen Schreibtisch, keinen Stuhl, nichts! So ging ich wieder zurück in meine Unterkunft, setzte mich hin und überlegte verzweifelt,was ich als nächstes tun sollte. Ich fragte mich, wie dieses Bataillon bisher geführt worden war und wer die Verantwortung getragen hatte. Schließlich landete der Hubschrauber, und als ich zum Bataillonsstabsquartier hinüberging, hörte ich jemanden sagen: »Weshalb, zum Teufel, habt ihr mich kommen lassen? Ich habe da draußen genug zu tun!«

Ich stellte mir diesen Major Lee als eine Art Miniaturnapoleon vor, der die Schwächen seines Kommandeurs ausnutzte und aus dem Bataillon ein eigenes kleines Imperium gemacht hatte. Das war ein gewaltiger Irrtum. Er war ein begeisterter und erfahrener Offizier, dem viel daran lag, vernünftige Befehle zu befolgen und der jetzt angesichts des Versagens meines Vorgängers versucht hatte, seine Leute zusammenzuhalten. Als ich mich vorstellte und ihm sagte, daß ich die Truppe an der Front besuchen wollte, rief er aus: »Das ist großartig, Sir! Es kann gleich losgehen! Welche Kompanie zuerst?«

»Nun, wie wäre es mit der A-Kompanie?« Das Bataillon bestand aus vier Schützenkompanien – A bis D – und einer schweren Mörserkompanie – E. Ich wollte sie mir alle ansehen. Auf dem Flug an die Front erklärte mir Lee über die Gegensprechanlage, daß die Schützenkompanien alle den gleichen Auftrag hatten. Sie sollten den Vietcong daran hindern, die Raketen in Stellung zu bringen. Dazu richteten sie ein getarntes Tageslager ein, wo die Männer aßen, sich ausruhten, ihre Waffen reinigten und den Einsatz vorbereiteten. Nachts wurden Stoßtrupps ausgeschickt, um den mit Raketen ausgerüsteten Gegner abzufangen. Lee sagte: »Sir, wir nähern uns jetzt der A-Kompanie. Sie können sie dort schon sehen.«

Und wie man sie sehen konnte! Das Tageslager der A-Kompanie sah aus wie ein verdammtes Zigeunercamp. Von Tarnung keine Rede. Während wir über dem Lager kreisten, sah ich überall rote Bekleidungsstücke und weißes Papier, und zu meiner Überraschung waren die meisten Männer wach und gingen im Lager umher, anstatt sich vor dem nächtlichen Einsatz auszuruhen. Der Mann, der den Hubschrauber zur Landung einwies, trug leuchtendrote Shorts, ein gelbes Stirnband und hatte sich mindestens drei Tage nicht rasiert. Ich sprang aus dem Hubschrauber und ging auf einen in der Nähe stehenden Leutnant zu. Obwohl wir uns angeblich im Feindgebiet befanden, hatte er weder einen Stahlhelm auf, noch trug er eine Waffe. Wenigstens grüßte er mich militärisch.

»Leutnant, wo zum Teufel ist Ihre Waffe?«

»Sir, dort drüben bei meiner Hängematte.«

»Sind Sie der Kompanieführer?«

»Nein, Sir. Er steht dort vor dem Hubschrauber.«

Es war der Bursche mit den roten Shorts. Ich winkte ihn heran und befahl ihm, seine Uniform anzuziehen und seine Waffe zu holen. Dazu brauchte er zehn Minuten. Der Hubschrauberpilot war indessen wieder abgeflogen. Im Kampfgebiet sollten die Hubschrauber grundsätzlich nur kurze Zeit am Boden bleiben, weil sie das feindliche Feuer auf sich zogen. Bisher hatte das Rotorengeräusch die laute Rock-'n'-Roll-Musik aus den Transistorradios übertönt, die jetzt plötzlich an mein Ohr drang und deren Echo von den uns umgebenden Berghängen widerhallte. Der Hauptmann kam zurück, aber ohne Helm. »Sir, ich habe keinen Helm«, erklärte er.

»Was heißt das, Sie haben keinen Helm?«

»Sir, wir tragen keine Helme. Sie müssen verstehen, daß unser Auftrag...«

»Warten Sie einen Augenblick. Versuchen Sie nicht, mir zu erzählen, wie man ein militärisches Unternehmen durchführt. Zunächst will ich überprüfen, wie Sie Ihre Stellung abgesichert haben. Haben Sie Gefechtsvorposten aufgestellt?«

»O... jawohl, Sir.«

»Sie haben sich also mit Gefechtsvorposten abgesichert, ist das richtig? Sie haben sich überlegt, welche Möglichkeiten der Feind hat, sich Ihrer Stellung zu nähern, und Ihre Stellung entsprechend gesichert. Ist das richtig?«

»Jawohl, Sir.«

»Okay, führen Sie mich zu den Vorposten.«

Während wir immer tiefer in das dichte Unterholz eindrangen, rief der Hauptmann ständig: »Vorposten? Vorposten?«

Nachdem wir etwa zweihundert Meter weit gegangen waren, hatte ich genug von diesem Theater und sagte: »Wir verschwenden unsere Zeit. Gehen wir zurück, und fragen wir Ihre Zugführer, wo sie diese Posten aufgestellt haben.«

Ein Leutnant führte uns in eine andere Richtung, und schon nach weniger als zehn Metern stolperten wir fast über einen am Boden sitzenden Soldaten.

»Was tun Sie hier, Soldat?« fragte ich.

»Sir, ich bin der Vorposten.« Die Latrine war vermutlich tiefer in den Büschen als dieser Mann.

»Wo ist Ihr Schützenloch?«

»Hier, Sir.« Er deutete auf eine vielleicht zehn Zentimeter tiefe Furche, die er in den Boden gekratzt hatte. Ich sagte: »Okay, tun Sie so, als würden Sie angegriffen werden. Gehen Sie in Deckung.« Er legte sich in die Furche, die viel zu flach war, um ihm Deckung zu bieten, und blickte verlegen zu mir auf.

»Nun beantworten Sie mir eine Frage, Soldat. Fühlen Sie sich dort sicher? Warum machen Sie sich überhaupt die Mühe, den Spaten in die Hand zu nehmen?«

»Der Leutnant hat es mir befohlen.« Ich wendete mich an den Leutnant und sagte: »Warum haben Sie ihn nicht ein richtiges Schützenloch graben lassen?« Doch in Wirklichkeit war das hier gar kein richtiger Gefechtsvorposten. Der Feind hätte ohne Schwierigkeiten in die Stellung der Kompanie eindringen und Dutzende von Männern töten können. Wir gingen wieder zurück, weil ich mir das Lager noch etwas genauer ansehen wollte. Zunächst fiel mir ein Maschinengewehrschütze auf, dessen Waffe nicht geladen und völlig verrostet war. Als ich ihn fragte, warum er das Maschinengewehr nicht geladen hatte, senkte er den Kopf und erklärte, die Munition sei in seinem Tornister. Ich konnte ihm nicht böse sein, denn dafür war sein Unteroffizier zuständig, aber ich sagte: »Okay, Soldat, nehmen wir an, Sie werden angegriffen. Nun holen Sie Ihre Munition.« Der Mann rannte zu seinem Tornister und schüttete ihn aus. Dabei kamen ein Kofferradio, Konservenbüchsen, Bücher und unentwirrbar ineinander verschlungene, verrostete Munitionsgurte zum Vorschein, an denen die Krümel von den Keksen klebten, die der Soldat von zu Hause geschickt bekommen hatte.

Ich wußte, daß ich dieser Schluderei ein Ende bereiten mußte, bevor die Männer sie mit ihrem Leben zu bezahlen hatten. Ich nahm den Kompanieführer, den Burschen, der die roten Shorts angehabt hatte, zur Seite: »Hier wird sich manches ändern müssen, Hauptmann, und zwar sofort. *In diesem Augenblick.* Am liebsten würde ich Sie ablösen lassen, aber das kann ich nicht tun, weil man es Ihnen offenbar erlaubt hat, Ihre Kompanie so verkommen zu lassen. Aber ich sage Ihnen: Sie wissen, was Sie zu tun haben, und ich kann Ihnen nur raten, es möglichst rasch zu tun. Erstens werden Sie, wenn Sie irgendwo kampieren, Ihr Lager durch Vorposten absichern, und das soll heißen, daß dies mit größter Sorgfalt zu geschehen hat. Zweitens will ich keine Kofferradios mehr hören und sehen. Drittens wird jede Waffe in dieser Kompanie anständig gereinigt, und sorgen Sie dafür, daß ich nie wieder einen Ihrer Soldaten ohne Waffe antreffe. Niemals! Jeder soll die Waffe bei der Hand haben, und zwar mit sauberer Munition geladen. Viertens hat sich jeder einzelne Mann in Ihrer Kompanie, angefangen bei Ihnen selbst, sauber zu waschen und zu rasieren, und jeder trägt die vorschriftsmäßige Uniform einschließlich des Stahlhelms! Und fünftens können diese Männer heute nacht nicht als Stoßtrupp hinausgeschickt werden und dabei wachbleiben, weil sie jetzt schon alle wach sind.«

Major Lee, der während der ganzen Besichtigung nicht von meiner Seite gewichen war, konnte sich kaum noch beherrschen, als wir in den Hubschrauber stiegen: »Verdammt, Sir! Wie recht Sie haben, Sir!« Anschließend flogen wir zur B-Kompanie, deren Stellungen etwa zweiunddreißig Kilometer entfernt am anderen Ende der »Rokket Pocket« lagen. Mit ihren verdreckten Uniformen sahen die Leute aus wie eine Räuberbande. Die Kompanie war erst vor einer Stunde in der neuen Stellung eingetroffen und hatte dort gleich zwei Mann verloren, die eine versteckte Sprengladung ausgelöst hatten. Dieses Vorkommnis hatte die Leute erschüttert, und deshalb blieben wir eine ganze Stunde dort, um mit ihnen zu sprechen und dem jungen Hauptmann bei der Einrichtung der Verteidigungsstellung, dem Aufstellen von Gefechtsvorposten und der Ausfertigung neuer Befehle für die nächtliche Gefechtstätigkeit zu helfen. Das war notwendig, weil die Kompanie die ursprünglich vorgesehene Ausgangsstellung nicht erreicht hatte. Der Hauptmann machte mir den Eindruck eines ehrlichen und um seine Leute besorgten Kompanieführers. Inzwischen hatte es angefangen zu regnen, und es war schon fast dunkel, als wir zur »Landezone Bajonett« zurückflogen.

Als ich zur Essensausgabe kam, stand dort eine lange Schlange von

Soldaten im Regen, die von ihren Unteroffizieren herumkommandiert wurden. Ich stellte mich ans Ende der Schlange, was einen Küchenunteroffizier veranlaßte, mir zu sagen: »Sir, Sie brauchen nicht anzustehen. Für die Offiziere gibt es eine besondere Essensausgabe.«

»Feldwebel«, sagte ich, »wenn Soldaten hier im Regen anstehen müssen, dann werde ich es auch tun.« Er schien mich nicht recht verstanden zu haben und ging fort, aber inzwischen waren die Soldaten auf mich aufmerksam geworden. Viele hatten sich mit allem möglichen Schnickschnack herausgeputzt – mit bunten Halstüchern und goldenen Halskettchen –, aber sie sprachen mich an, und was sie sagten, ermutigte mich.

»Sind Sie der neue Bataillonskommandeur?« fragte einer. Ein zweiter sagte: »Jetzt wird sich sicher manches ändern.« Ein dritter fügte hinzu: »Dies ist das erste Mal, daß wir mit unserem Bataillonskommandeur sprechen können. Das tut uns gut, Sir.« Die Schlange rückte allmählich vor, und als ich in den Speisesaal kam, stellte ich fest, daß die Offiziere nicht zur gleichen Zeit aßen wie die Mannschaften. Aber ich setzte mich trotzdem zu ihnen.

Am selben Abend hielt ich die erste Besprechung mit dem zwanzig Mann starken Bataillonsstab ab. Was ich hier zu hören bekam, bestätigte alle meine Befürchtungen. Das Bataillon hatte in jeder Hinsicht versagt. Es war dem Feind immer wieder gelungen, in die »Rocket Pocket« einzudringen und die Raketen abzufeuern. Das durfte niemanden überraschen, da unsere Stellungen so schlecht oder gar nicht getarnt wurden. Das Schlimmste war, daß wir schwere Verluste erlitten. Vor zwei Wochen war ein Zug der D-Kompanie in einem Dorf aus einem Hinterhalt angegriffen worden. Der Vietcong hatte keine Verluste gehabt. Es fiel mir nicht schwer, die Angehörigen des Stabes davon zu überzeugen, daß wir unsere Taktiken ändern mußten.

Nach der Besprechung ging ich hinaus und sah mir noch einmal den Berghang an. Irgend etwas an der Lage des Bataillonsstabsquartiers und meiner Unterkunft hatte mir schon die ganze Zeit nicht gefallen. Jetzt wurde mir plötzlich klar, was es gewesen war. Ich Idiot! Der Stacheldrahtzaun und die dahinter liegenden Unterstände der »Landezone Bajonett« befanden sich unterhalb der Stelle, wo ich stand. Das bedeutete, daß das Stabsquartier und meine Hütte außerhalb der Umzäunung lagen.

Ich holte den stellvertretenden Bataillonskommandeur und verlangte eine Erklärung. »Sir, Ihr Vorgänger fürchtete sich vor den Raketen. Deshalb verlegte er das Stabsquartier und seine Hütte hier an den Hang, weil der Berg Schutz gegen die von der anderen Seite anfliegenden Raketen bietet.«

Ich hielt das für einen kompletten Wahnsinn. Die Wahrscheinlichkeit, daß eine Rakete das Stabsquartier traf, war außerordentlich gering, aber wenn der Vietcong je auf den Gedanken kommen sollte, uns vom Erdboden aus anzugreifen, dann hatten mein Stab und ich keinerlei Schutz.

Ich habe mir später immer wieder überlegt, wie es zu solchen Zuständen hatte kommen können. Vielleicht war eine der Ursachen die Tatsache, daß ein Oberstleutnant, der zum Oberst befördert werden wollte, sich nur als Bataillonskommandeur in Vietnam »bewähren« mußte. Das heißt, er mußte lebendig und mit einer befriedigenden Beurteilung zurückkommen. Die Bataillonskommandeure wurden halbjährlich abgelöst. Das ermöglichte es vielen Anwärtern auf eine Beförderung, in kurzer Zeit die Voraussetzungen dafür zu erfüllen, es bedeutete aber auch, daß ungeeignete Offiziere als Truppenführer das Leben ihrer Männer gefährdeten. Es war üblich, Offiziere, die sich in höheren Stäben bewährt hatten, mit einem Bataillonskommando zu belohnen. Ich war ein Beispiel dafür. Da diese Offiziere ihr Kommando nur so kurze Zeit behielten, mußten sie selbst nicht unter den Folgen ihrer Unfähigkeit leiden. Was sie angerichtet hatten, mußte der nächste oder der übernächste Bataillonskommandeur ausbaden. In dieser Lage befand ich mich offenbar jetzt als Kommandeur des schlechtesten Bataillons des 6. Infanterieregiments.

Am nächsten Morgen wurde ich mit der Meldung geweckt, daß ein Spähtrupp einen Vietcong erschossen habe, als dieser versuchte, durch den Stacheldrahtzaun zu kriechen. Der Mann hatte genaue Kartenskizzen über »Landezone Bajonett« bei sich gehabt, Aufklärungsmaterial, das der Vietcong für seine gefährlichsten Unternehmungen brauchte, und das waren nächtliche Überfälle, bei denen die Guerillas auf der einen Seite der Verteidigungsanlage durch den Stacheldraht krochen und dann quer durch die Anlage liefen und Handgranaten und Sprengladungen in Unterstände und Hütten warfen, um an der anderen Seite durch den Zaun zu verschwinden. Solche Überfälle hatten auf unserer Seite schon oft zu schweren Verlusten geführt. Daß wir bei dem Getöteten genaue Skizzen unserer Anlage gefunden hatten, war ein deutliches Warnzeichen, vor allem auch deshalb, weil diese Skizzen die Lage des Stabsquartiers und meiner Unterkunft deutlich markierten.

Zehn Minuten später, ich zog mich gerade an, klopfte es an der Tür meiner Hütte. Es war mein Brigadekommandeur, der legendäre Infanterieoffizier Joe Clemons, der in der Schlacht am Pork Chop Hill im Koreakrieg mit dem »Distinguished Service Cross« ausgezeichnet und zum Nationalhelden wurde. Diese Schlacht war das Thema eines Bestsellers von S. L. A. Marshall und eines Hollywoodfilms, in dem Gregory Peck die Rolle von Clemons spielte. Oberst Clemons hatte die Brigade erst kürzlich übernommen, und ich freute mich darauf, unter diesem Vorgesetzten ein Bataillon zu führen. Ich hatte jedoch noch nicht die Gelegenheit gehabt, mich bei ihm zu melden, weil er bis vor kurzem Urlaub gehabt hatte. Er hatte aus unserer Meldung von den bei dem gefallenen Vietcong gefundenen Kartenskizzen gehört und wollte sich nun vergewissern, daß ich alles zum Schutz meines Bataillons unternahm.

Ich begrüßte ihn militärisch, und er bat mich, ihm Näheres über den gefallenen Vietcong zu berichten. Dann sagte er: »Und jetzt wollen wir Ihre Vorpostenlinie inspizieren.«

Ich war am vergangenen Abend nicht bei den Vorposten gewesen, machte mir aber keine Illusionen darüber, was wir dort feststellen würden. Schon nach fünfzehn Minuten schäumte Clemons vor Wut. Die Unterstände waren schon lange eingestürzt. Der Stacheldrahtzaun wies überall Lücken auf, durch die der Gegner ohne weiteres eindringen konnte. Der Stolperdraht, mit dem die im Vorfeld versteckten Schützenminen ausgelöst wurden, war fast überall durchgerostet und hätte uns deshalb bei einem feindlichen Angriff nichts genützt. Noch schlimmer war, daß einige Minen so verlegt worden waren, daß die Schrapnelle in unsere eigene Stellung geflogen wären und unsere Männer hätten verletzen können. Clemons kanzelte mich wütend ab, und auch ich war empört, konnte aber nichts weiter sagen als: »Sir, ich werde das in Ordnung bringen.«

»Haben Sie die Unterstände in vorderster Linie gestern inspiziert?«

»Nein, Sir.«

»Zum Teufel, warum nicht?«

»Ich mußte noch sehr vieles andere inspizieren, Sir.«

»Das ist eine Schande! Solange ich in dieser Armee diene, habe ich noch nie eine solche Schlamperei gesehen.« Wir gingen zu Fuß die ganze Vorpostenlinie ab, und ich mußte mir ununterbrochen seine Vorwürfe anhören. Ich wußte, daß er recht hatte. Wenn der Vietcong in der vergangenen Nacht ein Sprengkommando durch die unzureichend gesicherte Vorpostenlinie geschickt hätte, dann wären uns schwere Verluste sicher gewesen.

Als der Oberst gegangen war, rief ich die Offiziere und Unteroffiziere zusammen und sorgte dafür, daß den ganzen Tag die Sandsäcke gefüllt, die Schützenlöcher ausgehoben und die Schützenminen im Vorfeld scharfgemacht wurden, um unsere Stellung erfolgreich verteidigen zu können. Außerdem ließ ich das Stacheldrahthindernis erweitern, so daß auch der Bataillonsstab und meine Unterkunft einbezogen waren. Später wollte ich allerdings beides in die eigentliche »Landezone Bajonett« zurücknehmen. Clemons' Vorwürfe klangen mir ständig in den Ohren. Mir wurde klar, daß ich nicht mit einem Vorgesetzten zusammenarbeiten konnte, der an meinen militärischen Fähigkeiten zweifelte. Deshalb rief ich ihn an und bat ihn um ein Gespräch. Als ich mich am Abend in seinem Stabsquartier meldete, bot er mir nicht einmal einen Stuhl an.

Ich sagte: »Sir, Sie hatten Grund genug, sich über das zu ärgern, was Sie bei meinem Bataillon festgestellt haben. Aber ich möchte Ihnen sagen, daß auch ich wütend war. Der Zustand der Anlagen an der Vorpostenkette hat mich ebenso schockiert wie Sie. Und ich muß zugeben, daß es mein Fehler gewesen ist, die vorderste Linie nicht sofort nach Übernahme des Kommandos inspiziert zu haben.«

Während ich sprach, sah mir Clemons unverwandt in die Augen, sagte aber kein Wort. Ich holte noch einmal Luft und fuhr fort: »Ich weiß nicht, was Sie über mein Bataillon wissen. Aber ich kann Ihnen sagen, nach den hier in zwei Tagen gemachten Erfahrungen habe ich den Eindruck, daß ich das schlechteste Bataillon in der Armee der Vereinigten Staaten übernommen habe. Ich weiß genau, woran es fehlt, und ich werde es in Ordnung bringen. Aber das kann nicht über Nacht geschehen. Und es wird auch nichts nutzen, wenn Sie mich jedesmal, wenn Sie in unseren Abschnitt kommen, abkanzeln. Das wird meine Arbeit nur behindern.«

Er sagte immer noch nichts, sondern sah mich mit seinen eisblauen Augen durchdringend an. Schließlich entschloß er sich doch zu einer Antwort und sagte: »Oberstleutnant Schwarzkopf, ich möchte Ihnen sagen, daß *ich* die schlechteste *Brigade* in der Armee der Vereinigten Staaten übernommen habe. Ich bin bereit zu glauben, daß Sie wissen, was getan werden muß. Lassen Sie uns das jetzt gemeinsam tun.« Kein freundliches Lächeln und kein aufmunterndes Schulterklopfen – wir standen beide unter dem gleichen Zwang.

In den nun folgenden Wochen jagte eine Katastrophe die nächste. Ende Dezember führte ein älterer Unteroffizier von der D-Kompanie, der kürzlich nach einem Fortbildungslehrgang in den Vereinigten Staaten zum Bataillon gekommen war und den ich persönlich auf die besonderen Aufgaben aufmerksam gemacht hatte, die ihn hier erwarteten, zwölf Soldaten zu einem nächtlichen Stoßtrupp in den Dschungel. Unter völliger Mißachtung aller geltenden Regeln brachen sie bei Tage zu ihrem Ziel auf, bliesen dort ihre Luftmatratzen auf und ruhten sich aus. Natürlich schliefen alle ein. Schon nach wenigen Stunden wurde der Stoßtrupp vom Vietcong aufgespürt und niedergemetzelt. Nur ein Mann konnte fliehen und uns melden, was geschehen war.

Nach zwei Wochen schrieb mir die Frau des Unteroffiziers, sie wolle wissen, wer für den Tod ihres Mannes verantwortlich sei, und verlange eine genaue Untersuchung, damit die Schuldigen vor ein Kriegsgericht gestellt werden könnten. Das war der einzige Brief, den ich, solange ich Bataillonskommandeur war, nicht beantwortet habe, denn die Antwort hätte heißen müssen: »Es war nicht Mord, sondern Selbstmord. Und Ihr Mann hat elf seiner Leute mit in den Tod genommen.«

Um das Bataillon wieder in Ordnung zu bringen, mußte ich mit äußerster Strenge vorgehen, und das bedeutete, daß ich oft mehrmals am Tage die Geduld verlor und die Schuldigen anschrie. Mit Ruhe und Vernunft konnte ich nichts erreichen. In den Vereinigten Staaten kam es immer häufiger zu Protestdemonstrationen gegen den Krieg, und viele Wehrpflichtige hatten das Gefühl, in einen sinnlosen Krieg geschickt zu werden, und wollten nicht kämpfen. Es kam hinzu, daß die Armee die Soldaten nur für jeweils ein Jahr nach Vietnam schickte, was bedeutete, daß ständig junge und unerfahrene Rekruten an die Front kamen, während die kampferprobten Soldaten abgezogen wurden. Wenn diese jungen Leute zur kämpfenden Truppe kamen, gerieten sie sofort unter den Einfluß von Leuten, die ihnen sagten: »Vergiß den Unsinn, den du bei der Grundausbildung gelernt hast. In der Praxis sieht alles ganz anders aus, und wir werden dir schon beibringen, wie man es richtig macht.« Was ihnen beigebracht wurde, waren jedoch meist nur Disziplinlosigkeit und schlechte Gewohnheiten.

Als Folge des Krieges litt die Armee unter einem akuten Mangel an erfahrenen jüngeren Offizieren und Unteroffizieren, den auch ich zu spüren bekam. In unserem Bataillon gab es zum Beispiel für Unteroffiziere im Rang eines Feldwebels oder darüber fünfunddreißig Planstellen, von denen aber nur fünf besetzt waren. Die meisten unserer Leutnante waren Wehrpflichtige, junge Leute, die ihr Studium am College abgeschlossen hatten und nun in Kurzlehrgängen zu Offizieren ausgebildet worden waren. Sie hatten diese Gelegenheit wahrgenommen, weil sie nicht als einfache Soldaten, sondern lieber als Offiziere in den Krieg gehen wollten. Doch psychologisch waren sie nicht darauf vorbereitet, die Verantwortung für das Leben ihrer Untergebenen zu tragen. Für mich waren diese Leute einfache Soldaten, die nur zufällig die Leutnantsrangabzeichen trugen.

Unter diesen Umständen mußten wir unsere Mannschaften fast wie Rekruten behandeln und ihnen beibringen, ständig ihre Stahlhelme und Uniformen zu tragen und ihre Waffen zu pflegen. Nachdem ich festgestellt hatte, daß viele nicht treffsicher schießen konnten, ließ ich die Kompanien Schießstände einrichten, wo die Männer im Waffengebrauch unterrichtet wurden. Zur gleichen Zeit intensivierten wir auch unsere Vorstöße in die »Rocket Pocket« und kamen dabei in Gebiete, in die wir bisher noch nicht vorgedrungen waren. Das war gefährlich und strapaziös, und um den Soldaten zwischendurch eine Entspannung zu ermöglichen, nahm ich diese Männer jeweils für eine Woche von der Front und ließ sie weiter hinten gelegene Stellungen besetzen. Dort konnten sie sich erholen, sich waschen, ihre Uniformen wechseln und täglich drei reichliche Mahlzeiten zu sich nehmen.

Ich selbst flog täglich an die vorderste Front und sorgte für den sicheren Ausbau unserer Stellungen, denn immer noch bestand die Gefahr, daß der Vietcong-Verband, zu dem der Mann gehört hatte, bei dem wir die Kartenskizzen gefunden hatten, bei einem nächtlichen Überfall in die »Landezone Bajonett« eindrang. Im Lauf der Zeit spürte auch ich, wie sehr mich diese Anspannung belastete. Eines Nachmittags vertraute ich mich dem Feldwebel Walsh an, einem erfahrenen, tüchtigen, alten Unteroffizier, der entscheidend dazu beigetragen hatte, daß die B-Kompanie wieder spurte: »Mein Gott, Top, ich kann mich oft kaum noch beherrschen ... Das Bataillon ist in einem saumäßigen Zustand ... Es gibt tausenderlei Dinge, die in Ordnung gebracht werden müssen. Normalerweise ist das nicht meine Art.«

»Aber Sie haben recht, Sir. Wir alle wissen, daß Sie recht haben«, sagte er. Dann sah er mich lange und sehr aufmerksam an. »Sir, ich weiß, daß es Sie bedrückt, ein solcher Hundesohn zu sein. Aber machen Sie sich darum keine Sorgen. Ich habe schon Vorgesetzte gehabt, die sehr viel größere Hundesöhne waren als Sie.« Dann lächelte er, nahm Haltung an und ging fort – und ich wußte nicht recht, ob ich erleichtert sein sollte oder nicht.

Aber eines wußte ich: Weihnachten war eine Gelegenheit, nett zu meinen Leuten zu sein. Am Weihnachtsmorgen ließ ich in der Küche ein Festmahl zubereiten, und am späten Vormittag verluden wir das Essen in Hubschrauber und flogen damit zu den einzelnen Kompanien. Ein großer, schwergewichtiger Sanitätsoffizier hatte sich als Nikolaus verkleidet und kam mit. Schon bei der Landung winkte er den Leuten zu. Während das Essen verteilt wurde – es gab Truthahn mit Preiselbeerkompott und allem, was dazugehört –, wanderte der Nikolaus durch das Camp, begrüßte die Soldaten und beschenkte sie mit Süßigkeiten. Wir hatten auch einen evangelischen und einen katholischen Militärpfarrer mitgebracht, und nach dem Essen nahmen wir alle am Gottesdienst teil. Der Hubschrauber holte indessen beim Bataillonsstab das Festessen für die nächste Kompanie.

Ich verbrachte den Tag mit gemischten Gefühlen. Am Abend zuvor hatte ich eine Tonbandkassette von Brenda bekommen, die mir mitteilte, daß ich Vater werden würde – die Folge unserer wunderbaren Woche in Hongkong. Eigentlich hätte ich begeistert sein müssen, aber statt dessen spürte ich plötzlich eine ganz neue Verantwortung für meine Frau und das zu erwartende Baby, die ich neben all meinen Pflichten als Kommandeur dieses schrecklichen Bataillons, in dem so viele Menschen lebten, die von meinen Entscheidungen abhingen, übernehmen mußte. Verzweifelt fragte ich mich, wie ich all diesen Anforderungen gerecht werden sollte, und hatte plötzlich furchtbares Heimweh.

Als letzte besuchten wir am Spätnachmittag die D-Kompanie. Der Kompanieführer war nirgends zu finden. Als ich nach ihm fragte, sagte mir sein Stellvertreter, er sei ins hinten gelegene Feldlazarett gefahren, um Verwundete zu besuchen. Ich wollte ihm bei seiner Rückkehr meine Anerkennung dafür aussprechen, wartete aber vergebens. Als wir in die »Landezone Bajonett« zurückkehrten, war ich zwar erschöpft, suchte aber sofort nach dem Führer der D-Kompanie. Ein Unteroffizier meldete: »Er sitzt schon seit zwei Stunden im Speisesaal.« Dort fand ich ihn dann auch. In einer frischgewaschenen, sauberen Uniform saß er mit einigen Freunden beim weihnachtlichen Festessen.

»Kommen Sie mit«, sagte ich. Ich führte ihn zu einem in der Nähe gelegenen Gebäude, wo ich mir ein kleines Büro hatte einrichten lassen. Dort setzten wir uns. Er hatte offenbar ein schlechtes Gewissen und vermied es, mich anzusehen. Bevor er die Kompanie vor etwa einem Monat übernahm, hatte er dem Bataillonsstab meines Vorgängers angehört. Ich lobte ihn dafür, daß er seine Männer im Feldlazarett besucht hatte und fragte ihn dann: »Warum sind Sie nicht sofort zu Ihrer Kompanie zurückgefahren?«

»Nun, Sir, zuerst wollte ich mein Weihnachtsessen genießen.«

»Und Ihre Soldaten? Wissen Sie nicht, daß es Ihre Pflicht war, dafür zu sorgen, daß auch sie ihr Weihnachtsessen bekamen?«

Er machte ein abweisendes Gesicht. »Sir, was mich betrifft ...« fing er an, sprach den Satz aber nicht zu Ende. »Sir, ich wußte, daß Sie den Männern das Essen bringen würden, und deshalb dachte ich, da ich schon hier war, könnte ich duschen, mich umziehen und hier zu Abend essen.«

»Hauptmann, ist es Ihnen nicht klar, was Sie Ihren Soldaten damit gesagt haben? Sie glauben, die Leute hätten nicht gewußt, daß ihr Kompanieführer sich im rückwärtigen Gebiet herumdrückte, während sie den Weihnachtsfeiertag an der Front zubringen mußten? Wenn Sie nicht bereit sind, die Unbequemlichkeiten auf sich zu nehmen, das Weihnachtsfest mit ihren Soldaten an der Front zuzubringen, wie können Sie dann erwarten, daß Ihre Männer glauben, Sie würden sie auch in der Schlacht nicht im Stich lassen?«

Er zuckte mit den Schultern, schüttelte den Kopf und sah mich an. »Offen gesagt, Sir, mir gefällt es nicht besonders, eine Kompanie führen zu müssen und die ganze Zeit für die Soldaten verantwortlich zu sein. Deshalb nehme ich mir manchmal auch Zeit für mich selbst.«

»Dann werde ich Sie als Kompanieführer ablösen. Wollen Sie das?«

»Jawohl, Sir. Das wäre wunderbar.«

Ein Offizier in meinem Stab, Hauptmann David Trujillo, hatte schon seit einiger Zeit den Wunsch, eine Kompanie zu übernehmen. Ich ließ ihn kommen und sagte ihm: »Packen Sie Ihre Sachen.« Der Führer der D-Kompanie saß dabei und schien sichtlich erleichtert zu sein. Als ich ihm aber befahl, mit mir und Trujillo in den Hubschrauber zu steigen, machte er ein überraschtes Gesicht. Wir flogen zur D-Kompanie hinaus, und ich befahl dem Kompanieführer, seine Leute antreten zu lassen. Dann sagte ich ihm vor versammelter Mannschaft: »Ich löse Sie mit sofortiger Wirkung als Chef dieser Kompanie ab, weil Sie es an der nötigen Fürsorge für Ihre Soldaten haben fehlen lassen. Sie verdienen es nicht, in diesem Bataillon Kompaniechef zu sein. Gehen Sie zum Hubschrauber hinüber, und steigen Sie ein.« Dann wendete ich mich an Trujillo: »Hauptmann Trujillo, Sie sind von jetzt an Chef der D-Kompanie. Sorgen Sie für diese Männer.«

Ich hatte gelernt, daß es die Aufgabe eines militärischen Vorgesetzten ist, seine Untergebenen zu erziehen und nicht, sie zu entlassen. Deshalb fragte ich mich jetzt, ob ich mich in diesem Fall richtig verhalten hatte. Aber ich glaubte, diese Soldaten müßten unbedingt wissen, daß es jemanden gibt, der sich dafür verantwortlich fühlt, sie am Leben zu erhalten. Das hatten sie jetzt offenbar verstanden. Als ich zum Hubschrauber hinüberging, applaudierten sie. Während des Fluges stellte ich fest, daß mir die Ablösung dieses Burschen mehr Kopfschmerzen bereitete als ihm. Über die Gegensprechanlage sagte er mir ganz gelassen: »Sir, das war sehr demütigend für mich«, aber dann wechselte er sofort das Thema und sprach nur noch über das schlechte Wetter. Am folgenden Tag rief ich bei der Division an und besorgte ihm dort eine Stelle im Stabsquartier. Wenn ich beim Divisonsstab zu tun hatte, begrüßte er mich jedesmal besonders herzlich. Er hatte mir meine Entscheidung offensichtlich nicht persönlich übelgenommen.

Allmählich zeigte sich der Erfolg meiner Bemühungen um die Beseitigung der Mißstände in meinem Bataillon. Die ersten dreißig Tage vergingen, und die harte Arbeit, die für das Reinigen der Waffen und für die Pflege der Ausrüstung sowie den Ausbau der Stellungen erforderlich war, machte sich bezahlt, als wir die Inspektion mit einer guten Beurteilung bestanden, bei der wir im Dezember schmählich durchgefallen waren. Das war an sich keine große Sache, aber zum ersten Mal hatten die Männer jetzt das Gefühl, etwas leisten zu können, und durften sich sagen: »Wir sind nicht mehr das schlechteste Bataillon dieses Regiments.«

Viel wichtiger war es, daß wir bei unseren militärischen Einsätzen Erfolge verbuchen konnten. Unsere blutigen Verluste wurden geringer, und auch die Zahl der Raketen, die der Gegner auf Chu Lai abfeuerte, ging zurück. Anfang Januar 1970 hatten wir das Glück, einen Vietcong beim Abfeuern einer Rakete zu erwischen. Eines Nachmittags sah ich von meinem Hubschrauber aus, wie zwei Raketen aus einem dicht mit Bäumen und Büschen bestandenen, von

Reisfeldern umgebenen Geländestück abgeschossen wurden. Ich meldete über Funk die Position der Abschußstellen an das Bataillonsstabsquartier. Inzwischen hatten wir ständig einen Infanteriezug in Alarmbereitschaft, der alle vierundzwanzig Stunden abgelöst wurde. Dieser Zug flog nun sofort in die von uns angegebene Richtung ab, landete in der Nähe der Raketenstellungen und durchkämmte das Unterholz. Als der Mann, der die Raketen abgefeuert hatte, auf die Leute schoß, erwiderten sie das Feuer und töteten ihn.

Sie fanden noch zwei weitere feuerbereite Raketen, die der Vietcong nicht mehr hatte starten können. Bisher hatten wir nicht gewußt, welche Abschußrampen der Vietcong bei diesen Überfällen benutzte. Nun war ich überrascht, festzustellen, daß es überhaupt keine Abschußrampen gab. Die Raketen wurden einfach an zwei gekreuzte Stangen gelehnt. Soweit wir feststellen konnten, brachte der Vietcong die Raketen entweder ohne irgendwelche Hilfsmittel oder mit ganz primitiven Karren in das Einsatzgebiet. Dann legten sie die einzelne Rakete, mit dem rückwärtigen Ende am Boden, über zwei gekreuzte Äste, und zwar mit einer Neigung, die sie brauchte, um Chu Lai zu erreichen. Um die Rakete seitlich auf das Ziel einzurichten, wurde das untere Ende nach links oder nach rechts verschoben. Wenn das geschehen war, zogen die an diesem Unternehmen beteiligten Männer ab und ließen nur den zurück, der die Rakete elektrisch zündete.

Daß wir den Raketenkanonier erschossen hatten, schien den Vietcong stark beeindruckt zu haben, denn einen ganzen Monat erfolgten keine weiteren Raketenangriffe mehr. Zwei Wochen später schickte uns unser Nachrichtendienst ein beim Gegner erbeutetes Schriftstück mit dem an den Vietcong gerichteten Befehl, die »Landezone Bajonett« künftig zu meiden. Darin hieß es, in diesem Abschnitt sei kürzlich ein starkes neues amerikanisches Bataillon in Stellung gegangen. Damit machte mir der Gegner das größte Kompliment während meiner Zeit als Bataillonskommandeur.

Eines unserer Schwesterbataillone, das 5/46, war auf der Batangan-Halbinsel eingesetzt, die wie ein Rechteck zwischen Chu Lai und Quang Ngai in das Südchinesische Meer hineinragte. Wer dort stationiert war, hatte, wie die Soldaten sagten, »in die Scheiße gegriffen«. Die ganze Halbinsel war voll von Bombenfallen und Minenfeldern. Dort lag auch das Dorf My Lai, wo amerikanische Streitkräfte vor zwei Jahren bei einem Zwischenfall, der noch immer untersucht wurde, dreihundert vietnamesische Dorfbewohner getötet hatten.

Angeblich war das jetzt dort stationierte 5/46 mit dem Auftrag auf die Batangan-Halbinsel geschickt worden, gegen ein nordvietnamesisches Bataillon zu kämpfen, das von uns als »Phantom 48« bezeichnet wurde, und zwar deshalb, weil niemand es bisher zu Gesicht bekommen hatte. Aber die dort eingesetzten Soldaten waren aufgrund der zahlreichen Verluste durch Minen und versteckte Sprengladungen so demoralisiert, daß sie nicht mehr bereit waren zu kämpfen. Wenn in der Nacht Stoßtrupps ausgeschickt wurden, gingen sie vielleicht zweihundert Meter in Richtung auf den Feind vor, blieben dort bis zum Morgen liegen und meldeten bei der Rückkehr, sie hätten ihren Auftrag ausgeführt, seien dabei aber nicht auf feindlichen Widerstand gestoßen.

Oberst Clemons befahl mich zu sich und sagte: »Das Bataillon 5/46 ist seiner Aufgabe dort nicht mehr gewachsen. Die Leute haben solche Angst, daß sie nicht mehr kämpfen wollen. Ich möchte, daß Sie und Ihre Leute dieses Bataillon ablösen.« Als das in unserem Bataillon bekannt wurde, glaubten viele meiner Männer, ich hätte mich freiwillig für dieses Unternehmen gemeldet. Zwar war ich ein Draufgänger, aber so liebe ich das Risiko nun auch wieder nicht. Meine Gefühle unterschieden sich nicht wesentlich von denen meiner Männer. Zwar empfand ich es als Auszeichnung, endlich einen richtigen Kampfauftrag erhalten zu haben, aber auf der Batangan-Halbinsel mußten wir mit einem hinterhältigen und gefährlichen Gegner rechnen.

In der letzten Märzwoche 1970 rückten wir in unsere Stellungen ein. Vom Hubschrauber aus wirkte die Landschaft ausgesprochen idyllisch – sanfte Hügel und Reisfelder. Aber in Wirklichkeit war hier schon seit dreißig Jahren ununterbrochen erbittert gekämpft worden. Die Japaner hatten die Halbinsel im Zweiten Weltkrieg besetzt. Dann waren die Franzosen gekommen, dann die Südkoreaner als Verbündete der Vereinigten Staaten und schließlich die Amerikaner selbst, gar nicht zu reden vom Vietcong. Deshalb konnte man hier praktisch keinen Schritt mehr tun, ohne sich in Gefahr zu bringen. Man konnte auf eine kleine französische Schützenmine treten, die einem den Fuß abriß, wenn sie detonierte, oder auf eine amerikanische Springmine aus den 1940er Jahren (die aus dem Boden herausgeschleudert wurde und in Hüfthöhe detonierte), und schließlich gab es vom Vietcong mit besonderen Zündvorrichtungen scharfgemachte Fliegerbomben oder Artilleriegranaten.

Major Lee war inzwischen zum Brigadestabsquartier versetzt worden, und mein neuer Operationsoffizier war der West-Point-Mann Slade Johnson, ein harter, intelligenter und kräftig gebauter Soldat (er wog zweihundertvierzig Pfund und war einen Meter neunzig groß). Wir sahen die von unseren Vorgängern hinterlassenen Aufzeichnungen sehr genau durch und fertigten eine Kartenskizze an, auf der wir alle die Stellen einzeichneten, an denen schon Minen detoniert waren, um uns ein einigermaßen zutreffendes Bild von der Lage zu machen. Die fertige Karte zeigte überall auf der Halbinsel die tödlichen kleinen roten Punkte. Aber wir stellten fest, daß sie nach einem bestimmten System angeordnet waren. Danach waren die gefährlichsten Stellen die von unseren Truppen aufgegebenen nächtlichen Verteidigungsstellungen. Deshalb gab ich sofort nach unserem Eintreffen diese Minenpläne an die Kompanien aus und legte drei Regeln fest: Vermeidet bekannte Straßen und Dschungelpfade. Vermeidet alle Öffnungen in den Hecken zwischen den Reisfeldern. Vermeidet verlassene Verteidigungsstellungen, die nachts von unseren Vorgängern besetzt wurden.

Obwohl wir alle diese Vorsichtsmaßregeln beachteten, hatten wir am Anfang täglich im Durchschnitt einen Minenunfall. Jedesmal wenn eine Mine detonierte, flog ich sofort an die betreffende Stelle. Das tat ich in erster Linie, um die Verwundeten sofort mit dem Hubschrauber abtransportieren zu können, denn es dauerte im allgemeinen eine halbe Stunde, bis der Sanitätshubschrauber von Chu Lai an Ort und Stelle war. Aber ich wollte auch mit den Männern sprechen, die gerade einen Kameraden verloren hatten. Diese Minenunfälle haben eine verheerende Wirkung auf die Moral der Truppe. Die Soldaten marschieren unbehelligt durch den Dschungel, und plötzlich wird einer von ihnen tödlich getroffen oder hat ein Bein verloren. Ein Hubschrauber landet und bringt ihn fort, aber die Männer, die zurückbleiben, können nichts tun, um Gleiches mit Gleichem zu vergelten. So verabscheuungswürdig nach meiner Meinung das Massaker von My Lai auch gewesen ist, ich konnte mir sehr gut vorstellen, wie es dazu gekommen war. An den Gesichtern meiner Männer konnte ich sehen, welche Gefühle sie bewegten. Wenn ich gesagt hätte: »Die Leute in jenem Dorf haben offensichtlich gewußt, daß diese Mine hier liegt, ja wahrscheinlich haben einige von ihnen sie selbst hier versteckt. Geht hin und räumt das Dorf aus«, dann hätten sie wahrscheinlich jeden erschossen, der sich dort sehen ließ. Deshalb sprach ich mit meinen Soldaten und fragte sie: »Wie konnte das geschehen?« Dann sagte ich: »Wißt ihr was, ihr könnt diesen Minen ausweichen, wenn ihr euch abseits der Straßen und Dschungelpfade haltet.« Außerdem konnte ich allein durch meine Anwesenheit und dadurch, daß ich mit den Männern sprach und sie ermutigte, zum Abbau der Spannungen beitragen. Die Befolgung der Vorsichtsmaßnahmen machte sich bezahlt – die Männer lernten es sehr bald, den Minen auszuweichen, und nach dem ersten Monat verringerten sich die Minenunfälle auf weniger als einen pro Woche.

Die Besuche bei den Verwundeten gingen mir an die Nieren, besonders wenn es jeden Tag neue Verluste gab. Das Feldlazarett in Chu Lai war in langen, einstöckigen Fertigteilbaracken untergebracht, die durch hölzerne Rampen miteinander verbunden waren. Ich versuchte, die Leute möglichst unmittelbar nach ihrer Einlieferung zu sprechen. Wenn kein Sanitätshubschrauber auf dem Landeplatz stand, landeten wir dort unmittelbar neben der Aufnahme. An beiden Seiten des großen Raumes standen die Tragbahren mit den Verwundeten auf Eisengestellen, die aussahen wie Sägeböcke. Jeder von ihnen hing an einem Transfusionsschlauch, und die Sanitäter bemühten sich darum, festzustellen, wie schwer die einzelnen verwundet waren. Ärzte und Sanitäter begrüßten es, wenn ein Kommandeur seine verwundeten Soldaten besuchte, und sie waren gerne bereit, mir bei der Suche nach meinen Leuten zu helfen. Wenn sie gerade operiert wurden, mußte ich warten, aber in der Notaufnahme und auf den Krankenstationen konnte ich sie jederzeit aufsuchen.

Wenn ich zum Beispiel einen dieser jungen Männer besuchte, der gerade ein Bein verloren hatte und nun im Schock und unter starken Schmerzen dalag, dann waren seine ersten Worte oft eine *Entschuldigung*: »Sir, es tut mir leid. Ich habe Mist gemacht. Ich hätte das nicht tun dürfen.« Und dann wollte er wissen: »Hat irgend jemand meinetwegen sterben müssen?« Und ich sagte ihm, wie stolz ich auf ihn sei und daß er bald wieder in Ordnung kommen würde. Wenn es ihm nicht zu schlecht ging, versuchte ich, ein Telefongespräch mit seinen Eltern zu arrangieren, damit sie wenigstens seine Stimme hören konnten. Gewöhnlich legte ich ihm dann meine Hand auf die Schulter und betete still darum, daß etwas von meiner Kraft in ihn hinüberfließen möge, damit er am Leben blieb und seine Verwundung möglichst bald ausheilte. Ich wußte auch, daß ich ihn wahrscheinlich nie wiedersehen würde, denn wir verlegten schwerverwundete Soldaten, sobald sie transportfähig waren, nach Japan. Ich habe mir in Gegenwart eines Verwundeten niemals meine innere Erschütterung anmerken lassen. Das wäre für ihn und für mich zu peinlich gewesen. Aber nach einem solchen Besuch habe ich oft draußen auf dem hölzernen Verbindungsgang mit den Tränen kämpfen müssen. Einmal sah mich ein Arzt in diesem Zustand und fragte, ob ich in Ordnung sei. »Zum Teufel ja, ich bin in Ordnung«, brummte ich. Aber das stimmte nicht. Es waren *meine* Männer, die hier lagen, und wenn sie verwundet wurden, war ich dafür verantwortlich.

Manchmal mußte ich den Leuten auch erlauben, Dampf abzulassen. So zogen wir die einzelnen Kompanien abwechselnd von der Front ab und schickten sie nach Chu Lai, wo die Männer drei Tage am Strand liegen und Bier trinken konnten. Bevor sie auf die Batangan-Halbinsel zurückkehrten, versammelte ich die ganze Kompanie, setzte mich vor den Leuten in einen Liegestuhl und beantwortete alle ihre Fragen, ob es sich nun um die Minenfelder oder darum handelte, wie lange es noch dauern würde, bis sie nach Hause entlassen werden könnten. Ich glaubte, je besser ein Soldat informiert war, desto erfolgreicher kämpfte er auch.

Dieses Frage-und-Antwort-Spiel war kein Vergnügen. Eigentlich wäre es die Aufgabe der jüngeren Offiziere gewesen, Mißverständnisse auszuräumen und sich die Kümmernisse und Beschwerden der Männer anzuhören. Die Leute fragten zum Beispiel: »Warum müssen wir in diese Minenfelder hinausgehen? Haben Sie sich freiwillig zu diesem Einsatz gemeldet?« Und: »Warum muß ich die ganze Zeit einen Stahlhelm und die Tarnuniform tragen? Es ist heiß im Dschungel.« Sie haßten die Minenfelder, sie haßten die Hitze, sie haßten ihre Stahlhelme und Uniformen, und meist haßten sie auch mich. Aber ich habe nie den Fehler gemacht, ihnen auf Kosten ihrer Sicherheit zu erlauben, ein bequemes Leben zu führen. Ich sagte: »Hört mal zu, ich bin nicht hier, um mich bei euch beliebt zu machen. Mir kommt es darauf an, daß ihr am Leben bleibt. Wenn an dem Tag, an dem ihr Vietnam verlaßt, um in die Vereinigten Staaten zurückzukehren, euer letzter Gedanke ist: ›Ich hasse diesen Hundesohn‹, dann ist das in Ordnung. Ich werde mich sogar freuen, wenn das geschieht. Denn die Alternative wäre für euch, in einem Metallsarg nach Hause gebracht zu werden, und dann werdet ihr gar nichts mehr denken. Deshalb sorge ich dafür, daß ihr eure Stahlhelme aufsetzt und eure Uniformen anzieht.«

Als wir auf die Batangan-Halbinsel verlegt wurden, bezogen wir auch eine neue Feuerbasis. Sie hieß »FB Dottie« nach der Frau des Offiziers, der zur Zeit des Massakers von My Lai das Bataillon geführt hatte und später gefallen war. Unser Gefechtsstand in der »FB Dottie« befand sich in einem geräumigen Bunker. In einem zweiten Bunker daneben war mein Stab untergebracht. Ich selbst schlief in einer abgeteilten Ecke des Divisionsgefechtsstandes. Wenn ich da auf meinem Feldbett lag und die Meldungen hörte, die über Funk hereinkamen, wußte ich genau, was in meinem Bataillonsabschnitt geschah. Schon bei der Belagerung von Duc Co vor fünf Jahren hatte ich gelernt, im Schlaf ein Ohr offenzuhalten. Aber hier hörte ich nicht die Detonationen der Mörsereinschläge, sondern die hereinkommenden Lageberichte. Nur wenn wir die Zügel vierundzwanzig Stunden lang in der Hand behielten, konnten mein Stab und ich darauf vertrauen, daß das Bataillon seine Aufgabe erfüllte. Zwar waren wir jetzt ein gutes Bataillon, wußten aber, daß wir nie ein ausgezeichnetes Bataillon sein würden, weil es uns an erfahrenen jüngeren Offizieren und Unteroffizieren fehlte.

Der Feind diktierte mir meine etwas ungewöhnliche Tageseinteilung. In der trockenen Jahreszeit, die im April begann, unternahm der Gegner seine Angriffe in der Nacht. Damit schützte er sich vor den Attacken unserer Kampfhubschrauber und Bombenflugzeuge. Ich blieb daher bis etwa vier Uhr morgens kurz vor der Morgendämmerung wach und konnte so einigermaßen sicher sein, daß der Feind in dieser Nacht nicht mehr angreifen würde. Nachdem ich mich hingelegt hatte, schlief ich drei oder vier Stunden und versuchte, das Versäumte mit einem kurzen Nachmittagsschlaf nachzuholen. Im Lauf der Zeit hatte ich mich auch mit dem kommunistischen Kalender vertraut gemacht, denn der Vietcong neigte dazu, an komunistischen Feiertagen oder an den Jahrestagen früherer militärischer Siege anzugreifen. An solchen Tagen zogen wir kreuz und quer durch das ganze Lager Stacheldraht und belegten das Vorfeld in unregelmäßigen Abständen mit Maschinengewehr- und Artilleriesperrfeuer, um dem Gegner das Eindringen in unsere Stellungen zu erschweren.

Ich habe meine Ansichten über den Vietcong nie geändert. Für mich war es eine Bande von Opportunisten, die die Bauern terrorisierten, ihnen ihr Geld und ihre Ernte fortnahmen und sie zur Zusammenarbeit zwangen. Dabei wurden sie von den Nordvietnamesen mit Waffen und Ausrüstung versorgt. Am liebsten hätte ich mich dem Vietcong-Bataillon »Phantom 48« in einer offenen Feldschlacht gestellt. Wir hatten einen tüchtigen Bataillonsstab, und ich war sicher, daß wir den Gegner ausmanövrieren und vernichtend schlagen konnten. Aber der Krieg bestand damals aus ungeordneten Plänkeleien, bei denen unsere Schwächen offen zutage traten: das Fehlen erfahrener jüngerer Offiziere und Unteroffiziere und die mangelnde Kampfbereitschaft der Wehrpflichtigen.

Mehrmals ließen unsere Stoßtrupps Vietcong-Kommandos unbehelligt, weil die Leute glaubten, wenn sie nicht das Feuer eröffneten, würde auch der Vietcong nicht schießen. Gute Unteroffiziere hätten so etwas nie zugelassen, aber auf unsere Unteroffiziere konnten wir uns leider nicht verlassen. Deshalb verstärkten wir jetzt unsere Stoßtrupps, die bisher aus sechs oder acht Mann bestanden hatten, auf fünfzehn bis zwanzig. Das gab den Soldaten die notwendige Sicherheit für einen Angriff. Trotzdem zeigten die beim Divisionsstab vorliegenden Zahlen, daß mein Bataillon dem Feind nicht so hohe Verluste beibrachte wie einige andere Bataillone in der Division. Wenn Einheiten unseres Bataillons in ein Feuergefecht gerieten, meldeten wir nach bestem Wissen die Zahl der Gefallenen auf beiden Seiten. Dabei gingen wir nicht von Vermutungen aus und hüteten uns auch vor Übertreibungen.

Unser stellvertretender Divisionskommandant, ein General, der die Operationsabteilung leitete, war überzeugt, daß wir dem Vietcong größere Verluste beibringen müßten. Er hatte seine militärische Laufbahn als Pionier begonnen, war dann Hubschrauberpilot geworden und hatte fliegende Verbände geführt, aber nach meiner Meinung eignete er sich nicht zum Kommandeur eines Verbandes der kämpfenden Bodentruppen.

Eines Tages kam dieser General im Hubschrauber von Chu Lai zu meinem Gefechtsstand, während Oberst Clemons dem Bataillon einen Besuch abstattete, und erklärte: »Ich habe festgestellt, weshalb Ihr Bataillon zuwenig Gefechtsberührung mit dem Gegner hat. Der Vietcong schickt Stoßtrupps mit nur zwei oder drei Mann in den Dschungel. Deshalb möchte ich, daß auch Sie Ihr Bataillon in Gruppen zu je zwei oder drei Mann aufgliedern und diese Gruppen über ihren ganzen Bataillonsabschnitt verteilen. Dann werden Sie dem Feind erheblich größere Verluste beibringen.«

Ich erklärte ihm, daß ich es gerade für notwendig gehalten hätte, unsere Stoßtrupps zu verstärken. »Sir, wenn Sie diese Männer zu zweit oder zu dritt hinausschicken, dann werden sie sich fürchten und nicht mehr bereit sein zu kämpfen. Außerdem können sich nur wenige von ihnen anhand der Karte im Gelände orientieren. Sie werden uns daher nicht melden können, wo sie sich befinden, und wir werden die Artillerie nicht einsetzen können, ohne unsere eigenen Leute zu gefährden.«

Nun wurde der General wütend: »Ich habe den Eindruck, daß es sich hier um ein Führungsproblem handelt. Offenbar müssen Sie die Männer in Ihrem Bataillon fester in die Hand bekommen.«

In meiner Erregung hätte ich fast erwidert: »General, es tut mir leid, aber ich kann Ihren Befehl nicht befolgen.«

Zum Glück mischte sich Oberst Clemons ein und sagte: »Sir, Schwarzkopfs Analyse ist absolut richtig. Was Sie vorschlagen, wäre keine angemessene Lösung des Problems.« Ohne ein Wort zu sagen, stürmte der General aus dem Unterstand.

Wenn sich Clemons nicht für mich eingesetzt hätte, dann wäre meine militärische Laufbahn damit vielleicht zu Ende gewesen. Der General hätte ohne weiteres sagen können: »Das ist eine Insubordination. Da Sie sich weigern, meinen Befehl zu befolgen, enthebe ich Sie Ihres Postens als Bataillonskommandeur.« Statt dessen übernahm Clemons selbst die Verantwortung für meine Entscheidung. Und damit tat er das Richtige, denn ein Truppenbefehlshaber hat die Pflicht, sich für seinen Untergebenen einzusetzen, wenn dieser recht hat. Allerdings gehört gewaltiger Mut dazu.

Der General wurde in der folgenden Woche an eine andere Dienststelle versetzt, aber wegen dieses Zwischenfalls und anderer Kontroversen mit Clemons verfaßte er eine Beurteilung, die sich katastrophal auf dessen militärische Laufbahn auswirken sollte. Anderthalb Jahre später, ich war damals Personaloffizier für die Infanterie in Washington, kam Joe Clemons zu mir, um sich seine Akte anzusehen. Sie enthielt auch die Beurteilung des Generals, die, verglichen mit den Lobeshymnen, die man in anderen Beurteilungen lesen konnte, nach militärischen Standards so lauwarm war, daß Clemons nicht zum General befördert wurde. Er wußte, daß dies auch nicht mehr geschehen würde, und nahm seinen Abschied als Oberst – ein schwerer Verlust für die Armee und ihre Soldaten.

Im Mai begannen wir mit einem amerikanischen Straßenbauprojekt. Dazu wurde ein Pionierbataillon eingesetzt, das eine bis in die Mitte der Halbinsel führende Straße anlegte. Unsere Absicht war es, bis dahin nur zu Fuß zugängliche Dörfer miteinander zu verbinden. Das Unternehmen stieß auf den erbitterten Widerstand des Vietcong, der jede Gelegenheit nutzte, die von Infanterie abgesicherten Bautrupps aus dem Hinterhalt zu beschießen. Außerdem versuchte der Vietcong, festzustellen, in welche Richtung die Straße weitergeführt werden sollte, um die vorgesehene Trasse zu verminen. Aber wir konnten unser Vorhaben zu Ende führen, und die Straße ermöglichte es Saigon, Ärzte, Lehrer und Regierungsvertreter in die Dörfer zu schicken und die Bauern über die Absichten des Vietcong aufzuklären.

Inzwischen war Generalmajor Ramsey als Divisionskommandeur in Chu Lai von Generalmajor Stanley Meloy abgelöst worden. Meloy war nicht der Typ des militärischen Befehlshabers, der in der Kriegszone Tanztees veranstaltet hätte. Der gedrungene, kräftige Mann hatte die Offiziersschule besucht, konnte aber kein abgeschlossenes Collegestudium nachweisen. Als Truppenbefehlshaber erinnerte er mich an Oberst Truong. Als er zum ersten Mal auf meinen Bataillonsgefechtsstand kam, um sich in die Lage einweisen zu lassen, sah er sich meine Karten an und ließ sich von mir den Einsatz des Bataillons erklären. Am Ende meines Vortrags sah er sich noch zwanzig Minuten schweigend die Karten an und stellte hin und wieder eine Frage. Offenbar verglich er die von mir gegebenen Erklärungen mit der auf der Karte eingezeichneten Lage und überlegte sich, ob meine Entscheidungen richtig gewesen waren. Ich fühlte mich meiner Sache sicher, aber sein Schweigen machte augenscheinlich einige andere Bataillonskommandeure nervös. Während der General sich die Karten ansah, gaben sie ihm immer wieder neue Erklärungen. Er bedankte sich bei ihnen, wendete sich wieder den Karten zu, wurde aber sehr bald von neuem unterbrochen. Der erste Divisionsbefehl, den der Chef des Generalstabes an die Bataillone weitergab, war eine geradezu klassische Zusammenfassung dessen, was der Divisionskommandeur bei seinem Truppenbesuch festgestellt hatte. So hieß es: »Der Divisionskommandeur hat beobachten können, daß viele Bataillonskommandeure sich augenscheinlich mehr dafür interessierten, daß er ihnen zuhörte, als dafür, was er ihnen zu sagen hatte.«

Meloy sagte Clemons, soweit er es beurteilen könne, seien nur vier der elf Americal-Bataillonskommandeure etwas wert, und ich sei einer von ihnen. Ich war überwältigt – und es überraschte mich, wieviel mir dieses Lob bedeutete. Mir wurde bewußt, wie unglücklich dieser Vietnamaufenthalt im Vergleich zum ersten verlief. Damals hatte ich mich nicht nach Lob gesehnt, denn die Aufgabe selbst war so erfüllend gewesen.

Gelegentlich schlug Meloy Kongreßabgeordneten und Generälen vor, die »Feuerbasis Dottie« zu besuchen. Zum Teil wollte er damit beweisen, daß es seiner Division gelungen war, die Scharte auszuwetzen, die durch das Massaker von My Lai entstanden war. Bei diesen Gelegenheiten gab ich den Gästen einen zweiteiligen Lagebericht und sprach zuerst über die militärischen Operationen und dann über das, was wir auf dem zivilen Sektor unternahmen, um es der Regierung in Saigon zu ermöglichen, einen stärkeren Einfluß auf die Bevölkerung auszuüben. Zu diesen zivilen Programmen gehörten zum Beispiel der Straßenbau und die medizinische Versorgung der Dorfbewohner.

Anfang Mai 1970 besuchte der amerikanische Befehlshaber in Vietnam, General Creighton Abrams, mein Bataillon, um sich in die Lage einweisen zu lassen. Ich freute mich darauf, diesen klugen, ehrlichen, zigarrenkauenden Frontsoldaten kennenzulernen, der im Zweiten Weltkrieg als Kommandeur einer Panzerabteilung in der großen Kesselschlacht berühmt geworden war. Seine Idee war es, die Kriegführung wieder den südvietnamesischen Militärs zu überlassen, was auch nach meiner Ansicht schon lange hätte geschehen sollen. Ich erklärte, daß wir auf dem Weg zu diesem Ziel auf der Batangan-Halbinsel kaum irgendwelche Fortschritte gemacht hätten, vor allem weil die südvietnamesischen Truppenteile sehr schwach wären. Aber Abrams zeigte Interesse für alle Einzelheiten bei unseren Bemühungen, die südvietnamesischen Verbände zu selbständigem Handeln zu befähigen.

Ein General in der Begleitung von Abrams versuchte, unsere Besprechung rascher voranzubringen, und machte Abrams darauf aufmerksam, daß ich ihm auch noch über die Arbeit auf dem zivilen Sektor berichten sollte: »Sir, Schwarzkopf hat mehr dafür getan, Herz und Verstand dieser Leute zu gewinnen als jeder andere Bataillonskommandeur in diesem Abschnitt.«

Aber Abrams wollte die Behandlung der militärischen Fragen nicht abkürzen, sah mich an und brummte mit der Zigarre im Mund: »Meine Erfahrung sagt mir, wenn man sie bei den Eiern packt, werden Herz und Verstand schon folgen.«

Am Morgen des 28. Mai 1970 war ich in meinem Hubschrauber unterwegs zu einer Mörserstellung am Rande der Halbinsel, als die C-Kompanie über Funk meldete, ein Soldat sei auf eine Mine getreten und verletzt worden. Wir flogen sofort hin, und ich befahl meinem Piloten, den Verletzten zum Feldlazarett nach Chu Lai zu bringen. Während des Anflugs sah ich mir die Stellung der Kompanie an. Sie lag auf einer großen Anhöhe, und ich bemerkte überall die Umrisse alter Schützenlöcher und -gräben. »Verdammt!« dachte ich. »Wieder ein Verlust, der sich hätte vermeiden lassen.« Die Leute waren aus Unachtsamkeit in eine alte nächtliche Verteidigungsstellung geraten.

Der Hubschrauber startete mit dem Verwundeten, und ich blieb mit meinem Verbindungsoffizier von der Artillerie, Tom Bratton, zurück und sagte dem Kompanieführer, Tom Cameron, was ich von oben gesehen hatte, und fügte hinzu: »Da liegen sicher noch mehr Minen, und wir sollten uns überlegen, wie wir die Männer da herausbekommen. Wo ist Ihre Karte?«

In diesem Augenblick krachte es. Wieder war eine Mine detoniert. Ich sah mich um, und in einer Entfernung von zwanzig Metern lag ein Soldat mit gräßlich verrenktem Bein am Boden. Er schlug wie wild um sich und brüllte vor Schmerzen: »Herr Jesus! Helft mir doch! Helft mir doch!« Ich fürchtete, daß er sich bei diesen heftigen Bewegungen eine Arterie verletzen und verbluten könnte.

Inzwischen schrien auch andere Soldaten: »Mein Gott! Wir sind in ein Minenfeld geraten! Hier kommen wir nie wieder heraus! Wir werden alle sterben!«

»Hört auf mit diesem verdammten Scheißdreck!« schrie ich sie an. »Ihr werdet nicht sterben. Wir werden euch da herausholen.«

Aber der Verwundete hörte nicht auf zu schreien. Ich mußte irgendwie an ihn herankommen und ihm helfen. Mit seinem Geschrei hätte er eine Panik auslösen können, und das schlimmste wäre es, wenn die Leute in ihrer Angst fortgelaufen wären.

Deshalb sagte ich dem Kompanieführer: »Ich muß mich um den Verwundeten kümmern. Gehen Sie an Ihr Funkgerät und setzen Sie sich mit Ihren Unterführern in Verbindung. Es kommt darauf an, daß Sie Ihre Kompanie in der Hand behalten. Lassen Sie es nicht zu einer Panik kommen.«

Langsam und Schritt für Schritt tastete ich mich in das Minenfeld vor und versuchte zu erkennen, wo sich am Boden irgendwelche Unebenheiten zeigten, unter denen Minen versteckt sein konnten. Meine Knie zitterten so stark, daß ich vor jedem Schritt das Bein mit beiden Händen fassen mußte, um es dann langsam auf den Boden zu setzen. Ich hatte das Gefühl, es würde eine Ewigkeit dauern, bis ich endlich an den Verwundeten herankam.

Da er immer noch um sich schlug und ich ihn nicht anders beruhigen konnte, legte ich mich mit meinem ganzen Gewicht von zweihundertvierzig Pfund auf ihn. Ich war in West Point ein guter Ringer gewesen und hatte gelernt, wie man seinen Gegner zu Boden zwingt. Nun redete ich ihm gut zu und sagte: »Es ist ja schon gut. Wir werden Sie hier herausholen. Beruhigen Sie sich, und hören Sie auf zu schreien. Sie machen den anderen nur angst. Sie werden nicht sterben. Wir wollen dafür sorgen, daß Sie Ihr Bein behalten können, aber wenn Sie weiter so herumstrampeln, können Sie dabei eine Schlagader verletzten und verbluten.«

»Jawohl, Sir«, stöhnte er und lag nun ganz ruhig da.

»In Ordnung. Und jetzt werden wir Sie hier rausholen«, sagte ich. Dann sah ich an der Stelle, wo ich vorhin gestanden hatte, einen Busch und rief: »Bratton! Nehmen Sie Ihr Messer, und schneiden Sie ein paar Zweige ab, die ich als Schienen benutzen kann.« Bratton ging einen Schritt zur Seite, und schon krachte es wieder. Eine Mine zerfetzte ihm den rechten Arm und das rechte Bein, und er fiel zu Boden. Ich selbst spürte, wie mich ein Schrapnell an der Brust getroffen hatte. Ich blickte an mir hinunter und sah, daß ich blutete.

Die Soldaten waren einer Panik nahe, und ich rief: »Keiner bewegt sich! Jeder bleibt dort, wo er ist, bis wir euch herausholen können!« Ich nahm dem Verwundeten das Koppel ab, band das verletzte Bein an das gesunde und ließ ihn so liegen. Dann lief ich zurück an die Stelle, wo der Kompanieführer und zwei andere Soldaten neben Bratton knieten. Die Detonation hatte ihm einen Teil seines Schädels fortgerissen, und ich war überzeugt, daß er sterben würde. Aber wir verbanden ihn, so gut es ging, brachten ihn zu dem Hubschrauber, den wir für den ersten Verwundeten hatten kommen lassen, und wendeten uns wieder den anderen Soldaten zu. Ich selbst setzte mich über Funk mit meinem Stabsquartier in Verbindung und sagte, wir bräuchten eine Gruppe Pioniere mit Minensuchgeräten. Zwanzig Minuten später landeten sie, und ich fürchtete fast, der Hubschrauber könnte mit seinen Kufen die Detonation einer Mine auslösen und uns alle umbringen. Dem Führer der Pioniergruppe sagte ich: »Nehmen Sie sich zuerst den Landeplatz vor, und markieren Sie jede Stelle, an der Sie eine Mine gefunden haben.«

Der Bursche sah mich erschreckt an. »Sir, wir haben nichts, womit wir solche Stellen markieren könnten. Wir glaubten, Sie würden uns folgen, wenn wir Sie und Ihre Männer aus dem Minenfeld herausführen.«

»Aber was ist denn mit all den anderen, die hier herumstehen? Wir müssen die Stellen markieren, an denen Minen liegen, damit sie sicher herauskommen.« Dann sprach ich über Funk mit meinem Stellvertreter beim Bataillonsstab und sagte ihm: »Besorgen Sie möglichst viele Dosen mit Rasierschaum.« Wahrscheinlich hat er mich für verrückt gehalten und geglaubt, hier mitten in einem Minenfeld wollte ich die Soldaten veranlassen, sich zu rasieren. Er sagte: »Sir, habe ich Sie richtig verstanden? Soll ich Ihnen Rasierschaum schikken?«

»Verdammt! Reden Sie nicht lange! Besorgen Sie mir den Rasierschaum, und zwar sofort. Ich werde Ihnen später sagen, wozu ich ihn brauche.«

Der Hubschrauber flog zurück, um den Rasierschaum zu holen, und die Pioniere stellten mit Hilfe ihrer Minensuchgeräte fest, wo weitere Minen versteckt waren, damit wir die Männer sicher aus dem Minenfeld herausbringen konnten. Im Lauf der Zeit versammelten sie sich alle vor dem Hubschrauber, der jeweils zehn Mann an eine sichere Stelle unterhalb der Anhöhe brachte. Als der letzte Mann das Minenfeld verlassen hatte, war die ganze Anhöhe mit kleinen weißen Kreisen bedeckt. Natürlich konnten wir nicht mehr feststellen, wo diese Kreise wirklich eine vesteckte Mine anzeigten, denn im Verlauf der vergangenen dreißig Jahren waren hier so viele Bomben und Granaten eingeschlagen, daß überall in der Erde Metallsplitter lagen.

Als wir den letzten Mann aus der Gefahrenzone herausgeholt hatten, ließ ich mich zum Feldlazarett fliegen. Dort holte man mir acht Schrapnellsplitter aus meinem linken Brustmuskel, und nachdem der Arzt mich verbunden hatte, konnte ich ihn nur mit Mühe dazu bewegen, mich wieder zu meinem Bataillon zu entlassen. Ich wußte, daß inzwischen auch Bratton in der Notaufnahme versorgt worden war, und bevor ich abflog, wollte ich nach ihm sehen. Er lag hinter einem Vorhang auf einem Feldbett. Erstaunlicherweise war er bei Bewußtsein und litt offenbar nicht unter Schmerzen. Das ängstigte mich, denn ich hatte die gleichen Beobachtungen schon bei vielen Schwerverwundeten gemacht, die dann kurze Zeit später gestorben waren. »Halten Sie aus, Bratton«, sagte ich ihm. »Verdammt, Sie werden es schon schaffen.« Dann ging ich hinunter, um nach den anderen Verwundeten zu sehen. Auf dem Korridor sprachen mich drei schwarze Soldaten an. »Sir, wir haben gesehen, was Sie da draußen für unseren Bruder getan haben«, sagte der eine. »Wir werden das nie vergessen und dafür sorgen, daß auch alle alle anderen Brüder im Bataillon erfahren, was Sie getan haben.« Ich war überrascht und verwirrt. Bis zu diesem Augenblick war es mir gar nicht bewußt geworden, daß es sich bei dem Verwundeten im Minenfeld um einen Schwarzen gehandelt hatte.

Bisher hatte ich meine Brust wegen der örtlichen Betäubung nicht gespürt, aber als ich zum Bataillonsgefechtsstand zurückkam, verspürte ich starke Schmerzen. Ich legte mich auf mein Feldbett, aber schon nach wenigen Minuten kam mein Stellvertreter und meldete, daß Oberst Clemons gelandet sei, um sich einen Bericht geben zu lassen. Ich stand auf und ging in das Besprechungszimmer. Mir war immer noch schwindlig, und ich hatte vergessen, mir das Hemd zuzuknöpfen. Aber noch ehe Clemons etwas sagen konnte, fing ich an zu reden. Ich konnte gar nicht aufhören, und um dem Oberst die Lage zu verdeutlichen, zeichnete ich sogar eine kleine Skizze von der Verteidigungsstellung. Aber dann unterbrach er mich und sagte: »Um Himmels willen, Schwarzkopf! Ich will doch keine Meldung von Ihnen hören! Gehen Sie zu Bett!« Er sah mir nicht ins Gesicht, sondern auf meine Brust. Die Wunden waren aufgerissen, und durch den Verband sickerte das Blut.

Es dauerte ein paar Tage, bis ich mich so weit erholt hatte, daß Clemons mich zu einem einwöchigen Erholungsurlaub nach Bangkok schicken konnte. Ich kam in einem drittklassigen Hotel unter, das man, ohne es zu kennen, aus irgendeiner Liste für mich ausgesucht hatte. Für Brenda bestellte ich sieben Ringe – einen für jeden Monat, den sie bisher schwanger gewesen war, und dazu einen Ring für das Baby mit einem schönen kornblumenblauen Saphir. Auf meinen Gängen durch die Stadt besorgte ich ich die üblichen Souvenirs: Bronzewaren, Gebetsschnüre und seidene Halstücher. Aber die meiste Zeit lief ich nur herum und langweilte mich. Ich war jetzt etwas länger als elf Monate in Vietnam und hatte mir noch nicht die Zeit genommen, über meine Zukunft nachzudenken. Ich fühlte mich hin- und hergerissen. Einerseits sehnte ich mich nach zu Hause, aber andererseits hatte ich mich so sehr darum bemüht, mein Bataillon in Ordnung zu bringen, daß es mir nun schwerfiel, mich von meinen Männern zu trennen. Aber ich wußte, daß ich mich jetzt mit diesem Gedanken vertraut machen mußte.

Zwei Wochen später stieg ich in meinen Hubschrauber, flog zu jeder der fünf Kompanien und hielt jedesmal eine kleine Abschiedsrede. Ich sagte den Männern: »Ich weiß, als ihr diesen Hubschrauber saht, glaubtet ihr, er würde das Essen bringen, und es tut mir leid, daß ich euch enttäuscht habe.« Dann sagte ich, ich hätte das Bataillon nicht verlassen wollen, ohne mich vorher zu bedanken. Ich dankte den Männern dafür, daß sie ihrem Land gedient hatten, daß sie es unter meinem Kommando getan hatten, und ich dankte ihnen dafür, daß ich den Vorzug gehabt hatte, ihr Kommandeur zu sein. Ich wünschte ihnen Glück und sagte ihnen zum Schluß, am stolzesten sei ich darauf, daß sie noch am Leben seien. So wünschte ich Ihnen, am Leben zu bleiben und sicher nach Hause zurückzukehren.

Einige der Männer applaudierten und ließen mich hochleben. Dann ging ich zu meinem Hubschrauber und flog weiter. Während wir über dem Kompaniebereich kreisten, um Höhe zu gewinnen, saß ich noch in der Tür und sah, wie die Leute mir zuwinkten und mir mit Handzeichen verständlich machten, wie sehr sie sich nach Frieden sehnten. Ich mußte an meinen alten Lehrer in West Point, Hauptmann Martin, denken, dessen Männer ihm von ihren Panzern aus zugewinkt hatten. Ich erwiderte ihren Abschiedsgruß mit nach oben ausgestrecktem Daumen.

Als ich zum Bataillonsstabsquartier zurückkam, wartete bereits mein Nachfolger auf mich, ein guter Freund, den ich schon aus meiner Zeit in West Point und Fort Benning kannte: Oberstleutnant Fred Woerner. Um ihm den Anfang zu erleichtern, unterrichtete ich ihn in einem vierstündigen Gespräch über alle das Bataillon betreffende Fragen. Was ich mit meinem Vorgänger erlebt hatte, sollte sich hier nicht wiederholen.

Am nächsten Nachmittag flog ich zur Cam Ranh Bay und stand vierundzwanzig Stunden später vor der Maschine, die mich nach Hause bringen sollte. Ein Transportoffizier, ein Hauptmann, übergab mir einige Papiere und sagte: »Sir, das sind Ihre Befehle. Sie sind zum Kommandeur dieser Maschine bestimmt worden.«

»Was zum Teufel heißt das?« fragte ich.

»Sie sind für die Disziplin der Soldaten in der Maschine verantwortlich. Nach Ihrer Ankunft müssen Sie diese Dokumente dem Offizier übergeben, der den Transport in Empfang nimmt. Sollte die Maschine an einem anderen als ihrem Bestimmungsort landen, dann sind Sie für die Männer verantwortlich.«

Jetzt wurde mir klar, daß ich wirklich lange genug Kommandeur gewesen war.

Als wir starteten, mußte ich daran denken, wie schwer es mir beim ersten Mal gefallen war, meine vietnamesischen Freunde im Stich zu lassen. Diesmal verließ ich Vietnam mit ganz anderen Gefühlen. Ich dachte: »Gott sei Dank, daß es vorüber ist.« Ich hatte mein möglichstes getan, Verluste zu vermeiden, aber jetzt hatte ein anderer die Verantwortung für die Männer, die noch am Leben waren und zurückbleiben mußten. Ich verspürte nur noch das Bedürfnis, nach Hause zu meiner Familie zu kommen.

11

Am Donnerstag, dem 23. Juli 1970, nahm ich die Maschine von San Francisco zum internationalen Flughafen Baltimore/Washington. Beim Anflug am Freitagmorgen gerieten wir in ein Gewitter. Das Flugzeug schwankte im Sturm hin und her, Blitze zuckten, und als ich kurz vor der Landung auf die rechte Tragfläche unter meinem Fenster blickte, sah ich, wie sie sich besorgniserregend zur Seite neigte und den Boden zu berühren drohte. »Großartig«, dachte ich, »ich habe zwei Einsätze in Vietnam überlebt und soll nun hier vor den Augen meiner Frau abstürzen.«

Brenda und Sally warteten am Flugsteig. Wir umarmten und küßten uns, Brenda trat einen Schritt zurück, und ich konnte meine im achten Monat schwangere Frau in ihrer ganzen Schönheit bewundern. Ich sagte ihr, sie sehe aus, als habe sie nicht ein einziges Pfund zugenommen. Sie lachte und umarmte mich wieder. Nachdem wir mein Gepäck geholt hatten, mußte sich Sally verabschieden, denn sie kam bereits zu spät zu ihrer Arbeit bei der National Security Agency. Brenda und ich gingen zum Wagen. »Du bist müde. Laß mich fahren«, sagte sie. So setzte ich mich neben sie, und wir fuhren die fünfundvierzig Kilometer zu unserer bescheidenen Wohnung in der schon in Virginia gelegenen Vorstadt Annandale. Es war ein trüber, regnerischer Tag, und ich dachte, Brenda hätte eigentlich in diesem Zustand nicht fahren dürfen. Aber als sie mit großer Vorfreude über unser Baby und unsere Familie sprach und mir alles erzählte, was in der Zwischenzeit geschehen war, begann auch ich mich zu entspannen. Der Krieg lag jetzt sechzehntausend Kilometer hinter mir.

Während der folgenden Wochen bereiteten wir uns auf die Ankunft unseres Babys vor und richteten das zweite Schlafzimmer als Kinderzimmer ein. Über dem Bettchen brachten wir eine Spieluhr in der Form eines kleinen Karussells an und lasen uns gegenseitig aus dem

Ratgeber von Dr. Spock vor. Ich erkundete mit militärischer Präzision den Weg zur Klinik und stellte fest, daß wir dabei eine Zugbrücke passieren mußten, was mich einigermaßen beunruhigte. Am 23. August, einen Tag nach meinem sechsunddreißigsten Geburtstag, kam die kleine Cynthia Pauline Schwarzkopf zur Welt. Ich ging nervös im Wartezimmer auf und ab, als eine Krankenschwester hereinkam und mir sagte, wir hätten eine kleine Tochter bekommen, ich dürfe Brenda zunächst noch nicht sehen, aber das Kind sei schon auf der Säuglingsstation. Ich lief den Flur hinunter und betrachtete klopfenden Herzens durch das Fenster das schöne, winzige Baby mit dem schwarzen Haar und den großen dunklen Augen. Sie war so perfekt, daß ich mir einbildete, daß irgendwo ein Etikett befestigt sein müsse, auf dem stünde »Made in Hong Kong«. Es war Liebe auf den ersten Blick. Als ich zurückging, wurde Brenda gerade aus dem Entbindungsraum gefahren. Ich konnte nur sagen: »Sie ist wunderschön!«

»Ich bin so glücklich«, sagte Brenda lächelnd. Ich küßte sie und wurde dann von der Schwester nach Hause geschickt, die mir sagte, ich dürfe erst am nächsten Tag wiederkommen. Zu Hause rief ich alle Freunde und Verwandten an, setzte mich in meinen großen Lehnstuhl und überlegte mir, wie ich meiner neuen Rolle als Vater einer Tochter gerecht werden sollte.

Am folgenden Tag kam Brendas Mutter Elsie aus Timberville und blieb noch eine Woche bei uns, nachdem Brenda aus der Klinik zurückgekommen war. Sie und unser großartiger Babysitter Mrs. Murphy halfen uns in diesen ersten Tagen, aber bald erkannten Brenda und ich, daß das Kind trotz unserer Unerfahrenheit und Ungeschicklichkeit gut gedeihen würde.

Ich mag gar nicht daran denken, wie sich mein Leben nach der Rückkehr aus Vietnam gestaltet hätte, wenn ich Brenda nicht gehabt hätte. Ich hatte über die Vorfälle an der Kent State University und die Antikriegsdemonstrationen in jenem Frühjahr gelesen. In Oberlin hatte meine Schwester Ruth Ann eine Arbeitsgruppe organisiert, die Plakate für solche Demonstrationen herstellte. Ich hatte auch gehört, daß solche Demonstranten Soldaten bespuckt hatten. Schon bevor ich nach Hause kam, hatte ich beschlossen, jeden niederzuschlagen, der mich bespucken sollte. Zum Glück tat es niemand. Als ich aber im selben Herbst eines Tages nach der Arbeit in meiner grünen Uniform an einer Einkaufsstraße in Virginia ein Warenhaus betrat, wurde ich von dem Verkaufspersonal und den Kunden feindlich angestarrt. Ich zahlte und verließ das Geschäft so schnell wie möglich, aber als ich in meinen Wagen stieg, dachte ich: »Da trage ich nun in der Hauptstadt meines Landes die Uniform der Armee der Vereinigten Staaten, und die Menschen sehen mich an, als sei ich ein Ungeheuer!« Die Stimmung im Lande war ausgesprochen häßlich.

Ironischerweise war es jetzt meine Aufgabe, Soldaten nach Vietnam zu schicken. Ich arbeitete in der Personalabteilung des Verteidigungsministeriums für die Infanterie. Die Abteilung bestand aus etwa dreißig Mann und war für die Besetzung der Offiziersstellen aller Infanterieverbände verantwortlich, zu denen mehr als dreißigtausend Offiziere gehörten. Diese Abteilung zu leiten, bedeutete eine besondere Auszeichnung, was man aber angesichts der dort herrschenden Arbeitsbedingungen nie angenommen hätte. Das Officers Personnel Directorate in Washington lag gegenüber dem Pentagon am Ufer des Potomac und war in einer Reihe von behelfsmäßigen Holzbaracken untergebracht, die noch aus dem Zweiten Weltkrieg stammten. Die Abteilung für die Infanterie befand sich in einem langen, mit Neonröhren beleuchteten und von Kakerlaken wimmelnden Flur im Erdgeschoß. Wir hatten unsere Aktenschränke aus dem ersten Stock heruntergebracht, weil uns die Gebäudeverwaltung gesagt hatte, wenn wir sie oben ließen, müßten wir damit rechnen, daß sie eines Tages durch die morschen Fußböden brechen und sowieso hier landen würden. Ich leitete eine Arbeitsgruppe mit der Bezeichnung Professional Development Section. Sie bestand aus sieben Offizieren und arbeitete im selben Raum wie die für die Stellenbesetzung zuständige Abteilung, von der sie durch niedrige Trennwände abgeteilt war. In dieser Abteilung wurden die einzelnen Offiziere auf die Stellen aufgeteilt, in denen die Armee sie brauchte, während wir überprüften, wie weit sich die für die einzelnen Stellen vorgesehenen Offiziere für die ihnen übertragenen Aufgaben eigneten.

Was wir taten, war reine Büroarbeit und dauerte täglich zwölf bis vierzehn Stunden, denn obwohl die Stärke der in Vietnam eingesetzten amerikanischen Truppen verringert worden war, befand sich die Armee immer noch im Krieg. Als Leiter dieser Abteilung hatte ich es oft mit Oberstleutnanten zu tun, die kurz vor Vollendung ihres zwanzigsten Dienstjahres standen und wissen wollten, ob sie noch eine Zukunft in der Armee hätten. Die größten Schwierigkeiten gab es mit den Männern, denen ihre Vorgesetzten falsche Hoffnungen gemacht hatten. Zu ihnen gehörte zum Beispiel ein Bataillonskommandeur, dessen Brigadekommandeur ihm gesagt hatte: »Sie haben sich großartig bewährt und können sich auf eine ausgezeichnete Beurteilung freuen.«

Der Mann hatte damit gerechnet, zu einem Lehrgang am Army War College kommandiert zu werden, eine Ehre, die nur fünfzehn Prozent aller Oberstleutnante zuteil wird. Als er seinen Namen nicht auf der Liste der für diesen Lehrgang bestimmten Offiziere fand, kam er zu mir, um nach den Ursachen zu forschen, und ich mußte ihm sagen: »Sie sind als Bataillonskommandeur schlecht beurteilt worden.«

»Aber mein Brigadekommandeur hat mir gesagt, er werde mir eine ausgezeichnete Beurteilung schreiben, und ich weiß, auch der stellvertretende Divisionskommandeur war mit meinen Leistungen außerordentlich zufrieden.«

»Hier ist Ihre Beurteilung.«

Er sah sie an und war erschüttert. »Was hat das zu bedeuten?«

»Es bedeutet wahrscheinlich, daß Sie nicht zu dem Lehrgang am War College kommandiert werden. Ihre Chancen, zum Oberst befördert zu werden, stehen vielleicht fünfzig zu fünfzig. Und wenn Sie befördert werden, werden Sie wahrscheinlich nicht zum Brigadekommandeur befördert, sondern als Oberst verabschiedet werden.« Der Chef der Infanterieabteilung, Oberst Hugh »Pat« Patillo, hielt es für richtig, daß wir solchen Männern eine Stelle vermittelten, für die sie besser geeignet waren. Sobald ein Offizier begriffen hatte, daß seine militärische Laufbahn ihren Höhepunkt erreicht hatte, sollte er umsatteln. Vielleicht hatte er sich schon immer gewünscht, einmal als Berater der Nationalgarde auf Hawaii arbeiten zu können. Er konnte mit seiner Familie dorthin übersiedeln und nach seiner Pensionierung einen Zivilberuf ergreifen, der seinen Neigungen entsprach. Anstatt auf die Ernennung zum Brigadekommandeur zu warten, die nie erfolgen würde, konnte er sich jetzt um eine Position bewerben, für die er besser geeignet war. Ich war überrascht festzustellen, wie viele dieser älteren Offiziere von ihren Vorgesetzten belogen worden waren.

Im Sommer 1970 legte das Army War College auf Veranlassung von General William Westmoreland, der inzwischen Chef des Generalstabs geworden war, einen erschütternden Bericht vor, der manches von dem erklärte, was wir hier erlebten. Aufgrund vertraulicher Beurteilungen von vierhundertfünfzehn Offizieren rügte der Bericht die Armee dafür, daß in vielen Fällen die falschen Leute belobigt worden seien. Er schilderte, wie dieses System eigennütziges Verhalten ermöglicht und unfähige Kommandeure geduldet hatte, die ihre Untergebenen mißbrauchten und die Fakten verdrehten, um selbst voranzukommen. Er kritisierte, daß die Armee so großen Wert auf im Grunde bedeutungslose Statistiken legte, und verurteilte insbesondere das Verlangen höherer Kommandostellen nach genauen Meldungen über die zahlenmäßigen Verluste des Gegners in Vietnam. Ein junger Hauptmann hatte einer Untersuchungskommission eine abstoßende Geschichte erzählt: Er war von seiner vorgesetzten Dienststelle so sehr unter Druck gesetzt worden, möglichst hohe gegnerische Verlustzahlen anzugeben, daß er sich fast mit einem südvietnamesischen Offizier darum geprügelt hätte, wer von beiden die Leichenteile gefallener Feinde für sich in Anspruch nehmen könne. Viele Offiziere gaben zu, sie hätten ihre Meldungen gefälscht und zu hohe Gefallenenzahlen genannt, um ihre Vorgesetzten zufriedenzustellen.

Für uns, die wir selbst an den Kämpfen in Vietnam teilgenommen hatten, war das nichts Neues. Aber was uns beunruhigte, war die Skrupellosigkeit, die wir hier in Washington erlebten. Hochrangige Offiziere ließen ihre Verbindungen spielen, um zu verhindern, daß von ihnen bevorzugte Untergebene zum zweiten Mal nach Vietnam kommandiert wurden, obwohl das bedeutete, daß andere ein drittes Mal in die Kriegszone geschickt werden mußten. Andere Offiziere versuchten die Auswahl derjenigen zu beeinflussen, die auf Lehrgänge geschickt wurden. In einem Fall handelte es sich um einen Major, der zum letzten Mal die Gelegenheit hatte, an einem Generalstabskurs teilzunehmen. Er war schon einige Male übergangen worden, weil seine Beurteilungen nicht gut genug waren, aber sein Schwager gehörte schon seit langer Zeit dem Bewilligungsausschuß des Repräsentantenhauses an. Im selben Herbst kam General Kjellstrom von der Finanzkontrollbehörde der Armee zum Leiter der Offizierspersonalabteilung und sagte ihm, er habe ein Problem: Der oben erwähnte Kongreßabgeordnete habe gedroht, den ganzen Jahresetat der Armee zu Fall zu bringen, wenn sein Schwager nicht zum Generalstabslehrgang nach Leavenworth geschickt werden würde.

In unserer Naivität erklärten meine Mitarbeiter und ich: »Ha! Das wird nie geschehen.« Aber trotzdem gelang es irgend jemandem, den Burschen in eine Stelle einzuschleusen, die ursprünglich für einen besser geeigneten Mann vorgesehen war. Später hatte der Major sogar die Unverschämtheit, uns aus Leavenworth zu schreiben: »Mein nächstes Ziel ist nun, an einem Lehrgang am Army War College teilzunehmen.«

Ich persönlich befand mich in einem Dilemma: Moralisch und ethisch befand sich die Armee in einem ebenso schlechten Zustand wie zu der Zeit, als ich Soldat geworden war, aber ich selbst hatte beachtliche berufliche Erfolge zu verzeichnen. Ich war vorzeitig zum Major und zum Oberstleutnant befördert worden und hatte mich als Bataillonskommandeur bewährt. Als im November die Liste der Teilnehmer am nächsten Lehrgang des War College veröffentlicht wurde, stand mein Name darauf, und zwar als einer von fünf Anwärtern, die schon im ersten Jahr, in dem eine solche Kommandierung möglich war, dazu ausgewählt worden waren. Obwohl ich keine Kompromisse hatte machen müssen, stand ich in vorderster Reihe des Offizierskorps einer Armee, an der ich selbst sehr viel auszusetzen hatte.

Die inneren Zweifel, von denen ich in jenem Winter 1970/71 geplagt wurde, traten angesichts dringender persönlicher Probleme etwas mehr in den Hintergrund. Ich hatte gesundheitliche Schwierigkeiten. Ich wußte schon seit Jahren, daß ich mir im unteren Teil des Rückens einen Wirbel angebrochen hatte. Es war eine chronische Fraktur, zu der es nach Auffassung meiner Ärzte bei meiner Geburt gekommen war. Der Zustand hatte sich als Folge der zahlreichen Fallschirmabsprünge, die ich in den letzten Jahren absolviert hatte, verschlimmert. Gegen Ende meines letzten Kommandos in Vietnam war es für mich schon eine Qual gewesen, längere Zeit angeschnallt im Hubschrauber zu sitzen. Aber ich hatte die Sache so lange ignoriert, bis ich am ersten Tag nach meiner Rückkehr zu Hause eine Dusche nahm und mich zum ersten Mal seit Jahren in ganzer Länge im Spiegel sah. Es war ein richtiger Schock, als ich feststellte, daß sich die Muskeln an meinem rechten Bein so weit zurückgebildet hatten, daß es deutlich dünner war als das linke. Ich wußte, das war ein Anzeichen dafür, daß die Nerven geschädigt waren, und ich sagte mir, daß ich etwas dagegen unternehmen müsse. Aber dann verdrängte ich die Sache, weil ich nach der Geburt unseres ersten Kindes und so kurz nach der Übernahme einer neuen dienstlichen Aufgabe nicht ins Krankenhaus gehen wollte.

Seit der Geburt von Cindy hatten sich die Schmerzen verschlimmert. Brenda massierte mir jeden Abend den Rücken, aber das Bein wurde trotzdem immer dünner. Schließlich ging ich im Februar ins

Walter-Reed-Hospital, und die Ärzte stellten mich vor ein Ultimatum: Entweder ich unterzog mich einer größeren Wirbelsäulenoperation, die eine längere Erholungszeit notwendig machen würde, oder ich riskierte eine vollständige Lähmung. Brenda machte sich zwar Sorgen um meine Gesundheit, überließ mir aber die Entscheidung. Nachdem ich mich vergewissert hatte, daß ich die Teilnahme an dem Lehrgang am War College um ein Jahr verschieben konnte, entschied ich mich für die Operation.

Am 15. Juni 1971 wurde ich in der Station 1, der orthopädischen Station für Offiziere, aufgenommen, wo ich die nächsten Monate würde verbringen müssen. Auf dem langen Korridor hinter dem Eingang begegneten mir viele Männer in Rollstühlen und auf Krükken. Es waren alles Amputierte. Ich fühlte mich nach Vietnam zurückversetzt. »Hey, Oberst Schwarzkopf!« hörte ich eine bekannte Stimme rufen. Ich drehte mich um, und mit einem breiten Lächeln im Gesicht humpelte Tom Bratton auf mich zu. Seit dem Tag, an dem er in jenem Minenfeld fast gestorben wäre und ich ihn im Feldlazarett von Chu Lai hatte verlassen müssen, hatte ich weder etwas von ihm gehört noch gesehen. Aber es war in der Tat der alte, große, dunkelhaarige, joviale Südstaatler Bratton. Er ergriff meine Hand. »Wie geht es Ihnen, Sir? Ich habe Ihren Namen auf der Liste der zum Lehrgang beim War College zugelassenen Kandidaten gesehen. Es ist großartig, Sie wiederzusehen!«

»Bratton! Warum haben Sie mich nicht wissen lassen, daß Sie hier sind?«

»Ich wußte nicht, wo ich Sie finden könnte.« Bratton erzählte mir, er sei schon länger als ein Jahr auf dieser Station und müsse jetzt lernen, seine Arm- und Beinprothesen zu benutzen. »Kommen Sie mit, Sir. Ich werde Ihnen die Station zeigen.«

Fast alle Türen lagen auf der einen Seite dieses Ganges. Die eine führte in das Zimmer einer Art Privatstation, und durch die andere gelangte man in einen langen Krankensaal mit sieben Betten. Ganz am Ende befand sich eine große Nische mit drei Betten an den Wänden. »Hier wohne ich«, sagte Bratton. »Hey, ihr Burschen, das ist Oberst Schwarzkopf. Auch er will seine Zelte hier aufschlagen.« Plötzlich blieb er stehen und zeigte auf die Mitte des Fußbodens. Irgend jemand hatte in das Linoleum ein Mosaik eingelegt, das eine Klapperschlange zeigte. »Wir nennen dies die Schlangengrube«, erklärte er.

Dann stellte er mich einigen seiner Kameraden vor; Mike Sinclair, der auf eine Mine getreten war und beide Beine und einen Arm verloren hatte, Larry de Meo, dem der Arm an der Schulter abgerissen worden war, und Henry Schroeder, dessen Bett auf einem großen runden Gestell befestigt war, das von den Sanitätern immer wieder um die eigene Achse gedreht wurde, um seinen Kreislauf ins Gleichgewicht zu bringen, was notwendig war, um ihm seine Beine zu erhalten. Sie alle wußten, daß ich am nächsten Tag operiert werden sollte. »Machen Sie sich nur keine Sorgen«, sagte Bratton. »Wir wissen, wie die Dinge hier laufen, und wir werden schon dafür sorgen, daß Sie jede notwendige Pflege bekommen.« Ich war zutiefst gerührt. Alle diese Männer hatten Arme und Beine verloren, und nun machten sie sich Sorgen um mich!

Wie vorgesehen nahmen die Ärzte eine spinale Fusion vor, das heißt, sie entnahmen ein Stück Knochen aus meiner Hüfte, zerrieben es zu einer Paste und verwendeten diese dazu, drei Wirbel am unteren Teil meines Rückens miteinander zu verbinden. Während der ersten zwei Wochen nach der Operation wurde ich an einem zwei Meter vierzig langen Gestell aus Metall und Leinwand, einem sogenannten »Foster-Rahmen« festgebunden und mußte alle vier Stunden wie ein Spanferkel an einem Grill um meine eigene Achse gedreht werden.

Ende Juni wurde ich in Gips gelegt. Ein fünfundvierzig Pfund schwerer Gipsverband reichte nun von den Schultern über die Hüften und ein Bein hinunter bis kurz über das Knie. An dem Tag, an dem dieser Verband angelegt wurde, brachten mich die Sanitäter auf die Station und ließen mich buchstäblich auf das Bett fallen. Ich kam mir vor wie eine auf dem Rücken liegende Schildkröte. Zunächst lag ich in dem Zimmer der Privatstation, wurde aber dann bald in den Krankensaal verlegt, wo Bratton und die anderen Amputierten in ihren Rollstühlen und auf Krücken ständig für Abwechslung sorgten.

Brenda besuchte mich jeden Tag, obwohl sie für die Hin- und Rückfahrt jeweils eine Stunde brauchte und sich nicht sehr wohl fühlte. Zu unserer großen Freude hatte sie festgestellt, daß sie wieder schwanger war. Neben Brendas Besuchen teilten die Mahlzeiten meinen Tag ein. Auf sie freute ich mich jedesmal, weil ich die Arme bewegen und selbständig essen konnte. In jeder anderen Beziehung war ich auf die Hilfe der Krankenschwestern angewiesen. Sehr bald nahm ich kaum noch wahr, ob es Tag oder Nacht war. Ich las, bis mir die Augen schmerzten. Der Bibliothekar vom Roten Kreuz kam zweimal die Woche mit einem Karren voller Bücher, und ich suchte mir etwas aus seinem Angebot aus: Spionageromane, historische Romane, Krimis, Klassiker, und gelegentlich war es sogar ein Gedichtband. Aber nach der Lektüre von vierzig oder fünfzig Büchern hatte ich genug. Brenda brachte mir ein kleines Fernsehgerät, und ich sah alle Programme, die ich empfangen konnte, bis mir der Kopf brummte. Ich schlief soviel ich konnte, denn im Schlaf verging die Zeit am schnellsten. Aber dadurch wachte ich oft mitten in der Nacht auf und konnte nicht wieder einschlafen. Dann starrte ich an die Decke des schwach erleuchteten Krankensaales, und meine Gedanken kreisten um Vietnam.

Ich mußte an das vergangene Frühjahr denken, als man den Eindruck hatte, unser ganzes Land sei verrückt geworden. Im April waren Hunderte von Vietnamveteranen, zum Teil in Rollstühlen, nach Washington gekommen und hatten aus Protest gegen den Krieg ihre Orden auf die Stufen des Kapitols geworfen. Die Zeitungen berichteten, es seien einige »Silver Stars« und »Purple Hearts« dabeigewesen. Ich konnte mir nicht vorstellen, daß irgend jemand solche Auszeichnungen fortwarf, und glaubte zunächst, es seien nur irgendwelche von der Verwaltung ausgegebene Medaillen gewesen, die man automatisch nach einer bestimmten Dienstzeit im Kriegsgebiet bekam. Doch schon zwei Tage später versammelten sich in Washington zwanzigtausend Menschen zu einem Protestmarsch gegen den Krieg, und eine Woche später nahm die Polizei Tausende von Demonstranten fest, die den Verkehr behindert und die Regierungsgebäude blockiert hatten. Schließlich begann die »New York Times« zwei Tage vor meiner Einlieferung in das Walter-Reed-Hospital mit der Veröffentlichung der sogenannten »Pentagonpapiere«. Das waren Geheimdokumente aus der Zeit des Kriegsbeginns. Angeblich behandelten diese Papiere die Frage, ob Präsident Johnson die Öffentlichkeit über die verstärkte Beteiligung Amerikas am Krieg getäuscht hatte. Ich konnte nicht mehr verstehen, was in meinem Land vorging.

Ich war entsetzt über die Auswirkungen des Vietnamkrieges auf den inneren Zustand der Vereinigten Staaten und der Armee. Es war ein Alptraum, daß die amerikanische Öffentlichkeit die Armee nicht mehr unterstützte. Im Ersten und im Zweiten Weltkrieg hatten unsere Truppen *niemals* auch nur eine Minute befürchten müssen, daß die Bevölkerung an der Heimatfront ihnen in den Rücken fiel. Wir Soldaten hatten uns weder unseren Feind ausgesucht noch die

Einsatzbefehle geschrieben. Das hatten die gewählten Volksvertreter getan. Dennoch wurde uns jetzt die Schuld zugeschoben. Wir Soldaten, Matrosen, Flieger und Marineinfanteristen waren die Söhne und Töchter Amerikas, und die Unterstützung der Öffentlichkeit zu verlieren, bedeutete praktisch die Ablehnung durch unsere eigenen Eltern.

Mit Bitterkeit erinnerte ich mich an einen Vorfall aus der Zeit meines ersten Einsatzes in Vietnam im Jahr 1965. Der Verband der vietnamesischen Luftlandetruppe, dem ich zugeteilt worden war, hatte den Stab einer Vietcong-Einheit überrannt, und unter den dabei erbeuteten Dokumenten befand sich eine Direktive von Ho Chi Minh. Darin hieß es: »Ich weiß, daß ihr jetzt immer stärkeren amerikanischen Verbänden gegenübersteht, aber macht euch keine Sorgen. Wir werden den Krieg gegen Amerika ebenso gewinnen, wie wir den Krieg gegen die Franzosen gewonnen haben, und zwar nicht auf dem Schlachtfeld, sondern in Amerika, dem Land unseres Feindes. Es kommt nur darauf an, daß ihr durchhaltet. Das amerikanische Volk ist nicht hart genug, diesen Krieg durchzustehen, aber wir sind es. Wir kämpfen nun schon seit zwanzig Jahren, und wir können auch noch weitere zwanzig Jahre kämpfen. Aber vorher werden die Amerikaner den Kampf aufgeben und ihre Truppen nicht mehr unterstützen, und wir werden gesiegt haben.«

Ich brachte das Dokument zum amerikanischen Hauptquartier, und für uns klang es wie ein Witz. »Seht euch diesen Quatsch an! Seht doch, was für eine Art Propaganda diese Leute drucken!« Aber »Uncle Ho« hatte gewußt, wovon er sprach. Er kannte die westliche Mentalität sehr genau und verstand seinen Feind besser, als wir uns selbst verstanden.

Allmählich erkannte ich, daß ich es mir sehr genau überlegen mußte, ob ich mich noch einmal zum Kriegseinsatz melden sollte. Die Armee würde mich wieder nach Vietnam schicken wollen, und ich würde mich fragen müssen: »Lohnt es sich denn?« Ich hatte das Gefühl, in eine Sackgasse geraten zu sein. Ich konnte mir nicht vorstellen, daß ich je einen Befehl verweigern würde, und doch hielt ich es für unmöglich, mich an einem Krieg zu beteiligen, ohne daß mein Land seine Soldaten mit allen Kräften dabei unterstützte.

Ich dachte an meine militärische Laufbahn. Ich gehörte der Armee jetzt schon fünfzehn Jahre an und würde mich nach fünf weiteren Jahren zur Ruhe setzen können. Wahrscheinlich würde ich es aus medizinischen Gründen schon jetzt tun können. Ich war überzeugt, daß ich auch außerhalb des Militärs eine Arbeit finden würde. Entweder würde ich einen Lehrauftrag übernehmen oder mit einem meiner früheren Klassenkameraden, der sich schon zur Ruhe gesetzt hatte, ein Geschäft gründen. Aber als ich mir vorstellte, wie es sein würde, wenn ich meinen Dienst quittierte, erkannte ich, daß dies im Grunde nicht das war, was ich wollte. Ich war ein guter Soldat und wünschte mir, daß sich die Verhältnisse in der Armee und die Haltung der Öffentlichkeit veränderten, um auch weiterhin Soldat bleiben und stolz darauf sein zu können. Aber wer sollte diese Veränderungen bewirken?

Jedesmal wenn ich unter Depressionen litt und mich in mich selbst zurückzog, verstand es Bratton, mich aufzurütteln und mir zu helfen, in die Wirklichkeit zurückzufinden. Dann kam er an mein Bett und sagte: »Verdammt, Sir, wenn ich mit nur einem Bein gehen kann, warum sollen Sie es mit zwei Beinen nicht auch schaffen?«

»Sie haben nicht diesen Schildkrötenpanzer auf dem Rücken«, erwiderte ich dann. Aber es war mir trotzdem peinlich, denn ich wußte, ich würde wieder ein ganz normales Leben führen können, Bratton aber nicht. Er und seine Kameraden kamen jeden Tag auf meine Station, scherzten, spielten Karten und terrorisierten die Sanitäter. Allmählich begriff ich, was dieses Leben in der Schlangengrube für die Patienten bedeutete. Die Neuzugänge aus Vietnam waren oft verbittert und voller Selbstmitleid. Wenn ein solcher Mann nicht wieder zu sich selbst finden konnte, verlegten ihn die Ärzte in die Schlangengrube. Die meisten dieser Burschen waren ebenso wie Bratton schon Monate oder Jahre dort und mußten es lernen, mit den Folgen schwerster Verwundungen fertig zu werden. So kannten sie kein Erbarmen, wenn ein frisch eingelieferter Patient anfing, sich zu beklagen. Dann schrien sie ihn an: »Du verdammte Heulsuse, halt das Maul! Worüber jammerst du? Hier gibt es viele, denen es schlechter geht als dir. Du wirst wieder gehen können, du kleiner Bastard. Halt das Maul, verdammt noch einmal! Wir wollen das nicht länger hören.«

Oft brachten sie diese Leute zum Weinen. Aber anschließend bissen sie die Zähne zusammen und nahmen den Kampf auf, und genau das wollten ihre Kameraden erreichen. Sie wußten, daß an jeden, der es lernen mußte, mit Prothesen umzugehen, gewaltige physische und psychische Anforderungen gestellt wurden, besonders wenn es sich um Mehrfachamputierte handelte, und jemand, der sich selbst bemitleidete, konnte das nicht schaffen. Die Burschen in der Schlangengrube waren erbarmungslos, aber sie halfen den anderen, wieder den Weg ins Leben zu finden. In meinen Augen waren es Helden.

Zugleich mit meinem körperlichen Zustand besserte sich auch meine Stimmung. Mein glücklichster Tag war der 22. August, mein siebenunddreißigster Geburtstag, denn die Verwaltung des Krankenhauses hatte gegen die Regeln verstoßen und Brenda erlaubt, Cindy mitzubringen. Sie warteten beide im Besuchszimmer, als die Sanitäter mich in einem Rollstuhl hereinfuhren. Ich fürchtete, das Kind würde mich nicht mehr erkennen. Ich war zehn Wochen nicht zu Hause gewesen, und das kleine Mädchen war erst ein Jahr alt. Aber im selben Augenblick als sie mich sah, sagte sie: »Da-Da« und kletterte auf meinem Gips herum. Mir fiel ein Stein vom Herzen. Brenda hatte mir zu meinem Geburtstag einen besonderen Wunsch erfüllt und einen Tennisschläger mitgebracht. Ich bat einen Sanitäter, ihn gegenüber meinem Bett an die Wand zu hängen.

Ich begann jetzt auch mit der Krankengymnastik, das heißt, ich mußte lernen, mit dem schweren Gipsschild über meinem Rücken zu gehen. Man legte mich auf ein langes Brett, das dann nach vorn geneigt wurde. Ich hatte so lange nicht mehr auf meinen Füßen gestanden, daß ich zunächst starke Schmerzen an den Fußsohlen spürte, als ich mich hinstellen mußte. Bei den ersten Schritten wurde ich von einer zarten, kleinen Krankenschwester gestützt. Ich warnte sie: »Sehen Sie sich nur vor, und springen Sie zur Seite, wenn ich umfallen sollte. Ich würde Sie mit meinem Gewicht erdrücken.«

Ende September war es endlich soweit, daß die Ärzte mir einen neuen Gips anlegten, der nur noch von den Schultern bis zu den Hüften reichte. Und ich wurde nach Hause entlassen! Allerdings mußte ich mich alle vierzehn Tage im Krankenhaus melden, um auch weiter dort behandelt zu werden. Es gab also keinen langen Abschied von meinen Kameraden in der Schlangengrube. Ich hatte nur gewisse Schwierigkeiten, in das Auto einzusteigen, denn ich paßte kaum durch die Tür, aber mit der Hilfe von Brenda und einem Sanitäter gelang es mir schließlich, mich quer auf den Rücksitz zu legen. Aber das machte mir nichts aus. Ich hätte mich auch auf das Dach schnallen lassen, wenn es notwendig gewesen wäre.

Kurze Zeit nachdem ich aus dem Krankenhaus entlassen worden war, bekam ich einen Brief von C. D. B. Bryan, einem Journalisten von der Zeitschrift »The New Yorker«. Er schrieb mir, er arbeite an einem Artikel über die Familie eines jungen Unteroffiziers mit Namen Michael Mullen, der in der »Rocket Pocket« durch eigenes

Artilleriefeuer (friendly fire = Beschuß durch die eigene Seite) getötet worden war, während ich dort das Kommando führte. Er bat mich um ein Interview und wollte mit mir über diesen Vorfall sprechen.

Die Eltern dieses Unteroffiziers hatten mich im Krankenhaus besucht. Es waren einfache Farmer aus Iowa, die nun versuchten, nicht nur über den Tod ihres Sohnes hinwegzukommen, sondern auch mit der Tragödie fertig zu werden, die darin bestand, daß er im Feuer der eigenen Artillerie gestorben war. Die Armee hatte die Sache noch schlimmer gemacht, als sie versuchte, die Eltern mit ungeschickten und ausweichenden Erklärungen abzuspeisen, und das hatte dazu geführt, daß die Mullens überzeugt waren, es gebe eine Verschwörung, die Wahrheit über den Tod ihres Sohnes zu verschleiern. Ihr Vertrauen zur Regierung war zerstört, und Mrs. Mullen war zum überzeugten Mitglied der Antikriegsbewegung geworden. Bevor ich Vietnam verließ, schickte sie mir eine ganzseitige Anzeige, die sie und ihr Mann in der Zeitung »The Des Moines Register« hatten veröffentlichen lassen. Die Anzeige begann mit den Worten: »Eine stille Botschaft an die Mütter und Väter in Iowa. Wir sind in neun langen, schrecklichen Jahren in einem nicht erklärten Krieg in Vietnam gestorben ... Wie viele Menschenleben wollen Sie mit Ihrem Schweigen noch opfern?« Unter der Anzeige standen in sauberen Reihen siebenhundertvierzehn winzige Kreuze. Das war die Zahl der Soldaten aus Iowa, die im Vietnamkrieg gefallen waren. Mrs. Mullen war stolz auf diese Anzeige. Sie hatte sie mit den zweitausend Dollar bezahlt, die sie vom Staat nach dem Tod ihres Sohnes bekommen hatte.

Ich hatte mich bereit erklärt, mit den Mullens zu sprechen in der Hoffnung, sie einigermaßen beruhigen zu können. Ich konnte ihnen ihren Sohn zwar nicht wiedergeben, aber sie hatten das Recht, die Wahrheit über seinen Tod zu erfahren. So beantwortete ich alle ihre Fragen und schilderte ihnen den Vorgang so gut ich es konnte. Am Abend des 18. Februar 1970 hatte sich die C-Kompanie auf einer Anhöhe im Dschungel eingegraben. Die Kompanie hatte die Artillerie routinemäßig darum gebeten, ihre Geschütze auf die Dschungelpfade in der Nähe dieser Anhöhe einzurichten, um Sperrfeuer schießen zu können, wenn der Vietcong nachts angreifen sollte. Dazu wurden einige Probeschüsse abgegeben. Eine dieser Granaten detonierte unmittelbar über der Stellung der Kompanie, und Michael Mullen und ein anderer Soldat wurden tödlich von den Splittern getroffen. Bei der Untersuchung des Falles stellte sich heraus, daß ein

Leutnant bei der Feuerleitstelle vergessen hatte, den Baumbewuchs auf der Anhöhe zu berücksichtigen. So hatte die Granate, anstatt über die Stellung der Kompanie hinwegzufliegen, einen Baumwipfel getroffen und war detoniert.

Als die Mullens zu mir kamen, war die Stimmung zunächst gereizt, aber dann entwickelte sich ein durchaus freundliches Gespräch. Ich sagte ihnen alles, was ich über diesen Vorfall wußte, und schlug ihnen vor, auch noch mit anderen Augenzeugen zu sprechen. Am Schluß schüttelte mir Michaels Vater die Hand, obwohl er sich bei der Begrüßung geweigert hatte, es zu tun. Doch jetzt konnte ich dem Brief von Bryan entnehmen, daß die Mullens mir nicht geglaubt hatten. Bryan wollte selbst hören, was ich zu sagen hatte.

Ich rief die Abteilung für öffentliche Angelegeneiten der Armee an, und der Offizier, mit dem ich sprach, sagte mir: »Sie sind nicht verpflichtet, mit dem Mann zu sprechen.«

Ich hielt das für verrückt. »Aber ich *will* mit ihm reden. Ich habe nichts zu verbergen.«

»Gut. Dann tun Sie es auf eigene Verantwortung.« Er schlug mir vor, das ganze Interview auf Band aufzunehmen, damit keine meiner Aussagen außerhalb des Zusammenhangs zitiert werden würde. Dann fügte er hinzu: »Bleiben Sie auf jeden Fall auf der Ebene Ihrer Zuständigkeit.« Damit meinte er, daß ich weder meine Vorgesetzten noch den Präsidenten kritisieren dürfe.

Bryan besuchte mich am Vormittag des 6. Oktober 1971, ein hochgewachsener, schlanker Bursche mit zurückgekämmtem Haar, scharfen Gesichtszügen, intelligenten Augen und einer sanften, angenehmen Stimme. Er sagte, der Name auf seinem Briefkopf, C. D. B. Bryan, sei eine Abkürzung für Courtlandt Dixon Barnes Bryan, daß ihn aber die meisten Courty nannten. Wir setzten uns an den Eßzimmertisch und redeten zunächst darüber, was an jenem Abend bei der C-Kompanie geschehen war. Später sprachen wir ganz allgemein über den Einsatz der amerikanischen Truppen in der »Rocket Pokket« und auf der Halbinsel Batangan.

Er stellte mir sehr detaillierte und genaue Fragen, und ich glaube, er konnte feststellen, daß ich offener und sachlicher war, als er es erwartet hatte. Jedesmal wenn er fragte: »Wie kann ich das verifizieren?« konnte ich ihm die Namen von Augenzeugen nennen, die meine Aussage bestätigen würden. Im Verlauf des stundenlangen Gesprächs überraschte ich mich dabei, daß ich versuchte, ihm zu erklären, was es bedeute, Offizier zu sein. Ich sprach über alle die

Zweifel, mit denen ich in den langen schlaflosen Nächten im Krankenhaus gerungen hatte. Für mich war der Tod von Michael Mullen nicht nur eine Tragödie, sondern es waren zwei Tragödien: der sinnlose Tod eines jungen Mannes und die Verbitterung, mit der seine Eltern darauf reagierten.

Am späten Nachmittag kam Brenda nach Hause. Sie war mit Cindy bei Freunden gewesen und kochte uns nun das Abendessen, zu dem wir auch Bryan einluden. Wir beendeten das Interview am folgenden Morgen und korrespondierten anschließend noch wochenlang miteinander. Für Bryan war die Geschichte der Familie Mullen ein Symbol dafür, wie Amerika durch den Vietnamkrieg innerlich zerrissen worden war. Schließlich veröffentlichte er zu diesem Thema ein Buch mit dem Titel »Friendly Fire«. Als es 1976 erschien, stellte ich fest, daß es ein ehrlicher Bericht über diesen tragischen Vorfall war.

Bald im Frühjahr 1972 nahm ich mein gewohntes Leben wieder auf. Noch mußte ich eine Rückenstütze tragen, konnte aber zu meiner Arbeit in der Personalabteilung für die Infanterie zurückkehren. Im März wurde unsere Tochter Jessica geboren. Das war eine Riesenfreude – mit ihrem Lächeln konnte sie ein ganzes Zimmer in helles Licht tauchen. Mit einem Kleinkind und einem Säugling im Haus und angesichts der Tatsache, daß ich körperlich noch nicht vollkommen fit war, konnten wir uns kaum am gesellschaftlichen Leben in Washington beteiligen, aber weder Brenda noch ich legten größeren Wert darauf. Wir beschränkten unseren Umgang auf wenige gute Freunde und ihre Frauen. Das waren vor allem Pete und Ginger Lash, Ward und Judy Le Hardy und Bill und Nancy Cody, die ganz in unserer Nähe lebten. Gelegentlich besuchten wir auch Brendas Eltern in dem einhundertsechzig Kilometer südlich von Washington gelegenen Timberville. Im übrigen bereiteten wir unseren Umzug nach Pennsylvania vor, wo ich im Sommer den einjährigen Lehrgang am Army War College beginnen sollte.

An einem Samstagabend im Frühjahr 1972 kam Sally zum Abendessen zu uns und brachte eine Magnumflasche »Châteauneuf-du-Pape« mit. Sally gehörte praktisch zu unserem Haushalt. Jeden Donnerstagabend besuchte sie uns, und wir spielten Karten, sahen uns eine Fernsehsendung an oder unterhielten uns. Oft kam sie auch an den Wochenenden abends zu uns. Sally lebte auf der anderen Seite des Potomac in einem hügeligen, bewaldeten Teil von Bethesda,

Maryland, wo sie ein ausnehmend schönes Blockhaus gemietet hatte, das früher als Sommerhaus benutzt worden war. Sie ging ganz in ihrem Beruf auf und war unverheiratet geblieben. Zwar konnte sie uns wenig über ihre Arbeit erzählen, wir wußten aber, daß sie zu der Handvoll von Frauen gehörte, die bei der National Security Agency eine leitende Stellung bekleideten. Sally war auch diejenige unter uns, die sich besonders um den Zusammenhalt der Familie Schwarzkopf bemühte. Mehr als wir anderen kümmerte sie sich um unsere Mutter, die mit einundsiebzig Jahren gesundheitlich stark angeschlagen war und jetzt in Chevy Chase, Maryland, lebte, um in der Nähe des Walter-Reed-Hospitals zu sein. Sally unterhielt auch enge Beziehungen zu Ruth Ann, die im vergangenen Jahr nach Middlebury, Vermont, umgezogen war, wo Simon einen neuen Lehrauftrag übernommen hatte. Ich verstand mich besonders gut mit Sally, und obwohl sie älter war als ich – sie war jetzt vierzig –, betrachtete ich sie eher als meine jüngere Schwester.

Nach einigen Cocktails und einem ausgedehnten Mahl bei angeregter Unterhaltung – Brenda trank kaum etwas, und deshalb teilten Sally und ich uns die Magnumflasche – setzten wir uns vor das Fernsehgerät. Sally und ich führten oft lange Gespräche, und an diesem Abend waren die bürgerlichen Freiheitsrechte unser Thema. Aber plötzlich nahm ich wahr, was über den Fernsehschirm flimmerte. Es wurde ein Film über den Koreakrieg gezeigt. In einer Szene überquerten einige Soldaten ein offenes, freies Feld, und mir war sofort klar, was jetzt geschehen würde. Die Soldaten gerieten in ein Minenfeld. Einer von ihnen trat auf eine Mine, und ich fuhr entsetzt auf. Die anderen gingen weiter, und ich hörte mich sagen: »Tut das nicht. Tut das nicht.« Aber wie nicht anders zu erwarten, lösten auch sie weitere Detonationen aus.

Sally sah mich verwundert an. »Beruhige dich, Norman, es ist doch nur ein Film. Und er spielt nicht einmal in Vietnam. Reg dich doch nicht so auf.«

»Das tue ich auch nicht«, sagte ich bebend.

»Aber ja, du tust es. Das ist doch alles nicht so schlimm.«

»Zum Teufel, was sagst du da, nicht so schlimm? Die Menschen starben dabei! Ihnen wurden Arme und Beine abgerissen! Du weißt doch gar nicht, wovon du redest. Wie kannst du sagen, es sei alles nicht so schlimm!«

»Weshalb regst du dich so darüber auf? Das liegt doch längst hinter uns«, sagte sie.

Ihre Sturheit ärgerte mich. »Es liegt *nicht* hinter uns. Es geht immer noch weiter. Ich kann es nicht mehr mitanhören, wenn die Leute behaupten, es sei vorüber, und wenn sie versuchen, es zu verdrängen und so tun, als sei es nie geschehen! Verlange nicht von mir, daß ich nicht darauf reagieren soll. Du redest wie diese Typen von der Friedensbewegung!«

Sally hatte offenbar nicht begriffen, wie sehr mich das Thema berührte. Sie glaubte, ich suchte nur ein Streitgespräch, und ließ nicht locker: »Du kannst nicht einfach behaupten, daß alles falsch sei, was die Leute von der Friedensbewegung sagen. In manchem haben sie recht.«

»Davon verstehst du nichts.«

»Aber ja, ich verstehe es sehr gut. Ich lese jeden Tag die Zeitung.« Das brachte mich erst richtig in Wut. Offenbar glaubte Sally alles, was sie in der »Washington Post« las. Doch nun fing sie an, über die Südvietnamesen herzuziehen – wie korrupt ihre Regierung sei, die die eigene Bevölkerung nicht wirklich repräsentiere, wie sie nicht fähig seien, die Ordnung im eigenen Lande wiederherzustellen und so weiter und so weiter. Ich wollte nicht glauben, was ich da hörte. Bisher hatte ich immer gedacht, Sally stünde auf meiner Seite. Aber mit dem, was sie jetzt sagte, verurteilte sie den Krieg und verleugnete alles, wofür wir in Vietnam gekämpft hatten. Mit dieser Haltung trug sie, wie ich glaubte, dazu bei, daß noch mehr Amerikaner in Vietnam sterben mußten. »Es tut mir leid«, unterbrach ich sie, »aber wenn du das ehrlich glaubst, wenn du wirklich davon überzeugt bist, dann will ich dich nicht mehr in diesem Hause sehen.«

Jetzt wurde Sally zornig: »Aber das ist wirklich meine ehrliche Meinung.«

»Dann mußt du gehen«, mir kamen die Tränen, denn ich fühlte mich von ihr verraten, und auch sie fing an zu weinen. »Du hast in meinem Haus nichts mehr zu suchen.«

»Aber Norman, ich ...«

»Hier gibt es nichts mehr zu reden! Mach, daß du hinauskommst.« Sally stand auf und ging.

Brenda hatte schockiert beobachtet, wie sich die Situation zuspitzte. »Das hättest du nicht sagen sollen, Norm. Lauf doch rasch hinterher, und hol sie zurück.«

»Zum Teufel, nein! Ich meine es wirklich ernst.« Damit ging ich zu Bett.

Als ich am nächsten Morgen aufwachte, mußte ich sofort daran denken, was am Abend zuvor geschehen war und worüber wir gesprochen hatten. Ich konnte nicht mehr begreifen, daß ich meine Schwester so scheußlich behandelt hatte. Während ich dalag und über mein Verhalten nachdachte, faßte ich zwei Entschlüsse. Erstens mußte ich Vietnam endlich hinter mich bringen. Zwar würde ich die Lektionen nie vergessen, die ich dort gelernt hatte, aber ich durfte es nicht zulassen, daß ich nur noch von diesen Ideen beherrscht wurde und dadurch mein Familienleben in die Brüche ging. Zweitens sagte ich mir: »Schwarzkopf, deine Mutter ist Alkoholikerin. Was gestern abend geschehen ist, war zum großen Teil darauf zurückzuführen, daß du zuviel getrunken hattest.« Seit meiner Leutnantszeit in Fort Campbell hatte ich mich daran gewöhnt, an den Wochenenden viel zu trinken, und ich hatte geglaubt, ich würde mein Verlangen nach Alkohol beherrschen können. Jetzt mußte ich einsehen, daß es nicht so war, und ich nahm mir fest vor, niemals in eine solche Abhängigkeit zu geraten.

Ich stand auf, rief Sally an und entschuldigte mich bei ihr. Auch sie bat mich um Verzeihung und sagte, es täte ihr leid, mich so in Aufregung versetzt zu haben. Damit war der Streit zwischen uns beendet, aber die Gründe lagen tiefer, und zwar bei meiner eigenen inneren Unausgewogenheit.

Das Army War College lag in der hübschen, verschlafenen Stadt Carlisle, etwa einhundertsechzig Kilometer westlich von Philadelphia im Siedlungsgebiet ehemals holländischer Einwanderer. Hier stand uns eine Wohnung mit zwei Schlafzimmern im Bereich des Colleges zur Verfügung, aber Brenda und ich ließen uns statt dessen das Wohnungsgeld auszahlen und mieteten ein kleines aus Ziegeln gebautes Haus mit drei Schlafzimmern in der Stadt. Auf diese Weise distanzierten wir uns zwar von dem sehr regen gesellschaftlichen Leben im College, den zahlreichen Sportveranstaltungen und Partys, aber für unsere kleine Familie war es gerade das richtige, und ich genoß die Zeit mit Brenda und den kleinen Mädchen.

Am War College verwendete man verhältnismäßig wenig Zeit auf Vorlesungen über die Kriegführung. Das Ausbildungsziel war, den Oberstleutnanten, die es gewohnt waren, als Bataillonskommandeure die Welt aus der Regenwurmperspektive zu betrachten, die Möglichkeit zu eröffnen, die Dinge von einem ganz anderen Standpunkt aus zu sehen und zu beurteilen. So umfaßte der Lehrplan einen weiten Themenkreis und vermittelte den Teilnehmern neue Erkenntnisse über Zeitgeschichte, Weltpolitik, internationale Beziehungen, amerikanische Außenpolitik und zahlreiche andere Aspekte des nationalen und internationalen Geschehens. Oft bezeichneten sogar die Lehrkräfte diesen Lehrplan als »eine Meile weit und einen Zoll tief«. Mein Lehrgang hatte zweihundertvierunddreißig Teilnehmer. Einige von ihnen kamen auch aus der Flotte, der Luftwaffe und der Marineinfanterie. Er war aufgeteilt in Gruppen von fünfzehn Offizieren, die jeweils an den einzelnen Seminaren teilnahmen. An einem typischen Arbeitstag versammelte sich der ganze Lehrgang am Morgen zu einer Vorlesung, und nach dem Mittagessen trafen sich die Arbeitsgruppen in den verschiedenen Seminaren. Das waren einstündige Diskussionsrunden am frühen Nachmittag. Anschließend wurden wir nach Hause entlassen, um uns mit der entsprechenden Fachliteratur zu beschäftigen oder an Fallstudien zu arbeiten. Man ließ uns so viel freie Zeit, daß wir es zunächst kaum glauben konnten und uns mißtrauisch umsahen, um festzustellen, ob wir nicht vielleicht heimlich überwacht würden.

Es kam mir seltsam vor, ausgerechnet jetzt an einem Lehrgang am War College teilzunehmen. Vietnam hatte nicht nur unsere Soldaten demoralisiert und unsere Glaubwürdigkeit in der amerikanischen Öffentlichkeit zerstört, sondern auch gewaltige Summen des Etats der Armee verschlungen. Ein großer Teil unserer militärischen Ausrüstung war veraltet, unsere Militärbasen und -einrichtungen befanden sich in einem schlechten Zustand, und unsere Fähigkeit, in anderen Teilen der Welt kampfbereit zu sein, hatte merklich nachgelassen, und zwar auch in Europa, wo die Armee es immer noch in erster Linie mit dem Warschauer Pakt zu tun haben würde. Viele Offiziere erwarteten, daß Creighton Abrams, der Nachfolger von Westmoreland als Chef des Generalstabs, der Armee ihre alte Stärke zurückgeben werde, aber wir alle wußten, daß dies noch Jahre dauern würde.

Fast alle Teilnehmer meines Lehrgangs waren Vietnamveteranen, die sich nicht scheuten, ihren Lehrern zu widersprechen, wenn diese die Lage in einem zu rosigen Licht erscheinen ließen. Eines Morgens in jenem Winter schilderte uns ein Brigadegeneral in allen Einzelheiten, wie die NATO eine Offensive des Warschauer Pakts abwehren würde. In seinem Szenarium gelang es dem Gegner, der dabei schwere Verluste hinnehmen mußte, die NATO allmählich über ganz Deutschland und Frankreich bis an die spanische Küste zurückzudrängen. Dort sollten dann schwere amerikanische Transportflugzeuge vom Typ C-5A landen, viele tausend amerikanische Soldaten absetzen und mehrere hundert Tonnen Ausrüstung ausladen, um die Roten in einem Gegenangriff zurückzuschlagen. Zunächst herrschte im Hörsaal eisiges Schweigen. Dann stand ein Oberst der Luftwaffe auf und sagte: »Sir, ich kenne die C-5A sehr gut und weiß auch, wie die für sie geeigneten Landebahnen aussehen müssen. In jenem Teil Spaniens gibt es keine Landebahnen, die sich für diese Flugzeuge eignen würden, und auf einem sandigen Strand können sie unmöglich landen.« Ein anderer Offizier erhob sich und fragte: »Woher sollen denn diese Truppen und Ausrüstungen herbeigeschafft werden?«

Der General sah sich um und mußte erkennen, daß er sich einem Hörsaal voller Kritiker gegenübersah. Er sagte: »Leider muß ich feststellen, daß ich hier auf eine Verweigerungshaltung gestoßen bin.«

Am Samstag, dem 27. Januar 1973, unterzeichneten unser nationaler Sicherheitsberater Henry Kissinger und der nordvietnamesische Verhandlungsleiter Le Duc Tho in Paris eine Waffenstillstandsvereinbarung. Damit wurde der Krieg offiziell beendet. Niemand sah darin einen Anlaß zum Feiern. Noch am selben Tag verkündete Verteidigungsminister Melvin Laird die Aufhebung der Wehrpflicht. Zu einer Zeit, da praktisch niemand Soldat werden wollte, mußten wir uns darauf verlassen, eine genügende Zahl von Freiwilligen zu finden. Die Armee hatte einen Weg gefunden, dieser Herausforderung zu begegnen, und zwar mit der sogenannten »Initiative für eine moderne Freiwilligenarmee«, die während der vergangenen zwei Jahre entwickelt worden war. Sie verlangte von uns, den Militärdienst dadurch attraktiver zu machen, daß er in etwa einer zivilen Tätigkeit glich. Um diese neue Rekrutierungsstrategie in Gang zu bringen, begannen wir mit einer großangelegten Werbekampagne.

Ich war begierig darauf, zu sehen, wie das alles funktionieren sollte, und erhielt die Gelegenheit dazu auf einer Besichtigungsreise meines Lehrgangs nach Fort Carson, Colorado, der Garnison einer motorisierten Division, bei der die für die moderne Freiwilligenarmee vorgesehenen Neuerungen erprobt werden sollten. Man führte uns in einen großen Hörsaal, wo ein Brigadekommandeur einen Vortrag halten sollte. Ich hatte geglaubt, hier etwas über ein neues Ausbildungsprogramm, eine bessere Ausgestaltung der Unterkünfte und ähnliches zu hören, aber der Vortrag begann damit, daß der Brigadekommandeur uns eine bunte Baseballkappe zeigte. Er sagte: »Diese besonders angefertigten Kappen sollen den Soldaten helfen, eine persönliche Beziehung zu ihrem Truppenteil zu entwikkeln.« Jede Farbe hatte eine besondere Bedeutung. Wenn eine Kampfgruppe zum Beispiel aus zwei Infanteriebataillonen und einer Panzerabteilung bestand und von einer Artillerieabteilung unterstützt wurde, bestand die Kappe aus zwei blauen, einem gelben und einem roten Feld. Der Offizier nahm sich viel Zeit, uns die Bedeutung dieser Kappe ausführlich zu erläutern, und sprach dann über andere Neuerungen wie Bierautomaten in den Kasernen und Oben-ohne-Tänzerinnen in den Offizierskasinos und Unteroffiziersclubs. Mit völlig ernstem Gesicht erklärte er uns: »Dies ist die moderne Ära! Die Armee muß sich den zivilen Vorstellungen anpassen.«

»Das ist verrückt«, murmelte ein neben mir sitzender Lehrgangsteilnehmer, und er hatte recht. Das ganze Programm, das man uns zeigte, bestand aus Albernheiten und zeigte keine einzige grundsätzliche Veränderung im Leben der Soldaten. Ich hatte den Eindruck, die Armee habe den Boden unter den Füßen verloren und versuche jetzt verzweifelt, den richtigen Weg zu finden.

Ich wußte, daß die Armee im Dezember 1972 die ersten Offiziere meines Jahrgangs für die Beförderung zum Oberst vorschlagen würde. Im Verlauf der folgenden zwei Jahre konnten wir mit der routinemäßigen Beförderung rechnen. Im Herbst hatten mir meine Kameraden immer wieder gesagt, sie seien überzeugt, daß ich unter den Ersten sein würde. Einige Truppenteile hatten mich sogar schon gefragt, ob ich bereit wäre, bei ihnen die Stelle eines Obersten anzunehmen. Da ich selbst in der Personalabteilung gearbeitet hatte, wußte ich, daß nur ein kleiner Prozentsatz der Offiziere meines Jahrgangs sofort befördert werden würde, und obwohl ich glaubte, daß für mich durchaus diese Möglichkeit bestand, wußte ich auch, daß es falsch wäre, mit einer vorzeitigen Beförderung fest zu rechnen. Trotzdem würde es für mich einen wesentlichen Vorteil bedeuten, und deshalb hoffte ich im stillen doch darauf.

Die Liste wurde an einem Wochenende im Januar veröffentlicht, und als ich am Montagmorgen zum War College kam und sah, daß einige Lehrgangsteilnehmer einander gratulierten und auf die Schultern klopften, wußte ich, daß mein Name nicht auf der Liste stand. Ich war enttäuscht, verwirrt und verunsichert. Jetzt bestand noch die Möglichkeit für mich, im nächsten Winter befördert zu werden, aber es war das erste Mal in meiner militärischen Laufbahn, daß ich nicht mehr an der Spitze stand. Einige meiner Kameraden sagten mir, wie leid es ihnen täte, daß man mich übergangen habe, aber das ärgerte mich ebenso wie ihre Versuche, die Gründe dafür zu finden. Der Hauptgrund war, daß ich bisher noch nicht dem Armeestab im Pentagon angehört hatte. Das war eine für mich überzeugende Erklärung. In der Infanterieabteilung hatten wir den Oberstleutnanten immer wieder gesagt, für eine bevorzugte Beförderung müßten sie ein Bataillon kommandiert, das War College besucht und in einem höheren Stab gedient haben. Bisher hatten wir die Infanterieabteilung für einen höheren Stab gehalten, aber vielleicht hatten wir uns geirrt.

Bald darauf riefen mich meine Freunde, die Obersten Bob Riscassi und Dick Larkin, an, die im Pentagon für einen stellvertretenden Staatssekretär für die Armee gearbeitet hatten und wußten, daß ich mich jetzt nach einer geeigneten Oberstleutnantsstelle umsah. Ich hatte Dick während meines zweiten Kommandos in Vietnam kennengelernt und kannte Bob aus der Zeit meiner Arbeit bei der Infanterieabteilung. Sie sagten mir, es gebe eine offene Stelle im Pentagon, und wenn ich sie annähme, dann würde ich dabei mit den höchsten Stellen in der Armee zusammenarbeiten. Wenn ich interessiert sei, würden sie mich für diese Stelle empfehlen.

Ich fragte, worum es sich handele, und sie sagten mir, es sei die Stelle eines militärischen Assistenten des stellvertretenden Staatssekretärs für die Finanzverwaltung der Armee. Zwar war es nicht gerade eine Aufgabe, die mich besonders gereizt hätte, aber da ich mit Zahlen umgehen konnte, war ich überzeugt, daß ich den Anforderungen genügen würde.

Eine andere Möglichkeit wäre gewesen, nach Fort Benning, Georgia, zu gehen, wo man mir eine Aufgabe im Rahmen der Bemühungen der Armee um eine Aufarbeitung der durch Vietnam angerichteten Schäden angeboten hatte. Eine der ersten bedeutenden Reformen war die Einrichtung eines neuen Viersternekommandos mit der Bezeichnung Training and Doctrine Command oder TRADOC gewesen. An der Spitze dieses Komandos stand General William DePuy, der sich in Vietnam als brillanter, für Neuerungen aufgeschlossener Truppenkommandeur bewährt hatte. DePuy hatte keine geringere Aufgabe, als die Methoden der Ausbildung und der Kriegführung der Armee völlig neu zu überdenken, und ich hätte ihn dadurch unterstützen sollen, daß ich seine neuen Ideen an der Infanterieschule von Fort Benning erprobte und verfeinerte. Ich hielt das für eine äußerst interessante Aufgabe. Ich war nicht nur ein Freund von Neuerungen und arbeitete gern als Lehrer, sondern wußte auch, daß ich hier auf großartige Mitarbeiter treffen würde. DePuy hatte einige der begabtesten Offiziere der Armee für die Arbeit an den Schulen der einzelnen Waffengattungen ausgewählt.

Das einzige Problem bestand darin, daß TRADOC eine neue Einrichtung war und mir von allen Seiten geraten wurde, nach Washington zurückzukehren. Deshalb beschloß ich, so leid es mir auch tat, ins Pentagon zu gehen. Anfang Februar bat ich Riscassi und Larkin, mich für diesen Posten zu empfehlen, und ich wurde schon bald nach Washington gerufen, um mich dort bei dem stellvertretenden Staatssekretär für die Finanzverwaltung der Armee, Hadlai Hull, zu melden. Unser Gespräch verlief sehr positiv, und schon nach wenigen Tagen wurde mir die Stelle zugesagt.

Solange ich der Armee angehörte, entschied ich mich jetzt zum ersten Mal nicht deshalb für einen Posten, weil ich glaubte, dort der Armee oder meinem Land am besten dienen zu können, sondern weil ich annahm, auf diese Weise rascher voranzukommen.

Es dauerte eine Zeitlang, bis man sich daran gewöhnt hatte, im sogenannten »Sekretariat« der Armee zu arbeiten, einer von Zivilisten beherrschten Behörde im Pentagon, zu der auch die Büros des Staatssekretärs für die Armee, seines Unterstaatssekretärs, seiner Assistenten und deren Stellvertreter gehörten. Am ersten Nachmittag hatte ich mein Büro verlassen, um an anderer Stelle im selben Gebäude eine wichtige Angelegenheit zu regeln, und als ich um siebzehn Uhr zurückkam, stellte ich fest, daß das Büro geschlossen war. Alles war nach Hause gegangen. Die Büros im Pentagon waren offiziell von acht Uhr morgens bis sechzehn Uhr dreißig geöffnet, und an diese Geschäftszeit hielt sich auch das Sekretariat. Gegenüber dem Vierzehnstundentag in der Infanterieabteilung empfand ich diese neue Regelung als etwas sehr Angenehmes.

Weniger erfreulich war es, daß Riscassi und Larkin etwas übertrieben hatten, als sie mir sagten, mein Name würde jetzt auf höchster Ebene in der Armee bekannt werden. In Wirklichkeit wurde das, was ein militärischer Assistent tat, kaum wahrgenommen. Ich konnte das schon recht bald feststellen, als ich den Auftrag erhielt, dem stellvertretenden Zweiten Sekretär Ekhard Bennewitz einen großen Teil seiner Arbeit abzunehmen. Bennewitz war ein dunkelhaariger, freundlicher Mann mittleren Alters, der sich aus irgendeinem Grund in den Kopf gesetzt hatte, ich hieße Marvin. Jedesmal wenn wir uns auf dem Flur begegneten, sprach er mich mit »Hi, Marv!« an. Nach etwa zwei Monaten hatte ich genug davon und bat seinen Adjutanten, er möge ihm in diskreter Weise beibringen, wie ich wirklich hieß. Wenn ich nun Mr. Bennewitz begegnete, lächelte er mich jedesmal an und sagte: »Hi, Norm! Schön Sie zu sehen, Norm!« Das gefiel mir schon bedeutend besser.

An einem Freitag sollte ich auf einer Sitzung, auf der sich alle Zweiten Sekretäre im Büro von Mr. Bennewitz versammelten, über eine größere Studie, das sogenannte »Project Concise« berichten. Dabei ging es um die Schließung bestimmter Militärbasen. Als es Zeit für meinen Vortrag wurde, rief mich Mr. Bennewitz herein und stellte mich seinen Kollegen vor: »Natürlich kennen Sie alle den militärischen Assistenten von Mr. Hull. Dies ist Norm Schwarzmueller.« Riscassi und Larkin fanden das sehr komisch und glaubten, jetzt den richtigen Spitznamen für mich gefunden zu haben: Marvin Schwarzmueller.

Das »Project Concise« lehrte mich, wie solche Probleme in Washington gelöst wurden. Anfang 1972 mußte sich die Armee mit der Tatsache abfinden, daß sie wegen der Kürzungen des Verteidigungsetats nicht mehr alle ihre Basen in den Vereinigten Staaten unterhalten konnte. Deshalb wurde unser Stab beauftragt, nach objektiven Gesichtspunkten festzulegen, welche Garnisonen geschlossen werden sollten. Im Herbst 1973 bearbeiteten wir Zehntausende von Seiten mit Missionsanalysen, Studien über wirtschaftliche Auswirkungen, Studien über Auswirkungen auf die Umwelt und ähnliches, was wiederum Tausende von Arbeitsstunden in Anspruch nahm, bis wir unsere Vorschläge vorlegen konnten. Wir waren überzeugt, daß die von uns erstellte Liste die am besten begründete und in jeder Hinsicht fairste sei, die es bisher in der Militärgeschichte gegeben habe.

Der Staatssekretär für die Armee, Howard »Bo« Calloway, beschloß, den Senatoren der betroffenen Staaten aus Höflichkeit unsere Entscheidungen mitzuteilen, bevor wir sie öffentlich bekanntmachten. So schickte er eine Gruppe von Offizieren seines Stabes zum Capitol Hill, der ich mich als Beobachter anschloß. Als ersten besuchten wir Senator John J. Sparkman, den einflußreichen Demokraten aus Alabama, in dessen Staat Fort McClellan lag, die Militärbasis, die nach unserer Ansicht von allen militärischen Einrichtungen in den Vereinigten Staaten den geringsten Wert besaß. Wir hatten eine ausführliche Erklärung vorbereitet, in der die Auflösung der Basis mit unwiderlegbarer Logik begründet wurde. Der Senator, ein freundlicher älterer Herr, hörte aufmerksam zu, als meine Kollegen ihm den Fall vortrugen. Schließlich sagte er mit dem typisch weichen Akzent des Südstaatlers: »Meine jungen Freunde, ich möchte Sie zu dieser glänzenden Erklärung beglückwünschen. Ich sehe, daß Sie ein großes Stück Arbeit geleistet haben, und die Tatsachen, die Sie zusammengetragen haben, sind beeindruckend. Ich bin sicher, Sie glauben, daß jede von ihnen der Wirklichkeit entspricht.« Wir fühlten uns geschmeichelt, doch dann fuhr er lächelnd fort: »Ich möchte Ihnen aber zu diesem wunderbaren Vortrag noch etwas sagen.«

Erwartungsvoll beugten wir uns vor, und einer meiner Kollegen fragte: »Ja, Sir? Worum geht es?«

»Gehen Sie zu Ihren Vorgesetzten im Pentagon und sagen Sie ihnen, solange ich Senator des großen Staates Alabama bin, werden Sie Fort McClellan nicht schließen!« Damit stürmte er aus dem Zimmer.

Zwei Wochen später saß ich an einem Samstagvormittag im Büro von Bennewitz, wo wir die endgültige Liste für die öffentliche Bekanntmachung zusammenstellen wollten. Jetzt waren unsere Entscheidungen zu hundert Prozent politisch begründet: »Wir dürfen diese Basis auf keinen Fall auflösen, bei jener ist es jedoch möglich. Bei dieser anderen werden wir keine Schwierigkeiten haben, aber es wird uns nicht gelingen ...« Unsere monatelange harte Arbeit war reine Zeitverschwendung gewesen. Wir hätten die Liste ebensogut an einem einzigen Tag auch ohne alle weiteren Überlegungen zusammentragen können. Wenn man in Washington irgend etwas erreichen wollte, mußte man bereit sein, Kompromisse zu schließen, zu manipulieren und hinter den Kulissen die Fäden zu ziehen.

Obwohl ich im Pentagon und in Washington manche Enttäuschung erlebte, sah es doch so aus, als habe sich mein Versuch gelohnt, etwas für meine Karriere zu tun. Anfang November schlug mich die Armee für den Posten eines militärischen Adjutanten bei Vizepräsident Ford vor. Das war ein angesehener Posten in der Exekutive, der mir erlauben würde, persönliche Beziehungen zu einflußreichen Leuten zu knüpfen, die mir nach meinem Ausscheiden aus dem aktiven Dienst viel nützen könnten. Ich war stolz darauf, als einer von vielen Oberstleutnanten in der Armee ausgewählt worden zu sein, und es machte mir auch nichts aus, als mich mein Klassenkamerad aus West Point, Don O'Shei, der ebenso wie ich Oberstleutnant war, anrief und sagte, auch er sei vorgeschlagen worden. Ich gratulierte ihm, und Don sagte: »Ich hoffe, du weißt, daß auch Jack Walker benannt worden ist.« Walker war ein Freund, den ich am Army War College kennengelernt hatte, und ein großartiger Offizier, der jahrelang militärischer Assistent von Verteidigungsminister Melvin Laird gewesen war.

»Herrje, ich hatte keine Ahnung«, sagte ich. Ich überlegte kurz und meinte schließlich: »Wir dürfen nicht naiv sein. Wenn Walker wirklich ein Kandidat für diesen Posten ist, wird er ihn auch bekommen. Melvin Laird ist einer der besten Freunde des Vizepräsidenten. Wir dürfen uns keine Illusionen machen und glauben, daß wir noch eine Chance hätten.« Don stimmte mir zu.

Wenig später traf ich Walker auf einer Cocktailparty und fragte ihn nach dem Posten des militärischen Adjutanten. »Ich bin überhaupt nicht daran interessiert«, sagte er. »Ich möchte Brigadekommandeur werden. Im übrigen habe ich *Sie* für den Posten bei Ford vorgeschlagen.«

Die endgültige Entscheidung war offenbar noch nicht gefallen, und ich begann mir Hoffnungen zu machen. Der Sicherheitsberater des Vizepräsidenten, Jack Marsh, der im übrigen früher Kongreßabgeordneter für das Shenandoahtal gewesen war, bat mich zu einem Gespräch. Ein Bankier, den Brenda kannte, hatte mich ihm in einem Brief empfohlen. Dann hatte ich sogar die Gelegenheit, mit dem Vizepräsidenten selbst zu sprechen. Ich glaubte, einen guten Eindruck auf ihn gemacht zu haben. Ford war früher ein guter Footballspieler gewesen und kannte mich als guten Verteidiger. Scherzend meinte er, ich sei ihm sicher überlegen gewesen. Schließlich wurde ich auch noch von seinem Chef des Stabes interviewt. Zur gleichen Zeit mußte sich auch Don O'Shei all diesen Persönlichkeiten vorstellen, und zwischendurch verglichen wir immer wieder unsere Erfahrungen. Auch Jack Walker erkundigte sich gelegentlich nach unseren Eindrücken. Darüber vergingen die Monate November und Dezember.

Anfang Januar 1974 mußte ich mit zwei großen Enttäuschungen fertig werden. Zuerst veröffentlichte die Armee die Liste der vorzeitig zu Obersten beförderten Offiziere, und zu meinem Schrecken mußte ich feststellen, daß ich nicht befördert werden würde. Ich saß in meinem Büro, las die Liste immer wieder durch und konnte es einfach nicht glauben. Dort standen die Namen einiger Freunde und Klassenkameraden – auch der meines Stubenkameraden aus West

Point, Leroy Suddath, war darunter –, aber ich fehlte. Mit Abscheu dachte ich an die Manipulationen, zu denen ich mich hergegeben hatte, um mein Ziel zu erreichen. Das Sekretariat hatte zum Beispiel meine Beurteilung frühzeitig abgeschickt, um sicherzustellen, daß der Beförderungsausschuß von meiner Arbeit im Pentagon erfuhr.

Nach ein paar Tagen rief mich Jack Walker in meinem Büro an. »Norm, eben hat man mir mitgeteilt, daß ich für Gerald Ford arbeiten soll«, sagte er. »Aber ich bin überzeugt, es ist nicht der Posten, um den du dich beworben hast.«

Ich konnte es kaum glauben. »Jack, *natürlich* ist es dieser Posten. Herzlichen Glückwunsch. Ich freue mich, daß du diese Stelle bekommen hast – wenn sie deinen Wünschen entspricht.« Ich beendete das Gespräch so rasch wie möglich, setzte mich an meinen Schreibtisch und hatte das Gefühl, mich wie ein Idiot benommen zu haben. Das Ganze war ein abgekartetes Spiel gewesen, und ich hatte es nicht erkannt. Offenbar hatte Walker den Posten von Anfang an bekommen sollen, und man hatte O'Shei und mich nur zum Schein als Mitbewerber aufgestellt.

Ich lief hinunter zum Sportzentrum des Pentagon, wo ich täglich meine sportlichen Übungen machte, und fing an, den schweren Sandsack mit bloßen Fäusten zu bearbeiten. In meiner Wut schlug ich wie besinnungslos auf das schwere Ding ein. Wie hatte ich mich nur auf ein solches Manöver einlassen können? Wie war es möglich gewesen, daß ich mich an einem Wettrennen beteiligte, um in der politischen Welt, die ich im Grunde verabscheute, eine Rolle zu spielen? Ich prügelte den Sandsack so lange, bis die Knöchel an beiden Fäusten bluteten. Ich glaube, ich stellte mir vor, ich sei es selbst.

In jenem Jahr habe ich mein seelisches Gleichgewicht wahrscheinlich dadurch wiedergewonnen, daß ich mich intensiv körperlich betätigte. Jeden Tag schwamm ich und übte mich im Langstreckenlauf, nahm jede Menge Vitamine zu mir und fühlte mich im Alter von vierzig Jahren so fit wie bisher noch nie in meinem Leben. Zu Hause spielte ich mit den Kindern und beschäftigte mich mit allen möglichen Hobbys. Unter anderem kelterte ich meinen eigenen Wein, lernte neue Zauberkunststücke, was schon immer eine Lieblingsbeschäftigung von mir gewesen war, und betätigte mich handwerklich. Als wir nach Beendigung des Lehrgangs am War College nach Annandale zurückkehrten, kauften Brenda und ich uns unser erstes Haus, ein ganz neues Wohnhaus im Kolonialstil mit fünf Schlafzimmern und einem großen, noch nicht ausgebauten Keller. Dort richtete ich mir sofort eine geräumige Werkstatt mit allen notwendigen Werkzeugen ein und baute ein Zimmer als Hobbyraum aus. Die Wände versah ich mit einer Holztäfelung, belegte den Fußboden mit Linoleum, zog eine neue Decke ein und installierte die elektrischen Leitungen – sehr zum Erstaunen meines Schwiegervaters. Bis dahin hatte Jesse Jefferson Holsinger wahrscheinlich ehrlich geglaubt, sein Schwiegersohn sei Soldat geworden, weil er nicht fähig wäre, einen vernünftigen Beruf zu erlernen. Daß ich meinen Abschluß in West Point gemacht, den Magistergrad in Maschinenbau erworben und in Vietnam ein Bataillon kommandiert hatte, bedeutete für ihn praktisch nichts im Vergleich mit den handwerklichen Talenten, die ich brauchte, um eigenhändig ein solches Zimmer auszubauen. Wahrscheinlich hatte Jesse jetzt zum ersten Mal die Überzeugung gewonnen, daß ich nach meinem Ausscheiden aus der Armee auch im zivilen Leben meinen Mann stehen würde.

Indessen ging das Leben im Pentagon weiter. Die Armee beabsichtigte, in den folgenden zehn Jahren eine ganz neue Generation von Waffensystemen zu entwickeln – den M-1-Panzer, den Bradley-Kampfwagen, die Hubschrauber der Typen Apache und Black Hawk, das Flugabwehrgeschütz Sergeant York und die Patriot- und Pershing-Raketen. Meine Aufgabe bestand zum Teil darin, diese kostspieligen Programme in unseren Jahresetat und in den Fünfjahresplan einzubauen und dann dem Armeestab und dem Sekretariat zu helfen, den Kongreß von der Notwendigkeit dieser Neuerungen zu überzeugen. Ich mußte hart arbeiten und erwarb mir dabei den Ruf eines Mannes, der es verstand, sich in der Bürokratie durchzusetzen – eine Eigenschaft, auf die ich nicht besonders stolz war.

Ich wußte, daß es Zeit wurde, meinem militärischen Leben eine neue Richtung zu geben. Ich mußte noch zwei Jahre im Pentagon bleiben, und nach drei Jahren würde ich die ersten zwanzig Jahre meiner aktiven Dienstzeit hinter mir haben. Ich konnte meine Dienstzeit im Pentagon um ein Jahr verlängern lassen und dann, ohne Washington verlassen zu müssen, aus dem aktiven Dienst ausscheiden. Aber das schien für mich nicht das richtige zu sein. Ich fragte mich, weshalb ich meine Zeit als Offizier bei irgendwelchen Stäben verschwendete, und überlegte mir, wann ich als Soldat am glücklichsten gewesen war. Dabei erinnerte ich mich besonders an die Zeit, in der ich als Leutnant einen Zug geführt hatte. Selbst wenn ich nach zwanzig Jahren ausscheiden sollte, wollte ich vorher wieder zur aktiven Truppe zurückgehen. Ich wußte aber auch, daß vieles dagegen sprach. Die Offiziere bei den Stäben im Pentagon wurden dort dringend gebraucht, und man erlaubte ihnen nur selten, Washington zu verlassen, bevor ihre offizielle Dienstzeit dort abgelaufen war.

Im November stand mein Name endlich auf der Liste der zum Oberst zu befördernden Offiziere. Für mich war das kein Anlaß für eine große Feier, denn Offiziere, die länger als sechs Jahre Oberstleutnante gewesen waren, ein Bataillon kommandiert und an einem Lehrgang im War College teilgenommen hatten, wurden praktisch automatisch befördert.

Einige Wochen später rief mich mein Freund Brad Johnson an, den ich während meines ersten Kommandos in Vietnam kennengelernt hatte. Er war der Hubschrauberpilot gewesen, der mich ins Feldlazarett geflogen hatte, nachdem ich auf der Fahrt mit Oberst Truong in dem gepanzerten Mannschaftstransportwagen verwundet worden war. Brad wußte, wie unglücklich ich mich im Pentagon fühlte. Er war jetzt Kommandeur eines Hubschrauberbataillons in Fairbanks, Alaska. Nachdem er mich kurz zu meiner Beförderung beglückwünscht hatte, sagte er: »Ich möchte Ihnen gern mehr darüber berichten.« Dann beschrieb er ausführlich den Zustand der amerikanischen Truppen in Alaska und die Verhältnisse bei dem Verband, zu dem er gehörte. Er erklärte, es gebe dort nicht nur eine ungewöhnlich starke Brigade, sondern auch die in drei Militärbasen stationierten Truppen, und zwar das arktische Test Center sowie mehrere Truppenteile der Nationalgarde und der Heeresreserve. Das seien insgesamt zwölftausend Mann, also fast eine ganze Division. Im Rahmen einer größeren Umstrukturierung der Armee hatte die amerikanische Armee in Alaska die neue Bezeichnung 172. Infanteriebrigade (Alaska) erhalten und unterstand jetzt einem Brigadegeneral. Dieser General sei durch die Verwaltungsarbeit überlastet, so daß die Brigade praktisch von seinem Stellvertreter, einem Oberst, befehligt würde.

»Warum erzählen Sie mir das?« fragte ich.

»Bisher hat man noch niemanden gefunden, der diesen Posten übernehmen will. Wenn Sie es tun, werden Sie in jeder Hinsicht Brigadekommandeur sein, wenn auch nicht mit dem entsprechenden Rang, und Sie werden die Führung einer der stärksten Brigaden unserer Armee übernehmen. Das wäre doch großartig.«

In diesem Augenblick fiel mir etwas entscheidend Wichtiges ein: Brigadegeneral Willard Latham, er galt als der strengste General in der ganzen Armee, hatte kürzlich den Befehl über die in Alaska stationierten Truppen übernommen. Ich hatte gehört, wie sich befreundete Infanteristen darüber beklagten, daß niemand sein Stellvertreter sein wolle. Sie hatten versucht, einen erfahrenen Brigadekommandeur für diesen Posten zu gewinnen, weil der Kampfverband so stark war, aber jeder Oberst, an den sie sich gewendet hatten, hatte praktisch erklärt: »Sind Sie verrückt geworden? Ich werde in nächster Zeit ohnedies Brigadekommandeur werden. Weshalb sollte ich meine Karriere riskieren, um Will Lathams Stellvertreter zu werden?«

Aber ich war meine Sorgen los. Hier lag meine Chance, wieder ein Truppenkommando zu übernehmen, und zwar so weit vom Pentagon entfernt, wie ich es mir nur wünschen konnte. Eine ganze Woche konnte ich an nichts anderes mehr denken als an Alaska. Schließlich meldete ich mich zu einem Gespräch in der Personalabteilung in dem für die Besetzung der Oberststellen zuständigen Büro an. Da ich jetzt auf der Liste der neu zu befördernden Obersten stand, würde in diesem Büro auch über meine nächste Verwendung entschieden werden.

Der leitende Offizier war dort schon tätig gewesen, als ich die Professional Development Section geleitet hatte. Er freute sich, mich zu sehen, bis ich ihn fragte, ob er eine neue Verwendung für mich habe. Offenbar fiel es ihm schwer, mir eine klare Antwort zu geben. »Nun, Sie sind schon jetzt in einer Schlüsselposition. Es müßte schon etwas sehr Wichtiges sein, sonst könnten wir Sie kaum dort loseisen.«

»Und was würden Sie zu Alaska sagen?«

Er sah mich mit großen Augen an. »Sind Sie wirklich interessiert?« Ich hatte den Eindruck, am liebsten wäre er über den Tisch gesprungen und hätte mich geküßt. Er sagte: »Ich glaube, das läßt sich einrichten.«

Zwei Wochen später hatte ich meinen Marschbefehl. Er lautete etwa wie folgt:

DER IM FOLGENDEN BENANNTE OFFIZIER WIRD MIT WIRKUNG VOM 7. DEZEMBER 1974 VON SEINEM POSTEN ALS MILITÄRISCHER ASSISTENT IM BÜRO DES ZWEITEN STAATSSEKRETÄRS FÜR DIE ARMEE (FM) ABGELÖST UND MELDET SICH NICHT SPÄTER ALS AM 11. DE-

ZEMBER 1974 BEI DER ERSATZKOMPANIE IN FORT RICHARDSON, ALASKA, ZUR WEITEREN VERWENDUNG ALS STELLVERTRETENDER KOMMANDEUR DER 172. INFANTERIEBRIGADE, FORT RICHARDSON, ALASKA: SCHWARZKOPF H. NORMAN, LTC (P)

Endlich war ich frei. Zwar beglückwünschten mich meine Freunde, konnten es aber nicht verstehen, weswegen ich einen so vielversprechenden Posten aufgab, um mitten im Winter ein Truppenkommando in Alaska zu übernehmen, und zwar unter einem ausgesprochen unangenehmen Vorgesetzten. Die Karrieristen hielten mich für verrückt.

12

Brenda, die Kinder und ich landeten an einem Mittwoch Mitte Dezember in Alaska. Es war sechzehn Uhr dreißig und bereits stockdunkel. Oberst Dan Sharp, den ich ablösen sollte, seine Frau und zwei Soldaten, die sich um unser Gepäck kümmerten, holten uns am Flughafen ab. Auf dem Weg zum Auto stolperten wir fast über ein paar Schlittenhunde, und Brenda sah mich an, als wolle sie fragen: »Wohin hast du uns nur gebracht?« Sharp, der das bemerkte, beruhigte sie und sagte, die Hundeschlitten seien hier nicht das übliche Transportmittel. Man habe diese Hunde mitgebracht, um sie für das jährlich stattfindende Iditarod-Rennen zu trainieren.

Der Flughafen von Anchorage lag südöstlich der Stadt, Fort Richardson dagegen im Nordwesten im hügeligen Gelände vor den Chugach Mountains, einem wilden Gebirgszug, der sich über der eisigen Ebene um Anchorage steil erhob. Da es gerade siebzehn Uhr war, wollte unser Fahrer den starken Verkehr, der um diese Zeit in der Stadt herrschte, vermeiden und nahm einen Umweg. Wir wischten ständig unseren gefrorenen Atem von den Scheiben, um einen Blick auf die schneebedeckte Wildnis, die Berge und die Fichten werfen zu können, während wir auf der Straße ab und zu einer vermummten Gestalt begegneten, die auf einem Schneemobil an uns vorüberfuhr. Es kam uns vor, als sei eine Ewigkeit vergangen, als wir endlich das Fort erreichten.

Das uns zugeteilte Haus, eine mittelgroße Ranch mit drei Schlafzimmern, war monatelang nicht bewohnt gewesen, aber da man mit uns gerechnet hatte, waren die Zufahrtswege vom Schnee geräumt worden, der nun hohe Wälle bildete, über die man kaum hinausschauen konnte. Um Mitternacht betraten wir endlich völlig erschöpft unsere neue Behausung. Sharps Männer wollten sich gerade verabschieden, als wir feststellten, daß wir vergessen hatten, Papierwindeln mitzunehmen. Sie konnten uns auch nicht helfen, und einer von ihnen sagte: »Sir, wir glauben nicht, daß es hier welche gibt, und der PX ist jetzt ohnedies geschlossen.« Brenda und ich sahen uns an und überlegten, was wir jetzt tun sollten. »Nun Sir, herzlich willkommen in Alaska«, sagten die Männer und schlossen die Tür hinter sich. Brenda brach in Tränen aus.

Am nächsten Morgen zog ich mir meinen olivgrünen warmen Parka mit der mit Kojotenfell gefütterten Kapuze an und trat vor die Tür, um zum Dienst zu gehen. Das Stabsquartier lag nur wenige hundert Meter von unserem Haus entfernt im Tal. Die Luft war klar und schneidend kalt, so daß mir sogar der Atem in der Nase gefror. Der Schnee knirschte unter meinen Sohlen, und ich freute mich am Anblick der strahlend weißen Berge und des leuchtendblauen Himmels. Ich atmete auf, endlich dem elenden Sumpf in Washington entflohen zu sein.

Der viertausendfünfhundert Mann starke Verband, den ich übernehmen sollte, bestand aus leichter Infanterie, Fallschirmspringern, Artillerie, Pionieren, Fliegern und Logistikspezialisten. Man nannte ihn »Snowhawks« (»Schneefalken«). Im Winter übten die Männer Kampfeinsätze auf Skiern, im Sommer wurden sie als Gebirgstruppen ausgebildet. Um als ihr Vorgesetzter glaubwürdig zu sein, mußte ich viel dazulernen. Seit meiner Schulzeit in der Schweiz war ich noch nie längere Zeit im Gebirge gewesen, hatte keine Erfahrungen im Skifahren, im Gebrauch von Schneeschuhen und keine Ahnung von den Überlebenstechniken in der Arktis. Jetzt machte es sich bezahlt, daß ich im Pentagon regelmäßig Sport getrieben hatte.

Bob Jolley, der Zweite Offizier im Stab der Brigade, war ein guter Skilangläufer und nahm mich zu einem Ausflug über eine Strecke von acht Kilometern mit. Sie führte von unserem Stabsquartier hinaus in die Wildnis. Unter seiner Anleitung übte ich fleißig jeden Tag. Ein anderer Offizier meines Stabes, Lonnie Bartholomew, war in Alaska aufgewachsen. Er unterrichtete mich in den Überlebenstechniken, die ich für die Operation »Jack Frost« brauchte, die für den Februar 1975 vorgesehenen Wintermanöver der Brigade. Dieses Jahr sollte die Übung aus zweiwöchigen Kampfeinsätzen in einem windigen und kalten öden Gelände in der Nähe von Fairbanks bestehen, einhundertsechzig Kilometer unterhalb des nördlichen Polarkreises. Bis dahin waren es noch knapp fünf Wochen.

Da mir auch Fallschirmtruppen unterstanden, beschloß ich, zum ersten Mal nach meinem Einsatz bei der Luftlandetruppe in Vietnam wieder mit dem Fallschirm abzuspringen. Brenda, die mich noch nie hatte springen sehen, kam am ersten Tag, an dem ich aus einem Hubschrauber bei Fort Richardson abspringen sollte, mit Cindy und Jessica auf das Gelände mit hinaus. Wir hatten minus dreißig Grad Celsius, und der Wind war minus achtzig Grad kalt, als ich in der Tür des Hubschraubers unter den Rotorblättern saß. Aber ich war so dick in meine Parkas und Gesichtsmasken verpackt, daß ich es kaum bemerkte. Im Augenblick des Absprungs rollte ich praktisch aus der Tür.

Alaska galt als militärisch rückständiges Gebiet, und nach den ersten zwei Wochen wurde mir klar, weshalb das so war. Zu meinem Stab gehörte mindestens ein Dutzend Obersten, die zum Teil als Standortkommandanten dienten. Sie hatten jede Hoffnung, zu Generälen befördert zu werden, aufgegeben und waren nach Alaska gekommen, um hier bis zu ihrer Entlassung aus dem aktiven Dienst zu jagen und zu fischen. Mein Erscheinen schien sie nicht besonders zu freuen. Erstens hatte ich weniger Dienstjahre auf dem Buckel als die meisten von ihnen und sie mit meiner Ernennung zum stellvertretenden Kommandeur übersprungen, und zweitens sahen sie in mir den Vertreter des Generals Will Latham, der, wie sie wußten, viele für sie unangenehme Neuerungen einführen würde. Als ich ihnen wenige Tage nach meiner Ankunft auf einer Cocktailparty vorgestellt wurde, hatte einer von ihnen gesagt: »Sie also sind der Handlanger des Generals.« Es hätte keinen Sinn gehabt, ihm zu erklären, daß ich Latham überhaupt noch nicht kannte, denn er hätte es mir nicht geglaubt.

Anfang Januar 1975 kam auch Latham nach Fort Richardson. Er war klein von Wuchs, gedrungen und muskulös und hatte – zumindest oberflächlich betrachtet – nichts, was den braven alten Obersten hätte gefallen können. Er trank nicht, rauchte nicht und erwartete von seinen Kommandeuren, daß sie jeden Sonntag in die Kirche gingen. Er sagte uns: »Es ist mir gleichgültig, ob Sie daran glauben oder nicht. Wenn Sie im Gefecht einen sterbenden Soldaten in den Armen halten, dann schulden Sie es ihm, ein Gebet für ihn sprechen zu können.« Latham war auch ein fanatischer Verfechter der körperlichen Ertüchtigung. In Korea hatte er an den Abwehrkämpfen teilgenommen, als die Chinesen den Yalu-Fluß überschritten, und hatte gesehen, wie amerikanische Soldaten starben oder in Gefangenschaft gerieten, weil sie das Tempo des Rückzugs nicht mithalten konnten. Deshalb verlangte er von allen ihm unterstellten Soldaten, daß sie acht Kilometer in fünfzig Minuten laufen konnten. Das führte im Stab fast zu einer Katastrophe, denn die meisten der dort auf ihre Pensionierung wartenden Obersten hatten jahrelang keinen Sport mehr getrieben. Doch schon nach wenigen Tagen sah man sie bei dem Versuch, sich beim Langstreckenlauf stöhnend und prustend wieder in Form zu bringen. Und sie hatten auch keine Gelegenheit, sich zu drücken, den Latham beteiligte sich persönlich an diesem Fitneßprogramm.

Er war unerbittlich in seinen Anforderungen und sparsam mit jeder Anerkennung, und wenn er sah, daß seine Befehle nicht exakt befolgt wurden, konnte er sehr grob werden. Und doch hatte ich das Gefühl, daß ich von diesem Mann etwas lernen konnte, und ich hatte recht damit. Schon gleich zu Anfang wies er mich darauf hin, daß unsere Brigade keinen klaren Kampfauftrag hatte. Wir wußten, daß wir Alaska verteidigen sollten, und deshalb fanden die jährlichen Manöver jedesmal in einem anderen, aber schwierigen Gelände statt, denn wir rechneten damit, an den Küsten der Beringstraße oder in der Umgebung unserer arktischen Luftbasen gegen die Sowjets kämpfen zu müssen. Für Latham war ein solcher Kampfauftrag zu vage. Er war vorher in Deutschland stationiert gewesen, wo jeder Truppenbefehlshaber bis hinunter zum Zugführer genau wußte, wo seine Einheit kämpfen mußte, wenn ein Krieg ausbrach. Nun verlangte Latham, daß wir ebenso detaillierte Pläne ausarbeiteten.

Die durch Alaska führende Ölpipeline wurde gerade um diese Zeit fertiggestellt. Latham erkannte, daß sie das ideale strategische Ziel für jeden Angreifer darstellte. Wenn die Sowjets sich bei einem Überfall auf ein Ziel in Alaska konzentrierten, dann würde es diese Ölleitung sein. Ich stimmte dieser Auffassung zu, obwohl es außerordentlich schwierig, wenn nicht sogar unmöglich erschien, eine fast tausenddreihundert Kilometer lange Pipeline zu verteidigen, die zwei wilde Gebirgszüge überwand. Aber die Fachleute sagten uns, es sei nicht notwendig, die ganze Ölleitung lückenlos zu überwachen. Wenn die Sowjets die Leitung an einer Stelle sprengten, dann ließe sich der Schaden rasch beheben. Aber wenn sie eines der zahlreichen und komplizierten Sicherheitsventile zerstörten, über die das Öl von den Ölfeldern an der Prudhoe-Bucht floß, oder die Pumpstationen, die es weiterbeförderten, dann bedeutete das einen immensen Schaden. Einer dieser Fachleute sagte dazu: »Wenn wir im Winter zwei nebeneinanderliegende Pumpstationen verlieren, würde das Öl aufhören zu fließen und gefrieren, und dann hätten wir die längste Lakritzestange der Welt.« Also wurde die Verteidigung dieser Pumpstation zum wichtigsten Kampfauftrag für die Brigade »Snowhawk«.

Latham brachte auch ein neues Ausbildungsprogramm mit, das General DePuy beim Training and Doctrine Command (TRADOC) entwickelt hatte. Angesichts der modernen Kriegführung mit Panzern und Hubschraubern war DePuy von der Vorstellung ausgegangen, daß das Schlachtfeld sich ausweiten und komplexer werden würde. Um unter solchen Voraussetzungen siegen zu können, mußten sich die Verbände der Armee darauf vorbereiten, mit mehr Intelligenz, Flexibilität und Initiative vorzugehen, als dies bei der bisherigen routinemäßigen Ausbildung möglich gewesen war. Seine Lösung bestand darin, aus der Armee, deren Drill und große Tradition bis auf den preußischen General Friedrich von Steuben und dessen Sieg bei Valley Forge zurückgingen, eine Armee zu machen, die *denken* konnte. Von den Truppenführern erwartete man, daß sie sich stärker um das Verständnis für ihren Kampfauftrag interessierten und erkannten, welche individuellen und kollektiven Fähigkeiten dafür notwendig waren, um sich dann in ihrem Ausbildungsprogramm auf die Entwicklung dieser Fähigkeiten zu konzentrieren. Hier spürte ich zum ersten Mal etwas von der revolutionären Veränderung, die die ganze Armee ergreifen sollte.

Zu Beginn des Frühjahrs – das war die Zeit für die Feldübungen im Rahmen der Kompanien und Bataillone – hatten wir ein besonderes Szenarium entwickelt, innerhalb dessen die Einheiten vierzig Kilometer marschieren und dann eine Reihe von Pumpstationen gegen Angriffe von sowjetischen Kommandos verteidigen mußten. Die Leistungen der Soldaten, die vor solche spezifische Aufgaben gestellt wurden, besserten sich zusehends. Die »Snowhawks« hatten begriffen, daß es sich lohnte, die Ölleitungen zu verteidigen, und daher wußten sie auch, daß es einen Sinn hatte, die ihnen dabei zugemuteten harten Strapazen zu ertragen. Die an sich schon gute Kampfmoral wurde noch besser, und das kam den Leistungen der ganzen Brigade zugute.

Latham beauftragte meinen Stab und mich, die Grundsätze seines Ausbildungsprogramms für die einzelnen Truppenbefehlshaber schriftlich auszuarbeiten. Im Sommer lag für jeden Zug der verschiedenen Waffengattungen ein Papier vor, in dem detailliert erläutert wurde, welche Leistungen wir von den einzelnen Einheiten erwarteten. Ein Infanteriezug mußte zum Beispiel unter den in der Arktis und im Gebirge herrschenden Bedingungen angreifen, sich verteidigen und hinhaltend kämpfen können. Er mußte in der Lage sein, selbständig und als Teil eines größeren Verbandes Hubschraubereinsätze durchzuführen und so weiter. Ich konnte dieses Papier dem Zugführer geben und ihm sagen: »Danach werde ich die Leistungen Ihres Zuges beurteilen. Ich werde dabei nichts von Ihnen verlangen, was nicht auf diesem Papier steht.« Latham selbst legte indessen fest, welche Leistungen im Rahmen seines Fitneßprogramms er unter arktischen Bedingungen und im Gebirge von den Soldaten erwartete. Die von ihm schriftlich festgelegten Anforderungen versetzten uns in die Lage, uns so gründlich auf unsere Übungen vorzubereiten, wie ich es nie für möglich gehalten hätte.

Es machte Freude, sich an dem neuartigen Ausbildungsmodell von Latham zu beteiligen, und allmählich kam ich zu der Überzeugung, daß die Armee und ich wirklich noch eine gemeinsame Zukunft hatten. Aber am Sonntag, dem 30. April 1975, kurz bevor die Prüfungen unseres Ausbildungsstandes beginnen sollten, fiel Saigon. Ich saß regungslos vor dem Fernsehschirm und hörte, daß die einzigen südvietnamesischen Kräfte, die noch Widerstand leisteten, die Reste der Luftlandetruppen der Luftbasis Tan Son Nhut waren. Ich wußte, daß sich diese Männer in einer verzweifelten, ja aussichtslosen Lage befanden, und zu ihnen gehörten auch meine Freunde wie Hop, Hao und Hung. Sie kämpften in diesem Augenblick wahrscheinlich um ihr Leben. Ich holte mir eine Flasche Scotch und betrank mich.

Ich konnte das Gefühl nicht loswerden, daß Amerika die Südvietnamesen betrogen hatte. Als wir es ihnen überließen, den Krieg selbst weiterzuführen, haben wir ihnen wirksame Hilfe versprochen und Geschütze und Ausrüstung gegeben. Aber in dem Augenblick, als Nixon zurücktrat, verweigerte ihnen der Kongreß die weitere Lieferung von Munition und Ersatzteilen. Dann war es nur noch eine Frage der Zeit. Ganz abgesehen davon, daß die Kommunisten den Krieg gewannen – das geopolitische Für und Wider war mir gleichgültig –, der Krieg hätte nie auf diese Weise enden dürfen. Ich mußte an die große Zahl von Gefallenen und Verstümmelten und an die vielen zerbrochenen Ehen denken und überlegte mir, was wir erreicht hatten. Für mich, der ich betrunken in meinem Wohnzimmer in Alaska auf der Couch lag, lautete die Antwort: nichts.

Als im Frühjahr bekanntgegeben wurde, wer zum Generalmajor befördert worden war, stand der Name von Will Latham ganz oben auf der Liste, und mit seinem neuen Rang erhielt er den Befehl, die

Leitung der Infanterieschule in Fort Benning, Georgia, zu übernehmen. Die Art, wie er sich von uns verabschiedete, war typisch für ihn: Er schickte die Brigade in die härtesten Sommermanöver ihrer Geschichte. Es war vorgesehen, die Manöver im Juli in der Nähe des Mount McKinley abzuhalten, und Latham hatte jetzt entschieden, daß wir die einhundertzwanzig Kilometer dorthin nicht, wie vorgesehen, in Kraftfahrzeugen, sondern in einem drei Tage dauernden Fußmarsch zurücklegen sollten. Meine Kommandeure und ich marschierten an der Seite unserer Männer, und so anstrengend es auch war, es lohnte sich, denn die gemeinsam ertragenen Strapazen stärkten den Zusammenhalt. Am Ende des dritten Tages erreichten wir unser Ziel. Ich war an der Spitze der Marschkolonne als erster angekommen, und als ich die Männer am Eingang zum Biwakgelände an mir vorbeimarschieren ließ, winkten sie fröhlich und riefen mir zu: »Hey, Sir! Die ersten einhundertzwanzig Kilometer waren eine Kleinigkeit! Wohin sollen wir denn jetzt marschieren?«

In der ersten Manöverwoche traf unser neuer Kommandeur, Brigadegeneral Jim Boatner ein. Er war ein ganz anderer Typ als Latham. In seiner zwanglosen, humoristischen Art freute er sich daran, seine Untergebenen glücklich zu sehen, und anstatt sie unter Druck zu setzen, zog er es vor, sie von der Richtigkeit seiner Anweisungen zu überzeugen. Doch hinter seiner freundlichen Art verbarg sich ein Vorgesetzter, der die gleichen hohen Anforderungen an die Leistungen seiner Soldaten stellte wie Latham. Er übernahm dessen Ausbildungsmethoden und das von ihm eingeführte Programm zur körperlichen Ertüchtigung. Boatner erkannte ebenfalls die Trägheit und Nachlässigkeit, gegen die Latham hatte ankämpfen müssen. Er betrachtete es als seine Aufgabe, das Erbe von Latham anzutreten, den Zusammenhalt der Brigade zu stärken und die altgedienten Obersten, so gut er es konnte, zu motivieren. Diejenigen, die seinen Anregungen nicht folgten, wollte er in aller Ruhe allmählich loswerden.

Boatner führte auch eine weitere, im Rahmen von TRADOC entwickelte Neuerung ein, die einige meiner Kommandeure schokkierte. Das war eine neue Art jährlich vorzunehmender Ausbildungstests, mit denen die besonderen Schwächen einzelner Einheiten festgestellt werden sollten. Wie alle Angehörigen unserer Jahrgänge hatten sich meine Kommandeure daran gewöhnt, Beurteilungen zu bekommen, die ihnen sagten, wie großartig sie seien. Einer meiner Kommandeure beschwerte sich über die Kritik nach der ersten Besichtigung seiner Truppe: »Aber wir haben doch sehr vieles richtig gemacht.«

»Das stimmt«, sagten ihm die Kritiker, »und wir haben das auch anerkannt. Aber zum Teil waren die Leistungen schlecht, und wir haben die Aufgabe, Sie darauf hinzuweisen, damit Sie diese Dinge in Ordnung bringen können.«

So verfolgte Boatner auch weiterhin die gleichen Ziele wie Latham. Für das zweite »Jack-Frost«-Manöver im Februar 1976 entwikkelten wir ein Ölleitungs-Szenarium. Dazu bezeichneten wir einige Stellen in der Wildnis als Pumpstationen, und die Aufgabe der Brigade war es, sie zu verteidigen. Die Armee schickte das 1. Rangerbataillon von Fort Stewart, Georgia, nach Alaska, das die Rolle des Angreifers übernahm. Die Rangers galten als die am besten ausgebildete Einheit in der amerikanischen Armee, aber unsere Soldaten bewährten sich im Kampf gegen sie so hervorragend, daß einige Unteroffiziere der Rangers uns anschließend fragten, ob sie nach Beendigung ihrer Dienstzeit in Fort Stewart zu uns kommen könnten.

Der Dienst in Alaska befriedigte mich in vieler Hinsicht so sehr, daß es mir fast peinlich war, dafür eine Bezahlung anzunehmen. Ich fuhr in Flößen die Wildbäche hinunter, unternahm lange Wanderungen, ging zum Fischen in Wildbächen und jagte in den Wrangell Mountains Bergschafe, Elche und Karibus. Brenda und ich kauften die unvermeidliche zweite Tiefkühltruhe, die sich bald mit den verschiedenen Lachsarten, Karibusteaks, Elch- und Bergschafbraten und Dosen mit Krabbenfleisch füllte, das wir für einen Dollar das Pfund erstanden.

An vielen Winterabenden kam ich erst spät vom Dienst nach Hause, nahm meine Langlaufskier, fuhr den Hang hinter unserem Haus bis zum Ship Creek hinunter, einem Bach, der in den Chugach Mountains entsprang. Bei Mondschein sah das gefrorene Bachbett wie eine schneebedeckte Straße aus. Hier lief ich weiter in Richtung auf die Berge, war in zehn Minuten in der unberührten Wildnis und genoß die absolute Stille, die man nur in einer so tiefverschneiten Landschaft erleben kann. Hier beobachtete ich Elche und Füchse, und manchmal liefen Kojoten in ihrem dicken Winterpelz neben mir das erhöhte Flußufer entlang. Nach zwanzig oder dreißig Minuten kehrte ich um und lief wieder nach Hause. Nie in meinem Leben habe ich besser geschlafen.

Im Frühsommer 1976 las ich in einem von Bergsteigern herausgegebenen Buch über den Resurrection-Paß-Gebirgspfad. Das war ein fünfundsechzig Kilometer langer durch die Wildnis führender Wanderpfad auf der Kenai-Halbinsel, der vom Ufer der Cook-Bucht über Gebirgspässe zu dem alten Goldgräbergebiet nördlich von Seward hinaufführte. Angeblich konnte ihn ein gut trainierter Wanderer in drei Tagen bewältigen. Ich beschloß, diese Wanderung allein zu unternehmen, und bereitete mich sehr sorgfältig darauf vor. Wochenlang studierte ich die Geländekarten, stellte meine Ausrüstung zusammen, kaufte die Verpflegung und überlegte mir, wie ich das Gewicht meines Gepäcks verringern könnte. Einige Einheimische sagten mir, es sei eine Verrücktheit, sich allein in die Wildnis zu wagen. Angenommen, ich erlitt einen Herzanfall oder fiel in eine Schlucht und brach mir ein Bein; deshalb übergab ich Brenda und den Angehörigen meines Stabes einen genauen Zeitplan und nahm für den Notfall eine Leuchtpistole mit der dazugehörigen Munition und ein kleines Funkgerät mit.

An einem Freitagnachmittag Mitte Juni war es dann soweit. Brenda brachte mich an die Stelle, wo der Pfad begann, gab mir einen Abschiedskuß und fuhr nach Hause. Ich nahm den sechzig Pfund schweren Rucksack auf und machte mich auf den Weg. Schon bald begegnete mir eine Gruppe Wanderer. Sie hatten Jagdgewehre und Schrotflinten dabei. »Wandern Sie allein weiter?« fragte einer von ihnen. Als ich nickte, warnte er mich vor einem See, dessen Namen ich nicht mitbekam: »Sie müssen vorsichtig sein. Wir haben dort Bären gesehen.«

Beim Aufstieg fühlte ich mich unendlich wohl. Durch den dichten Küstenwald ging es weiter hinauf durch Fichtenbestände und vorbei an rauschenden Gebirgsbächen. Allmählich wurde der Baumbewuchs immer spärlicher, und der zunächst mit Fichtennadeln bedeckte Boden wurde steinig. Ich begriff jetzt, daß ich mich als militärischer Befehlshaber nur dann wirklich entspannen konnte, wenn ich allein war. In der Garnison wurde ich ständig beobachtet und mußte mich vorbildlich verhalten, denn ich war den prüfenden Blikken meiner Untergebenen ausgesetzt, gleichgültig ob ich im Dienst war oder nicht. Hier brauchte ich mich um niemanden zu kümmern und konnte so sein, wie ich wollte.

Am Nachmittag des zweiten Tages begann es in Strömen zu regnen. Weit oberhalb der Baumgrenze in der Nähe des Resurrection-Passes sah ich auf der Mitte des Pfades die Fährte eines Grizzlybären. Es mußte ein riesiges Tier gewesen sein. Der Abdruck seiner Tatze sah aus, als habe jemand einen Suppenteller in den feuchten Boden gedrückt und am Rand die Klauen dazugezeichnet. Plötzlich wurde mir klar, daß die Fährte bei dem starken Regen höchstens zehn Minuten alt sein konnte. Ich spürte, wie mich das Adrenalin durchrieselte, als ich mich vorsichtig umblickte. Dann ging ich weiter und überwand das Verlangen, fortzulaufen. Eine Stunde verging, und ich befand mich jenseits des Passes wieder unterhalb der Baumgrenze. Gegen Abend kam ich an einen schönen kleinen See, stellte mein Zelt auf, fing zwei Forellen, briet sie zum Abendessen und ging schlafen.

Im Morgengrauen schreckte ich aus dem Schlaf auf. Unmittelbar vor meinem Zelt hörte ich Geräusche im Wasser. Klatsch, klatsch, klatsch und dann Stille. Und wieder klatsch, klatsch, klatsch und Stille. Ich dachte an die Warnung der Leute, die mir beim Aufstieg begegnet waren. »Mein Gott, ich habe mein Zelt ausgerechnet dort aufgeschlagen, wo der Bär seine Fische fängt. Jetzt watet er durch das Wasser am Ufer und kommt direkt auf mich zu.« Wieder hörte ich das Geräusch. Ich nahm meine Pistole in die eine und eine Übungsgranate in die andere Hand, mit der man bei Truppenübungen mit einem lauten Knall die Detonation eines Artillerieeinschlags simulieren kann. Mit klopfendem Herzen öffnete ich vorsichtig den Reißverschluß am Zelteingang, nahm allen Mut zusammen, steckte den Kopf hinaus und sah mich um. Am anderen Seeufer, etwa fünfzig bis sechzig Meter von hier entfernt, erkannte ich eine große Elchkuh. Sie ging ein paar Schritte vorwärts, blieb dann stehen, um einige Seerosenblätter zu fressen, und das Klatschen ihrer Schritte im Wasser war so laut, daß ich es in meinem Zelt deutlich hören konnte. Die Hände zitterten mir noch, als ich mein Frühstück zubereitete, aber als ich meine Wanderung fortsetzte, fühlte ich mich wieder ganz wohl.

Am Nachmittag erreichte ich die Straße, wo Brenda mich abholen sollte. Sie war noch nicht gekommen, und so ließ ich mich nieder, zog meine Stiefel aus und wartete. Ich war völlig durchnäßt, todmüde und hatte mir beide Füße wundgelaufen, aber ich war glücklich. Mir wurde bewußt, daß ich in Alaska den Weg zur aktiven Truppe zurückgefunden hatte. Ich hatte eine neue Beziehung zur Natur entwickelt und mich endgültig von der Zwangsvorstellung befreit, durch Manipulationen etwas für meine militärische Karriere tun zu müssen. Ich fing an, zu lernen, daß man wirkliche Zufriedenheit nur im eigenen Inneren finden kann. Brenda hat mir später gesagt, sie würde nie den Anblick vergessen, als sie mich dort abholte

– wie ich dort in Socken, aber strahlend lächelnd auf dem Boden gesessen hätte.

Wir wußten nicht genau, wie lange wir in Alaska bleiben würden, und noch bevor das erste Jahr zu Ende war, wurde ich zu Hause vom Chef der Abteilung für die Verwendung der Obersten im Personalamt der Armee angerufen, der mir sagte: »Sie sind als Brigadekommandeur vorgesehen. Wir werden Ihnen in ein paar Monaten, nachdem die Kommandierungen bestätigt worden sind, mitteilen, wohin Sie versetzt werden sollen. Meinen Glückwunsch.«

Ich dankte ihm und legte den Hörer auf. Brenda, die gesehen hatte, daß ich telefonierte, fragte: »Worum ging es denn?« Sie verstand es sehr gut, meine Stimmung nach meinem Gesichtsausdruck einzuschätzen, aber diesmal hatte ich die Mitteilung mit so gemischten Gefühlen aufgenommen, daß sie nicht sagen konnte, ob es eine gute oder eine schlechte Nachricht gewesen war. Nur wenige Obersten wurden zu Brigadekommandeuren ernannt, und daher bedeutete dieser Anruf, daß sich meine militärische Laufbahn günstig entwikkelte. Doch sobald mich die Armee einer bestimmten Brigade zuteilte, würden wir Alaska verlassen müssen. Im Juli kam der Versetzungsbefehl: Am 1. Dezember sollte ich das Kommando einer Brigade in der 9. Infanteriedivision in Fort Lewis, Washington, übernehmen.

Im September rief mich Sally an und sagte, unsere Mutter müsse im Walter-Reed-Hospital an der Gallenblase operiert werden. Sie sagte, ich brauche mir keine Sorgen zu machen, denn es sei eine Routineoperation, und so kamen wir überein, daß ich nicht nach Washington kommen sollte. Doch dann erlitt Mom auf dem Operationstisch einen schweren Herzanfall mit katastrophalen Folgen. Die Ärzte glaubten nicht, daß sie überleben würde, und deshalb nahm ich mir Sonderurlaub und flog nach Washington.

Als ich in die Klinik kam, war die erste Krise überstanden, und der Zustand meiner Mutter hatte sich stabilisiert. Doch als ich das Zimmer betrat, war ich erschüttert, denn sie redete nur wirres Zeug. Sie hatte immer einen klaren Verstand gehabt, auch wenn sie etwas getrunken hatte. Die Ärzte erklärten, sie litte an den Folgen der künstlichen Beatmung, und versicherten, der Zustand würde sich wieder normalisieren. Ich machte mir aber trotzdem große Sorgen.

Sally war ständig bei ihr, und auch Ruth Ann war von Vermont nach Washington gekommen. Wir kamen jeden Tag in die Klinik, hielten unserer Mutter die Hand, sprachen mit ihr und versuchten, sie wieder zu klarem Bewußtsein zu bringen. Sally hatte Ruth Ann und mich in ihrem kleinen Haus aufgenommen, und wir versuchten, so gut es ging mit dem Streß fertig zu werden. Eines Tages kam ich von meinem täglichen Fünfkilometerlauf zurück und sah durch das Fenster, wie Sally meditierend in der einen Ecke des Wohnzimmers saß und Ruth Ann in der anderen T'ai Chi übte. Wir alle machten uns große Sorgen.

Nach einer Woche mußte Ruth Ann zu ihrer Familie zurückkehren, und Sally und ich fragten uns, was wir tun könnten. Trotz allem, was die Ärzte gesagt hatten, erholte sich unsere Mutter zwar körperlich, aber nicht geistig. Wir erkannten, daß sie sich nach der Entlassung aus dem Krankenhaus nicht selbst würde versorgen können. Ich sah mich in der ganzen Stadt nach einem geeigneten Pflegeheim um und fand schließlich ein sehr freundlich wirkendes an der Wisconsin Avenue, nicht weit von Sallys Haus entfernt. Die Unterbringung kostete mehr als unsere Mutter sich leisten konnte, und deshalb beschlossen Sally und ich, uns an den Kosten zu beteiligen. Doch dann mußte ich Sally eine Eröffnung machen, die sie, wie ich wußte, schon lange fürchtete. Ich sagte: »Ich muß wieder nach Hause fahren. Ich habe eine Frau und kleine Kinder und außerdem Pflichten gegenüber meiner Brigade. Wenn ich jetzt meinen ganzen Urlaub nehme, werde ich nicht zurückkommen können, wenn es wirklich notwendig wird.« Sally sagte, sie könne mich verstehen, aber ich wußte, es war schwer für sie, allein die ganze Verantwortung zu tragen.

Drei Wochen später starb unsere Mutter ganz plötzlich. Ich flog zurück und arrangierte die Feuerbestattung. Wir veranstalteten eine kleine Trauerfeier in Washington, an der ihre dortigen Freunde teilnahmen, und eine zweite Feier in West Point, wo Ruth Ann, Sally und ich ihre Urne neben der unseres Vaters beisetzen ließen.

Es war ein trüber, wolkenverhangener Oktobermorgen, und als wir auf dem stillen Friedhof saßen, wurde ich von Kummer und Bedauern überwältigt. Ich hatte meine Mutter geliebt, und es war mir schließlich gelungen, die Frau, die sie wirklich war, von der Alkoholikerin zu unterscheiden, die sie später wurde. Doch jetzt sollte ich sie nie wieder sehen. Das war ein schmerzliches Gefühl. Wir hätten ein harmonisches Familienleben führen können, aber der Alkohol hatte es unmöglich gemacht. Zwar hatte ich schon vor Jahren erkannt, daß ich die Wärme, nach der ich mich sehnte, nie erleben würde, doch nun hatte der Tod diesen Traum endgültig zerstört. Ich sehnte mich verzweifelt nach Brenda und den Kindern – und nach meinen Eltern.

An unserem letzten Abend in Alaska, dem 31. Oktober, war Halloween, und schon am Nachmittag hatte es angefangen zu schneien. Für mich war der erste Schnee immer eine besondere Freude. Schon zwei Wochen vorher beobachteten die Einheimischen aufmerksam die Bergspitzen, auf denen sich der Schnee zuerst erkennen ließ. Dann kam er jeden Morgen etwas tiefer herunter. Sie nannten das den »termination dust« (den Staub, der das Ende der Saison anzeigte). Zu dieser Zeit kamen die Goldgräber jedes Jahr aus den Bergen herunter in die Siedlungen. Brenda und ich hatten unser Haus schon geräumt und waren in das Gästehaus von Fort Richardson gezogen, um am folgenden Morgen abreisen zu können. Wir hatten den kleinen Mädchen vesprochen, sie dürften, verkleidet als Ballerinas, die Nachbarn besuchen und sich Süßigkeiten schenken lassen. Am Abend begann es stark zu schneien, und es wurde sehr kalt. Aber Brenda zog den Kindern dicke Mäntel an, fuhr mit ihnen auf die Anhöhe, wo die Generäle und Obersten lebten, und begleitete sie von Tür zu Tür, um nach altem Brauch die Süßigkeiten einzusammeln. Wir waren alle in Hochstimmung, als es Zeit wurde, Abschied zu nehmen.

Von den drei Infanteriebrigaden in Fort Lewis wurde mir diejenige zugeteilt, die niemand sonst übernehmen wollte. Mein Vorgänger hatte früher zum Stab des Weißen Hauses gehört und zahlreiche Artikel für Militärzeitschriften verfaßt. Viele Offiziere in Fort Lewis hielten ihn für einen Angeber. Er hatte es verstanden, mit allen möglichen Mätzchen auf die Brigade aufmerksam zu machen, aber manche seiner Kameraden hatten den Eindruck, daß er in Wirklichkeit kaum etwas von seinen Pflichten als Kommandeur eines Infanterietruppenteils verstand. Er vertrat zum Beispiel die eigenartige Auffassung, daß die Armee im Fall eines Krieges der Vereinigten Staaten gegen die Sowjetunion ihre Absichten nur dann geheimhalten könnte, wenn sie auf die Verwendung von Funkgeräten verzichtete. Deshalb führte er wieder den Einsatz von Signalflaggen und Meldern ein. Theoretisch konnte ein Kommandeur im Krieg einem Melder mitten in der Nacht sagen: »Bringen Sie diesen Befehl zum 3. Bataillon«, und der Bursche mußte hinaus in die Dunkelheit und seinen Auftrag ausführen. In der Praxis war das allerdings nicht so einfach. Bei einer Brigadeübung verirrte sich einer dieser Melder und konnte den Befehl nicht abgeben. Die Folge war, daß beim Abmarsch der Brigade am folgenden Morgen die Artillerie zurückblieb.

Ebenso wie Latham legte dieser Mann großen Wert auf die körperliche Ertüchtigung, aber bei ihm wurde die Sache zur Show. Jeden Freitagmorgen mußten die zweitausendfünfhundert Mann der Brigade zu einem Geländelauf über acht Kilometer antreten. Anschließend ließ sie der Kommandeur an sich vorbeimarschieren. Dann ging es zur sogenannten »Ringerarena«, einem Sandplatz, auf dem die Soldaten miteinander ringen mußten. Diese Freitagsvorführungen waren bei allen hochrangigen Besuchern sehr beliebt, verursachten aber ziemlichen Ärger bei den anderen Truppenteilen der Garnison. Die offizielle Kurzbezeichnung der Brigade war »Recondo«-Brigade (eine Abkürzung für »Reconnaissance Commando« – »Aufklärungskommando«), aber überall nannte man sie die »Zirkusbrigade«.

Ich war dieser Brigade schon während meiner Zeit in Alaska zweimal begegnet, nachdem die Armee ein Ausbildungsprogramm entwickelt hatte, in dessen Rahmen Verbände aus den südlichen achtundvierzig Staaten jeweils für einen Monat nach Alaska kommandiert wurden. Eines der »Recondo«-Bataillone gehörte zu den ersten und zeigte auffallend schlechte Leistungen. Die Offiziere und Mannschaften beklagten sich ständig über die Kälte, und an dem Tag, an dem es uns wieder verließ, war keines der Fahrzeuge, die wir dem Bataillon geliehen hatten, mehr betriebsbereit. Obwohl wir den Männern genau erklärt hatten, wie die Fahrzeuge in der Arktis gewartet werden mußten – die Motorblöcke mußten warmgehalten und die Motoren nachts mehrmals gestartet werden –, hatten sie sich nicht darum gekümmert. Als eine »Recondo«-Kompanie im folgenden Sommer zur Ausbildung zu uns kam, schickten wir sie auf einen Gletscher, wo die Leute prompt gegen eine Grundregel für das Überleben in der Arktis verstießen: Sie aßen ihre eisernen Rationen auf. Zwei Tage nach Beginn der Übung wurde das Wetter schlecht, und die Soldaten mußten in ihren Zelten bleiben. Wir ließen sie eine Zeitlang hungern, aber als es sich nicht aufklärte, mußten wir einen riskanten Hubschraubereinsatz wagen, um sie mit der notwendigen Verpflegung zu versorgen.

In Fort Lewis hatte ich noch zwei Wochen Zeit, bevor ich das Kommando übernahm, und brachte einen großen Teil davon damit zu, mit den Angehörigen meines Stabes zu sprechen und die schriftlichen Unterlagen über die Brigade im Divisionsstabsquartier zu lesen. An dem Tag, als ich den Befehl übernahm, ließ ich die wichtigsten Offiziere kommen – die Stabschefs, die Bataillonskommandeure, die Kompanieführer und den Hauptfeldwebel – im ganzen zweiundzwanzig. Ich sagte ihnen: »Ich versuche, mir ein Bild von der Brigade zu verschaffen. Dabei habe ich einige Beobachtungen gemacht und ausführlich mit den Mitgliedern des Divisionsstabes gesprochen. Jetzt möchte ich wissen, was *Sie* denken. Ich möchte Sie bitten, daß Sie über das Wochenende die folgenden Fragen auf einem Blatt Papier anonym beantworten. Erstens, was sind die Pflichten der Kommandeure in dieser Brigade? Zweitens, wie gut erfüllen wir diese Pflichten? Drittens, wenn Sie etwas Neues beginnen, etwas abschaffen oder etwas fortsetzen wollten wie bisher, was würde das sein?«

Am Montagmorgen lagen mir zweiundzwanzig Antworten vor, einige mit der Schreibmaschine und andere mit der Hand geschrieben. Es war eine faszinierende Lektüre. Auf die erste Frage gaben alle bis auf einen die gleiche Antwort, die auch ich gegeben hätte. Sie lautete: »Unsere Aufgabe ist es, diese Brigade auf den Kriegsfall vorzubereiten.« Die Antwort des letzten war so unzusammenhängend, daß ich erwogen hätte, ihn zu entlassen, wenn ich gewußt hätte, wer es war.

Auf die Frage »Wie gut erfüllen wir unsere Aufgabe?« antworteten fünf Offiziere: »Nicht sehr gut.« Sechzehn sagten: »Wir erfüllen unsere Aufgabe *überhaupt nicht*.«

Die Antwort auf die Frage »Was sollten wir abschaffen?« lautete bei allen: »Schaffen Sie den Quatsch ab – die Signalflaggen, die Melder, die Ringkämpfe und so weiter.«

Auf die Frage »Was sollte neu eingeführt werden?« antworteten alle: »Wir sollten häufiger ins Gelände gehen und eine vernünftige Ausbildung beginnen.«

Die Antwort auf die Frage »Welcher Teil der Ausbildung sollte so weitergehen wie bisher?« lautete: »Es gefällt uns, daß so großer Wert auf die körperliche Ertüchtigung gelegt wird.«

Während des ganzen Dezembers arbeiteten wir an kleinen Verbesserungen bei der Wartung von Kraftfahrzeugen, lernten, auf dem Gefechtsfeld die Nachrichtenverbindungen zwischen den einzelnen Truppenteilen aufrechtzuerhalten, verfaßten schriftliche Anweisungen für die Führung von Kompanien und Bataillonen und stellten Langzeitprogramme für die Ausbildung von Einheiten und einzelnen Soldaten auf.

Inzwischen waren meine Familie und ich in ein großes, aus Stein gebautes zweistöckiges Haus an einer von hohen Bäumen gesäumten ruhigen Straße gezogen. Es lag in einer Wohngegend, die zur Zeit des New Deal vom Civilian Conservation Corps erschlossen worden war. Die Umstellung nach dem Leben in Fort Richardson fiel uns viel leichter, als Brenda und ich es erwartet hatten. Nicht nur die Menschen in Fort Lewis begegneten uns offen und nahmen uns freundlich auf, sondern auch die Schönheit der Natur, auf die verzichten zu müssen wir gefürchtet hatten, war beeindruckend. Unser Haus lag am Rand eines Übungsgeländes, und auf der anderen Seite erhob sich fünfundsechzig Kilometer entfernt im Osten der majestätische Mount Rainier. Dieser Berg verlieh der ganzen Gegend ihren besonderen Charakter und beeinflußte sogar die Stimmung ihrer Bewohner. An Tagen, an denen sich der Berg hinter Wolken verbarg, schienen die Menschen bedrückt zu sein, während sie sich glücklich und lebensfroh zeigten, wenn der Berg »draußen« war.

Nach den Feiertagen lud ich unseren Divisionskommandeur, Generalmajor Volney Warner, der an den Kriegen in Korea und Vietnam teilgenommen hatte, ein, die Brigade zu besuchen. Ich bewunderte diesen General und hielt ihn für einen hervorragenden Soldaten. An dem Tag, als ich in Fort Lewis eintraf, hatte er der Division seine »großen Vier« vorgestellt. Das waren die vier Typen von Ausbildungsübungen, die zu beherrschen er von den ihm unterstellten Truppen verlangte. In seiner ruhigen Art hatte er erklärt: »Danach werde ich Sie beurteilen, und darüber hinaus werde ich Ihnen nicht vorschreiben, wie Sie Ihre Pflichten erfüllen sollen.« Er gab seinen Kommandeuren weitreichende Handlungsfreiheit.

Warner kannte den Zustand der 1. Brigade, hörte mir aber sehr aufmerksam zu, als ich ihm meine Beurteilung vortrug, und nickte nur hin und wieder. Dann sagte ich ihm, ich hätte eine besondere Bitte. Bei der Durchsicht der schriftlichen Unterlagen beim Stab der Division hatte ich festgestellt, daß meine Brigade sehr viel weniger Zeit bei Feldübungen zugebracht hatte als die anderen beiden. Sie war in erster Linie für den Innendienst in der Garnison eingesetzt worden, das heißt im Wachdienst, zur Instandhaltung der Unterkünfte, bei Paraden und ähnlichem. Nun sagte ich ihm: »Wir können mit unseren Problemen durch eine vernünftige Ausbildung fertig werden, aber es wäre sehr hilfreich, wenn wir ein bestimmtes Ausbildungsziel hätten. Am liebsten wäre es mir, wenn die 1. Brigade bei den nächsten Sommermanövern die Division vertreten könnte.« Die Manöver, von denen ich sprach, waren die jährlich stattfindenden größeren Übungen mit dem Decknamen »Brave Shield«. Das nächste dieser Manöver sollte in der Nähe der Garnison des Marineinfanteriekorps Twentynine Palms in der Mojavewüste stattfinden, wo unsere Truppen die Rolle eines feindlichen Verbandes übernehmen und sich gegen eine ganze Division amerikanischer Marineinfanterie verteidigen sollten. Mit meiner Bitte verlangte ich viel, denn wenn Warner sie erfüllte, mußte er sich darauf verlassen können, daß wir die Division würdig vertraten, und das bedeutete, daß von unseren Leistungen ein wesentlicher Teil der Mittel abhing, die uns aus dem Verteidigungsetat für Ausbildungszwecke zur Verfügung gestellt wurden. Das war dem Divisionskommandeur vollkommen klar. »Gut«, sagte er. »Ich weiß, Sie werden die Division und die Armee ordentlich vertreten.«

Die Truppe war wie elektrisiert, als sie es erfuhr. Während des ganzen Winters und Frühjahrs bereiteten wir uns intensiv auf das Manöver vor, und sehr bald zeigte sich, was die Brigade wirklich leisten konnte. Da die Armee seit einiger Zeit die Stellenbesetzungen nach neuen Gesichtspunkten vornahm, hatten wir hervorragende Bataillonskommandeure. Auch die Kompanieführer waren sehr tüchtig und freuten sich, daß sich der Dienstbetrieb wieder im normalen Rahmen abspielte. Als wir mit den letzten Vorbereitungen für das Manöver begannen, war die ganze Truppe in Hochstimmung.

Auch ich selbst fühlte mich außerordentlich glücklich. Am 20. Juni 1977 brachte Brenda unseren Sohn Christian zur Welt, und diesmal war ich bei der Geburt dabei. Ich hatte Brenda in die Klinik gebracht und zunächst nicht die Absicht gehabt, sie auf die Entbindungsstation zu begleiten. Aber nachdem die Wehen schon einige Stunden gedauert hatten, ging plötzlich alles sehr schnell. Ein Arzt erklärte: »Wir müssen sie sofort hereinholen.« Ich wußte kaum, wie mir geschah, als mir die Schwestern plötzlich einen weißen Kittel überzogen und mich durch die Tür schoben. Ich war voller Hochgefühl, als alles vorüber war. Später neckte ich Brenda: »Die ersten Male habe ich dich allein hineingeschickt, und du bist mit Mädchen herausgekommen. Diesmal wollte ich meiner Sache sicher sein, und nun war es ein Junge.« Sehr bald nachdem Brenda mit Christian nach Hause gekommen war, begann er – anders als seine Schwestern –, an Koliken zu leiden. Als die Brigade drei Wochen später ins Manöver ging, war ich froh, denn ich wußte, ich würde sogar während dieses Kriegsspiels mehr schlafen können als zu Hause.

Während der Übung »Brave Shield« mußten unsere drei Bataillone gegen dreizehn Bataillone der Marineinfanterie kämpfen. Nach dem Manöverplan hatten wir zunächst eine Verteidigungsstellung auf einer Hügelkette in der Wüste zu besetzen und, wenn uns die Marineinfanterie aus unseren Stellungen warf, hinhaltenden Widerstand zu leisten, das heißt neue Stellungen zu besetzen und wieder zurückzugehen, bis sie uns nach zehn Tagen endgültig besiegt hatten. Aber in Wirklichkeit gewannen wir die Schlacht. Wir konnten unsere Stellungen auf der Hügelkette so gut verteidigen, daß wir den Angriff der Marineinfanterie zweimal abwehrten. Die Schiedsrichter mußten uns schließlich den Befehl geben, die Stellungen zu räumen, weil sonst der für die Übung vorgesehene Zeitplan nicht hätte eingehalten werden können.

Wir hatten uns genau an die Regeln gehalten, aber der Zweisterne-General von der Marineinfanterie weigerte sich nach Schluß der Übung, mit mir zu sprechen. Ich bedauerte nur, daß ich mich nicht sofort bei General Warner für das Vertrauen bedanken konnte, das er uns gezeigt hatte. Er war überraschend zum Generalleutnant befördert worden und hatte ein neues Kommando in Fort Bragg, North Carolina, übernehmen müssen, während wir noch in der Wüste waren.

Sein Nachfolger war Generalmajor Richard Cavazos, der am Krieg in Korea teilgenommen hatte und im Gegensatz zu dem etwas zurückhaltenden Warner ein sehr offenherziger, mitteilsamer Mann war. Er galt als hervorragender Truppenführer und Ausbilder, aber bei seiner Ankunft im September wußten wir nicht recht, was wir von ihm erwarten sollten, denn er kam ursprünglich aus der Panzerwaffe und war kein Infanterist. Cavazos fesselte sofort unsere Aufmerksamkeit. Am Morgen unserer ersten Kommandeursbesprechung hielt ich mit meinem Jeep vor dem Stabsquartier der Division und bemerkte auf dem Parkplatz einen ungewöhnlichen Vorgang. Der General hatte dem leitenden Arzt des Armeelazaretts befohlen, die Motorhaube seines Jeeps zu öffnen, und sah sich den mit Öl verschmutzten Motorblock an. Ich machte, daß ich möglichst schnell im Gebäude verschwand, bevor er auf die Idee kam, auch meinen Jeep zu inspizieren. Über Nacht wurde überall in der Division großer Wert auf die gründliche Wartung der Kraftfahrzeuge gelegt.

Cavazos war wirklich ein großartiger Truppenführer. Er verstand es, seine Männer zu begeistern und konnte sie mit seinen Ansprachen zu Tränen rühren, um dann scherzend durch die Reihen zu gehen, den Leuten auf die Schultern zu klopfen und so zu tun, als sei er der denkbar strengste Vorgesetzte. Wenn er wußte, daß sich ein Bataillon nachts im Regen auf einem Übungsmarsch befand, fuhr er hinaus an eine Stelle, an der die Kolonne vorbeikommen mußte, stellte sich in den Regen und winkte den Leuten zu. Mit der Fürsorge für die Soldaten meinte er es wirklich ernst. Er bemühte sich ständig und fand auch Möglichkeiten, etwas für ihr Wohlbefinden zu tun. Er haßte es zum Beispiel, wenn die Leute gezwungen wurden, an den Wochenenden zu arbeiten. Und wenn ein Kommandeur seine Truppe am Samstag oder Sonntag mit irgendeiner besonderen Aufgabe beschäftigte, rügte er ihn und sagte: »Und das im Frieden! Warum führen Sie denn Ihre Soldaten so, als befänden wir uns im Krieg?«

Ich hatte noch nie einen so guten Ausbilder erlebt wie ihn. Im Kriegsfall sollte die 9. Division nach Europa fliegen und die NATO verstärken. Dort wartete eine schwere Aufgabe auf sie, denn als leichter Infanterieverband mußte sie damit rechnen, gegen sowjetische Panzerverbände kämpfen zu müssen. Cavazos zeigte uns, wie man die Ausbildungsmethoden, die sich seit meiner Leutnantszeit nicht geändert hatten, dieser neuen Aufgabe anpassen konnte. Bei der üblichen Geländeausbildung mußte ein Bataillon lernen, hinhaltend zu kämpfen, sich zu verteidigen und einen Gegenangriff zu führen, und zwar alles in einer einzigen Woche. Aber nach Auffassung von Cavazos war es besser, daß wir uns auf eine Sache konzentrierten, auf den Ausbau einer Verteidigungsstellung gegen Panzerangriffe. Im Lauf der folgenden Monate lernten wir viel über das Anlegen von Stacheldrahthindernissen, Minenfeldern, Verteidigungsstellungen und über Tarnung. Alle diese Dinge hatten wir schon vor Jahren gelernt, aber nie wirklich in die Praxis umgesetzt. Wenn die Division jemals an einem Krieg hätte teilnehmen müssen, dann hätten durch die Methoden von Cavazos viele Menschenleben gerettet werden können.

Meine Brigade hatte sich bewährt. Nach dem Manöver »Brave Shield« wagte niemand mehr, uns als »Zirkusbrigade« zu bezeichnen. Die Soldaten wußten, daß sie etwas leisten konnten, und das stärkte ihr Selbstvertrauen. In jenem Winter standen wir überall an der Spitze der Division, vom Zustand der Waffen, Fahrzeuge und Ausrüstung bis zu der Zahl der Soldaten, die sich als Blutspender beim Roten Kreuz gemeldet hatten. Cavazos wußte, daß er sich auf uns verlassen konnte. Als er und sein Stab im März 1978 gleichzeitig an zwei großen Übungen teilnehmen sollten, beauftragte er meinen Stab und mich, bei der einen die Führung der Division zu übernehmen.

Zwei Tage nach der Übung rief mich der Stellvertreter von Cavazos an: »Der General ist auf dem Wege zu Ihnen. Er möchte mit Ihnen über das Instandhaltungsprogramm sprechen.« Das kam mir seltsam vor, denn auf diesem Gebiet war alles in Ordnung. Ich legte den Hörer auf, ging ans Fenster und sah zwei Jeeps vor dem Gebäude halten. Cavazos hatte zwei stellvertretende Divisionskommandeure, einen Hauptfeldwebel und zwei andere Offiziere mitgebracht. Er stürmte in mein Büro und rief: »Norm, bei der Armee scheint alles drunter und drüber zu gehen.«

»Sir?« sagte ich.

»Stellen Sie sich vor, die Armee der Vereinigten Staaten hat Sie zum Brigadegeneral befördert!« Er lachte, zeigte mir die offizielle Beförderungsliste, die am nächsten Tag veröffentlicht werden sollte, und schüttelte mir die Hand. Dann brachten zwei meiner Offiziere eine mit einem großen roten Stern dekorierte Torte herein. Alles beglückwünschte mich, und ich wußte nicht recht, was ich sagen sollte. Ich hatte nur noch den Wunsch, nach Hause zu fahren und es Brenda zu erzählen.

Als ich die Tür öffnete, sah ich an ihrem Gesicht, daß sie es schon wußte. Die Frau eines stellvertretenden Divisionskommandeurs war mit einer Flasche Champagner und zwei Gläsern zu ihr gekommen. Ich nahm Brenda in die Arme und sagte: »Ich glaube, jetzt haben wir es geschafft.« Nachdem wir die Kinder zu Bett gebracht hatten, rief ich den Chef des Stabes von Cavazos an, der ebenfalls auf der Liste stand, und gratulierte ihm. Im Hintergrund hörte ich die Stimmen seiner Freunde, die gekommen waren, um die Beförderung mit einer Party zu feiern. Aber wir hatten das Bedürfnis, allein zu sein und uns in aller Stille darüber klarzuwerden, was dieses Ereignis für uns bedeutete. Ich hatte schon immer General werden wollen; auch mein Vater war General gewesen. Zwar wäre ich nicht daran verzweifelt, wenn ich den aktiven Dienst in der Armee als Oberst hätte beenden müssen, aber nun war ich sehr stolz, mit dem Generalsstern ausgezeichnet worden zu sein.

Am späteren Abend kam Cavazos noch bei uns vorbei. Er hatte an der Beförderungsparty seines Stabschefs teilgenommen und schien überrascht zu sein, daß wir nicht eine größere Feier veranstaltet hatten. Aber er setzte sich zu uns, wir unterhielten uns und tranken ein Glas Champagner. Schließlich sagte ich: »Ich habe noch eine Bitte an Sie.« Er sah mich fragend an. »Ich würde meiner Brigade morgen gerne einen Tag freigeben.«

Er reagierte mit einem breiten Lächeln. »Aber selbstverständlich«, sagte er. Er hatte Verständnis dafür, daß ich meine Freude mit meinen Soldaten teilen wollte. Ich rief den Offizier vom Dienst an und sagte ihm, er solle die Brigade am nächsten Morgen geschlossen antreten lassen.

Um sechs Uhr dreißig hatte sich die ganze Brigade auf dem Kasernenhof versammelt. Ich stieg auf eine erhöhte Plattform, von der aus die Kompanieführer die Fitneßübungen der Soldaten zu leiten pflegten. »Heute nachmittag um vierzehn Uhr wird die Armee meine Beförderung zum Brigadegeneral bekanntgegeben«, sagte ich. Die Männer applaudierten. Ich hatte das nicht erwartet und war zutiefst bewegt. Dann sagte ich: »Jeder Kommandeur, der etwas taugt, weiß, daß er es seinen Soldaten zu verdanken hat, wenn seine Leistungen anerkannt werden. Ich bin stolz auf diese Brigade. Ich bin stolz auf Ihre Leistungen. Wenn mir dieser Stern verliehen wird, dann gehört eigentlich ein kleines Stückchen davon jedem einzelnen von *Ihnen*. Da ich Ihnen dieses Stückchen nicht geben kann, möchte ich meinen Dank auf andere Weise zum Ausdruck bringen: Sie haben heute einen dienstfreien Tag. Sie sind also für heute entlassen, und wir sehen uns am Montag wieder!« Sie applaudierten noch stürmischer als zuvor und liefen in alle Richtungen auseinander.

Drei Wochen später, am 1. April, meldete ich mich zusammen mit fünfunddreißig anderen neu zu befördernden Generälen im Pentagon. Wir sollten an einem zehn Tage dauernden Orientierungslehrgang teilnehmen, der sogenannten »Charm School«. Die Armeeführung war der Auffassung, daß man mit der Beförderung zum General in einem ganz neuen Verantwortungsbereich tätig wird. Bis jetzt hatte jeder von uns einer bestimmten Truppengattung angehört, aber als Generäle würden unsere Untergebenen Soldaten aus den verschiedensten Truppengattungen sein. Um unsere neuen Pflichten zu erfüllen, mußten wir einen besseren Überblick darüber haben, was in der Armee geschah. Uns diesen Überblick zu vermitteln, war der Zweck dieses Lehrgangs. Im Scherz wurde behauptet, der wirkliche Zweck sei es, den »geheimen Händedruck« zu bekommen. Wir neckten einander mit der Frage: »Haben Sie schon den geheimen Händedruck bekommen?«

»Ja, und wie steht es mit Ihnen?«

Die erste dienstliche Obliegenheit bestand darin, daß sich der ganze Lehrgang zu einem Gruppenfoto mit General Bernard Rogers, dem Chef des Generalstabes der Armee, aufstellen mußte, der dann eine Begrüßungsansprache halten würde. Um neun Uhr morgens versammelten wir uns auf dem Rasen des in der Mitte des Pentagon gelegenen Platzes, aber General Rogers war nirgends zu sehen. Wir warteten und warteten. Schließlich hieß es, wir sollten das Foto ohne ihn aufnehmen lassen und dann wie geplant mit dem Lehrgang beginnen. Sobald er Zeit habe, würde er zu uns kommen.

In einem Hörsaal teilte uns der Direktor des Armeestabes mit, an welchen Veranstaltungen wir in der kommenden Woche teilnehmen sollten. Dabei würden wir Vorträge von einigen hochrangigen Persönlichkeiten hören. Das waren der Staatssekretär für die Armee, der Vorsitzende der Joint Chiefs of Staff (die vier obersten Stabschefs), die Chefs der anderen Teilstreitkräfte und einige Viersternegeneräle der Armee. Außerdem sollten wir auf dem Capitol Hill verschiedene Senatoren und Kongreßabgeordnete besuchen. Wir sollten sogar vier Tage in einem Konferenzzentrum außerhalb von Washington an einem Seminar für organisatorische Fragen teilnehmen. Für fast alle Abende waren Cocktailpartys und offizielle Essen vorgesehen. Für diese Veranstaltungen war ich gut vorbereitet. Vor meiner Abreise aus Fort Lewis war ich nach Tacoma gefahren und hatte meinen ersten Gesellschaftsanzug gekauft, einen dunklen Nadelstreifenanzug mit dazu passender Krawatte. Dafür hatte ich einhundertneunzig Dollar ausgeben müssen, und das war viel Geld für einen Anzug. Damit endete der Vortrag des Direktors, und es folgten weitere sehr ausführliche Vorträge von verschiedenen hochrangigen Mitgliedern des Armeestabes.

Am späten Vormittag erschien schließlich auch General Rogers. Als der grauhaarige, gutaussehende Mann in aufrechter Haltung durch den Hörsaal nach vorn ging, spürte man die Erregung der versammelten Offiziere. Schließlich war er es gewesen, der unsere Beförderungen genehmigt hatte, uns jetzt gratulieren und sagen würde, daß wir uns um die Armee verdient gemacht hätten. Er würde davon sprechen, welch gute Berufsaussichten wir hätten, und uns erklären, welche Probleme es gebe, zu deren Lösung er unsere Unterstützung brauche. Als er auf dem Podium stand, sah er uns einen Augenblick schweigend an. Dann sagte er: »Wenn Sie alle dasselbe Flugzeug nach Washington genommen hätten, dieses Flugzeug abgestürzt wäre und Sie alle dabei getötet worden wären, dann müßten wir weitere sechsunddreißig Obersten finden, die ebenso tüchtig sind wie Sie.« Es folgte verblüfftes Schweigen. »Nun«, sagte er, »lassen Sie mich Ihnen sagen, wozu ich Sie *nicht* befördert habe. Ich habe Sie nicht befördert, damit Sie Ihre Macht mißbrauchen. Ich habe Sie nicht befördert, damit Sie jedem weiblichen Wesen hinterherlaufen, dem Sie auf der Straße begegnen. Ich habe Sie nicht befördert, damit Ihre Ehefrau die Angehörigen Ihres Stabes schikaniert und den Befehl in Ihrer Garnison übernimmt, wenn Sie einmal verreisen müssen.« Ich sah mich um. Die anderen Lehrgangsteilnehmer schienen auf ihren Sitzen zusammengesunken zu sein. Wir hatten das Gefühl, daß seine Moralpredigt eine ganze Stunde dauerte. Am Schluß beglückwünschte er uns. Später hörten wir, daß Präsident Carter gerade bekanntgegeben hatte, die Vereinigten Staaten würden ihre Streitkräfte aus Südkorea abziehen, und zwar ohne daß General Rogers, der für diese Truppen verantwortlich war, vorher etwas davon gewußt hatte. Das war auch der Grund, weshalb er nicht zu dem Fototermin erschienen und bei seiner Begrüßungsansprache so schlechter Laune gewesen war.

Ein anderer Sprecher machte in dieser Woche einen besonderen Eindruck auf mich. Es war Dick Trefry, der Generalinspekteur der Armee. Er war ein hochgewachsener, breitschultriger Mann, der jeden Raum beherrschte, sobald er ihn betreten hatte. »Okay, meine Freunde, hören Sie gut zu, denn dies ist wahrscheinlich die wichtigste Vorlesung, die Sie hier hören werden. Ich bin gekommen, um Ihnen zu sagen, auf welche Weise Sie als Generäle in Schwierigkeiten geraten könnten. Und ich bin hier, um Ihnen zu versprechen, daß ich, wenn Sie so etwas tun sollten, Ihnen hart auf den Fersen sein werde.« Wir wußten, daß die Armee streng auf das korrekte Verhalten ihrer Offiziere achtete. Sie untersuchte *jede* Beschwerde über einen General, selbst wenn sie anonym war, und wenn sich herausstellte, daß sich der General etwas hatte zuschulden kommen lassen, ob im Zusammenhang mit der Beschwerde oder nicht, dann war seine Karriere sehr schnell zu Ende.

Dann zählte Trefry die Verfehlungen auf, zu denen es während der vergangenen Jahre gekommen war: Geldverschwendung, die Verwendung von Armeeflugzeugen zu privaten Zwecken, die falsche Verwendung von Untergebenen und so weiter. Es war eine unendlich lange Liste. Was mich erstaunte, war die Tatsache, daß alle diese Generäle wahrscheinlich die gleiche Vorlesung gehört hatten, die wir jetzt anhören mußten, daß sie aber trotzdem gegen die Regeln verstoßen hatten. Die häufigsten Verfehlungen waren moralische Verstöße gegen die guten Sitten. Generäle hatten sich an die Frauen jüngerer Offiziere oder an ihre weiblichen Untergebenen herangemacht. Ich mußte an eine ironische Bemerkung denken, die ich von

General Boatner gehört hatte. »Es ist erstaunlich. Im selben Augenblick, als ich zum Brigadegeneral befördert wurde, nahm mein Sinn für Humor gewaltig zu. Jedesmal wenn ich jetzt einen Witz machte, lachte alles.« Seit ich als Schüler mit meinem Vater in Deutschland gewesen war, hatte ich während meines ganzen Lebens immer wieder Generäle kennengelernt und mich stets darüber gewundert, wie viele Männer wirklich glaubten, sie seien komischer, klüger oder für zweiundzwanzigjährige Frauen anziehender geworden, nachdem man ihnen die Generalssterne am Kragen befestigt hatte.

Zwischen den Vorlesungen verbrachten viele Lehrgangsteilnehmer einen großen Teil ihrer Zeit in dem für die Besetzung der Generalsstellen verantwortlichen Büro, dem General Office Management Office (GOMO), um an den Stellen eingesetzt zu werden, die ihnen am besten gefielen. Sieben von uns hatten, um befördert zu werden, bestimmte Voraussetzungen zu erfüllen. Aus irgendwelchen Gründen hatte das Pentagon entschieden, nach einer alten Bestimmung zu verfahren, die besagte, daß jeder Offizier vor seiner Beförderung zum General wenigstens einmal bei einem Verband dienen mußte, der aus Truppen verschiedener Teilstreitkräfte bestand. Ich war einer der »schmutzigen Sieben«, wie man uns nannte, die diese Voraussetzungen nicht erfüllten. Unsere Beförderung erfolgte unter der Maßgabe, daß unsere nächste Dienststelle der Stab eines gemischten Verbandes war.

Für mich war eine großartige Stelle vorgesehen: General Alexander Haig, der Oberbefehlshaber der Alliierten Streitkräfte in Europa, hatte mich für seinen Stab angefordert. Aber als der Generalslehrgang zu Ende ging, wurde die Dienstzeit des Offiziers, der diese Stelle jetzt innehatte, aus familiären Gründen um ein Jahr verlängert. Die Mitteilung darüber traf mich wie ein Blitz aus heiterem Himmel, und ich ging zum GOMO. Der Offizier dort sagte: »Gegenwärtig haben wir keine Stelle in einem gemischten Verband frei. Die anderen Lehrgangsteilnehmer kommen schon seit Tagen zu mir und bewerben sich um solche Kommandos. Es tut mir leid, die guten Stellen sind alle besetzt.« Ich sollte meine Brigade in wenigen Wochen abgeben und fragte ihn deshalb, wo die Armee mich jetzt verwenden wolle.

»Ich weiß es nicht. Melden Sie sich inzwischen zum Urlaub ab, und wir werden Sie verständigen.«

So kehrte ich nach Fort Lewis zurück, übergab Ende Mai meine Brigade an meinen Nachfolger und wartete. Ich wollte nicht glauben, daß die Armee von mir verlangen würde, in einem gemischten Verband zu dienen, wenn keine Stelle frei war. Hier stand ich nun, der erfahrenste Brigadekommandeur der amerikanischen Armee. Vielleicht würde man mich zum stellvertretenden Divisionskommandeur ernennen, vielleicht sogar hier in Fort Lewis, wo demnächst eine solche Stelle frei werden würde. Während ich wartete, veranstaltete General Cavazos eine Beförderungsfeier für mich, und er und Brenda befestigten die Sterne an meinem Kragen.

Schließlich rief mich das GOMO an, nachdem es mich drei Wochen lang hatte schmoren lassen. Ich sollte stellvertretender Stabsoffizier im Planungsstab des Pazifischen Kommandos in Hawaii werden. Nicht einmal eine selbständige Stabsstellung, sondern nur die eines Stellvertreters! Das ärgerte mich. Fünf Minuten später läutete das Telefon wieder. Es war das Pazifische Kommando, und ich wurde gefragt, wie bald ich dort eintreffen könnte, weil man mich sofort brauchte. »Mein Gott«, sagte ich, »können Sie mir zwei Wochen Zeit geben? Ich muß mit meiner ganzen Familie umziehen.«

»Okay«, sagte der Mann, »aber nicht später als bis zum 2. Juli.« Wieder vergingen fünf Minuten, und wieder läutete das Telefon. Diesmal war es General Cavazos. »Ich habe eben gehört, wohin man Sie schicken will«, brummte er. »Wer immer diese Entscheidung getroffen hat, ist ein verdammter Bastard.«

In aller Eile packten wir unsere Sachen, verkauften unseren Campingwohnwagen und verschenkten unsere Katze. Brenda fuhr noch rasch nach Timberville, um sich von ihren Eltern zu verabschieden. Zwei Wochen später flogen wir nach Hawaii ab und kamen dort am 2. Juli 1978 um vierzehn Uhr an. Am Flughafen empfing uns General Jack Sadler, den ich ablösen sollte. »Ich freue mich, Sie kennenzulernen«, sagte ich. »Sobald ich meine Familie untergebracht habe, kann ich mit der Arbeit beginnen.«

Er sah mich erstaunt an. »Nicht notwendig. Das Stabsquartier ist geschlossen. Der 4. Juli ist ein Feiertag. Der Dienst fängt erst wieder am 6. Juli an.«

13

Das Pazifische Kommando hatte seinen Sitz im hügeligen Land westlich von Honolulu auf der Flottenbasis Camp Smith. Das dreistökkige Gebäude, in dem der Stab untergebracht war, diente ursprünglich als Krankenhaus und sah nicht besonders repräsentativ aus. Es lag aber in einer wunderschönen Landschaft, umgeben von Palmen, Banyanbäumen, Elefantenohrpflanzen, fruchtbeladenen Mangobäumen und wunderschönen tropischen Blumen in allen nur denkbaren roten Farbschattierungen. Um das Gebäude verlief ein Langlaufpfad, auf dem jeden Tag um die Mittagszeit sonnengebräunte Marineinfanteristen für den Honolulu-Marathon trainierten. Unweit in einer Senke lagen die Tennisplätze und ein Exerzierplatz, von dem aus man eine atemberaubende Aussicht auf Pearl Harbor hatte.

Jack Sadler sollte demnächst aus dem aktiven Dienst ausscheiden. Am ersten Morgen stellte er mich meinem neuen Vorgesetzten, Konteradmiral Don Shelton, dem Chef der Planungsabteilung, vor. Anschließend führte mich Sadler in einen Konferenzraum, wo der Vorgesetzte von Konteradmiral Shelton, Admiral Maurice F. Weisner, der Oberbefehlshaber des Pazifischen Kommandos, die morgendliche Stabsbesprechung abhalten sollte. Der Raum wurde beherrscht von einem großen U-förmigen Tisch, an dessen Kopfende Weisner, flankiert von den Generälen und Admirälen, den Chefs der verschiedenen Abteilungen seines Stabes, die Besprechung leitete. Ich folgte Sadler bis zu einer Reihe von Klappstühlen an der Wand hinter dem Tisch, während sich der Raum allmählich füllte. »Hier sitzen die Stellvertreter«, erklärte er, und wir setzten uns. Als die Besprechung begann, sah ich mir etwas genauer an, wer mit uns in einer Reihe saß, und stellte zu meinem Erstaunen fest, daß jeder andere Stellvertreter entweder ein Oberst oder ein Kapitän zur See war. Sadler und ich waren *die einzigen Generäle, die nicht am Tisch Platz nehmen durften.* Ich beruhigte mich bei dem Gedanken, daß es letzten Endes nicht darauf ankam, wo ich saß, sondern daß ich in meiner neuen Stellung in alle Funktionen eines der wichtigsten Stäbe unserer Streitkräfte Einblick erhalten würde. Der Zuständigkeitsbereich des Pazifischen Kommandos erstreckte sich von der Westküste der Vereinigten Staaten bis zur Ostküste von Afrika, das heißt praktisch über die halbe Welt. Zur See gehörten der ganze Pazifische Ozean und der ganze Indische Ozean dazu. Zu Lande war dieses Kommando für alle Gebiete östlich der iranisch-pakistanischen Grenze verantwortlich. Dazu gehörten Indien, Indochina, Australien, Neuseeland, Indonesien, die Philippinen, Japan und Südkorea.

Ich sollte jedoch enttäuscht werden. Schon bald erkannte ich, daß diese Morgenbesprechungen im Grunde nur eine Formalität waren. Wenn etwas wirklich Wichtiges zur Sprache kam, behandelte Admiral Weisner das Thema zunächst im großen Kreis, zog sich aber dann mit seinem Chef des Stabes und den zu seinem Stab gehörenden Admirälen in sein Büro zurück, wo die Entscheidungen getroffen wurden. Wenige Tage später, kurz vor der zu seinem Ausscheiden veranstalteten Feier, lud mich Sadler zu einem Privatgespräch in sein Büro ein, das ich später übernehmen sollte. Er wies mich ausdrücklich darauf hin, daß nicht nur er als Brigadegeneral aus dem aktiven Dienst ausschied, sondern daß es auch bei seinem Vorgänger so gewesen sei. Er warnte mich: »Verlassen Sie das Pazifische Kommando so bald wie möglich. Für die Flotte ist es die wichtigste Befehlsstelle, aber von der Armee wird sie nicht ernst genommen. Eine längere Dienstzeit im Pazifik wird das Ende Ihrer Karriere bedeuten.«

Die Verhältnisse besserten sich nicht, als ich feststellte, daß Shelton, der zweitälteste Zweisterneadmiral der Flotte, verbittert darüber war, daß er noch keinen höheren Rang erreicht hatte. Zudem behandelte er mich ausgesprochen geringschätzig. Ich war ein Offizier der Armee, und er mochte die Armee nicht. Ich war ein Absolvent von West Point, und da er seine militärische Laufbahn in Annapolis begonnen hatte, lehnte er West Point ab. Ein letzter Grund für seine Antipathie war die Tatsache, daß er mit seinen einen Meter siebzig sehr viel kleiner war als ich. Jedesmal wenn ich vor ihm stand, um ihm irgend etwas zu zeigen, wich er mir aus und trat einen Schritt zurück.

Monatelang beschränkte sich meine Tätigkeit auf das Schreiben von Berichten und auf andere schriftliche Arbeiten, die normalerweise zu den Aufgaben von Offizieren niedrigerer Rangstufen gehörten. Ich versuchte mich damit zu trösten, daß ich bisher mit meinen Vorgesetzten Glück gehabt hatte und auch wieder Glück haben würde. Dennoch gab ich die Hoffnung nicht auf, daß mich die Armee demnächst an anderer Stelle einsetzen würde. Obwohl ich offiziell zwei Jahre beim Pazifischen Kommando bleiben sollte, hatten mir die Offiziere des GOMO gesagt, daß ich wahrscheinlich schon nach sechs Monaten versetzt werden würde. Aber diese sechs Monate vergingen, und ich hatte mich mit der Tatsache abzufinden, daß ich zunächst hier bleiben mußte.

Shelton beschäftigte sich sehr intensiv mit Verhandlungen über die Einrichtung von Flottenbasen auf den Philippinen, wo er früher einen amerikanischen Flottenverband befehligt hatte. Er interessierte sich aber weniger für unsere militärpolitischen Aufgaben wie der Aufrechterhaltung von Beziehungen zu Regierungen und Militärs im übrigen pazifischen Raum. Als er schließlich erkannte, daß er mich als loyalen Mitarbeiter im Pazifischen Kommando ansehen konnte, überließ er mir die Verantwortung für diesen Bereich. Dazu mußte ich viel reisen und in Korea, Taiwan, Australien und Neuseeland Gespräche über die Einrichtung von Flottenbasen führen. Wir befanden uns damals im Anfangsstadium militärischer Planungen mit den Japanern und beschäftigten uns dabei mit Problemen wie der Rolle Japans im Fall eines Krieges zwischen den Vereinigten Staaten und der Sowjetunion oder mit der Frage, was geschehen würde, wenn die Sowjets Japan angreifen sollten, und so weiter. Damals waren bilaterale Planungen zwischen den Vereinigten Staaten und Japan eine politisch diffizile Angelegenheit angesichts der antimilitaristischen Stimmung der japanischen Bevölkerung, so daß weder die amerikanische noch die japanische Regierung zugeben wollten, daß solche Gespräche überhaupt geführt wurden. Als ich meine Gesprächspartner in Tokio besuchte, trafen wir uns aus Gründen der Geheimhaltung in meinem Hotelzimmer und mußten dort unsere Karten auf dem Fußboden ausbreiten.

Außerdem mußte auch darüber entschieden werden, wie und wo die Vereinigten Staaten ihre Streitkräfte unter bestimmten Voraussetzungen einsetzen würden. Admiral Shelton konzentrierte sich vor allem auf gesamtstrategische Fragen. Jeder wußte, daß die Flotte bei Ausbruch eines Dritten Weltkriegs nicht über genügend Schiffe verfügte, um sich den Sowjets im Atlantik und im Pazifik entgegenzustellen. Deshalb hatte das Pentagon eine »Swing-Strategie« entwikkelt, die besagte, daß das Gros der Flotte zuerst zur Verteidigung der NATO in den Atlantik verlegt werden sollte, um dann in den Pazifik zurückzukommen und dort zu kämpfen, ganz ähnlich wie es schon im Zweiten Weltkrieg geschehen war. Aber die Admiräle Weisner und Shelton waren überzeugt, die Zeiten hätten sich geändert, und versuchten, sich mit ihrer Meinung durchzusetzen, daß der pazifische Raum auf lange Sicht für die Vereinigten Staaten eine größere strategische Bedeutung habe und deshalb zuerst verteidigt werden müsse. Die für die Seekriegsstrategie verantwortlichen Offiziere unseres Stabes erläuterten diese Auffassung in zahlreichen Berichten an das Pentagon. Indessen lernte ich mehr über das wirtschaftliche Wachstum und den Handel im pazifischen Raum, als ich es je für möglich gehalten hätte. Doch über die Gesamtstrategie hinaus hatte Shelton nicht das geringste Interesse für besondere Einsatzpläne, zum Beispiel wie das Pazifische Kommando seine Kräfte verteilen würde, wenn es in Korea zum Krieg käme. Die Offiziere des Stabes und ich mußten feststellen, daß es unmöglich war, zu ihm vorzudringen, um ihm diese Fragen vorzutragen. Nach zwei Monaten, und ohne daß er es mir direkt befohlen hätte, übernahm ich diese Planungen und leitete sie. Dadurch kam ich in engen Kontakt mit Offizieren aller Teilstreitkräfte und konnte dabei feststellen, daß besonders die Flotte die Dinge anders handhabte, als ich es gewohnt war. Die Entscheidungen wurden nur an der Spitze gefällt, während die Offiziere der mittleren Ränge sehr viel weniger Befugnisse hatten als die entsprechenden Dienstgrade in der Armee, Luftwaffe und Marineinfanterie.

Je mehr Selbständigkeit Shelton mir zubilligte, desto glücklicher war ich. Im April 1979 erklärten er und Weisner ihre Absicht, aus dem aktiven Dienst auszuscheiden. Von nun an schraubte Shelton seine Dienststunden zurück und erweiterte meinen Verantwortungsbereich. Im Spätsommer ließ er sich pensionieren. Als der neue Oberbefehlshaber, Admiral Robert L. G. Long, sein Amt Anfang November übernahm, hatte ich zwei Monate lang die Planungsabteilung geleitet, und man hatte mir bei der jeden Morgen stattfindenden Stabsbesprechung einen Platz am Beratungstisch eingeräumt. Ich bewunderte Bob Long als hervorragenden Offizier. Er hatte bisher einen Verband mit atombetriebenen U-Booten befehligt und galt als intelligenter, strenger und tüchtiger Truppenführer.

Long war erst wenige Tage beim Pazifischen Kommando, als wir in den Strudel von Ereignissen im Nahen Osten hineingezogen wurden.

Am 4. November, unmittelbar nachdem der abgesetzte Schah des Iran zur ärztlichen Behandlung in die Vereinigten Staaten gekommen war, stürmten Anhänger des Ayatollah Khomeini die Botschaft der Vereinigten Staaten in Teheran und nahmen mehr als fünfzig Personen als Geiseln. Für den Iran war das Europäische Kommando zuständig, aber wir waren für die benachbarten Länder Afghanistan und Pakistan sowie für den Persischen Golf verantwortlich. Deshalb wurden wir aufgerufen, uns an der Entwicklung militärischer Alternativen für unseren Präsidenten Jimmy Carter zu beteiligen. Ich war überrascht, zu sehen, daß unsere Militärs ihm kaum etwas vorschlagen konnten. Unsere Armee verfügte kaum über irgendwelche Kräfte, die im Nahen Osten hätten kämpfen können. Unsere Luftwaffe besaß keinen Zugang zu den Flughäfen in dieser Region und nur sehr begrenzte Möglichkeiten, in diesem Luftraum zu operieren. Außerdem behauptete die Flotte, die Gewässer des Persischen Golfs böten für den Einsatz von großen Flugzeugträgern nicht genügend Raum. In unserer Verzweiflung fragten wir das Strategische Luftkommando nach einer Möglichkeit des massiven Einsatzes von Bombenflugzeugen des Typs B-52, denn wir glaubten, wir könnten Teheran von unserer großen Luftbasis in Guam aus angreifen. Aber das Strategische Luftkommando teilte uns mit, es sei so schwierig, Tanker für das Auftanken in der Luft in Position zu bringen, daß wir höchstens zwei Maschinen vom Typ B-52 gleichzeitig gegen den Iran einsetzen könnten.

Am 21. November brannten islamische Radikale in Islamabad, Pakistan, die amerikanische Botschaft nieder, und die Spannung in unserem Stabsquartier erhöhte sich merklich. Pakistan gehörte zum Bereich des Pazifischen Kommandos, und wenn es notwendig werden sollte, das Personal der Botschaft zu retten, dann war das unsere Aufgabe. Aber wir hatten für ein solches Vorgehen keinerlei Pläne und auch keine Ahnung von den dort herrschenden Zuständen. Wir mußten buchstäblich zu einem Weltatlas greifen, um festzustellen, wo Islamabad lag. Vierundzwanzig Stunden arbeiteten wir auf Hochtouren an einem Evakuierungsplan. Zu unserem Glück stellte die Regierung von Pakistan die Ordnung wieder her, und wir mußten nicht eingreifen. Einen Monat später kam es zu einer ähnlichen Krise, als die Sowjets in Afghanistan einmarschierten, dann aber den amerikanischen Bürgern die sichere Ausreise garantierten. Das war unser Glück, denn auch für einen solchen Fall hatten wir keinerlei Pläne.

Zwei Wochen nach dem sowjetischen Überfall auf Afghanistan erklärte Präsident Carter, der Schutz der Ölfelder im Nahen Osten läge im strategischen Interesse der Vereinigten Staaten. Er entwikkelte die später so genannte »Carter-Doktrin«: Jeder Versuch »fremder Streitkräfte«, die Kontrolle über den Persischen Golf zu gewinnen, wird »mit allen notwendigen Mitteln« zurückgewiesen werden.

Indessen hatte die Teherankrise dem Verteidigungsministerium gezeigt, daß die Vereinigten Staaten unter Umständen auch in »abgelegenen« Regionen militärisch eingreifen müßten, und für solche Fälle die Rapid Deployment Force (»schnelle Eingreiftruppe«) aufgestellt. Dieser neue Verband war in den Vereinigten Staaten stationiert, aber seine Aufstellung löste im Zusammenhang mit der Carter-Doktrin im Europäischen und Pazifischen Kommando ziemliche Nervosität aus. Man fürchtete dort, daß man den Kommandos bestimmte Teile ihrer Verantwortungsbereiche fortnehmen und ein neues, für den Nahen Osten zuständiges Viersternekommando schaffen könnte. Der Dreisternegeneral P. X. Kelley, der robuste, für seine Derbheit bekannte Offizier der Marineinfanterie und Kommandeur der Rapid Deployment Force, tat nichts, um diese Bedenken zu zerstreuen. Als er im Frühjahr das Pazifische Kommando besuchte, saß er mit am großen Tisch und beantwortete Fragen. Schließlich fragte ihn Admiral Long ganz direkt: »Was also betrachten Sie als Ihre Aufgabe?«

»Ich sehe mich als Oberkommandierenden im Wartestand«, erwiderte Kelley. Die Anwesenden schraken auf. Aber im stillen dachte ich, er könnte recht haben. Die Aufstellung eines neuen Kommandos eröffnete vielleicht die einzige Möglichkeit, dem Nahen Osten die Aufmerksamkeit zu verschaffen, die er verdiente.

Der 28. März 1980 war mein glücklichster Tag in Hawaii. Es war nicht nur Brendas Geburtstag – wir wurden bei Admiral Long zur Feier des Tages zum Abendessen eingeladen –, sondern ich bekam endlich auch meinen Marschbefehl. Nun ging es nach Deutschland, wo ich den Posten des stellvertretenden Kommandeurs der 8. motorisierten Infanteriedivision übernehmen sollte, einer erstklassigen Division in der vordersten Verteidigungslinie der NATO. Ich war begeistert. Ich ging also wieder zur aktiven Truppe, und zwar in den Teil Deutschlands, wo ich als Jugendlicher gelebt hatte und Freunde wiedersehen würde. Den Divisionskommandeur, Generalmajor Bill Livsey, kannte ich schon aus meiner Leutnantszeit. Die beiden anderen stellvertretenden Divisionskommandeure, beide Brigadegeneräle, waren Bob Riscassi, mein alter Freund aus der Infanterie, und Rick Brown, mein Klassenkamerad aus West Point.

Wir hatten einige Monate Zeit, unsere Abreise vorzubereiten, denn ich mußte noch bis zum Eintreffen meines Nachfolgers warten. Er kam im Juli, genau zwei Jahre nach meinem Eintreffen hier, und zwar um die gleiche Stunde und am gleichen Tag mit dem gleichen Flug aus den Vereinigten Staaten, und ich begrüßte ihn auf dem Flughafen ebenso, wie Jack Sadler mich seinerzeit begrüßt hatte. Aber anders als Jack konnte ich ihm sagen, daß mich meine Arbeit im Stabsquartier von Admiral Long befriedigt und ich reiche Erfahrungen bei der Zusammenarbeit mit den anderen Teilstreitkräften gemacht hatte und daß der Dienst im Pazifik *nicht* das Ende seiner militärischen Laufbahn sein würde.

Die 8. motorisierte Infanteriedivision, eine der stärksten Divisionen der amerikanischen Armee, bestand aus vier Brigaden und vierundzwanzigtausend Mann. Ihr Kampfauftrag im Krieg war es, sich an der Verteidigung des Fuldaer Tores zu beteiligen, eines breiten, flachen Korridors im deutschen Mittelgebirge, einer natürlichen Vormarschroute für die Panzerverbände des Warschauer Pakts in das Industriegebiet des Rheinlands. Ich freute mich darauf, nun mit einem Panzerverband zusammenarbeiten zu können. Als Offizier in der leichten Infanterie wußte ich, daß ich über den Einsatz gepanzerter Verbände noch alles lernen mußte, und ich war gespannt darauf, zu sehen, wie Livsey mich mit meinen neuen Aufgaben vertraut machen würde. Außerdem sah ich voller Interesse der zweiten Aufgabe entgegen, die ich hier übernehmen mußte. Die 8. motorisierte Infanteriedivision hatte, wie die meisten amerikanischen Divisionen in Deutschland, ihre Kräfte nicht an einem Ort zusammengezogen. Das Stabsquartier lag in der verschlafenen kleinen Stadt Bad Kreuznach, etwa sechzig Kilometer westlich von Frankfurt, und die Brigaden waren in einem einhundertdreißig mal einhundert Kilometer großen Bereich im Rheinland auf vier Städte aufgeteilt. Das waren Wiesbaden, Mainz, Baumholder und Mannheim. Die Armee setzte Brigadegeneräle als sogenannte Standortkommandanten ein, die Verwaltungsaufgaben in den amerikanischen Enklaven übernahmen und dafür sorgten, daß die amerikanischen Truppen freundschaftliche Beziehungen zu den örtlichen deutschen Behörden unterhielten. Ich sollte Standortkommandant von Mainz werden, verantwortlich für fünftausend Soldaten und ihre Familien, ihre Unterbringung, die Post, die Einkaufsläden, die Klubs und die Grundschule, in der meine Töchter in die dritte und fünfte Klasse gehen würden. In der Stadt befand sich auch eine riesige Reparaturwerkstatt für Panzer. Außerhalb lag der Militärflughafen Finthen, wo das Hubschrauberbataillon der Division stationiert war.

Mainz faszinierte mich sofort. Die Stadt ist ein alter Flußhafen an der Stelle, wo der Main in den Rhein mündet. Im Mittelalter war sie eine freie Stadt gewesen, die nur den Papst als Souverän anerkannte. Gutenberg, der Erfinder des Buchdrucks mit beweglichen Lettern, hatte hier die erste Bibel gedruckt. Brenda und ich führten die Kinder durch die schmalen, mit Kopfstein gepflasterten Straßen der Altstadt, vorbei an allen möglichen kleinen Läden und dann auf den großen Marktplatz mit dem Dom. Dann gingen wir auf der Rheinpromenade spazieren und beobachteten die Vergnügungsdampfer, auf denen Familien und Liebespaare im Sommer ihre Ausflüge unternahmen.

Die im Norden, Süden und Westen gelegenen Wohngebiete ließen sich vom Stadtzentrum aus mit der Straßenbahn erreichen. Mainz war eine Arbeiterstadt, und viele seiner Bewohner verdienten ihren Lebensunterhalt in den zahlreichen Fabriken am Main. Die Unterkünfte der amerikanischen Soldaten und ihrer Familien grenzten an Arbeitersiedlungen wie die zehn oder zwölf Kilometer westlich des Stadtzentrums gelegenen Orte Gansenheim und Wakenheim. Wir zogen in ein Wohngebiet, dessen Häuser unmittelbar nach dem Krieg von den Franzosen gebaut worden waren, die damals die Stadt besetzt hatten. Unser kleines, bescheidenes Haus mit zwei Schlafzimmern war eigentlich für einen Oberstleutnant gedacht gewesen, und niemand hätte vermutet, daß dort nun ein General untergebracht war. Mein Freund Bob Riscassi, der uns am Tag unserer Ankunft zum Abendessen einlud, bewohnte allerdings ein solches prächtiges Haus. Er war Stadtkommandant des auf der anderen Rheinseite gelegenen Wiesbaden. Dort lebten er und seine Frau Virginia in einem schloßähnlichen Gebäude, das die amerikanische Luftwaffe für einen ihrer Viersternegeneräle hatte bauen lassen.

Ich wurde mit einer aufwendigen militärischen Zeremonie in mein neues Amt eingeführt. Der direkte Vorgesetzte von Livsey, Generalleutnant Will Scott, der Kommandeur des V. Armeekorps, leitete sie. Neben einem Vertreter des Bürgermeisters von Mainz nahmen auch die Bürgermeister von acht benachbarten Städten, der Landrat und ein Dutzend andere deutsche Beamte daran teil. Die

Armee war durch Livsey, den Kommandeur der 1. Brigade in Mainz und wenigstens fünfzig weitere Offiziere vertreten. Sie alle hatten auch ihre Frauen mitgebracht. Anschließend begrüßte ich alle Anwesenden persönlich, unterhielt mich mit den deutschen Beamten, die sich offenbar freuten, daß ich ihre Sprache so gut beherrschte, und die mir sagten, wie gut sie mit meinem Vorgänger zusammengearbeitet hätten und mich einluden, sie möglichst bald in ihren Dienststellen zu besuchen. Ich sagte ihnen, das würde mir eine Ehre sein. Dann nahm mich General Scott beiseite und sagte: »Ich muß mit Ihnen über Ihre Pflichten sprechen.« Ich war überzeugt, daß unsere Bemühungen, gute Beziehungen zwischen Deutschen und Amerikanern herzustellen, erfolgreich waren und Scott mir nur sagen wollte, wie wichtig es sei, für die Einsatzbereitschaft der 8. motorisierten Infanteriedivision zu sorgen.

»Der Papst kommt in diesem Herbst nach Deutschland«, begann er.

»Sir, das habe ich nicht gewußt.«

»Nach Jahrhunderten wird das wieder der erste Besuch eines Papstes in Deutschland sein. Er wird nur vier Städte besuchen, und eine davon ist Mainz. Das ist ein sehr bedeutsames Ereignis.« Er machte eine Pause und sah mich an.

»Für Mainz wird das sicher großartig sein«, erwiderte ich, hatte aber das Gefühl, irgend etwas nicht ganz verstanden zu haben.

Der General fuhr fort: »Man rechnet damit, daß etwa fünfhunderttausend Personen an der vom Papst zelebrierten Messe teilnehmen werden. Der einzige Ort, an dem sich so viele Menschen versammeln können, ist der Militärflughafen Finthen. Ich habe dem Bischof von Mainz gesagt, daß es für uns eine besondere Freude wäre, den Heiligen Vater bei seinem Besuch als unseren Gast zu empfangen.« Nun dämmerte es mir, daß *ich* dieses Ereignis vorbereiten und für seinen reibungslosen Ablauf sorgen sollte. Es fiel mir nicht ganz leicht, mich an diesen Gedanken zu gewöhnen. Doch als ich sagte, daß ich bereit sei, diese Aufgabe zu übernehmen, nickte der General befriedigt und fügte hinzu: »Es ist sehr wichtig für die deutsch-amerikanischen Beziehungen, daß die Angelegenheit glatt über die Bühne geht.« Dann lächelte er.

Erst am nächsten Tag fand ich die Zeit, Livsey in seinem Büro aufzusuchen. Er begrüßte mich herzlich, bot mir einen Stuhl an, lehnte sich zurück und grinste mir zu. »Ich habe über Ihre Ernennung nachgedacht«, sagte er. »Sie haben bisher noch nie in einem Panzerverband gedient. Sie wissen noch nicht viel über Panzer und gepanzerte Mannschaftstransportfahrzeuge oder Artillerie auf Selbstfahrlafette. Deshalb werde ich Ihnen helfen, sich schnell die notwendigen Kenntnisse anzueignen – ich werde Sie zum stellvertretenden Divisionskommandeur für die Versorgung ernennen.« Seine Entscheidung verblüffte mich. In dieser Stellung würde ich für die Wartung von Fahrzeugen und Ausrüstung verantwortlich sein, die ich nicht kannte, gar nicht zu reden von den Transportproblemen und der Versorgung der Truppe mit Verpflegung, Bekleidung und Unterkunft. Ich war also für einen viel größeren Bereich im Rahmen des Einsatzes eines gepanzerten Verbandes zuständig, als ich erwartet hatte. Als Livsey mein erstauntes Gesicht sah, mußte er lachen. »Ich weiß, daß Sie dieser Aufgabe gewachsen sind, Norm«, sagte er und fügte dann hinzu: »Ich habe selbst als stellvertretender Divisionskommandeur für die Versorgung angefangen und will Ihnen nur sagen, daß ich der beste stellvertretende Divisionskommandeur gewesen bin, den ich kenne. Es wird also sehr viel von Ihnen verlangt werden.« Das war seine Art, mir zu sagen, daß er bereit sei, mich in jeder Hinsicht zu unterstützen.

Er lehnte sich über den Tisch und reichte mir ein Blatt Papier. »Auf dieser Liste sind Ihre Aufgaben im einzelnen aufgeführt. Sie soll Ihnen helfen zu vermeiden, daß Sie, Riscassi und Brown sich gegenseitig auf die Zehen treten«, sagte er und meinte damit die anderen stellvertretenden Divisionskommandeure. Auf der Liste waren meine Aufgaben unter den folgenden Überschriften genau definiert:

STADTKOMMANDANT VON MAINZ;

ÜBERWACHUNG DES DIENSTES DER I. BRIGADE, VERSORGUNGSABTEILUNG DER DIVISION, FLIEGENDES BATAILLON, DIVISIONSNACHRICHTENABTEILUNG, PIONIERBATAILLON;

VERANTWORTLICH FÜR DIE WARTUNG VON FAHRZEUGEN, WAFFEN UND GERÄT DER DIVISION;

VERANTWORTLICH FÜR LOGISTISCHE OPERATIONEN;

ÜBERWACHUNG DER MUNITIONSVORRÄTE UND AUSGABE VON MUNITION;

ÜBERWACHUNG DER PLANUNGEN FÜR DEN TRANSPORT DER DIVISION AUF SCHIENE, STRASSE UND IN DER LUFT.

Livsey erläuterte mir jeden einzelnen Aufgabenbereich und erklärte, was nach seiner Ansicht getan werden müsse. »Sorgen Sie dafür, daß auf all diesen Gebieten geschieht, was geschehen muß. Wenn Sie feststellen, daß irgendwo etwas in Ordnung gebracht werden sollte, dann bitten Sie mich nicht erst um Erlaubnis, sondern tun Sie es. Sie haben völlig freie Hand.« Von meinem Büro aus rief ich Oberst Jack Rozier an, den Chef der Versorgungsabteilung der Division, zu der die für den Nachschub, die Wartung von Waffen und Gerät sowie für den Transport verantwortlichen Einheiten gehörten. Ich sagte zu ihm: »Ich werde bei Ihnen zur Schule gehen müssen. Sie werden mir sagen, wo es Schwierigkeiten gibt, und wie unsere Probleme gelöst werden sollten.« Dann ließ ich Oberstleutnant Paul Vanderploog kommen, den Leiter der logistischen Abteilung der Division. »Von Ihnen will ich alles erfahren, was Sie mir über Ihre Pläne zur Versorgung der Division sagen können. Sagen Sie mir, wie im Kriegsfall die Munition verteilt werden soll. Ich möchte, daß Sie mir Ihre Pläne in allen Einzelheiten erläutern.« Am Wochenende stapelten sich neben meinem Schreibtisch ungezählte Dienstvorschriften über die Wartung von Waffen und Gerät und über die Versorgung der Division mit Verpflegung, Bekleidung und allem, was sie zur Aufrechterhaltung des Dienstbetriebs brauchte.

Als ich die Kampfverbände der Division besuchte, war ich erstaunt, zu sehen, wie vieles sich in den zwei Jahren geändert hatte, in denen ich nicht mehr bei der aktiven Truppe gewesen war. Vor allem hatte TRADOC völlig neue Grundsätze für die Gefechtsausbildung entwickelt, und zwar unter Berücksichtigung der neuen Generation hochtechnisierter Waffensysteme. Das waren der M-1-Panzer, der Apache-Hubschrauber, der gepanzerte Kampfwagen vom Typ Bradley, die Pershing-Rakete und so weiter. Die Produktion all dieser Waffensysteme hatte jetzt begonnen. Nach der nun geltenden neuen Doktrin wurde das traditionelle Konzept des Frontalangriffs aufgegeben. TRADOC ging von der Voraussetzung aus, daß wir mit den Truppen des Warschauer Pakts einem zahlenmäßig und, was die Feuerkraft betraf, überlegenen Gegner gegenüberstehen würden, der jedoch dazu neigte, in starren Formationen zu kämpfen, und dessen Verhalten im Gefecht bestimmten Regeln folgte, die uns bekannt waren. Um einen solchen Feind zu besiegen, mußten wir unsere technologische Überlegenheit ausnutzen und damit seine zahlenmäßige Überlegenheit ausgleichen. Wir mußten die Kampfkraft unserer Verbände synchronisieren und unsere militärische Führung auf allen

Ebenen dazu erziehen, auf dem Gefechtsfeld Initiative, Flexibilität und Phantasie zu entwickeln.

Diese neuen Ausbildungsgrundsätze waren inzwischen schon von der Truppe angenommen worden. Die Techniken, deren Entwicklung ich in Alaska und Washington beobachtet hatte – dazu gehörten das Erreichen bestimmter Ausbildungsnormen, die Fähigkeit, einen spezifischen Kampfauftrag zu erfüllen, das Ausmerzen erkannter Schwächen und so weiter –, waren zu einem Gesamtsystem integriert worden, das sich jeder Truppenführer zu eigen gemacht hatte. Doch das genügte noch nicht. TRADOC hatte begonnen, bei der Ausbildung an den hochtechnisierten Waffensystemen Trainingshilfen zu benutzen und testete sie in vielen Fällen bei der 8. motorisierten Infanteriedivision. Eine dieser Neuerungen war das Simulationssystem MILES, bei dem Laser eingesetzt wurden und das die Ausbildung sehr viel realistischer machte. Früher verwendeten wir zum Beispiel Platzpatronen, und wenn ein Soldat behauptete, bei einer Feldübung einen feindlichen Soldaten erschossen zu haben, konnte dieser behaupten: »Nein, du hast mich gar nicht getroffen« und weiterkämpfen. Jetzt waren die Waffen der Soldaten mit Lasergeräten und Detektoren ausgerüstet, und wenn ein Soldat getroffen wurde, ertönte ein Pfeifton, der ihm sagte, daß er nun kampfunfähig sei. Ich war erstaunt, festzustellen, wie dieser realistischere Ablauf der Übungen die Mannschaften veranlaßte, bei der Ausbildung härter zu arbeiten. Andere neue Trainingshilfen erlaubten es den Panzerbesatzungen, das Schießen auf sich bewegende feindliche Panzer zu simulieren, die sie auf einem Bildschirm sehen konnten. Außerdem ließ sich das Bild auf dem Bildschirm in dem Augenblick anhalten, in dem der feindliche Panzer »getroffen« wurde. Die Treffsicherheit unserer Geschütze verbesserte sich ganz wesentlich, und wenn die Panzerbesatzungen auf den Schießplätzen mit scharfer Munition übten, erhöhte sich die Trefferzahl beim jeweils ersten Schuß erheblich.

Livsey verstand es ebenso gut wie Cavazos, die Mannschaften der Division zu motivieren. Die Soldaten verehrten ihn, und die Kommandeure mit ihren Stäben arbeiteten hervorragend zusammen, verstanden es aber auch, ihre Freizeit zu nutzen und sich gemeinsam zu amüsieren. Er selbst gab den Ton an, lachte und scherzte, aber trotzdem verlangte er viel von seinen Untergebenen, die auch viel von ihm lernen konnten. Ich war erst einen Monat in Deutschland, als er mich eines Nachmittags zu sich rief und mit großer Geste erklärte:

»Jetzt weiß ich wirklich nicht mehr, was ich tun soll.« Er reichte mir einen Computerausdruck, der Auskunft über die Gefechtsbereitschaft jedes einzelnen Bataillons gab. Die Gefechtsbereitschaft in der Armee wurde nach fünf Stufen von C1 (voll gefechtsbereit) bis C5 (nicht gefechtsbereit) beurteilt. Dabei wurden alle Faktoren berücksichtigt wie zum Beispiel die abgeschlossenen Ausbildungsgänge, der Zustand der Ausrüstung, die Frage, ob alle Stellen mit den entsprechenden Dienstgraden besetzt waren und so weiter. »Sehen Sie sich einmal das Luftbataillon an«, sagte er. Das war eine der wenigen Einheiten in der Division, die nicht mit C1 eingestuft worden waren. Nun sah ich mir den Ausdruck etwas genauer an und stellte fest, daß dieses noch nie die C1 erreicht hatte, und zwar jedesmal wegen des mangelhaften Wartungszustandes der Hubschrauber. Ich sagte: »Ich glaube, ich weiß jetzt, worauf Sie hinauswollen.«

»Ich möchte Sie bitten, sich das Wartungsprogramm genau anzusehen, festzustellen, wo etwas fehlt, und die Sache in Ordnung zu bringen.« Als ich sein Büro verließ, hatte ich das Gefühl, mir stünde Schreckliches bevor. Ich hatte mich bisher noch kaum mit dem Problem der Wartung von Panzerfahrzeugen vertraut machen können – und nicht einmal Zeit gehabt, in die Betriebsanweisungen für Hubschrauber auch nur hineinzusehen.

Nun las ich in aller Eile die mir vorliegenden Vorschriften durch und stellte fest, daß mindestens fünfundsiebzig Prozent der Hubschrauber eines solchen Bataillons täglich fliegen mußten, wenn das Bataillon die Note C1 bekommen wollte. Dann fuhr ich hinaus zum Militärflughafen und befragte die Offiziere. Ich sprach mit dem Bataillonskommandeur, dem für die Wartung zuständigen Offizier, den Zugführern und den Technikern und Mechanikern und versuchte, festzustellen, weshalb nicht mehr Hubschrauber geflogen wurden. Nach zwei Stunden fiel mir auf, daß immer wieder die Rede davon gewesen war, es müßten nur siebzig Prozent der vorhandenen Hubschrauber täglich fliegen. »Warum spricht jeder von siebzig Prozent?« fragte ich den Bataillonskommandeur.

Er sah mich erstaunt an und sagte: »Sir, das ist bei uns die Norm.«

Es stellte sich heraus, daß es eine Vorschrift der Heeresabteilung gab, nach der es als »ausreichend« angesehen wurde, wenn siebzig Prozent der Huey-Hubschrauber, mit denen das Bataillon ausgerüstet war, täglich geflogen wurden. Offensichtlich hatte niemand das Heer darauf aufmerksam gemacht, daß das Pentagon an anderer Stelle eine höhere Gefechtsbereitschaft verlangt hatte.

Ich sagte dem Bataillonskommandeur: »Wir werden die Norm verändern. Lassen Sie Ihre Leute nicht mehr von den siebzig Prozent reden. Ich verlange, daß fünfundsiebzig Prozent Ihrer Hubschrauber täglich fliegen. Die einzige Norm, an der wir in dieser Division interessiert sind, ist die der Gefechtsbereitschaft.« Zunächst behauptete er, daß es schon schwierig gewesen sei, auch nur siebzig Prozent fliegen zu lassen. Aber schon in weniger als einem Monat schnitt sein Bataillon mit der Note C1 ab.

Livsey schien mich nun für ein Genie wie Albert Einstein zu halten. Wahrscheinlich stellte er sich vor, ich hätte mich intensiv mit der Wartungspraxis des Luftbataillons beschäftigt und dabei festgestellt, daß unsere Techniker einen kleinen Fehler bei den Turbinen oder ähnliches übersehen hätten. Dann hätte ich ihnen gesagt, wie man einen solchen Fehler beseitigen könne. Als ich Livsey gestand, daß ich nur befohlen hatte, die Anzahl der Übungsflüge zu erhöhen, mußte er lachen.

Die größte Herausforderung war für mich meine Aufgabe als Standortkommandant, eine Dienststellung, die es nur in Deutschland gab. Wir waren erst einen Monat in Mainz, als Brenda von einer Nachbarin, der Frau eines Hauptmanns, angerufen wurde, die einen Gefreiten als Anhalter mitgenommen hatte. Der Mann hatte in Tränen aufgelöst am Straßenrand gestanden. Sie hatte ihn gefragt, was ihm fehle, und er hatte erklärt, seine Frau und seine kleine Tochter würden am selben Abend auf dem Frankfurter Flughafen eintreffen, aber er habe kein Geld und keine Unterkunft für sie. Brenda rief mich in meinem Büro an, und ich ließ mich sofort mit dem Kommandeur der 1. Brigade verbinden. Er sagte: »Ich werde mich darum kümmern, aber wahrscheinlich ist der Mann nicht berechtigt, seine Angehörigen nach Deutschland kommen zu lassen.«

»Und was bedeutet das?« fragte ich.

»Das bedeutet, daß wir nicht für sie verantwortlich sind.«

»Hören Sie zu, Oberst, einer Ihrer Männer steht weinend am Straßenrand, weil er nicht für seine Frau und sein Baby sorgen kann, und Sie wollen mir sagen, wir seien für diese Leute nicht verantwortlich? Rufen Sie sofort den Bataillonskommandeur und den Kompanieführer dieses Mannes an und lösen Sie das Problem dieses Soldaten. Dann melden Sie mir, was Sie getan haben.«

Die Brigade verschaffte dem Mann einen Kredit, ein Hotelzimmer für Frau und Tochter und half ihm, eine billige Wohnung in der Stadt zu finden. Nachdem sich meine Erregung gelegt hatte, erkundigte ich mich beim Stab des Standortkommandanten danach, welche Regeln für solche Fälle gelten. Es zeigte sich, daß die Armee in große Schwierigkeiten geraten war, weil sie es sich nicht leisten konnte, jedem Soldaten zu erlauben, seine Familie mitzubringen. Nur die Angehörigen von Offizieren, Unteroffizieren und Mannschaften, die bereit waren, längere Zeit in Deutschland zu bleiben, durften Frau und Kinder mitbringen. Das heißt, die Armee übernahm ihre Reisekosten und stellte ihnen eine Unterkunft und alle übrigen Einrichtungen zur Verfügung, die das Leben eines amerikanischen Soldaten im Ausland erleichterten. Die meisten Mannschaftsdienstgrade durften ihre Frauen und Kinder nicht mit nach Deutschland bringen.

Doch die Familien kamen trotzdem. Eine junge Frau flog zum Beispiel mit einem oder zwei kleinen Kindern nach Frankfurt, um bei ihrem Mann sein zu können. Er suchte ihr irgendeine billige, heruntergekommene Wohnung, gewöhnlich in der Nähe des Stadtzentrums von Mainz. Dort lebten sie dann, völlig isoliert von allem, was sie kannten, ohne die Möglichkeit, die Kinder auf englischsprachige Schulen zu schicken oder amerikanische Läden, Kliniken oder sonstige Dienstleistungen in Anspruch zu nehmen. So mußten sie unter erheblichen Entbehrungen, angesichts des hohen Preisniveaus in Deutschland, versuchen, mit dem geringen Gehalt auszukommen, das die Armee ihren Soldaten zahlte. Am folgenden Wochenende besuchte ich einige dieser Familien und stellte fest, daß sie in winzigen, engen Wohnungen untergekommen waren, wo sie nur über das Notwendigste dessen verfügten, was eine Familie brauchte.

Wir taten das nach unserer Meinung Wichtigste zuerst, das heißt, wir öffneten den amerikanischen Einkaufsmarkt in Mainz, die amerikanische Klinik und die Kindertagesstätte für die Angehörigen der Soldaten, die ohne Sondergenehmigung nach Deutschland gekommen waren. Aber das nützte nicht viel, weil wir nicht bedacht hatten, daß die jungen Mütter in Mainz diese Vergünstigungen nicht wahrnehmen konnten, weil die genannten Einrichtungen so weit außerhalb der Stadt lagen, daß die Frauen sie nicht erreichen konnten. Selbst wenn die Familie einen Wagen besaß, fuhr der Ehemann morgens damit zur Arbeit, und Frau und Kinder blieben ohne Fahrzeug in der Stadt zurück. Zwar gab es eine Straßenbahn, aber wenn die junge Soldatenfrau aus einer Kleinstadt in Alabama stammte und kein Wort Deutsch sprach, dann wußte sie sich in den meisten Fällen nicht zu helfen. Deshalb bauten wir in einige unserer kleinen Lastwagen Sitze ein und benutzten sie als Pendelbusse.

Obwohl sich die von der Armee erlassenen Bestimmungen auf diesem Gebiet nicht änderten, sagte ich den Kommandeuren unserer Einheit, sie seien nicht nur für ihre Soldaten, sondern auch für deren Familien verantwortlich, ob sie nun mit oder ohne Erlaubnis in Deutschland waren. Viele hörten das nicht gerne. Ein Bataillonskommandeur erklärte verärgert: »Meine Aufgabe ist es, diese Burschen auf einen möglichen Krieg vorzubereiten und nicht, meine Zeit mit seinen Familienangelegenheiten zu verschwenden.«

»Das ist sehr kurzsichtig«, erwiderte ich. »Sie können Ihre Männer so gut ausbilden, wie Sie wollen, aber was, glauben Sie, wird geschehen, wenn der Krieg ausbricht und diese Männer glauben, hier würde sich niemand um ihre Familien kümmern? Ich kann es Ihnen sagen; sie werden bestimmt nicht sehr tapfer kämpfen.« Schon sehr bald steckte ich bis zum Hals in den administrativen Problemen der Kindertagesstätte, der Mannschaftsklubs, der Grundschule und anderer für das Wohlbefinden und den Unterhalt der Soldaten und ihrer Familien innerhalb und außerhalb des Kasernenbereichs wichtiger ziviler Dienste.

Jeder Versuch, etwas zu verändern, komplizierte sich als Folge der Tatsache, daß es immer noch sehr schwierig war, für unsere moderne Freiwilligenarmee erstklassige Rekruten zu bekommen. Noch im vergangenen Sommer war es zu einem großen Skandal gekommen, als die Armee feststellte, daß Werbeoffiziere, die unter Druck standen, ihre Quoten zu erfüllen, unerlaubte Mittel angewendet hatten. Sie hatten die Freiwilligen über den Verlauf der Einstellungsprüfungen unterrichtet, ihnen Kopien der bei diesen Prüfungen verwendeten Fragebögen überlassen und Personen, deren Vorstrafen einen Eintritt in die Armee unmöglich gemacht hätten, geholfen, diese Vorstrafen zu verbergen. Zwar waren Hunderte von Rekruten aus solchen Gründen wieder entlassen worden, aber es gab immer noch zahlreiche Soldaten, die unter falschen Voraussetzungen eingestellt worden waren. Die Lage wurde noch schwieriger, weil die Armee versucht hatte, den jungen Amerikanern den freiwilligen Dienst dadurch noch schmackhafter zu machen, daß sie es den Kandidaten nach bestandener Eignungsprüfung erlaubte, die Truppengattung auszuwählen, in der sie dienen wollten. Die Intelligenten unter ihnen wollten sich im allgemeinen auf technischem Gebiet weiterbilden, um diese Fähigkeiten später im Zivilleben nutzen zu können. Deshalb meldeten sie sich zu Truppenteilen, in denen eine solche Ausbildung geboten wurde. Das war bei der Kampftruppe im allgemeinen nicht der Fall, und deshalb bekamen die Infanterie, die Panzertruppe und die Artillerie sehr viele weniger gut qualifizierte Rekruten. Fast zwei Drittel der Rekruten bei der Infanterie gehörten zur »Kategorie Vier«. Das waren Soldaten mit einem Intelligenzquotienten zwischen sechzig und achtzig. Dadurch verzögerte sich nicht nur die Ausbildung – die ausbildenden Offiziere sahen sich gezwungen, auch die einfachsten Anweisungen fünf- oder sechsmal zu wiederholen –, sondern dadurch wurde es für uns auch schwieriger, etwas zum Ausgleich der kulturellen Gegensätze zwischen den amerikanischen Soldaten und der deutschen Zivilbevölkerung zu unternehmen. Bei den jungen Soldaten waren zum Beispiel große tragbare Kassettenrecorder besonders beliebt, und in ihrer freien Zeit wanderten sie oft stundenlang durch die Straßen von Mainz und spielten die neuesten Rock 'n' Roll-Kassetten mit voller Lautstärke ab. Die Deutschen, die in ihrem Alltag großen Wert auf Ruhe und Frieden legen, waren empört, weil wir es unseren Soldaten nicht begreiflich machen konnten, daß laute Musik hier als Ruhestörung empfunden wurde. Schließlich lösten wir das Problem dadurch, daß wir es den Soldaten verboten, ihre Kassettenrecorder mitzunehmen, wenn sie den Kasernenbereich verließen.

Ich nahm auch persönlich am gesellschaftlichen Leben der Deutschen teil. So trat ich zum Beispiel in einen Wanderverein ein und unternahm an den Wochenenden gemeinsam mit vielen Amerikanern und Hunderten von deutschen Familien, begleitet von Cindy und Jessica, zehn Kilometer lange Märsche. Wenn wir so durch die Landschaft zogen und ich mich mit den Deutschen unterhielt, hatte ich das Gefühl, die Verbindungen mit ihnen dort wieder aufgenommen zu haben, wo ich sie vor zwanzig Jahren in Berlin unterbrochen hatte. Dienstlich kam ich einmal monatlich mit einer Gruppe städtischer Beamter zusammen, um mit ihnen über gewisse Schwierigkeiten zu sprechen, die sich im Zusammenleben zwischen Deutschen und Amerikanern ergeben hatten, und um nach Lösungen zu suchen, bevor diese Dinge außer Kontrolle gerieten. Dazu gehörte zum Beispiel das Problem mit den Kassettenrecordern. Zur Vorbereitung des Papstbesuches führten mein Stab und ich auch Besprechungen mit dem Komitee des Bischofs zunächst wöchentlich, dann alle paar Tage und schließlich, als es Herbst geworden war, täglich durch.

Am Sonntag, dem 16. November, landete der Hubschrauber des Vatikan auf dem Militärflughafen Finthen, und als Seine Heiligkeit Papst Johannes Paul II. an der offenen Tür erschien, empfing ihn die Menge der Gläubigen mit lautem Jubel. Der Bischof, der Bürgermeister, General Scott und ich begrüßten ihn, nahmen unsere Plätze ein und saßen in dicke Wintermäntel eingehüllt da, während er die Messe las. Es war ein winder, kalter und nasser Tag, und anstelle der fünfhunderttausend, mit denen wir gerechnet hatten, waren nur dreihundertfünfzigtausend Menschen erschienen, aber die ganze Veranstaltung lief ohne Störungen ab. Das dachte ich jedenfalls, bis ich am Montagvormittag feststellen mußte, daß mein Stellvertreter, ohne dazu ermächtigt worden zu sein, den Veranstaltern eine finanzielle Garantie gegeben hatte. Als Folge des kalten Wetters und der verhältnismäßig geringen Beteiligung verfügte der Stab des Stadtkommandanten von Mainz jetzt über hunderttausend mit Schinken und Käse belegte Brote, die uns über einen Dollar pro Stück gekostet hatten. Wir verhökerten sie an die Feldküchen und Snackbars in ganz Deutschland und versuchten, sie auf diese Weise loszuwerden, bevor sie schlecht wurden.

Vor dem Papstbesuch hatte im Rheinland bereits der Karneval begonnen. Er dauerte vom Elften im Elften elf Uhr bis zum Aschermittwoch Ende Februar. Brenda und ich wurden zu ungezählten Bällen, Aufmärschen und Weinfesten eingeladen, denn es war eine Selbstverständlichkeit, daß der jeweilige Stadtkommandant an diesen Veranstaltungen teilnahm. Sie wurden allerdings nicht von sehr vielen Amerikanern besucht, denn den Mittelpunkt bildeten Büttenreden in einem schwer zu verstehenden deutschen Dialekt. Aber dennoch fanden wir diese Feste sehr vergnüglich, und die Deutschen freuten sich, daß wir gekommen waren. Wir unterhielten uns dabei mit dem Bürgermeister von Mainz, dem Landrat, dem deutschen Divisionskommandeur, Generalmajor Hermann Vogt, den Bürgermeistern von acht Nachbarstädten, dem Polizeipräsidenten, dem Kommandeur der deutschen Garnison und anderen führenden Persönlichkeiten. Viele von ihnen luden uns auch zu sich nach Hause zum Essen ein, und wir verstießen gegen die bisher geltende Regel und revanchierten uns bei unseren deutschen Gastgebern mit Gegeneinladungen in unserem kleinen Haus.

Ich nahm auch die Einladung der deutschen Jäger an, mich an ihren Wildjagden zu beteiligen. Die deutschen Forstmeister machten sich Sorgen um das Wild auf den militärischen Übungsplätzen der amerikanischen Armee, die sie nicht betreten durften. Da hier ein Hegeabschuß nicht möglich war, bestand die Gefahr, daß das nicht bejagte Wild sich zu stark vermehrte und viele Tiere an Hunger und Krankheit zugrunde gingen. Nach langen und ausführlichen Diskussionen beschlossen wir, den deutschen Jägern nicht nur zu erlauben, auf den amerikanischen Übungsplätzen zu jagen, sondern einen Forstmeister mit der Überwachung des Wildbestandes und der Regelung des Abschusses zu beauftragen.

Als ich an einem Samstag im Febraur von einer Fasanenjagd nach Hause kam, empfing mich Brenda schon an der Tür, nahm mich fest in die Arme und sagte: »Herzlichen Glückwunsch, Norm. Du wirst zum Generalmajor befördert werden.«

Ein Freund hatte angerufen und ihr gesagt, daß ich auf der Beförderungsliste stehe, die in dieser Woche veröffentlicht werden würde. General Livsey war gerade auf einer Dienstreise in den Vereinigten Staaten, aber etwa eine Stunde später rief auch er an. »Ich nehme an, Sie haben die gute Nachricht schon gehört«, sagte er, und seine Stimme klang so froh, wie ich es kaum je erlebt hatte. Weshalb das so war, wurde mir sofort klar, als er sagte, nicht nur ich, sondern auch Riscassi und Brown stünden auf der Liste. Damit war Livsey seit Menschengedenken der erste Divisionskommandeur, dessen drei Stellvertreter gleichzeitig zu Generalmajoren befördert wurden.

Meine Freude war groß. Über die Beförderungen bis zum Generalmajor entschied ein Beförderungsausschuß. Er mußte abwägen, welche dem Dienstalter nach zur Beförderung anstehenden Kandidaten alle notwendigen Voraussetzungen erfüllten, und bisher waren noch niemals mehr als die Hälfte der Brigadegeneräle befördert worden, unter denen der Ausschuß seine Wahl treffen mußte. Mir gab diese Beförderung das Recht, meine Dienstzeit in der Armee auf fünfunddreißig Jahre auszudehnen, anstatt nach dreißigjähriger Dienstzeit ausscheiden zu müssen. Wir scherzten darüber und sagten, mit der Beförderung zum Generalmajor brächte die Armee zum Ausdruck, daß sie sich nicht geirrt habe, als sie den Betreffenden zum Brigadegeneral beförderte.

Im Juni 1981 verlieh die Armee auch Livsey einen weiteren Generalsstern und versetzte ihn als Kommandeur des VII. Korps nach Stuttgart. Sein Nachfolger als Kommandeur der 8. motorisierten Infanteriedivision wurde Carl Vuono, den ich schon länger kannte, als irgendeinen anderen Offizier in der Armee. Wir hatten uns im Juni

1952 auf der Eisenbahnfahrt zu unserer Aufnahmeprüfung in West Point kennengelernt. Zunächst diente er in der Artillerie, und unsere Wege kreuzten sich wieder am Army War College. Während ich versuchte, im Pentagon etwas für meine Karriere zu tun, arbeitete er unter General DePuy im Rahmen von TRADOC und galt nun als einer der tüchtigsten jungen Generäle.

Er war einer der energischsten Offiziere, die ich je kennengelernt habe. Er war hochherzig, gesellig und unwahrscheinlich fleißig. Er arbeitete an den dreihundertfünfundsechzig Tagen des Jahres täglich vierundzwanzig Stunden. Als er die 8. Division übernahm, war er entschlossen, die neuen Ausbildungstechniken bis zur Perfektion weiterzuentwickeln. Vuono begann damit, daß er die ihm unterstellten Kommandeure eingehend mit seinen Vorstellungen über die richtigen Ausbildungsmethoden vertraut machte. Dazu besuchte er in Begleitung seines Stabes und des zuständigen stellvertretenden Divisionskommandeurs die Stabsquartiere der einzelnen Brigaden und hielt dort Besprechungen mit den Truppenführern ab. Zunächst forderte er einen Bataillonskommandeur auf, ihm sein komplettes Ausbildungsprogramm für die folgenden sechs Monate zu erläutern. Dann ging er auf alle Einzelheiten ein und verlangte dabei, daß der Bataillonskommandeur seine Pläne aufgrund des Kampfauftrags seines Bataillons sowie dessen Stärken und Schwächen rechtfertigte oder die Pläne an Ort und Stelle revidierte. Diese Besprechungen nahmen viele Stunden in Anspruch. Sie begannen um sieben Uhr dreißig und dauerten oft bis neunzehn oder zwanzig Uhr. Nach sechs Monaten hatte sich die Einsatzbereitschaft der Division in jeder Hinsicht wesentlich verbessert.

Wir konnten auch feststellen, daß sich die Reformen günstig auf das Rekrutierungssystem der Armee auswirkten. Nach den Skandalen hatte der Kongreß nun beschlossen, die Gehälter und sonstigen Vergünstigungen der Soldaten zu erhöhen, und stellte uns Gelder zur Verfügung, mit denen wir den Rekruten beachtliche Prämien zahlen konnten, die sich zur Infanterie und zur Panzertruppe meldeten. Ebenso wichtig war es, daß wir anstelle des alten Werbeslogans aus den siebziger Jahren »Schließe dich den Leuten an, die sich für die Armee entschieden haben«, den Ehrgeiz der jungen Männer mit dem neuen Spruch »Sei alles, was du sein kannst« zu wecken suchten. Das war eine hervorragende Idee, und plötzlich erlebten wir es, daß die jungen Soldaten schneller lernten und sich bereitwilliger dem militärischen Leben und der deutschen Kultur anpaßten.

Vuono und ich arbeiteten sehr eng zusammen. Als sein Stellvertreter übernahm ich die Leitung der Operationsabteilung und war verantwortlich für die Einsatzpläne der Division und die Verbände der kämpfenden Truppe. So erkannte ich sehr bald die Grenzen, aber auch die Stärken der von ihm bei der Führung der Truppe angewendeten Methoden. Die harte Ausbildung wirkte sich außerordentlich positiv aus, aber unsere Soldaten mußten es auch lernen, flexibel zu sein, denn im Krieg kommt es oft zu überraschenden Entwicklungen. Das zeigte sich unter anderem, als unsere Division im Herbstmanöver der Armee in Europa, »Reforger«, die Rolle des Verteidigers übernehmen mußte. Es war eine großangelegte Übung. Generalleutnant Paul »Bo« Williams, der neue Kommandeur des V. Korps, leitete die Übung, und Dick Cavazos, der inzwischen als Generalleutnant des III. Korps in Fort Hood, Texas, befehligte, kam als Beobachter nach Deutschland. Auch einige ihm unterstellte Truppenteile nahmen an der Übung teil. Ich konnte mich selbst nicht an der Leitung der Operationen der 8. motorisierten Infanteriedivision beteiligen, denn General Williams hatte mich zum leitenden Schiedsrichter bestimmt.

Die 3. Panzerdivision, unser Schwesterverband im V. Korps, sollte die Rolle der Truppen des Warschauer Pakts übernehmen. Nach dem für das Manöver geltenden Szenarium sollte die 3. Panzerdivision uns angreifen, und wir sollten, hinhaltenden Widerstand leistend, solange zurückgehen, bis der Angriff ins Stocken geriet. Dann sollten wir zur Offensive übergehen, das verlorene Gelände zurückgewinnen und die deutsche Grenze sichern. Damit sollte der Krieg zu Ende sein. Vuono legte seine Pläne schon Wochen vorher in allen Einzelheiten fest und bereitete dann die Bataillonskommandeure sorgfältig auf die ihnen jeweils zugedachten Aufgaben vor, bis jeder einzelne Soldat genau wiederholen konnte, wie seine Einheit zunächst zurückgehen und dann zum Gegenangriff antreten würde.

Der »Krieg« begann, und die 3. Panzerdivision folgte nicht den ihr von der Manöverleitung gegebenen Anweisungen. Anstatt auf breiter Front anzugreifen, griff sie nur in einem Abschnitt an und trieb einen tiefen Keil in unsere Stellungen. Technisch gesehen verletzte sie damit die für dieses Manöver festgelegten Regeln, nach denen der feindliche Angriff jeden Tag nur bis zu einer bestimmten Grenze vorankommen sollte, aber General Williams wollte beobachten, wie die 8. motorisierte Infanteriedivision auf das Verhalten des Gegners reagierte, und griff nicht ein. Zu meinem Ärger ließ die Division alle

Meldungen der Gefechtsaufklärung, die ihr Stabsquartier erreichten, unbeachtet, und hielt sich an den Plan, den Vuono mit den Kommandeuren eingeübt hatte. Wir gingen auch an den Abschnitten zurück, wo wir nicht angegriffen worden waren, und dort, wo der Gegner zu weit über unsere Verteidigungslinien hinaus durchgebrochen war, entstand ein regelrechtes Chaos. Bei der Manöverleitung mußte ich hören, wie sich Williams, Cavazos und ihre Stäbe während des ganzen ersten Tages beschwerten: »Um Himmels willen, hier haben wir diesen tiefen Durchbruch; warum unternehmen sie keinen Gegenangriff?« Ich wußte, warum sie es nicht taten, durfte es aber nicht sagen. In unserem Plan war ein solcher Durchbruch nicht vorgesehen gewesen, sondern da hatte es nur geheißen, wir sollten entsprechend dem Szenarium hinhaltenden Widerstand leisten.

Am zweiten Tag *befahl* General Williams der 8. motorisierten Infanteriedivision den Gegenangriff. Einer meiner Kollegen in der Division rief mich verzweifelt an: »Was geht hier vor? Was geht hier vor?«

»Lesen Sie doch die Meldungen Ihrer Aufklärung! Ich darf Ihnen nicht sagen, was vorgeht.« Aber schließlich mußte ich es doch tun, denn ich konnte es nicht mitansehen, wie unsere Division gedemütigt wurde.

Beim Gegenangriff bewährte sich die 8. Division sehr viel besser, denn das hatten wir geübt, und hier konnten wir zeigen, zu welchen Leistungen uns unsere bessere Ausbildung befähigte. Am Ende der Übung erklärte der Divisionsstab: »Nun, am Anfang ging alles ein wenig drunter und drüber, aber dann haben wir der Sache die entscheidende Wendung gegeben.« Aber trotzdem war der Stab leicht deprimiert, als wir nach Mainz zurückkamen, und die Leute von der 3. Panzerdivision neckten uns noch monatelang damit, wie sie uns zu Anfang die Zähne gezeigt hätten. Ich selbst hatte aus dieser Episode gelernt, daß man auf dem Gefechtsfeld flexibel genug sein mußte, um sofort auf ein überraschendes Verhalten des Gegners zu reagieren.

Obwohl die Offiziere und Mannschaften in der Winterausbildung hervorragende Leistungen gezeigt hatten, machten sie jetzt doch einen recht erschöpften Eindruck. Unmittelbar vor Ostern besuchte ich eines der Bataillone der Mainzer Brigade bei der Geländeübung und lobte einen Kompanieführer: »Sie und Ihre Männer haben hart gearbeitet. Sicher werden Sie sich freuen, zu Ostern wieder in Mainz zu sein.«

»Sir, wir werden zu Ostern nicht wieder zurück sein«, sagte er mit enttäuschtem Gesicht.

»Wie meinen Sie das?«

Er sah mich an, als sei ich verrückt geworden. »Sir, außer zu Weihnachten haben die Männer in diesem Bataillon sechs Monate lang kein dienstfreies verlängertes Wochenende mehr gehabt.«

Ich fuhr zurück zu meinem Stab und überprüfte die Sache. Dort stellte ich fest, daß die 8. Division die Tage, an denen das Übungsgelände nicht von anderen Einheiten besetzt war, dazu ausgenutzt hatte, ihre Ausbildungszeit zu verlängern, was zur Folge gehabt hatte, daß die Soldaten gewöhnlich auch an den Wochenenden und Feiertagen zur Gefechtsausbildung eingesetzt worden waren. Ich mußte daran denken, was Cavazos über den Dienst an Wochenenden gesagt hatte: »Wir leben doch jetzt im Frieden!« Deshalb machte ich Vuono den Vorschlag, den Soldaten etwas mehr freie Zeit zu gönnen. Er hörte mir aufmerksam zu, schüttelte aber schließlich den Kopf. »Solange meine Soldaten intensiv ausgebildet werden und dabei etwas leisten, wird auch ihre Moral gut sein.« Ich war nicht seiner Ansicht, aber er war schließlich der Boß.

Mein Kommando in Mainz neigte sich dem Ende zu, und obwohl wir in dieser Hinsicht verschiedener Meinung waren, hatten Vuono und ich während des ganzen Frühjahrs gut zusammengearbeitet. Unmittelbar bevor ich Mainz verlassen mußte, veranstaltete er sogar wenige Tage vor dem Inkrafttreten meiner Beförderung zum Generalmajor eine Feier, um mir persönlich die Generalssterne an die Uniform heften zu können.

Ich war für den Juni 1982 als Direktor der Personalabteilung im Büro des stellvertretenden Generalstabschefs für Personalangelegenheiten nach Washington versetzt worden. Ich hätte nie geglaubt, daß ich mich freuen würde, wieder im Pentagon arbeiten zu dürfen. Aber wir alle waren freudig erregt, als wir für den Umzug unsere Sachen packten. Die jetzt fast zwölfjährige Cindy und die zehnjährige Jessica konnten es kaum erwarten, in die Welt der heimatlichen Einkaufsstraßen, Hamburgerbuden und Fernsehsendungen zurückzukehren und dort an allen für angehende Teenager so wichtigen Vergnügungen teilnehmen zu können. Auch Brenda freute sich auf unser Haus in Annandale, das wir in der Zwischenzeit vermietet hatten, und darauf, wieder in der Nähe ihrer Mutter leben zu können (Jesse war im Oktober 1981 auf der Rückreise von einem Besuch bei uns in Mainz an einem Herzanfall gestorben). Ich selbst war sehr zufrieden, und zwar nicht nur deshalb, weil ich wieder im Heerespersonalamt würde arbeiten können, sondern auch weil mein Vorgesetzter eine der interessantesten Persönlichkeiten in der Armee sein würde.

Ich hatte Max Thurman vor zwanzig Jahren kennengelernt, als ich in West Point als Lehrer arbeitete, und wir hatten uns häufig zum Essen im Offizierskasino getroffen. Schon damals galt er in der Armee als Exzentriker: Er war ein hochgewachsener, hagerer, empfindsamer, aber aggressiver Artillerist, der nach Abschluß seines Studiums der Chemotechnik – er pflegte dieses Fach im Scherz als »komische Technik« zu bezeichnen – an der Universität von North Carolina in die Armee eingetreten und zum Offizier befördert worden war. Als Taktiklehrer in einer der Kadettenkompanien hatte er sich den Ruf eines strengen Zuchtmeisters erworben. Kein Kadett fühlte sich innerhalb des militärischen Bereichs von West Point vor den Augen von Max Thurman sicher. Es war seine besondere Art, zu den unmöglichsten Zeiten, oft sogar mitten in der Nacht, aufzutauchen und nach seinen Schutzbefohlenen zu sehen.

Thurmans große Zeit in der Armee kam 1979, als der neue Generalstabschef, General Edward C. »Shy« Meyer, ihn von seinem Posten bei TRADOC abzog und zum Rekrutierungskommando versetzte mit dem Auftrag, die Verhältnisse dort in Ordnung zu bringen. Er war es, der völlig neue Bestimmungen für die Arbeit der Werbeoffiziere ausarbeitete und den Werbespruch »Sei alles, was du sein kannst« entwarf. Wir hatten es Max zu verdanken, wenn sich jetzt hervorragend geeignete Rekruten freiwillig zum Dienst in der Armee meldeten. Sehr bald ließ Meyer ihn als stellvertretenden Stabschef beim Personalamt zum Dreisternegeneral befördern. Damit war er der wichtigste Mann im Personalamt der Armee. Jetzt bekleidete er dieses Amt schon etwa ein Jahr lang und hatte während dieser Zeit das ganze System der Neueinstellungen, Wiedereinstellungen, der Bezahlung, der Sondervergütungen, der Aufnahmeprüfungen, der Beförderungen und des Ausscheidens aus dem Dienst für anderthalb Millionen Soldaten vom einfachen Schützen bis zum General reorganisiert.

Viele Offiziere schätzten Thurman, aber viele haßten ihn auch. Manche Falken im Pentagon bezeichneten ihn als Leichtgewicht und regten sich darüber auf, daß er nie eine größere Einheit als eine Brigade kommandiert habe und es daher nicht verdiene, Chef des Personalamtes zu sein. Diese Kritik tat ihm weh, und deshalb bat

Thurman General Meyer, einen erfahrenen Divisionskommandeur zu seinem Stellvertreter zu ernennen, um seiner Dienststelle mehr Glaubwürdigkeit zu verleihen. Damit gerieten die Dinge zunächst an einen toten Punkt, denn Meyer brauchte seine Divisionskommandeure für andere Aufgaben, und Thurman lehnte jeden anderen weniger geeigneten Kandidaten ab, den Meyer ihm vorschlug. Deshalb war die Stelle seines Stellvertreters immer noch frei, als ich nach Washington kam. Eine Woche nach meinem Eintreffen kam Thurman in mein Büro und sagte: »Packen Sie Ihre Sachen, und ziehen Sie ins Büro meines Stellvertreters ein. Sie werden diesen Posten vorläufig übernehmen, bis ich den geeigneten Mann gefunden habe. Selbstverständlich werden Sie auch weiterhin Ihre bisherigen Aufgaben erfüllen müssen.« Damit mußte ich jetzt gleichzeitig zwei Generalmajorsstellen ausfüllen, von denen die eine im Grunde einen Offizier verlangte, der über einige Jahre mehr Erfahrungen verfügte, als ich sie hatte.

Es war sehr anregend, für Thurman zu arbeiten, und ich hatte auch viel Freude an meiner Arbeit im Personalamt der Armee. Nach Jahren vergeblicher Versuche und Anläufe ging es endlich voran. Mehr als fünfundachtzig Prozent unserer Rekruten hatten die High School abgeschlossen, der bis dahin höchste Prozentsatz, und außerdem konnten wir seit der Zeit vor Vietnam die meisten Wiedereinstellungen verzeichnen. Es gab sogar mehr Soldaten, die bereit waren, länger zu dienen, als wir es uns vorstellten. Thurman nutzte sofort die Gelegenheit, faule und unfähige Unteroffiziere zu entlassen und energische Maßnahmen gegen den Mißbrauch von Alkohol und Drogen zu ergreifen. Unter den jetzt herrschenden Verhältnissen hätten die Trunkenbolde, unter denen ich Ende der fünfziger Jahre gedient hatte, nicht lange überlebt.

Thurman hatte auch vor, mehr für die körperliche Ertüchtigung zu tun. Schon bevor wir Mainz verließen, hatte ich mir eine Abmagerungskur verordnet. Der Direktor des militärischen Personalmanagements war auch zuständig für das von der Armee eingeführte Programm zur Gewichtskontrolle, und ich hatte mich verpflichtet gefühlt, mein Gewicht unter die für Personen meiner Körpergröße geltende Obergrenze von zweihundertzwanzig Pfund zu drücken. Dazu mußte ich regelrecht hungern, und das wollte mir gar nicht gefallen. Als mich Thurman daher aufforderte, die alten Normen zu kritisieren, sah ich meine Chance gekommen, etwas für hochgewachsene, kräftige Leute zu tun. Ich besorgte mir eine Kopie der Liste mit den persönlichen Daten der Mannschaft der Washington Redskins, anhand derer ich nachweisen konnte, daß kein einziger dieser Athleten nach den gegenwärtig für das Verhältnis von Körpergröße und Gewicht geltenden Regeln für den Dienst in der Armee geeignet wäre. Sie alle hätten aus der Armee entlassen werden müssen. »Man kann nicht behaupten, daß diese Burschen in einer schlechten körperlichen Verfassung sind«, erklärte ich. »Was wir haben, sind eigentlich keine Fitneßnormen, sondern Maße für einen Schönheitswettbewerb. Die Leute, die sie aufgestellt haben, wollten offenbar, daß wir in unseren Uniformen eine gute Figur machen.« Thurman gab mir recht. Nach sorgfältigen Untersuchungen schafften wir die für das Verhältnis zwischen Körpergröße und Gewicht geltenden Bestimmungen ab und ersetzten sie durch eine Regelung, die den Prozentsatz des körpereigenen Fetts begrenzte.

Thurman bemühte sich unter anderem auch besonders darum, den Soldatenberuf für Frauen attraktiver zu machen. Nur acht Prozent unserer Rekruten waren Frauen, und Hunderte von militärischen Sonderaufgaben waren fast ausschließlich Männern vorbehalten. Zunächst gab Thurman eine Studie zum Thema »Frauen in der Armee« in Auftrag, um die für die Verwendung von Frauen als Angehörige der Streitkräfte geltenden Regeln zu überprüfen. Die Studie empfahl, die einschränkenden Bestimmungen für den Einsatz von Frauen in den Bereichen außerhalb des Dienstes mit der Waffe zu lockern, wenn auch Frauen weiterhin nicht direkt an Kampfhandlungen beteiligt werden durften. Beide Vorschläge waren umstritten. Aber Thurman wollte sie für die Armee übernehmen. Um die Einführung dieser Neuerungen zu beschleunigen, beauftragte er mich, eine Überprüfung vorzunehmen, zu der jede Truppengattung einen General nach Washington schicken sollte, um hier zu erklären, wie sich die neuen Regeln für die Verwendung von Frauen auf die militärischen Gegebenheiten seiner Truppengattung auswirken würden. Dabei sollte ich beurteilen, ob sie sich so verhielten, wie Thurman es wünschte.

In kürzester Zeit wurde ich als der Mann angesehen, der sich im Armeehauptquartier für die Sache der Frauen stark machte. Einige Waffengattungen wollten überhaupt keine Frauen einstellen und begründeten ihre Ablehnung damit, daß weibliche Soldaten in dieser oder jener Situation gezwungen sein könnten, zur Waffe zu greifen. Die Militärpolizei erklärte zum Beispiel, daß Frauen nicht in Einheiten dienen sollten, die im Krieg in Häfen oder auf Flugplätzen zum

Wachdienst eingesetzt wurden: »Die Wachkompanien in den Häfen sind Kampfverbände, denn sie müssen Spione und Saboteure bekämpfen, die sich dort einschleichen können.« Es gab eine ziemliche Aufregung, als ich verfügte, daß Frauen in solchen Einheiten zugelassen werden sollten; das Verbot, Frauen einzustellen, galt nur dort, wo eine hohe Wahrscheinlichkeit dafür sprach, daß es hier zu Kampfhandlungen kommen könnte.

Im Verlauf der ersten sechs Monate führten wir auch ein halbes Dutzend anderer wichtiger Reformen ein. So verschärften wir die Kriterien für die Einstellung und Wiedereinstellung von Soldaten, entwickelten ein neues Verfahren für die Beförderung von Offizieren, die nach ihrem Studium zu Reserveoffizieren ausgebildet worden waren, erließen neue Bestimmungen für die Beförderung von Unteroffizieren und für die Verlängerung der Dienstzeit von Offizieren. Wenn es um die Einführung solcher neuen Bestimmungen ging, fragte mich Thurman oft um Rat, weil ich über reiche Erfahrungen als Kommandeur bei der aktiven Truppe verfügte. Dann sagte er: »Ich weiß, wie *ich* darüber denke, aber was würden Sie dazu sagen, wenn man das von Ihnen als Brigadekommandeur verlangte?«

Daß ich jetzt für zwei verschiedene Aufgabengebiete zuständig war, störte mich nicht besonders, weil mir Thurman soviel Entscheidungsfreiheit gewährte, wie es sonst in der Armee nicht üblich war. Ich mußte ihn bei zahlreichen Veranstaltungen auf höchster Ebene vertreten und durfte dabei in seinem Namen sprechen. Die einzige Anweisung, die ich vorher von ihm erhielt, bestand aus dem Satz: »Tun Sie, was Sie für richtig halten.«

An einem Freitagabend im März 1983 kam er mit breitem Lächeln in mein Büro und sagte: »Ich habe eine Überraschung für Sie. Was würden Sie dazu sagen, wenn Sie eine Division in dieser großartigen Armee übernehmen sollten?«

Ich war überwältigt. Ich hatte meinen gegenwärtigen Posten erst vor neun Monaten übernommen und nicht damit gerechnet, so bald ein neues Kommando übernehmen zu müssen. Aber ich sagte: »Sagen Sie mir nur, welche Division es ist. Ich bin bereit.«

Er lachte. »Ich habe eben mit Shy Meyer gesprochen, und wir werden Sie nach Camp Swampy, Georgia, schicken, wo Sie und die Alligatoren die Führung der 24. motorisierten Division übernehmen sollen.« Offenbar hatte mich Dick Cavazos angefordert, der jetzt als Viersternegeneral Befehlshaber aller Verbände der amerikanischen Armee in den Vereinigten Staaten war.

Als ich ihm stotternd meinen Dank sagen wollte, bemerkte ich, daß er immer noch erwartungsvoll grinste. »Okay«, sagte ich, »nun sagen Sie schon, was Sie mir noch erzählen wollten.«

»Was, glauben Sie, werde *ich* jetzt tun?« Auch Thurman würde eine neue Aufgabe übernehmen, und zwar als stellvertretender Generalstabschef der Armee. Das war ein gewaltiger Sprung nach vorn. Innerhalb von zwei Jahren war er vom Zweisternegeneral zum Viersternegeneral befördert worden und sollte nun den zweithöchsten Posten in der Armee übernehmen.

Wir beglückwünschten einander, und ich verließ das Gebäude in Hochstimmung. Die Ernennung zum Divisionskommandeur bedeutete für einen Offizier der aktiven Truppe den Höhepunkt seiner militärischen Laufbahn. In der Armee gab es nur sechzehn aktive Divisionen, und das Kommando wechselte alle zwei Jahre, so daß nur acht von den fünfzig dafür geeigneten Generalmajoren jedes Jahr eine Division bekommen konnten. Ich hatte das Gefühl, eines der auserwählten Kinder Gottes zu sein.

Ich fuhr nach Hause, bezähmte mich, nicht zu schnell zu fahren, aber meine Gedanken überschlugen sich. Ich erinnerte mich daran, was mir mein alter Boß Tom Whelan vor fünfundzwanzig Jahren gesagt hatte, als ich ein enttäuschter junger Leutnant in Fort Campbell war: »Bleiben Sie dran, und eines Tages, wenn Sie einen höheren Rang erreicht haben, werden Sie mit dem Problem schon fertig werden.« Jetzt also hatte ich meine Chance. Nun würde ich die Gelegenheit haben, alles in die Tat umzusetzen, was ich während meiner militärischen Laufbahn gelernt hatte.

Als ich nach Hause kam, sah mich Brenda nur an und sagte: »Ja, um Himmels willen, wohin soll es denn jetzt gehen?«

Ich nahm sie in die Arme und erzählte ihr, was geschehen war. Cindy und Jessica waren ebenso begeistert wie wir, und obwohl Christian noch zu klein war, um alles zu verstehen, spürten er und unser Hund Rocky, daß es etwas Gutes sein müsse, weil wir anderen so hochgestimmt waren.

Wie eine gute Offiziersfrau war Brenda schon nach einer halben Stunde dabei, unseren Umzug vorzubereiten. Sie rief ihre Freundin Mary Ann Soyster an, die in unserer Nähe wohnte und deren Mann Kommandeur des Artillerieregiments in der 24. motorisierten Division gewesen war. Am Abend besuchte sie uns und erzählte uns alles Wissenswerte über Fort Stewart, die benachbarten Städte Hinesville,

Glennville, Claxton und Savannah – und natürlich auch alles über die Alligatoren.

An jenem Abend, alles hatte sich inzwischen beruhigt, und meine Familie war zu Bett gegangen, lag ich noch lange wach und überlegte mir: »Was sind die Pflichten eines Divisionskommandeurs?« Ich mußte an meine Vorbilder denken, an Latham, Boatner, Warner, Cavazos, Livsey und Vuono, und besonders dachte ich daran, wie Warner mir seine vier großen Ziele genannt hatte, als ich nach Fort Lewis kam. Jetzt würde ich sagen müssen, welches meine Ziele waren.

Nummer eins war eine Selbstverständlichkeit: Ich mußte dafür sorgen, daß die Division jederzeit gefechtsbereit war. Ich wußte, daß die 24. Division eine der besten war. Sie hatte einen hervorragenden Ruf, und ihr gegenwärtiger Kommandeur war Jack Galvin, dessen Posten ich in Mainz übernommen hatte. Nun würde ich dafür sorgen müssen, daß die Division diesem Ruf gerecht wurde.

Nummer zwei war der Grundsatz, den ich bei Cavazos und Livsey gelernt hatte: Ich mußte für das Wohlbefinden meiner Soldaten sorgen.

Nummer drei hatte ich selbst in Mainz gelernt: Ich mußte auch für die Familien der Soldaten sorgen.

Nummer vier gründete sich auf meine Kriegserfahrungen: Im Krieg hatte ich gelernt, daß Loyalität die Soldaten zum Kämpfen motiviert; Kameradschaft und Zusammengehörigkeitsgefühl mußten bei der 24. Division auf jeder Ebene gefördert werden.

Schließlich war mir klar, daß ich für meine Untergebenen ein guter Lehrer sein mußte, wie es auch meine Vorgesetzten gewesen waren. Das waren meine fünf großen Ziele. Jedes andere Ziel, das ich mir denken konnte, paßte irgendwie in diese Liste. So gehörte es zum Beispiel zur Aufrechterhaltung der Gefechtsbereitschaft, daß man sich von inkompetenten Leuten befreite; hohe moralische Ansprüche zu stellen, war Teil meiner Aufgabe, meinen Untergebenen ein guter Lehrer zu sein.

Schließlich schlief ich ein und wachte gegen vier Uhr morgens mit der Gewißheit auf, daß ich wußte, was für ein Divisionskommandeur ich werden wollte.

Am Montag, dem 20. Juni 1983, setzten Brenda und ich unsere ganze Familie – Cindy, Jessica, Christian, Rocky, zwei Wellensittiche und einen Leguan – in zwei Wagen und brachen nach Süden auf. Wir fuhren, ohne uns besonders zu beeilen, an der Küste von Virginia und North und South Carolina entlang, übernachteten ein paarmal in am Strand gelegenen Motels und besuchten Freunde. Am Tag vor der offiziellen Übernahme meines Kommandos bogen wir am Nachmittag von der Bundesstraße 95 unmittelbar südlich von Savannah auf die nach Fort Stewart führende Nebenstraße ab. Es sah aus, als führe der Weg direkt in die Sümpfe, aber schon bald sahen wir ein großes schwarz-weißes Schild mit dem Divisionswappen und der Aufschrift »Willkommen in Ft. Stewart«. Wir alle warteten gespannt darauf, bald das Militärlager zu sehen, das in den folgenden zwei Jahren unser Zuhause sein sollte, doch statt dessen fuhren wir noch eine gute halbe Stunde vierzig Kilometer durch ein mit Zwergfichten bewachsenes Sumpfgebiet, bis die Straße nach links zum Militärlager einbog. In der Hitze des schwülen Nachmittags hatte sich der Himmel verdunkelt, und in dem Augenblick, als wir in das Lager einfuhren, gab es einen gewaltigen Donnerschlag. Cindy, der Familienclown, jubelte auf dem Rücksitz: »Paß auf, Fort Stewart. Er ist da.«

14

Jeder, der sich in Fort Stewart umsah, konnte sofort erkennen, welchen Kampfauftrag die 24. motorisierte Infanteriedivision hatte. Jeder Panzer, jedes Nachschubfahrzeug, jedes Mannschaftstransportfahrzeug und jeder Jeep waren nicht olivgrün, sondern mit der gelben Tarnfarbe für die Wüste gestrichen. Wir waren die erste mit Panzerfahrzeugen ausgerüstete Division in der Armee der Vereinigten Staaten, die von vorneherein für den Einsatz im Nahen Osten bestimmt war.

Drei Jahre waren vergangen, seit ich meinen Posten bei der Planungsabteilung des Pazifischen Kommandos in Hawaii verlassen hatte, und während dieser Zeit war die Carter-Doktrin zum Eckpfeiler der amerikanischen Außenpolitik geworden. Um sicherzustellen, daß wir über alle militärischen Mittel verfügten, um die Interessen der Vereinigten Staaten im Persischen Golf zu schützen, hatte Washington mit dem 1. Januar 1983 aus der »schnellen Einsatztruppe« ein Kommando gemacht, das von einem Viersternegeneral befehligt wurde. Im Kriegsfall verfügte das Central Command, wie es hieß, über eine beeindruckende Streitmacht, zu der die 9. Luftflotte mit dem Stab auf dem Luftwaffenstützpunkt Shaw, South Carolina, die Erste Marine Expeditionary Force in Camp Pendleton, Kalifornien, und das XVIII. Luftlandekorps der Armee in Fort Bragg, North Carolina, gehörten. Wir waren Teil des XVIII. Luftlandekorps.

Die Aufgabe der Armee im Mobilmachungsplan des Central Command war es, die sowjetische Armee daran zu hindern, aus dem Kaukasus vorzustoßen und die Ölfelder im Iran in Besitz zu nehmen. Für den Fall, daß eine solche Invasion drohte, sollten unsere beiden Schwesterdivisionen, die 82. Luftlandedivision und die 101. Luftangriffsdivision mit den riesigen Transportflugzeugen der Typen C-5A und C-141 der Luftwaffe in den Nahen Osten verlegt werden. Anschließend sollten die Mannschaften unserer Division eingeflogen werden, während unsere Panzer und das schwere Gerät auf schnellen Transportschiffen nachkämen. Jeder wußte, daß es eine schwierige Aufgabe für den Kommandeur des XVIII. Luftlandekorps sein würde, den Einsatz der leichten Infanterie und der schweren Panzerwaffe im Gefecht zu koordinieren. Dieser Kommandeur war Generalleutnant Jack Mackmull, der seine Erfahrungen in erster Linie bei den Heeresfliegern und den Luftlandetruppen der Armee gemacht hatte. Das war der Hauptgrund, weshalb Cavazos mich angefordert hatte. Ich war einer der wenigen Generalmajore mit reichen Erfahrungen bei der leichten Infanterie, der Luftlandetruppe und der Panzertruppe. Meine Stellung verlangte von mir, daß ich die Stärken und Schwächen der Verbände der Luftlandetruppen kannte, an deren Seite wir würden kämpfen müssen.

Nun da ich endlich eine eigene Division hatte, war ich begierig, alles einzuführen, was ich gelernt hatte – die von Vuono regelmäßig abgehaltenen Kommandeursbesprechungen über den Ausbildungsstand der Truppe, die von Cavazos eingeführten Programme für die Instandhaltung von Waffen, Fahrzeugen und Gerät sowie die Betreuung der Soldatenfamilien, die ich selbst eingeführt hatte. Dabei durfte ich nicht vergessen, daß die 24. motorisierte Infanteriedivision schon jetzt eine gute Division war und es keiner Sofortmaßnahmen bedurfte, um irgendwelche Dinge zu korrigieren. Es wäre falsch gewesen, wenn ich zu rasch versucht hätte, Neuerungen einzuführen. Deshalb beschloß ich, die ersten sechs Monate kurzzutreten und der Division die Gelegenheit zu geben, sich an den Kommandeurswechsel zu gewöhnen. Ich selbst konnte diese Zeit nutzen, um festzustellen, wie der Dienst in der Division gehandhabt wurde, mir Gedanken über die Verwendung der Division im Kriegsfall zu machen, meinen Kommandeuren und meinem Stab zu erläutern, wo bei mir die Prioritäten lagen, und die Hunderte von Männern kennenzulernen, mit denen ich innerhalb und außerhalb meiner Division würde zusammenarbeiten müssen. Eine moderne Division ist ein großer und komplexer Verband. Die 24. Division bestand aus drei Panzerabteilungen, drei motorisierten Infanteriebataillonen, drei Abteilungen Feldartillerie, einer Kavallerieschwadron, einer Fliegerabteilung, einem Pionierbataillon, einer Fliegerabwehrabteilung und zwei Brigaden Versorgungstruppen. Zur Vervollständigung verfügten wir außerdem über eine aus Reservisten bestehende Brigade. Das war die 48. Brigade der Nationalgarde von Georgia mit einer Panzerabteilung und zwei motorisierten Infanteriebataillonen. Sie wurde ergänzt durch eine weitere Panzerabteilung der Nationalgarde von South Carolina. Schließlich waren wir auch verantwortlich für Fort Stewart selbst und den Armeeflughafen Hunter in Savannah. Hier war das erste Rangerbataillon stationiert, das mir zwar nicht unterstand, das wir aber mit Verpflegung, Bekleidung und Ausrüstung versorgten, dem wir die Fahrzeuge und die Unterkünfte zur Verfügung stellten und das wir administrativ betreuten.

Obwohl ich jetzt noch keine großen Neuerungen einführen wollte, bemühte ich mich um Mittel und Wege, die Truppe vom ersten Augenblick an spüren zu lassen, daß ich die Führung übernommen hatte. Am Morgen nach unserem Eintreffen ging ich hinaus zu meinem gewohnten Langlauf. Als ich dabei in die Nähe der Unterkünfte kam, begegnete mir eine Gruppe von Soldaten unter der Führung eines Mannes, der aussah, als wäre er ein Kandidat für die Olympischen Spiele. Ich sah mich um und stellte fest, daß einige Männer zurückgeblieben waren, weil sie mit den anderen nicht Schritt halten konnten. Die ersten hielten an ihren Unterkünften an, bemühten sich, wieder zu Atem zu kommen und grüßten mich militärisch, als ich sie einholte. Sie wußten offenbar, daß ich der neue Divisionskommandeur war. Deshalb blieb ich stehen und fragte den Kompanieführer, was sie getan hätten. »Sir, wir haben eben unseren Achtkilometerlauf beendet.«

»Das ist großartig. Aber was sind das für Leute dort hinten?« fragte ich und deutete auf die Zurückgebliebenen.

»Sir, das sind die Burschen, die nicht mithalten konnten.«

»Aber Sie sind weitergelaufen und haben sie allein gelassen.« Der Hauptmann sah mich verwundert an. »Sehen Sie die Sache doch einmal so«, sagte ich. »Nehmen wir an, Sie sind ein junger Rekrut. Sie kommen zu Ihrer neuen Einheit, haben die Grundausbildung hinter sich und finden es toll, Soldat zu sein. Aber dann stellen Sie fest, daß Ihre Kameraden hier im Laufen sehr viel besser trainiert sind als Sie selbst. Und schon am ersten Tag, an dem Sie an dem Langlauf teilnehmen, müssen Sie laufen und laufen, bis Ihre Beine und Lungen versagen – aber Ihre Kameraden laufen weiter und lassen Sie zurück. Wird das den Zusammenhalt Ihrer Einheit fördern?«

Das Gesicht des Hauptmanns sagte mir, daß er mich verstanden hatte. Ich lief weiter und freute mich, daß ich einem jungen Offizier den vierten meiner fünf Grundsätze klargemacht hatte, daß nämlich auf allen Ebenen der Zusammenhalt der Truppe gefördert werden mußte. Ich wußte, daß dieser Vorfall bald zum Gesprächsstoff in der ganzen Division werden würde.

Ich machte es mir zum Prinzip, nie einen Fehler unbeanstandet zu lassen, und versuchte, die Truppenführer in meiner Division dazu zu bringen, dem gleichen Grundsatz zu folgen. Wenn ich zum Beispiel mit meiner Familie in Zivil irgendwo hinfuhr und auf der Straße einen Soldaten sah, der sein Uniformhemd nicht richtig zugeknöpft hatte, hielt ich den Wagen an.

Brenda sagte dann: »Nun geht es schon wieder los.«

»Dad, das ist doch so *peinlich*«, stöhnten Cindy und Jessica. Aber ich stieg trotzdem aus, zeigte dem Mann meinen Ausweis und fragte ihn ganz ruhig: »Weshalb ist Ihr Hemd nicht zugeknöpft?« Die Soldaten in der 24. Division waren so gut erzogen, daß der Mann mir nicht widersprach, sondern etwa sagte: »Oh, Sir, ich komme gerade aus der Sporthalle.Es war sehr warm, und ich habe es einfach vergessen«, und dann sein Hemd zuknöpfte.

Da ich jetzt derjenige war, der die Regeln für den Dienstbetrieb aufstellte, beschloß ich, die nicht notwendigen Felddienstübungen an den Wochenenden abzuschaffen. An meinem ersten Samstag in Fort Stewart fuhr ich eine der zahlreichen Nebenstraßen in der Umgebung entlang, um mich nach einem geeigneten Angelsee umzusehen, und stieß auf eine Kompanie Soldaten, die am Straßenrand unter Fichtenbäumen saßen. Ich hielt an und fragte: »Was tut ihr hier, Jungs?«

»Sir, wir haben eine Felddienstübung«, sagte einer der Soldaten mit traurigem Gesicht. Dann sah ich weiter draußen im Gelände zwei Gruppen an einer Baumreihe in Stellung gehen. Aber die meisten an dieser Übung beteiligten Männer saßen nur untätig da und warteten.

Nach ein paar Minuten erschien der Kompanieführer und grüßte mich militärisch. Ich nahm ihn zur Seite: »Warum machen Sie mit Ihren Männern am Samstag eine Felddienstübung?« fragte ich.

»Sir, wir haben unser Ausbildungsziel diese Woche nicht ganz erreicht, und deshalb holen wir es heute nach«, sagte er stolz. Aus seiner Sicht zeigten er und seine Kompanie einen vorbildlichen Diensteifer.

»Wann haben Sie der Kompanie gesagt, daß Sie heute mit ihnen ins Gelände gehen werden?«

»Gestern, Sir.«

»Haben Sie nicht daran gedacht, daß die Soldaten an diesem Wochenende ursprünglich etwas mit ihren Familien unternehmen wollten?«

»Ja, Sir, aber wir hatten unser Ausbildungsziel noch nicht erreicht.«

Als ich am Montagmorgen zum Stabsquartier kam, ließ ich meine stellvertretenden Divisionskommandeure und den Chef des Stabes kommen und beschrieb ihnen, was ich gesehen hatte. »Deshalb haben sich diese jungen Leute nicht freiwillig zum Dienst in der Armee gemeldet. Bevor ich herkam, war ich Zweiter Stellvertreter des Stabschefs im Personalamt der Armee und weiß genau, daß dies nicht den Zusagen entspricht, die den Kandidaten von den Rekrutierungsoffizieren gemacht werden. Wenn sie sich verpflichten, wird ihnen gesagt, daß ihr Dienst außer im Krieg oder im Manöver nur fünf Tage in der Woche dauere, und so soll es auch sein. Ab sofort gibt es keine Felddienstübungen an den Wochenenden mehr.« Dann legte ich bestimmte Regeln fest: »Erstens, wenn ein Truppenführer seine Männer an einem Wochenende in Anspruch nehmen will, muß er ihnen das sechs Wochen vorher ankündigen. Zweitens muß dieser Dienst dann auch wirklich einen Sinn haben. Die Soldaten sollen nicht unter irgendwelchen Fichten herumsitzen und Däumchen drehen, denn ich werde mich *persönlich* vergewissern, daß so etwas nicht geschieht. Und drittens, jeder Truppenführer, der von seinen Männern verlangt, daß sie am Wochenende Dienst tun, muß ihnen zum Ausgleich einen anderen dienstfreien Tag geben, und auch das werde ich überprüfen.«

Meine Offiziere konnten es kaum glauben – kein Divisionskommandeur hatte je einen solchen Befehl gegeben. Mein Stabschef, Oberst Pete Taylor, sagte düster: »Sir, ich muß Sie warnen, unsere Gefechtsbereitschaft wird darunter leiden.«

»Nein«, sagte ich, »das ist falsch. Sie wird besser werden.«

Der neue Truppenübungsplatz der Armee bei Fort Irwin, Kalifornien, lag in dem für diese Zwecke am besten geeigneten Gelände. Es war eine zweitausendsechshundert Quadratkilometer große Fläche in der Mojavewüste, nicht weit von Twentynine Palms entfernt, wo meine Brigade aus Fort Lewis der Marineinfanterie das Leben so schwer gemacht hatte. Auf den bröckeligen Schieferbergen und den mit niedrigem Gestrüpp bewachsenen Plateaus fühlten sich nur Leguane, Klapperschlangen und Wildkaninchen heimisch – aber das Gelände eignete sich hervorragend für unsere Zwecke, weil es den

Gegebenheiten im nördlichen Iran ähnelte. Thurman hatte mir den Truppenübungsplatz unmittelbar nach meiner Ernennung zum Divisionskommandeur gezeigt, und als ich ihn gesehen hatte, war ich überzeugt, daß wir damit einen großen Vorteil gegenüber jeder anderen Armee auf der Welt hatten. Wir konnten jetzt unsere Panzerverbände unter äußeren Umständen ausbilden und ihre Leistungen auswerten, die so sehr den Verhältnissen in unserem voraussichtlichen Kampfgebiet glichen, daß nur noch die Verwundeten und Gefallenen fehlten.

Auf dem Truppenübungsplatz konnten zwei Bataillone gleichzeitig üben, und zwar gemeinsam mit einer Artillerieabteilung und den dazugehörigen Versorgungs- und Transportkompanien, Nachrichtenkompanien, Pionierkompanien und anderen für ihre Unterstützung notwendigen Einheiten. Nach ihrem Eintreffen brauchten die Bataillone zunächst drei Tage, um die Lasergeräte, Fernmeldegeräte und Abhörgeräte an ihren Waffen anzubringen. Dann begannen sofort die zweiwöchigen, ganztägigen Gefechtsübungen gegen einen erstklassigen und weit überlegenen »Feind«. Dieser feindliche Verband war so gegliedert und ausgerüstet wie eine sowjetische Truppe und rühmte sich, die hier übenden Bataillone jedesmal »geschlagen« zu haben.

Die Übung bestand aus einem Feuergefecht mit allen Waffen, und sobald das Bataillon ein Gefecht beendet hatte, begann schon das nächste, wie dies auch in einem Krieg der Fall sein würde. Jeder Einheit, das heißt jeder Gruppe, jedem Zug, jeder Kompanie und jedem Bataillon war ein Schiedsrichter zugeteilt, und das Gefechtsfeld selbst war voll automatisiert. Alle Panzer und alle Waffen waren mit den gleichen Lasergeräten ausgerüstet, die wir in Deutschland verwendet hatten, und die schweren Waffen und Fernmeldesysteme waren mit Computern verbunden, die das ganze Kampfgeschehen aufzeichneten. Am Ende eines Gefechts versammelten die Schiedsrichter die Truppenführer zu einer sofortigen und detaillierten Kritik. Ich hörte mir eine dieser Kritiken nach einem heftigen Gefecht in einem Mannschaftstransportwagen mitten in der Wüste an. Die Schiedsrichter fragten den Bataillonskommandeur: »Warum haben Sie die ›Kompanie Bravo‹ um neun Uhr eine Stellung einnehmen lassen, in der sie eine Schlucht im Rücken hatte und deshalb manövrierunfähig war?«

»Das habe ich nicht getan.«

»Aber ja, das haben Sie getan«, behaupteten die Schiedsrichter und zeigten einen Computerausdruck, auf dem die Stellung der Kompanie genau so dargestellt war. Dann wandten sie sich an einen Hauptmann und sagten: »Als Führer der ›Alpha-Kompanie‹ erhielten Sie von Ihrem Bataillon den Befehl, vorzugehen. Es dauerte eine Stunde, bis Sie Ihre Kompanie in Marsch setzten. Warum?« Die Kritik war schonungslos.

Die Unteroffiziere der übenden Bataillone blieben währenddessen auf dem Gefechtsfeld, versorgten die Truppe mit Nachschub und Verpflegung und schleppten die »abgeschossenen« Panzer zu einem Zelt, das als Reparaturwerkstatt eingerichtet war, wie dies auch im Ernstfall geschehen würde. Bisher war es nicht üblich gewesen, sich bei solchen Manövern im einzelnen um die Versorgung der Truppe und um die Instandhaltung von Waffen und Gerät zu kümmern, aber da diese Dinge außerordentlich wichtig waren, mußten sie auch geübt werden. Die Gefechtsbedingungen wurden bis in alle Einzelheiten nachgestellt. So waren zum Beispiel die Übungsgranaten der Artillerie verhältnismäßig leicht, aber die Bataillone beschwerten die Munitionskisten mit Sand, damit sie ebensoviel wogen wie die Kisten mit der scharfen Munition. Wenn sie es versäumten, ihre Panzer auf diese Weise mit Munition zu versorgen, dann durften diese im nächsten Gefecht nicht mehr eingesetzt werden.

Zwei meiner Bataillone sollten im September 1983 zur Gefechtsausbildung auf den Truppenübungsplatz nach Fort Irwin in Kalifornien gehen, und wir hatten schon einige Monate vorher begonnen, sie gründlich darauf vorzubereiten. Zehn Tage vor Beginn der Übungen sah ich zu, wie die Panzer und die Ausrüstung für die lange Eisenbahnfahrt nach Westen verladen wurden. Ich wußte, wie wichtig es war, daß die Bataillonskommandeure und Kompanieführer diese Übungen mit der richtigen Einstellung begannen. Vor ihrer Abreise rief ich sie noch einmal zusammen und sagte ihnen: »Sie dürfen nicht vergessen, daß dieser Truppenübungsplatz das nationale *Ausbildungszentrum* ist und nicht das nationale Testzentrum. Ich rechne damit, daß Sie Fehler machen werden. Aber Sie sollten in jeder Lage die Initiative ergreifen. Es ist besser, wenn Sie diese Fehler im Frieden und nicht im Krieg machen, denn im Frieden kosten sie keine Menschenleben.« Sie sollten begreifen, daß es für mich das wichtigste war, daß sie aus ihren Erfahrungen lernten und ich ihnen keinen Vorwurf machte, wenn sie aus ihren Fehlern lernten.

Ich hielt es auch für besser, meine Bataillone in den ersten Tagen nicht durch meine Anwesenheit zu stören. Im allgemeinen waren die dort übenden Verbände ihrem Gegner zunächst deutlich unterlegen. Manchmal gelang es ihnen auch nicht, ihren Auftrag zu erfüllen, und sie wurden »vernichtend geschlagen«. Nach zwei oder drei Tagen pausenloser und außerordentlich strapaziöser Einsätze waren die Einheitsführer und ihre Mannschaften völlig verdreckt und erschöpft, und ihre Leistungen und ihre Kampfmoral erreichten einen Tiefpunkt. Aber dann bissen sie die Zähne zusammen, lernten es, besser zu kämpfen, und hatten schließlich Erfolg damit. Deshalb besuchte ich sie erst in der *zweiten* Woche.

Indessen bereiteten sich der Divisionsstab und ich uns auf eine eigene größere Felddienstübung vor. Dazu fand im Stabsquartier des XVIII. Luftlandekorps eine geheime Besprechung statt, bei der uns gesagt wurde, welche Rolle die Division nach dem Einsatzplan des Central Command bei einem Krieg im Nahen Osten spielen sollte. Wir trafen uns Mitte Oktober in einer einstöckigen Holzbaracke in Fort Bragg hinter einem Stacheldrahtzaun. Jeder der mehr als zwölf Kommandeure erläuterte zunächst im einzelnen, wie sein Verband in einem Feldzug im Iran kämpfen würde. Anschließend fertigten wir eine Liste der Mängel an, die nach unserer Meinung in dem Feldzugsplan zu erkennen waren und die das Pentagon beseitigen mußte. Hier ging es besonders um die Bereitstellung von Nachschub und Ausrüstung, Transportschiffen, Kränen und anderem Gerät, das für die Versorgung der Truppe im Nahen Osten benötigt wurde.

Am Wochenende nach meiner Rückkehr aus Kalifornien ging ich fischen und fing eine Menge Barsche. Am Sonntagnachmittag war ich in der Küche. Ich hatte meiner Familie versprochen, ihr ein besonders schmackhaftes Gericht vorzusetzen: Barsche in Biersoße. Ich war gerade dabei, die Fische zu würzen und zu panieren, als das Telefon läutete. Es war der Direktor der Operationsabteilung beim Oberkommando der Streitkräfte, Generalmajor Dick Graves. »Welche Pläne haben Sie für die nächsten Wochen?« fragte er.

»Worum geht es?«

»Ich muß das wissen. Man hat einen sehr wichtigen Auftrag für Sie, und General Cavazos hat mich gebeten, mich nach Ihren Plänen zu erkundigen.«

Ich sagte ihm, daß für die Division in nächster Zeit keine größeren Feldübungen vorgesehen seien und ich vorhätte, bei meiner Truppe zu bleiben. Er sagte: »Okay. Ich werde Sie gegen achtzehn Uhr noch einmal anrufen.«

Ich wartete gespannt auf den nächsten Anruf. Einen Tag zuvor hatten Terroristen einen Bombenanschlag gegen die Unterkunft der amerikanischen Marineinfanterie in Beirut verübt, und ich vermutete, daß wir mit einem militärischen Gegenschlag darauf reagieren würden. Ich versuchte, mich wieder auf die Zubereitung der Barsche zu konzentrieren, aber unsere Mahlzeit verlief ganz anders, als ich sie geplant hatte. Anstatt ein gemütliches gemeinsames Essen zu genießen, hatte ich Mühe, meine Portion hinunterzubringen.

Pünktlich um achtzehn Uhr rief Graves zum zweiten Mal an. »Wie bald können Sie hier in Atlanta sein?«

Ich sagte, dazu bräuchte ich nur wenige Stunden. »Gut. Sie werden an einer militärischen Operation teilnehmen. Das wird etwa drei Wochen dauern.« Da mein Telefon zu Hause nicht abhörsicher war, stellte ich keine weiteren Fragen. Ich rief den Offizier vom Dienst bei der Division an, befahl ihm, ein Flugzeug startklar machen zu lassen, und fing an zu packen. Da ich nicht wußte, wohin mich mein Auftrag führen würde, nahm ich Sommer- und Winteruniformen mit. Dann fuhr ich zum Stabsquartier und rief Graves noch einmal von einem abhörsicheren Apparat aus an. Die Verbindung war denkbar schlecht. Obwohl ich ihn kaum verstehen konnte, entnahm ich seinen Worten, daß mein Auftrag nichts mit der Krise im Nahen Osten zu tun hatte. Man würde mich nach Grenada schicken. Nachdem ich die Führung der Division meinen Stellvertretern übergeben hatte, fuhr ich wieder nach Hause und packte nur meine Sommeruniform ein.

Um einundzwanzig Uhr fuhr ein Wagen vor, der mich zum Flughafen bringen sollte. Ich umarmte meine Kinder und nahm Brenda bei den Händen. Sie sah sehr besorgt aus. »Wird es gefährlich für dich sein?« fragte sie mit leiser Stimme.

»Ich gehe nicht nach Beirut«, beruhigte ich sie, »aber mehr kann ich dir nicht sagen.« Erleichtert nahm sie mich in die Arme und küßte mich.

Als wir auf dem Charlie-Brown-Flughafen in Atlanta gelandet waren, rollte die Maschine zu dem kleinen Abfertigungsgebäude der Armee, wo mich Dick Graves am Eingang begrüßte. Er sagte mir mit kurzen Worten, welchen Auftrag ich hätte: Die Regierung auf der Insel Grenada war von einer Militärjunta gestürzt worden, und Hunderte von amerikanischen Medizinstudenten wurden in ihren Unterkünften festgehalten. »Die Flotte bereitet eine größere Operation vor, bei der wir an Land gehen, die Studenten befreien und die legitime Regierung wieder einsetzen werden. Es werden starke Kräfte der amerikanischen Armee daran beteiligt sein – die 82. Luftlandedivision und Sondereinheiten sowie das 1. Rangerbataillon. Washington möchte dafür sorgen, daß die Flotte diese Kräfte richtig einsetzt. Dafür zu sorgen wird Ihre Aufgabe sein. General Cavazos hat vorgeschlagen, Sie der Flotte als militärischen Berater zur Verfügung zu stellen.«

»Einen Augenblick«, sagte ich. »Das klingt so, als dürfte ich dort nicht mit einem besonders freundlichen Empfang rechnen.« Graves, der sich im allgemeinen durch nichts aus der Ruhe bringen ließ, zuckte zusammen. »Sie haben recht. Es gefällt der Flotte nicht, daß Sie die Rolle des Beraters übernehmen sollen. Aber«, fügte er mit erhobenem Zeigefinger hinzu, »Sie haben die Unterstützung der höchsten Stellen in Washington. Wenn die Flotte Ihnen Schwierigkeiten macht, dann teilen Sie uns das mit, und wir werden die Sache in Ordnung bringen.«

»Okay«, sagte ich zögernd, »und jetzt sagen Sie mir bitte noch, was ich im einzelnen zu tun habe.«

»Ich habe Ihnen alles gesagt, was ich weiß. Morgen früh um sieben Uhr findet beim Atlantischen Kommando in Norfolk eine Besprechung statt, an der Sie teilnehmen sollten.«

Ich bestieg wieder mein Flugzeug, und während wir die Küste hinaufflogen, wurde mir klar, daß ich nicht einmal genau wußte, wo Grenada lag. Auch die beiden Offiziere der Planungsabteilung, die ich mitgenommen hatte, wußten es nicht. Ich konnte nur sagen, daß es eine Insel in der Karibik war, hätte aber wahrscheinlich Schwierigkeiten gehabt, sie auf der Karte zu finden.

Als ich am nächsten Morgen das Stabsquartier des Atlantischen Kommandos betrat, hatte ich das Gefühl, ich sei dort so willkommen wie jemand mit einer ansteckenden Krankheit. Vizeadmiral Joseph Metcalf, ein drahtiger, leicht reizbarer Dreisterneadmiral mit einem starken Neuenglandakzent, bombardierte mich sofort mit Fragen danach, was ich glaubte, zu dieser Operation beitragen zu können. Dann erschien der Oberbefehlshaber des Atlantischen Kommandos, Admiral Wes McDonald, und wir alle gingen hinaus in das Beratungszimmer. An der Besprechung nahmen auch zwei andere Generäle der Armee teil, Generalmajor Ed Trobaugh, der Kommandeur der 82. Luftlandedivision, und Generalmajor Dick Scholtes, der Kommandeur des Sonderverbandes, aber Admiral McDonald wandte sich zunächst an mich. Er kam auf mich zu und brummte: »Um

Himmels willen, versuchen Sie uns zu helfen. Wir haben ohnedies eine schwierige Aufgabe, und es wäre nicht gut, wenn die Armee uns diese Aufgabe noch weiter erschwerte.«

Ich erwiderte: »Sir, ich bin gekommen, um Ihnen in jeder nur denkbaren Weise zu helfen. Ich habe zwei Jahre beim Pazifischen Kommando unter den Admirälen Weisner und Long gedient und weiß daher, wie die Flotte ihre Operationen durchführt. Ich habe nicht die Absicht, Ihnen irgendwelche Schwierigkeiten zu machen.« Das schien ihn etwas zu besänftigen.

Die Landung war für zwei Uhr am folgenden Morgen vorgesehen. Bis dahin waren es nur noch neunzehn Stunden, und dies war die letzte Einsatzbesprechung. An der Wand über dem Ende des langen Tisches hing eine große Karte, auf der die Insel in der Form eines länglichen Ovals eingezeichnet war. Grenada war etwa sechzehn Kilometer breit und vierzig Kilometer lang. Ein Teil der Küste war Sandstrand, aber die Insel selbst bestand zum größten Teil aus schwer zugänglichem, gebirgigem Dschungel, der oft bis zum Ufer herunterreichte. Admiral McDonald begann mit den Worten: »Bevor wir auf den Operationsplan eingehen, sollte jeder an die große Wahrscheinlichkeit denken, daß wir ihn nicht werden ausführen müssen. Die Krise wird bereits auf diplomatischer Ebene behandelt, und man hat uns gesagt, es sei sehr wahrscheinlich, daß die Rebellen ihr Vorhaben aufgeben werden.« Ein Vertreter des Außenministeriums, der Admiral McDonald gegenübersaß, nickte zustimmend.

Die Operation war als »militärischer Handstreich« gedacht. Während die Flotte die Zugänge zur Insel mit Schiffen und Flugzeugen blockierte, sollten die Marineinfanteristen an der Ostküste von Grenada von See her landen. Ihre Angriffsziele waren der Flughafen Pearls, der einzige Flughafen auf der Insel, und die Stadt Grenville, die Garnison der militärischen Streitkräfte. Gleichzeitig sollten die Rangers eingeflogen werden und den noch im Bau befindlichen großen Flughafen Salines an der Südspitze der Insel sowie das Universitätsgelände von True Blue besetzen, wo nach den vorliegenden Meldungen die amerikanischen Studenten festgehalten wurden. Sobald die Flughäfen in amerikanischer Hand waren, sollten zwei Bataillone der 82. Luftlandedivision die Rangers ablösen. Zur gleichen Zeit sollte unser Sonderverband mit Hubschraubern in St. George's, der Hauptstadt an der Westküste der Insel, landen. Dort sollten sie den von den Briten eingesetzten Generalgouverneur Sir Paul Scoon, der in seiner Residenz festgehalten wurde, befreien und in der Innenstadt die Radiostation und Fort Rupert sowie Fort Frederick und das Gefängnis Richmond Hill oberhalb der Stadt in Besitz nehmen. In diesem Gefängnis hatten die Rebellen angeblich den Premierminister Maurice Bishop und mehrere andere Regierungsbeamte eingesperrt. Im Verlauf des Tages sollten unsere Truppen von den Flughäfen aus fächerförmig vorgehen und schließlich die ganze Insel in Besitz nehmen.

Die Armee von Grenada bestand aus zweitausend aktiven Soldaten und einigen tausend Reservisten. Aber man versicherte uns: »Keine Sorge, wenn die Soldaten sehen, daß wir Amerikaner sind, werden sie sich ergeben.« Point Salines und St. George's wurden durch Fliegerabwehrgeschütze gesichert, aber auch hier sagte man uns: »Keine Sorge. Die Geschützbedienungen sind schlecht ausgebildet und deshalb keine wirkliche Bedrohung.« Schließlich stand noch die Frage offen, was die kubanischen Bauarbeiter auf dem Flugplatz von Point Salines tun würden. Das waren sechs- bis achthundert militärisch ausgebildete und bewaffnete Männer. »Keine Sorge«, hieß es wieder, »sie werden nicht kämpfen.« Nach dem Einsatzplan sollten die Rangers einfach zu den Unterkünften der Kubaner fahren und ihnen erklären: »Wir sind gekommen, um die legitime Regierung von Grenada wieder einzusetzen. Es wird Ihnen nichts geschehen. Bleiben Sie hier, bis wir die Angelegenheit in Ordnung gebracht haben.« Ich hatte allerdings Bedenken und fragte mich: »Woher wollen wir wissen, daß die Kubaner nicht kämpfen werden?«

Generalmajor Dick Scholtes, der Kommandeur des Sonderverbandes, sagte, er habe die Befürchtung, es könnte beim Absetzen der Rangers aus der Luft gewisse Schwierigkeiten geben. Sie könnten, wenn notwendig, mit dem Fallschirm abspringen, aber ihr Einsatz würde wirksamer sein, wenn die Transportflugzeuge in Point Salines landen könnten. Eine Aufklärungsgruppe der Rangers war am Abend zuvor beauftragt worden, in der Dunkelheit bei Point Salines an Land zu gehen und festzustellen, in welchem Zustand sich die Landebahnen befanden. Aber die mit Fallschirmen abgesprungenen Männer waren vor der Küste von den hohen Wellen der Brandung erfaßt und hinausgetrieben worden, so daß sie jetzt als vermißt galten. Angesichts der Tatsache, daß wir nicht wußten, in welchem Zustand sich die Landebahnen befanden, empfahl Scholtes, das Unternehmen um vierundzwanzig Stunden zu verschieben. Nach erregter Diskussion erklärte Admiral McDonald schließlich: »Ich kann kaum glauben, was ich hier an diesem Tisch höre. Sie werden es doch nur mit ein paar Leuten aus Grenada zu tun haben, und sie werden den Kampf sofort aufgeben, wenn sie sehen, daß sie weit überlegenen militärischen Kräften gegenüberstehen. Warum machen wir eine so große Sache daraus?«

In der plötzlich entstandenen Stille meldete sich der Vertreter des Außenministeriums und sagte: »Ich würde nicht empfehlen, das Unternehmen zu verschieben. Die Organisation der ostkaribischen Staaten, die uns um unser Eingreifen gebeten hat, ist bestenfalls eine sehr unsichere Koalition. Niemand kann sagen, wie lange sie dieses Unternehmen unterstützen wird.«

»Das heißt«, sagte McDonald, »wir werden das Unternehmen wie vorgesehen am 25. Oktober beginnen.«

»Okay«, sagte Scholtes, aber man merkte ihm an, daß er nicht sehr glücklich über diese Entscheidung war. »Wir sollten aber wenigstens versuchen, noch in der kommenden Nacht den Zustand der Landebahnen zu erkunden. Können wir das Unternehmen nicht wenigstens um zwei Stunden verschieben?« McDonald war einverstanden, und der Beginn der Invasion wurde auf vier Uhr festgelegt.

Am Schluß der Besprechung fragte irgend jemand, wann die Presse von diesem Unternehmen unterrichtet werden sollte. Wir einigten uns darauf, daß wir Grenada am folgenden Nachmittag um siebzehn Uhr für die Reporter öffnen würden, denn dann werde Grenada in unserem Besitz sein.

Wenig später saß ich wieder im Flugzeug, um nach Barbados zu fliegen. Alle anderen Passagiere gehörten dem Stab der Kampftruppe an und waren Offiziere der Flotte und der Marineinfanterie. Die einzigen Vertreter der Armee waren ich, meine beiden Assistenten und ein junger Verbindungsoffizier von der 82. Luftlandedivison. Am Nachmittag erreichten wir Barbados und erkannten sofort, daß etwas über die Möglichkeit eines militärischen Eingreifens der Vereinigten Staaten durchgesichert war. Auf dem Flughafen wimmelte es von Reportern. Admiral Metcalf befahl uns, während wir auf den Hubschrauber warteten, der uns zur Flotte bringen sollte, in der Maschine zu bleiben. Nach etwa dreißig Minuten landeten zwei große Hubschrauber der Flotte. Wir stiegen ein und flogen auf die See hinaus.

Schon bald sahen wir ringsumher nur noch die riesige Wasserfläche des Ozeans, und das machte mich nervös: Wenn plötzlich der Motor des Hubschraubers versagen sollte, dann würden wir bei den

Fischen landen. Die mitfliegenden Offiziere verhielten sich nicht so wie Leute, die auf dem Wege in den Krieg waren. Keiner von ihnen glaubte recht daran, daß wir würden kämpfen müssen, und für sie war das ganze Unternehmen kaum mehr als ein Ausflug. Nach etwa anderthalb Stunden sahen wir weit draußen auf dem Ozean so etwas wie eine Briefmarke. Wie sich dann herausstellte, war es der Hubschrauberträger »Guam«, bei diesem Unternehmen das Flaggschiff von Admiral Metcalf. Kaum stand ich auf dem leicht schwankenden Deck, als ich schon einen meiner Offiziere fortschickte und bat, mir ein Mittel gegen Seekrankheit zu besorgen.

Inzwischen war es siebzehn Uhr dreißig geworden. Wir gingen unter Deck, wuschen uns und wurden schon nach wenigen Minuten zum Essen gerufen. Die Admiralsmesse war ein großer Raum mit einem langen Tisch, der mit einem makellos weißen Tischtuch gedeckt war. Als Vorspeise gab es eine Suppe, und wir hatten gerade mit dem Hauptgang, einem Putenbraten, angefangen, als der Stabschef des Admirals hereinkam und sagte: »Es geht los.« Das Gespräch verstummte. »Es geht los«, wiederholte er. »Das Unternehmen beginnt. Der Angriffsbeginn ist um eine Stunde auf fünf Uhr zurückverlegt worden.

Wir alle saßen schweigend da und stocherten in unserem Essen herum. Irgend jemand sagte: »Herrje, für mich wird es jetzt Zeit.« Einer nach dem anderen stand auf und ging, und schließlich saß ich nur noch allein da. Ich hatte nichts zu tun, und so hockte ich vor meinem halbleeren Teller und versuchte, zu begreifen, was geschehen war. Dann stieg ich die Treppe hinauf zum Befehlsstand hinter der Brücke, wo die Anweisungen aus Norfolk eintrafen und die Kommandeure ihre letzten Befehle an ihre Einheiten absetzten. Ich hatte das Gefühl, hier nur zu stören, und ging hinaus auf die Plattform, die um die Brücke verlief. Es war stockdunkel, und ich mußte daran denken, daß wir uns morgen um diese Zeit im Krieg befinden würden. Ich wußte nicht recht, ob es richtig sei, Truppen nach Grenada zu schicken. Würde die amerikanische Öffentlichkeit diese Entscheidung unserer Regierung billigen? Das war keine strategische oder politische Frage, es war eine persönliche Frage. An all das hatte ich schon gedacht, als ich damals aus Vietnam nach Hause kam und mich entschloß, Soldat zu bleiben. Jetzt war es nicht meine Aufgabe, die Urteilsfähigkeit unserer Regierung oder den Sinn unseres Auftrags in Frage zu stellen. Meine Pflicht war es, mit dafür zu sorgen, daß bei diesem Unternehmen möglichst wenige blutige Verluste

US-Militäroperation in Grenada
VEREINIGTE STAATEN
ATLANTISCHER OZEAN
KUBA
DOMINIKAN. REP.
PUERTO RICO
JAMAIKA
HAITI
Karibisches Meer
GRENADA
PANAMA
VENEZUELA
PAZIFISCHER OZEAN
KOLUMBIEN
Diamond-I.
Les Tantes
Ronde-I.
The Sisters
Caille-I.
Karibisches Meer
Sauteurs
Victoria
6. Tag USMI-18,45 Uhr
6. Tag USMI-9,15 Uhr
Gouyave
1. Tag USMI-19,00 Uhr
1. Tag USMI-5,00 Uhr
Flugplatz Pearls
6. Tag USMI-17,45 Uhr
Grenville
1. Tag ANS-6,00 Uhr
GRENADA
Grand Mal
1. Tag USMI-6,30 Uhr
2. Tag USMI-8,00 Uhr
2. Tag Rangers-16,15 Uhr
St. George's
Grand Anse School
Califigny
Flugplatz Pt. Salines
1. Tag Rangers-5,35 Uhr
3. Tag Rangers-16,45 Uhr
Fallschirmangriff
Helikopterangriff
Amphibischer Angriff
Bodenangriff
USMI = US-Marine-infanteriekorps
ANS = Andere Sondereinsatztruppen
Rangers = Ranger-Kommandotruppe
0 5 km

entstanden. Ich sprach ein kurzes Gebet und ging dann unter Deck, um mich ein wenig auszuruhen.

Die Kabine, die man mir zugewiesen hatte, lag unmittelbar unter dem Flugdeck, und so wachte ich um vier Uhr morgens von dem Heulen der Turbinen, den lauten Rufen und dem Getrappel der Soldatenstiefel über mir auf. Ich ging hinauf auf die Brücke und sah, wie Dutzende von Hubschraubern mit Marineinfanteristen beladen wurden und starteten. Einer der Operationsoffiziere sagte mir, in der Nacht habe ein Spähtrupp die Küste bei dem Flughafen Pearls und bei Grenville erkundet und gemeldet, daß sie sich nicht für eine amphibische Landung eignete. Deshalb hatte Admiral Metcalf seine Pläne umgestellt und befohlen, daß der Angriff auf dieser Seite von Grenada mit Hubschraubern erfolgen sollte. So hatten sich die »Guam« und ihre Begleitschiffe bis auf acht Kilometer der Insel angenähert, die sich nun im Norden als große schwarze Erhebung am Horizont abzeichnete. Man hatte auch versucht, festzustellen, in welchem Zustand sich die Landebahnen bei Point Salines befanden, aber in der rauhen See hatten die Boote Wasser geschöpft, und das Unternehmen war abgebrochen worden. Das bedeutete, daß die Rangerbataillone, die nun von Savannah mit Flugzeugen herangeführt werden sollten, immer noch nicht wußten, was sie vorfinden würden.

Wegen eines Versagens der Navigationsgeräte würden sich die Rangers um eine halbe Stunde verspäten, aber die Hubschrauber der Marineinfanterie waren schon in der Luft und bereit, den Angriff zu beginnen. Die Frage war, sollten wir schon um fünf Uhr angreifen oder noch warten? Metcalf fragte mich nach meiner Meinung. Ich sagte: »Sie müssen jetzt angreifen. Man kann unsere Hubschrauber auf der Insel hören, und wenn wir noch eine halbe Stunde warten, werden wir den Gegner nicht mehr überraschen.« Metcalf stimmte mir zu, gab den Angriffsbefehl, und um fünf Uhr landeten die Marineinfanteristen auf dem Flughafen Pearls und nahmen ihn fast kampflos in Besitz. Um sechs Uhr dreißig griffen die Marineinfanteristen mit ihren Hubschraubern in einer zweiten Welle an und nahmen die Stadt Grenville ein, ebenfalls ohne auf feindlichen Widerstand zu stoßen.

Als die Rangers jedoch um fünf Uhr fünfunddreißig bei Point Salines eintrafen, wartete der Gegner schon auf sie. Noch unangenehmer war es, daß es inzwischen hell geworden war, sie mit Fallschirmen abspringen mußten und dabei von den gegnerischen Mannschaften, die mit Fliegerabwehrmaschinengewehren bewaffnet waren, gesehen wurden. Von der Brücke der »Guam« aus konnten wir sehen, wie die Fallschirme herunterschwebten und die Leuchtspurgeschosse der Maschinengewehre an ihnen vorbeiflogen. Am Boden angekommen, meldeten die Rangers, daß die kubanischen Bauarbeiter nicht nur schwer bewaffnet seien, sondern sich auch eingegraben hätten. Sie hatten am Rande des Flugplatzes mit Sandsäcken ausgebaute Stellungen besetzt. Zunächst bekamen wir nur unvollständige Meldungen, aber es war klar, daß dies kein Spaziergang war. Wir hatten blutige Verluste.

Bei St. George's waren die Hubschrauber des Sonderverbands in ein so schweres Abwehrfeuer geraten, daß sie weder Fort Rupert noch das Richmond-Hill-Gefängnis oder Fort Frederick erreichen konnten. Schließlich gelang es einigen von ihnen, neben dem Haus des Generalgouverneurs zu landen, wo sie sofort eingekreist wurden und so in eine Falle gerieten. Es herrschte ein totales Chaos. Von der Brücke der »Guam« aus konnten wir sehen, wie die Armeehubschrauber von der Insel zurückkamen. Zwei von ihnen stürzten über dem Ozean ab. Andere landeten mit zahlreichen Einschüssen auf unserem Flugdeck, so daß die Hydraulikflüssigkeit aus den Einschußlöchern floß. Während dieser Vorgänge erhielt Admiral Metcalf einen dringenden Funkspruch vom Leiter der Flottenrechnungsstelle in Washington, der ihm mitteilte, er dürfe die Hubschrauber der Armee nicht auftanken lassen, weil sich Flotte und Armee noch nicht über die Bezahlung des Kraftstoffs geeinigt hätten. Ich sah, wie Metcalf den Funkspruch las und ihn seinem Stabschef reichte. »Das ist doch Mist«, sagte er. »Geben Sie ihnen den Kraftstoff.«

Unser Nachrichtendienst hatte inzwischen beim Abhören des feindlichen Funkverkehrs festgestellt, daß das Hauptquartier der rebellierenden Streitkräfte in Fort Frederick lag. »Ich möchte es bombardieren«, sagte Metcalf mir. »Was würden Sie raten?« Das war eine schwierig zu beantwortende Frage, denn das Fort lag ganz in der Nähe der Stadt, und wir hatten den ausdrücklichen Befehl, nach Möglichkeit Gebäudeschäden und Verluste bei der Zivilbevölkerung zu vermeiden. Metcalf wußte, daß ein solcher Bombenangriff anschließend kritisiert werden könnte, und ich freute mich, daß er mich gefragt hatte. Das zeigte, daß er mich als fachkundigen Berater anerkannte.

»Befehlen Sie den Bombenangriff«, riet ich ihm. »Wenn wir dem Gegner erlauben, uns organisierten Widerstand zu leisten, werden wir erheblich höhere Verluste haben und das Fort schließlich doch bombardieren müssen.« Metcalf befahl also den Luftangriff, und Fort Frederick wurde in Schutt und Asche gelegt. Später erfuhren wir, daß die Bomben auch eine Nervenklinik in unmittelbarer Nähe getroffen hatten, von deren Existenz wir nichts wußten.

Um zehn Uhr kam der größte Schock des Tages. Die Rangers hatten schließlich die Landebahnen von Point Salines erobert, so daß unsere Flugzeuge jetzt dort landen konnten, und waren dann an ihre nächste Aufgabe gegangen, die Rettung der Studenten. Sie stürmten in die Unterkünfte auf dem True-Blue-Campus und sagten den Studenten, sie seien jetzt in Sicherheit. Die Studenten antworteten ihnen: »Großartig! Aber was ist mit unseren Kommilitonen?« Die meisten Studenten waren gar nicht in True Blue festgehalten worden, sondern drei Kilometer davon entfernt in einem Strandhotel in der Nähe des Grand-Anse-Campus, von dessen Existenz wir nichts gewußt hatten.

Um die Mittagszeit konnten wir auch erkennen, daß der Sonderverband St. George's wegen des schweren Fliegerabwehrfeuers nicht würde besetzen können. Deshalb mußten wir eine andere Möglichkeit finden, die Stadt einzunehmen. Ich erinnerte Metcalf daran, daß unsere amphibischen Kräfte noch vor Grenville und Pearls, wo sie nicht hatten landen können, untätig auf den Schiffen warteten: »Wie wäre es, wenn wir diese Kräfte um die Insel herumführen und nördlich von St. George's landen lassen?« Metcalf fragte seine Kommandeure, wie lange es dauern würde, die Schiffe an die richtige Stelle zu dirigieren, und befahl der Aufklärung, diesen Teil der Küste zu erkunden. Nach zwei Stunden meldete die Aufklärung, daß eine Landung möglich sei, und wir setzten sie für den Spätnachmittag fest.

Gegen Abend setzten Metcalf und ich uns zusammen, um darüber zu sprechen, was wir bisher erreicht hatten. Gemessen an unserem Operationsziel waren die Ergebnisse des ersten Tages recht mager. Obwohl wir die Flughäfen besetzt und alle Zufahrten zur Insel blokkiert hatten, waren die Rebellen immer noch an der Macht, die Regierungsgebäude befanden sich in ihren Händen, Generalgouverneur Scoon und die Kräfte unseres Sonderverbandes waren vom Gegner eingeschlossen, und die meisten amerikanischen Studenten wurden noch vom Feind festgehalten. Kurz vor Sonnenuntergang kam aber doch noch eine gute Nachricht: Die Marineinfanteristen waren im Westen an dem Küstenstreifen Grand Mal gelandet und hatten sich zu einem Angriff am folgenden Morgen auf St. George's bereitgestellt. Aber ein Handstreich war das Unternehmen nicht gewesen.

Metcalf und ich waren uns darin einig, daß die Armee und die Marineinfanterie auf dem Landweg vorstoßen mußten, um die Studenten zu befreien und St. George's zu nehmen. Der Admiral holte tief Atem und sah mich an. »Ich muß zugeben, daß ich vom infanteristischen Kampf nur sehr wenig verstehe. Würden Sie die Pläne für das morgige Unternehmen machen und die Befehle schreiben, die wir unseren Truppen geben müssen?«

»Selbstverständlich«, sagte ich. Dazu setzte ich mich mit meinem Planungsoffizier hin, und Metcalf, der sechsunddreißig Stunden ununterbrochen auf den Beinen gewesen war, zog sich zum Schlafen zurück. Doch als er gerade gehen wollte, wurde er über Funk vom Atlantischen Kommando in Norfolk angerufen. »Wie viele feindliche Soldaten sind heute gefallen?« wollte ein Offizier wissen.

Ich warf Metcalf einen düsteren Blick zu und sagte: »Wir dürfen uns auf dieses Zählen der feindlichen Gefallenen nicht einlassen. Es hat in Vietnam zu großen Schwierigkeiten geführt, und das gleiche würde auch hier geschehen. Wir sollten uns auf die Erfüllung unseres Kampfauftrages konzentrieren.«

»Sie haben recht«, sagte er, gab seinem Stab die entsprechenden Anweisungen und ging. Eine halbe Stunde später rief uns das Atlantische Kommando an und *befahl* uns, die feindlichen Gefallenen zu zählen.

Nachdem der Stab von Metcalf sich pflichtgemäß die Schätzungen von den verschiedenen Truppenkommandeuren hatten melden lassen, zeigte man mir die Antwort, die nach Washington gehen sollte: »Feindliche Gefallene: Armee meldet dreizehn, Marineinfanterie meldet einhundertdreißunddreißig.«

Ich konnte mich nicht enthalten, meine Empörung zu äußern: »Das ist der größte Mist, den ich je gesehen habe. Die Marineinfanterie war heute nicht einmal im Einsatz. Woher kommen diese einhundertdreiunddreißig Gefallenen?« Die Offiziere sahen mich entsetzt an, und ich sagte: »Wissen Sie denn nicht, welche Schwierigkeiten wir in Vietnam mit solchen Meldungen gehabt haben? Wir dürfen doch keine sinnlosen Zahlen melden.«

Nachdem sie noch einmal bei der Marineinfanterie nachgefragt hatten, sagten sie mir, man habe ihnen erklärt, die einhundertdreiunddreißig feindlichen Soldaten seien »von Hubschraubern getötet worden«.

Ich erwiderte: »Nach meiner Ansicht kann das niemand glauben, aber wenn Sie diese Zahlen weitergeben wollen, dann tun Sie es.

Aber bitte melden Sie nur eine Zahl, denn sonst sieht es so aus, als stritten sich Armee und Marineinfanterie darum, wer die meisten feindlichen Soldaten getötet habe. Und fügen Sie hinzu, daß es nur eine Schätzung ist.« Wahrscheinlich glaubten sie jetzt, ich machte mir Sorgen darum, daß man in Washington die Marineinfanterie für erfolgreicher halten würde als die Armee, aber das stimmte nicht. Ich hielt die ganze Sache einfach für ungut.

Am Mittwochmorgen bei Tagesanbruch brachen die Marineinfanteristen in ihren Panzerfahrzeugen von Grand Mal nach Süden zu den Höhen oberhalb von St. George's auf. Zunächst befreiten sie die vom Gegner eingekreiste Einheit des Sonderverbandes aus ihrer unangenehmen Lage an der Residenz des Generalgouverneurs, setzten den Generalgouverneur und seine Frau in einen Hubschrauber und ließen beide auf die »Guam« bringen. Um zehn Uhr saßen sie schon in der Messe von Admiral Metcalf beim Tee.

Doch unsere Kräfte bei Point Salines waren bei dem Versuch, die Studenten auf dem Campus von Grand Anse zu befreien, immer noch nicht vorangekommen. Das lag nicht daran, daß wir nicht über die dazu notwendigen Kräfte verfügten. Am Tage zuvor hatte die 82. Luftlandedivision zwei weitere Bataillone bei Point Salines abgesetzt, und obwohl Admiral Metcalf zu Trobaugh gesagt hatte, das genüge, hatte die Division die Nacht über diese Kräfte durch weitere Mannschaften verstärkt. So verfügte die Armee neben der Artillerie der 82. Luftlandedivision über *vier* Bataillone Fallschirmtruppen, die bereits abgesprungen waren und nun die beiden schon im Einsatz befindlichen zwei Rangerbataillone verstärkten. Sie waren aber nicht vorangekommen, weil die Aufklärung an diesem Morgen gemeldet hatte, daß ein starker feindlicher Verband den Weg nach Grand Anse blockiere, während die 82. Luftlandedivision ihre Einheiten bei Point Salines umgliederte und zum Angriff bereitstellte. Indessen wurden wir vom Atlantischen Kommando mit Funksprüchen bombardiert, in denen uns mitgeteilt wurde, Washington wolle wissen, warum wir die Studenten noch nicht befreit hätten. Die Atmosphäre in unserer Befehlsstelle wurde zusehends gereizter.

In der Nacht war die »Guam« die Küste von Grenada weiter hinuntergefahren, und nun konnten wir von der Brücke aus das Wohnheim der Studenten erkennen. Am späten Vormittag ging ich nach draußen, um einen Moment zur Ruhe zu kommen,und sah direkt auf dieses an einem breiten Sandstrand gelegene Wohnheim. Dann fiel mein Blick auf unser Flugdeck. Dort standen Dutzende von Hubschraubern der Marineinfanterie und warteten auf den nächsten Einsatz. *Warum wollten wir den Gegner bei Grand Anse unbedingt über Land angreifen?* Ich ging wieder hinein und sagte Metcalf, der mit den Offizieren seines Stabes sprach: »Ich möchte Ihnen etwas zeigen.« Dann ging ich mit ihm auf die Brücke. »Hören Sie, dort drüben, unmittelbar vor uns, ist der Feind. Sehen Sie sich diesen Strand an. Es ist ein hervorragender Landeplatz! Hier haben wir all diese Hubschrauber, und in Point Salines warten die Rangers und die Luftlandetruppen. Warum holen wir sie nicht ab, fliegen von See her ein und befreien die Studenten?«

»Großartig!« rief Metcalf. »Veranlassen Sie das.«

Ich rief also Trobaugh am Flughafen an und sagte ihm, er solle seine Soldaten bereit machen. Dann bat ich den Oberst der Marineinfanterie, den Kommandeur der zur Landung bereitstehenden Bataillone, auf die Brücke zu kommen. Er hörte mir uninteressiert zu, als ich ihm meinen Plan erläuterte. Schließlich sagte er: »Ich werde das nicht tun.«

»Wie meinen Sie das?« fragte ich.

»Wir fliegen keine Soldaten der Armee in Hubschraubern der Marineinfanterie.«

Ich glaubte, nicht richtig gehört zu haben. »Sie haben mich nicht verstanden, Oberst. Wir haben einen Auftrag, und dieser Auftrag lautet, wir sollen die Studenten jetzt befreien. Ihre Marineinfanteristen sind in Grenville und sichern diesen Raum, und Ihre Hubschrauber sind hier. Um unser Ziel zu erreichen, müssen wir nur die Soldaten der Armee mit diesen Hubschraubern dort hinbringen, wo sie sich zum Angriff bereitstellen können.«

»Wenn wir das tun müssen, dann will ich dazu meine Marineinfanteristen einsetzen. Sie werden die Geiseln befreien«, behauptete er stur.

»Wie lange würde das dauern?«

Er sah mich an und sagte: »Mindestens vierundzwanzig Stunden.«

»Hören Sie mir sehr genau zu, Oberst. Dies ist mein ausdrücklicher Befehl, der Befehl eines Generalmajors an Sie, einen Oberst, etwas zu tun, was Admiral Metcalf uns aufgetragen hat. Wenn Sie diesen Befehl verweigern, werde ich dafür sorgen, daß Sie vor ein Kriegsgericht gestellt werden.«

Zwei Untergebene des Obersten, die zugehört hatten, wandten sich an ihn, und einer sagte: »Sir, dürfen wir draußen mit Ihnen sprechen?«

Nach ein paar Minuten kam er zurück und sagte: »Gut, ich werde es tun.«

Es dauerte nur ein paar Stunden, das Unternehmen vorzubereiten, und die Sache vereinfachte sich dadurch, daß unsere Kräfte schon mit den Studenten in Verbindung standen. Ein junger Mann, der am Tag zuvor das Schießen gehört hatte, hatte den Flughafen in Salines angerufen und mit einem Vertreter der Armee gesprochen. Nun wurden die Studenten alarmiert, und man erklärte ihnen, daß wir die Stellungen des Gegners vor dem Angriff mit Artillerie beschießen würden und wiesen sie an: »Legen Sie weiße Armbinden an. Decken Sie Ihre Fenster mit Matratzen ab, und legen Sie sich auf den Fußboden, bis das Artilleriefeuer aufhört. Wenn die Hubschrauber landen und die Soldaten herausspringen, laufen Sie hinaus und steigen ein.« Der Angriff begann um sechzehn Uhr fünfzehn und verlief planmäßig. Die Hubschrauber flogen die Rangers nach Grand Anse, holten die Studenten ab und flogen sie nach Point Salines. So befreiten wir innerhalb von dreißig Minuten alle zweihundertvierundzwanzig Studenten, und bei dem ganzen Unternehmen wurden nur zwei Rangers leicht verwundet. Die Situation hatte sich gegenüber der Lage am vergangenen Tag wesentlich verbessert.

Nach Sonnenuntergang besprachen Metcalf und ich noch einmal die Ereignisse des Tages, und er bat mich wieder, die Pläne und Befehle für den folgenden Tag auszuarbeiten. Als ich die Befehle geschrieben hatte, wurde mir klar, daß ich formal keine Befehlsgewalt besaß. Ich ging zu Metcalf und sagte: »Hier sind Ihre Pläne. Aber ich werde Ihnen sagen, was heute nachmittag geschehen ist.« Er sah mich erstaunt an, als ich ihm den Verlauf der Kampfhandlungen schilderte. Zum Abschluß sagte ich: »Ich bin mehr als glücklich, das Infanteriegefecht für Sie leiten zu dürfen, ich muß dazu aber auch offiziell ermächtigt werden.«

Metcalf sagte ganz ruhig: »Das kann ich in Ordnung bringen.« Er befahl die älteren Mitglieder seines Stabes zu sich und sagte: »Ab sofort ist Schwarzkopf der stellvertretende Befehlshaber dieses Kampfverbandes. Er ist mein Stellvertreter. In meiner Abwesenheit hat er die Befehlsgewalt, und wenn er einen Befehl gibt, dann sehen Sie den Befehl so an, als hätte ich ihn gegeben.« Es freute mich, daß er sich so entschieden für mich einsetzte.

Am nächsten Morgen nahmen die Marineinfanteristen das hügelige Gelände oberhalb von St. George's in Besitz und schlossen die Stadt von allen Seiten ein. Inzwischen hatte die 82. Luftlandedivision, die nun *sechs* Bataillone abgesetzt hatte, die Rangers abgelöst und ging von der Luftbasis aus in nördlicher und östlicher Richtung vor. Um die Mittagszeit flogen Metcalf und ich nach Point Salines zum Stabsquartier der Armee. Wir hatten uns gerade zu einer Besprechung zusammengesetzt, als die »Guam« uns einen dringenden Funkspruch des Atlantischen Kommandos übermittelte: Die Joint Chiefs of Staff verlangten, daß wir bis zum Abend die Kasernen von Calvigny einnahmen. Calvigny war eine Garnison auf einer etwa acht Kilometer östlich der Luftbasis gelegenen Halbinsel. Der Heeresnachrichtendienst hatte gemeldet, daß sich hier ein Ausbildungslager für kubanische Terroristen befinde. Ursprünglich hatten wir beabsichtigt, diese Kasernen am Ende unserer Operation zu besetzen. Die 82. Luftlandedivision war in dieser Richtung unterwegs, kam aber nur sehr langsam voran, weil Trobaugh seinen Männern befohlen hatte, jeden feindlichen Widerstand, auf den sie stoßen sollten, zu brechen.

Wir beantworteten den Befehl des atlantischen Kommandos mit einem Funkspruch folgenden Inhalts: »Die 82. Luftlandedivision geht in dieser Richtung vor und wird die Kasernen in Calvigny morgen abend einnehmen.« Aber das Atlantische Kommando funkte zurück: »Kommt nicht in Frage. Die Joint Chiefs of Staff befehlen Ihnen, die Kasernen in Calvigny noch heute abend einzunehmen.«

In aller Eile befahlen wir einen weiteren Einsatz mit Hubschraubern. Vorher ließen wir die Kasernen fast eine ganze Stunde lang mit Bombenflugzeugen angreifen und mit Schiffsgeschützen beschießen. Um sechzehn Uhr fünfundvierzig traten die Rangers zum Angriff an. Das Unternehmen wurde zur Katastrophe. Zwei Hubschrauber stießen über dem vollbesetzten Landestreifen zusammen, und die Trümmer ihrer Rotorblätter flogen in alle Richtungen durch die Luft und verwundeten dabei fast zwei Dutzend unserer Männer. Am Ende mußten wir feststellen, daß die Kasernen verlassen waren. Wir hatten Jagd auf Gespenster gemacht.

Ich war schon wieder auf der »Guam«, als die Verwundeten eingeflogen wurden, und ich ging hinunter ins Schiffslazarett. Hier bot sich mir ein schrecklicher Anblick. Alles war mit dem Blut der Schwerverwundeten beschmiert.

Ein Rangerleutnant, der ein Bein verloren hatte, versuchte, aus dem Bett zu steigen, um mich militärisch zu grüßen, als ich hereinkam. Ich drückte ihn vorsichtig zurück in die Kissen. »Sir, wie haben sich meine Soldaten bewährt?« fragte er besorgt. »Haben wir unseren Auftrag erfüllt?«

Ich versicherte ihm, daß sie sich großartig gehalten hätten. Dann sagte ich ihm, wie stolz ich auf ihn sei. Er lächelte und antwortete mir mit seinem Motto: »Rangers immer voran – hurra!«

Als ich wieder zur Brücke hinaufging, war ich wütend. Soldaten waren gefallen, und dieser junge Leutnant war zum Krüppel geschossen worden, und es hatte keinen militärischen Grund gegeben, die Kasernen von Calvigny noch heute zu nehmen. Ich fragte mich, welcher Idiot diesen Angriff wohl befohlen hatte.

Der Kampf um Grenada war jetzt praktisch beendet. Am folgenden Tag marschierten die Marineinfanteristen in St. George's ein, wo die Bevölkerung sie freundlich begrüßte und zu einem Versteck der Rebellen führte. Der Anführer des Staatsstreichs, Hudson Austin, war verschwunden, und es hieß, er werde versuchen zu fliehen. Auch der von ihm gestürzte Premierminister Maurice Bishop war nirgends zu finden. Angeblich waren er und andere Mitglieder seiner Regierung tot. Das Richmond-Hill-Gefängnis, wo sie eingesperrt sein sollten, war leer, als die Marineinfanteristen eintrafen. Die Kubaner brachten wir in Flugzeuge und schickten sie nach Hause.

Admiral Metcalf flog schon am frühen Morgen nach Barbados zu einer Konferenz mit Vertretern der Organisation Ostkaribischer Staaten. Nach dem Mittagessen kamen sein Stabschef und sein erster Generalstabsoffizier zu mir. Sie machten einen besorgten Eindruck. Offenbar hatte die Flotte das kubanische Schiff »Vietnam Heroica« beschattet, das zu Beginn unserer Operation im Hafen von St. George's festgemacht hatte. Wir vermuteten, daß es einen Aufklärungsauftrag hatte, und befahlen ihm, mindestens neunzehn Kilometer vor der Küste von Grenada vor Anker zu gehen, aber statt dessen hatte es gewendet und war in Richtung Trinidad abgedampft. Admiral Metcalf hatte zuletzt befohlen, unsere Schiffe sollten die Verfolgung der »Vietnam Heroica« aufgeben, sobald sie in Trinidad eingelaufen sei. Aber sein Stab meldete, daß der Hafen Port of Spain auf Trinidad der »Vietnam Heroica« die Einfahrt verweigert habe. In der Meldung hieß es: »Das Schiff steht noch unter Dampf. Sollen wir es weiter verfolgen?«

Metcalfs Stab wußte, daß mich der Admiral zum stellvertretenden Befehlshaber ernannt hatte und ich daher auch befugt war, Entscheidungen zu treffen, die nur die Flotte etwas angingen. So tat ich, was alle großen Befehlshaber tun. Ich fragte: »Was empfiehlt mein Stab?« Zum Glück änderten die Behörden auf Trinidad ihre Meinung und erlaubten dem Schiff die Einfahrt.

Nach Beendigung der Konferenz mit den Vertretern der Organisation Ostkaribischer Staaten hielt Metcalf eine Pressekonferenz über das Unternehmen in Grenada ab. Da wir die Reporter gehindert hatten, an Ort und Stelle über das Kampfgeschehen zu berichten, waren die zwanzig oder dreißig Journalisten, die gekommen waren, nicht besonders freundlich.

Wir hatten sie nicht, wie vorgesehen, am ersten Tag auf die Insel gelassen, weil zunächst völliges Chaos herrschte. Aber am zweiten Tag war es zwei Reportern, die sich schon auf der Insel befanden, gelungen, einen Hubschrauber zu finden, der sie zur »Guam« flog. Als ich sah, wie zwei Zivilisten über das Flugdeck liefen und in einen Hubschrauber sprangen, während wir uns gerade auf den Angriff auf Grand Anse vorbereiteten, lief ich hinunter an Deck und sagte ihnen: »Steigen Sie aus. Sie behindern eine militärische Operation.« Dann befahl Metcalf dem Kapitän der »Guam« dafür zu sorgen, daß sie nicht mehr auf das Flugdeck kamen. Den Rest des Nachmittags saßen die Reporter in der Offiziersmesse, tranken Kaffee und aßen Kuchen. In der »Washington Post« erschien ein Bericht darüber, wie Journalisten auf der »Guam« »eingesperrt« worden seien.

Die Journalisten befragten Metcalf über diesen Vorfall und wandten sich dann einem Ereignis zu, das am zweiten Tag stattgefunden hatte. Wir hatten Grenada vollkommen abgeriegelt, denn wir fürchteten, Kuba werde Verstärkung auf die Insel schicken, und wir wollten verhindern, daß uns Hudson Austin entkam. Die Flotte hatte alle Schiffe gewarnt: »Nähern Sie sich nicht der Insel. Wenn Sie es tun, werden Sie beschossen.« Aber gegen elf Uhr meldete uns ein Aufklärungsflugzeug: »Starkmotoriges Schnellboot mit Kurs auf Grenada.« Die Flotte befahl einem Jagdflugzeug, das Schnellboot in geringer Höhe anzufliegen, aber es machte keine Anstalten, seinen Kurs zu ändern. »Wer könnte das sein?« fragten wir uns. »Versuchte irgend jemand, Hudson Austin die Flucht zu ermöglichen?« Nach Rückfrage bei Metcalf befahl die Flotte dem Jagdpiloten, Warnschüsse abzugeben. Doch das Schnellboot wendete nicht. Schließlich befahl Metcalf: »Feuern Sie noch einmal eine Salve Warnschüsse. Wenn das Boot seinen Kurs auch dann nicht ändert, versenken Sie es.« Aber nach der zweiten Salve wendete das Boot und fuhr auf See hinaus. Später erfuhren wir, daß Reporter das Schnellboot gechartert hatten, und einer dieser Reporter nahm jetzt an der Pressekonferenz von Metcalf teil. Er meldete sich und fragte: »Herr Admiral, was wäre geschehen, wenn wir nicht gewendet hätten?«

Metcalf ließ sich nicht in Verlegenheit bringen. »Wir hätten euch den Arsch aus dem Wasser gesprengt.«

Am Mittwoch, dem 2. November, gab Admiral Metcalf die offizielle Beendigung der Feindseligkeiten bekannt. Am folgenden Tag bestiegen wir in Barbados seine Maschine und flogen zurück nach Norfolk. Auf dem Flughafen begrüßte uns eine jubelnde Menge und eine Kapelle der Flotte. Metcalf und ich schüttelten uns die Hände und verabschiedeten uns herzlich. Dann sprang ich in das kleine Flugzeug, das mich zu meiner Division zurückfliegen sollte.

Als wir in Fort Stewart landeten, sah ich zu meinem Erstaunen, daß auch hier eine Menge Menschen auf uns warteten. Fünfzig oder sechzig Personen applaudierten und winkten mit amerikanischen Fähnchen, während die Maschine ausrollte. Ich erkannte Brenda, Cindy, Jessica, Christian und sogar Rocky sowie die Kapelle der 24. Division. Ich war fast zu Tränen gerührt. Ich war schon zweimal aus einem Krieg nach Hause zurückgekommen, aber noch nie auf diese Weise begrüßt worden. Das hatte ich auch diesmal nicht erwartet, und nun freute ich mich wie ein Schneekönig.

An den Verlauf des Unternehmens dachte ich im Rückblick mit gemischten Gefühlen. Allem voran war ich stolz darauf, daß wir unseren Auftrag erledigt hatten, und ich freute mich, daß die amerikanische Öffentlichkeit – wenigstens soweit ich es beobachten konnte – ihre Soldaten bei diesem Unternehmen unterstützt hatte. Doch zugleich hatten wir höhere Verluste als notwendig hinnehmen müssen, und in diesem kurzen Krieg hatten sich manche Unzulänglichkeiten gezeigt – das verhängnisvolle Fehlen brauchbarer Aufklärungsergebnisse unseres Militärischen Nachrichtendienstes, erhebliche Störungen bei der Übermittlung von Nachrichten, Rivalitäten zwischen den einzelnen Teilstreitkräften, das ungerechtfertigte Eingreifen höherer Dienststellen in Entscheidungen auf dem Gefechtsfeld, die schlechte Zusammenarbeit mit der Presse und vieles mehr. Es ermutigte mich jedoch, daß diese Mängel in *unseren* Berichten nach Abschluß des Unternehmens zum Ausdruck gebracht worden waren. Wir neigten nicht mehr dazu, solche Probleme zu verschleiern, wie wir es in Vietnam getan hatten. Für mich war dies das deutlichste Zeichen dafür, daß sich im militärischen Bereich vieles geändert hatte.

Ich nahm meine Arbeit bei der 24. motorisierten Infanteriedivision sofort wieder auf, wo ich sie unterbrochen hatte. Unser Ausbildungsprogramm lief jetzt reibungslos weiter. Im Januar schickten wir zwei weitere Bataillone auf den Truppenübungsplatz bei Fort Irwin in Kalifornien, und dabei verbanden wir die Ausbildung für den Wüstenkrieg mit den Ausbildungstechniken, die TRADOC während der vergangenen zehn Jahre eingeführt hatte. Auf diese Weise gelang es uns, aus der 24. motorisierten Infanteriedivision einen hervorragenden Kampfverband zu machen. Mit anderen Worten: Wir bildeten unsere Soldaten vernünftig und zielstrebig aus und nicht gedankenlos und routinemäßig.

Ich wußte, je mehr Bataillone wir auf den Truppenübungsplatz schickten, desto besser würde es für uns sein, und ich ergriff jede Gelegenheit dazu. Anstatt wie üblich zweimal jährlich nach Fort Irwin zu gehen, taten wir es viermal. Die Truppenführer und Soldaten unserer Gegner bereiteten sich jedesmal, wenn sie eines unserer Bataillone erwarteten, besonders sorgfältig darauf vor, denn sie wußten, daß sie mit harten Kämpfen rechnen mußten. Meine jungen Kommandeure genossen diese Herausforderung, aber was noch wichtiger war, sie vergaßen nie, daß sie dabei etwas lernen sollten. In jenem Herbst hatte einer meiner Oberstleutnante den Auftrag erhalten, einen Abschnitt gegen den Angriff feindlicher Kräfte zu verteidigen. Ich besuchte ihn auf seinem Gefechtsstand und bat ihn, mir seinen taktischen Plan zu erklären. »Darf ich Ihnen etwas sagen, Sir?« fragte er. »Ich bin jetzt zum zweiten Mal hier und weiß, wie ich den Gegner schlagen kann. Ich könnte ihn tatsächlich in große Verlegenheit bringen. Aber bisher habe ich mit meiner Einheit noch nie einen erfolgreichen Abwehrkampf durchgeführt, und jetzt habe ich die Gelegenheit, es noch einmal zu versuchen.« Er meinte damit ein kompliziertes, schwierig zu leitendes Manöver, bei dem das Bataillon abschnittsweise kämpfend zurückgehen mußte. Mich beeindruckte seine Bereitschaft, sich darauf zu konzentrieren, daß er etwas lernen konnte, ohne sich um das Ergebnis oder meine Reaktion darauf zu sorgen. Mit dieser Haltung hatte mir der Oberstleutnant ein großes Kompliment gemacht.

Mir war es von vorneherein klar gewesen, daß die Fürsorge für die Soldatenfamilien das schwierigste meiner fünf besonderen Vorhaben sein würde, denn auf diesem Gebiet hatten wir die wenigsten Erfahrungen. Ich begann mit kleinen Verbesserungen – mit der Verlängerung der Öffnungszeiten des Einkaufsmarktes, um den Familien die Gelegenheit zu geben, auch an den Sonntagen einkaufen zu können, und ordnete an, daß die Zahlstellen während der Mittagszeit geöffnet blieben. Außerdem setzte ich Omnibusse ein, mit denen die weiter entfernt wohnenden jungen Frauen zu den Läden der Militärbasis fahren konnten, nachdem wir festgestellt hatten, daß viele von ihnen nicht wußten, daß ihnen diese Geschäfte offenstanden. In den örtlichen Drogerien mußten sie zum Beispiel für Windeln doppelt soviel bezahlen wie im PX. Außerdem machten wir sie darauf aufmerksam, daß ihnen das Rote Kreuz und der von der Armee eingerichtete Notdienst zur Verfügung standen, wenn sie Hilfe benötigten. Wenn eine Familie außerhalb des militärischen Wohnbereichs eine Wohnung suchte, halfen wir ihr, Vermieter zu finden, die keine überhöhten Preise von ihnen verlangten. Wenn wir feststellten, daß die Telefongesellschaften von den Soldaten, die nicht in der Kaserne lebten, für die Installierung eines Telefons eine hohe Vorauszahlung verlangten, die sich ein einfacher Soldat nicht leisten konnte, garantierten wir die Bezahlung dieser Summe. Daraufhin verzichteten die Telefongesellschaften sehr bald darauf.

Im Lauf der Zeit wurde dieses Programm noch intensiviert. So erklärte ich den 3. August 1984 zum Familientag, an dem die Soldaten, wenn sie ihre Familien in die Kasernen mitbrachten, dienstfrei hatten. Es war ein Tag der offenen Tür, an dem die Angehörigen unsere Büros, Kasernen, Speisesäle und Reparaturwerkstätten besuchen und sehen konnten, wo ihre Ehemänner, Väter und Mütter arbeiteten. Wir veranstalteten Spiele und Ausflüge, ein großes Kuchenessen, stellten für die Kinder einen kleinen Sprungturm auf, verteilten Lose für eine Tombola, bei der es von den örtlichen Ladenbesitzern gespendete Mikrowellenherde, Fahrräder und andere wertvolle Dinge zu gewinnen gab, und feierten schließlich auf dem Kasernenhof ein großes Grillfest. Das alles kostete die Division nur wenige tausend Dollar, machte sich aber in jeder Weise bezahlt.

Einige Kommandeure in der Division folgten diesem Beispiel. Ihre Bataillone veranstalteten Picknicks und Ostereiersuchen. Andere gaben Informationsblätter heraus, die den Familien sagten, wo ihnen bei Notfällen geholfen werden konnte, wenn der Familienvater im Manöver war. Aber viele Bataillonskommandeure waren der Ansicht, daß die Fürsorge für die Soldatenfamilien nicht zu ihren Dienstpflichten gehörte, und alle zarten und auch weniger zarten Hinweise konnten sie nicht veranlassen, ihre Meinung zu ändern. Deshalb lud ich im Herbst alle Kommandeure der Brigaden und Bataillone zu einer Besprechung beim Family Action Council ein. Das war der für alle Maßnahmen im Rahmen des Hilfsprogramms für die Angehörigen der Soldaten in der ganzen Garnison zuständige Ausschuß. Nachdem ich meine Absichten ausführlich erläutert hatte, machte ich jeden Kommandeur für ein besonderes Vorhaben außerhalb seines Dienstbereichs verantwortlich. Jeder erhielt eine schriftliche Anweisung, in der es etwa hieß: »Sie übernehmen die Aufsicht über die Kindertagesstätte«, »Sie übernehmen die Aufsicht über die Pfadfindergruppe«, »Sie übernehmen die Aufsicht über den Jugend-Fußballverein«. Einigen Kommandeuren gefielen diese Ideen, denn sie hatten sich schon vorher freiwillig für solche Aufgaben zur Verfügung gestellt, anderen gefielen sie weniger. Aber schon nach wenigen Monaten lief die Sache hervorragend, denn besonders die Brigadekommandeure gaben uns immer wieder neue Anregungen.

Meine Bemühungen um die Truppenbetreuung trugen jedoch an manchen Orten nicht dazu bei, mich bei der Zivilbevölkerung beliebt zu machen. Zwar unterhielt die Division sehr freundschaftliche Beziehungen zu den Städten Glennville und Claxton, aber in der Stadtverwaltung von Hinesville schien man zu denken, Fort Stewart sei nur dazu da, die örtlichen Geschäftsleute reicher zu machen. In diesem Zusammenhang hatten wir unter anderem auch mit folgendem Problem zu kämpfen. An der von Hinesville nach Südwesten führenden Ausfallstraße lag eine ganze Anzahl von Schnapskneipen. Wenn die Soldaten von hier nach Fort Stewart fuhren, kamen sie durch drei Polizeibezirke, und an jedem Zahltag warteten die Polizisten an dieser Strecke schon auf sie, um sie wegen Überschreitens der Höchstgeschwindigkeit unter Alkoholeinfluß anzuzeigen. Die Armee nahm solche Anzeigen sehr ernst, und es war den Männern sehr unangenehm, wenn ein solcher Vorfall in ihre Papiere eingetragen wurde. Wenn es dann wegen einer solchen Anzeige zu einer Gerichtsverhandlung kam, mußte der Soldat für den Anwalt zweihundert Dollar, weitere zweihundert Dollar als Strafe und schließlich noch einhundert Dollar bezahlen, obwohl niemand sagen konnte, aufgrund welcher Bestimmungen diese letzte Summe von ihm verlangt wurde. Das ärgerte mich gewaltig. Wir versuchten also, die Männer zu veranlassen, am Zahltag in der Kaserne zu bleiben, und ließen in den Mannschaftsklubs prominente Unterhaltungskünstler auftreten, statteten die Schwimmbäder mit Taucherausrüstungen aus und veranstalteten Partys bei den einzelnen Einheiten. Schon bald ging die Zahl der Anzeigen wegen Fahrens unter Einfluß von Alkohol zurück, und einige Geschäftsleute waren empört. Ein Barbesitzer behauptete sogar, wir setzten an den Zahltagen besondere

Felddienstübungen an, um die Soldaten daran zu hindern, diese Kneipen zu besuchen und sich zu betrinken.

Zu weiteren Komplikationen kam es, als ich mit der Firma »Burger King« vereinbarte, eine Filiale in Fort Stewart einzurichten. Eine solche Vereinbarung hatte es bisher noch in keiner Garnison der Armee gegeben. Vorher hatte ich an einer Konferenz der Direktoren des Army and Air Force Exchange Service (AAFES) teilgenommen, einer Organisation, die alle PX-Verkaufsstellen der Streitkräfte auf der ganzen Welt verwaltete. Bisher war es außerordentlich schwierig gewesen, die Soldaten zu veranlassen, ihre Hamburger an den PX-Snackbars zu kaufen. Obwohl diese Hamburger aus hervorragendem Rinderhackfleisch hergestellt wurden, zeigte eine Umfrage, daß die Männer den Hamburgern von »McDonald's« oder »Burger King« den Vorzug gaben. Als ich hörte, daß das AAFES mit der Firma »Burger King« verhandelte, machte ich den Vorschlag, in meiner Division testen zu lassen, wie ein solches Angebot von der Truppe angenommen werden würde. Es handelte sich um ein für beide Seiten sehr lukratives Geschäft. Wir stellten der Firma »Burger King« einen Verkaufsstand im PX zur Verfügung, und Fort Stewart teilte sich den Gewinn zu je fünfzig Prozent mit »Burger King«.

Der Verkauf begann im Januar 1985, und die Snackbar wurde den ganzen Tag von Soldaten belagert. Die Empörung in Hinesville war groß, und obwohl die Soldaten und ihre Familien die Schnellrestaurants in der Stadt immer noch gern besuchten, behaupteten die Inhaber, wir brächten sie um ihr Geschäft.

Die Handelskammer lud mich zu einem Frühstück ein. Eigentlich sollte ich ihnen unser Ausbildungsprogramm für das nächste Jahr erläutern, aber kaum war ich zum Podium gegangen, als der Inhaber des örtlichen »Baskin-Robbins«-Eisladens aufstand und sagte: »Ich weiß, Sie beabsichtigen, demnächst eine ›Baskin-Robbins‹-Filiale zu eröffnen. Damit nehmen Sie meinen Kindern das Brot aus dem Mund!« Auch andere Geschäftsleute standen auf und beschuldigten die Armee, den Handel zu behindern. Anschließend brachte die örtliche Presse ausführliche Berichte über diese Kontroverse, die mit solcher Heftigkeit geführt wurde, daß sie schließlich auch im Senat der Vereinigten Staaten zur Sprache kam, der einen Beschluß faßte, der es dem AAFES verbot, vor Abschluß genauerer Untersuchungen weitere Verkaufsstellen für die Erzeugnisse der Firma »Burger King« zu eröffnen. Für uns galt allerdings diese Bestimmung nicht, da diese Hamburger in Fort Stewart bereits verkauft wurden, und zu meiner großen Freude konnte ich unseren Anteil am Gewinn dazu verwenden, im Wohngebiet der Soldatenfamilien ein Schwimmbecken bauen zu lassen.

Im Frühsommer erinnerte ich mich an ein Gespräch, das ich kurz nach der Übernahme der Division in Fort Stewart mit Gene Anderson vom Forces Command geführt hatte. Gene, der selbst Divisionskommandeur gewesen war, hatte mich gefragt, wie es mir auf diesem Posten gefiel.

»Die Arbeit macht mir große Freude«, erwiderte ich.

»Nun, vergessen Sie eines nicht.«

»Was meinen Sie?«

»Die Zeit verrinnt wie im Fluge, und ehe Sie sich versehen, werden Sie ebenso wie ich wieder bei irgendeinem Stab sitzen. Genießen Sie es also, solange Sie es können.«

Die vierundzwanzig Monate, die dieses Kommando dauern sollte, waren fast vergangen, und mit jedem Tag spürte ich deutlicher, wie sehr ich es bedauerte, die Division wieder abgeben zu müssen. Ich hätte es auf keinen Fall getan, wenn ich nicht dazu gezwungen worden wäre.

Viele Generäle wurden nach Ablauf ihrer Dienstzeit als Divisionskommandeure in den Ruhestand versetzt, denn für jeden, der seine Hauptaufgabe darin sieht, Soldat in der Führung einer aktiven Truppe zu sein, ist dann die Versetzung an jede andere Stelle in der Armee eine Enttäuschung. Und darüber hinaus war es auch finanziell kein Gewinn, länger in der Armee zu bleiben. Ein Generalmajor, der wie ich neunundzwanzig Jahre aktiv gedient hatte, verdiente bereits so viel, wie es das Gesetz zuließ. Wir bezogen das gleiche Höchstgehalt von 68 000 Dollar jährlich wie die höchsten Zivilbeamten. Es kam also nicht darauf an, wie viele Generalssterne ich trug oder welche zusätzlichen Verantwortlichkeiten ich übernahm, ich würde deshalb keinen Cent mehr verdienen. Und wenn ich ausscheiden sollte, würde meine Jahrespension drei Viertel dieses Gehalts betragen. Deshalb würde ich, wenn ich im aktiven Dienst blieb, nur 18 000 Dollar jährlich mehr verdienen und dazu natürlich eine Dienstwohnung haben, für die ich nichts bezahlen müßte.

Obwohl mich der Nachfolger von Cavazos, General Bob Sennewald, als besten Divisionskommandeur unter seinem Kommando beurteilt hatte, durfte ich nicht damit rechnen, jetzt an einer meinen Erwartungen entsprechenden Stelle verwendet zu werden. Der neue

Chef des Generalstabes, General John Wickham, schätzte mich nicht besonders. Obwohl die Stellen von zwei Korpskommandeuren freigeworden waren, für die mich Cavazos empfohlen hatte, hatte er sich nicht für mich entschieden. Dennoch war ich der Armee dankbar dafür, daß sie mir die Gelegenheit gegeben hatte, eine Division zu befehligen, und ich beschloß, jede Stelle zu akzeptieren, die mir jetzt angeboten wurde, und mindestens so lange im aktiven Dienst zu bleiben, wie dieses Kommando dauerte.

Es war üblich, daß Divisionskommandeure auf einer in jedem Frühjahr in Washington abgehaltenen zweitägigen Kommandeurstagung erfahren, wo sie verwendet werden sollen, wenn sie ihre Division abgegeben haben. Dann bat der Chef des Stabes gewöhnlich jeden einzelnen zu einem persönlichen Gespräch und sagte: »Dies ist die Stelle, an der ich Sie künftig verwenden möchte.« Ich nahm im April 1986 an dieser Konferenz teil. Am ersten Abend lud uns General Wickham in seiner Dienstwohnung zum Abendessen ein. Wie erwartet bat er mich, als die Cocktails gereicht wurden, in sein Vorzimmer und sagte: »Norm, ich möchte Ihnen nur sagen, welches Ihre nächste Stelle sein wird.«

»Vielen Dank, Sir.«

»Ich werde Sie zum stellvertretenden Zweiten Stabschef der Personalabteilung ernennen.« Ich bin sicher, daß er mir meine Enttäuschung angesehen hat. Wickham hatte mich an die gleiche Stelle versetzt, die ich schon vor zwei Jahren unter Max Thurman innegehabt hatte.

Ich konnte nur sagen: »Ja, Sir. Sie wissen, daß ich diesen Job schon innehatte, bevor ich Divisionskommandeur wurde.«

»Ja, und ich möchte Ihnen das erklären. Meine Absicht ist es, Sie zum stellvertretenden Stabschef der Personalabteilung zu ernennen, aber gegenwärtig ist diese Stelle besetzt.« Das konnte mich nicht trösten, denn der Mann, der jetzt auf diesem Stuhl saß, hatte erst vor zwei Jahren begonnen, und der Posten würde daher frühestens nach einem Jahr frei werden. Am selben Abend erfuhr ich, daß Wickham drei andere Generalmajore zu Generalleutnanten befördert und sie an diesem Rang entsprechenden Stellen eingesetzt hatte. Ich kehrte mit dem Gefühl nach Fort Stewart zurück, einen Schlag in die Magengrube bekommen zu haben. Brenda sagte ich: »Es ist so, als hätte man mir eröffnet, ich müßte die dritte Klasse noch einmal wiederholen.« Aber wir packten pflichtschuldigst unsere Sachen, und an einem schwülen Freitagmorgen im Juni fand die Abschiedszeremonie statt, bei der ich das Kommando meiner geliebten 24. motorisierten Infanteriedivision meinem Nachfolger übergeben mußte.

Schon nach drei Tagen waren wir in Washington und versuchten, unsere Besitztümer in dem winzigen Haus unterzubringen, das uns in Fort Meyer, unmittelbar am Ufer des Potomac in der Nähe des Arlingtonfriedhofs zugewiesen worden war. Der Möbelwagen stand am Straßenrand, und auf dem Rasen vor dem Haus warteten Kisten und Kästen darauf, hineingetragen zu werden, als ein Militärpolizist vorfuhr und sagte: »Sie sollen sofort das Büro des stellvertretenden Stabschefs für Operationen und Pläne anrufen.«

Darauf wandte sich Brenda an einen der Packer, der mit einem großen Polstersessel aus dem Möbelwagen kam, und sagte: »Halt! Stellen Sie den Sessel hier auf den Bürgersteig, und rühren Sie nichts mehr an, bis wir wissen, was das bedeutet.« Dann ließ sie sich auf dem Sessel nieder.

Sie hatte recht; die erste Entscheidung über meine Verwendung war aufgehoben worden. Mein alter Freund Carl Vuono war kurz zuvor zum stellvertretenden Chef des Stabes für Operationen und Planungen der Armee ernannt worden. Das war ein sehr wichtiger und hochangesehener Posten. Nun hatte er mich als seinen Assistenten angefordert. Das war eine gute Nachricht. Das Unangenehme dabei war, daß dieser Posten bekanntlich immer mit sehr viel zeitraubender Arbeit verbunden war, auch wenn der Boß kein so fanatischer Arbeiter sein sollte, wie Vuono es war. Ich sagte Brenda, wenn wir Glück hätten, würden wir uns an den Wochenenden sehen können.

Vuono war verantwortlich für einen riesigen Stab, der alle Tätigkeiten der Armee in der ganzen Welt überwachte. Hier wurden militärische Vorschriften niedergelegt, Mobilmachungspläne entworfen, die Herstellung neuer Waffen und organisatorische Veränderungen vorbereitet. Vuono war aber auch der Erste Stellvertreter von General Wickham bei den Joint Chiefs of Staff, eine Aufgabe, die ihn so sehr in Anspruch nahm, daß er mich beauftragen mußte, viele seiner Verpflichtungen der Armee gegenüber zu übernehmen. Neben meiner eigentlichen Aufgabe, die darin bestand, die tägliche Arbeit der großen Operationsabteilung zu überwachen, mußte ich ihn häufig bei Besprechungen mit Beamten des Verteidigungsministeriums vertreten, vor dem Kongreß aussagen, routinemäßige Stabsbesprechungen abhalten, ausländische Generäle mit militärischen Ehren empfangen, an Konferenzen des Ausschusses für die Betreuung der Reservisten der Armee teilnehmen und sogar Vorträge in Fort Leavenworth, dem War College und anderen Lehranstalten der Streitkräfte halten.

Aber die bedeutendste Aufgabe, die er mir übertrug, bestand darin, für eine gerechte Verteilung des jährlichen Etats der Armee in Höhe von dreiundsiebzig Milliarden Dollar zu sorgen. Vuono wußte, welche Erfahrungen ich in dieser entscheidend wichtigen, aber äußerst mühsamen Arbeit hatte, und deshalb hielt er diese Arbeitsaufteilung für vernünftig. Die Zuweisung der Gelder begann in jedem Herbst, wenn die Direktoren der Programme der Armee – Forschung und Entwicklung, Logistik, Ausbildung, Nationalgarde und so weiter – zusammenkamen, um die Ausgabenplanung für die jeweils folgenden fünf Jahre zu überprüfen. Als junger Oberstleutnant hatte ich während meines ersten Kommandos beim Pentagon bei solchen Konferenzen hinter dem Konferenztisch an der Wand gesessen. Jetzt hatte ich nicht nur meinen Platz am großen Tisch, sondern gemeinsam mit dem Direktor des Armee-Etats und dem Direktor der Programmanalyse und -auswertung eine Schlüsselrolle inne.

Ich nahm auch an den Konferenzen teil, wo die wichtigen Entscheidungen über die Ausrüstung der Armee mit Waffen getroffen wurden. Inzwischen war man schon seit einiger Zeit dabei, das nach Vietnam entwickelte Programm zur Modernisierung der Armee zu verwirklichen. Alle unsere Verbände in Europa und viele in den Vereinigten Staaten verfügten bereits über ihre neuen Panzer vom Typ M-1, die Bradleys, die Apaches und die Black Hawks. Unsere besondere Aufmerksamkeit galt dem Einsatz modernster elektronischer Geräte auf dem Gefechtsfeld. Die neuesten Funkgeräte waren zum Beispiel mit Scramblern ausgerüstet, die es den Befehlshabern erlaubten, ihre geheimen Befehle nicht mehr zu verschlüsseln. Das neuentwickelte Raketensystem MLRS hatte unsere Feldartillerie revolutioniert, und die Entwicklung verbesserter Versionen stand kurz vor dem Abschluß. Auch dachten wir schon jetzt an die Möglichkeiten, die uns zum Beispiel der Einsatz neuester Radartechnik oder von Robotern auf dem Gefechtsfeld bieten würden.

Vuono und ich besaßen einen gänzlich voneinander abweichenden Arbeitsstil. Ich pflegte stets offen meine Meinung zu sagen und machte mir manchmal Feinde, wenn ich zu grob war. Er galt als ein Mann, der es verstand, ausgleichend zu wirken, und der bei bürokratischen Streitigkeiten die Oberhand gewann, weil er seine Gegner durch seine Freundlichkeit zum Nachgeben zwang. Doch wir ergänzten einander, und Vuono hatte mich angefordert, weil ich ein loyaler und zuverlässiger Mitarbeiter war. Ich fürchte jedoch, daß ich ihm im Lauf der Zeit auf die Nerven gefallen bin, weil ich ihm – unter vier Augen – sagte, wenn er sich nach meiner Ansicht geirrt hatte. Das erste Jahr bei seinem Stab war dann auch so anstrengend, wie ich es Brenda prophezeit hatte. Es gab keinen Urlaub, kein verlängertes Wochenende, um mit Christian zum Camping hinauszufahren oder mit Cindy und Jessica die Farm ihrer Großmutter im Shenandoahtal zu besuchen, und ich fand kaum die Zeit, mir die Theateraufführungen der Kinder in der Schule anzusehen.

Im Frühjahr, als die Leute im Armeestab anfingen, über die bevorstehenden personellen Veränderungen zu spekulieren, waren wir alle bereit, neue Aufgaben zu übernehmen. Eines der hartnäckigsten Gerüchte war, daß Vuono zum Oberbefehlshaber von TRADOC ernannt werden würde und ich seine Nachfolge antreten sollte. Aber ich hatte das Gefühl, lange genug im Pentagon gewesen zu sein, und nachdem meine Beziehungen zum Pentagon während der vergangenen Jahre rein sachlich und kühl geblieben waren, konnte ich mir nicht vorstellen, als Erster Stellvertreter mit General Wickham zusammenzuarbeiten. Nachdem Brenda und ich einige Male bis spät in die Nacht über meine militärische Zukunft gesprochen hatten, war ich zu dem Schluß gekommen, daß ich alles erreicht hatte, was ich mir für meine militärische Laufbahn gewünscht hatte, und beschloß daher, mich nach einem Zivilberuf umzusehen.

Aber bevor noch irgendwelche Entscheidungen getroffen werden konnten, bot mir Wickham ein Kommando an, von dem ich nicht geahnt hatte, daß ich dafür vorgesehen war. Ich sollte Kommandeur des I. Korps in Fort Lewis, Washington, werden. Wie erwartet wurde Vuono zum Viersternegeneral befördert und zum Kommandeur von TRADOC ernannt. Stellvertretender Stabschef der Abteilung für Operationen und Planungen wurde mein Freund Bob Riscassi, der vorher nur ein Jahr Kommandeur des Combined Arms Center in Fort Leavenworth gewesen war. Ich freute mich für beide und war überglücklich, daß ich nun wieder im aktiven Truppendienst eingesetzt werden sollte, und zwar in einem Teil unseres Landes, den ich besonders liebte. Dem I. Korps unterstanden drei Divisionen, die 7. Infanteriedivision in Fort Ord an der Bucht von Monterey in Kalifornien, die 9. Infanteriedivision in Fort Lewis und die 6. Infanteriedivision, eine Nachfolgerin meiner alten Brigade in Alaska, dem Staat, wo ich mich am wohlsten gefühlt hatte.

Die Ernennung zum Kommandeur eines Armeekorps bedeutete,

daß ich zum Dreisternegeneral befördert werden würde, und alle Drei- und Viersternegeneräle wurden vom Präsidenten persönlich befördert. Vorher mußte der Senat meine Beförderung bestätigen. Dann mußte ich mich dem Verteidigungsminister Caspar Weinberger als dem Vertreter von Präsident Reagan vorstellen. Nachdem wir etwa zehn Minuten miteinander gesprochen hatten, lächelte er und sagte: »Nun, ich finde, Sie sind für diese Stelle qualifiziert.« So beluden Brenda und ich Anfang Juni unsere Wagen und machten uns mit Christian auf den Weg in den Nordwesten. Cindy und Jessica blieben bis zum Ende des Schuljahres bei Freunden. Auf der Fahrt benutzten wir die nördliche Route und besuchten auf dem Wege Mount Rushmore und den Yellowstone-Nationalpark. Am Spätnachmittag des 8. Juni 1986 tauchte endlich der Mount Rainier wieder vor unseren Augen auf.

Ich stellte fest, daß das Korpskommando im Grunde das gleiche war wie das Divisionskommando, nur im größeren Maßstab. Mir unterstanden siebzigtausend aktive Soldaten und fast achtzigtausend Reservisten. Damit verfügte mein Armeekorps über das größte Reservistenkontingent. Außerdem war ich für alle Einrichtungen in Fort Lewis verantwortlich. Dazu gehörten das Madigan-Militärlazarett, die 1. Special Forces Group, das 2. Rangerbataillon, eine selbständige Hilfsbrigade, die 9. Division und der Korpsstab. Alles in allem bestand dieses Gemeinwesen aus fünfundsiebzigtausend Soldaten und ihren Familien, und ich verfügte über einen Etat von mehr als einhundertvierzig Millionen Dollar.

Sechs Monate nach Übernahme des Kommandos begann ich mit meinen Programmen für die Betreuung der Soldatenfamilien, richtete ein Zentrum für die Unterbringung von Gästen ein und schuf viele Einrichtungen, mit denen ich schon in Fort Stewart und in Mainz Erfolg gehabt hatte. Unser Kampfauftrag für den Kriegsfall war in erster Linie der Einsatz in Korea, und im Frühjahr 1987 reiste ich mit meinem Stab und einigen aktiven und Reserveeinheiten zum jährlichen Manöver mit dem Decknamen »Team Spirit« nach Seoul. An dieser Übung beteiligte sich auch das Combined Forces Command Korea. Der Befehlshaber dort war der Viersternegeneral Bill Livsey, mein alter Freund und Mentor.

Nachdem ich ein knappes Jahr in Fort Lewis gewesen war, wurde ich überraschend nach Washington versetzt, wo es im Pentagon zu neuen personellen Veränderungen gekommen war. Admiral William Crowe, der Vorsitzende der Joint Chiefs of Staff, hatte meinen Freund

Bob Riscassi als Direktor des Joint Staff angefordert. Damit wurde die Stelle des stellvertretenden Chefs des Generalstabs für Operationen und Planungen wieder frei, für die mich General Wickham nun angefordert hatte. Wickham stand kurz vor seinem Ausscheiden, und Carl Vuono sollte sein Nachfolger als Chef des Generalstabs der Armee werden.

Obwohl ich nur ungern ins Pentagon zurückkehrte, machte ich mir klar, daß ich als Chef der Operationsabteilung der Armee ein sehr angenehmes und einflußreiches Amt übernahm und jetzt mit Sicherheit damit rechnen konnte, zum Viersternegeneral befördert zu werden. Immerhin hatte ich bereits vier Kommandos in Washington hinter mir, und das war mehr, als jemand, der nicht gerade Politiker war, normalerweise vertragen konnte. Zudem war ich mit zweiundfünfzig Jahren jetzt dreißig Jahre Soldat und hatte das Alter erreicht, in dem die meisten Generäle den Abschied nehmen. Als ich in den Nordwesten versetzt wurde, hatte ich gehofft, dort Wurzeln schlagen zu können. Hätte die Armee mich die vorgesehenen drei Jahre beim I. Korps gelassen und mir dann gesagt, sie habe nichts mehr für mich zu tun, dann hätte ich mich sicher gern zur Ruhe gesetzt. Wahrscheinlich würde ich noch heute in Oregon oder im Staat Washington leben und jede Menge Lachse fangen.

15

Mitte August 1987 meldete ich mich pflichtgemäß im Pentagon. Vuono war erst kürzlich zum Generalstabschef der Armee ernannt worden. Wie ich aus der Zeit wußte, in der er als stellvertretender Generalstabschef für Operationen und Planungen mein Vorgesetzter gewesen war, übernahm ich jetzt den härtesten Job, den die Armee zu vergeben hatte. An einem normalen Arbeitstag war ich jeden Morgen um sechs Uhr dreißig in meinem Büro, und wenn ich Glück hatte, konnte ich vierzehn Stunden später Feierabend machen. Ich war verantwortlich für die Richtlinien und Vorschriften, nach denen das Leben in der ganzen Armee ablief, einer Organisation von der Größenordnung eines Unternehmens wie General Motors. Meine wichtigste Aufgabe bestand darin, Prioritäten zu setzen. Das heißt, ich mußte Vuono vorschlagen, wie der jährliche Etat der Armee – im Jahr 1987 waren es 75,3 Milliarden Dollar – ausgegeben werden sollte und welche Operationen und Anschaffungen nach meiner Ansicht den Vorrang hatten. Daraus erklärte sich auch, weshalb der stellvertretende Generalstabschef für Operationen der *Primus inter pares* im Generalstab der Armee war. Anders als die anderen Dreisternegeneräle, die als stellvertretende Generalstabschefs dienten und dem Vizegeneralstabschef unterstellt waren, arbeitete ich gewöhnlich unmittelbar mit Vuono zusammen und hatte jederzeit Zutritt zu seinem Büro.

Mir unterstanden die Chefs der fünf großen »Direktorate«. Das waren die Stäbe, von denen alle wesentlichen Funktionen der Armee geleitet wurden. Der Direktor für Planung und Strategie bearbeitete nicht nur langfristige Organisationsplanungen, sondern auch alle Tätigkeiten der Armee, an denen die anderen Teilstreitkräfte beteiligt waren, sowie Hunderte von Plänen, bei denen es sich um kriegerische Auseinandersetzungen oder andere die Armee berührende Ereignisse auf der ganzen Welt handelte. Der Direktor der Operationsabteilung leitete das Army Operation Center. Es bestand aus einem Karten- und Konferenzraum und einem Kommunikationssystem, mit dem die Aktivitäten der Armee weltweit überwacht wurden. Wenn die Armee zum Beispiel für einen kriegerischen Einsatz mobil gemacht, bei Naturkatastrophen oder inneren Unruhen eingesetzt wurde, war er der Mann, der die Einsatzbefehle formulierte. Der Direktor der Abteilung für technische Anforderungen gestaltete die Armee der Zukunft, entwarf die Waffen und Organisationen, die wir auf den Schlachtfeldern des 21. Jahrhunderts brauchen würden, und er mußte die Armee den ständig neuen Bedrohungen durch feindliche Streitkräfte und den Veränderungen anpassen, die sich aus den vom Kongreß beschlossenen Einschränkungen bei den für die Rüstung bewilligten Geldbeträgen und der Personalstärke ergaben. Das vierte Direktorat war zuständig für die Ausbildung der Armee, und das fünfte bestimmte die Einsatzmöglichkeiten für nukleare und chemische Waffen sowie für Weltraumwaffen.

Das war die eine Hälfte meiner Aufgabe. Außerdem war ich der sogenannte Leiter der Operationsabteilung bei den Joint Chiefs of Staff. In dieser Position mußte ich Vuono zu jeder Sitzung der Joint Chiefs begleiten sowie als Vertreter der Armee an den Sitzungen meiner Kollegen, der stellvertretenden Operationschefs der Flotte, der Luftwaffe und der Marineinfanterie teilnehmen. Vuono und die anderen Joint Chiefs trafen sich zweimal wöchentlich in einem schallisolierten Konferenzraum, dem sogenannten »Tank«. Er befand sich im Erdgeschoß des Pentagon unmittelbar hinter dem an der Flußseite gelegenen Eingang. Kein Uneingeweihter bekam Zugang zum »Tank«, und so hatte ich diesen Raum in den zehn Jahren, die ich schon General war, noch nie betreten. Als mich Vuono zum ersten Mal dorthin mitnahm, war ich ein wenig enttäuscht. Ich hatte mir ein irgendwie futuristisch eingerichtetes Besprechungszimmer mit elektronischen Lagekarten und Tabellen vorgestellt (wie es sie an anderer Stelle im Pentagon auch gab). Aber der »Tank« war nichts anderes als ein großer, eleganter, von einem großen Mahagonitisch beherrschter Konferenzraum. Ölgemälde schmückten die Wände – Schlachtengemälde und eine großartige Darstellung der Verleihung der Ritterwürde an Eisenhower in der Westminster Abbey. Bei jeder Sitzung saßen die einzelnen Chefs mit ihren Stellvertretern auf bestimmten Plätzen. Der Vorsitzende, der stellvertretende Vorsitzende und der Direktor des Joint Staff saßen nebeneinander. An zwei gegenüberliegenden Wänden standen weitere Stühle für Berichterstatter,

Stabsoffiziere, Stenographen und andere hochrangige Besprechungsteilnehmer. Bei den Sitzungen herrschte eine entspannte Atmosphäre, man folgte jedoch strengen protokollarischen Regeln. Bei den Zusammenkünften der Joint Chiefs durften nur sie unaufgefordert das Wort ergreifen. Ich saß schweigend neben Vuono, machte mir genaue Notizen über den Gesprächsverlauf, und wenn ich glaubte, ihn auf irgendeinen Punkt besonders aufmerksam machen zu müssen, notierte ich die Angelegenheit auf einem Zettel, den ich ihm reichte.

Das wichtigste Thema in jenem Sommer war der Nahe Osten. Im vergangenen Herbst hatte der Iran in dem nun schon acht Jahre dauernden blutigen Grenzkrieg gegen den Irak begonnen, Schiffe im Persischen Golf mit Marschflugkörpern zu beschießen. Die Reagan-Regierung hatte daraufhin angeboten, kuwaitische Supertanker unter amerikanischer Flagge von amerikanischen Seestreitkräften eskortieren zu lassen, um die Ölversorgung aufrechtzuerhalten. An diesen Operationen unter dem Decknamen »Earnest Will« nahmen schließlich vierundzwanzig größere Kriegsschiffe mit insgesamt sechzehntausend Mann teil. In der Woche, als ich nach Washington kam, lief der Supertanker »Bridgeton« auf eine Mine, die, wie wir vermuteten, der Iran dem Schiff in den Weg gelegt hatte. Völkerrechtlich war das ein kriegerischer Akt, zunächst konnten wir dem Iran die Schuld aber nicht nachweisen. Deshalb beschränkten sich die Vereinigten Staaten darauf, Aufklärungshubschrauber mit Nachtsichtgeräten einzusetzen, die schließlich feststellten, daß das iranische Schiff »Iran Air« Minen legte.

Daraufhin reagierten wir energischer auf die iranischen Angriffe. Während der fast achtzehn Monate, die ich im »Tank« arbeitete, antworteten wir zweimal mit Vergeltungsangriffen gegen den Iran. Nachdem ein Tanker unter amerikanischer Flagge im Hafen von Kuwait im Oktober von einem iranischen Marschflugkörper getroffen worden war, griffen wir zwei iranische Ölplattformen im Golf an. Um Verluste unter den Zivilarbeitern zu vermeiden, gaben wir ihnen die Chance, die Plattformen vorher zu räumen. Im April folgte unser zweiter und stärkerer Vergeltungsschlag mit dem Decknamen »Praying Mantis« (»Gottesanbeterin«), nachdem die amerikanische Fregatte »Samuel B. Roberts« auf eine iranische Mine gelaufen und fast gesunken war. Wir versenkten drei iranische Kriegsschiffe, und als der Iran einen Gegenschlag führen wollte, verlor die iranische Flotte in einer größeren Seeschlacht weitere Schiffe und Flugzeuge.

Die Aufgabe der Joint Chiefs in solchen Krisen war es, dem Präsidenten, dem Nationalen Sicherheitsrat und dem Verteidigungsminister verschiedene militärische Optionen vorzulegen und zu empfehlen. Bei den Beratungen über die uns zur Verfügung stehenden Möglichkeiten war ich verblüfft, festzustellen, wie wenige Alternativen uns im Persischen Golf offenstanden. Seit meiner Dienstzeit beim Pazifischen Kommando hatte sich kaum etwas verändert. Da die Vereinigten Staaten gegenüber den arabischen Ländern eine sehr distanzierte Haltung einnahmen, hatte unsere Luftwaffe immer noch keinen Zugang zu den Militärflughäfen in diesem Raum; die amerikanische Flotte behauptete, sie könne in den beengten Gewässern des Golfs nicht mit großen Kriegsschiffen und Flugzeugträgern operieren.

Auch über die Sowjetunion wurde bei den Beratungen der Joint Chiefs stundenlang gesprochen. Die Zeitungen berichteten ausführlich über »Glasnost« und »Perestroika«, und wir wurden von unseren Fachleuten ständig über die dramatischen Veränderungen in der Sowjetunion auf dem laufenden gehalten. Daneben wurden 1988 insgesamt nicht weniger als vier Gespräche über Rüstungsbeschränkungen geführt. Das waren die Gespräche über den »Vertrag zur Verringerung der strategischen Waffen« und über den »Vertrag zum Abbau der Mittelstreckenwaffen« sowie die Verhandlungen über die Rüstung im Weltraum und die Gespräche über die beiderseitig ausgewogene Reduzierung der konventionellen Waffen mit dem Ziel, die Stärke der einander in Europa gegenüberstehenden Armeen zu verringern.

Noch vor kurzer Zeit hätte niemand geglaubt, daß ein sowjetischer General eines Tages im »Tank« begrüßt werden würde, aber am 6. Juli 1988 betrat der höchstrangige sowjetische Offizier, Marschall Sergei Achromejew, bei einem Gegenbesuch, den er Admiral Crowe machte, zum zweiten Mal dieses Beratungszimmer.

Hier erlebte ich, wie die um den Tisch versammelten kalten Krieger zu der Überzeugung kamen, daß die Konfrontation mit der Sowjetunion zu Ende gehe, und ich überlegte mir, wie sich die Streitkräfte dieser neuen Realität anpassen würden. Seit meinem Eintritt in die Armee vor mehr als dreißig Jahren war es die Hauptaufgabe der amerikanischen Armee gewesen, die Vereinigten Staaten gegen den Kommunismus zu verteidigen. Da wir mit dieser Bedrohung nicht mehr zu rechnen hatten, würde der Verteidigungsetat wesentlich gekürzt werden, und das Pentagon stand nun vor der Herausforderung, eine vollkommen neue Verteidigungspolitik entwickeln zu müssen.

Nicht bei allen Sitzungen im »Tank« ging es um so entscheidende Fragen. Die Joint Chiefs waren dafür verantwortlich, die »militärische Angemessenheit« aller Abrüstungsvereinbarungen zu garantieren. Sie mußten dem Kongreß sagen können: »Dieser Vertrag enthält die notwendigen Sicherheitsgarantien und bewahrt die Fähigkeit der Streitkräfte, die Vereinigten Staaten wirksam zu verteidigen.« Auf unseren Sitzungen wurden die Verhandlungspositionen der Vereinigten Staaten in allen Einzelheiten erörtert und beurteilt. Wenn diese Gespräche anfingen, mich zu langweilen, fielen meine Blicke auf zwei Gemälde an der Wand hinter Admiral Crowe, die Szenen aus dem Krieg in Vietnam darstellten. Das eine zeigte die Marineartillerie bei Khe Sanh, und auf dem anderen sah man einen amerikanischen Stoßtrupp, der sich den Weg durch den sumpfigen Dschungel bahnte. Während der ganzen Zeit, die ich im Pentagon arbeitete, sehnte ich mich nach einem neuen aktiven Truppenkommando.

Vuonos Büro lag im zweiten Stock des äußeren Rings, des sogenannten »E«-Rings des Pentagon, wo die höchsten Zivilbeamten und auch die hochrangigen Militärs ihre Arbeitsräume hatten. Wenn man aus dem Fenster blickte, sah man den Potomac und dahinter das Kapitol. Die wichtigsten Sitzungen hielt Vuono oft am Spätnachmittag ab, nachdem er die Routineaufgaben erledigt hatte. Wenn alle anderen gegangen waren, blieb ich anschließend gewöhnlich noch bei ihm, und er fragte mich nach meiner Meinung über die besprochenen Themen. Wir beide redeten gerne, und diese Gespräche erstreckten sich dann oft bis spät in die Nacht.

An einem solchen Abend Ende Juni 1988, ich war seit fast einem Jahr wieder im Pentagon, teilte mir Vuono mit, daß im Central Command die Stelle eines Viersternegenerals freiwerden würde, der die Verantwortung für alle amerikanischen militärischen Operationen in Südwestasien, in Teilen des Nahen Ostens und am Horn von Afrika übernehmen sollte. Er sagte: »Ich muß eine geeignete Persönlichkeit vorschlagen. Sind Sie daran interessiert?« Nach den geltenden Regeln konnten alle Teilstreitkräfte Kandidaten für den Posten eines Oberbefehlshabers vorschlagen. Die endgültige Entscheidung lag beim Verteidigungsminister und beim Präsidenten. Aber das Central Command war bisher abwechselnd von der Armee und von der Marineinfanterie besetzt worden, und da der gegenwärtige Befehlshaber, General George Crist, von der Marineinfanterie kam, würde man sich diesmal höchstwahrscheinlich für den von Vuono vorgeschlagenen Mann entscheiden.

Dann sagte er: »Im übrigen werden im nächsten Sommer auch noch zwei andere Stellen frei. Welche wäre Ihnen lieber?« Ich wußte, welche Stellen er meinte. Die eine war das Forces Command, dem alle Kampfverbände der Armee in den Vereinigten Staaten unterstanden. Das zweite war das Combined Forces Command Korea. Ihm unterstanden im Kriegsfall alle amerikanischen Verbände in Korea, das von den Vereinten Nationen zur Friedenserhaltung dorthin abgestellte Kontingent und alle südkoreanischen Truppen. Ich bat um eine Bedenkzeit von vierundzwanzig Stunden.

In Wirklichkeit wußte ich sofort, wofür ich mich entscheiden würde, denn ich hatte schon mein ganzes Leben an das Central Command gedacht. Der Nahe Osten hatte mich von jeher fasziniert und gelockt. Ein wesentlicher Teil des Familienlebens der Schwarzkopfs war mit jenem Teil der Welt verbunden. Außerdem war ich überzeugt, daß dieses Gebiet künftig an strategischer Bedeutung gewinnen würde. Schließlich waren wir erst kürzlich an kriegerischen Auseinandersetzungen zum Schutz der Ölversorgung aus dem Nahen Osten beteiligt gewesen.

Ich wußte zudem, daß Vuono die Optionen nicht in der gleichen Reihenfolge sah wie ich. Auch wenn fast jeder General gern die Gelegenheit ergreifen würde, ein Viersternekommando zu übernehmen, war das Central Command durchaus nicht das begehrteste. Es waren zu viele sogenannte militärpolitische Verantwortlichkeiten damit verbunden. Für den Kriegsfall waren allerdings beeindruckend starke Kräfte für das Central Command vorgesehen, zu dem jetzt die Neunte Luftflotte, die 1. Marine Expeditionary Force und die Dritte Armee in Fort McPherson, Georgia, gehörten. (Das war das neugeschaffene Stabsquartier für das XVIII. Luftlandekorps und für andere Truppenteile des Central Command.) Aber in Friedenszeiten war das Central Command nur für die Kampfverbände zuständig, die ihm gegenwärtig in diesem Bereich zur Verfügung standen, und das war der im Golf operierende Flottenverband, mit dessen Verringerung gerechnet werden mußte, sobald der Krieg zwischen Iran und Irak beendet war. Dem Oberbefehlshaber unterstand zudem ein Stab aus fast eintausend Mann, dessen Angehörige in vielen Fällen ständig zwischen dem neuen dreistöckigen Hauptquartier auf dem Luftwaffenstützpunkt MacDill in Tampa, Florida, und dem mehr als elftausend Kilometer entfernt gelegenen Einsatzgebiet hin- und herreisten.

Dort dienten weitere dreihundert Stabsangehörige in zehn Ländern als Sicherheitsoffiziere und Verbindungsoffiziere. (Die Aufgaben der Sicherheitsoffiziere umfaßten Militärhilfe, militärischen Austausch und Ausbildungsprogramme sowie die Überwachung und technische Unterstützung von Waffenlieferungen.) Eine meiner wichtigsten Aufgaben in Friedenszeiten würde die eines militärischen Ombudsmanns in jenem Teil der Welt sein. Als solcher würde ich die Tätigkeit der Berater überwachen, einen jährlichen Militäretat von 1,6 Milliarden Dollar verwalten und die Beziehungen zu den dortigen Regierungen und Generälen festigen müssen. Den meisten Offizieren gefiel der diplomatische Aspekt dieses Aufgabenkreises durchaus nicht, aber ich hatte stets jede Gelegenheit begrüßt, die Bevölkerung anderer Länder kennenzulernen, sei es nun im Iran, in Deutschland oder in Vietnam.

In den beiden anderen von Vuono erwähnten Kommandostellen hätte ich natürlich den Befehl über größere Truppenverbände übernehmen müssen. Das Forces Command hätte mir sicher viel Vergnügen bereitet. Ich hätte die ganzen Vereinigten Staaten bereisen, die einzelnen Garnisonen besuchen und an den Wochenenden die Einheiten der Reserve und der Nationalgarde inspizieren müssen. Dabei hätte ich sicher überall viel freundliche Anerkennung gefunden. Aber der Dienst in diesem Kommando war in jeder Richtung festgelegt, und für mich bedeutete seine Übernahme keine besondere Herausforderung. Außerdem fragte ich mich, ob mir dieser Posten 1989, wenn sein gegenwärtiger Inhaber in den Ruhestand ging, wirklich offenstehen würde. Die Reagan-Regierung würde abgetreten sein, und der Nationale Sicherheitsberater des Präsidenten, General Colin Powell, würde zur Armee zurückkehren und für eine neue Aufgabe zur Verfügung stehen. Er wäre dann der geeignete Mann für das Forces Command, wenn auch nur bis zum Rücktritt von Admiral Crowe und zur Ernennung des nächsten Vorsitzenden der Joint Chiefs, eines Postens, den, wie die meisten glaubten, Powell wegen seiner zahlreichen politischen Beziehungen übernehmen werde.

So blieb noch das Combined Forces Command Korea, wo ich jedoch, wie ich glaubte, auf größte Schwierigkeiten stoßen würde. Theoretisch unterstanden die südkoreanischen Streitkräfte im Fall einer neuen Invasion dem amerikanischen Oberbefehlshaber, doch die Vereinigten Staaten hatten in Korea weniger als eine Division stationiert. Ich hatte schon mehrfach an militärischen Übungen in Korea teilgenommen, und obwohl mich die koreanischen Generäle jedesmal besonders zuvorkommend behandelt hatten, meinte ich stets zu spüren, daß sie in dieser Haltung nicht ganz aufrichtig waren. Deshalb glaubte ich, ich würde mich dort nicht besonders wohl fühlen.

Am folgenden Tag sagte ich Vuono: »Am liebsten würde ich das Central Command übernehmen.«

Er sah mich überrascht an. »Würden Sie mir sagen, warum?«

Ich erklärte, mir läge zwar viel an einem Truppenkommando, aber die wirkliche Herausforderung böte nach meiner Ansicht das Kommando im Nahen Osten. Es handele sich hier um eine komplexe Region, die für uns eine so große Bedeutung habe, daß wir uns dort bereits im Krieg befänden. Zudem sei es dort so unruhig, daß niemand sagen könne, wie sich die Lage in nächster Zeit entwickeln würde. Hier könne und müsse viel geschehen, um die schon vorhandenen amerikanischen Beziehungen zu festigen. Nachdem ich ihm auch noch meine Gedanken zu den anderen beiden Kommandos mitgeteilt hatte, erklärte ich, daß das Central Command für mich das interessanteste sei. Zum Schluß betonte ich mit Nachdruck: »Von den drei Kommandos ist das Central Command dasjenige, wo man Geschichte machen kann.«

Vuono war skeptisch – ich konnte schon fast hören, wie er dachte: »Typisch Schwarzkopf«, aber er versprach, mich dem Vorsitzenden der Joint Chiefs vorzuschlagen.

Leider ging meiner Ernennung ein häßlicher Streit voraus. Ganz überraschend benannte die Flotte einen eigenen Kandidaten, den Admiral und stellvertretenden Operationschef Hank Mustin. Als die Joint Chiefs über die Ernennung abstimmten, votierten Armee und Luftwaffe für mich, die Flotte und die Marineinfanterie für Mustin. Die Entscheidung lag nun zunächst beim Verteidigungsministerium, dem Admiral Crowe *beide* Namen vorlegte, und zwar mit einer persönlichen Empfehlung für den Admiral.

Dieses Tauziehen war genau das, was ich am Leben in Washington verabscheute. Die Flotte hatte sich *nie* für den Nahen Osten interessiert, sondern immer behauptet, die in Hawaii stationierte Pazifische Flotte könne die Interessen Amerikas dort ausreichend schützen, und ich war überzeugt, wenn sie es könnte, würde sie das Central Command auflösen. Fast ebenso unangenehm war der Umstand, daß irgend jemand die Empfehlung von Crowe an die »Washington Post« weitergegeben hatte, die daraufhin berichtete, Admiral Mustin habe das Central Command übernommen. So wurde ich immer wieder von irgendwelchen Leuten im Pentagon angesprochen, die mir lachend sagten: »Da haben Sie Pech gehabt, daß die Flotte Ihnen ein Bein gestellt hat. Aber machen Sie sich keine Sorgen, früher oder später werden Sie schon den vierten Stern bekommen.«

Die Unsicherheit dauerte noch zwei ganze Wochen, bis der Verteidigungsminister Frank Carlucci mit uns beiden gesprochen und seine Entscheidung getroffen hatte, die sofort vom Präsidenten bestätigt wurde. Ich habe nie erfahren, weshalb er sich für mich entschieden hat, aber wahrscheinlich hat die verfrühte Meldung in der »Washington Post« dazu beigetragen, daß die Flotte sich nicht durchsetzen konnte.

Meine Ernennung wurde Ende Juli 1988 bekanntgegeben, und so meldete ich mich im Herbst zu einem Intensivkurs über den Nahen Osten im Foreign Service Institute in Arlington, Virginia, an, wohin das Außenministerium seine Diplomaten vor ihrer Versetzung ins Ausland schickt. Wenn ich den Leuten im Pentagon erzählte, wie ich mich auf die Übernahme des Central Command vorbereitete, sahen sie mich verwundert an und fragten: »Warum?« Für sie bestand der Nahe Osten nur aus Wasserstraßen, strategischen Stützpunkten und farbigen Punkten auf der Landkarte. Der Lehrgang am Foreign Service Institute wurde von Peter Bechtold abgehalten, einem in Deutschland geborenen Experten für den Sudan. Hier saß ich zwei Wochen im Oktober täglich acht Stunden in der ersten Reihe und machte mir ausführliche Notizen über Kultur, Sitten und Gebräuche, Erdölprobleme, Wasserversorgung und religiöse Konflikte in diesen Ländern. Wenn ich abends nach Fort Meyr zurückkam, war ich begeistert von dem, was ich erfahren hatte.

Am 18. November half Brenda General Vuono, mir die vier Generalssterne an den Kragen zu heften, die den höchsten Rang in der amerikanischen Armee bezeichneten. Jessica, die inzwischen zu einem blühenden sechzehnjährigen jungen Mädchen herangewachsen war, und Christian, ein aufgeweckter Elfjähriger, nahmen in der Hall of Heroes im Pentagon an der Zeremonie teil. An den Wänden hingen die Porträts der Männer, die mit der »Congressional Medal of Honor« ausgezeichnet worden waren. Cindy hatte nicht kommen können. Sie hatte gerade ihr Studium am College von Auburn begonnen. Aber meine Schwester Sally war ebenso wie viele meiner ehemaligen Klassenkameraden und guten Freunde wie General Tom Weinstein und General Bob Riscassi meiner Einladung gefolgt. Ich hätte mir gewünscht, daß auch meine Eltern diesen Augenblick noch hätten erleben dürfen, und auch Ruth Ann hätte, wenn es nach mir gegangen wäre, dabeisein sollen.

Ich übernahm das Central Command am 23. November in meinem neuen Hauptquartier in Tampa. Eine Zeremonie fand allerdings nicht statt, denn in der Nacht zuvor war ein tropischer Wirbelsturm über die MacDill Air Force Base hinweggefegt. Überall sah man entwurzelte Palmen am Boden liegen. Cindy, die von Auburn mit dem Auto durch die Regenmassen gefahren war, meinte scherzhaft: »Ich hoffe, das ist kein Zeichen für das, was kommen wird.«

Es waren noch keine zwei Wochen vergangen, als ich auf dem Balkon meines Hotelzimmers in Kairo stand, auf den Nil hinausblickte und der Ruf zum abendlichen Gebet zu mir herüberschallte. Seit 1947 war ich zum ersten Mal wieder im Nahen Osten, und viele alte Erinnerungen wurden lebendig. Im Mondlicht erkannte ich die Umrisse der Kuppeln und Minarette, deren Formen mir noch aus meiner Kindheit vertraut waren. Damals waren die Muezzins täglich fünfmal die Minarette hinaufgestiegen, um die Gläubigen zum Gebet zu rufen, doch jetzt konnten sie sich diese Mühe ersparen, denn ihre Gotteshäuser waren alle mit Lautsprechern ausgestattet. Ich roch den fauligen Gestank des Nilwassers und den Geruch der Esel und Ochsen, die ihre Karren durch die Straßen zogen. Der Duft türkischen Tabaks, frisch aufgebrühten Kaffees und Tees lag in der Luft. Überall in den Straßen Kairos wurden diese Getränke aus riesigen Behältern an die Passanten verkauft. Und hinter der ganzen Vielzahl dieser Düfte und Gerüche nahm man eine charakteristische Muffigkeit wahr – den Geruch hohen Alters. Ich war also zurückgekehrt. Als vierzehnjähriger Schuljunge in der Schweiz hatte ich mir das Versprechen gegeben, eines Tages hierher zurückzukommen, und nun nach vierzig Jahren hatte ich mein Versprechen eingelöst.

Ich hatte mich noch nicht an die besonderen Begleitumstände des Lebens eines Oberbefehlshabers gewöhnt. In meinem Hotel waren sechs ausgesuchte amerikanische Leibwächter und zwanzig ägyptische Sicherheitsbeamte untergebracht worden, die mir rund um die Uhr zur Verfügung standen. In einem Zimmer neben meinem Appartement saß ein Funker, der vierundzwanzig Stunden lang über Satellit die Verbindung zu meinem Stabsquartier in Tampa aufrechterhielt, und auf dem Flughafen von Kairo stand das mir von der Luftwaffe zur Verfügung gestellte Düsenflugzeug, eine fensterlose militärische Version der Boeing 707, eingerichtet als fliegender Gefechtsstand. Mit dieser Maschine waren mein Stab und ich nach einem siebzehn Stunden dauernden Nonstopflug von Florida nach Kairo gekommen. Die Maschine war während des Fluges in der Luft aufgetankt worden. Vom Flughafen war ich in einer gepanzerten Limousine abgeholt und von einer lauten Polizei- und Militäreskorte bis zu meinem Hotel begleitet worden. Ich hatte vergessen, daß es im Nahen Osten üblich ist, hochgestellte Persönlichkeiten, mit halsbrecherischer Geschwindigkeit durch die Straßen fahrend, zu eskortieren. In der Stadt gerieten wir sofort in einen Verkehrsstau. Mit heulenden Sirenen und lautem Geschrei versuchten die ägyptischen Sicherheitsbeamten, uns Platz zu machen, aber die Fahrer in den anderen Fahrzeugen drehten sich nur nach uns um und sahen uns verständnislos an, ohne sich vom Fleck zu bewegen. Der Grund für den Verkehrsstau war ein Eselskarren.

Ich mußte daran denken, wie das Verteidigungsministerium seinerzeit die Grenzen meines neuen Verantwortungsbereichs festgelegt hatte. 1982 hatten der Kongreß und die Reagan-Regierung den Joint Chiefs befohlen, das Central Command einzurichten und die Verantwortung für die Region zwischen dem European Command in Stuttgart und dem Pacific Command in Hawaii aufzuteilen. Obwohl keines dieser Kommandos sich bis dahin viel um den Nahen Osten gekümmert hatte, was ich auch während meiner Dienstzeit auf Hawaii beobachten konnte, protestierten die Befehlshaber energisch dagegen, daß sich ihre schlimmsten Befürchtungen bewahrheiteten und manche ihrer Verantwortungsbereiche nun dem Central Command zugeordnet wurden.

Das erklärt, weshalb Syrien, der Libanon, Libyen, Tunesien, Algerien und Marokko nicht in den Bereich des Central Command fielen, obwohl die Araber diese Länder als der arabischen Welt zugehörig ansahen. Das European Command hatte eingewandt, da die Sechste Flotte im Mittelmeer stationiert sei, solle sie auch die Verantwortung für die Länder mit Häfen an den Küsten des Mittelmeers übernehmen. Das European Command behielt zudem auch Israel in seinem Verantwortungsbereich, was nach meiner Ansicht hilfreich war, denn ich hätte Schwierigkeiten gehabt, den Arabern die geopolitischen Grundlagen zu verdeutlichen, nach denen der Verantwortungsbereich des Central Command abgesteckt worden war, wenn ich im Verlauf meiner Antrittsbesuche auch Tel Aviv hätte aufsuchen müssen. Der geographische Mittelpunkt meines Bereichs waren die arabische Halbinsel und die sie umgebenden Gewässer. Das waren der Persische Golf, der Golf von Aden und das Rote Meer. Aber insgesamt umfaßte der Bereich ein sehr viel größeres Territorium und reichte von Ägypten bis zum Sudan und dem Horn von Afrika und sechstausendvierhundert Kilometer nach Norden bis Afghanistan und Pakistan.

Ich hatte die Absicht, sobald es sich einrichten ließ, möglichst viele dieser Länder zu besuchen. Damals hatten unsere Streitkräfte keine Beziehungen zum Iran, Irak, zu Afghanistan, Äthiopien oder zu der Volksrepublik Jemen. Auf meiner ersten Reise wollte ich Saudi-Arabien, Ägypten und Pakistan besuchen, denn die Saudis waren die wichtigste stabilisierende Kraft in der Golfregion, und die Ägypter und Pakistanis erhielten (nach Israel) die umfangreichste amerikanische Militärhilfe. In Kairo und in der pakistanischen Hauptstadt Islamabad wurde ich sehr freundlich aufgenommen. Ich wurde von Generalleutnant Safy Abu Shanaf, dem ägyptischen Generalstabschef, und Achmad Abdul Rahman, dem Chef seines Militärischen Nachrichtendienstes, zum Essen eingeladen, und wir führten stundenlange Gespräche. Mein Gastgeber in Pakistan war Admiral Iftikhar Ahmed Sirohey, der Vorsitzende der pakistanischen Joint Chiefs of Staff. Über die politische Lage unterrichtete mich General Mirza Aslam Beg, der starke Mann, der nach der Ermordung von General Mohammad Zia ul-Haq im August den Oberbefehl über die Armee übernommen hatte. Anschließend führte ich lange Besprechungen mit dem pakistanischen Präsidenten Ghulam Ishaq Khan und der Premierministerin Benazir Bhutto.

In Riad wurde ich wesentlich kühler empfangen. Jahrelang hatte der Kongreß die Waffenverkäufe an die Saudis streng begrenzt mit der Begründung, daß alle an Araber und sogar an gemäßigte Araber verkaufte Waffen schließlich gegen Israel verwendet werden würden. So überraschte es nicht, daß die Saudis, obwohl sie amerikanischem Kriegsmaterial den Vorzug gaben, ihre Waffengeschäfte mit anderen Ländern abschlossen und ihre Streitkräfte zum Beispiel mit britischen Jagdflugzeugen, französischen Radargeräten zur Fliegerabwehr, brasilianischen Geschützen und chinesischen Fernlenkwaffen ausgestattet hatten. Soweit sie die militärische Unterstützung durch die Vereinigten Staaten brauchten, war diese in Washington direkt durch ihren geschickten Botschafter, Prinz Bandar Ibn Sultan, ausgehandelt worden. Als besonders beleidigend hatten es die Saudis empfunden, daß das Central Command bei Beginn des »Tankerkrieges« im Oktober 1987 einen Zweisternegeneral *unaufgefordert* nach Riad geschickt hatte, um das Kommando über eine Luftwaffeneinheit zu übernehmen, die aus saudischen und amerikanischen Flugzeugen bestand. Als General Mohammed el-Hamad, der saudische Generalstabschef, das erfuhr, ließ er den amerikanischen General mit Recht des Landes verweisen.

Als ich daher nach Riad kam, wurde mir mitgeteilt, daß der saudische Minister für Verteidigung und Luftfahrt, Prinz Sultan Ibn Abd el-Asis nicht zu sprechen sei. Ich verabredete ein kurzes, offizielles Treffen mit General Hamad und den Befehlshabern der Teilstreitkräfte. Hamad, der sich zunächst sehr distanziert gab, wurde freundlicher, als ich ihm sagte, ich hoffte, die Beziehungen zwischen unseren Ländern würden sich zu beiderseitigem Nutzen verbessern. Schließlich gewährte mir Prinz Abd el-Rahman Ibn Abd el-Asis, der stellvertretende Minister für Verteidigung und Luftfahrt, eine zwanzigminütige Audienz. Der Prinz war einer der siebenundvierzig Söhne des Königs Abd el-Asis III., des großen Beduinenfürsten, der Saudi-Arabien in den 1930er Jahren vereinigt hatte, und einer der sechs Brüder des Königs Fahd (die anderen vierzig waren Halbbrüder). Der Prinz war ein interessanter Mann und etwa so alt wie ich. Er war hochgewachsen, kräftig und sprach fließend englisch. Er gab mir das richtige Stichwort, als er mich höflich fragte: »Sind Sie zum ersten Mal in Saudi-Arabien?«

Als ich ihm sagte, daß ich schon früher in seinem Land gewesen sei, war er überrascht, besonders aber, als er erfuhr, daß mein erster Besuch in Saudi-Arabien 1947 stattgefunden hatte. Dann erklärte ich, daß mein Vater im Iran stationiert gewesen war und wir auf der Reise nach Europa in der Stadt Dharan Station gemacht hatten. Zum Schluß sagte ich: »Ich freue mich besonders, Sie bei dieser Gelegenheit kennengelernt zu haben, denn nun wiederholt sich die Geschichte.«

»Wie meinen Sie das?« fragte der Prinz.

Ich erinnerte ihn an die herzlichen Beziehungen zwischen den Amerikanern und den Saudis nach dem Zweiten Weltkrieg, in dessen Verlauf Präsident Roosevelt Freundschaft mit König Abd el-Asis III. geschlossen hatte. »Aus diesem Grund kam mein Vater 1946 hierher nach Riad, und Ihr Vater gewährte ihm eine Audienz. So lernte er König Abd el-Asis kennen, und heute darf ich Sie kennenlernen. Für mich ist das eine Erneuerung der Beziehungen meiner Familie zu der Ihrigen.« Diese Worte waren aufrichtig gemeint, aber es schien den Prinzen zu amüsieren, einen amerikanischen General über seine

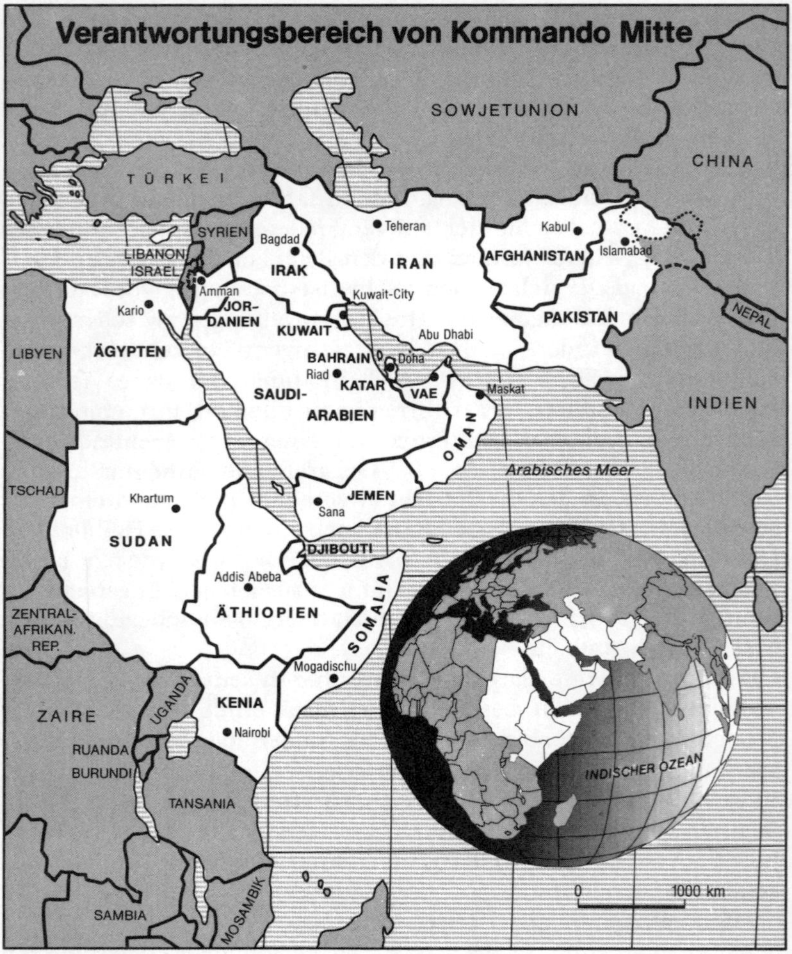
Verantwortungsbereich von Kommando Mitte
SOWJETUNION
CHINA
TÜRKEI
SYRIEN
LIBANON
ISRAEL
Bagdad
IRAK
Teheran
IRAN
Kabul
AFGHANISTAN
Islamabad
Amman
JOR-DANIEN
Kuwait-City
KUWAIT
Kario
ÄGYPTEN
LIBYEN
PAKISTAN
NEPAL
Abu Dhabi
BAHRAIN
Doha
Riad
KATAR
VAE
Maskat
SAUDI-ARABIEN
OMAN
INDIEN
Arabisches Meer
TSCHAD
Khartum
SUDAN
JEMEN
Sana
DJIBOUTI
Addis Abeba
ÄTHIOPIEN
SOMALIA
ZENTRAL-AFRIKAN. REP.
Mogadischu
ZAIRE
UGANDA
KENIA
Nairobi
RUANDA
BURUNDI
TANSANIA
INDISCHER OZEAN
SAMBIA
MOSAMBIK
0
1000 km

Liebe zu Arabien sprechen zu hören. Er verabschiedete mich mit dem leichten Vorwurf, daß die Amerikaner zu wenig über sein Land wüßten: »Wenn die Amerikaner nach Saudi-Arabien kommen, dann nehmen sie sich nie die Zeit, es kennenzulernen. Wenn Sie uns das nächste Mal besuchen, werde ich Ihnen einen Hubschrauber zur Verfügung stellen, damit Sie unser Königreich kennenlernen können.« Ich sagte, darüber würde ich mich außerordentlich freuen.

Ich ging mit besonderem Vergnügen auf die Art ein, mit der die Araber ihre Gespräche führten. Auf dem Lehrgang am Foreign Service Institute hatte Peter Bechtold gesagt: »In der arabischen Welt verschafft Ihnen Ihre Position den Zugang, aber Ihre persönlichen Beziehungen sind entscheidend dafür, daß Sie von den Arabern anerkannt werden.« Diese Art, die persönlichen Beziehungen zu pflegen, war in den Beduinenzelten in der Wüste entstanden, wo man sich nach Abschluß der geschäftlichen Gespräche nächtelang damit unterhielt, sich Geschichten zu erzählen. Wenn ein arabischer Gastgeber fragt: »Haben Sie einen guten Flug gehabt?« dann ist es höchst ungehobelt zu antworten: »Ja, danke.« Der höfliche Gast sagt etwa: »Die Flugreise dauerte siebzehn Stunden, und während dieser Zeit war es nicht leicht, die Nacht vom Tage zu unterscheiden, und ich fühlte mich sehr unwohl. Aber jetzt geht es mir besser, denn ich bin hier in Ihrer schönen Hauptstadt gelandet, und auf der Fahrt vom Flughafen hierher konnte ich den Anblick Ihrer Stadt genießen und ihre Geräusche hören, und ich habe das Gefühl, nach Hause gekommen zu sein.« Diese Art der Diplomatie bereitete mir großes Vergnügen.

Im Frühjahr 1989 unternahm ich drei Reisen in den Nahen Osten, und vieles, was ich dort erfuhr, überraschte mich. Im vergangenen Juli, als Verteidigungsminister Carlucci mit mir über die Möglichkeit gesprochen hatte, das Central Command zu übernehmen, hatte ich ihm gesagt, meiner Meinung nach sollten wir uns intensiver mit der militärischen Stärke des Irak beschäftigen. Wir sollten feststellen, wie sich der Sieg des Irak im Krieg gegen den Iran auf das Gleichgewicht der Kräfte am Persischen Golf ausgewirkt habe. Nach dem auf Veranlassung der Vereinten Nationen geschlossenen Waffenstillstand im August verfügte der Irak über eine Armee mit einer Million Soldaten, aber seine Wirtschaft war zu schwach, um alle diese Männer wieder ins Zivilleben einzugliedern. »Ich habe auch schon daran gedacht«, hatte Carlucci damals gesagt.

Doch auf meinen Reisen durch die Länder am Golf war ich überrascht, festzustellen, daß die meisten von ihnen – Saudi-Arabien, Jordanien, die Vereinigten Arabischen Emirate, Bahrain und Katar – mißtrauisch gegenüber dem Iran und nicht gegenüber dem Irak waren. Überall glaubte man, dieser Waffenstillstand sei nur eine kurze Atempause, und sobald sich der Iran wieder bewaffnet habe, werde er von neuem den Krieg gegen den Irak beginnen und seine anderen arabischen Nachbarn bedrohen. Als ich im Januar 1989 Jordanien besuchte, sagte mir König Hussein: »Machen Sie sich um den Irak keine Sorgen. Der Irak ist kriegsmüde und hat nicht die Absicht, seine arabischen Brüder anzugreifen.« Er erinnerte mich daran, daß Jordanien, Ägypten, der Jemen und der Irak gerade den Arabischen Kooperationsrat gebildet hätten und versicherte mir, daß Jordanien und Ägypten auf den Irak einwirken würden, sich militärisch zu mäßigen.

Zweitens überraschte es mich, daß viele arabische Führungspersönlichkeiten mit unserem militärischen Engagement im Golf rechneten und es begrüßten. Die Beteiligung Amerikas am »Tankerkrieg« hatte sie zutiefst beeindruckt. Der Chef des Generalstabs in Kuwait, Generalmajor Misjad el-Sanii, meinte dazu: »Wir haben nie geglaubt, daß ihr Amerikaner kommen würdet, aber ihr seid gekommen. Als ihr kamt, glaubten wir, ihr würdet wieder gehen, wenn ihr die ersten Verluste erlitten hättet, aber ihr seid geblieben und habt uns verteidigt. Jetzt glauben wir, daß die Vereinigten Staaten Freunde der arabischen Welt sind.«

Bis dahin hatte sich nur das kleine Emirat Bahrain für eine militärische Präsenz der Vereinigten Staaten in der Golfregion ausgesprochen. Seit der Regierungszeit des Präsidenten Truman befand sich dort das Stabsquartier der Nahostflotte der Vereinigten Staaten. Trotz der Kritik anderer Nationen am Golf hatte der Emir von Bahrain seine Haltung gegenüber den Vereinigten Staaten nicht geändert und war zweifellos der zuverlässigste Freund Amerikas im Nahen Osten. Einige seiner Nachbarn erkannten jetzt, daß der »Tankerkrieg« wahrscheinlich ganz anders ausgegangen wäre, wenn Bahrain der amerikanischen Flotte den Zugang zu seinen Häfen verwehrt hätte.

Als ich das Central Command übernahm, hatte mir Admiral Crowe befohlen, die Stärke der amerikanischen Kräfte in der Golfregion auf den Stand vor dem »Tankerkrieg« zurückzuschrauben. Er hatte gesagt: »Reduzieren Sie sie auf das Normale.« Aber »normal« bedeutete, daß der Flottenverband aus nur vier Kriegsschiffen bestehen sollte, deren einzige Aufgabe es war, Flagge zu zeigen. Nach meiner Einschätzung war das falsch. Ich hielt es für richtig, unsere Kräfte in der Golfregion zu verstärken. Im April 1989 flog ich nach Washington und drängte die Mitglieder des Senatsausschusses für die Streitkräfte, die Einschränkungen der Waffenverkäufe an die gemäßigten arabischen Staaten wie Bahrain, Saudi-Arabien und Kuwait zu lockern. Ich wies darauf hin, daß die Vereinigten Staaten mit den Waffen auch Techniker und Berater in diese Länder schicken und damit einen entscheidenden Einfluß auf den Einsatz der Waffen ausüben würden. Ich erreichte zunächst nicht sehr viel, aber die geringen Zugeständnisse, zu denen ich meine Gesprächspartner bewegen konnte, verstärkten die Glaubwürdigkeit des Central Command in dieser Region.

In den Gesprächen mit mir kamen die Araber immer wieder auf unsere Haltung gegenüber Israel und den Palästinensern zurück. Für mich war das immer ein Drahtseilakt, denn die Vereinigten Staaten waren nicht bereit, die Israel gewährte Unterstützung aufzugeben. Ich wollte meine Gesprächspartner jedoch davon überzeugen, daß die Amerikaner auch Verständnis für die von den Arabern vertretenen Gesichtspunkte hatten. Um diese Frage ging es zum Beispiel auch in einem Gespräch, das ich im Herbst 1989 mit dem zweiten stellvertretenden Befehlshaber der saudiarabischen Nationalgarde, Scheich Abd el-Asis Ibn Abdul Mohsen el-Tuwaijri, einem klugen alten Beduinen, führte. Ich hatte ihn unter anderem auch deshalb aufgesucht, weil er ein Vertrauter des Kronprinzen Abdullah Ibn Abd el-Asis war, dessen Einverständnis für eine Zusammenarbeit zwischen unseren Ländern wichtig war. Wir trafen uns in seinem Haus in Riad. Der kleine, hagere und immer zu Scherzen aufgelegte el-Tuwaijri begann das Gespräch, nachdem er mich sehr aufmerksam gemustert hatte, mit den Worten: »Es ist eine große Ehre, vor einem so hervorragenden amerikanischen General zu stehen!«

»Es ist eine noch größere Ehre für diesen General, einem so weisen Mann zu begegnen, wie Sie es sind«, erwiderte ich.

Er fragte mich sofort nach unserer Einstellung zu Israel und hörte sehr aufmerksam zu, als ich ihm erklärte, welche moralischen und emotionalen Gründe Amerika veranlaßten, sich für die Interessen Israels einzusetzen. »Ist es richtig, daß sich die Vereinigten Staaten, wenn sie zwischen Saudi-Arabien und Israel wählen müßten, stets für Israel entscheiden würden?« fragte er schließlich.

»Warum muß es immer zu einer Entscheidung für eine von zwei

Alternativen kommen?« antwortete ich. »Ich kann mir das nicht vorstellen. Die Vereinigten Staaten sind sowohl mit Saudi-Arabien als auch mit Israel befreundet. Darf ein Mann nicht mehr als nur einen Freund haben, oder muß er sich mit einem begnügen?«

Der Scheich lachte und sagte: »Das ist sehr gut! Das gefällt mir!« Als er mich aus seinem Palast führte, hielt er mich bei der Hand – bei den Arabern ein Ausdruck der Freundschaft, an den ich mich noch gewöhnen mußte.

Ich war hier in ein bisher vernachlässigtes Gebiet vorgedrungen. Die amerikanischen Botschafter in der Region, intelligente und erfahrene Berufsdiplomaten wie Chas Freeman in Saudi-Arabien, Frank Wisner in Ägypten und Bob Oakley in Pakistan, verstanden und unterstützten meine Überzeugung, daß es notwendig sei, die freundschaftlichen militärischen Beziehungen zu festigen. Aber was ich in Washington erfuhr, ängstigte mich. Die Kenner der arabischen Welt genossen im Außenministerium und bei der CIA kein besonders hohes Ansehen, und im Pentagon waren sie außerordentlich selten. Wenn ich mit anderen Generälen und Admirälen über die Araber sprach, dann fragten sie nur: »Welche vertraglichen Verpflichtungen haben wir ihnen gegenüber?« Damit wollten sie sagen, da es keine Verträge gebe, hätten die Vereinigten Staaten hier auch keine Verantwortung. Sie konzentrierten sich ausschließlich auf die Verpflichtungen der Vereinigten Staaten gegenüber der NATO, Japan und Korea, wollten aber nicht erkennen, wo nach meiner Auffassung künftig die wichtigsten Entscheidungen fallen würden.

Für mich gab es keine wichtigere Region. Die Ölimporte aus den Staaten am Persischen Golf machten zwei Drittel des jährlichen Verbrauchs in Japan, dreißig Prozent des Bedarfs von Westeuropa und ein Zehntel des Verbrauchs in den Vereinigten Staaten aus. In dieser Region lagen fünfundsechzig Prozent der nachgewiesenen Ölreserven der Welt, und daraus ergab sich, daß ihre Bedeutung für die Industrieländer nur zunehmen würde. Eine Schätzung, auf die ich am Foreign Service Institute stieß, zeigte, daß in der Golfregion noch mindestens zweihundert Jahre lang Öl gefördert werden würde, während die wirtschaftlich nutzbaren Ölreserven in den Vereinigten Staaten wahrscheinlich nur noch für zwei Jahrzehnte reichten. Nahmen wir an, daß sich keine anderen praktisch verwertbaren Energiereserven finden lassen würden – und bisher hatten wir bei der Suche und Entwicklung solcher Energiequellen nur sehr geringe Erfolge gehabt –, dann würden wir zwar nicht gleich, aber vielleicht in fünfundzwanzig Jahren, ausschließlich auf das Öl im Nahen Osten angewiesen sein. Und einige der Staaten, mit denen wir heute am engsten befreundet waren – Japan, England, Frankreich und Deutschland – würden sich dann zu unseren schärfsten Konkurrenten entwickeln.

In der Zeit zwischen meinen Reisen durch die Länder des Nahen Ostens waren mein Stab und ich in der Hauptsache damit beschäftigt, das Central Command von Grund auf neu aufzubauen. Fast zwei Jahre lang hatte sich das Kommando beinahe ausschließlich auf den Krieg konzentriert, und zwar nicht nur auf den »Tankerkrieg«, sondern auch auf geheime Unterstützung im Afghanistankrieg. Während dieser Zeit waren die friedlichen Elemente innerhalb des Aufgabenbereichs des Kommandos, die Kultivierung der militärischen Beziehungen zu den Regierungen im Nahen Osten, vernachlässigt worden. Unter dem Druck der Ereignisse war mein Vorgänger, General Crist, kaum noch dazugekommen, bestimmte Länder, zum Beispiel Jordanien, zu besuchen, weil er solche Kontakte für unwichtig hielt. Der Planungsstab des Central Command beschäftigte sich nur noch mit Kriegsvorbereitungen, und als ich fragte, welche friedlichen Ziele wir in den einzelnen Ländern verfolgten, mußte ich feststellen, daß es solche Ziele nicht gab.

Als erstes richtete ich daher innerhalb des Planungsstabes eine militärpolitische Abteilung ein. Im Verlauf des ersten halben Jahres hatten wir die entsprechenden Ziele definiert und ein Programm für jedes Land entworfen. Daneben veranstalteten wir Seminare für die Angehörigen des Stabes des Central Command, bei denen durchreisende Professoren und Regierungsbeamte Vorlesungen über die Region betreffende Fragen hielten. Obwohl eine Reihe der dienstälteren Angehörigen meines Stabes zur gleichen Zeit wie ich zum Central Command gekommen waren und über keine persönlichen Erfahrungen im Nahen Osten verfügten, waren sie sehr bald fasziniert von ihrer neuen Aufgabe.

Mein Stellvertreter als Oberbefehlshaber war Generalleutnant Craven C. »Buck« Rogers, ein alter Kampfflieger, der sich auf der internationalen Bühne zu Hause fühlte und vorher als Befehlshaber der amerikanischen Luftstreitkräfte in Korea gedient hatte. Mein Chef des Stabes, Generalmajor Joe Hoar, war ein erfahrener Frontsoldat aus der Marineinfanterie und stammte aus Neuengland. Ich wußte von Anfang an, daß ich mich in allen Fragen, die den Einsatz der Marineinfanterie betrafen, auf ihn verlassen konnte. Aber während wir das Kommando umstrukturierten, stellte ich fest, daß Joe in jeder Hinsicht ein absolut zuverlässiger Mitarbeiter war. Intelligent, aggressiv, charismatisch und in jeder Situation einen kühlen Kopf bewahrend, war Joe der Mann, dem ich die Verantwortung für alles überlassen konnte, was von meinem Stab angeordnet wurde. In allem, was er tat, übertraf er bei weitem meine Erwartungen.

Auch die übrigen Angehörigen meines Stabes waren tüchtige Leute. Mein Nachrichtenoffizier, Generalmajor Hank Drewfs, war von der Defense Intelligence Agency hierher versetzt worden und kannte daher sehr genau die Arbeitsweise des Militärischen Nachrichtendienstes in Washington. Generalmajor Jim Record gehörte schon seit längerer Zeit dem Central Command an und war während des ganzen »Tankerkriegs« Leiter der Operationsabteilung gewesen. Wie viele Jagdfliegerpiloten war Jim voller Tatendrang. Ich stellte fest, daß ich ihn bei manchen Gelegenheiten eher zurückhalten als antreiben mußte, und das gefiel mir. Brigadegeneral Dan Cougill, der Direktor meiner Kommunikationsabteilung, galt als der beste Mann der Luftwaffe auf diesem technischen Gebiet. Mit dem Direktor meiner logistischen Abteilung, Generalmajor Chris Patte, war ich schon seit meinen Leutnantsjahren in Fort Campbell befreundet gewesen. Er gehörte dem Central Command schon seit zwei Jahren an und galt als Fachmann auf dem Gebiet aller Sicherheitsfragen. Zur alten Garde gehörte auch Konteradmiral Bill Fogarty, der Chef der Planungsabteilung. Er hatte sich in Washington als Leiter der Untersuchungskommission über den tragischen Vorfall, bei dem der amerikanische Kreuzer »Vincennes« ein iranisches Verkehrsflugzeug abgeschossen hatte, hohes Ansehen erworben und sollte demnächst das Kommando der Flottenverbände Middle East Force und Joint Task Force, Middle East, übernehmen. Konteradmiral Grant Sharp, der seinen Posten übernehmen sollte, war ein intelligenter und energischer militärischer Vorgesetzter, der nun die Riesenaufgabe übernehmen mußte, den neuen Mobilmachungsplan für das Central Command auszuarbeiten. Mein Generalinspekteur, Brigadegeneral Norm Ehlert, schließlich spielte eine sehr viel wichtigere Rolle, als man aus seinem Dienstrang entnehmen konnte. Als das Central Command nach und nach begann, die bilateralen militärischen Planungen mit den verschiedenen Nationen in unserer Region zu entwickeln, beauftragte ich ihn mit der Ausarbeitung aller Details. Dabei zeigte er sehr bald ein besseres Verständnis für die militärische Lage im Nahen Osten als jeder andere Angehörige meines Stabes.

Zu meinem Stab gehörten auch zahlreiche Berater von Behörden in Washington – der CIA, der Defense Intelligence Agency, der National Security Agency und der Defense Communications Agency. Der wichtigste von ihnen war unser Mann vom Außenministerium, der politische Berater Stanley Escudero. Man erkannte ihn sofort, wenn man ihm im Stabsquartier begegnete. Er trug nicht nur dreiteilige Nadelstreifenanzüge, sondern hatte auch einen Vollbart. Wir nannten ihn unseren Spion aus dem Außenministerium. Aber Stan war ein erstklassiger Diplomat mit vorzüglichen Kenntnissen über die politische Lage in der Golfregion. Im Verlauf der Zusammenarbeit mit ihm stellte ich bald fest, daß ich mich in jeder Beziehung auf ihn verlassen konnte.

Nach etwa sechs Monaten hatte man in Washington begriffen, daß das Central Command seine Aufgaben in der Golfregion in einer ganz neuen und interessanten Weise wahrnahm. Nachdem wir im Senat über unsere Tätigkeit berichtet hatten, schienen die Senatoren Sam Nunn, John W. Warner, Ted Stevens und Daniel K. Inouye, mit deren Unterstützung das Central Command schon immer hatte rechnen können, stolz darauf zu sein, daß wir nun den an uns gestellten Anforderungen in jeder Weise entsprachen. Unsere Kollegen im Außenministerium beglückwünschten uns zu den Fortschritten, die wir beim Verständnis der arabischen Welt gemacht hatten. Die einzigen, denen unsere Erfolge nicht zu gefallen schienen, waren die Beamten im Pentagon, die ein persönliches Interesse daran hatten, die Stärke der amerikanischen Streitkräfte im Nahen Osten zu verringern.

Wir erwarteten nicht, militärische Basen in der Region einrichten zu können. Die arabischen Regierungen waren zu sehr auf ihre Souveränität bedacht, um die dauernde Stationierung amerikanischer Streitkräfte auf ihrem Territorium zuzulassen. Für uns lag das Ziel des Central Command vielmehr darin, im Kriegsfall den Zugang zu strategisch wichtigen Militärflughäfen, Seehäfen und militärischen Basen zu erhalten. Ich rechnete nicht damit, dieses Ziel schon erreichen zu können, solange ich den Posten des Oberbefehlshabers im Central Command innehatte. Wir bemühten uns um allmähliche Fortschritte. So schickten wir zum Beispiel Beraterteams nach Pakistan, die afghanische Flüchtlinge im Entschärfen sowjetischer Minen unterrichten sollten, unterwiesen die Bevölkerung von Somalia im Ausschachten von Brunnen für die Dörfer und überzeugten den Kongreß von der Notwendigkeit, die Militärhilfe für Jordanien um fünfhunderttausend Dollar zu erhöhen, um Startbahnen zu reparieren und andere bei gemeinsamen militärischen Operationen anfallende Kosten zu decken. Unsere größten Erfolge erlebten wir bei den militärischen Übungen. Das waren zum Teil kleine taktische Manöver auf den kleinen Inseln im Golf, an denen amerikanische und saudische Sonderverbände teilnahmen, zum Teil aber auch größere Manöver in der ägyptischen Wüste, an denen sich Teile der 82. Luftlandedivision und Panzerverbände der 24. motorisierten Infanteriedivision beteiligten. Diese Übungen zeigten, daß sich die anderen Nationen an die Gegenwart des Central Command, wenn auch nur zeitweilig und in begrenztem Umfang, gewöhnt hatten und sie akzeptierten.

Im Herbst 1989 bei meiner zweiten Besuchsrunde durch die Länder des Nahen Ostens begannen sich die Türen für mich zu öffnen. Meine arabischen Gesprächspartner wußten jetzt, wie sehr mich ihre Kultur faszinierte, und luden mich in ihre Paläste, Museen und Moscheen ein. Sie waren sogar bereit, militärische Geheimnisse mit mir zu teilen. Während meines ersten Besuchs in Kuwait hatte Generalmajor el-Sanii sich zum Beispiel geweigert, näher auf seine Verteidigungspläne einzugehen und ebenso wie die anderen Araber in den Golfstaaten die Möglichkeit einer Bedrohung durch Saddam Hussein heruntergespielt. Aber als ich ihn im Oktober zum zweiten Mal aufsuchte, lud er mich ein, seine militärischen Einrichtungen zu besichtigen. Dabei mußte ich feststellen, daß alle kuwaitischen Geschütze nach Norden auf den Irak gerichtet waren. El-Sanii sagte mir jetzt ganz offen, daß sich Kuwait am meisten vom Irak bedroht fühle. Er erklärte, Saddam habe eines der wichtigsten Ziele in seinem Krieg gegen den Iran nicht erreicht, einen Zugang des Irak zum Persischen Golf. Bei der Rückeroberung der Halbinsel Al Faw habe der Irak ausgerechnet das zerstört, was er am dringendsten benötigte. Die Wasserstraße des Schatt el-Arab war während des ganzen Krieges nicht ausgebaggert worden und so voller Schlamm, versenkter Schiffe, Artillerieblindgänger und Bomben, daß sie jahrelang nicht würde befahren werden können. Nun war der Irak, wie el-Sanii zornig sagte, mehr denn je von dem Militärhafen Umm Qasr in der Nähe der kuwaitischen Insel Bubiyan abhängig, die Saddam Hussein wahrscheinlich versuchen würde zu besetzen.

Als wollte sie diese Gefahr noch unterstreichen, suchte mich die amerikanische Botschafterin in Bagdad, April Glaspie, am zweiten Tag meines Besuchs in Kuwait auf. Sie hatte eine sehr schwierige Aufgabe, denn es herrschten nicht nur sehr gespannte Beziehungen zwischen den Vereinigten Staaten und dem Irak, sondern sie hatte als Frau eine Position inne, die nach Auffassung der Araber nur ein Mann besetzen sollte. Das hätte eine weniger charakterstarke Persönlichkeit wahrscheinlich entmutigt, aber Frau Glaspie ließ sich nicht im mindesten davon beeindrucken. Sie sprach mit einer Direktheit, die einige Diplomaten dann zeigen, wenn sie wissen, daß sie es nicht nötig haben, über einen bestimmten Punkt zu verhandeln. Sie bezeichnete den Irak als ein von einem rückständigen Regime beherrschtes Land, in dem die Bevölkerung unterdrückt würde und wo man ihr nicht erlauben wollte, sich frei zu bewegen. Trotzdem sei der Irak zu stark, um von den Vereinigten Staaten ignoriert zu werden. »Das wäre so, als wollte ein an Krebs Leidender seine Krankheit leugnen.« Ich mußte ihr recht geben. Da der Irak ein Militärstaat sei, fuhr sie fort, könnten Kontakte des Central Command zum irakischen Militär vielleicht zu einer besseren Verständigung zwischen beiden Regierungen führen. Ich sagte, ich sei bereit, mich mit irakischen Generälen zu treffen, wenn sie die Möglichkeit für eine solche Begegnung schaffen könne.

Frau Glaspie mußte noch am selben Tag nach Bagdad zurückkehren, aber meine Aufgaben als Oberbefehlshaber des Central Command verlangten von mir und meinem Stab, noch einige Tage in Kuwait zu bleiben. General el-Sanii gelang es, die Atmosphäre noch vor unserer Abreise wesentlich aufzulockern, als er für mich und unsere Stäbe in einem berühmten Restaurant ein Essen gab. Das Restaurant war die Nachbildung eines großen arabischen Segelschiffs, einer Dhau, wie sie früher diese Gewässer befahren hatten. Als mich der General einen Tag vor der Einladung in meinem Hotel besuchte, erzählte er mir etwas über das Restaurant und fragte dann: »Würden Sie es vorziehen, in westlicher Kleidung zu erscheinen, oder würden Sie lieber kuwaitische Kleidung tragen?«

Bis dahin war es mir noch nie in den Sinn gekommen, ein arabisches Gewand zu tragen, aber ich glaubte, er hätte diese Frage nicht angeschnitten, wenn er sich nicht gewünscht hätte, mich in arabischer Kleidung zu sehen. »Ich würde sehr gern kuwaitische Kleidung tragen, wenn ich Sie damit nicht beleidige.«

Er strahlte. »Es würde mich in keiner Weise beleidigen! Wir wären entzückt. Ich werde die Sachen für Sie besorgen.«

»Ich habe noch nie gesehen, daß ein Abendländer hier kuwaitische Kleidung trägt«, sagte ich.

Er sah mich an und erwiderte: »Nein, sicher nicht. Aber in den Vereinigten Staaten sieht man viele Araber in westlicher Kleidung.« Ich begriff, was er sagen wollte: Wir erwarteten von den Arabern, daß sie sich uns anpaßten,wenn sie in unseren Ländern mit uns Geschäfte machten, fühlten uns aber nicht verpflichtet, in den arabischen Ländern das gleiche zu tun.

Noch am selben Nachmittag brachte man mir meinen *thaub,* ein langärmeliges, hochgeschlossenes weißes Baumwollgewand, und meinen *bischt,* einen langen schwarzen Umhang aus feiner, weicher, locker gewebter Wolle, geschmückt mit goldenen Litzen an den Rändern. Dazu erhielt ich auch die traditionelle Kopfbedeckung, ein viereckiges weißes Baumwolltuch, die *ghutrah,* und eine schwarze Schnur, das *iqal,* mit dem das Tuch festgehalten wurde. Ich legte das Gewand an und stellte mich vor den Spiegel. Es trug sich sehr angenehm. Während ich mich von allen Seiten betrachtete, mußte ich an den Film »Lawrence von Arabien« denken, in dem sich Peter O'Toole, nachdem er zum ersten Mal ein arabisches Gewand angezogen hat, auf einer Sanddüne stehend langsam im Kreise dreht und sich bewundert.

El-Sanii und sein Gefolge holten mich im Hotel ab. Wir fuhren im Fahrstuhl hinunter ins Erdgeschoß, wo mein Stab mich erwartete. Als Norm Ehlert sah, wie el-Sanii mit seinem ganzen arabischen Gefolge auf ihn zukam, fragte er sich: »Wo bleibt General Schwarzkopf?« Später sagte er mir, er sei in der ganzen Zeit, die er im Nahen Osten gelebt habe, nie auf den Gedanken gekommen, daß ein Amerikaner ein arabisches Gewand anlegen könnte.

Im Restaurant hatte el-Sanii seine Offiziere in einer langen Reihe zu unserer Begrüßung aufgestellt. Jeder, dem ich die Hand reichte, erwiderte meinen Gruß mit breitem Lächeln und erklärte mir, wie sehr er sich freue und welche Ehre es für ihn sei, daß ich arabische Kleidung angelegt hätte. Bevor wir uns zum Essen setzten, versammelten wir uns an Deck der Dhau, unterhielten uns, tranken Fruchtsäfte und genossen die Aussicht über den Golf. Es war ein klarer, windiger Abend, und während ich mit den Kuwaitis im Bug des Schiffes stand und mein Umhang im Wind flatterte, dachte ich daran, was meine Klassenkameraden aus West Point sagen würden, wenn sie mich so sehen könnten.

Die neue Haltung des Central Command machte sich auch in den

Beziehungen zu den Vereinigten Arabischen Emiraten bezahlt. Ende 1988 hatte unsere Regierung diese Beziehungen so stark vernachlässigt, daß sie praktisch nicht mehr bestanden. Präsident Scheich Said Ibn Sultan an-Nahjan, der schlaue alte Beduine, der die Vereinigung der arabischen Emirate zustande gebracht hatte, hatte immer wieder erklärt: »Die Vereinigten Staaten sind keine Freunde der Araber, weil sie mit Israel befreundet sind.« Und das Central Command hatte die Beziehungen vor einigen Jahren durch ein Waffengeschäft zusätzlich belastet. Wir hatten der Regierung von Said Luftabwehrraketen des Typs Hawk Mod. 2 im Wert von mehreren zehn Millionen Dollar verkauft, ohne zu sagen, daß das Pentagon diese Waffen demnächst für veraltet erklären und durch den Typ Hawk Mod. 3 ersetzen würde. Daraufhin fühlten sich die Vereinigten Arabischen Emirate von uns betrogen.

Der stellvertretende Stabschef ihrer Streitkräfte, Scheich Saids dritter Sohn, Scheich Mohammed Ibn Said an-Nahjan, zeigte deutlich seine Unzufriedenheit. Nachdem er von General Ehlert gehört hatte, daß das Central Command von einem neuen Team übernommen worden sei, lud er mich zu der am Nationalfeiertag der Vereinigten Arabischen Emirate im Dezember 1989 stattfindenden Parade ein. Um teilnehmen zu können, mußte ich eigens eine Reise in den Nahen Osten unternehmen, glaubte aber, es würde sich lohnen, denn die Vereinigten Arabischen Emirate lagen in einem strategisch entscheidend wichtigen Raum. Außerdem faszinierte mich die rasche Modernisierung des Landes unter der Führung von Said, und ich wollte mir einen persönlichen Eindruck davon verschaffen. Mohammed, der von meiner Vorliebe für Unternehmungen in der freien Natur erfahren hatte, machte es mir auch dadurch unmöglich, die Einladung abzusagen, indem er mir mitteilen ließ, er wolle mich am auf die Parade folgenden Tag zu einer Falkenjagd in die Wüste mitnehmen.

Bei unserem ersten Gespräch am Abend vor der Parade kamen Mohammed und ich sofort zur Sache. Wir stimmten darin überein, daß unsere Länder einen neuen Anfang machen müßten, und ich sagte ihm zu, Oberst Jack McGuinness, einen der besten Offiziere meines Stabes, zum Chef der amerikanischen Militärmission zu ernennen. Am folgenden Tag gingen wir zur Parade.

Dazu waren Militärs aller Nationen eingeladen worden. Auf der Tribüne, auf der ich mit Hoar und Ehlert Platz genommen hatte, saßen auch viele andere Generäle, aber ich war der ranghöchste. Die anderen kamen zu mir und begrüßten mich mit Handschlag – mit Ausnahme der beiden Irakis, die unmittelbar neben uns saßen und sich weigerten, uns zu begrüßen. Als ich lächelte und ihnen einen guten Morgen wünschte, erwiderten sie meinen Gruß nicht und behandelten uns wie Luft. Ich erinnerte mich an das Gespräch, das ich vor einigen Wochen mit unserer Botschafterin Glaspie geführt hatte, und dachte: »Es wird sicher noch eine ganze Weile dauern, bis wir uns mit diesen Burschen befreunden können.«

Das Central Command war 1983 als ein Verband aufgestellt worden, der im Kriegsfall sofort einsatzfähig war, um die Rote Armee an der Besetzung der für uns so wertvollen Ölquellen im Iran zu hindern. Dieses Szenarium lag dem sogenannten Operationsplan des Central Command zugrunde. Nach seinen Richtlinien wurden die einzelnen Einheiten zusammengesetzt, militärische Übungen abgehalten, und das für solche Einsätze benötigte Kriegsmaterial wurde bereitgehalten. Dieser Plan legte auch fest, welche Beträge aus dem Etat des Pentagon dafür zur Verfügung zu stellen seien. Ich kannte diesen Plan in allen Einzelheiten, denn ich war Kommandeur der 24. motorisierten Infanteriedivision gewesen, die als Teil des Central Command im Fall eines Krieges eingesetzt werden sollte. Als einzige Panzer in dieser Armee waren unsere mit gelber Wüstenfarbe und nicht mit der üblichen grünen Tarnfarbe gestrichen.

Dieser Operationsplan behielt jahrelang seine Gültigkeit, obwohl die meisten Generäle wußten, daß er nichts taugte und schließlich aufgegeben werden würde. In Wirklichkeit war es ein selbstmörderischer Plan. Danach sollte das Central Command so rasch wie möglich seine Streitkräfte in die Zagrosberge im Nordiran verlegen. Die engen Gebirgspässe und das unzugängliche Gelände begünstigten die Verteidigung, aber wir wußten, daß wir, so gut wir auch kämpften, einem weit überlegenen Gegner gegenüberstehen würden, und zwar elftausend Kilometer von der Heimat entfernt, wo wir schon nach wenigen Wochen aus Mangel an Nachschub und Mannschaftsersatz den Kampf würden aufgeben müssen. Bei den alle zwei Jahre stattfindenden Manövern beendeten die Schiedsrichter die Übungen jedesmal an diesem Punkt mit der recht vagen Erklärung: »Die Diplomaten haben gerade einen Waffenstillstand ausgehandelt.« So erschien uns dieser Plan nicht gerade vertrauenerweckend.

Trotzdem folgte ihm das Central Command jahrelang, um die Ausgabe von vielen Millionen Dollar zu rechtfertigen, die der Steuerzahler für Sonderausrüstungen und Nachschub aufbringen mußte. Als ich das Kommando übernahm, hatten wir besondere Ölleitungen von vielen hundert Kilometern Länge gelagert, um ein Ölleitungssystem im Iran zu bauen. Anstatt uns aus den iranischen Raffinerien zu versorgen, sah der Plan vor, daß das Central Command das Erdöl *in den Nahen Osten transportieren lassen sollte,* um es von der Küste zur Front pumpen zu lassen. Außerdem war vorgesehen, besondere amphibische Fahrzeuge einzusetzen, um den ganzen Nachschub an Munition und Kriegsgerät außerhalb der Häfen an die Küste und von dort zur Truppe zu bringen, und zwar weil wir angesichts der feindseligen Einstellung der iranischen Regierung gegenüber den Vereinigten Staaten nicht damit rechnen könnten, Zugang zu den Häfen zu bekommen. Für den Fall, daß sich für das Fortbestehen meines neuen Kommandos keine vernünftigen Gründe anführen ließen, war ich bereit, dem Verteidigungsminister den Verzicht auf das Central Command zu empfehlen.

Eines Abends im Juli 1989, acht Monate nach meiner Ernennung zum Oberbefehlshaber und nach meinen ersten Reisen durch den Nahen Osten, lag ich im Bett, starrte an die Decke und überlegte mir einen neuen Plan. Ich überdachte noch einmal die Schlußfolgerungen, zu denen ich gekommen war. Ich war von der strategischen Bedeutung des Nahen Ostens überzeugt und glaubte daher auch an die Notwendigkeit des Fortbestehens des Central Command. Niemand außer ein paar unbelehrbaren Falken glaubte, daß es im Nahen Osten zu einem Krieg zwischen den Vereinigten Staaten und der Sowjetunion kommen würde. Mit jedem Tag bestätigte sich der Eindruck, daß die Abrüstungsgespräche Erfolg hatten und die während des Kalten Krieges entstandenen Spannungen nachließen. Im Bereich des Central Command waren die sowjetischen Streitkräfte nach acht Jahre dauernden Kämpfen aus Afghanistan abgezogen worden.

Deshalb fragte ich mich, mit welcher Entwicklung wir am ehesten rechnen mußten. Würde es zu einer neuen Konfrontation kommen, wie es der »Tankerkrieg« gewesen war, bei dem die Vereinigten Staaten in einen regionalen Konflikt eingegriffen hatten, der außer Kontrolle geraten war und die Versorgung der übrigen Welt mit Erdöl gefährdete? Ich zählte gegenwärtig nicht weniger als dreizehn Konflikte in dieser Region – Grenzkriege, Bürgerkriege, Stammeskriege, Religionskriege –, und jeder dieser Konflikte konnte unsere Interessen gefährden. Deshalb mußte das Central Command einen

Operationsplan entwickeln, um mit dem gefährlichsten dieser Konflikte fertig werden zu können. Dann würden wir, wie ich glaubte, in der Lage sein, auch jede andere Krise in dieser Region erfolgreich zu überstehen.

Was könnte im schlimmsten Fall geschehen? Am gefährlichsten wäre es, wenn sich der Irak zum Angriff entschließen würde: Die viertstärkste Armee der Welt stand unmittelbar nördlich der Ölfelder, deren Erzeugnisse für die industrialisierte Welt unverzichtbar waren. Ich dachte an die vielen Araber, die gesagt hatten, ich bräuchte mir um den Irak keine Sorgen zu machen, und an die wenigen, die erklärt hatten, ich müßte es doch tun. Letzteres erschien mir am vernünftigsten, zum Teil weil Saddam Hussein seit dem Waffenstillstand mit dem Iran nichts getan hatte, seine Streitkräfte zu verringern.

Ich wußte, als nächstes mußte ich die Bürokratie im Pentagon davon überzeugen, daß wir künftig auf alle Vorbereitungen für die Abwehr einer sowjetischen Invasion im Iran offiziell verzichten müßten. Ein regionaler Befehlshaber kann allerdings nicht irgendeinen beliebigen Kriegsplan entwerfen. Das tun die Joint Chiefs of Staff, denn sie bestimmen seine Aufgaben in Übereinstimmung mit der von der Regierung entwickelten nationalen Strategie. Sie ist enthalten in einem nicht sehr umfangreichen streng geheimen Dokument, der vom Verteidigungsminister herausgegebenen »Defense Planning Guidance«. Die Strategen des Pentagon verwenden dieses Dokument, um ein erläuterndes Planungsszenarium zu entwickeln, ein zweites geheimes Dokument, in dem die verschiedenen Möglichkeiten von Ereignissen dargestellt werden, die zur Teilnahme der Vereinigten Staaten an einem Krieg führen könnten. Dieses Dokument ist wiederum die Basis für den »Joint Strategic Capabilities Plan«, der die verschiedenen Kommandoebenen veranlaßt, detaillierte Kriegsvorbereitungen zu treffen und die Streitkräfte zu bestimmen, die innerhalb der einzelnen Kommandobereiche einzusetzen sind. Diese Dokumente mußten jetzt unbedingt revidiert werden.

Ich rechnete mit einem starken Widerstand gegen meine Vorstellungen, und zwar nicht weil der Plan für die Besetzung der Zagrosberge viele Befürworter hatte, sondern weil das Pentagon unter dem enormen Druck stand, seinen Etat als Folge der Beendigung des Kalten Krieges wesentlich zu verringern. Admiral Crowe bereitete Empfehlungen zur nationalen Militärstrategie vor, die er dem Kongreß noch vor seiner Pensionierung im September vorlegen wollte.

Sein erster Entwurf, den das Pentagon bei den Oberbefehlshabern zur Stellungnahme in Umlauf brachte, enthielt keine Vorschläge für den Nahen Osten. Der Admiral glaubte, das Verteidigungsministerium sollte alle seine Kräfte für die Vereinigten Staaten selbst, die NATO und den pazifischen Raum zur Verfügung halten. Die späteren Entwürfe sagten genau das gleiche, obwohl das Central Command immer wieder offizielle und inoffizielle Versuche unternommen hatte, das Pentagon von der zunehmenden strategischen Bedeutung des Nahen Ostens zu überzeugen. Ich sprach in diesem Sinne bei mehreren Gelegenheiten mit Vizeadmiral Jon Howe, dem Assistenten von Crowe, der mir jedesmal dankte, aber nichts unternahm. (Crowe selbst hatte während der letzten hektischen Wochen als Vorsitzender der Joint Chiefs keine Zeit für ein persönliches Gespräch.) Ich versuchte, die Generäle und Obersten bei den Joint Chiefs von der Richtigkeit meiner Auffassungen zu überzeugen und sagte: »Was zum Teufel ist der Pazifik ohne das Öl aus dem Nahen Osten?« Und: »Um Himmels willen, wir haben doch gerade einen Krieg mit dem Iran geführt, um uns den freien Zugang zu diesem Öl zu sichern!«

Viele meiner Gesprächspartner stimmten mir zu, sagten jedoch: »Sie scheinen nicht zu verstehen; Admiral Crowe hat das auch schon geschrieben.«

Ich überlegte, welche Möglichkeiten mir noch offenstanden. Nachdem ich schon fünfmal in Washington an einem Schreibtisch gesessen hatte, kannte ich sehr genau das bürokratische Gerangel und wußte, wie man sich am besten durchsetzen konnte. Wenn notwendig, konnte ich mich an die Freunde des Central Command auf dem Capitol Hill wenden. Ich wußte zum Beispiel, daß ich Senator Nunn von der Bedeutung des Nahen Ostens überzeugen konnte. Es wollte mir aber nicht gefallen, außerhalb der militärischen Kommandostruktur des Verteidigungsministeriums tätig zu werden. Ich hatte dem Unterstaatssekretär für Verteidigung, Paul Wolfowitz, dem höchsten Zivilbeamten beim Verteidigungsministerium von Dick Cheney, schon meinen Plan für die Umstrukturierung des Central Command vorgetragen, ebenso auch dem stellvertretenden Verteidigungsminister für Angelegenheiten der internationalen Sicherheit, Henry Rowen. Als Admiral Crowe daher dem Verteidigungsminister Cheney seinen strategischen Plan zur Begutachtung vorlegte, riefen mich Wolfowitz und Rowen an und fragten ungläubig: »Stimmen Sie diesem Plan zu?«

»Natürlich nicht!« erwiderte ich und erklärte, wie man versucht hatte, mich an der Durchsetzung meiner Auffassungen zu hindern. Wolfowitz und Rowen trugen das Problem Cheney direkt vor, der sofort befahl, den Nahen Osten in den Plan einzubeziehen.

Ein Verbündeter, den ich inzwischen gefunden hatte, war Colin Powell. Wie zu erwarten, war er in die Armee zurückgekehrt und hatte das Forces Command übernommen. Ich suchte ihn in seinem Stabsquartier in Fort McPherson auf, wo ich die Planer besuchen wollte, die für den Einsatz der Dritten Armee im Rahmen unseres Kriegsplans verantwortlich waren.

Zu dieser Zeit waren die Meinungen über Powells Fähigkeiten bei den Militärs geteilt. Viele sahen in ihm nur zur Hälfte einen General und zur anderen Hälfte einen Politiker. Während seiner ganzen militärischen Laufbahn hatte er nie eine Division befehligt, eine wichtige Aufgabe, in der sich ein militärischer Vorgesetzter bewähren kann. Statt dessen war er als Zweisternegeneral militärischer Assistent des Verteidigungsministers Caspar Weinberger gewesen, das war eine außerordentlich einflußreiche Stellung. Bei seinem Ausscheiden aus diesem Amt war er zum Dreisternegeneral befördert und Befehlshaber des V. Korps in Deutschland geworden. Bevor er sich hier bewähren konnte, wurde er wieder nach Washington ins Weiße Haus zu Präsident Reagan berufen, wo er schließlich den Posten des Nationalen Sicherheitsberaters übernahm. So hatte er mehrere Jahre praktisch nicht mehr in der Armee gedient und kam jetzt als Viersternegeneral in der sehr angesehenen Stellung eines Oberbefehlshabers zu den Streitkräften zurück. Obwohl er zweimal in Vietnam gedient hatte und viele Offiziere, die ihn dienstlich kannten, von seinen Fähigkeiten als Soldat überzeugt waren, veranlaßte seine rasche Beförderung viele Generäle, die er übersprungen hatte, sich negativ über seinen Mangel an militärischen Erfahrungen zu äußern.

Ich kannte Powell nicht gut genug, um mir selbst ein Urteil zu bilden. Ich hatte bisher nur im Rahmen von Besprechungen höherer Generäle mit ihm zu tun gehabt, wo er mir als intelligenter und einsichtsvoller Mann aufgefallen war, der in vielen wichtigen Fragen die gleiche Meinung vertrat wie ich. In den Gesprächen über die Zukunft der Armee waren es oft Powell und Schwarzkopf, die den Auffassungen der anderen höheren Offiziere widersprachen. Da die Armee nicht länger damit zu rechnen hatte, einen Krieg gegen die Sowjetunion führen zu müssen, wollten wir über die Gliederung und Ausrüstung der Streitkräfte neue Überlegungen anstellen, bevor der Kongreß es an unserer Stelle tat. Aber viele andere Generäle meinten, für Reformen sei es noch zu früh.

Unsere Begegnung in Fort McPherson begann als Höflichkeitsbesuch. In der Armee ist es üblich, daß ein General, der eine Garnison besucht, dem dienstältesten Offizier dort seine Aufwartung macht. Die Dritte Armee war einer der stärksten Verbände, die Powell unterstanden, und er ergriff die Gelegenheit, mir zu sagen, daß er fürchte, die Truppen des Central Command würden für ein unrealistisches Szenarium ausgebildet werden – für den Krieg in den Zagrosbergen. Außerdem hielt er die Bereitstellung so großer Mengen von Kriegsmaterial für einen solchen Krieg für eine gewaltige Geldverschwendung.

»Machen Sie sich keine Sorgen«, sagte ich ihm. »Ich bin dabei, unsere Strategie und unsere Kriegspläne drastisch zu revidieren. Ich glaube, wir können unsere Ausgaben ganz wesentlich senken.« Dann erläuterte ich ihm die Veränderungen, die ich vornehmen wollte. Powell war begeistert und erklärte sich bereit, mir in jeder Hinsicht zu helfen.

Wenn wir bei der von mir geplanten Umstrukturierung des Central Command vorschriftsmäßig alle geltenden Regeln befolgen wollten, dann würde das zwei ganze Jahre in Anspruch nehmen. Alle Teilstreitkräfte hätten ihre besonderen Aufgaben im Rahmen des neuen Planes neu definieren müssen, und das Central Command hätte dann zu beurteilen, ob es möglich sei, die erforderlichen Kräfte und das notwendige Material in das Kriegsgebiet zu bringen. Dann wäre ein gemeinsamer logistischer Plan aufzustellen, der aus vielen tausend Seiten Computerausdrucken bestehen mußte, die im einzelnen erklärten, in welcher Reihenfolge die Truppen, die Ausrüstung und die Versorgungsgüter geliefert werden würden. Normalerweise konnte eine Kommandostelle einem Operationsplan nicht zustimmen, bevor nicht alle diese zeitraubenden Einzelschritte festgelegt waren. Nun mußte ich Mittel und Wege finden, den Leuten des Central Command meine neuen Vorstellungen so rasch wie möglich verständlich zu machen.

Unser jährliches Manöver mit dem Decknamen »Internal Look« sollte im folgenden Sommer stattfinden. Diese sogenannte Kommandoübung dauerte normalerweise achtmal vierundzwanzig Stunden. Innerhalb dieser Zeit übten der Stab des Central Command sowie die Stäbe der uns unterstellten Verbände der Armee, der Flotte, der Luftwaffe und der Marineinfanterie die Durchführung eines Krieges. Das heißt, sie entwarfen und erließen Befehle, sammelten Meldungen über das Kampfgeschehen, dirigierten die Versorgung mit Munition und Nachschub und koordinierten den Einsatz der Luftstreitkräfte, der Armeen und der Flotten, und zwar nicht in einer normalen Feldübung, sondern nur mit Hilfe des Computers. Diese Art Übung ließ sich mit der Ausbildung eines Piloten am Flugsimulator vergleichen.

Mein Stab hatte schon 1990 mit der Arbeit an »Internal Look« begonnen und eine Übung vorbereitet, bei der angenommen wurde, daß die Sowjets über den Iran angriffen. Es war also das im Grunde unglaubwürdige Szenarium der Zagrosberge. »Warum sollen wir uns eine Woche mit einem Plan herumschlagen, von dem wir wissen, daß er ohnehin aufgegeben wird?« fragte ich Jim Record. Er erklärte, da der neue Plan noch nicht offiziell gebilligt worden sei, müßten wir dem alten folgen. Ich erwiderte, er solle die Zagrosberge vergessen und sich statt dessen mit dem Plan beschäftigen, den wir jetzt neu entwickelten. Ich wollte seine Stärken und Schwächen kennenlernen und die uns unterstellten Kräfte zwingen, über die sich für sie dabei ergebenden neuen Aufgaben nachzudenken. Ich war entschlossen, in diesem Sommer eine Übung abzuhalten, bei der der Gegner nicht die Sowjetunion, sondern der Irak war.

16

Wir spielten »Internal Look« Ende Juli 1990 durch, indem wir im Luftwaffenstützpunkt Eglin, Florida, ein vollständiges Scheinhauptquartier, ausgerüstet mit Computern und Nachrichtenverbindungen aufbauten. Als das Manöver begann, glichen die Bewegungen der echten irakischen Boden- und Luftkampftruppen auf gespenstige Weise dem imaginären Szenarium unseres Spiels. Wir hatten uns eine Riesenstreitmacht ausgedacht – etwa 300 000 Mann, 3200 Panzer und 640 Kampfflugzeuge –, die sich im südlichen Irak zusammenziehen und die arabische Halbinsel angreifen würde. Die wesentlich kleinere Kampftruppe des Central Command hatte die Aufgabe, die Invasion zu stoppen, bevor die strategisch bedeutsamen saudiarabischen Ölfelder, Raffinerien und Häfen erobert werden würden. Um die Übung wirklichkeitsnäher zu gestalten, hatte ich unser Nachrichtenzentrum einige Wochen im voraus angewiesen, fiktive Meldungen über militärische und politische Entwicklungen im Irak an die Hauptquartiere des Heeres, der Flotte, der Luftwaffe und der Einheiten der Marineinfanterie, die sich daran beteiligen sollten, zu schicken. Als das Kriegsspiel begann, gab das Nachrichtenzentrum auch routinemäßige Aufklärungsberichte über die konkrete Lage im Nahen Osten durch. Die den Irak betreffenden Meldungen glichen jedoch so exakt denen der Kriegsspiele, daß das Nachrichtenzentrum schließlich alle fiktiven Berichte mit einer gut sichtbaren Warnung »Nur zu Manöverzwecken« versah.

Ich verbrachte eine ungemütliche Woche, den einen Fuß in der Welt des Manövers und den anderen in der realen politischen Welt, in der die Krise sich immer deutlicher abzeichnete. Am 17. Juli drohte Saddam Hussein Kuwait und den Vereinigten Arabischen Emiraten wütend und öffentlich mit Krieg. Er warf ihnen vor, dem Irak einen »giftigen Dolch« in den Rücken gestoßen zu haben, indem sie die von der OPEC festgelegten Förderquoten überschritten, und damit den

Ölpreis nach unten getrieben hätten. Ihre Gier, fuhr er fort, habe sie so weit gebracht, daß sie mit den amerikanischen und israelischen Imperialisten konspirieren würden, um den Irak zu sabotieren; sie hätten aufgehört, sich wie arabische Brüder zu benehmen. Am selben Tag trafen die erste Berichte ein über ungewöhnliche irakische Truppenbewegungen genau nördlich von Kuwait.

Der Streit um die OPEC-Quoten war ein alter Hut. Saddam, mit seinen achtzig Millionen Dollar Kriegsschulden, hatte die Preise schon lange kräftig steigern wollen, aber die anderen Führungspersönlichkeiten der Golfregion hatten konsequent abgelehnt, sich daran zu beteiligen. Hochkultivierte Männer wie König Fahd von Saudi-Arabien und Sultan Kabus Bin Said von Oman stuften Saddam als Totschläger ein, ohne sich seinetwegen besondere Sorgen zu machen. Schließlich hatte er den Irak elf Jahre lang als Militärstaat geführt und war nie über seine arabischen Nachbarn hergefallen (die Iraner sind Arier, keine Araber). Und sie blieben ihrer Überzeugung treu, die Araber könnten ihre Streitigkeiten friedlich unter sich regeln, wie sie es seit Jahrhunderten getan hatten. Aber in seiner Rede ging Saddam zu weit: Direkte Drohungen waren in der arabischen Welt etwas Unerhörtes, und ich wußte, es würde zu schnellen Reaktionen der anderen arabischen Staaten kommen.

Die Vereinigten Arabischen Emirate baten als erste um Hilfe. Scheich Mohammed trat, mit dem Einverständnis seines Vaters, an uns heran und bat uns um zwei Tankflugzeuge für das Auftanken in der Luft. Mohammed wollte seine Luftwaffe dauernd in der Luft halten, um sich gegebenenfalls sofort gegen einen irakischen Angriff zur Wehr setzen zu können. Er erkundigte sich auch, ob wir Frühwarnung geben könnten, falls die Iraker einen Angriff beginnen sollten. Beide Anfragen hatten defensiven Charakter, und beide machten Sinn; ich begriff, daß die Vereinigten Arabischen Emirate dies als Nagelprobe für die von mir versprochenen neuen Beziehungen verstanden. Ich wußte auch, daß es Mut brauchte, bei den Amerikanern um Hilfe zu bitten, denn die Vereinigten Arabischen Emirate setzten sich damit dem Hohn der anderen arabischen Länder aus. Ich sagte: »Selbstverständlich.«

Die Vereinigten Arabischen Emirate reichten daraufhin eine offizielle Anfrage in Washington ein – und das Außenministerium empfahl, das Ersuchen *abzulehnen.* Mohammed taten sie als »Playboy-Prinzen« ab. Das Gutachten hatte ein Ägyptenexperte verfaßt, der wenig über die Vereinigten Arabischen Emirate wußte. Damit hatte er gründlich danebengegriffen: Mohammed war ein frommer Moslem, ein kompetenter Offizier, ein Patriot und ein loyaler, ergebener Sohn. Meine Proteste stießen auf taube Ohren, so wandte ich mich schließlich an Colin Powell, der inzwischen, wie erwartet, Vorsitzender der Joint Chiefs of Staff geworden war. Ich erklärte ihm: »Das hier ist sehr wichtig für uns. Sie verlangen nicht viel, und wir müssen sie unterstützen, wenn wir überhaupt irgendeine militärische Verbindung zu den Vereinigten Arabischen Emiraten aufrechterhalten wollen.« Er pflichtete mir entschieden bei, ebenso Verteidigungsminister Cheney, aber es dauerte mehrere Tage, bis das Außenministerium seine Meinung änderte. Währenddessen rief Mohammed an und fragte: »Unterstützt ihr uns nun, oder nicht?« Und der US-Botschafter in den Vereinigten Arabischen Emiraten, der ebenfalls Hilfe versprochen hatte und jetzt ziemlich exponiert war, beklagte sich beim Außenministerium: »Wieso, um Himmels willen, unterstützen wir das nicht? Worin besteht denn schon die Verpflichtung? In nur zwei Tankflugzeugen! Und damit können wir uns auf ewig den guten Willen dieser Leute sichern.« Das war typisch für die Art und Weise, wie wir im Nahen Osten die Dinge betrieben. Nichts durfte einfach sein.

Endlich schickten wir Ende Juli unauffällig die Tankflugzeuge zu einem, wie wir es nannten, gemeinsamen Manöver mit der Luftwaffe der Vereinigten Arabischen Emirate in den Nahen Osten. Wir verteilten auch drei der fünf Schiffe unserer Nahoststreitmacht als Vorposten über den Golf, damit wir einen etwaigen irakischen Luftangriff früh genug auf dem Radar erkennen konnten, um die Vereinigten Arabischen Emirate zu warnen.

In Kuwait versetzten meine Freunde Generalmajor el-Sanii und Generalmajor Dschabir el-Chaled el-Sabbah ihre Streitkräfte in vollen Alarmzustand und ließen sie die Verteidigungsstellungen einnehmen, die man mir im Jahr zuvor erläutert hatte. Aber der Emir, Scheich Dschabir el-Ahmed el-Sabbah, überstimmte sie und befahl die Truppen zurück in die Kasernen. Aufgrund seiner Erfahrungen ging der Emir davon aus, Saddam könne mit Geld zur Ruhe gebracht werden; Kuwait hatte mit Milliarden von Dollar zum Krieg gegen den Iran beigetragen, und nun behauptete Saddam, Kuwait hätte Öl im Wert von 2,5 Milliarden Dollar aus dem Rumaila-Ölfeld gestohlen, das sich beide Länder teilten. Amerikanische Diplomaten waren übereinstimmend der Meinung, daß Saddam nicht angreifen werde. In der letzten Juliwoche waren bei uns im Central Command Analysen des Außenministeriums und der internationalen Diplomatenwelt eingetroffen, worin Ansichten vertreten wurden wie: »Saddam rasselt bloß mit dem Säbel, damit er bei der Debatte um die Ölpreise gegen Kuwait die besseren Karten hat.« Und: »Keine arabische Nation wird je die andere angreifen.«

Aber ich war mit einem Nachrichtenstab gesegnet, dessen Arbeit so gut war, daß der Militärische Nachrichtendienst in Washington sich normalerweise an die Vorgaben vom Central Command hielt und unsere Einschätzung der Entwicklungen im Nahen Osten bekräftigte. Jeden Morgen klärten mich die Mitarbeiter über die letzten Bewegungen des irakischen Militärs auf. Uns standen außerordentliche Datenmengen zur Verfügung: Seit dem »Tankerkrieg« hatten die Vereinigten Staaten die Region unter besonderer Beobachtung, sowohl in bezug auf individuelle nachrichtendienstliche Ermittlungen wie auch in bezug auf High-Tech-Überwachung, so daß jeder Tag eine Riesenmenge neuester Informationen brachte. Wir orteten Truppenkonvois und Eisenbahnzüge voller Panzer, die sich von Bagdad in den südlichen Irak nach Basra und von dort zu den Sammelpunkten bewegten.

Irak hatte die Wüste bei Basra schon zuvor für militärische Übungen genutzt, und zunächst hielten wir dies bloß für ein weiteres Manöver. Die Truppen warteten in Zelten, und die Panzer, Ausrüstungen und der Nachschub befanden sich hinten bei der Nachhut. Aber Ende Juli beschränkten sich die Iraker nicht länger auf das Übungsgebiet; sie formierten sich im Südosten und Südwesten von Basra und stießen zur kuwaitischen Grenze vor. Nun waren die Zelte verschwunden, das schwere Gerät war nach vorn gebracht und die Ausrüstungen in die Nähe der Einheiten geschafft worden, die sie auch einsetzen konnten: Hubschrauber zu den Sondereinheiten, Pontonbrückenbaugerät zur Marineinfanterie. Kein Zweifel, was wir da sahen, war keineswegs bloße Kraftmeierei. Hier nahm ein Kriegsplan Gestalt an.

Als wir nach Tampa zurückkehrten, gab es für meine Mitarbeiter einen nahtlosen Übergang vom konstruierten Kriegsspiel zur echten Krise. Beim Offiziersstab, von dem ich am meisten abhing, hatte es Personalwechsel gegeben. Joe Hoar, mein Stabschef, war zu einer Dreisterneaufgabe im Pentagon verpflichtet worden, die ihm ein baldiges Viersternekommando in Aussicht stellte. Ich war stolz auf seinen Aufstieg und hocherfreut, daß sich sein Ersatzmann, Generalmajor Bob Johnston, als genauso tüchtig erwies. Johnston war von anderen Generälen als künftiger Kommandant des Marineinfanteriekorps bezeichnet worden, und seine Leistung bei der Übung »Internal Look« zeigte mir, wieso. Der Stabschef spielt bei einer Kommandoübung eine zentrale Rolle – genau wie bei einer richtigen Krise –, und obwohl Johnston nur einen Monat im Central Command gewesen war, erledigte er die Aufgabe so gut wie kein anderer.

Generalmajor Burt Moore, ein altgedienter Luftwaffenmann, wurde mein neuer Operationschef – eine Aufgabe, bei der man wenig Chancen hat, wenn der Oberkommandierende ein alter Kriegsgaul ist wie ich, der sich für den besten Operationsfachmann der eigenen Truppe hält. Burt, der eben vier relativ friedliche Jahre beim Kongreß in Washington hinter sich hatte, wurde gleich stark eingespannt, zuerst bei »Internal Look«, dann in der echten Golfkrise; seine Erfahrung als Kampfpilot ließ ihn durchhalten. Unterdessen hatte unser Nachrichtendienst – ohnedies schon der beste, was den Nahen Osten betraf – durch seinen Chef, Brigadegeneral Jack Leide, noch einen brillanten Kopf mehr erhalten. Als Fernostspezialist war er zur Zeit des Massakers auf dem Tiananmen-Platz amerikanischer Militärattaché in China gewesen und nun in der Hoffnung auf eine wohlverdiente Pause zum Central Command gestoßen. Aber als die Krise ausbrach, warf er sich gleich voll ins Zeug und brachte unserem jungen Mitarbeiterstab bei, wie man unter einer erdrückenden Arbeitslast effektiv operieren kann.

Anläßlich einer kuwaitischen Bitte um Informationen über die irakische Bedrohung schickten wir einen von Leides Experten, Major John F. Feeley, mit einer Aktentasche voller Geheimaufnahmen nach Kuwait City. Am 31. Juli, kurz nach zwölf Uhr, informierten wir Washington, daß der Krieg zwischen Irak und Kuwait unmittelbar bevorzustehen schien. Analytiker der Defense Intelligence Agency des Verteidigungsministeriums, die die gleichen Daten ausgewertet hatten, pflichteten unseren Schlußfolgerungen bei. Am selben Nachmittag befahl mir Colin Powell, nach Washington zu kommen, um Verteidigungsminister Cheney und die Joint Chiefs of Staff über unsere Optionen für den Fall zu informieren, daß die Kampfhandlungen beginnen sollten.

Am folgenden Nachmittag betrat ich den mir nun schon vertrauten »Tank«, verteilte Diagramme und Aufklärungsfotos über die irakischen Truppenkonzentrationen und spielte das Ganze neunzig Minuten lang durch. Indem er auf eine auf die Leinwand projizierte Karte von Kuwait wies, wollte Cheney wissen, was die Iraker meiner

Meinung nach tun würden. Ich gab eine Prognose, die sich zur Hälfte als richtig erweisen sollte. »Dahinter steckt zweifellos ein militärischer Plan. Ich denke, sie werden angreifen«, sagte ich, fügte aber hinzu, daß ich nicht glaubte, daß Saddam das ganze Land an sich reißen würde. Ich nahm an, er würde nur wenig südlich des 30. Breitengrades vorrücken, indem er den kuwaitischen Teil des Rumaila-Ölfelds und die Insel Bubiyan, die den Seeweg zu dem neuen Hafen von Irak, Umm Qasr, beherrschte, besetzte, und dann stehenbleiben.

Ich präsentierte die detaillierten Pläne, die wir für Luft- und Seeangriffe gegen den Irak ausgearbeitet hatten. Ich ging die Liste der sogenannten »hochwertigen« Ziele durch – militärische Hauptquartiere, Kraftwerke, Fabriken –, die wir schnell zerstören konnten. Zum Schluß umriß ich noch unseren Plan, notfalls Truppen nach Saudi-Arabien zu verlegen, obwohl keiner von uns glaubte, Saddam würde saudisches Territorium mit einer Invasion bedrohen. Das Treffen endete ohne besondere Alarmstimmung. In der Rangfolge der Weltkrisen war dies nach wie vor eine der kleineren Störungen.

Auf dem Rückflug nach Tampa telefonierte ich bereits mit meinem Hauptquartier, berichtete, daß der Vortrag gut geklappt hätte, und befahl meinem Stab, auszuspannen und nur ein Krisenteam im Dienst zu belassen. Ich war zufrieden, daß wir alles getan hatten, was wir tun konnten, ehe Saddam einen weiteren Schritt unternahm, und als wir am Spätnachmittag landeten, ging ich nach Hause.

Eine Stunde später, gerade als ich mich auf meinen Fahrradtrainer schwang, um mir die Iraker aus dem Sinn zu strampeln, klingelte das Telefon. Am Apparat war Colin Powell, der trocken sagte: »Sie hatten recht. Die Iraker haben die Grenze überschritten.«

Noch im Trainingsanzug eilte ich in die Kommandozentrale. Die Offiziere des Krisenteams informierten mich über die ersten Nachrichtenberichte, die darauf hinwiesen, daß der irakische Hauptangriff an den Ölfeldern von Rumaila vorbeigegangen und tief nach Kuwait eingedrungen war – Saddam schien weiter vorzustoßen, als ich erwartet hatte. Dann geschah einige Stunden lang nichts Neues. Wir warteten auf Mitteilungen von unserem Team in Kuwait oder von Major Feeley. Endlich, kurz nach einundzwanzig Uhr – vier Uhr morgens Kuwaiter Zeit –, rief Feeley an. Er war in seinem Hotelzimmer durch das Geräusch entfernter Explosionen aufgewacht und über die Straße in die amerikanische Botschaft gerannt, wo das Cen-

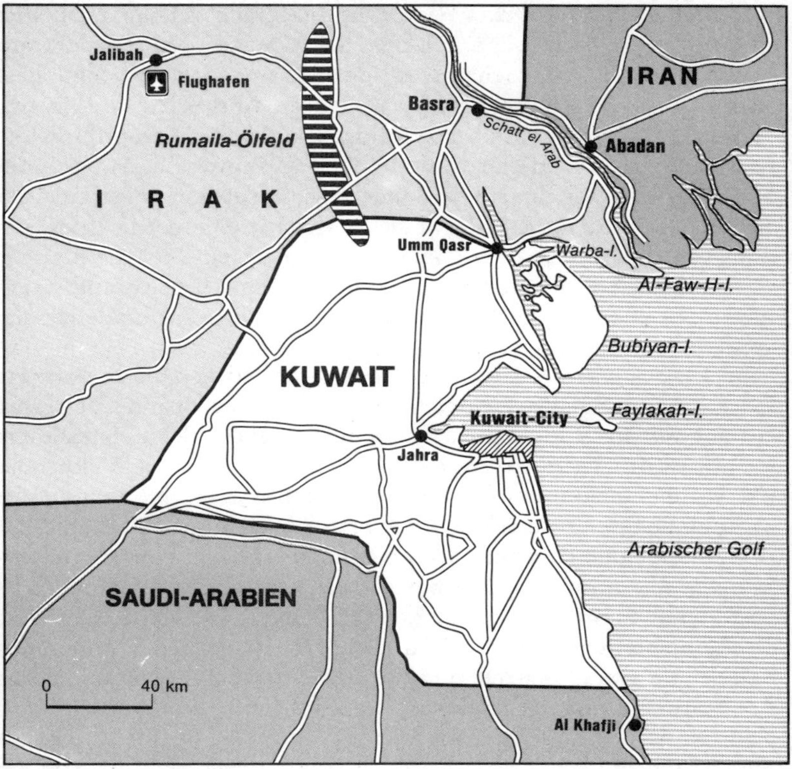

tral Command ein Satellitenfunkgerät besaß, das ihn direkt mit Tampa verband. Nun sprach er direkt mit General Leide, der seinen Bericht weitergab: »Die Iraker sind in Kuwait City.«

Das war offensichtlich nicht der begrenzte Vorstoß, den ich noch am Morgen prophezeit hatte. Ich griff zum roten Telefon, um in Washington General Powell zu informieren, aber noch bevor ich den Hörer abheben konnte, klingelte es bereits. Powell war schon durch das Außenministerium, über Botschafter Howell in Kuwait, auf dem laufenden und rief mich an, um mir das mitzuteilen. Jedermann war überrascht – ein Araber hatte einen arabischen Bruder angegriffen. Powell fügte hinzu: »Wahrscheinlich brauche ich Sie morgen früh hier, um dem Präsidenten vorzutragen.«

Unterdessen stieg Major Feeley auf das Dach der Botschaft und informierte uns kontinuierlich über die morgendliche Schlacht um Kuwait City. Die Botschaft war ideal gelegen – nur vierhundert Meter vom Hauptpalast, einem wichtigen Angriffsziel der Iraker, entfernt. Feeley beschrieb die irakischen Panzer, Kampfflugzeuge und Hubschrauber, die er angreifen sehen konnte. Die Hubschrauber, berichtete er, brachten Sondereinsatztruppen an strategisch wichtige Punkte der ganzen Stadt; er machte Männer in Zivilkleidung aus, die sie in ihre Landungszonen einwiesen. Die Iraker hatten sich gründlich vorbereitet – sie waren sogar soweit gegangen, Agenten einzuschleusen, die als Bodenkontrolle für ihre Luftlandetruppen dienten.

In den nächsten Stunden zeichnete sich ein genaueres Bild der Invasion ab. Die Offensive war mehr oder weniger nur eine Fahrt entlang der in Nord-Süd-Richtung verlaufenden Schnellstraße bis nach Kuwait City gewesen. Dort stießen die Iraker auf Widerstand und wurden langsamer; währenddessen schwenkte eine zweite Panzerkolonne um die Stadt herum und stieß nach Süden auf die militärischen Basen und die Ölfelder des südlichen Kuwait vor. An diesem Morgen, so erfuhr ich später, hatte Generalmajor Dschabir, der stellvertretende Stabschef, versucht, seine Truppen aus den Kasernen in die Kampfstellungen zu bringen. Doch die irakischen Kommandos hatten sein Hauptquartier zerstört, und so verbrachte er die frühen Abendstunden damit, in einem Mercedes herumzufahren und den Truppen per Funktelefon Anweisungen zu geben. Später verschanzten sich er und seine Mitarbeiter in einem unterirdischen Bunker, worauf prompt drei Panzer der Republikanischen Garde erschienen und auf dem Dach parkten. Überzeugt, gefangengenommen zu werden, beschloß Dschabir, sich selbst im Austausch gegen die Freiheit seiner Stabsmitarbeiter anzubieten. Er schickte einen Adjutanten nach oben, um die Übergabe auszuhandeln, aber zu seinem Glück waren die irakischen Panzer in der Zwischenzeit abgefahren. Dschabir entkam dem Bunker und konnte schließlich einige weitere Wochen lang die Überbleibsel seiner Armee kommandieren.

Früh am nächsten Morgen meldete ich mich in Colin Powells Büro im Pentagon, um ihn zum Treffen des Nationalen Sicherheitsrates zu begleiten, wo ich, zum ersten Mal überhaupt, dem Präsidenten der Vereinigten Staaten vortragen würde. Powell sah meinen Gesichtsausdruck und warnte mich sofort, nicht zuviel zu erwarten. »Treffen des Nationalen Sicherheitsrates sind an sich dazu da, dem Präsidenten als Informationsquelle zu dienen. Jedermann im Kabinett wird sich verpflichtet fühlen, etwas zu sagen. Wundern Sie sich also nicht, wenn Sie einigen Unsinn hören. Erwarten Sie keine Entscheidung. Wenn der Präsident eine Entscheidung treffen muß, wird er dies in Absprache mit einer viel kleineren Gruppe tun.« Als ich die Folien mit den Skizzen für den Vortrag durchblätterte, für deren Zusammenstellung mein Stab fast die ganze Nacht durchgearbeitet hatte, wies er mich an, meinen Vortrag auf das zu beschränken, was das Central Command umgehend durchführen könnte – besonders auf die Luft- und die Seeangriffe, die ich den Joint Chiefs vorgeschlagen hatte. Powell machte klar, daß er dagegen war, daß ich meinen Plan zur Truppenverlegung ansprach, solange wir nicht genauer wußten, was Saddam im Sinn hatte. Ob die Vereinigten Staaten militärisch eingreifen würden, hing davon ab, wie weit die Iraker gehen würden. Dann mutmaßte er: »Ich glaube, für Saudi-Arabien würden wir in den Krieg ziehen, aber ich bezweifle, ob wir das für Kuwait auch tun würden.« Schließlich riet er mir, nicht zu vergessen, daß ich ein Gast sei und daß man von mir Zurückhaltung erwarte und daß ich nicht reden solle, wenn ich nicht dazu aufgefordert worden sei. Ich ließ mir das alles gesagt sein – als ehemaliger Nationaler Sicherheitsberater wußte Powell, wovon er redete. Das von ihm beschriebene Protokoll schien so ziemlich dem des »Tanks« zu entsprechen. Damit stiegen wir in eine Limousine und fuhren über den Potomac ins Weiße Haus.

Powell lag mit seinen Voraussagen genau richtig. William Webster, der Chef der CIA, machte den Anfang mit einem Überblick über die aktuellen nachrichtendienstlichen Erkenntnisse. Obwohl die CIA zu genau den gleichen Informationen wie das Central Command Zugang hatte, präsentierte er nur eine aufgewärmte Beschreibung der irakischen Streitkräfte einige Tage *vor* der Invasion. Er bot nur dürftige Daten über den Angriff selbst – kein Wort fiel zum Beispiel über den Kampf um den Palast in der Nacht zuvor. Generalleutnant Brent Scowcroft, der Nationale Sicherheitsberater, Tom Pickering, der UNO-Botschafter und Verteidigungsminister Cheney lieferten interessante Beiträge, aber andere Kabinettsmitglieder, die zu einer Einschätzung der neuen Entwicklung hätten beitragen sollen, wirkten ziemlich unvorbereitet.

Präsident Bush wollte alle Aspekte der Krise untersuchen. Bestand die Möglichkeit, daß der Iran mit dem Irak gemeinsame Sache machte? Könnten wir den Ölexport des Irak und Kuwaits unterbinden? Wie würde sich das auf die Weltwirtschaft auswirken? Warum hatte sich der Jemen bei der Abstimmung im UNO-Sicherheitsrat, wo man die Invasion verurteilte, der Stimme enthalten? Was könnte man unternehmen, um zu verhindern, daß amerikanische Bürger als Geiseln genommen würden? Mich beeindruckte seine Bereitwilligkeit, die Meinung eines jeden anzuhören, und keine voreiligen Urteile und Entscheidungen zu treffen, ehe er nicht ganz im Bilde war. Er befragte in seinem Bemühen um genauere Informationen jeden, der am Tisch saß, ohne jedoch allzuviel zu erfahren. Ich kämpfte mit meinem Impuls, aufzuspringen und loszulegen. Ich *wußte* die einfache Antwort auf die Frage nach dem Jemen: Der Jemen hatte die Aufgabe, im Sicherheitsrat die Arabische Liga zu repräsentieren, und in dieser Krise waren die arabischen Führer noch zu keiner übereinstimmenden Meinung gelangt. Ich nahm mich zusammen, bis Webster mitteilte, man habe jeglichen Kontakt mit der Botschaft in Kuwait verloren.

»Ich glaube nicht, daß das zutrifft«, sagte ich und berichtete, daß wir die ganze Nacht mit Major Feeley über Funk gesprochen hätten. Meine Einmischung schien den Teilnehmern nichts auszumachen. Ich vermutete, daß Webster nur meinte, die CIA sei nicht in der Lage gewesen, mit ihrem Stationschef Kontakt aufzunehmen. Ich hielt es für wichtig, dem Präsidenten zu versichern, daß die Botschaft noch stand und nicht in Stücke geschossen war.

Als Powell mich vorstellte, stand ich auf und erläuterte, wie von ihm angewiesen, die Optionen. Während ich warnend darauf hinwies, daß es nicht in unserer Macht liege, die Invasion zu stoppen, könnten wir jedoch Manöver unserer Luft- und Seestreitkräfte durchführen, um amerikanische Entschlossenheit zu demonstrieren und, wenn nötig, den Irak zu bestrafen.

Obwohl seit dem Überfall auf Kuwait kaum vierzehn Stunden vergangen waren, hatte sich Präsident Bush offensichtlich bereits entschlossen, Saddams Aggression die Stirn zu bieten. Er wies uns an, auf ein militärisches Eingreifen vorbereitet zu sein, falls der Irak das amerikanische Botschaftspersonal als Geiseln nehmen sollte. Dann fragte Powell: »Sollen wir uns auf Aktionen vorbereiten, falls Saudi-Arabien betroffen ist?« Der Präsident bejahte. Er betrachtete einen Angriff auf die Saudis als Kriegsgrund.

Zwei Tage später holte Powell mich erneut, um dem Präsidenten vorzutragen. »Diese Begegnung wird anders verlaufen«, sagte er mir. »Wir fahren nach Camp David. Wir reden mit dem Präsidenten und einer sehr kleinen Gruppe. Jetzt sind Sie dran: Sprechen Sie, wenn nötig, den ganzen Vormittag, und stellen Sie Ihren Operationsplan vor.« Der Präsident war bereit, die Entsendung von Truppen in Betracht zu ziehen.

Der in meinen Augen schlimmstmögliche Fall war eingetreten. Die Eroberung von ganz Kuwait hatte weniger als drei Tage in Anspruch genommen, und es hatte nicht den Anschein, als wollten die Iraker es dabei belassen. Am Freitag leiteten Ägypten, Jordanien und Saudi-Arabien, in der Absicht, die Krise zu entschärfen, Schritte zur Einberufung eines Gipfeltreffens der Arabischen Liga ein. Aber dieselben drei Divisionen der Republikanischen Garde, die den ersten Angriff auf Kuwait angeführt hatten, begannen nun, Panzer und Artillerie entlang der saudischen Grenze zu konzentrieren und Nachschub nach vorn zu schaffen. Wir mußten annehmen, daß sie sich bereitmachten, die Grenze zu überschreiten.

Im Hauptquartier des Central Command arbeiteten wir unter Hochdruck. Wir hatten Kriegsschiffe im Golf, die, wie wir es den Vereinigten Arabischen Emiraten versprochen hatten, eine Radarvorpostenkette bildeten; unsere Helferteams in Saudi-Arabien und Ägypten stellten Flugzeuge bereit, um Zivilisten aus Kuwait herauszuholen, sollten wir die Gelegenheit dazu bekommen; und wir bereiteten uns vor, das Kommando über den Flugzeugträger »Independent« und das dazugehörige Geschwader aus sechs Kriegsschiffen zu übernehmen, die vor der Krise zur Insel Diego Garcia im Indischen Ozean unterwegs gewesen waren und nun nach Norden zum Golf umgeleitet wurden. Gleichzeitig arbeiteten wir mit der Flotte an der Planung eines See-Embargos des Irak zusammen und forderten die Luftwaffe auf, überall in den Vereinigten Staaten Einheiten in Alarmbereitschaft zu versetzen, um sie gegebenenfalls ins Kriegsgebiet einzufliegen. Leides Nachrichtenoffiziere informierten mich stündlich über alles, was den Irak betraf, sowie über den Iran und andere nahöstliche Länder, deren Absichten nach wie vor unklar waren. Außerdem mußten wir noch Anfragen aus Washington beantworten. Sie erfolgten meist in Form von Telefonanrufen Colin Powells. Er rief mehrmals am Tag an. »Wie lange würden wir brauchen, um eine Rettungsaktion für das Botschaftspersonal zu organisieren?« fragte er. Oder: »Was hat eurer Meinung nach die Arabische Liga im Sinn?«

Auch wenn mein Stab sich all dem großartig gewachsen zeigte, war ich kein einfacher Kommandeur. Ich trieb sie gnadenlos an, mahnte wieder und wieder: »Das ist kein Manöver. Das ist der Ernstfall.

Wenn wir dem Präsidenten der Vereinigten Staaten mitteilen, daß das Central Command militärisch etwas unternehmen kann, müssen wir jederzeit damit rechnen, daß er sich umdreht und sagt: ›Okay, legt los.‹ Ich will nicht, daß wir irgend etwas improvisieren, und ich will keine falsche Tollkühnheit.« Dem amerikanischen Militär war in Vietnam wiederholt vorgeworfen worden, die Fakten dem Präsidenten zuliebe geschönt zu haben, und auf der Grundlage falscher Informationen hatte der Präsident einige katastrophale Entscheidungen getroffen. Diesen Fehler würden wir nicht noch einmal machen. Jede kleinste Information, die der Präsident erhielt, würde so exakt sein, wie nur möglich, selbst wenn wir dabei nicht gut wegkamen. Wenn wir ihm sagten, daß wir etwas tun könnten, würden wir auch wirklich in der Lage sein, unser Versprechen zu erfüllen.

Früh am Sonntag, dem 4. August, traf ich Powell und Cheney im Pentagon und erläuterte ihnen meinen Vortrag während des zwanzigminütigen Fluges in die Berge von Maryland. Ich brachte Generalleutnant Chuck Horner, meinen Luftwaffenkommandeur, mit. Ich wollte, daß er den Präsidenten über unsere Einsatzmöglichkeiten aus der Luft informierte, und da die Luftwaffe die am schnellsten einsatzbereite Option darstellte, war ich der Meinung, Chuck solle alles hören, was gesagt werden würde. Als wir landeten, sah ich eine Reihe hübscher rötlicher Holzhäuser auf einem niedrigen, bewaldeten Berghügel; es gab kaum einen größeren Gegensatz zu den in der Wüste gelegenen Schlachtfeldern des Nahen Ostens.

Wir fuhren in Golfplatzkarren, dem bevorzugten Transportmittel in Camp David, etwa vierhundert Meter den Hügel hinauf. In einem komfortablen Konferenzraum hatte Präsident Bush seinen inneren Zirkel versammelt: Vizepräsident Quayle, Außenminister Baker, Verteidigungsminister Cheney, General Scowcroft, John Sununu, Stabschef des Weißen Hauses, und Richter Webster von der CIA. Baker war an jenem Morgen von einer Reise in die Sowjetunion zurückgekehrt, bei der er und Außenminister Eduard Schewardnadse eine historisch denkwürdige gemeinsame Verurteilung der irakischen Invasion abgegeben hatten. Nur Powell, Horner und ich trugen Uniform, alle anderen waren in Freizeitkleidung erschienen. Der Präsident hatte ein Sporthemd und eine Windjacke an, um sich vor der kühlen Luft der Klimaanlage zu schützen. Das Ganze machte kaum den Eindruck eines Kriegsrats.

Die Leitung hatte ganz offensichtlich der Präsident. Er wiederholte mehrmals seine Sorge wegen Kuwait und der Notlage der dort lebenden Amerikaner. Er war der Meinung, die irakische Invasion dürfe von den Vereinigten Staaten und dem Rest der Welt nicht ungestraft hingenommen werden. Als ich an der Reihe war, stand ich auf, sah mich im Kreis um und erklärte, womit wir es zu tun hätten. In der Rangfolge der stehenden Heere der Welt kam das von Saddam, was die Mannschaftsstärke anging, gleich hinter denen Chinas, der Sowjetunion und Vietnams (die Vereinigten Staaten rangierten an siebter Stelle). Die irakische Militärmaschine bestand aus neunhunderttausend Mann, die in dreiundsechzig Divisionen gegliedert waren, zu denen auch die acht Eliteeinheiten der Republikanischen Garde gehörten. Saddam verfügte über schätzungsweise die doppelte Anzahl von Truppen, die er für die Verteidigung seines Landes gegen die Nachbarn benötigen würde. Zu seinem Arsenal gehörten einige der besten Waffen, die der internationale Waffenmarkt zu bieten hatte: sowjetische T-72-Panzer, schwere südafrikanische 155-mm-Artillerie, chinesische und sowjetische Mehrfachraketenwerfer, chinesische Silkworm- und französische Exocet-Raketen, sowjetische MiG-29-Jagdflugzeuge und Su-24-Langstreckenjagdbomber, französische M-1 Mirage-Jagdflugzeuge – die Liste hörte und hörte nicht auf. Ich ging näher auf die in meinen Augen militärischen Stärken des Irak ein, wie etwa seine im Al-Faw-Feldzug des iranisch-irakischen Krieges bewiesene Fähigkeit, einen Offensivkrieg mit chemischen Waffen zu führen, und auf seine Schwächen, vor allem auf die mangelhafte Logistik und das zentralisierte Kommando- und Kontrollsystem, in dem wichtige Entscheidungen, selbst inmitten des Kampfes, nur von Saddam persönlich getroffen werden konnten.

Ich ging noch einmal die Optionen für Luft- und Marinestreitkräfte durch, die ich vor zwei Tagen erörtert hatte, und erwähnte dann eine Möglichkeit, die wir zuvor nicht angesprochen hatten: den Einsatz von Bodentruppen. Der Verteidigungsplan entsprach dem, den wir vor einer Woche im Manöver »Internal Look« beim Central Command durchgespielt hatten, nur daß er jetzt einen Truppeneinsatzplan enthielt, über dem wir so lange geschwitzt hatten, bis ich das ganze Vorschlagspaket dem Präsidenten mit dem sicheren Gefühl unterbreiten konnte, für seine Durchführung *garantieren* zu können.

Ich wies darauf hin, daß wir einen solchen Plan nur mit der Zustimmung Saudi-Arabiens durchführen könnten, da er voraussetzte, daß wir seine Flugplätze und Häfen benutzen durften. Sollten wir sie erhalten, könnten wir, wenn der Präsident den Befehl erteilte, gleich eine Brigade der 82. Luftlandedivision – viertausend Soldaten – am

Boden haben. Ihre Aufgabe würde darin bestehen, amerikanische Präsenz zu behaupten – eine gefährliche Mission, denn falls die Iraker angriffen, würden die leichten Waffen der 82. Luftlandedivision den Panzern Saddams nicht ernstlich Widerstand leisten können. Innerhalb von zwei Wochen könnten wir die Bodentruppen mit einer Marineinfanteriebrigade, einer Einheit Sondereinsatztruppen und weiteren Luftlandetruppen mehr als verdreifachen. Ende des ersten Monats würden unsere sogenannten »schweren« Einheiten eintreffen: eine Luftangriffstruppe mit Apache-Hubschraubern und eine Brigade motorisierter Infanterie mit ihren Abrams-Panzern. »Das ist die Panzerabwehr, die wir brauchen, um den Vormarsch der Iraker ganz zum Stillstand zu bringen«, bemerkte ich. Um die Streitkräfte bei ihrem Aufmarsch zu schützen, würde die Luftwaffe Hunderte von Kampfflugzeugen auf die saudischen Flugplätze verlegen, und die Flotte würde zwei weitere Flugzeugträger-Kampfgruppen zum Golf beordern. Wir würden drei weitere Monate brauchen, um genügend Kampfkraft zu massieren, bis wir ganz sicher sein konnten, einen großangelegten irakischen Angriff abwehren zu können.

Der Präsident war bereits darauf hingewiesen worden, daß die Verlegung von Truppen keine schnelle Lösung war. Im Lichte einer erst drei Tage alten Krise wirkten drei Monate fast wie eine Ewigkeit. Doch ich wollte ganz sichergehen, daß die Zivilisten am Tisch wirklich verstanden, wie stark der Feind war, dem wir gegenübertraten.

»Was ich bis jetzt besprochen habe, ist ein Notfallplan für die *Verteidigung* von Saudi-Arabien«, fuhr ich fort. »Sollten wir die Iraker aus Kuwait vertreiben wollen, müssen wir in die *Offensive* gehen – und dazu würden wir weit mehr Truppen brauchen und viel mehr Zeit.« Ich projizierte eine Folie, auf der meine Überschlagsrechnung zu sehen war: Wir würden mehr als das Doppelte der vorgesehenen Streitkräfte benötigen und wenigstens sechs zusätzliche Divisionen aus den Vereinigten Staaten und Europa abziehen und sie samt den erforderlichen Nachschubeinheiten an den Golf transportieren müssen. Der früheste Zeitpunkt, an dem eine solche Armee einsatzbereit wäre, stand am unteren Folienrand zu lesen: »Vorgesehener Zeitraum: 8–10 Monate.«

Ich hörte, wie einige der Leute am Tisch nach Luft schnappten. Damit würden sehr viel mehr Streitkräfte im Nahen Osten gebunden sein, als sie sie je dorthin hatten verlegen wollen. Es würde auch sehr viel länger dauern, als sie es für eine kriegerische Lösung der Krise für erforderlich hielten. Sowohl Cheney als auch Powell unterstützten voll und ganz meinen Standpunkt.

Ich war gekommen, um dem Präsidenten zu versichern, daß das Central Command vorbereitet sei, aber hätte er mich an diesem Morgen um meine Meinung gefragt, hätte ich ihm gesagt, ich glaubte nicht, daß die jetzige Situation zum Krieg führen würde. Ich machte mir große Sorgen um die Sicherheit der Menschen in Kuwait – nicht nur um die meiner vielen arabischen Freunde, sondern auch um Nat Howell, den amerikanischen Gesandten und ehemaligen politischen Berater vom Central Command, und um die Mitglieder meines Hilfsteams. Aber solange die Iraker nicht weiter vorstießen, würden meiner Meinung nach die Diplomaten und die arabischen Nationen einen Weg finden, die Krise friedlich zu lösen.

Fast im gleichen Augenblick, als ich Samstagnachmittag wieder in Tampa eintraf, rief Colin Powell erneut an. »König Fahd wünscht, daß ihn jemand auf den neuesten Stand bringt, was die Bedrohung seines Königreichs angeht. Wir wollen, daß Sie bei dieser Delegation sind und dem König erklären, was wir tun können. Bringen Sie so viele Leute mit, wie Sie brauchen, um auch das saudische Militär in allen Einzelheiten zu informieren.«

Als ich am nächsten Morgen in Washington mit meinem hastig zusammengestellten Team landete, erfuhr ich, daß Powell nun wollte, daß ich die Delegation anführte. »Eigentlich hätte Verteidigungsminister Cheney reisen sollen«, erklärte er mir, als ich mich im Pentagon meldete, »aber die Saudis waren damit nicht einverstanden, weil sie das Treffen möglichst herunterspielen wollen.« Er fügte noch hinzu: »Wenn Sie dort eintreffen, müssen Sie improvisieren.«

Ich war beinahe zur Tür heraus, als ich dachte: »Improvisieren?« Ich machte mir keine Sorgen über ein Treffen mit König Fahd, aber wenn ich mit den Saudis über militärische Angelegenheiten reden wollte, mußte ich wissen, was wir eigentlich zu bieten hatten.

»Erklärt die amerikanische Regierung, wir seien bereit, Truppen einzusetzen?« fragte ich.

Powell sagte barsch: »Ja. Sofern König Fahd das gestattet.«

Ich war verblüfft. Es mußte sich einiges ereignet haben, seit ich Camp David verlassen hatte, über das Powell nicht sprach. Präsident Bush hatte sich entschlossen, Truppen zu schicken.

Auf dem Flughafen warteten wir auf Chas Freeman, den amerikanischen Botschafter in Saudi-Arabien, einen brillanten Diplomaten und Fernostkenner, der stellvertretender Missionschef in China gewesen war und Präsident Nixon auf seiner historischen ersten Reise nach Peking als Dolmetscher gedient hatte. Wegen der Krise hatte Freeman beschlossen, seinen Heimaturlaub in Neuengland abzukürzen und unsere Delegation zu begleiten.

Weniger als eine Stunde vor dem Abflug sah ich mich plötzlich degradiert – die Saudis waren nun schließlich doch damit einverstanden, daß Verteidigungsminister Cheney die Delegation leitete. Wir wechselten für den langen Flug gen Osten in sein Flugzeug über – eine der Luftwaffenmaschinen für besondere Missionen, die mit Konferenzräumen und einem VIP-Foyer ausgestattet war. Mit von der Partie waren auch Paul Wolfowitz, Zivilstratege beim Pentagon, Pete Williams, Chef für Öffentlichkeitsarbeit im Pentagon, Art Hughes, ein Experte des Pentagon für den Nahen Osten, Generalmajor Marty Brandtner, stellvertretender Operationschef des Joint Staff, und Bob Gates, stellvertretender nationaler Sicherheitsberater. Ein CIA-Analytiker hatte für den König eine Mappe der neuesten Satellitenaufnahmen dabei. Ich brachte die Kommandeure und Stabsoffiziere mit, die ich brauchte, um die Saudis in allen Einzelheiten informieren und, falls erforderlich, Truppen stationieren zu können. Alle waren sie schon im Nahen Osten gewesen: Generalleutnant Chuck Horner, ein Kampfpilot und Kommandeur der Neunten Luftflotte, Generalleutnant John Yeosock, ein alter Freund und Kommandeur der Dritten Armee; Generalmajor Dane Starling, Chef des Logistikstabes des Central Command und der beste Logistiker, dem ich je begegnet bin, und Konteradmiral Grant Sharp, mein oberster Planer und Stratege. Ich brachte auch meinen Stabsoffizier mit, einen gescheiten, aggressiven Oberst der Heereskavallerie aus Tennessee namens Burwell Baxter Bell (wir nannten ihn »B. B.«). Ihm erteilte ich die Aufgabe, während der Krise mein persönliches Logbuch zu führen – ein vollständiger Bericht über die Aktionen und Entscheidungen, der schließlich mehr als dreitausend einzeilig beschriebene Seiten füllte.

Verteidigungsminister Cheney war nur seit etwas mehr als einem Jahr im Pentagon gewesen und hatte viele Generäle verunsichert, indem er einen Viersternegeneral absetzte und andere warnte, von denen er meinte, sie würden sich zu selbstherrlich verhalten. Doch als ich ihm unterwegs zuschaute und zuhörte, empfand ich ihn als klug, aufmerksam und unkompliziert in der Zusammenarbeit. Er interessierte sich für jede Nuance des arabischen Protokolls. Während die Delegation besprach, wie man den Vortrag vor dem König gestalten solle, wollte er wissen, wie die Saudis auf ein Angebot amerikanischer Truppen reagieren würden. »Wenn sie sich ihren Gebräuchen entsprechend verhalten, werden Sie keine sofortige Antwort erhalten. Sie werden Fragen stellen und dann sagten: ›Vielen Dank. Jetzt möchten wir die von Ihnen zur Verfügung gestellten Informationen studieren und werden Ihnen mitteilen, wie wir uns entschieden haben.‹«

König Fahd erwartete uns nicht in Riad, sondern in Djidda an der Küste des Roten Meeres, unweit von Mekka. Die Saudis sagten, der König verbringe nur den Sommer in Djidda, tatsächlich blieb er mehr als die Hälfte des Jahres dort, denn angeblich sei das Klima von Djidda kühler und angenehmer als das von Riad. Doch gab es Gerüchte, die es damit erklärten, daß ihm ein Wahrsager prophezeit habe, er werde dort ermordet werden. Ich vermutete, daß es einfach damit zusammenhing, daß der König, der in Djidda aufgewachsen war, sich dort mehr zu Hause fühlte als in der steifen Atmosphäre der Hauptstadt.

Die Saudis hatten uns einen Mercedes-Konvoi zur Verfügung gestellt. Wir fuhren in den Gästepalast, ein prächtiges Gebäude, ausgerüstet wie ein Fünfsternehotel und mit unbezahlbaren orientalischen Kunstobjekten geschmückt. Es war spät am Nachmittag, und wir unterhielten uns eine Stunde in der Suite von Verteidigungsminister Cheney. Dann bestiegen wir für die fünfminütige Fahrt zum königlichen Palast wieder unseren Konvoi.

Während wir durch die Hallen geführt wurden, nahm ich nur aus den Augenwinkeln das Grün und Gold der unzähligen Seidenteppiche wahr. Wir gelangten in einen riesigen, ringsum mit Sesseln möblierten Raum, in dem der König seine offiziellen Audienzen abhielt. König Fahd, ein großer, schwerer Mann mit falkenartigen Zügen, aber freundlichen Augen, saß in der Ecke links außen. Er stand auf, als sich unsere Delegation näherte. Nachdem uns Botschafter Freeman der Reihe nach vorgestellt hatte, wiesen uns Mitglieder des Hofstaats unsere Plätze an der Wand an, wobei Verteidigungsminister Cheney rechts neben dem König zu sitzen kam.

Ich erkannte Abdullah, den Kronprinzen, Prinz Saud el-Feisal, den Außenminister, Prinz Bandar, den Botschafter bei den Vereinigten Staaten, Prinz Abd el-Rahman, den stellvertretenden Verteidigungsminister, und ein oder zwei weitere Mitglieder der königlichen Familie. König Fahd verstand etwas Englisch, aber bei allen offiziellen Angelegenheiten wurde arabisch gesprochen, und so diente Bandar als Übersetzer. Unsere Delegation bestand aus Verteidigungsminister Cheney, Gates, Wolfowitz, Williams, Hughes, Horner, Brandtner und mir; sprechen sollten nur Cheney und ich. Als wir uns alle gesetzt hatten, übermittelte Cheney einen Gruß von Präsident Bush, sprach kurz über unsere Sorgen wegen der Situation in Kuwait, wies dann auf mich und sagte: »General Schwarzkopf wird Ihnen die Lage aus unserer Sicht vortragen und die militärischen Optionen erläutern, die wir haben.«

Da ich dem König Fotos und Karten zu zeigen hatte, ging ich zu ihm hinüber. Es gab nichts, worauf ich mich setzen konnte, also ließ ich mich auf ein Knie nieder. Das war dem König peinlich, der rasch etwas auf arabisch sagte, worauf ein Diener hastig einen Stuhl herbeibrachte. Nun saß ich zur Linken des Königs, wobei mir Prinz Abdullah von der anderen Seite über die Schulter blickte und Prinz Bandar hinter uns stand und übersetzte.

Ich zeigte dem König eine Fotoserie irakischer Panzer, die an der saudischen Grenze aufgenommen worden waren. Genaugenommen konnte man auf einigen Fotos Panzer sehen, die die saudische Grenze bereits *überschritten* hatten. An dieser Stelle meiner Erläuterungen murmelte der König Prinz Abdullah ein paar Worte zu, die Bandar nicht übersetzte. Ich erklärte ihm, daß wir zwar nicht wüßten, ob die Iraker tatsächlich beabsichtigten, Saudi-Arabien anzugreifen, daß wir aber aufgrund der Art ihres Aufmarsches und aufgrund unserer Erfahrungen mit vergleichbaren Aktionen aus dem irakisch-iranischen Krieg den Schluß zögen, daß sie im Moment eine strategische Pause eingelegt hätten und eifrig damit beschäftigt seien, sich vor der nächsten Offensive neu mit Nachschub zu versorgen. Sie hätten ihre besten Einheiten angriffsbereit in vorderster Linie aufgestellt; ihre Stellungen seien bestimmt nicht defensiv.

Dann skizzierte ich unseren Plan zur Verteidigung des Königreichs. Ich ging eine Reihe von Aufstellungen durch, die zeigten, wie viele Truppen wir Woche für Woche zur Verfügung stellen könnten. Ich ließ mich nicht auf Einzelheiten ein, wie eine solche Armee tatsächlich einen Angriff zurückschlagen könnte – mir ging es vor allem darum, ihm die Größenordnung der Operation klarzumachen. Der König sollte verstehen, daß wir davon redeten, seine Flugplätze, Häfen und Militärstützpunkte mit Zigtausenden von Amerikanern zu überschwemmen, mehr, als Saudi-Arabien je gesehen hatte.

Ich ging zu meinem Platz zurück, und Cheney ergriff erneut das Wort. Er machte einige Bemerkungen über den Ernst der Lage und sagte dann: »Dies ist die Nachricht, die Präsident Bush mir mitgegeben hat: Wir sind bereit, die Streitkräfte bereitzustellen, die nötig sein werden, um das Königreich Saudi-Arabien zu verteidigen. Wenn Sie uns rufen, werden wir kommen. Wir werden keine permanenten Stützpunkte verlangen. Und wenn Sie uns auffordern zu gehen, werden wir gehen.« Dann schwieg er.

Der König und seine Berater begannen, das Für und Wider unseres Angebots zu besprechen. Ich wußte genug, um zu spüren, was bei König Fahds Entscheidung auf dem Spiel stand. Tat er nichts, riskierte er, sein Königreich an den Irak zu verlieren. Lud er aber die Amerikaner ein, würden ihm Saddam und die anderen arabischen Führer vorhalten, er sei ein Speichellecker des Westens, auch wenn ihm der Präsident zugesichert hatte, wir würden die saudiarabische Souveränität respektieren. Einfach ausgedrückt: Er riskierte, die Autorität seines Throns zu untergraben. Eine ausländische Armee in ein fremdenfeindliches Königreich zu holen, das so entschieden darauf bestand, sich religiös und kulturell rein zu erhalten, war ohnehin eine äußerst riskante Angelegenheit. Ich hatte das sichere Gefühl, daß Fahd Tage brauchen würde, um die Risiken mit den Mitgliedern der königlichen Familie zu besprechen, und daß seine Entscheidung schließlich darauf hinauslaufen würde, uns so wenig mit einzubeziehen wie irgend möglich.

Die Diskussion unter den anwesenden Mitgliedern der königlichen Familie war sehr kurz. Die Prinzen sprachen einer nach dem anderen, aber Bandar dolmetschte nicht. König Fahd gab einem von ihnen eine sehr scharfe Antwort, wandte sich dann zu Cheney und sagte einfach auf englisch: »Okay.«

Hätte jemand in diesem Augenblick auf den Auslöser einer Kamera gedrückt, würde ich auf dem Bild mit offenem Mund dastehen. Fahd hatte eine der mutigsten Entscheidungen getroffen, bei der ich je Zeuge gewesen war. Bis jetzt hatte der Riesenaufmarsch, den wir vorbereitet hatten, mehr wie eine Übung gewirkt. Jetzt begriff ich: »In etwa fünf Minuten schiebe ich den Felsbrocken über den Hügelrand, und dann beginnt er zu rollen.«

Wir waren alle sehr still, als wir zu unseren Wagen gingen. Ich wandte mich an Cheney und fragte: »Wollen Sie, daß ich die Streitkräfte in Marsch setze?« Er sagte, ja. Ich schaute zu General Horner herüber, der vier taktische Jagdfliegergeschwader bei den Luftwaffenstützpunkten Shaw und Langley stehen hatte, die auf Abruf für den Flug nach Saudi-Arabien bereitstanden. »Chuck, setzen Sie sie in Marsch«, sagte ich.

Wir kamen kurz zusammen, um zu überdenken, was geschehen war. Botschafter Freeman, der das Gespräch der königlichen Familie auf arabisch verfolgt hatte, sagte uns, daß die meisten Prinzen zur Vorsicht gemahnt hätten. Der Wendepunkt war eingetreten, als einer bemerkte: »Wir müssen uns vorsehen, keine Entscheidung zu überstürzen.« Das hatte König Fahd zur Antwort veranlaßt: »Die Kuwaiter haben keine Entscheidung überstürzt, und heute sind sie alle Gäste in unseren Hotels!«

Cheney entschuldigte sich, um den Präsidenten zu informieren, danach besprachen wir, was nun zu tun sei. Cheney und ich würden am nächsten Morgen weiterfliegen, um Präsident Hosni Mubarak in Ägypten zu unterrichten, bevor wir nach Washington zurückkehrten. Dann versammelte ich meine ranghöchsten Offiziere in meinem Zimmer. Es gab zuwenig Stühle, und so gab ich, während Admiral Sharp und General Starling auf dem Bett saßen und Oberst Bell in einer Ecke Notizen machte, bekannt: »Unser Truppeneinsatz beginnt *jetzt*.« Keiner der anwesenden Männer hatte für mehr als eine Dreitagereise gepackt, und ich mußte ihnen beibringen, daß ich sie für mindestens ein paar Wochen hierlassen würde. Mit ruhiger Stimme legte ich die Aufgaben fest. »Chuck, da Sie der ranghöchste Mann hier sind, werden Sie als stellvertretender Kommandeur die Vorhut des Central Command bilden. Gleichzeitig müssen Sie sich um die Unterbringung der Flugzeuge kümmern, die unterwegs sind oder noch kommen werden.«

Ich wandte mich an General Yeosock, der auf einem Stuhl beim Fenster saß: »John, da die 82. Luftlandetruppe gleich hier sein wird, brauche ich Sie, um mit den Saudis Absprachen zu treffen und dafür zu sorgen, daß wir unsere Streitkräfte nach Plan in Stellung bringen können. Dann werden Sie sich um die Bodentruppen kümmern, sowie sie hier eintreffen.«

General Starling hatte die notwendigen Anordnungen zu treffen, um die gewaltige Menge von Soldaten, Waffen und Nachschub zu organisieren. Ich sagte ihm: »Dane, Sie wissen, vor welchen logistischen Herausforderungen wir stehen. Ich brauche Sie für die Vorarbeiten, und vor allem will ich, daß Sie dafür sorgen, daß die Häfen für die Aufnahme unserer ersten Schiffe mit Nachschub bereit sind. Die Flotte aus dem Indischen Ozean kann jeden Tag eintreffen.«

Und ich wandte mich an Admiral Sharp. »Grant, Paul Wolfowitz hat darum gebeten, daß Sie ihn begleiten, während er andere Golfstaaten besucht, um sie über unsere Truppenverlegung zu informieren.«

Schließlich mußte ich lachen. »Ich weiß, daß keiner von euch erwartet hat, hier drüben zu bleiben. Ich werde versuchen, euch in etwa drei Wochen in die Vereinigten Staaten zu holen, damit ihr packen könnt. Bis dahin verspreche ich euch, daß ich eure Frauen anrufe und erkläre, warum ihr bleiben mußtet.«

Während sie gingen, um meine Befehle auszuführen, ließ ich Oberst Bell jenen Anruf durchstellen, den ich nie zu tätigen erwartet hatte. Auf dem abhörsicheren Telefon, das uns mit dem Central Command in Tampa verband, wo es jetzt etwa Montagmittag, der 6. August, war, sagte ich General Rogers, meinem stellvertretenden Chefkommandeur, daß wir verlegen würden, und wies ihn an, dafür zu sorgen, daß die Joint Chiefs of Staff anordneten, die erste Einheit, die Division »Ready Brigade« (»Kampfbereite Brigade«) der 82. Luftlandetruppe aus Fort Bragg zu verlegen.

Am nächsten Tag, nachdem ich mich mit dem saudischen Verteidigungsminister, Prinz Sultan, getroffen hatte, der am Abend zuvor nicht dabeigewesen war, flogen Cheney und ich nach Alexandria in Ägypten, um Präsident Mubarak über unsere Truppenverlegung zu unterrichten und um seine Hilfe zu erbitten; wir waren auf schnelle Durchfahrtsmöglichkeiten durch den Suezkanal für unsere Kriegsschiffe und auf die Erlaubnis zur Nutzung von ägyptischem Luftraum und Flugplätzen angewiesen, wollten wir unsere Pläne in die Tat umsetzen. Mubarak hatte sich schon lange als ein starker Führer etabliert, dessen Meinung bei arabischen Entscheidungsprozessen bedeutend ins Gewicht fiel. Er war seiner Macht sicher genug, um die irakische Aggression öffentlich zu verurteilen und sich gleichzeitig aktiv um eine Verhandlungslösung zu bemühen. Er empfing uns auf dem Balkon des Palasts in Alexandria, von wo aus man das Mittelmeer überblickt, und als er hörte, was Cheney und ich ihm zu berichten hatten, kam er uns bei jeder Anfrage entgegen, bis ich sagte: »Vielleicht würden wir Ägypten gerne auch als Basis für Militärflugzeuge nutzen.«

»Für welche?« wollte er wissen.

»Nun, wir würden sie vielleicht für B-52-Bomber brauchen«, sagte ich. Mubaraks Augenbrauen schossen in die Höhe – so wütend er über die Aggression des Irak war, sowenig war er vorläufig bereit, amerikanische Bomber von seinem Boden aus operieren zu lassen. Er sagte gelassen: »Ich glaube, das müssen wir nicht gleich jetzt entscheiden.«

Wir befanden uns an dem Abend bereits über dem Atlantik auf dem Nachhauseweg, als uns das Weiße Haus benachrichtigte, daß unsere Mission noch nicht abgeschlossen sei: Wir mußten einen Umweg über Marokko machen. Etwas verspätet hatte das Außenministerium erkannt, daß wir, nachdem wir uns mit König Fahd und Präsident Mubarak getroffen hatten, Gefahr liefen, die Nordafrikaner zu brüskieren, wenn wir nicht auch König Hassan informierten und um seine Unterstützung baten. Als wir spätabends im Palast von Casablanca ankamen, der über keine Klimaanlage verfügte, mußten wir eine Stunde lang im brütendheißen Vorzimmer warten, während skeptische Beamte Fragen stellten. Wir konnten die Natur unserer Mission nicht offenlegen, aber bei der Geschwindigkeit, mit der sich Nachrichten in der arabischen Welt verbreiteten, hatte ich das sichere Gefühl, daß sie bereits Bescheid wußten. Schließlich wurden wir zum König gebeten, der sich als recht freundlich erwies und, in einem privaten Treffen mit Cheney, auch seine Unterstützung versprach.

Sieben Stunden später landete unser Flugzeug endlich auf dem Luftwaffenstützpunkt Andrews in Washington. Es war lange nach Mitternacht am Mittwoch, dem 8. August. Ein kleinerer Jet wartete nebenan, um mich nach Tampa zurückzubringen. Wir blieben einen Augenblick in der stickig-feuchten Washingtoner Nacht neben Cheneys Limousine unten an der Flugzeugtreppe stehen. Während er sich bei mir für meine Vorträge bedankte, erklärte er: »Wir nehmen an einem historischen Ereignis teil.«

»Ja, Sir. Ich weiß.« Mir war schon etwas weihevoll zumute. Wir hatten die größte amerikanische Truppenverlegung seit Vietnam in Gang gesetzt, ein Unternehmen, das leicht zum Krieg führen konnte – und ich war der Oberkommandierende. Ich war auch derjenige, der den Verteidigungsplan formuliert hatte, von dem nun das Leben der Soldaten und das Prestige der Vereinigten Staaten abhingen. Ich betete, daß ich meine Sache gut gemacht hatte.

Cheney schüttelte mir die Hand und sagte: »Viel Glück, Norm.« Dann stieg er in sein Auto, und ich flog zurück zum Central Command. Unsere nächste Begegnung sollte in Riad stattfinden.

17

7 AUG 90 C-Tag*

0745 Rief Mrs. Schwarzkopf an und informierte sie über Sicherheitseinheit am Wohnsitz. Teilte mit, daß sie als Vorsichtsmaßnahme gedacht sei und sowohl die Identität aller Besucher überprüfen als auch die Umgebung überwachen werde. Dankte ihr auch für die Plätzchen, die sie gestern abend geschickt hatte.

8 AUG 90 C + 1

1030 CINC [Commander in Chief, der Oberbefehlshaber] empfahl den JCS [Joint Chiefs of Staff], die Operation »Peninsula Shield« [»Halbinselschild«] zu nennen. In der Folge abgelehnt – andere Namen vorgeschlagen.

Aus dem Logbuch von Oberst Bell

Als ich am Mittwoch in den Kommandoraum nach Tampa zurückkehrte, landeten die ersten Flugzeuge mit amerikanischen Soldaten auf dem Militärstützpunkt bei Dharan. Präsident Bush sprach um neun Uhr vormittags ostamerikanischer Zeit im Fernsehen und erklärte, daß die Vereinigten Staaten eine »Linie in den Sand« ziehen würden, um auf die Aggression der Iraker zu antworten. Im Central Command dachten wir uns schließlich den Namen »Desert Shield« (»Wüstenschild«) aus, der auf den Befehl, die arabische Halbinsel zu schützen, mit anspielte, und wir bestimmten Dienstag, den 7. August, den Tag, an dem wir den Einsatzbefehl von den Joint Chiefs of

* Die Zitate aus dem Logbuch beginnen jeweils mit der Angabe des Datums, der Zählung des Einsatztages und der Uhrzeit.

Staff erhalten hatten, als »C-Tag« (commencement = Beginn) des Einsatzes.

Saudi-Arabiens Ölreichtum ist etwa dreihundert Kilometer von Kuwait entfernt an der Golfküste konzentriert, und deswegen machte mir der Gedanke an Saddam Husseins nächste Aktionen Sorgen. Am meisten beunruhigte mich, daß uns ein Bodenkrieg bevorstehen könnte. Während »informierte Kreise aus dem Pentagon« den Journalisten erklärten, daß unsere Truppen schon am ersten Wochenende »unangreifbar« sein würden, war ich mir bewußt, daß die Iraker die saudiarabischen Ölfelder binnen einer Woche überrollen könnten. Unsere Soldaten wußten das auch. Im Falle eines Angriffs konnten sie sich nur auf eine Enklave in Küstennähe zurückziehen und hoffen, daß wir ihnen entweder Verstärkung schicken oder sie herausholen würden. Das hätte etwa dem amerikanischen Rückzug auf den Pusangürtel in den frühen Tagen des Koreakrieges entsprochen – eine sehr bestürzende Vorstellung.

Uns stand die nötige Streitmacht zur Verfügung, um eine solche Katastrophe zu verhindern. Daran war nur ein kleiner Haken: Sie befand sich in den Vereinigten Staaten. Wir besaßen ein Geschwader von zwei Dutzend Cobra-Hubschraubern, die mit Angriffsraketen bestückt waren – in Fort Bliss, Texas. Wir besaßen eine Brigade von Apache-Kampfhubschraubern in Generalmajor Binney Peays 101. Luftkampfdivision in Fort Campbell, Kentucky. Wir besaßen vier Bataillone wüstengetarnter schwerer Panzer in Generalmajor Barry McCaffreys 24. motorisierter Infanteriedivision in Fort Stewart, Georgia. Wir besaßen über hundert A-10-Kampfflugzeuge, die für den Panzerangriff gebaut waren – in Chuck Horners Neunter Luftflotte, die überall im Land auf den Luftwaffenstützpunkten wartete. Wir brauchten die Truppen nur ins Krisengebiet zu verlagern. Laut Zeitplan, den wir dem Präsidenten vorgelegt hatten, bedeutete dies eine Verlegung von mehr als fünf Divisionen oder von einhundertzwanzigtausend Soldaten innerhalb von vier Monaten über eine Distanz von elftausend Kilometern.

Die Wissenschaft der Logistik hatte es seit den IBM-Lochkarten und den Klemmbrett schwenkenden Bürokräften des Zweiten Weltkrieges weit gebracht, so daß das Pentagon nun über ein Computersystem verfügte, das in der Lage war, einen Reiseplan für jedes einzelne Ausrüstungsstück, das wir benötigten, von Panzern bis zu Messezelten, zu erstellen. Theoretisch brauchte ich nur, einige Stunden nachdem »Desert Shield« begonnen hatte, auf einen Knopf zu drücken, und unsere Divisionen wären mit Tausenden von Computerausdrucken überflutet worden, auf denen Dinge standen wie: »Schickt Panzer 123 des Bataillons X unserer X-Brigade mit Zug nach Norfolk, Virginia, um ihn dort auf das Schiff Z zu verladen, das zwanzig Tage unterwegs sein wird, um am 30. August im Hafen von Dharan einzutreffen.«

Nur gab es da ein großes Aber. Wir steckten nämlich gerade mitten in einer Revision des Kriegsplans des Central Command, als die Krise ausbrach, und wir hatten die Daten noch nicht in die Computer eingespeichert – ein mühseliger Prozeß, der unter normalen Umständen ein ganzes Jahr dauert. Uns blieb nichts anderes übrig, als die Luft- und Seetransporte mit Papier und Bleistift zu planen. Selbst die Verlegung einer einzigen Division ist eine ungeheure Aufgabe. So besteht zum Beispiel die 24. motorisierte Infanterie – die erste gepanzerte Einheit, die verlegt werden sollte – aus vier Panzerbataillonen, zusätzlichen Ordonnanzbataillonen, Transportbataillonen, Sanitätsbataillonen und Hubschraubergeschwadern, von denen alle ihre besonderen Transportprobleme haben. Damit die 24. Division in Saudi-Arabien kampfbereit eintraf, mußten die Bewegungen all dieser Einheiten sorgfältig abgestimmt werden. Welchen Sinn machte es, Panzer zu schicken, wenn sie ohne Munition, Wartungsmannschaft und Ersatzteile ankämen?

Das Central Command hatte drei Armeedivisionen unterschiedlichen Typs auf den Weg geschickt, dazu unsere Luftwaffeneinheiten und Teile zweier Expeditionseinheiten der Marineinfanterie (verstärkte Marineinfanteriedivisionen). Natürlich kämpften sie alle darum, in den Flugzeugen und Transportschiffen einen Platz zu bekommen, und einen großen Teil meiner Zeit war ich damit beschäftigt, dieses Durcheinander zu entwirren. Die erste Frage, auf die die Transportplaner eine Antwort haben mußten, war: »Was sind Ihre Prioritäten?«

»Kampftruppen und Panzerabwehrflugzeuge und Hubschrauber!« würde meine Antwort lauten. Daraufhin würden die Planer, in Abstimmung mit mehreren Waffengattungen, eine lange Liste von Streitkräften aufstellen, die verlegt werden mußten, und das US-Transportkommando informieren, das für den See- und Lufttransport verantwortlich war. Daraufhin würde das Transportkommando seine riesigen Frachtflugzeuge, von denen es nicht allzu viele gab, an die entsprechenden Basen schicken, um die Truppen aufzunehmen. Und dann käme die menschliche Natur ins Spiel. Irgendein hochrangiger Offizier könnte entscheiden, daß seine Einheit, einfach um auf Nummer Sicher zu gehen, mehr Soldaten und Ausrüstung mitbringen müßte, als bisher geplant. Also würden die Flugzeuge mit einer Fracht abheben, die sie laut Plan gar nicht hätten aufnehmen sollen. Ich war sprachlos, als ich erfuhr, daß die erste Einheit, die in Saudi-Arabien landete, der *Stab des Hauptquartiers* der Luftlandedivision war. Ich hatte mir vorgestellt, daß Infanteristen – Kämpfer! – aus diesen Flugzeugen steigen würden, nicht ein Haufen Generäle, Stabsoffiziere und Bürokräfte. Was, wenn Saddam *wirklich* angegriffen hätte?

Es wurde bald deutlich, daß wir unser Ziel, in einer Woche eine komplette verstärkte Luftlandetruppe zu verlegen, nicht schaffen würden. Immer wieder berief ich meinen Stab ein, schwenkte die Tabellen, die wir dem Präsidenten vorgelegt hatten, und wollte wissen: »Das sind die Truppen, die wir garantiert haben! Wieso sind sie nicht da?« Natürlich versuchte man es mir zu erklären. Offiziere beim Transportkommando sagten: »Wir schicken ständig Flugzeuge nach Fort Bragg, und sie laden immer das falsche Zeug ein!« Der Luftlandekommandeur in Fort Bragg insistierte: »Ich sitze da und schaue mir den leeren Flugplatz an. Ich habe Truppen, die nur herumsitzen und warten, und kein Flugzeug weit und breit!«

Wir liefen Gefahr, es zu verpatzen. Ich rief jeden der Generäle an, deren Untergebene miteinander herumzankten: General H. T. Johnson, Oberkommandierender des Transportkommandos und des militärischen Lufttransportkommandos, General Ed Burba, den Nachfolger von Powell als Chef des Truppenkommandos, und Generalleutnant Gary Luck, Kommandeur des XVIII. Luftlandekorps. Ich sagte: »Hören wir auf, uns gegenseitig die Schuld in die Schuhe zu schieben. Wir wollen versuchen, das Problem gemeinsam zu lösen. Es wird Zeit, daß sich die Truppen in Bewegung setzen.« Jeder der Generäle war ein guter Freund von mir und ein echter Profi, und ich wußte, wie sie reagieren würden. Sie sorgten dafür, daß es sich herumsprach, und von nun an begann sich der Transportwirrwarr des Heeres von selbst aufzulösen.

Was die Luftwaffe anging, so sah es dort ganz anders aus. Die Geschwader von F-15- und F-16-Kampffliegern schwebten wie versprochen wundervoll in Saudi-Arabien ein – allerdings ein bißchen *zu* wundervoll, wie sich herausstellte, weil wir Ende der Woche nicht nur die fünf Geschwader in Empfang nahmen, die ich erwartet hatte, sondern zehn. Einerseits war das großartig: Die Sicherheit der eintreffenden Streitkräfte hing in hohem Maße von diesen Kampfflugzeugen ab, die, gemeinsam mit den vorhandenen saudischen F-15-Maschinen und den Tornados aus britischer Produktion, bestimmt waren, alle irakischen Luftangriffe abzuwehren und alle einfallenden Panzerkolonnen anzugreifen. Aber jedes der vierundzwanzig Luftwaffengeschwader benötigte mehr als fünfzehnhundert Ingenieure, Techniker und Bodenmechaniker. Die Verschickung all dieser Leute und ihrer Ausrüstung lastete Dutzende von Flügen aus, die wir anderen Einheiten zugedacht hatten.

Ich hatte mich noch nie in meinem Leben mit einem derart komplexen Vorgang befaßt und noch nie so viele grundlegende Entscheidungen in so kurzer Zeit treffen müssen. Anfragen wegen aller möglichen Probleme trafen aus Washington bei uns ein, aus Riad, ebenso von Einheiten und Stützpunkten aus den Vereinigten Staaten sowie von unseren Admirälen, die eine Blockade vorbereiteten, um die am 6. August verhängte Handelsblockade der UNO durchzusetzen. Ich war gewohnt, mich über wichtigere Angelegenheiten mit meinem Stab zu beraten, aber dafür blieb jetzt keine Zeit. Ich gab nur Befehle aus, einen nach dem anderen. Der Stab leistete hervorragende Arbeit, indem er die Befehle an andere Hauptquartiere weiterleitete und für diejenigen interpretierte, die mit dem Nahen Osten und unserem Plan weniger vertraut waren. Auch wenn ich nicht besonders gerne so arbeitete, spürte ich, daß die Dringlichkeit der Situation dies erforderte. Ich war lange genug dabei, um viele Fehler zu kennen, die wir zu vermeiden hatten. Einer meiner ersten Befehle bezog sich darauf, daß kein Alkohol und keine Pornographie nach Saudi-Arabien gebracht werden durften (unter »Pornographie« waren sowohl harmlosere Magazine mit mehr oder weniger unbekleideten Mädchen als auch härtere Sachen zu verstehen). Ich wußte, daß einige der Soldaten – gemeinsam mit ihren Kongreßabgeordneten – protestieren würden, aber Alkohol und Pornographie verstießen gegen die Gesetze in Saudi-Arabien, und nichts hätte unser Willkommen eher verdorben, als sich völlig unbeherrscht gehenzulassen, wie das einige Amerikaner in Vietnam getan hatten.

Sobald unsere Truppen nach und nach eintrafen, erhielt ich besorgte Anrufe von General Horner und General Yeosock. Sie berichteten, daß das saudische Militär nun die Ansicht vertrat: »Eure Soldaten sind auf unserem Grund und Boden, also haben wir bei allem das Sagen.« Wir wußten ganz genau, wie die Amerikaner antworten würden: »Quatsch. *Wir* stellen die meisten Truppen; *wir* sollten überall das Sagen haben.« Horner, Yeosock und ich kamen überein, daß wir, um der Allianz auch nur den Hauch einer Chance zu geben, ein gemischtes System brauchten, wie wir es in Vietnam gehabt hatten, wo Amerikaner unter amerikanischen und Südvietnamesen unter südvietnamesischen Kommandeuren gekämpft hatten und die Aktionen der Armeen von ganz oben koordiniert worden waren. Auch wenn eine solche Vorgehensweise das uralte Kriegsprinzip einer einheitlichen Kommandostruktur verletzte, hatte ich erlebt, daß sie funktionierte, und ich wußte, daß ich das am Golf weit besser verwirklichen konnte als in Vietnam. Ich unterbreitete den Vorschlag in Washington, während Horner und Yeosock ihn den Saudis erklärten, und nach ein paar Tagen waren sich beide Seiten einig. Ägypten, Großbritannien und andere Länder sprachen bereits davon, ebenfalls Truppen zu schicken, aber für den Augenblick ließen wir die Frage, wer sie kommandieren sollte, offen.

Daß alles so gut vorankam, hätte mich gefreut, wenn Saddam nicht derart versessen darauf gewesen wäre, den Einsatz hochzutreiben. Er hörte nicht auf, Truppen nach Kuwait zu verlegen: Die Grenzposten der Saudis blickten nun in die Gewehrläufe von neun irakischen Divisionen (130 000 Soldaten, 1200 Panzer und 800 Stück Artillerie, von denen viele in der Lage waren, Giftgasgranaten abzuschießen). Um uns gegen eine solche Streitmacht zu verteidigen, benötigten wir mindestens fünf Wochen Vorbereitungszeit, und es machte mir schwere Sorgen, daß die Iraker das herausfinden und uns jetzt angreifen würden. Mein stehender Befehl an Chuck Horner lautete: »Bevor Sie schlafen gehen, unbedingt dafür sorgen, daß jeder Ihrer Kommandeure – am Boden und auf See – weiß, was er im Falle eines Angriffs zu tun hat.«

Am 9. August gab Saddam den Befehl, die Grenzen des Irak und von Kuwait zu schließen. Damit hielt er mehr als dreizehntausend Ausländer fest und veränderte dadurch den Charakter der Krise. Die Geiselnahme von Amerikanern konnte ein Kriegsgrund sein, und mir wurde physisch übel, als ich die Nachricht hörte. Als wir uns für »Desert Shield« entschieden, hatten wir bereits symbolische Luftangriffe vorgeplant, aber mehr als symbolisch waren sie eben nicht. Wenn die Iraker beispielsweise angefangen hätten, die amerikanischen Botschaftsangehörigen hinzurichten, und der Präsident hätte zurückschlagen wollen, hätte das Central Command kaum etwas anderes als einen Atombombenangriff auf Bagdad vorschlagen können. Ich hätte eine derartige Entscheidung nie empfohlen, und selbst wenn, da bin ich sicher, hätte der Präsident nie sein Einverständnis gegeben.

Am nächsten Morgen rief ich Colin Powell an und verlangte, daß die Luftwaffe einen Planungsstab einsetzte, um einen strategischen Bombardierungsfeldzug gegen das irakische Militär auszuarbeiten, der uns die erforderlichen Möglichkeiten eines Gegenschlags eröffnete. Der Plan, den sie entwickelten, erhielt den Codenamen »Instant Thunder« (»Schneller Donner«); schließlich wurde er zur ersten Phase von »Desert Storm« (»Wüstensturm«).

Unterdessen tauchte ein irakischer Überläufer in Ägypten auf, der eine Karte mitbrachte, die angeblich den Plan einer irakischen Invasion Saudi-Arabiens zeigte. Es gab keine Anhaltspunkte für die Echtheit des Dokuments, aber als ich es studierte, wußte ich sofort, daß ich, würde ich die andere Seite kommandieren und den Befehl haben, Saudi-Arabien anzugreifen, den gleichen Plan entwerfen würde. Er umfaßte einen dreifachen Angriff von Kuwait aus: ein Vorstoß die Küstenstraße hinunter, die zu den saudischen Ölfeldern und Raffinerien und zum Hafen von Al Jubayl führte, einen zweiten weit im Westen, entlang der Autobahn zum großflächig angelegten saudischen Stützpunkt bei King Khalid Military City und ein dritter über die Wüstenstraße geradewegs auf Riad zu, vierhundertfünfzig Kilometer nach Süden. Um einen derartigen Angriff auszuführen, mußte Saddam seine Kräfte in Kuwait mehr als verdoppeln, was mehrere Wochen dauern würde. Aber wenn eine solche Invasion sich abzeichnete, mußten wir in aller Hast unsere Verteidigung umstellen und ausbauen. Zur Vorsicht befahl ich meinen Frontkommandeuren, Kampfstellungen an allen drei Invasionsrouten anzulegen.

14 AUG 90 C + 7

1007 CINC wies Generalleutnant Horner auf die Wohnsituation der US-Truppen hin. Erinnerte General Horner an den Terroristenangriff auf die Kaserne der Marineinfanterie in Beirut und warnte ihn davor, US-Truppen in eine ähnliche Lage zu bringen.

Genau eine Woche nach dem Beginn von »Desert Shield« kam Colin Powell in Tampa an und fand mich ungeduldig an der Leine zerrend. Jetzt, wo die Anfangsschwierigkeiten des Luft- und Seetransports gelöst waren, lag mir sehr daran, nach Saudi-Arabien zu fliegen. Doch ich hatte gerade erfahren, daß ich eine weitere Woche in Tampa bleiben mußte. Ich hatte abzuwarten, bis drüben mein Kommunikationsnetz installiert war. Aus meinem Kommandoraum in Tampa konnte ich ohne weiteres mit jedem Kommandeur Kontakt aufnehmen, also auch mit jedem in der Luft befindlichen Flugzeug des Central Command, mit jedem Schiff zur See und mit allen Einheiten im Nahen Osten, aber in Saudi-Arabien waren die verfügbaren Kommunikationsmöglichkeiten des amerikanischen Militärs derart unterentwickelt, daß wir ein doppelt ausgelegtes, abhörsicheres Satellitenkommunikationsnetz neu aufbauen mußten.

Obwohl Powell und ich jeden Tag mehrmals telefonisch konferierten, hatten wir uns nicht gesehen, seit »Desert Shield« begonnen hatte. Gleich als wir uns in meinem Büro hinsetzten, brachte ich etwas zur Sprache, über das ich die ganze Woche nachgegrübelt hatte: Ich konnte nicht erkennen, wohin die Operation führen sollte. Ich teilte Powell mit, daß wir um so besser in der Lage sein würden, Saudi-Arabien zu verteidigen, je länger Saddam mit seiner Invasion zögerte. Aber was, wenn die Invasion nie käme? Ich konnte mir nicht vorstellen, daß die Vereinigten Staaten sich einfach zurückziehen würden, solange der Irak Kuwait besetzt hielt. Ebensowenig konnte ich mir vorstellen, ein Jahr oder mehr abzuwarten, bis der diplomatische oder wirtschaftliche Druck Saddam dazu bringen würde, sich zurückzuziehen – die amerikanischen Mütter und Väter würden sich nie damit abfinden, daß ihre Söhne und Töchter solange in der heißen Sonne brüten sollten. Ich war mir auch nicht sicher, wie lange die Soldaten selbst eine solche Rolle hinnehmen würden. Die einzige Alternative, sagte ich Powell, wäre ein Angriff – ein Vorgehen, das, wie ich den Präsidenten bereits gewarnt hatte, eine weit größere militärische Anstrengung voraussetzte als die, die wir bereits auf uns genommen hatten. Powell antwortete, daß er sich ebenso große Sorgen um den Ausgang von »Desert Shield« mache wie ich, daß aber vom Weißen Haus nicht mehr entschieden worden sei. Als er ging, dachte ich, daß wir immerhin grundsätzlich übereinstimmten.

Zwei Tage später wurde ich ins Pentagon gerufen, um den Joint Chiefs of Staff beim Vortrag vor Präsident Bush über die Entwicklung von »Desert Shield« zu helfen. Als das Treffen im »Tank« sich auflöste, gingen der Präsident und Verteidigungsminister Cheney nach oben in Cheneys Büro, während mich Powell in seins bat. Ich wußte, daß der Präsident plante, eine Rede für die Mitarbeiter des Pentagon zu halten, bei der Powell und ich anwesend sein sollten.

Sobald wir uns in seinem Büro niedergelassen hatten, fragte

Powell: »Wenn Sie die Iraker aus Kuwait rausschmeißen müßten, wie würden Sie vorgehen?«

»Was? Ich würde es nicht tun. Ich könnte es nicht! Ich habe allen klargemacht, daß wir dafür zuwenig Truppen rüberschicken.«

»Angenommen, Sie erhielten den Befehl dazu?«

Mir wurde kalt. Ich hatte tatsächlich meinen Planungsstab aufgefordert, eine Offensive auszuarbeiten, bei der sie nur über die Truppen verfügen konnten, die wir im Rahmen von »Desert Shield« einsetzten. Sie hatten das Problem eingehend studiert und waren zu dem Schluß gekommen: »Undurchführbar.« Sie sahen nur die Möglichkeit eines Frontalangriffs auf Kuwait, mit dem sie die irakischen Nachschublinien durchschnitten. Aber wir alle wußten, daß das eine äußerst riskante Mission war, die Tausende von amerikanischen Soldaten das Leben kosten könnte.

»Ich demonstriere es Ihnen«, sagte ich grimmig zu Powell. Ich skizzierte eine Karte von Kuwait auf einem Blatt Papier und zeichnete ein, wo der Angriff stattfinden würde. »Wir könnten diese entscheidende Straßenkreuzung bei Jahra nordwestlich von Kuwait City nehmen und ihnen damit den Nachschub an die Front abschneiden. Wenn wir sie halten könnten, wären sie vielleicht gezwungen, sich zurückzuziehen. Aber es wäre ein Himmelfahrtskommando, und wir würden möglicherweise die gesamte Truppe verlieren.«

Er nickte, und wir wandten uns anderen Angelegenheiten zu. Als ich aufstand, um zu gehen, sagte er: »Würde es Ihnen etwas ausmachen, wenn ich die Skizze behielte?«

Zwanzig Minuten später rief er mich in sein Büro zurück und sagte, daß er sich mit Bush und Cheney getroffen hätte. »Ich habe Ihren Offensivplan dem Präsidenten vorgelegt«, fügte er hinzu.

Ich war wie vom Donner gerührt. »Warten Sie mal! Jesus! Den empfehle ich aber nicht!« Dienstlich betrachtet war Powell mein Verbindungsglied nach oben, und ich sorgte mich, daß er uns in eine Sache stürzen würde, die uns zu einer Katastrophe führen könnte. Aber er beruhigte mich: »Machen Sie sich keine Sorgen, Norm. Ich brauchte es nur zur Illustration.« Wir gingen nach draußen, wo der Präsident gerade sprechen sollte. Wir hatten beide nach wie vor das Gefühl, die amerikanische Machtdemonstration würde den Irak wahrscheinlich dazu bringen, zurückzuweichen und eine Art Kompromiß anzubieten. »Ich sehe nicht, daß wir wegen Kuwait in den Krieg ziehen«, sagte Powell noch einmal. »Saudi-Arabien: ja, wenn uns nichts anderes übrigbleibt, aber nicht Kuwait.« Ich stimmte zu.

Eine Menge Pentagonangesteller und Reporter hatte sich unterdessen draußen eingefunden. Powell nahm zusammen mit Verteidigungsminister Cheney seinen Platz auf dem Podium ein, ich saß in der ersten Reihe. Bald erschien Präsident Bush und hielt eine feurige Rede, in der er »den unmittelbaren, vollständigen und bedingungslosen Rückzug aller irakischen Kräfte aus Kuwait« forderte. Weiterhin bezeichnete er Saddam Hussein als Lügner und verglich ihn mit Adolf Hitler. Ich blickte zu Powell hinüber – das hörte sich nicht an wie jemand, der auf einen Kompromiß aus war, aber Powell hielt meinem Blick stand. Die Reaktion der Vereinigten Staaten auf die Krise eskalierte immer mehr.

Während Präsident Bush mit seiner Rede fortfuhr, wurde ich wider Willen von seinen Worten mitgerissen. Es inspirierte mich, zu hören, daß der Präsident der Vereinigten Staaten davon sprach, Widerstand zu leisten, »nicht einfach nur um Rohstoffquellen oder Territorien zu schützen, sondern um der Freiheit der Nationen willen«. Er schaute mehrmals zu mir hinüber, und als er zum Schluß sagte: »Es gibt keinen Ersatz für amerikanische Führung, und amerikanische Führung kann ohne amerikanische Stärke nicht wirksam sein« und uns wissen ließ, daß er sich auf uns verlasse und geehrt sei, unser Oberbefehlshaber zu sein, wurde ich sehr stolz darauf, an diesem bedeutenden Unternehmen teilzunehmen.

Als der Präsident später zu seinem Wagen ging, blieb er stehen und schüttelte mir die Hand. Jedermann hielt das auf Videoband fest. »Viel Glück, Norm. Wir stehen alle voll und ganz hinter Ihnen«, sagte er.

Ich antwortete, seine Rede aufnehmend: »Ich bin stolz, daß Sie unser Oberbefehlshaber sind.«

Auf dem Rückflug nach Tampa hatte ich an diesem Nachmittag die vordere Kabine des Luftwaffenjets ganz für mich. Zum ersten Mal seit Beginn der Krise war ich allein. Ich schaute aus dem Fenster auf einen strahlenden, sonnigen Tag und war ganz euphorisch, weil der Vortrag beim Präsidenten so gut verlaufen war, weil ich einen Sitz in der ersten Reihe bei seiner Rede bekommen hatte, und weil er mich vor den nationalen Fernsehkameras persönlich begrüßt hatte – das alles stieg mir zu Kopfe. Für einen Augenblick vergaß ich alle Sorgen, die im Central Command auf mich warteten und dachte: »Wenn das alles klappt, sollte ich vielleicht meine Pensionierungspläne überdenken. Ich bin ins Rampenlicht getreten – ich könnte noch als Stabschef des Heeres enden!« Andere Leute, allen voran Colin

Powell, hatten mich wissen lassen, daß ich einer der möglichen Bewerber für den obersten Heeresposten war; auf einmal empfand ich das als eine naheliegende und verlockende Möglichkeit.

Aber nur für ein paar Minuten. Während wir weiterflogen, ermahnte ich mich: »Schwarzkopf, du wolltest *nie* Stabschef sein.« Zum einen hätte das bedeutet, vier weitere Jahre in Washington leben und arbeiten zu müssen. Aber wichtiger noch, ich begriff, daß ich während dieser Krise meine Urteilsfähigkeit nicht damit trüben sollte, mir ständig Gedanken zu machen, wie sich meine Entscheidungen auf meine beruflichen Chancen auswirken könnten. Ich hatte es schon einmal mit Karrierismus versucht, während der dunklen Phase meines Lebens, die meinem Dienst in Vietnam folgte, und den Fehler würde ich nicht noch einmal machen. So beschloß ich erneut, diesmal unwiderruflich, daß ich im August 1991 in Pension gehen würde. Und sollte »Desert Shield« länger dauern, würde ich so lange bleiben, bis die Aufgabe ordentlich erledigt oder ich gefeuert werden würde.

> 18 AUG 90 C + 11
>
> 1710 Gespräch mit General Denny Reimer, stellvertretender Generalstabschef für Operationen. Heute wird klarer, daß sie sich in Kuwait verschanzen.
>
> 21 AUG 90 C + 14
>
> 0715 CINC verlangte General Horner. Abu Nidal hat dem Irak versprochen, gegen amerikanische Ziele in Saudi-Arabien loszuschlagen. Ich möchte, daß man erkennt, wie dringend notwendig es ist, die Leute aus den Hotels zu schaffen. Benutzt das amerikanische Militärausbildungslager, drei bis vier Leute pro Zimmer, Zelte auf einem Sportplatz und so weiter. Das ist nicht der übliche Dienstkram. Ich möchte nicht, daß das routinemäßig erledigt wird. Ich will in vierundzwanzig Stunden wissen, wie ihr damit vorankommt.

Saddam antwortete auf die Rede des Präsidenten mit einem eigenen rhetorischen Gegenschlag: »Sie als Präsident der Vereinigten Staaten ... haben Ihr Volk angelogen ... Sie werden eine Niederlage erleiden.« Er trug die Rede nicht selbst vor – sie wurde in Form eines »offenen Briefs«, den ein Regierungssprecher im irakischen Fernsehen verlas, verbreitet. Im Kommandoraum hörten wir die Sendung ab, vernahmen, wie der irakische Staatschef unsere Truppen bedrohte: »Tausende von Amerikanern, die Sie in diesen Abgrund gestoßen haben, werden in Särgen nach Hause zurückkehren.«

Ich wußte, daß die Rede hauptsächlich Propagandazwecken diente. Ich konnte vor mir im Kommandoraum den konkreten Stand der Dinge auf einer riesigen Anzeigetafel ablesen, die stets einen aktuellen Überblick über die irakischen Truppenbewegungen bot. Was sie achtundvierzig Stunden später anzeigte, waren Divisionen der Republikanischen Garde, die sich etwas von der saudisch-kuwaitischen Grenze *zurückzogen.* Auch wenn mich meine Nachrichtenexperten warnten, daß andere bewaffnete Einheiten an die Front geschickt worden seien und daß die Republikanische Garde in weniger als vierundzwanzig Stunden wieder angriffsbereit sein würde, schien mir, als hätten die Iraker gekniffen, und als wäre die Wahrscheinlichkeit einer Invasion zum ersten Mal geringer geworden. Ich war dankbar für jede Atempause, die wir erhielten. Neben der Übersichtstafel zu den irakischen Truppen hing eine Karte unserer eigenen Stellungen. Sie zeigte, daß die saudischen Ölfelder nach wie vor verwundbar waren und unsere Positionen sich auf Verteidigungsringe um Flugplätze und Häfen beschränkten. »Desert Shield« hatte kaum begonnen, Form anzunehmen.

Am meisten machte mir eine Bedrohung Sorgen, über die Saddam *nicht* gesprochen hatte: terroristische Bombenüberfälle. Unsere Truppen trafen nun so schnell in Riad ein, daß allein die Luftwaffe dreitausend Soldaten in den Hochhäusern der Luxushotels einquartiert hatte. Es gingen laufend Berichte des Nachrichtendienstes bei uns ein, daß man die Hotels ins Visier genommen hätte. Ich hämmerte meinen Frontkommandeuren ein, ihre Leute mehr zu verteilen und, wenn nötig, in Zelten unterzubringen, damit sie nicht als Zielscheibe dienten, die mit einer einzigen Bombe vernichtet werden könnte. Mit lag unbedingt daran, eine Wiederholung der Ereignisse vom 23. Oktober 1983 zu vermeiden, als eine Lastwagenbombe zweihunderteinundvierzig Marineinfanteristen in ihrer Kaserne in Beirut getötet hatte.

Am Donnerstag, dem 16. August, reisten Oberst John Warden und ein Team von Luftwaffenoffizieren aus Washington an, um mir ihren Plan für »Instant Thunder« vorzulegen, unser als Gegenschlag gedachter Luftfeldzug. Ich war sehr mißtrauisch gegenüber Warden eingestellt, da er zur Curtis-Le-May-Schule der Luftwaffenstrategen gehörte – Leute, die glauben, man könne alles mit strategischer Bombardierung entscheiden, und Heere seien überholt. 1988 veröffentlichte er zu diesem Thema ein Buch, das auch ein Kapitel mit der Überschrift »Krieg kann aus der Luft gewonnen werden« enthielt. Aber zu meiner Freude erwies er sich als ein flexibler Denker, der genausogut über den Lufteinsatz zur Unterstützung von Soldaten im Kampf Bescheid wußte wie über strategische Bombardierung.

Warden hatte eine Reihe junger Planer mitgebracht; mich begleiteten Bob Johnston, Burt Moore und B. B. Bell. Wir hatten die Besprechung für einundzwanzig Uhr angesetzt – vier Uhr früh im Kriegsgebiet –, weil dies normalerweise die ruhigste Tageszeit war, und wir trafen uns in einem kleinen, kahlen Konferenzzimmer, das von Neonröhren erhellt wurde und dem Kommandoraum gegenüberlag.

Noch nicht einmal eine Woche war vergangen, seit ich das Pentagon um Hilfe gebeten hatte, doch Warden und sein Team hatten bereits einen bemerkenswert guten Plan zusammengestellt. Obwohl uns niemand gesagt hatte: »Wir wollen nicht, daß ihr den Irak als Nation zerstört«, ging ich bei meinen Vorgaben an die Planer davon aus, daß die Vereinigten Staaten den Irak als regionales Gegengewicht gegen den Iran brauchen würden. Warden hatte sich eine Strategie ausgedacht, die das irakische Militär lahmlegte, ohne das Land zu verwüsten.

Die Ziele waren in verschiedene Kategorien eingeteilt, wobei an erster Stelle die irakische Führung stand. Nach Beginn der militärischen Auseinandersetzungen hatten wir wiederholt betont, daß die Vereinigten Staaten nicht versuchen würden, Saddam Hussein zu töten. Präsident Bush hatte das selbst gesagt, und in gewisser Hinsicht das traf auch zu. Aber ganz oben auf der Liste unserer Ziele standen die Bunker, von wo, wie wir wußten, wahrscheinlich er und seine ranghöchsten Kommandeure operieren würden. Wegen der zentralisierten Kommandostruktur war Saddam das, was Militärtheoretiker einen feindlichen Schwerpunkt nennen – einen Aspekt der gegnerischen Truppen, der, falls er zerstört wird, den Feind zur Aufgabe bewegt. (Clausewitz, der große preußische Philosoph des Krieges, hatte diesen Gedanken in seinem 1832 erschienenen Band »Vom Kriege« definiert.) Für unsere Zwecke genügte es, Saddam zum *Verstummen* zu bringen, das heißt, seine Fähigkeit zu zerstören, die Truppen, die er gegen uns aufgestellt hatte, zu kommandieren. Wäre er dabei getötet worden, hätte ich keine Tränen vergossen. Wir nahmen auch Kommunikationseinrichtungen sowie Fernseh- und Radiosender in unseren Ziellisten auf, um Saddam die Möglichkeit zu nehmen, Befehle an seine Soldaten weiterleiten zu können.

Warden machte dann im einzelnen klar, wie die Luftwaffe beabsichtigte, Saddams Flugzeugabwehreinrichtungen, Flugplätze, Raketensilos, Munitionsfabriken, Waffenlaboratorien, Ölraffinerien, Brücken und das Eisenbahnnetz auszuschalten. Die Planer hatten *Hunderte* von wichtigen Zielen aufgelistet, und ich war einmal mehr betroffen, wie umfassend Saddam sein Land in ein Heerlager verwandelt hatte.

Ich wollte wissen, wieviel Zeit die Luftwaffe für all diese Bombardements benötigen würde. »Sechs Tage«, antwortete Warden – vorausgesetzt, daß dem Central Command fünfunddreißig Flugzeuggeschwader zur Verfügung standen, also etwa das Doppelte dessen, was uns bisher zugeteilt worden war. Doch selbst mit der zweifachen Luftstreitmacht kam mir seine Einschätzung allzu optimistisch vor. Aber jetzt ging mir noch etwas anderes durch den Sinn.

»Damit haben wir den Gegenschlag, den wir brauchen«, sagte ich. »Doch reden wir mal darüber, was geschehen würde, wenn wir eine Offensive planen müßten.« Ich sah mich um, aber niemand zuckte mit der Wimper. »Was würdet ihr tun, wenn wir unsere Flugzeuge über dem Kriegsgebiet von Kuwait frei operieren ließen?«

»Sofort ihre Luftabwehr zerstören«, erwiderte Warden, und er fügte hinzu, daß dies in Kuwait nicht leicht durchzuführen wäre. Die Luftverteidigung des Irak bestand aus fest installierten Einrichtungen – leicht auszumachen und daher leicht anzuvisieren –, während die in Kuwait aus mobilen Abwehrwaffen bestand, die durch die Invasionstruppen ins Land gebracht worden waren. Dazu gehörten radargelenkte sowjetische ZSU-23- und ZSU-24-Fliegerabwehrkanonen. »Wir *könnten* es schaffen«, schloß er, »aber das würde zwei bis vier weitere Tage in Anspruch nehmen.«

»Also gut«, sagte ich. »Und wenn ich euch auffordern würde, ihre Armee anzugreifen und so zu schwächen, damit wir erfolgreich angreifen können?« Ich schätzte, daß die Hälfte der irakischen Besatzungstruppen zerstört sein müßten, bevor wir mit einer Bodenoffensive beginnen könnten.

Während wir uns unterhielten, hatte ich mir ständig Notizen gemacht und das Konzept eines in vier Teile gegliederten Feldzuges entworfen:

1. »Instant Thunder«,
2. Ausschaltung der Luftverteidigung über Kuwait,
3. Schwächung der feindlichen Kräfte um fünfzig Prozent,
4. Bodenangriff (?).

Ich zeigte Warden die Notizen und sagte: »So etwa könnte eine Offensive aussehen. Aber da ist noch etwas: Die Republikanische Garde ist ein anderer Schwerpunkt der irakischen Armee. Könnten Sie, während Sie die erste Phase des Feldzuges durchführen, nicht auch die Republikanische Garde in Kuwait bombardieren?«

Er schüttelte den Kopf. »Zu riskant, da wir die Luftabwehr in Kuwait noch nicht ausgeschaltet haben.«

»Und was ist mit den B-52-Bombern? Können die Iraker sie abwehren?«

»Nein«, gab er zu. Bei einer Flughöhe von über neuntausend Metern und ausgerüstet mit den modernsten Radarstöranlagen, wären die B-52 unangreifbar.

»Okay. Wenn wir soweit sind, möchte ich, daß die Republikanische Garde gleich am ersten Tag bombardiert wird, und ich möchte, daß sie danach jeden Tag weiterbombardiert wird. Sie ist das Herz und die Seele seiner Armee, und dafür wird sie den Kopf hinhalten müssen.«

Zum Ende des Treffens verteilte ich die Aufgaben. Ich schickte Warden und seine Leute nach Saudi-Arabien, um die weitere Planung des Luftfeldzuges an General Horner und seinen Stab zu übergeben. Horner war nicht glücklich gewesen, daß ich das Pentagon um Hilfe gebeten hatte. Er hatte regelrecht getobt: »Sir, das letzte, was wir wollen, ist eine Wiederholung von Vietnam, wo Washington die Ziele ausgewählt hat! Das ist die Aufgabe Ihres Luftwaffenkommandeurs.« Ich erinnerte ihn daran, daß er als mein Frontkommandeur in Riad alle Hände voll zu tun habe, und versprach ihm, daß er alles übernehmen könne, sobald die Vorbereitungen abgeschlossen worden wären.

Dann beauftragte ich General Johnston, unseren höheren Stabsoffizieren das Konzept des vierphasigen Feldzuges zu erklären. Jetzt, wo wir den Rahmen bestimmt hatten, konnten wir den langwierigen Planungsprozeß angehen, um das Konzept in einen ausführbaren Plan zu verwandeln. Schließlich übergab ich meine Notizen Oberst Bell, um sie in mein Logbuch aufzunehmen. »Wie nennen wir die Aktion?« fragte Bell.

»Ich möchte nicht, daß sie mit ›Desert Shield‹ verwechselt wird«, sagte ich. »Wieso nennen wir sie nicht ›Desert Storm‹?« Damit waren alle einverstanden; wir beschlossen auch, »Instant Thunder« als Codenamen für Phase eins beizubehalten.

Am nächsten Morgen berichtete ich Colin Powell, daß ich ein Konzept für eine Offensive entworfen hätte, und beschrieb die vier Phasen. Wir konnten bezüglich Phase vier keinen brauchbaren Plan für eine Bodenoffensive vorschlagen, und ich bezweifelte, daß uns das gelingen würde, wenn uns nicht sehr viel mehr Truppen zur Verfügung stünden. Aber ich beabsichtigte, meine Planer darauf anzusetzen, sobald ich in Riad eingetroffen sein würde. Dann teilte ich ihm den neuen Codenamen mit. Er schien zufrieden zu sein und sagte, er werde die Information an Verteidigungsminister Cheney weiterleiten.

Innerhalb weniger Tage nach der Rede des Präsidenten im Pentagon ging alles sehr schnell. Das Weiße Haus hatte beschlossen, mit einer Seeblockade zu beginnen, obwohl der UNO-Sicherheitsrat noch nicht die Erlaubnis erteilt hatte, das Embargo mit militärischen Mitteln durchzusetzen. Damit stieg die Spannung im Central Command erheblich. Laut internationalem Recht ist eine Blockade ein kriegerischer Akt; wenn wir einen von Saddams Supertankern versenkten, konnte er das zum Vorwand nehmen, eine Invasion zu starten oder auf irgendeine andere Weise zurückzuschlagen. Sobald die Leute einmal angefangen haben, aufeinander zu schießen, ist es nie leicht, es bei nur ein »bißchen Krieg« bewenden zu lassen.

Am folgenden Abend orteten wir im Golf die Annäherung der ersten irakischen Schiffe: zwei kleine, verbeulte Tanker für den Küstenbetrieb, die leer nach Hause fuhren. Unsere Schiffe waren bereit, sie zu versenken. Vizeadmiral Hank Mauz, mein Flottenkommandeur, gab einen Funkspruch durch: »Was sollen wir tun?«

Unsere Befehle sagten nichts über leere Schiffe. Ich versuchte, General Powell zu erreichen, aber der war nicht da. Wir fragten seinen Stab, sie hatten jedoch keine zusätzlichen Instruktionen für uns. Schließlich grub ich eine Ausgabe der UNO-Resolution aus. Darin war zu lesen, daß der Sinn des Embargos darin bestehe, alle Exporte und Importe zu blockieren; das schien zu besagen, daß der Irak weder seine unrechtmäßig erworbenen Gewinne aus Kuwait verkaufen noch Nachschub für seine Kriegsanstrengungen erhalten solle. Mir schienen die leeren Tanker keine der beiden Voraussetzungen zu erfüllen. Also rief ich Admiral Mauz an und sagte: »Laßt sie laufen. Wozu den Dritten Weltkrieg wegen ein paar leerer Tanker anfangen.«

Einige Stunden später war Powell am Telefon und sagte mir, Verteidigungsminister Cheney sei der Meinung, ich würde seine Befehle nicht befolgen. Powell war selbst gereizt – wir arbeiteten alle unter ungeheurem Druck. Ich explodierte. »Um Himmels willen! Ich hatte keine Anweisungen. Ich habe versucht, Sie zu erreichen. Der Joint Staff konnte mir auch nicht helfen. Wir wollten eine vernünftige Entscheidung fällen. Ich konnte mich dabei nur an den Text der UNO-Resolution halten.«

»Aber Sie haben die falsche Entscheidung getroffen.«

»Okay. Jetzt habt ihr klargemacht, was ihr wollt, und den nächsten Tanker schießen wir in Stücke.«

Vierzehn Stunden später, es war Samstagnachmittag im Nahen Osten, tauchte ein anderes irakisches Schiff auf – ein vollbeladener Öltanker auf seinem Weg aus dem Golf. Die Marinefregatte »Reid« gab zwei Warnschüsse ab, aber der Tanker wollte nicht stoppen. Zu diesem Zeitpunkt erhielten wir einen aufgeregten Anruf vom Joint Staff, der unsere Befehle revidierte: Wir sollten das Schiff nicht ohne ausdrückliche Genehmigung aus Washington versenken. Also gaben wir eine dritte Serie von Warnschüssen ab. Der irakische Hauptmann erwiderte, er würde nicht stoppen, wobei er geheimnisvoll hinzufügte, er habe eine internationale Crew an Bord. Wir riefen das Pentagon noch einmal an und sagten: »Wir sind bereit. Erwarten Feuererlaubnis.« Gleichzeitig meldete das irakische Schiff Bagdad, daß es von den Amerikanern unter Feuer genommen worden sei. Ich rief General Horner in Riad an, um ihn vor einem möglicherweise unmittelbar bevorstehenden irakischen Angriff zu warnen, und versetzte meine See- und Luftstreitkräfte in höchste Alarmbereitschaft, um für Gegenschläge gerüstet zu sein.

Der Präsident war an seinem Ferienort Kennebunkport, weswegen es eine Weile dauerte, bis sich Washington mit ihm und General Scowcroft in Verbindung setzen konnte. Anderthalb Stunden später kam die Entscheidung: »Warnt den Iraker ein weiteres Mal per Funk. Sagt ihm, wenn er nicht anhalte, werden wir die Brücke und das Heck seines Schiffes beschießen, um die Steuerung auszuschalten. Wenn er dann immer noch nicht stoppt, weist ihn warnend darauf hin, daß er seine Crew in den Bug schaffen soll. Gebt ihnen Zeit, das Heck zu evakuieren. Dann feuert ihnen einen Schuß über das Heck, als letzte

Warnung. Sagt ihm: ›Das ist eure letzte Chance – der nächste Schuß trifft.‹ Dann feuert, um das Schiff manövrierunfähig zu machen. Aber versenkt es nicht.«

Als die Befehle schließlich unsere Leute am Golf erreichten, war bereits die Dämmerung angebrochen. Admiral Mauz sagte: »Jesus, dafür haben wir jetzt zuwenig Sicht.« Also waren wir bis Tagesanbruch entlastet, und uns war auf klassische Weise demonstriert worden, was geschieht, wenn Washington versucht, Kampfhandlungen aus der Ferne zu leiten. Unter fast allen anderen Umständen hätte es mich wütend gemacht, derart »ferngesteuert« zu werden, aber diesmal machte es mir nichts aus. Offensichtlich hatte jemand in Washington etwas spät realisiert, daß die Versenkung eines Schiffes eine größere Eskalation bedeuten würde, und sich nach Kräften bemüht, den Tanker zur Umkehr zu zwingen, ehe er ihn angreifen ließ. Das war mir recht, und ich war doppelt froh, daß ich mich entschieden hatte, die leeren Tanker am Vortag zu verschonen.

Über Nacht setzten sich die kühleren Köpfe durch. Powell rief an und revidierte ein viertes Mal innerhalb von vierundzwanzig Stunden unsere Befehle: »Greift das Schiff nicht an. Bleibt ihm auf der Spur. Dem UNO-Botschafter scheint es zu gelingen, vom UNO-Sicherheitsrat die Zustimmung zur Blockade zu erlangen, und wir wollen nichts überstürzen.« Bis der Sicherheitsrat schließlich eine Woche später der Blockade zustimmte, beschränkten wir uns darauf, die irakischen Schiffe zu beobachten.

Der Tanker, den wir beinahe angegriffen hätten, dampfte weiter zum Jemen, wo sich die Jemeniten entschieden, das Embargo einzuhalten und das Öl nicht zu löschen. Der irakische Kapitän wußte, wie nah daran er gewesen war, versenkt zu werden. Wir hatten gehört, wie er in panischer Angst nach Bagdad gefunkt und Antworten bekommen hatte wie: »Bleib standhaft, Freund, und wenn du ein Märtyrer wirst, bekommst du von Saddam persönlich posthum einen Orden.« Als der Mann den Jemen erreichte, steckte er sich mit einer geheimnisvollen Krankheit an und mußte in den Irak gebracht werden. Wir schlossen Wetten ab, daß seine Krankheit darauf zurückzuführen war, daß er sich nicht noch einmal den Kanonen der amerikanischen Flotte stellen wollte.

Der nächste Schritt des Präsidenten bestand darin, die Reserven zu aktivieren. Er war befugt, bis zu zweihunderttausend Reservisten ohne Zustimmung des Kongresses einzuberufen, und indem er das tat, machte er den Amerikanern deutlich, daß wir als Nation eine Aufgabe zu erfüllen hatten. Ich begrüßte diese Entscheidung. Ich war immer davon überzeugt gewesen, daß einer der schrecklichen Fehler des Vietnamkrieges darin bestanden hatte, *nicht* zu mobilisieren – Washington schickte damals Soldaten in den Kampf, ohne die amerikanische Bevölkerung aufzurufen, sie zu unterstützen.

Es war nicht weiter erstaunlich, daß die Anordnung des Präsidenten im Pentagon zu einer turbulenten Debatte führte, an der sich die Führung des Heeres, der Flotte, der Luftwaffe und des Marineinfanteriekorps beteiligte sowie der kommandierende General des Forces Command und die Generäle, die die verschiedenen Einheiten der Nationalgarde unter sich hatten. Jeder stritt mit jedem, welche Reserveeinheiten an den Golf geschickt werden sollten. Da der Plan des Central Command nur erst zur Hälfte vorlag, waren wir nämlich noch nicht in der Lage, bestimmte Reserveeinheiten anzufordern und zuzuordnen. Deswegen gaben die Chefs des Heeres, der Flotte, der Luftwaffe und des Marineinfanteriekorps an, wie viele Reservisten *ihrer* Meinung nach notwendig wären. Was insgesamt dabei herauskam – dreihunderttausend Mann –, war weit mehr als die Truppenstärke von »Desert Shield« und ein Mehrfaches dessen, was sich der Präsident vorgestellt hatte. Powell rief mich schließlich verzweifelt an und halste das Problem, völlig zu Recht, mir auf. »Die Truppengattungen sind außer Kontrolle geraten. Entwirren *Sie* das Ganze, und ich gebe Ihnen dazu jeweils mein Okay.«

Ich wußte genau, was wir brauchten: Lastwagenfahrer, Stauer, Munitionsschlepper, Telefoninstallateure, Mechaniker – Arbeiter, die die alltäglichen Aufgaben bei einer Verlegung in die Kampfzone übernehmen. Schwer war nur, das einigen Leuten in Washington klarzumachen. Ich führte erhitzte Diskussionen mit meinem alten Chef General Vuono und seinem Stab wegen der Kampfeinheiten der Nationalgarde. Diese zusätzlichen Brigaden (»roundout brigades«) waren dazu gedacht, in Kriegszeiten aktiviert zu werden, um Divisionen zu ergänzen, die normalerweise auf Zweidrittelstärke gehalten wurden, um Personal und Geld zu sparen. Vuono wollte beweisen, daß das Konzept funktionierte, und die Kongreßabgeordneten jener Staaten, in denen Einheiten der Nationalgarde stationiert waren, forderten lautstark, sie bei »Desert Shield« zu beteiligen. Aber diese Brigaden machten keinen Sinn im Zusammenhang mit den einhundertachtzig Tagen Mobilisierungsdauer, von denen der Präsident sprach. Einmal aktiviert, würden diese Truppen ein monatelanges

Training brauchen, um kampfbereit zu sein. Wenn sie dann endlich im Nahen Osten waren, mußte ich mich darum kümmern, sie wieder nach Hause zu schaffen. Es endete damit, daß ich Vuono sagte: »Ich verstehe Ihr politisches Problem, aber verdammt noch mal, wir stehen im Krieg.«

Powell stellte sich hinter mich, ebenso der Kommandeur des Forces Command, General Ed Burba, und jene Brigaden wurden von der Mobilisierungsliste gestrichen. Da die Nationalgarde zum Verantwortungsbereich von Burba gehörte, wußte er besser als jeder andere, ob die Einheiten einsatzbereit waren. Indem er die eigene Karriere aufs Spiel setzte, sprach er sich, was ihm zur Ehre gereichte, gegen ihren Einsatz aus und gab lieber die beschränkten Möglichkeiten der Einheiten zu, als die Männer unvorbereitet in den Krieg zu schicken. Selbst nach dieser Entscheidung wollte die Kontroverse im Kongreß und in den Medien nicht aufhören, bis schließlich eine Brigade aus Georgia in das nationale Trainingszentrum in der Mojavewüste geschickt wurde, um zu sehen, wie lange es tatsächlich dauern würde, um sie kampfbereit zu machen. Nach sechzig Tagen war sie immer noch nicht soweit. Nun gaben selbst einige der Kongreßabgeordneten, die sich vorher sehr lautstark geäußert hatten, zu, daß die Ergänzungsbrigaden der Nationalgarde doch eher für einen längeren Krieg geeignet wären.

Die Mobilisierung war das letzte große Problem, das ich zu lösen hatte, bevor ich Tampa verließ. Zu diesem Zeitpunkt funktionierten die Luft- und Seebrücken so effektiv, daß General Johnson vom Transport- und militärischen Lufttransportkommando am 21. August eine Pressekonferenz abhielt, bei der er stolz die Erfolgsmeldung verkündete, daß seine Flugzeuge und Schiffe eine Riesenzahl von Soldaten transportiert hätten und daß Waffen, Munition und anderer Nachschub von fünfhunderttausend Tonnen Gesamtgewicht bereits im Golf angekommen oder dahin unterwegs seien. Man könne es auch damit vergleichen, daß man alle Männer, Frauen und Kinder von Jefferson City, Missouri, nach Saudi-Arabien verfrachtet hätte – samt ihren Autos, Lastwagen, Wohnungseinrichtungen, Essens- und Wasservorräten. Die Aufgabe war so gewaltig, daß die Lotsen des Lufttransportkommandos bis zu achtzig Flugzeuge gleichzeitig über den Atlantik schickten. (Sie gaben dem Lufttransport den Spitznamen »Aluminiumbrücke in den Nahen Osten«.) Währenddessen trafen Riesenladungen von Panzern und schwerer Ausrüstung in saudischen Häfen an Bord von speziellen Frachtern ein, die mehr als dreißig Knoten schafften (was etwa sechsundfünfzig Kilometer pro Stunde entspricht); Dutzende von anderen Frachtschiffen sollten folgen.

Endlich wurde auch das Kommunikationsnetz in Saudi-Arabien installiert, und am 23. August ließ ich Colin Powell wissen, ich sei nun in der Lage, mein Hauptquartier nach Riad zu verlegen. Ich sagte ihm, daß Buck Rogers, mein stellvertretender Oberkommandierender, sich bereit erklärt hätte, in Tampa zu bleiben und die Stellung zu halten. Ich wußte, daß er dafür sorgen würde, daß der Truppennachschub aus den Staaten weiterhin ohne Stockungen verlief. Powell sah ein, daß ich gehen mußte, wies aber darauf hin, daß er mich gerne in erreichbarer Nähe von Washington gehabt hätte und fürchtete, ich könne unerreichbar werden, sobald ich einmal die Staaten verlassen hätte. Was unseren täglichen Informationsaustausch anging, hatten wir ein besonderes Verfahren entwikkelt, an dem wir während der ganzen Operation »Desert Storm« festhielten. Wir konferierten über ein abhörsicheres Telefon, meist mehrmals am Tag, und wenn wir schriftliche Informationen verschicken mußten, taten wir das außerhalb normaler Pentagonkanäle. Jeder von uns besaß ein Faxgerät, das mit einer abhörsicheren Telefonleitung verbunden war. Wenn ich ein wichtiges Dokument oder Diagramm hatte, das ich ihm zeigen wollte, gab ich es Oberst Bell, der das Büro von Powell benachrichtigte, daß ein Dokument abgeschickt werde, und der dann den Vorgang persönlich überwachte. Am anderen Ende wartete Powells Stabsoffizier neben seinem Faxgerät, um die Nachricht abzufangen und sie direkt in die Hände von Powell zu legen.

Wir glaubten, daß uns dies die einzige Möglichkeit böte, Geheimhaltung zu wahren. Während meiner anderthalb Jahre Dienstzeit im »Tank« hatte ich Powells Vorgänger, Admiral Crowe, wieder und wieder sagen hören: »Sobald in Washington etwas schriftlich festgehalten worden ist, kann man davon ausgehen, daß alle davon wissen.« Wenn beim Joint Staff Nachrichten eintrafen – streng geheime Nachrichten für das innerste Heiligtum des Pentagon –, wurden sie ins Logbuch eingetragen, reproduziert und an verschiedene Stabsdirektoren verteilt, die wiederum für ihre Stellvertreter Kopien zogen, für die Stellvertreter ihrer Stellvertreter und so weiter – und ehe man sich versah, erschien die Nachricht in der »Washington Post«. Da wir alles durch ein abhörsicheres Telefon und ein unanzapfbares Faxgerät weitergaben, sickerte nie etwas durch; natürlich bedeutete das auch, daß viele unserer Gespräche niemals offiziell dokumentiert wurden.

Als Oberkommandierender unterstand ich offiziell Verteidigungsminister Cheney, aber Colin Powell war an sich mein einziges Verbindungsglied zur Regierung. »Meine Aufgabe besteht darin, den Präsidenten und das Weiße Haus sowie den Verteidigungsminister auf dem laufenden zu halten«, sagte Powell. »Sie kümmern sich um Ihren Kriegsschauplatz und überlassen mir die Sorge um Washington.« Diese Aufgabenteilung funktionierte bestens. Ich gab an Powell weiter, was in Washington zu klären war, und er sorgte dafür, daß es erledigt wurde. Für mich war General Powell während dieser Krise der beste Mann für den Job. Seit General George Marshall im Zweiten Weltkrieg hatte kein Angehöriger des Militärs direkten Zugang zu den innersten Kreisen des Weißen Hauses gehabt – vom Vertrauen des Präsidenten ganz zu schweigen. Powell konnte in Stunden Entscheidungen erlangen, für die ein anderer Mann Tage oder Wochen gebraucht hätte. Aber manchmal ging mir die Aufgabenteilung auch auf die Nerven, weil mir verborgen blieb, was in Washington vorging. So rief mich Powell nach Treffen im Weißen Haus manchmal an und stellte Fragen, die mich daran zweifeln ließen, ob unsere zivilen Vorgesetzten die militärischen Zwänge begriffen hatten.

Als zum Beispiel Saddam am 19. August ankündigte, er werde Ausländer als menschliche Schutzschilde benutzen, um die Vereinigten Staaten davon abzuhalten, den Irak zu bombardieren, rief Powell sofort an und wollte wissen: »Was werden Sie wegen dieser Drohung unternehmen?« Ich hatte ihn ständig auf dem laufenden gehalten und meinte, er müsse die traurige Antwort ebensogut kennen wie ich. Wir hatten seit Beginn der Krise alle Rettungsmöglichkeiten für Geiseln überdacht, wobei sehr bald klargeworden war, daß die Vereinigten Staaten für Gefangene im Irak kaum etwas unternehmen konnten. Aufgrund der fehlenden Nachrichtenquellen war es äußerst schwierig, auch nur genau herauszufinden, wo sich die Geiseln befanden.

Ich konnte Powell nur sagen: »Das steht leider außerhalb meiner Macht. Die meisten können wir nicht herausholen. Wir werden alles unternehmen, um herauszufinden, wo sie sind, aber wenn es zum Krieg kommt und sie sich in der Nähe wichtiger Kriegsziele befinden, wird der Präsident eine äußerst schwere Entscheidung zu treffen haben.« Das Central Command konnte das Problem vor das Saddam uns stellte, nicht lösen. Hier war eine moralische und politische Entscheidung zu treffen.

Als ich Powell im Pentagon anrief, um ihm zu sagen, daß ich zur Abreise nach Riad bereit sei, wollte er genau wissen, ob er mich nach wie vor per Telefon erreichen könne. »Sind Sie sicher, daß die Verbindungslinien stehen? Ich kann es mir nicht leisten, Sie nicht mehr zu erwischen.« Dann fügte er, wie nebenbei, hinzu: »Ich möchte, daß Sie auf Ihrem Weg nach Riad in Washington vorbeikommen und mir detailliert Ihren Plan für eine Offensive erklären – sowohl in der Luft als auch am Boden.«

Als ich aufgelegt hatte, brauchte ich etwa fünf Minuten, ehe ich begriff, was er gesagt hatte. Ich teilte meinen Mitarbeitern mit, ich müsse privat mit dem Vorsitzenden reden, und forderte sie auf, den Besprechungsraum zu verlassen. Dann holte ich Powell erneut ans Telefon. »Ich möchte etwas klarstellen, worüber wir uns, wie ich dachte, geeinigt hätten«, sagte ich und versuchte, meine Stimme ruhig klingen zu lassen. »Ich habe dem Präsidenten einen Verteidigungsplan vorgetragen. Ich befolge den Befehl, eine Verteidigungsstreitmacht in Stellung zu bringen, und ihr Jungs in Washington wollt plötzlich, daß ich mit meiner Truppe einen Angriff vorbereite. Irgend etwas stimmt da nicht. Ich kann Ihnen mein Konzept vortragen, aber das ist auch alles – abgesehen vom Luftangriff in Phase eins gibt es von mir keine Empfehlung. Wir haben noch nichts geplant, was als Grundlage irgendeiner Offensive dienen könnte. Ich fürchte, jemand, der das nicht begreift, dreht sich demnächst um und sagt: ›Greifen Sie an.‹«

»Norman! Vertrauen Sie mir. Sie müssen mir vertrauen«, rief Powell. »Meinen Sie, ich würde das zulassen? Mein Problem sind all die Falken, die im Nationalen Sicherheitsrat sitzen, die ständig sagen, wir sollten Saddam gleich jetzt aus Kuwait rausschmeißen. Ich muß etwas in der Hand haben, um sie sicher unter Kontrolle zu halten.«

Powell schien darauf zu setzen, daß wir, solange er das Weiße Haus davon überzeugen konnte, wir hätten die Krise unter Kontrolle und würden bei unseren Planungsarbeiten für den Kriegsfall Fortschritte machen, nicht gezwungen werden würden, etwas Übereiltes zu unternehmen. Ich entschied, daß er recht hatte – aber darauf kam es nun nicht mehr an, denn mir blieb keine andere Wahl, ich mußte so oder so mitziehen. Am Samstagmorgen, dem

25. August, traf ich Powell im beinahe verlassenen Pentagon, brachte ihn auf den letzten Stand, was unsere Bombardierungspläne anging, und besprach, wie weit ein derartiger Luftfeldzug zur Vorbereitung einer Bodenoffensive dienen könnte. Aber ich betonte ein übers andere Mal, daß mir die Vorstellung, unsere verfügbaren Bodentruppen nach Kuwait zu schicken, nach wie vor sehr, sehr töricht erschien.

24 AUG 90 C + 17

1300 CINC sprach mit General Reimer, dem stellvertretenden Generalstabschef für Operationen. Was ich brauche, sind ein paar Stimmen in Washington, die für ihre Meinung einstehen und sagen, das ist unverantwortlich. Wir sollten nicht zu etwas gedrängt werden, zu dem wir noch nicht bereit und in der Lage sind. Manche Leute in Washington sind darauf versessen, uns in etwas hineinzutreiben, aber wir sind vielleicht noch nicht soweit, und wenn alles schiefgeht, müssen schließlich wir, die militärischen Kommandeure, den Kopf hinhalten.

Ich wartete, bis das Datum der Abreise feststand, ehe ich mit meiner Familie darüber sprach. Bevor der Irak in Kuwait eingefallen war, hatten wir uns auf die dritte Augustwoche gefreut, in der wir zusammen etwas unternehmen wollten. Cindy und ich würden unsere Geburtstage feiern, und Jessica fing ihr Studium an der Universität in Tampa an, wo Brenda und ich am Tag der offenen Tür hatten teilnehmen wollen. Das würde ich jetzt alles verpassen. Als ich schließlich Brenda und die Kinder zusammenholte, um ihnen zu sagen, daß ich sie verlassen mußte, hielt ich eine kleine Rede: »Ich will, daß ihr begreift, daß ich nirgendwo lieber bin als hier bei euch, aber ich bin auch Soldat. Und wenn ein Soldat gerufen wird, muß er gehen. Aber ich will nicht, daß ihr meint, daß das bedeuten würde, daß ich euch nicht liebe.«

Brenda wußte, daß ich für die Dauer der Krise fortbleiben würde. Sie hatte mich schon einmal so sprechen hören – früh in unserer Ehe, als ich zu meinem zweiten Einsatz nach Vietnam aufbrach. Aber das war, bevor unsere Kinder geboren waren, und obwohl sie sich ihr ganzes Leben dem unsteten Umherziehen eines Soldaten anpassen mußten – Cindy war nun beinahe zwanzig, Jessica achtzehn und Christian dreizehn –, war ich nie länger als einen Monat von zu

Hause weggewesen, auch nicht während der Grenadakrise. Nun eröffnete ich ihnen, daß ich mein Hauptquartier verlegen und zu einem elftausend Kilometer entfernten Ziel abreisen würde.

Sie sagten, sie würden das verstehen, aber eigentlich begriffen sie es nicht. Fünf Tage später, als ich alle zum Abschied umarmte, raunte ich Brenda zu: »Ich wollte, ich könnte dir sagen, wann ich dich wiedersehen werde.« Cindy starrte mich völlig entgeistert an.

»Bis *Weihnachten* bist du wieder zurück. Es wäre einfach kein Weihnachten ohne dich.«

»Cindy, ich weiß nicht.« Als ich ihr Gesicht sah, fügte ich jedoch schnell hinzu, daß in jedem Krieg, den Amerika je geführt habe, der Kommandeur stets zu regelmäßigen Konsultationen nach Washington berufen worden sei. Ich versprach, jedesmal nach Hause zu kommen, wenn ich in den Vereinigten Staaten sei. Ich konnte mir nicht vorstellen, daß ich überhaupt nicht nach Hause kommen würde.

18

Ich trat aus dem Flugzeug in die heiße Wüstenluft. Auf dem Militärflughafen von Riad betrug die Temperatur über vierzig Grad Celsius im Schatten, und es war noch lange nicht Mittag. Unten an der Treppe warteten die von mir zurückgelassenen ranghohen Kommandeure Chuck Horner und John Yeosock sowie ein kräftig gebauter saudischer Offizier, den ich nicht kannte. Horner stellte ihn mir als Generalleutnant Prinz Chalid Ibn Sultan vor. Er war der Kommandeur der Luftabwehr des Königreichs und der Mann, den König Fahd zu meinem Partner bestimmt hatte. Mir fiel auf, daß der Prinz seine Körpergröße von seinem Großvater König Abd el-Asis III., dem Gründer Saudi-Arabiens, geerbt hatte. Er war so groß wie ich.

Chalids Bestallung war der erste Sieg von Horner und Yeosock. Anfangs hatten sie mit verschiedenen anderen saudischen Generälen zusammenzuarbeiten versucht. Sie mußten jedoch dabei feststellen, daß diese zwar freundlich und kooperativ waren, daß aber nie etwas erledigt wurde. König Fahd hatte Treibstoff, Wasser und Transportfahrzeuge für die eintreffenden amerikanischen Truppen versprochen, aber selbst bei so einfachen Angelegenheiten wie der Anmietung von Lastwagen für den Nachschub mußten die Generäle verlegen erklären: »Wir wollen helfen, sind aber nicht befugt, Geld auszugeben.«

Nachdem das zehn Tage so gegangen war, wandten sich Horner und Yeosock frustriert an Prinz Sultan, den Minister für Verteidigung und Luftfahrt. Prinz Sultan wiederum hatte sich mit seinem Bruder, dem König, besprochen, und sie beschlossen, Chalid, den ältesten Sohn von Sultan, die entsprechende Zuständigkeit zu übergeben. Chalid war genau die richtige Person. Er war in Sandhurst, der englischen Militärakademie, ausgebildet worden, hatte das amerikanische Air Force War College beim Luftwaffenstützpunkt Maxwell in Alabama absolviert, besaß den Magisterabschluß im Fach Politische Wissenschaft der Universität Auburn und war der ranghöchste Prinz der saudischen Streitkräfte. Seine militärischen Leistungsnachweise waren weit weniger wichtig als sein königliches Blut, denn in Saudi-Arabien konzentriert sich beinahe alle Macht auf den inneren Kreis der königlichen Familie. Einfach gesagt: Anders als die anderen Generäle war Chalid befugt, Schecks auszustellen. Wenn Horner und Yeosock nun Lastwagen benötigten, brauchten sie nur den Prinzen zu fragen, und sie bekamen sie. Unsere Truppen erhielten nun auch den versprochenen Treibstoff und das versprochene Wasser.

Um mich willkommen zu heißen, hatte Chalid eine traditionelle Kaffeezeremonie in einer Empfangshalle im Stützpunkt arrangiert. Ein riesiger Perserteppich bedeckte den Boden (ich erfuhr später, daß der Teppich so schwer war, daß die Saudis eine Wand eingerissen und ihn per Kran hineingeschafft hatten). Chalid und ich saßen auf einem Sofa am Ende der Halle, Chuck und John zu meiner Linken und der Kommandeur des Luftwaffenstützpunkts sowie Mitglieder von Chalids Stab zu seiner Rechten. Es wurde starker, mit Kardamom gewürzter Kaffee gereicht, und der Prinz und ich tauschten Höflichkeiten aus. Chalid wirkte wie ein offenherziger, umgänglicher, kumpelhafter Bursche, aber Horner und Yeosock hatten mich vorsorglich gewarnt, daß er sich über diese Begegnung sehr viele Gedanken gemacht hätte. Auch wenn der Prinz bisher gut mit ihnen zusammengearbeitet hatte – sie waren Dreisternekollegen –, begann er, sobald er von meinem Kommen hörte, viele Fragen zu stellen und wurde sehr mißtrauisch. Horner und Yeosock vermuteten, daß er sich Sorgen machte, ich könne aufgrund meines höheren Ranges und meiner Erfahrung versuchen, ihn zu überfahren oder herumzukommandieren. Ich hegte keinerlei derartige Absichten, und als Chalid das in den folgenden Tagen begriff, wurden wir wirkliche Freunde und effiziente Kollegen. Er schloß unser kurzes Willkommen ab, indem er sagte: »Mein Stab wird sich mit Ihrem Stab verständigen, wann wir uns treffen können.«

Wir fuhren in schwergepanzerten Mercedes-Limousinen in die Innenstadt zum Verteidigungsministerium, dem Hauptquartier für »Desert Shield«. Die Saudis hatten mir im zweiten Stock ein Büro von königlichen Ausmaßen zugeteilt, mit großen Ölportraits von König Fahd, Kronprinz Abdullah und Prinz Sultan an der Wand. An einem Ende stand ein großer, moderner Schreibtisch aus Holz, dahinter auf einem Regal mein rotes Telefon, der abhörsichere Draht nach

Washington. An den anderen Wänden standen dickgepolsterte, mit weißem Brokat bezogene Sessel und große marmorne Würfel, die als Kaffeetische dienten. Neben dem Büro befand sich ein Schlafzimmer und ein kleines Badezimmer mit einer Dusche. Beide Räume waren sehr schlicht. Das Schlafzimmer blickte auf einen betonierten Hof, in dem Tauben nisteten.

Horner hatte einige Tage zuvor angerufen, um eine Einladung der saudischen Regierung zu übermitteln. »Die Saudis haben einen *Palast* für Sie ausgesucht. Das müssen Sie gesehen haben, damit Sie's glauben: Wenn Sie eintreten, schreiten Sie unter einem Tor aus Elefantenzähnen hindurch.« Ich lehnte höflich ab – wie Horner bereits wußte. Unterdessen hatte mir mein Stab eine Suite genau gegenüber dem Ministerium im luxuriösen Hotel »Hyatt« reserviert, wo mehrere meiner hochrangigen Offiziere schon wohnten. Aber da ich derjenige gewesen war, der ständig darauf herumhackte, daß die Leute aus den Hotels ausziehen sollten, konnte ich nicht gut in eines einziehen. Blieb eine dritte Möglichkeit – eine Suite in einem saudischen Offiziersklub, etwa fünf Kilometer entfernt.

»Heute nacht schlafe ich hier«, gab ich bekannt. Und dort sollte ich schließlich neun Monate wohnen.

Als erstes wollte ich die Kommandoräume besuchen. Der Weg führte über zwei Fahrstühle nach unten, dann durch einen schwerbewachten langen Korridor, noch eine Treppe nach unten und schließlich durch mächtige Türen hindurch. Im Kellergeschoß, fünf Stockwerke unter der Erdoberfläche, hatten die Saudis einst begonnen, einen großen Kommandoposten einzurichten, ihn aber nie fertiggestellt. Vor drei Wochen war der Raum leer gewesen; jetzt befand sich darin das Nervenzentrum von »Desert Shield«.

Yeosocks Stellvertreter, Generalmajor Paul Schwartz, führte mich in einen riesigen, zwei Stockwerke hohen Raum, in dem an vielen Schreibtischen emsig gearbeitet wurde. Ich war hocherfreut gewesen, als Schwartz vom Heer »Desert Shield« zugeteilt wurde. Da er als Projektmanager für die saudische Nationalgarde gearbeitet hatte, mochte Paul die Saudis und arbeitete gut mit ihnen zusammen. Der Raum war seine Schöpfung, ein Koordinationszentrum, in dem saudische und amerikanische Verbindungsoffiziere jeder Truppengattung und Spezialeinheit Seite an Seite arbeiteten: Luftwaffenleute mit Luftwaffenleuten, Männer der Küstenwache mit Männern der Küstenwache, Luftverteidigungsplaner mit Luftverteidigungsplanern und so weiter. Oben an einer Seite befand sich auf halber Höhe ein verglaster Konferenzraum, der als amerikanische Kommandostelle dienen sollte, bis unsere Techniker eine komplette Kommando- und Kontrolleinheit fertiggebaut hatten, die so weit wie möglich unserem Kommandozentrum in Tampa entsprechen würde. Sie bestand schließlich aus einer Nachrichtenzentrale, einem Kommunikationsraum, Büroräumen für den Stab, einem kleinen Vortragssaal, wo bis zu vierzig Menschen Platz finden konnten, und, das war das Wichtigste, einem Kommandoraum, der im Kriegsfall mein Kommandoposten sein würde. Die Saudis hatten unterdessen ihr eigenes Kommandozentrum ein Stockwerk höher eingerichtet.

Paul stellte mich den saudischen und amerikanischen Obersten vor, die für die Operationen des Koordinierungszentrums verantwortlich waren. Ich wollte einen Bericht über den laufenden Stand unseres Truppenaufmarsches, und sie wiesen mich auf eine riesige Karte an der Wand hinter mir hin. Sie zeigte einen von Horner, Chalid und ihrem Stab ausgearbeiteten Plan, der die Stellungen der amerikanischen und saudischen Streitkräfte entlang der saudisch-kuwaitischen Grenze zeigte, die die erste Verteidigungslinie des Königreichs bilden sollten. Ich entdeckte sofort ein großes Problem. Wir hatten ihnen den irakischen Kriegsplan gefaxt, den wir vor zwei Wochen von einem Überläufer erhalten hatten – derjenige, der eine massive, in drei Keilen erfolgende Invasion vorsah –, und dennoch hatten sie, aus Mangel an Streitkräften, *eine der Einfallsrouten weit offen gelassen!* Die Küstenstraße, die von Kuwait nach Al Jubayl führte, war verteidigt, ebenso die westliche Autostraße, die nach King Khalid Military City führte. Aber inmitten der Grenze, wo die Iraker ihren dritten Keil zusammengezogen hatten, klaffte ein großes, unbewachtes Loch, das mindestens sechzig Kilometer breit war. Wenn Saddam wollte, konnte er tausend Panzer auf dieser Achse angreifen lassen, und niemand würde etwas bemerken, bis sie tief in unserem Rücken saßen.

Ich beschloß, in Gegenwart unserer saudischen Kollegen keinen Krach zu schlagen. »Ein guter Anfang« war alles, was ich zustande brachte. Wir wandten uns von der Karte ab, und ich sagte leise zu Oberst Bell: »Sorgen Sie dafür, daß Sie das fotografieren und aufbewahren. Es wird uns daran erinnern, wo wir angefangen haben.«

Als ich in Riad ankam, war ich darauf vorbereitet, wenn nötig rund um die Uhr zu arbeiten, um einzuhalten, was wir dem Präsidenten versprochen hatten, und um sicherzustellen, daß – soweit irgend möglich – unsere Truppen unbehelligt zurückkehrten. Nachrichtendienstlichen Einschätzungen zufolge konnte Saddam Hussein uns sofort mit einhundertfünfzigtausend Soldaten und eintausendzweihundert Panzern angreifen. Mich bedrückte der Gedanke, ins Meer getrieben zu werden und dabei Tausende von Leben zu opfern, und ich wußte, daß ich zuerst diese Gefahr so schnell wie möglich auszuschalten hatte.

Aber ich mußte mein Gefühl für das Dringliche der Situation herunterspielen, wenn ich mit den Saudis verhandelte. Zu meiner Bestürzung war ihre größte Sorge nicht die Bedrohung durch Saddam oder die gigantische gemeinsame militärische Operation, auf die wir uns eingelassen hatten. Am bedrohlichsten für sie war der kulturelle Schock, den die plötzliche Flutwelle von Amerikanern in ihrem Königreich auslöste. Wir hatten getan, was wir konnten, um die Probleme auszuschalten, bevor die Soldaten eintrafen. Wir hatten Alkohol und Sexmagazine verboten, den Truppen Vorträge über die Anpassung an fremde Kulturen gehalten und eine Informationsbroschüre mit dem Titel »Militärführer für arabische Kultur« verteilt, der vom Stab des Central Command hastig zusammengestellt worden war (ein Kapitel begann: »Männer und Frauen dürfen einander nicht in der Öffentlichkeit berühren, aber es gibt ziemlich viel Berührungen zwischen Personen gleichen Geschlechts ...«). Aber nichts, was wir taten, konnte den Kulturschock völlig überwinden. Händler in der Innenstadt von Dharan waren zum Beispiel entsetzt, als sich Soldatinnen nach Dienst die Läden anschauten. Soldaten in einem Kriegsgebiet tragen ihre Waffe stets bei sich, und so hatten diese Frauen Sturmgewehre über der Schulter hängen! In einem von uns gemieteten Lagerhaus zogen Frauen, die Kästen mit medizinischen Vorräten ausluden, ihre Kampfjacken aus und arbeiteten in T-Shirts. Das führte zu wütenden Klagen über Frauen, die sich in der Öffentlichkeit entkleiden würden. Arabische Frauen zeigen ihre Arme niemals in der Öffentlichkeit. Die meisten dieser Zwischenfälle trugen sich in der Nähe der Luftwaffenbasis und der Hafenstadt Dharan zu, wo Ausländer ein alltäglicher Anblick sind. Was mir wirklich Sorgen machte, war der Gedanke, einen weit größeren Skandal in Riad auszulösen, einer Stadt, die bis in die späten siebziger Jahre für Ausländer verboten gewesen war. Als ich 1988 das Central Command übernommen hatte, durfte der Zweisternegeneral, der unserer militärischen Ausbildungsmission vorstand, Riad in offiziellen Geschäften besuchen, mußte es aber stets vor Anbruch der Dunkelheit

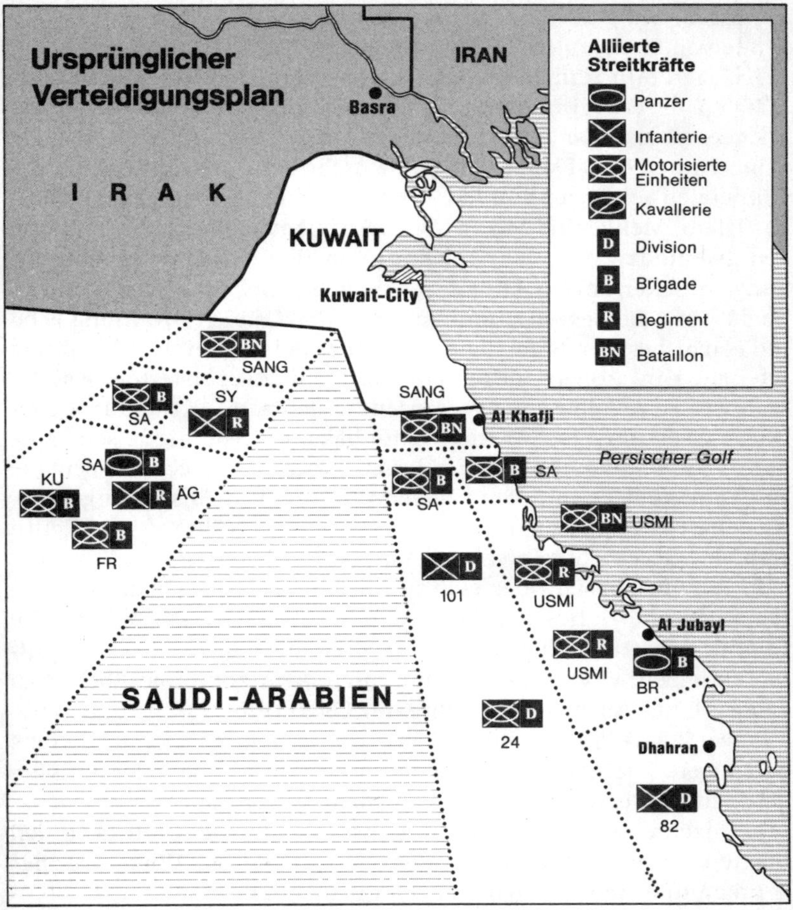

Der ursprüngliche Verteidigungsplan ging vom Einsatz aller verfügbaren oder avisierten Streitkräfte aus. Dazu gehörten die Bataillone der Saudiarabischen Nationalgarde (SANG), saudische (SA), kuwaitische (KU), ägyptische (ÄG), syrische (SY), französische (FR) und britische (BR) Brigaden, außerdem die US-Marineinfanteriekorps (USMI) und Heeresdivisionen (24., 82. und 101. Division).

verlassen und sich in sein Quartier begeben. Nun hatten wir Tausende von Soldaten in Riad stationiert.

Ich sagte mir immer wieder, daß mir genug Leute zur Verfügung standen, die die militärische Planung übernehmen könnten, daß ich aber der einzige war, der den Saudis zu versichern vermochte, daß die Tänzerinnen der »Dallas Cowgirls« nicht herüberkommen und das Königreich beleidigen würden, das der Wächter der heiligsten Stätten des Islam, Mekka und Medina, war. Also fand ich mich jeden Abend um zweiundzwanzig Uhr im Büro von Prinz Chalid im Verteidigungsministerium ein. Die Gespräche zogen sich oft bis nach Mitternacht hin – keineswegs unüblich in Saudi-Arabien, wo König Fahd die Nacht bis zum Sonnenaufgangsgebet durcharbeitet. Chalid und ich saßen in großen, kastanienbraunen, dickgepolsterten Sesseln, während sein Adjutant verschiedene Fruchtsäfte, Kaffee und Cappuccino servierte. Ich bin nicht dafür bekannt, geduldig zu sein, aber genau das war ich nun, um Erfolge zu erzielen. Entscheidungen, die in Tampa und Washington fünfzehn Minuten in Anspruch genommen hätten, dauerten in Riad drei Stunden, während wir Kaffee tranken, Geschichten erzählten und philosophierten.

Es war oft sehr schwer, gleich zu verstehen, worauf Chalid aus war. Die arabische Kultur legt keinen großen Wert auf Direktheit. Die Erfahrung hatte mich gelehrt, zuzuhören, bis ich sicher war, begriffen zu haben, worum es ging und mich dann kompromißbereit zu zeigen. Eines Abends überreichte mir Chalid eine Tasche und sagte: »Es werden T-Shirts in euren Läden als Souvenir verkauft, die uns beleidigen. Hier ist eine ganze Tasche voller Beispiele. Sie müssen dafür sorgen, daß Ihre Truppen sie nicht länger kaufen.«

Ich dachte: »O je«, denn ich wußte, was einige T-Shirts in den Staaten zierte. Ich stellte mir obszöne Sprüche vor, Witze über das Trinken und Abbildungen von Marihuanapflanzen.

»Kein Problem«, sagte ich. »Ich erlasse einfach einen Befehl, daß keine T-Shirts mehr verkauft werden.«

Zwei Stunden später nahm ich die Tasche mit in mein Büro und sah mir die anstößigen T-Shirts an. Sie waren völlig harmlos! Eines zeigte eine Palme, ein Kamel und einen Panzer in der Wüste. Also ging ich sofort zurück und fragte: »Was ist daran so anstößig!«

»Wir mögen das Bild eines Panzers in der Wüste nicht.«

»Aber es gibt überall Panzer in Ihrer Wüste!«

»Ja, aber das möchten wir unseren Leuten nicht auf die Nase binden.«

Daraufhin zog ich ein anderes Hemd heraus, daß eine Karte von Saudi-Arabien zeigte, auf der einige der größeren Städte markiert waren. »Die Lage unserer Städte ist geheim«, erklärte Chalid.

»Aber jeder Atlas hat Karten von ...«

»Die erlauben wir innerhalb von Saudi-Arabien nicht.«

Wie sich herausstellte, wurden die T-Shirts gar nicht in unseren Armeeläden verkauft. Geschäftstüchtige Pakistanis hatten im Souk Souvenirstände eröffnet, die ganz auf amerikanische Bedürfnisse zugeschnitten waren. Als ich Chalid informierte, bestand er darauf: »Norm, Sie müssen Ihre Soldaten davon abbringen, sie zu kaufen.«

»Das kann ich nicht. Wenn ihr die T-Shirts in eurem Land verbieten wollt, müßt ihr eure Händler dazu bringen, sie nicht länger zu verkaufen.«

Ich begriff, daß Chalid die ganze Zeit gewußt hatte, daß die T-Shirts nicht von uns kamen. Das Ganze hatte vielmehr mit Manövern rechtsextremer Moslems zu tun, die die amerikanische Präsenz zum Vorwand nahmen, die Position des Königs zu schwächen. Einer dieser Fundamentalisten hatte wahrscheinlich gesehen, wie ein amerikanischer Soldat ein T-Shirt kaufte, und ein Exemplar seinem religiösen Oberhaupt gebracht, der es wiederum zum Palast trug und sich beklagt hatte: »Ein Beispiel mehr, was geschieht, wenn man Ausländer ins Land holt!« Prinz Chalid mochte die Souvenirstände nicht schließen und hatte gehofft, daß ich das Problem diskret zum Verschwinden bringen könnte. Dazu war ich aber nicht imstande, und schließlich sahen die Saudis ein, daß die T-Shirts nichts Anstößiges an sich hatten.

Die verzwicktesten Probleme betrafen fast immer die Religion. Wenige Tage nach meiner Ankunft erschien Chalid völlig aufgebracht bei mir: »Sie haben einen Rabbi ins Land gebracht, der erklärt, daß zum ersten Mal in der Geschichte auf islamischer Erde das Widderhorn erklingen werde!« Juden blasen das Widderhorn anläßlich ihres Neujahrsfestes, des Feiertags Rosh-ha-Schana. Ich bezweifelte sehr, daß ein amerikanischer Armeegeistlicher etwas derartig Aufrührerisches gesagt hatte, aber ich bat umgehend den Armeegeistlichen aus unserem Stab, die Sache aufzuklären. Wir entdeckten schließlich, daß der fragliche Rabbi weder etwas mit dem Central Command zu tun hatte noch im Nahen Osten lebte – er war ein Armeegeistlicher in den Staaten, der in einer israelischen Zeitung zitiert worden war. Jemand hatte den Artikel ausgeschnitten und ihn dem König geschickt.

Die Iraker nutzten die Präsenz der Amerikaner, um die Ängste des einfachen Volkes zu schüren, etwa indem sie über »Radio Bagdad« verbreiteten, die Amerikaner würden die Heiligtümer entweihen. Einer dieser Geschichten zufolge war eine Gruppe amerikanischer Soldaten nach Mekka gereist (eine den Ungläubigen verbotene Stadt), hatte die Kaaba (das höchste Heiligtum des Islam) betreten und sich dort mit Bier betrunken (was der Koran verbietet).

Die religiös motivierten Befürchtungen der Saudis erschienen mir zwar übertrieben, aber verständlich, und einige Male beklagten sie sich durchaus zu Recht. Es gab in North Carolina eine Gruppe fundamentalistischer Christen, die die Idee hatten, unseren Soldaten Exemplare des Neuen Testaments in arabischer Sprache zu schicken. Der Sendung lag folgende Notiz bei: »Anbei ein Exemplar des Neuen Testaments in arabischer Sprache. Vielleicht wird Ihnen ein arabischer Freund bei der Lektüre helfen.« Eines schönen Tages händigte mir Chalid ein Exemplar aus. »Was soll das?« fragte er milde. Diesmal brauchte er nicht zu protestieren – er wußte, wie verärgert ich über diese Angelegenheit war.

Gleichzeitig sahen die Saudis ein, daß man unseren Truppen das Recht auf Ausübung ihrer Religion nicht verbieten konnte, solange dies auf diskrete Art geschah. Nachdem ich die Angelegenheit mit Chalid besprochen hatte, rief ich die Repräsentanten der amerikanischen Feldgeistlichen zusammen und hielt eine kleine Rede: »Wir alle wollen, daß die Soldaten das Recht zur freien Religionsausübung haben«, ließ ich sie wissen, »aber dazu müssen wir mit Bedacht vorgehen. Die Geistlichen, die Riad und anderen Städten zugeteilt wurden, wissen bereits, wie empfindlich die Einheimischen sind. Schon der bloße Anblick eines Kreuzes ist beleidigend für sie. Und so ersuche ich Sie, die christlichen oder jüdischen Symbole von Ihren Uniformen zu entfernen oder sie so zu tragen, daß sie unsichtbar bleiben. Geistliche bei Kampfeinheiten im Feld werden ihre Insignien weiterhin tragen. Ich weiß, daß das einigen von Ihnen nicht paßt, aber mir scheint das nicht zuviel verlangt zu sein.« Ich fügte ein wenig ironisch hinzu: »Und wenn Sie als Feldgeistliche etwas taugen, wissen Ihre Soldaten ohnehin, wer Sie sind. Sie brauchen keine Insignien.«

Dann sprach ich über die Gottesdienste selbst: »Wir werden unsere Gottesdienste abhalten, wie wir das immer getan haben. Aber wir wollen die religiösen Extremisten nicht provozieren. Daher werden wir die Gottesdienste nicht besonders ankündigen, nichts darüber veröffentlichen und sie nicht filmen. Wir wollen nicht, daß sie im Fernsehen gesendet werden, damit die ganze moslemische Welt sie sehen kann. Bringen wir die Saudis nicht in eine Lage, in der sie sich gezwungen fühlen zu sagen: ›Keine Gottesdienste mehr‹, denn das könnten weder wir noch unsere Truppen, noch das amerikanische Volk hinnehmen.« Ich hatte Proteste erwartet, vor allem, was das Abnehmen der Insignien anging, aber zu meinem Erstaunen waren die Geistlichen sofort einverstanden und gingen selbst noch einen Schritt weiter. Sie nannten sich nun Moraloffiziere.

Ich hatte Chalid auch versprochen, keine weiblichen Showstars nach Saudi-Arabien einzuladen. Aber als ich erst kurz in Riad war, erhielt ich von ihm einen verzweifelten Anruf: »Ich muß Sie sofort sprechen!« Ich eilte in sein Büro und fragte mich, ob womöglich im Königreich ein terroristischer Angriff passiert sei. »Es existieren Tänzerinnen, die Ihre Truppen in Dharan unterhalten! In der Sendung des CNN wurden Bilder darüber gebracht.«

»Wir haben *keine* Tänzerinnen! Um was geht es denn?«

Chalid war beinahe außer sich: »Sie haben Tänzerinnen ins Land gebracht!« Ich konnte nur ahnen, welche Vorwürfe ihm sein Onkel, der König, gemacht hatte.

»Ich kann Ihnen *garantieren,* daß wir keine Tänzerinnen und Sängerinnen ins Land gebracht haben.«

»Aber in einer Sendung wurden sie gezeigt, und Sie müssen anordnen, daß sie künftig von den Fernsehschirmen verschwinden!«

Ich wollte gerade mit einem Vortrag über die Pressefreiheit loslegen, als sein Telefon klingelte. Chalid antwortete, hörte eine Minute zu und erblaßte: »Das war Seine Majestät – sie zeigen es schon wieder.«

Der König wurde von den religiösen Aktivisten unter Druck gesetzt.

»Ich weiß, was es sein könnte«, sagte Chalid unvermittelt. »In Ihrer Armee gibt es doch Talentshows. Es muß eine Talentshow sein, bei der Soldatinnen auftreten.«

Ich kehrte zu meinen Leuten zurück und knöpfte mir meinen Stab für Öffentlichkeitsarbeit vor. »Würdet ihr bitte herausfinden, was zum Teufel hier vorgeht? Und besorgt mir ein Videoband von dieser Sendung.«

Endlich brachten sie mir das Video. Der Ausschnitt war so gewählt, daß man nur die Beine der Tänzerinnen sehen konnte, aber es waren ganz eindeutig Frauen, und sie schwenkten ganz offensichtlich ihre Hüften. Im Vordergrund sah man amerikanische Soldaten – natürlich von der 82. Luftlandedivision –, die jauchzend und mit den Armen fuchtelnd außer Rand und Band gerieten. Das Video übertraf meine schlimmsten Erwartungen. Und der Nachrichtensender CNN verbreitete diese Bilder regelmäßig in die ganze Welt.

»Herausfinden, was hier los ist!« befahl ich.

Die Frauen waren überhaupt keine professionellen Tänzerinnen, noch waren sie Soldatinnen. Es handelte sich um amerikanische Angestellte der Firma »Aramco«, der in *saudischem Besitz* befindlichen Ölgesellschaft in Dharan, und deren Familienmitglieder. Für die Unterkünfte der »Aramco«-Mitarbeiter galten ungeschriebene Gesetze. Die Saudis wußten, daß ein Haufen wilder Ausländer dort wohnte, und sie vermuteten, daß dort alkoholische Getränke serviert wurden, aber sie tolerierten diese Sitten, solange alles hinter geschlossenen Türen stattfand.

Einige »Aramco«-Angestellte hatten Amateurshows zu ihrer privaten Unterhaltung zusammengestellt. Als die Truppen aus den Staaten ankamen, hielten sie es für eine ausgezeichnete Idee, sie noch einmal vor diesem großen Publikum zu zeigen, damit sich die Soldaten wie zu Hause fühlen konnten, und irgend jemand im amerikanischen Konsulat hatte die nicht so glänzende Idee, den Fernsehsender CNN dazu einzuladen. Der Fehler des Militärs hatte darin bestanden, diese Einladung nicht verhindert zu haben.

Zwei weitere Shows, die für den folgenden Abend angekündigt waren, setzte ich augenblicklich ab. Zwei Tage später versammelte ich meine ranghöchsten Kommandeure und benutzte den Zwischenfall bei »Aramco« als Beispiel für das, was vermieden werden mußte: »Jetzt paßt mal auf«, sagte ich ihnen. »Erstens: ›Aramco‹ veranstaltet eine Show mit Tänzerinnen. Das ist hier wider die guten Sitten. Zweitens: Das amerikanische Konsulat bittet die Fernsehkameras dazu. Dumm! Und drittens: Ihr blöden Trottel geht hin und schaut zu.« Als sie mich das so sagen hörten, mußten sie lachen.

Dann las ich ihnen Ausschnitte aus einem Buch über die Welt der Araber von David Lamb vor. Ich erklärte, daß sich die Kultur des Nahen Ostens in Tausenden von Jahren entwickelt habe, und wir würden nun mit unseren Flugzeugen einschweben und gedankenlos erwarten, uns genauso benehmen zu können wie in Hinesville, Georgia, oder Fort Campbell, Kentucky. Ich wiederholte, was ich den Feldgeistlichen über die religiösen Symbole und die öffentliche Ankündigung von Gottesdiensten gesagt hatte.

Ein Kommandeur protestierte gegen mein Verbot von Sexmagazinen, indem er das »verfassungsmäßige Recht« der Soldaten einforderte, das gleiche zu lesen wie in den Vereinigten Staaten. Ich erwiderte schnell: »Ich hoffe, Sie sehen ein, daß die Verfassung der Vereinigten Staaten nur auf amerikanischem Boden Gültigkeit hat, und daher haben wir keinerlei verfassungsmäßigen Rechte in Saudi-Arabien. Das Gesetz dieses Landes ist nun mal arabisches Gesetz. Genau wie wir von den anderen verlangen, daß sie sich in den Vereinigten Staaten an unsere Gesetze halten, haben sie das Recht, von uns zu verlangen, daß wir uns hier an ihre Gesetze halten.« Das machte Eindruck.

Ich entschied auch, daß wir diese weltanschaulichen Probleme lösen mußten, bevor sie sich bis zum König hochschaukelten. Wir führten ein Programm zur besseren gegenseitigen Verständigung ein, ähnlich wie wir es in Europa gemacht hatten. Indem ich die ranghöchsten Offiziere jedes größeren Ortes zu Standortkommandanten ernannte, erklärte ich ihnen: »Sprecht mit den Saudis. Findet heraus, wer an eurem Ort die zivile Leitung und wer die militärische Führung innehat. Organisiert einen gemeinsamen Rat, und trefft euch regelmäßig, damit ihr die auftauchenden Probleme lösen könnt.« Es klappte. Sobald die Standortkommandanturen einmal eingerichtet waren, nahmen die Probleme, die bis zum Palast und zu Chalid drangen, stark ab, obwohl ständig weitere amerikanische Soldaten ins Land strömten.

Chalid hatte unterdessen daran gearbeitet, unsere Truppen besser unterzubringen und den Druck durch zu viele in Riad stationierte Amerikaner zu vermindern. »Wieso zieht ihr nicht in die Siedlung von Escan um?« schlug er vor. Wie sich herausstellte, hatten die Saudis, in der Hochblüte der OPEC, als die Petrodollars ins Königreich strömten, beschlossen, daß jedem Beduinen ein eigenes Heim zustehe, und so hatten sie großflächige Siedlungen etwa fünfundzwanzig Kilometer außerhalb von Riad errichtet. Es handelte sich um weißgetünchte Steinhäuser, mit Klimaanlage, Marmorböden und modernen Sanitäreinrichtungen, die durch hohe Mauern von der Außenwelt abgeschieden waren. Die Regierung hatte die Beduinen eingewiesen, aber eine Woche später waren sie wieder fortgezogen. »Wir leben nicht gerne auf so engem Raum mit unseren Nachbarn zusammen. Wir leben nicht gerne mit Dächern über unserem Kopf«, hatten sie gesagt und waren prompt in die Wüste zurückgekehrt. Also übernahmen wir eines dieser leeren Dörfer, um unsere Leute unterzubringen, brachten sie mit Bussen in die Stadt zur Arbeit und in den Souk, wenn sie einkaufen wollten. Die Saudis waren zufrieden, weil die Ausländer nicht länger so massiv in Riad präsent waren; die Truppen waren zufrieden, weil sie hinter diesen Mauern annähernd so leben und sich kleiden durften wie zu Hause; und ich war zufrieden, weil ich damit endlich die Möglichkeit hatte, die Leute aus den Innenstadthotels herauszuholen, wo sie, wie ich befürchtete, einem Sprengstoffanschlag zum Opfer fallen könnten.

Es spricht für beide Seiten, daß die Probleme um die verschiedenartigen Sitten und Gebräuche niemals so außer Kontrolle gerieten, daß sie unsere Mission gefährdet hätten. Die aufgeweckten jungen Männer und Frauen unserer Streitkräfte hatten schnell begriffen, daß sie verpflichtet waren, die Gebräuche ihrer Gastgeber zu achten, während die Saudis entdeckten, daß die Amerikaner nicht die sexverrückten, alkohol- und drogenabhängigen Atheisten waren, die sie gefürchtet hatten. Die meisten sahen uns mit der Zeit als Freunde an, die gekommen waren, um zu helfen.

> 22 SEP 90 C + 46 CINC REIST NACH DHARAN
>
> 1230 CINC traf sich mit dem Gouverneur, Prinz Mohammed Ibn Fahd. Der CINC erläuterte dem Gouverneur, daß er in jedem Gebiet einen Kommandanten bestimmt habe, der für das Verhalten der Soldaten und die Respektierung der Sitten verantwortlich sei. Der CINC sagte, wir wollten nicht den Krieg gewinnen und den Frieden verlieren. Der Gouverneur erklärte, er habe gesehen, wie die saudische Bevölkerung den Truppen in den Straßen zugewinkt hätte, und daß sie über unsere Anwesenheit sehr glücklich sei.

Es machte mir nach wie vor Sorgen, daß ich den Saudis nicht mein Gefühl für das Dringliche der militärischen Lage vermitteln konnte. Die Iraker konnten morgen angreifen, aber auf einer bestimmten Ebene glaubten unsere Gastgeber einfach nicht daran, daß sie überrollt werden könnten – schließlich hatte ihr Land seit zwölfhundert Jahren keine Invasion erlebt. Die Invasion war das, woran sie am wenigsten dachten, obwohl sie in Kuwait bereits stattgefunden hatte. König Fahd hatte das selbstverständlich begriffen, als er uns einlud zu kommen, aber seine Entscheidung löste weder bei seiner Regierung noch bei seinem Volk ein entsprechendes Gefühl der

Dringlichkeit aus. Sie waren überwältigt von der Zahl der Flugzeuge, Panzer, Hubschrauber und Schiffe, die wir ins Land gebracht hatten, und meinten, daß niemand angesichts einer derartigen Streitmacht angreifen könnte. Sie bedachten weder die militärische Stärke des Irak noch die Tatsache, daß Saddam schon vorher verrückte Dinge getan hatte.

Ich sagte Chalid bei einem unserer mitternächtlichen Treffen: »Schauen Sie sich Ihr Hauptquartier an. Wenn irakische Sondereinheiten gerade jetzt in Riad landen würden, wären Sie nicht in der Lage, das Gebäude zu verteidigen.« Er sah mich verständnislos an. »Die Wachen stehen zwar alle an den Toren, aber es gibt dort draußen keine Bunker«, erklärte ich. »In Saigon stapelten sie bereits im Jahr 1963 Sandsackbunker vor den Ministerien auf.«

Dem Prinzen verschlug es fast die Sprache. »*Sandsäcke?* Wir können keine Sandsäcke auf die Straßen bringen. Das würde die Leute alarmieren.«

»Was ist so schlimm daran, wenn die Leute alarmiert werden?«

»O nein, Sie verstehen mich nicht, mein Freund. Wir haben nie etwas Derartiges unternommen, und die Leute hätten Angst.« Trotz seiner Reaktion nahm er meine Äußerungen ernst. Einige Wochen und mehrere Konsultationen später bauten die Saudis ihre Befestigungen – aus Beton, nicht aus Sandsäcken, und *innerhalb* der Mauern der Ministerien –, und die Nationalgarde postierte Panzerwagen mit schweren Maschinengewehren in nahe gelegenen Straßen.

Militärisch arbeitete die saudische Luftwaffe sehr gut mit der unsrigen zusammen. Das war keine Überraschung, da wir den Saudis einige ihrer Flugzeuge verkauft und ihnen bei der Ausbildung ihrer Piloten, Kommandeure und Flugkontrolleure geholfen hatten. Aber ihre kleine, sechsundsechzigtausend Mann starke Armee war eine andere Sache. In der Woche unseres ersten Treffens sagte mir Chalid offen: »Sie müssen mir bei den Bodentruppen helfen. Sie sind in einem schrecklichen Zustand.« Gut bezahlt, wohlernährt und wunderbar ausgerüstet – mit modernen amerikanischen, französischen und britischen Panzern, Artilleriegeschützen und gepanzerten Truppentransportern –, waren die saudischen Streitkräfte völlig an ihre Stützpunkte gefesselt, weil sie keine Organisation aufgebaut hatten, die all den täglichen Kleinkram erledigte, um sie im Feld zu versorgen. Eine typische amerikanische Heeresdivision brachte ihre eigene Versorgungsmannschaft mit. Zu ihren Soldaten gehörten Hunderte von Mechanikern, Technikern, Lastwagenfahrern, Sanitätern und Köchen. Aber die Saudis führten ihre wie einen zivilen Verband, indem sie Servicefirmen beauftragten. Wenn sie zum Beispiel Panzer kauften, besorgten sie sich auch gleich einen Wartungsvertrag, so daß die Soldaten, wenn ein Panzer eine Panne hatte, statt im Motorraum herumzukriechen und sie zu beheben, »General Motors« anriefen. Derartige Arrangements funktionierten aufs beste in der Etappe, wo es zivile Techniker gab. Aber es gab keinen Pannenengel auf dem Schlachtfeld.

Im Verlauf von »Desert Shield« wurde das zum Problem. Einmal beklagte sich ein Bataillonskommandeur an der kuwaitischen Grenze: »Die Amerikaner haben uns defekte Ausrüstungen verkauft. Alle meine Panzer sind kaputt.« Wir waren verblüfft, denn das Bataillon hatte den M-60, einen wirklich guten mittelgroßen Panzer, den gleichen, den auch unsere Marineinfanterie benutzte. Wir schickten ein Expertenteam, um herauszufinden, was los war. Wie sich herausstellte, bestand das Problem bloß in verschmutzten Luftfiltern. Wenn im M-60 die Filter verstopft sind, leuchtet beim Fahrer eine Warnlampe auf, um anzuzeigen, daß der Motor überhitzt wird. Daraufhin sollte er an sich aussteigen, die Filter wechseln, wieder einsteigen und weiterfahren. Aber der saudische Kommandeur ließ den Panzer einfach abstellen. Von den achtundzwanzig Panzern des Bataillons waren vierundzwanzig für defekt erklärt worden.

Chalid sah das Problem und war entschlossen, es zu beheben. »Wo können wir Feldküchen kaufen?« fragte er mich Anfang September. »Wir müssen in der Lage sein, unsere Truppen zu ernähren.« Obwohl wir halfen, wo wir konnten, war es nicht nur unmöglich, Wartungs- und Logistiksysteme aus dem Boden zu stampfen, sondern ich erkannte auch, daß die saudische Militärhierarchie von Rivalitäten und Konflikten belastet war, die Chalid lösen mußte, bevor er sich darauf verlassen konnte, daß seine Befehle auch ausgeführt wurden. Wie sollten wir diese Organisation mit unserer eigenen über Nacht als eine funktionierende Verteidigungseinheit integrieren? Ich murmelte Anfang September ständig vor mich hin: »So geht das einfach nicht.«

2 SEP 90 C + 26

2015 Bei der abendlichen Lagebesprechung erzählte der CINC allen, daß er in der Umgebung, vor allem in Dharan, Soldaten beobachtet hätte, die sich wie Rambos kleideten. Das sei sehr unbefriedigend. Er ordnete an, über den Dienstweg für Abhilfe zu sorgen.

Gegen Ende August hatte Saudi-Arabien mehr Truppen und Militärmaterial absorbiert, als seine eigenen Streitkräfte besaßen, und unsere Truppenverlegung ging immer schneller voran. Ich hatte alle Hände voll mit Verwaltungsangelegenheiten zu tun, aber ich wollte selbst sehen, wie man sich um unsere Soldaten kümmerte, wenn sie saudischen Boden betraten. Wenige Tage nach meiner Ankunft fuhr ich zum Luftwaffenstützpunkt Dharan, der der wichtigste Landepunkt für die amerikanischen Armeetruppen war. Teile der 82. Luftlandedivision, der 101. Luftangriffsdivision und der 24. motorisierten Infanteriedivision kamen mit Zivilflugzeugen ins Land, die dem Pentagon leihweise zur Verfügung gestellt worden waren.

Die Saudis hatten ihren Stützpunkt praktisch geräumt, um für unsere Operation Platz zu machen. Ich blickte gen Himmel und nahm wahr, wie – soweit das Auge reichte – mindestens ein halbes Dutzend großer Maschinen in Warteschleifen kreiste und auf die Landeerlaubnis wartete. Ich sah, wie entlang der Piste acht oder zehn riesige Transportflugzeuge mit weit geöffneten Nasen- und Heckklappen, alles mögliche an Gerät, von Kampfhubschraubern bis hin zu Kisten mit Essensrationen, ausspuckten. In der Nähe meines Beobachtungsplatzes war eine Boeing 747 der Northwest Airlines eingerollt, und ich schaute zu, wie Soldaten der 24. motorisierten Infanteriedivision in die Hitze hineintaumelten. Es herrschten Temperaturen von fünfundfünfzig Grad Celsius. Sie hatten schwere Taschen geschultert und umklammerten ihre Waffen und die Wasserflaschen, die ihnen gerade gereicht worden waren. Empfangsoffiziere standen dabei und suchten die Offiziere und höherrangigen Unteroffiziere heraus, die zur Instruktion geschickt wurden, während sich die Soldaten in Reih und Glied aufstellten und sich zu den großen Empfangszelten am Ende der Landepiste aufmachten. Dort waren sie wenigstens vor der Sonne geschützt, auch wenn die Zelte selber heißer waren als vierhundert Höllen.

Wären sie zwei Wochen früher angekommen, hätten sie nicht einmal die Wohltat des Schattens gehabt. Der Mann, der die Zelte beschafft hatte – und verantwortlich dafür war, daß die Soldaten ihre Mahlzeiten, Kleidung, Unterkunft, Ausrüstung und Patronen bekamen –, war Generalmajor Gus Pagonis, der Logistikchef der Bodentruppen von »Desert Shield« und der Mann, der mir nun den Stützpunkt zeigte. Pagonis war ein kurzgewachsener Bursche aus Pennsylvania, dessen Eltern ein Restaurant führten; außerdem war er ein Genie, wenn es darum ging, etwas in Gang zu bringen. Er war am ersten Tag von »Desert Shield« im Flughafen Dharan gelandet, und als er entdeckte, daß nirgendwo ein Aufenthaltsraum zur Verfügung stand, hatte er sich einfach in seinen Umhang eingehüllt und auf dem Betonboden niedergelassen. Als ich ihn aufsuchte, hatte er ein Gebäude vom saudischen Stützpunktkommandanten, Prinz Turki Ibn Nasser, zugewiesen bekommen und es mit großen Beduinenzelten umgeben.

Die Saudis hatten versprochen, uns mit Benzin, Wasser und Transportfahrzeugen zu helfen, aber nicht ganz begriffen, auf was sie sich da einließen, und sie hatten zudem keinerlei Anordnungen für die Unterkünfte getroffen. Bei Zehntausenden von Amerikanern, die ins Land strömten und untergebracht werden mußten, gerieten sowohl wir wie unsere Gastgeber in große Verlegenheit, bis Pagonis entdeckte, daß das Königreich eine ungeheure Anzahl von Zelten auf Lager hatte – für den Hadsch, die jährliche Pilgerfahrt nach Mekka. Jedes Jahr kamen Hunderttausende von Moslems aus aller Welt nach Saudi-Arabien, und sie wurden in Zelten an den Stadträndern untergebracht. Der Hadsch fand erst im Spätfrühling oder Frühsommer statt, und so konnte Pagonis die Zelte übernehmen und Zeltdörfer für die Truppen aufbauen. Jedes Dorf bestand aus langen Reihen von Zweipersonenzelten und Vierpersonenzelten, einige innen sehr schön mit Gartenszenen geschmückt, dazu gab es Zelte, die groß genug für zwanzig oder dreißig Leute waren. Für die zentralen Instruktionsareale standen schließlich riesige, aus Deutschland importierte Festzelte bereit – dort wurden sie für Bierfeste benutzt –, ein anderer Geistesblitz von Pagonis.

Pagonis und ich fuhren in eine Ecke des Stützpunktes zurück, wo er mir Dutzende von ausländischen Arbeitern zeigte, die Holzbretter zusammennagelten. Er hatte einen saudischen Unternehmer angeheuert, um Duschen und Latrinen zu bauen, die denen glichen, die wir in Vietnam benutzt hatten. Er erklärte stolz, daß die Truppen jederzeit heißes Wasser haben könnten, weil die Sonne den oberen silberfarbenen Tank aufheizen würde. Wie sich herausstellte, funktionierte das System ein bißchen zu gut: Die Wüstensonne heizte das Wasser derart auf, daß die Soldaten nur in der Nacht duschen konnten.

In den folgenden Wochen konnte ich Pagonis dabei zuschauen, wie er alles aus dem Boden stampfte: Poststellen, Feldkliniken, Telefonkabinen, um nach Hause zu telefonieren, Freizeiteinrichtungen und mobile Hamburgerstände. Er erdachte sogar seine eigene Organisation: Auf dem Höhepunkt von »Desert Shield« hatte er vierundneunzig verschiedene Einheiten der Reserve und der Nationalgarde unter seinem Kommando. Pagonis war der Kommandeur der Einheiten, die das Pentagon auf meine Bitte hin aus ganz Amerika zusammengezogen hatte – Lastwagenfahrer, Telefoninstallateure, Mechaniker und andere, auf deren Fachkenntnisse wir im Kriegsgebiet angewiesen waren. Irgendwie schaffte er es, alle in sein System zu integrieren. Wenn eine Stauereinheit auftauchte, wo er keine Stauer mehr brauchte, erklärte er: »Ich ernenne euch hiermit zu einer Transporteinheit. Ihr Burschen geht jetzt hin und fahrt die Lastwagen.« Die Reservisten knurrten: »Ich bin nicht rübergekommen, um einen Lastwagen zu fahren.« Aber Pagonis' Haltung war stets: »Darüber reden wir, wenn der Krieg vorbei ist. Jetzt haben wir keine Zeit dazu.«

Am selben Nachmittag, an dem ich den Luftwaffenstützpunkt inspizierte, flog ich auch zum Hafen von Al Jubayl, wo ein Teil der 1. Marine Expeditionary Force ihre Ausrüstung aus einem halben Dutzend großer Nachschubschiffe auslud, die im Hafer vor Anker lagen. Jedes Schiffsgeschwader war mit genügend Waffen, Ausrüstung, Nahrungsmitteln und Vorräten vollgestopft, um sechzehntausendfünfhundert Marineinfanteristen dreißig Tage mit allem, was sie für den Kampf brauchten, zu versorgen. Die Schiffe waren seit Jahren auf Diego Garcia, einer winzigen britischen Insel im Indischen Ozean, stationiert gewesen, vollbeladen mit brandneuer Ausrüstung und genau für einen derartigen Notfalleinsatz bereit. Ihre Verlegung war Teil eines umstrittenen Militärprogramms nach dem Vietnamkrieg gewesen. Während einige Kongreßmitglieder dagegen waren, eine mehrere Millionen Dollar teure militärische Ausrüstung in Bereitschaft zu halten, waren wir jetzt sehr froh, daß wir sie hatten. Ich schaute mit Generalleutnant Walt Boomer, meinem Kommandeur der Marineinfanterie, zu, wie eine Reihe mittelgroßer M-60-Panzer von einem dieser Schiffe rollte, und als ich sie sah, fühlte ich mich großartig.

Die 7. Marine Expeditionary Brigade – fünfzehntausend Leute – war von ihrer Basis in Twentynine Palms, Kalifornien, aus sechzehntausend Kilometer geflogen, um hier ihre Ausrüstung in Empfang zu nehmen. Einige der Marineinfanteristen waren schon in Kampfstellungen nördlich von Al Jubayl verlegt worden, wo sie Fallschirmjäger der 82. Luftlandedivision ablösten, die die Grenze seit Beginn von »Desert Shield« bewacht hatten. Ich besuchte eine der vordersten Kompanien. Die Soldaten hatten meist während der Nacht gearbeitet und trainiert und zogen sich am Tage unter die schattenspendenden Planen zurück, um zu schlafen oder in die leere Wüste zu starren. Einige der jungen Soldaten kamen zu mir, um zu reden. Sie hätten über alles mögliche schimpfen können – die Hitze, die mangelnden Freizeiteinrichtungen, ihre Rationen –, aber zu meiner Überraschung wollten sie vor allem die neuesten Nachrichten hören. UNO-Generalsekretär Javier Pérez de Cuéllar hatte am 27. August verkündet, daß er nach Jordanien reise, um sich dort mit dem irakischen Außenminister zu treffen. Die Truppen wollten nun wissen, ob er irgendwelche Fortschritte bei der Lösung der Krise gemacht hätte. Ich sagte mir: »Du Trottel, wir brauchen Radiostationen!« In Vietnam hatten wir die Nachrichten immer über den Armeesender hören können, aber mir war nicht in den Sinn gekommen, daß wir Sender für »Desert Shield« aufstellen mußten. Ich versprach den Soldaten, daß wir umgehend für Zeitungen und Radios sorgen würden.

Am Abend kehrte ich für eine Pressekonferenz in das »International Hotel« nach Dharan zurück. Obwohl ich noch nicht einmal eine Woche in Saudi-Arabien war, empfand ich es als entscheidend, nicht den Irrtum zu wiederholen, den wir in Grenada gemacht hatten, wo das Militär sich gänzlich abgeschottet hatte. Mir blieben einige Minuten Zeit, mich in einer kleinen Suite zu sammeln. Ich hatte den ganzen Tag in der großen Hitze bei den Truppen verbracht, und dies war mein erster Augenblick allein. Ich erwartete keinen besonders freundlichen Empfang, denn obwohl die Medien seit Beginn der Krise in einem noch nie dagewesenen Umfang Zutritt zu Saudi-Arabien hatten und über gute Kontakte zu unseren Truppen verfügten, waren mir Klagen über die Unzugänglichkeit der amerikanischen Kommandeure zu Ohren gekommen. (Eine wenig bekannte Tatsache: Im August hatten die Saudis entschieden, daß alle Reporter das Land zu verlassen hätten, aber das Central Command konnte erfolgreich zu ihren Gunsten intervenieren.)

Ich trank eine Cola und bereitete mich auf ihre Fragen vor. »Laß dich von ihnen nicht einschüchtern«, sagte ich mir. »Du bist mit deinem umfassenderen Wissen über die aktuelle Lage ihnen gegenüber im Vorteil.« Ich beschloß, das zu meiner Regel Nummer eins für den Umgang mit der Presse zu machen. Regel Nummer zwei lautete: »Kein Gesetz verpflichtet dich dazu, jede ihrer Fragen zu beantworten.« Daraus folgte Regel Nummer drei: »Beantworte keine Fragen, die deiner Ansicht nach dem Feind helfen könnten.« Das entsprach auch einer Anordnung, die ich bereits meinem Stab erteilt hatte: Plaudert nicht über unsere Einrichtungen, unsere Stärke oder unsere Einsatzpläne.

Plötzlich fiel mir auf, daß alle drei Regeln negativen Charakter besaßen. »Einen Augenblick, Schwarzkopf«, überlegte ich, »bevor du dich jetzt zufrieden zurücklehnst, solltest du dich an alte Lektionen erinnern. Denk daran zurück, was damals die amerikanische Öffentlichkeit gegen Vietnam aufbrachte. Sie fühlte sich durch falsche Verlustziffern und optimistische Prognosen über das Ende des Krieges hintergangen.« Also fügte ich noch die Regel Nummer vier hinzu, die die wichtigste sein sollte: »Lüge niemals das amerikanische Volk an.«

Ich wußte, es würde Zeiten geben, wo man mir Fragen stellte, auf die ich keine Antworten besaß; ich würde trotzdem keine Antworten erfinden. Statt dessen würde ich einfach sagen: »Ich weiß es nicht.« Es würde Augenblicke geben, wo meine eigenen Informationen unvollständig waren; ich mußte der Versuchung widerstehen, rosige Schlußfolgerungen zu ziehen und sie als Tatsachen zu verkaufen. Ich begriff auch, daß jeder Versuch, schlechte Nachrichten zu vertuschen, zur Kastastrophe führen würde. Wie General Creighton Abrams gerne sagte: »Schlechte Nachrichten werden nicht besser, wenn sie altern.« Ich vertraute darauf, wenn ich bei der Wahrheit blieb, würde auch das amerikanische Publikum wissen, wie es das Gehörte einzuschätzen hatte und die Nachrichten mit dem richtigen Augenmaß aufnehmen.

In all den Jahren hatte ich wiederholt Pressekonferenzen gegeben, aber dabei ging es maximal um zehn Reporter und eine einzige Videokamera, die nur ein Band aufnahm. Erst als ich den Konferenzraum betrat, begriff ich, daß ich die Bühne gewechselt hatte. Der Saal war voll mit rund zweihundert Reportern, hauptsächlich aus Amerika und Großbritannien, und es waren ein halbes Dutzend Fernsehkameras in Betrieb, die zum Teil die Pressekonferenz weltweit live übertrugen. Mehr als eine Stunde lang stellte ich mich den Fragen, und meine vier Regeln kamen mir dabei gut zustatten, vor allem als ein Amerikaner mich direkt fragte, ob es zutreffe, daß wir immer noch Wochen bräuchten, bis wir uns gegen einen Bodenangriff verteidigen könnten. Ich gab die stärkste Antwort, die mir einfiel: »Wenn die Iraker blöd genug sind, anzugreifen, werden sie einen schrecklichen Preis zahlen.« Mit all diesen laufenden Kameras wußte ich, daß ich nicht einfach vor einem gutwilligen Publikum sprach, sondern daß Saddam und seine Schlägertrupps mir über CNN von ihrem Hauptquartier aus zusahen. Ich wollte sicher sein, daß sie das kapierten. Aber – Regel Nummer vier – ich fügte vorsichtig hinzu: »Ich bin nicht bereit, zum jetzigen Zeitpunkt irgendeine hundertprozentige Zusicherung über ein mögliches Resultat zu geben. Vielleicht bin ich später dazu in der Lage.« Ich konnte nicht sagen, wir seien bereit, das Königreich zu verteidigen. Mir standen noch nicht genügend Streitkräfte zur Verfügung, um das garantieren zu können. In der Tat lagen die Ölfelder nach wie vor offen da, auch wenn der Preis für den Angreifer mit jedem Tag stieg.

> 15 SEP 90 C + 39
>
> 0900 Reise nach Katar – Der Emir, Scheich Chalifa Ibn Hamad ath-Thani, sagte dem CINC, daß er von unserer schnellen Reaktion sehr beeindruckt sei und daß man das denen, die ihren Freunden in dieser Krise helfen, auch in Zukunft nicht vergessen werde. Der Emir sprach über das Bild, das sich die Amerikaner von den Arabern machten. Der CINC sagte, daß achtzig Prozent der Amerikaner unsere Anstrengungen im Golf honorierten, daß man aber niemals achtzig Prozent dazu bringen könnte, zu erklären, daß sie Eiskrem mögen würden.

Ich glaubte nicht, daß Saddam tollkühn genug wäre, einen Krieg mit den Vereinigten Staaten vom Zaun zu brechen, aber ich war nicht bereit, das Leben meiner Truppen darauf zu verwetten. Er war ein Tyrann, der von einem Haufen Speichellecker umgeben war, und da niemand auf unserer Seite seine Absichten kannte, mußten wir davon ausgehen, daß Saddam, sofern er militärisch zu etwas in der Lage war, dies auch tun würde.

Wir beobachteten seine Streitkräfte sehr genau. Jede Nacht ließ ich mich durch meine Nachrichtenoffiziere auf den neuesten Stand bringen, und jede Nacht sahen die irakischen Stellungen etwas anders aus. Wir schauten zu, wie sie ihre Streitkräfte verlegten und Straßen von ihrem Gebiet bis nach Kuwait erweiterten. Durch die Analyse solcher Aktivitäten hofften wir, ihre Pläne erraten zu können, aber während meiner ersten Wochen in Riad schien dies so sinnvoll wie das Lesen im Kaffeesatz zu sein. Die Iraker waren so aufmarschiert, daß sie in weniger als vierundzwanzig Stunden aus einer Verteidigungs- in eine Angriffsposition wechseln konnten. Klar war, daß ihre Truppen nach wie vor nach Kuwait und in grenznahe Gebiete des Irak einströmten. Meine Nachrichtenoffiziere zogen ständig Kreise auf ihren Fotos, auf denen man die Konzentration von Soldaten und Ausrüstung neuer Einheiten sehen konnte, und die Zahlen kletterten in alarmierende Höhe. Als ich Präsident Bush in Camp David meinen Vortrag gehalten hatte, hatten wir uns über eine irakische Streitmacht von hunderttausend Soldaten und achthundertfünfzig Panzern in Kuwait unterhalten, aber wir sahen uns nun bald mehr als dreihunderttausend Soldaten und zweitausendsiebenhundertfünfzig Panzern gegenüber. Die Iraker hatten auch beinahe fünfzehnhundert Stück Artillerie aufgefahren, die, wie wir wußten, Giftgasgranaten abfeuern konnten.*

Erst gegen Mitte September fanden wir klare Anzeichen dafür, daß der Irak den Gedanken, in Saudi-Arabien einzufallen, aufgegeben hatte und daß er nun eine Verteidigungsstellung einnahm. Schon früher hatte sich die Republikanische Garde ein wenig von der saudischen Grenze zurückgezogen, jetzt zogen sich auch ihre anderen gepanzerten Streitkräfte ganz zurück. An ihre Stelle rückten Zehntausende von Infanteristen, die Gräben aushoben und Barrikaden bauten und sich offensichtlich auf eine lange Belagerung vorbereiteten. Einige der gepanzerten Einheiten nahmen Verstärkungsposten unmittelbar hinter der Infanterie ein; währenddessen zogen sich die Einheiten der Republikanischen Garde noch mehr ins Hinterland zurück, verließen schließlich Kuwait ganz und nahmen Stellungen innerhalb des Irak ein. (Die irakischen Kommandeure mögen geglaubt haben, daß wir, sollten wir versuchen, Kuwait zurückzuerobern, sie nie auf ihrem eigenen Boden angreifen würden. Diese Strategie bot ihnen daher die Wahl, entweder mit einem Gegenangriff nach Kuwait einzufallen oder, wenn dies zu riskant erschien, auf

* Am 14. September bestanden die irakischen Streitkräfte in Kuwait aus zehn Divisionen mit einhundertfünfundfünfzigtausend Soldaten, eintausenddreihundertfünfzig Panzern, neunhundert gepanzerten Truppentransportern und sechshundertfünfzig Stück Artillerie; zwölf weitere Divisionen zur Verstärkung und Reserve wurden in grenznahen Gebieten des Irak massiert.

ihrer Seite Schutz zu suchen, wie die nordvietnamesischen Truppen, die sich in Kambodscha versteckten.)

Hätte uns Saddam Anfang September ausspähen können, hätte er gesehen, wie recht er hatte, von einem Angriff zurückzuschrecken. (Einer der großen Nachteile des Irak war natürlich sein Mangel an moderner Überwachungstechnologie.) Militärisch nahm »Desert Shield« genau die Form an, die wir uns in unserem Plan ausgedacht hatten. Mitte September flogen Chuck Horners Kampfflugzeuge mehr als siebenhundert Patrouillenflüge und Trainingsmissionen am Tag, und zwar von einundzwanzig vollständig ausgerüsteten Stützpunkten aus, von denen manche einen Monat zuvor aus nicht mehr als einer nackten Piste bestanden hatten. Hätten die Iraker am Boden angegriffen, hätte Horner sie mit einer massiven Streitmacht aus F-15-, F-16- und A-10-Kampfflugzeugen angegriffen. Die A-10 war ein häßlicher, schwerbewaffneter Jet, der wegen seiner bizarren Form »Warzenschwein« genannt wurde. Mit Hellfire-Raketen und einer Gatling-Kanone ausgestattet, die stark genug war, schwere Panzer zu durchschlagen, hatte das Flugzeug nur eine Zweckbestimmung – niedrig und langsam über das Kampfgebiet zu fliegen und auf Panzer zu feuern.

Wir hatten auch einen stählernen Vorhang gegen irakische Luftangriffe gespannt. Hätte sich ein irakischer Bomber über saudisches Gebiet verirrt, hätten ihn Horners F-15- und F-16-Kampfflugzeuge spätestens sechzehn Kilometer hinter der Grenze abgeschossen. Hoch im saudischen Himmel beobachteten Kontrolleure in großen AWACS-Überwachungsflugzeugen (Airborne Warning and Control System; fliegendes Warn- und Kontrollsystem) alles, was auf beiden Seiten der Grenze flog, und stimmten die amerikanischen Luftoperationen mit denen unserer sieben Alliierten ab. Je mehr Länder Streitkräfte zur Verfügung stellten, desto unwahrscheinlicher wurde ein Angriff Saddams auf Saudi-Arabien. Ich wurde immer frohgemuter, als ich sah, wie unsere Zahl ständig zunahm. Die Luftwaffe unserer Koalition, die sich aus den Vereinigten Staaten, Großbritannien, Frankreich, Kuwait, Saudi-Arabien, Bahrain, den Vereinigten Arabischen Emiraten und Katar zusammensetzte, war bereits dreimal so groß wie die des Irak.

Im Hafen von Ad Dammam bei Dharan waren unsere schnellen Transportschiffe, die mit Millionen Tonnen von Kampfausrüstung und Nachschub beladen waren, bereits eingetroffen. Konvois von Lastwagen und Panzerfahrzeugen strömten aus den Docks in das nahe gelegene Aufmarschgebiet von Generalmajor Barry McCaffreys 24. motorisierter Infanteriedivision, wo sich seine Kampfbrigaden mit ihren Panzern und bewaffneten Truppentransportern zusammenschlossen. Im King-Fahd-Luftwaffenstützpunkt, nördlich von Dharan, nahmen die Kampfbrigaden von General Peys 101. Luftangriffsdivision ihre Hubschrauber in Empfang. Dazu gehörten zahlreiche raketenbestückte, mit Nachtsichtgeräten ausgerüstete Apache-Hubschrauber, die feindliche Panzer in stockfinsterer Nacht aus einer Distanz von acht Kilometern treffen konnten.

Als diese Einheiten ihre Munition und ihre Vorräte aufnahmen und ins Feld einrückten, erhielt General McCaffrey den Auftrag, mit seinen Soldaten in einem Zug fünfhundert Kilometer nach Norden vorzurücken und ein einhundertdreißig mal einhundert Kilometer großes Gebiet westlich der Marineinfanterie, die sich bei Al Jubayl verschanzte, zu besetzen. General Peay mußte Stützpunkte entlang der linken Flanke von McCaffrey aufbauen, von denen aus seine Hubschrauber und Soldaten einen einhundertsechzig Kilometer weiten Halbkreis im Norden und Westen der Wüste verteidigen konnten. Eine Brigade der 101. Division sollte zeitweise als taktischer Schutzschild dienen und als Vorhut feindliche Angriffe melden, verzögern und stören. Schließlich traf Oberst Doug Starrs 3. Panzerkavallerieregiment ein, um diese Aufgabe zu übernehmen.

Währenddessen hatten die Saudis ihre Streitkräfte bis zur kuwaitischen Grenze vorgeschoben. Für sie war es Ehrensache, daß das erste zur Verteidigung ihres Königreichs vergossene Blut ihr eigenes sein würde. Also hatte Chalid zwei motorisierte Brigaden und eine Infanteriebrigade entlang des Küstenkorridors nach Al Jubayl aufgestellt und eine andere Brigade, die hauptsächlich aus Kampfeinheiten anderer Golfstaaten bestand, entlang der westlichen Autostraße nach King Khalid Military City stationiert. Obwohl diese Streitkräfte viel zu schwach waren, um einem irakischen Angriff zu widerstehen, hatten sie Befehl, ihre Stellungen bis zum Tode zu verteidigen.

Ich atmete auf, als unsere Einheiten in Stellung gegangen waren. Ich wußte, daß noch ungeheuer viel zu tun war, um unsere Verteidigung zu stärken – eine andere amerikanische Division sollte eintreffen, und wir mußten entscheiden, wie wir die Kampftruppen aus Ägypten, Syrien, Großbritannien und Frankreich in den Kriegsplan einbezogen. Aber Mitte September – zufällig zu dem Zeitpunkt, als die Iraker sich auf Verteidigungsstellungen zurückzogen – war ich in der Lage, Colin Powell zu sagen: »Wir brauchen uns über den Angriff

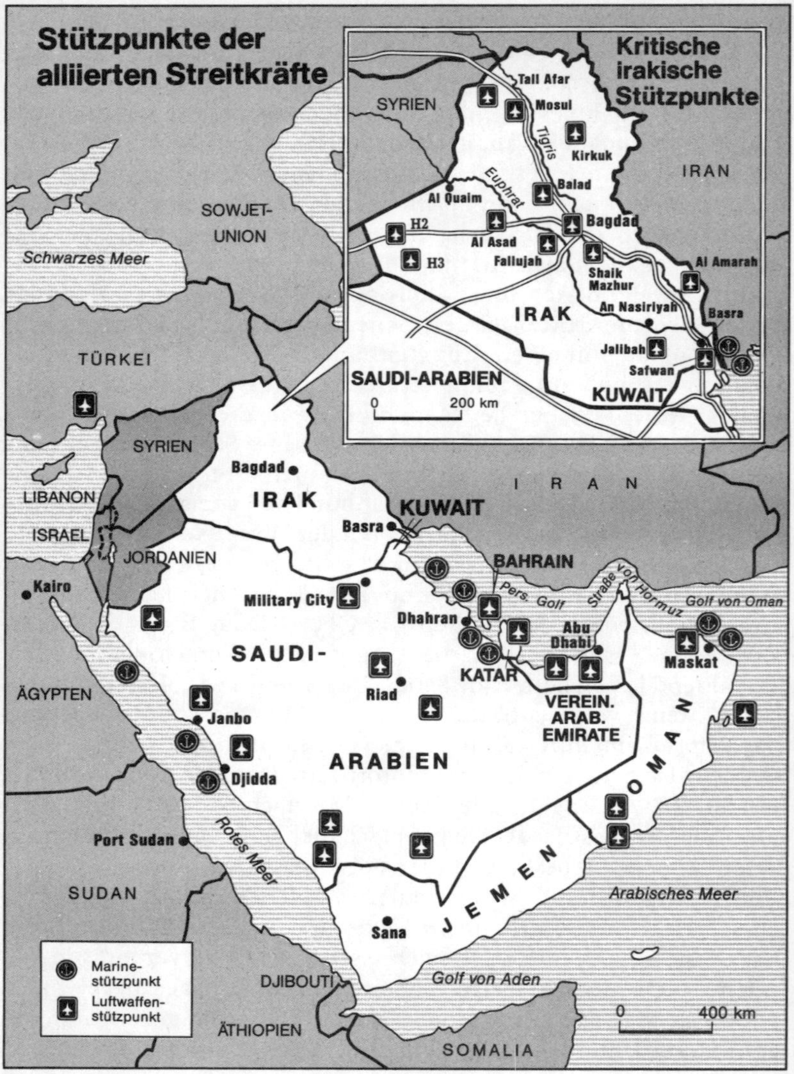

Nachdem wir unsere Truppenverlegung in die Golfregion abgeschlossen hatten, benutzten wir jeden verfügbaren Flugplatz. Selbst Einrichtungen, die gar nicht ausgebaut waren, wurden in Dienst genommen und mit Flugzeugen mit Beschlag belegt. Dasselbe galt auch für Häfen. Schließlich mußten wir das Angebot zusätzlicher Flugzeuge ablehnen. Wir hatten einfach nicht genügend Platz, sie alle unterzubringen.

keine Sorgen mehr zu machen. Die Ölfelder holen sie sich keinesfalls mehr.« Selbst wenn der Irak alle seine zweitausendsiebenhundertfünfzig Panzer über den mittleren Korridor in das Königreich geschickt hätte – durch die unbewachte Lücke, die mich an meinem Ankunftstag derart irritiert hatte –, konnte ich garantieren, daß wir sie zum Stillstand bringen würden. Als vorläufige Maßnahme, bis wir noch mehr Kampfkraft in Saudi-Arabien zusammenziehen konnten, hatte ich John Yeosock einen Notplan ausarbeiten lassen, in dem Teile der 82. und der 101. Division die Lücke geschlossen hätten, bevor die Iraker zu weit vorgedrungen wären. Diese Einheiten hätten in Zusammenarbeit mit der Luftwaffe die Aufgabe erfolgreich erledigen können.

Unsere Taktik im Falle einer irakischen Invasion hätte darin bestanden, dem anfänglichen Angriff nachzugeben, die feindlichen Truppen in die saudische Wüste zu ziehen und sie bei ihrem Vordringen mit Apache-Kampfhubschraubern und A-10-Maschinen anzugreifen und ihre Nachschublinien zu bombardieren. Wenn die Iraker erst einmal gegen die Hauptverteidigungsstellungen der Generäle McCaffrey, Peay und Boomer, etwa zweihundert Kilometer südlich der kuwaitischen Grenze angerannt wären, hätten sie nicht mehr die Kraft gehabt, weiterzumachen. Das war der Krieg, den wir uns in unserem ursprünglichen Operationsplan ausgedacht hatten, und wir hätten Saddam eine vernichtende Niederlage beigebracht.

> 19 SEP 90 C + 43
>
> 1345 CINC traf den kuwaitischen Verteidigungsminister, Scheich Nawaf el Ahmed el Dschabir el-Sabbah. Der CINC sagte dem Minister, daß wir in sechs Wochen mehr Streitkräfte ins Land gebracht hätten als in sieben Monaten in Vietnam. Der CINC und der Minister schauten sich Karten an, auf denen Orte in Kuwait eingezeichnet waren, in denen sich die Iraker verschanzt hatten. Der Minister fragte: »Wann?« Der CINC sagte, sein Befehl laute nur, abzuschrecken und zu verteidigen.

Ende September nahmen die Spannungen wieder zu. Saddam drohte mit einem Präventivschlag gegen Israel und damit, einigen seiner Geiseln etwas anzutun, und sein regierender Rat teilte dem irakischen Volk mit, sich auf die »Mutter aller Schlachten« vorzubereiten. Die fatalistische Rhetorik beunruhigte mich weit weniger, als

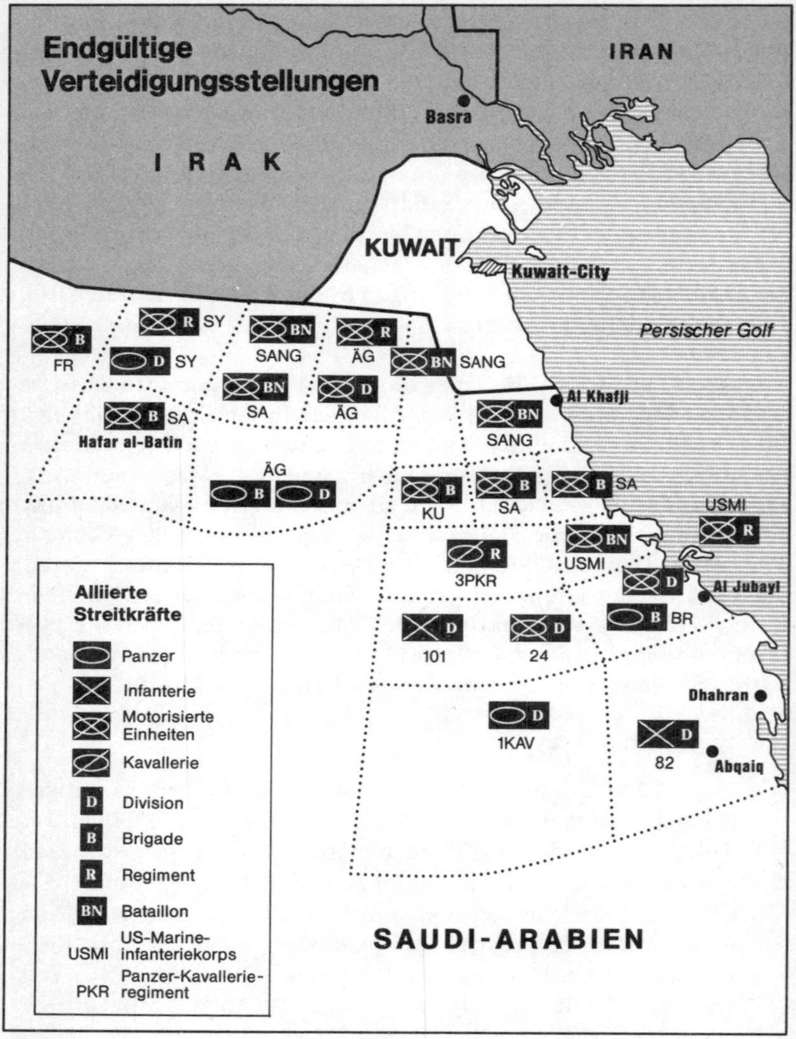

Auch wenn wir möglicherweise zusätzliche Streitkräfte zur Durchführung der Offensive erhalten sollten, setzte der endgültige Verteidigungsplan nur die US-Streitkräfte ein, die ursprünglich für „Desert Shield" vorgesehen waren, zusammen mit denen, die die anderen Nationen der Koalition uns früh zugesichert hatten. Diese Einheiten hätten gemeinsam mit den Luft- und Seestreitkräften jeden Versuch Iraks, in Saudi-Arabien einzufallen, stoppen können.

dies der Fall gewesen wäre, bevor die Republikanische Garde sich zurückzog und wir unsere ersten gepanzerten Streitkräfte an Ort und Stelle hatten Als Charlayne Hunter-Gault von der »MacNeil/Lehrer Newshour« mich in einem Interview fragte, ob ich denke, daß Saddam einen Krieg auslösen wolle, antwortete ich ihr mit Nein. »Ich glaube, er ist verzweifelt. Ich glaube, die Sanktionen fangen an, ihn zu drücken.« Er benutze seine Rhetorik, um uns einzuschüchtern, sagte ich, weil das so ziemlich alles sei, was ihm übrigbleibe.

Die einzige Niederlage, über die ich mir Sorgen machte, war fiktiver Natur: Wäre Saddam imstande gewesen, einige Flugzeuge durch unsere Verteidigungslinie zu schleusen, hätte das für die Vereinigten Staaten äußerst peinlich werden können. So hatten wir derart viele Flugzeuge auf dem Luftwaffenstützpunkt bei Riad untergebracht, daß er aussah wie das Deck eines Flugzeugträgers. Wir hatten zum Beispiel AWACS-Maschinen im Wert von einer Milliarde Dollar einfach an der Piste geparkt, von Dutzenden anderer Jets gar nicht zu reden. Das Problem der Überbelegung ließ sich nicht lösen. Es gab keinen anderen Ort, um unsere Flugzeuge abzustellen, aber jedesmal, wenn ich auf diesem Flughafen landete oder startete dachte ich: »Wenn ein Feindflugzeug durchkommt und hier einen Treffer landet...« Die Sekundärexplosionen allein hätten die ganze Flotte zerstört. Ich rief Chuck Horner an und sagte: »Garantieren Sie mir, daß keine Maschine durch Ihr Flugabwehrsystem dringt!«

»Da kommt kein einziges Flugzeug durch«, sagte er. »Da brauchen Sie sich keine Sorgen zu machen.«

27 SEP 90 C + 51

0900 CINC reiste in das nördliche Grenzgebiet. Beim ersten Halt inspizierte der CINC nicht nur das Terrain, sondern hatte auch eine unerwartete Begegnung mit zwei irakischen Soldaten, die hungrig und durstig waren. Die Soldaten waren soeben zu einem saudischen Polizeiposten übergelaufen, wo sie um Essen und Wasser bitten wollten. Sie wurden in einen isolierten Raum gebracht, und der CINC inspizierte ihren Lastwagen und ihre Ausrüstung. Der Lastwagen war schlecht gewartet, und ihre Gasmasken besaßen noch die Innenverpackung, was bedeutete, daß die Soldaten sie nie für den Gebrauch angepaßt hatten.

Das Central Command hätte sich mit seinem großen Erfolg brüsten können. Wir hatten unsere Streitkräfte weiter und schneller als je zuvor in der Geschichte verlegt und unsere Befehle buchstabengetreu ausgeführt, indem wir die irakische Aggression abgeschreckt und Saudi-Arabien mit einer unangreifbaren Verteidigung versehen hatten. Doch konnte ich nicht anders, als mir die Frage zu stellen, was wir denn nun als nächstes tun sollten.

Bald nach meiner Ankunft in Riad war ich zu einer Reise in die kleineren Golfstaaten aufgebrochen, die ihre Grenzen den amerikanischen Truppen geöffnet hatten – Bahrain, Katar, Oman und die Vereinigten Arabischen Emirate. Ich wollte ihren Staatsoberhäuptern persönlich dafür danken, daß sie uns mit den dringend notwendigen Flugplätzen und Häfen versorgt hatten, und sicherstellen, daß der massive Andrang amerikanischer Kampfkraft sie nicht erdrückte. Bahrain zum Beispiel war eine kleine Insel; die ganze Luftwaffe bestand aus achtzehn Flugzeugen. Jetzt benutzten Hunderte von Flugzeugen seine Pisten, und Dutzende von amerikanischen Kriegsschiffen patrouillierten durch sein Hoheitsgebiet.

Was ich dort erlebte, erstaunte mich sehr. Obwohl die Araber der Golfregion normalerweise nicht besonders kriegerisch sind, wollte jeder, mit dem ich sprach, die Iraker in Kuwait angreifen und vernichten. Scheich Hamad Ibn Isa el-Chalifa, der Kronprinz von Bahrain, brachte es auf den einfachen Nenner: »Unser Krieg mit dem Irak hat bereits begonnen.« Dieselbe Ansicht war überall am Golf zu hören. Niemand vergoß Tränen, daß die herrschende El-Sabbah-Familie von Kuwait einen vernichtenden Schlag erlitten hatte. Ob zu Recht oder zu Unrecht, die reichen Kuwaiter wurden von ihren Nachbarn als arrogant empfunden, und Arroganz ist eine Eigenschaft, die in der arabischen Welt nicht sehr hoch im Kurs steht. Aber Saddam hatte unprovoziert einen arabischen Bruder angegriffen und sich angeschickt, ihre Länder auf ähnliche Weise zu bedrohen, und damit konnte keiner von ihnen leben. Scheich Hamad hatte nicht nur gewünscht, daß die Vereinigten Staaten den Irak windelweich schlagen würden, sondern auch versprochen, uns seine eigenen Streitkräfte zur Seite zu stellen: »Amerika sollte die Führung übernehmen«, sagte er, »und wir sind bereit zu folgen.«

Das beunruhigte mich aus zwei Gründen. Erstens zeigten die Saudis wenig Interesse, selbst in die Offensive zu gehen, daher schien ein Angriff auf die Iraker von saudischem Territorium aus auszuscheiden. Chalids Haltung spiegelte die von König Fahd, Prinz Sultan und der übrigen königlichen Familie wider. Manchmal sagte Chalid: »Saddam muß vernichtet werden.« Oder: »Damit darf er nicht durchkommen«, aber sein nächster Satz lautete stets: »Aber wir können unsere arabischen Brüder nicht angreifen.«

Ich wußte auch, daß das Militär der Vereinigten Staaten nicht in den Nahen Osten gekommen war, um den Irak aus Kuwait rauszuschmeißen. Unser Befehl lautete einfach, abzuschrecken und zu verteidigen, und Washington arbeitete intensiv an einer diplomatischen Lösung der Krise. Ich wünschte mir von Herzen eine Verhandlungslösung, die das Leben unserer Soldaten geschont hätte. Aber jetzt, wo ich die Erwartungen der Araber am Golf sah, bekam ich eine Ahnung davon, daß wir alles gehörig verpfuschen könnten. Wenn Saddam bereit war, sich zurückzuziehen, würden die Vereinigten Staaten und die UNO einen diplomatischen Triumph feiern, weil sie einen Krieg vermieden und Kuwait an seine rechtmäßigen Besitzer zurückgegeben hätten. Möglicherweise würde jemand einen Friedensnobelpreis erhalten. Aber soweit es die Araber am Golf betraf, war eine Verhandlungslösung eine Katastrophe. Saddam würde immer noch mit seinem Waffenarsenal dasitzen und auf eine Gelegenheit warten, es seinen Nachbarn heimzuzahlen, die mit dem Westen kooperiert hatten. Die Araber am Golf hatten offensichtlich etwas begriffen, was Washington noch nicht verstanden hatte: Strategisch gesprochen hatte man bei jedem anderen Ausgang als einer irakischen Niederlage in Kuwait verloren.

28 SEP 90 C + 52

1700 Der CINC erhielt einen Anruf vom Vorsitzenden (des Joint Chiefs of Staff, Colin Powell). Der Vorsitzende berichtete dem CINC, daß die Stimmung in den USA sich ändere und weniger kriegerisch werde. Die Serie über den Bürgerkrieg im Fernsehen übe auf viele eine ernüchternde Wirkung aus.

19

1 OKT 90 C + 55

1000 Der Offizier für Öffentlichkeitsarbeit berichtete dem CINC, daß Generalmajor Pagonis ein Freizeit- und Erholungszentrum für die 82. Luftlandedivision eröffnet habe. Der CINC war wegen dieser Mitteilung bestürzt, weil es keine derartigen Einrichtungen für andere Armeetruppen gab, die weiter draußen in der Wüste stationiert waren.

2 OKT 90 C + 56

1000 Während der täglichen Lagebesprechung wurde dem CINC ein Plan vorgelegt, überall in Saudi-Arabien zahlreiche Basislager zu errichten, und die Mitteilung gemacht, daß der Stab sechs zum Bau freigegeben habe. Der CINC ließ den Stab wissen, daß der Stab nicht autorisiert sei, einem Bau von Basislagern zuzustimmen, und forderte ausführliche Informationen über diese Angelegenheit, bevor dafür Geld ausgegeben werden dürfe.

»Instant Thunder« war seit Anfang September einsatzbereit gewesen. Brigadegeneral Buster Glosson, der oberste Planer von Chuck Horner, hatte den Vergeltungsplan des Pentagon-Luftwaffenstabs in die beste Luftoffensive umgesetzt, die ich je gesehen hatte. Sie bot uns weitgefächerte Angriffsmöglichkeiten und konnte sowohl isoliert wie als Teil eines umfassenden Krieges durchgeführt werden. Sie hatten mir den Plan gleich nach meiner Ankunft in Riad vorgetragen, und ich hatte Powell am Telefon enthusiastisch erklärt: »Der Bombardierungsplan steht. Wenn Sie einen isolierten Luftangriff durchführen wollen, sind wir bereit.«

Aber die Streitkräfte von Saddam verschanzten sich immer mehr, und man mußte kein Clausewitz sein, um zu begreifen, daß wir einen Plan für eine Bodenoffensive brauchten. Nicht nur, daß die Golfstaaten uns drängten, die Iraker aus Kuwait rauszuschmeißen, sondern Powell machte klar – allerdings ohne einen formellen Befehl zu erteilen –, daß Washington ungeduldig auf eine »Angriffsoption« vom Central Command warte. Mein Stab und ich waren ratlos, denn wie wir es drehten und wendeten, wir sahen keine Lösung, wie wir mit den Streitkräften, über die wir verfügten, eine siegreiche Offensive zustande bringen könnten. Da ich nicht überzeugt war, daß wir kreativ genug dachten, wandte ich mich Anfang September an das Heer und verlangte ein neues Planungsteam. Ein vierköpfiges Team von Absolventen der School of Advanced Military Studies (SAMS), dem einjährigen Eliteprogramm beim Command and General Staff College, bei dem es hauptsächlich um Feldzugplanung geht, traf Mitte des Monats bei uns ein. Wir teilten ihnen unsere bisherigen Überlegungen mit, und dann instruierte ich sie: »Nehmen Sie an, daß auf den Luftangriff eine Bodenoffensive folgt. Sie sollen die feindlichen Stellungen und das Terrain studieren und mich auf die beste Möglichkeit hinweisen, den Irak mit den uns verfügbaren Streitkräften aus Kuwait zu vertreiben.« Ich gab ihnen dafür zwei Wochen Zeit.

Einige Tage später erhielt ich einen Telefonanruf von unserem Botschafter Chas Freeman, der sagte, er müsse mit mir reden. Am nächsten Tag begab ich mich in die amerikanische Botschaft. Das moderne, vielstöckige Bürogebäude befand sich an einem langen, von Palmen gesäumten Boulevard in einem Vorort von Riad, einem Stadtteil, den die Saudis für Botschaften reserviert hatten, um die Anzahl der Ausländer in der Innenstadt zu reduzieren. In Chas' bescheidenem Büro im obersten Stockwerk standen überall chinesische und arabische Kunstgegenstände. In der Sitzecke sah ich eine gerahmte Fotografie, die Franklin Roosevelt und König Abd el-Asis III. bei ihrem Treffen auf dem Deck eines amerikanischen Kreuzers im Suezkanal im Februar 1945 zeigte.

Chas war mittelgroß, Ende Vierzig, mit scharfen Augen, einem angenehmen Lächeln und einer ruhigen, sanften Stimme. Er war einer der wenigen Leute im Königreich, die von Anfang an wußten, daß das Central Command an einer Option für eine Offensive arbeitete. Die Saudis hingegen wußten es noch nicht, obwohl wir natürlich ihre Erlaubnis brauchten, um einen Angriff von ihrem Königreich aus durchzuführen; ebensowenig hatten wir unsere anderen

Alliierten informiert. Selbst im Central Command wußte nur eine Handvoll Leute von dem Geheimnis.

»Ich mache mir Sorgen über Ihren Offensivplan«, begann Chas das Gespräch. »Bevor Sie da tiefer einsteigen, möchte ich wissen, ob Ihnen eigentlich klar ist, was Sie strategisch erreichen wollen.«

»Nein. Ich tappe völlig im dunkeln«, sagte ich. »Ich habe nur den Befehl, abzuschrecken und zu verteidigen, und ich *nehme an,* daß das Ziel einer Offensive darin bestehen würde, Kuwait zu befreien und den Irakern die Möglichkeit zu nehmen, die Golfstaaten zu bedrohen. Aber niemand hat mir gesagt, daß wir das auch tun wollen.«

»Wenn die Vereinigten Staaten gegen den Irak Krieg führen, könnte das einen ungeheuren Rückschlag in der arabischen Welt nach sich ziehen. Ich weiß nicht, ob irgend jemand in Washington gut genug darüber nachgedacht hat«, erklärte er.

»Dann sollten wir das besser genauer betrachten«, antwortete ich. Chas gab einer Sorge Ausdruck, die seit meiner Ankunft in Riad an mir nagte: Ich wollte ganz sichergehen, daß wir, wenn wir uns Saddam vornahmen, nicht nur auf dem Schlachtfeld, sondern auch in den Geschichtsbüchern gewinnen würden – und dazu gehörten auch *arabische* Geschichtsbücher. Strenggenommen war dies keine militärische Angelegenheit. Doch wir mußten unbedingt den Eindruck vermeiden, westliche »Kolonialisten« hätten einseitig ihren Willen durchgesetzt, und ich war entschlossen, meine Aufgabe so gescheit wie möglich zu lösen. Daher organisierte das Central Command ein »Seminar über mögliche arabische Reaktionen«. In einem kleinen Vortragssaal kamen ein Dutzend Experten der Botschaft und des Central Command zusammen – Diplomaten; Heeres-, Marine- und Luftwaffenoffiziere, die Jahre in der arabischen Welt zugebracht hatten. Ich saß an einem Ende des großen Tischs; am anderen Ende leitete Gordon Brown, der Stan Escuderos Nachfolger als politischer Berater des Central Command war, die Diskussion. Wir hatten uns vorgenommen, eine lange Liste möglicher Militäraktionen gegen den Irak durchzugehen und herauszufinden, welche – wenn überhaupt – für arabische Regierungen und die arabische Bevölkerung akzeptabel waren. Sollten wir uns nur auf einen umfassenden Luftangriff beschränken, würden dann die Golfstaaten noch Kontakte zu den Vereinigten Staaten und dem Central Command aufrechterhalten? Wie sah das bei einem Bodenangriff aus, der den Irak zwingen würde, sich aus Kuwait zurückzuziehen, aber seine riesige Militärmaschinerie intakt ließ?

Nachdem wir etliche Varianten mehr als vier Stunden lang gegeneinander abgewogen hatten, begriff ich, daß ich die Fragen falsch gestellt hatte: Erstens mußten arabische Streitkräfte in bedeutender Zahl an unserer Seite kämpfen, und zweitens mußten wir gewinnen. Der Krieg würde als ein Krieg westlicher *und* arabischer Nationen gegen Saddam Hussein in die Geschichte eingehen. Nun war es nur noch ein kurzer Schritt zu dem grundlegenden Prinzip unserer künftigen Planung: Bei einem Bodenkrieg gegen den Irak, sagte ich meinem Stab, müsse die Befreiung von Kuwait City durch arabische Streitkräfte erfolgen.

3 OKT 90 C + 57

0800 CINC brach zu einem Besuch der »Independence« im Golf auf. Es handelte sich dabei insofern um eine historische Fahrt, da wir seit 1974 keinen Flugzeugträger mehr in den Golf verlegt hatten.

5 OKT 90 C + 59

1630 CINC brach zu einer Rundfahrt durch die Unterkünfte bei Escan auf. Während des Besuchs war der CINC keineswegs mit dem Stand der Lebensbedingungen und Freizeiteinrichtungen zufrieden, ebensowenig damit, daß der Swimmingpool nicht funktionsfähig war. Er wies die Luftwaffe an, die Angelegenheit in Ordnung zu bringen.

6 OKT 90 C + 60

1730 Der CINC wurde in Sachen Basislager auf den neuesten Stand gebracht. Der Stab und die Vertreter der Waffengattungen empfahlen die Fertigstellung von sechs Basislagern, die bereits in Auftrag gegeben worden waren, sowie einen Plan, der den Bau von vierundzwanzig Lagern vorsah. Der CINC warnte den Stab, zuzulassen, daß sich unsere Truppen in an Vietnam erinnernden Basislagern eingruben. Er sagte, daß sie dies nicht nur zu sehr lohnenden Zielen machen, sondern auch ihre Einsatzbereitschaft herabsetzen würde. Schließlich gab er grünes Licht für die ersten sechs Lager und entschied, daß wir bei allen weiteren sehr bedachtsam vorgehen sollten.

Am 6. Oktober lieferten die Zauberer des Planungsteams ihren Vorschlag für einen Kriegsplan ab. Wie sich zeigte, entsprach er genau dem Entwurf, den ich zwei Monate zuvor auf einen Fetzen Papier gekritzelt hatte: ein Angriff direkt nach Kuwait und die dauernde Besetzung der entscheidenden Straßenkreuzung nordwestlich der Hauptstadt. Als ich die Erläuterungen der Planer hörte, war ich sicher, daß dies, sofern der Präsident keine Zusatztruppen schickte, die bestmögliche Vorgehensweise war – nur mochte ich sie jetzt sogar noch weniger als damals, als ich sie mir selbst ausgedacht hatte. Zum einen gab es bei der Offensive überhaupt kein Überraschungsmoment: Es war ein direkter Frontalangriff durch die Mitte genau in die Fänge der irakischen Verteidigung. Und selbst bei einem positiven Ausgang hätten wir mit beträchtlichen Verlusten rechnen müssen. Das SAMS-Team war (ziemlich optimistisch, wie ich meinte) von achttausend Verletzten und zweitausend Toten bei den amerikanischen Streitkräften ausgegangen und hatte mögliche Massenverluste durch chemische Waffen, die sich gar nicht abschätzen ließen, noch nicht einmal einbezogen. Ich stellte mir ein halbes Dutzend Szenarien für einen steckengebliebenen Angriff vor. Wenn zum Beispiel eine Division in Schwierigkeiten geriete, gäbe es keine Hilfe, da der Plan den Einsatz sämtlicher gepanzerter amerikanischer und alliierter Streitkräfte ohne Reserve vorsah. Selbst wenn es uns gelänge, die Straßenkreuzung zu nehmen, könnte der Irak mit seiner Riesenarmee nördlich von Kuwait zu einem Gegenangriff übergehen. Danach käme es zu einer Abnutzungsschlacht, bei der die zahlenmäßige Überlegenheit der Iraker ihnen einen entscheidenden Vorteil verschaffen würde.

Ich bezweifelte auch, daß die Truppen, die die Alliierten versprochen hatten, rechtzeitig am Kriegsschauplatz eintreffen würden oder daß ihnen ihre Regierungen erlauben würden, an einem Angriff teilzunehmen. Die britische 7. Panzerbrigade (die berühmten »Wüstenratten« des Zweiten Weltkrieges) wurden erst für Mitte November erwartet, die französische 6. leichte Panzerdivision war zwar schon da, aber noch nicht verlegt worden; die ägyptische 3. motorisierte Division war eingetroffen, aber nur zur Hälfte verlegt worden; die ägyptische 4. motorisierte Division stand noch in Ägypten, wo sie auf die saudische Erlaubnis für ihre Einreise wartete; und die syrische 9. Panzerdivision war angeblich unterwegs, aber das Ankunftsdatum war unbekannt. Ich nahm an, daß die Truppen frühestens Mitte Dezember an Ort und Stelle sein konnten.

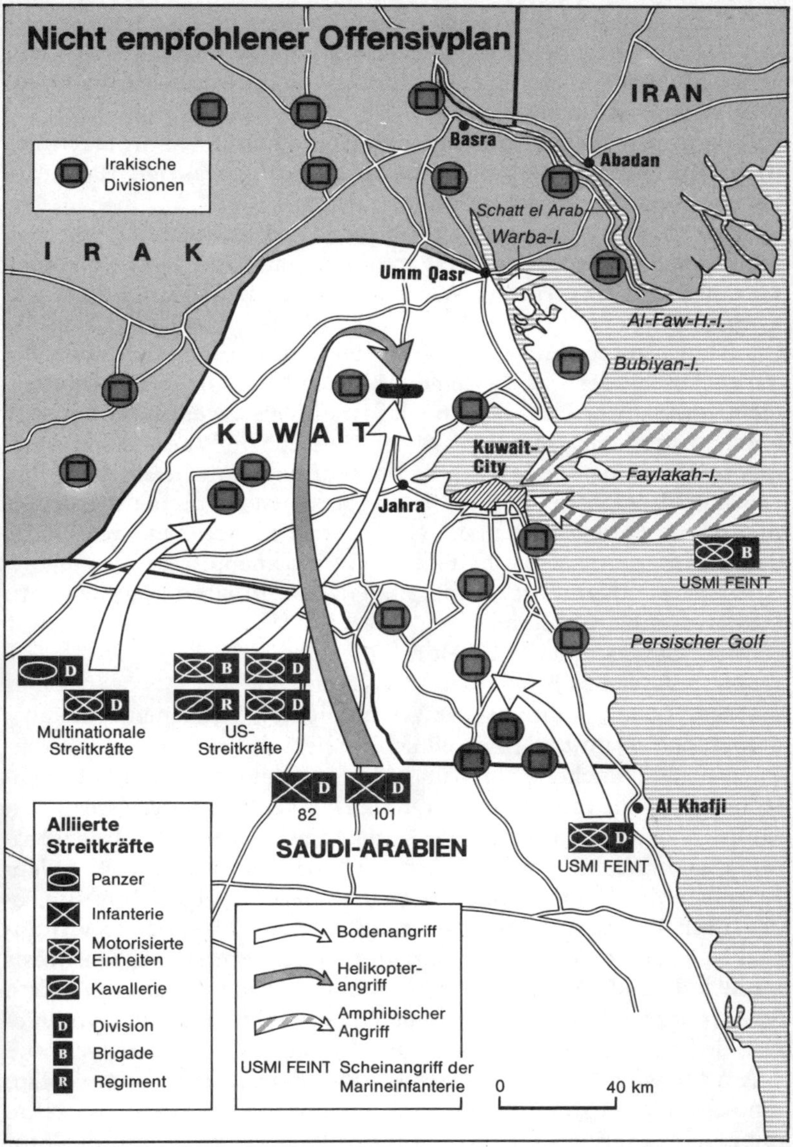
Nicht empfohlener Offensivplan
IRAN
Basra
Abadan
Irakische Divisionen
Schatt el Arab
Warba-I.
I R A K
Umm Qasr
Al-Faw-H.-I.
Bubiyan-I.
KUWAIT
Kuwait-City
Faylakah-I.
Jahra
USMI FEINT
Persischer Golf
Multinationale Streitkräfte
US-Streitkräfte
82
101
Al Khafji
USMI FEINT
SAUDI-ARABIEN
Alliierte Streitkräfte
Panzer
Infanterie
Motorisierte Einheiten
Kavallerie
Division
Brigade
Regiment
Bodenangriff
Helikopter-angriff
Amphibischer Angriff
USMI FEINT Scheinangriff der Marineinfanterie
0 40 km

Colin Powell rief an diesem Nachmittag an, um mir zu befehlen, ein Team zum Vortrag über »Desert Storm« vor den Joint Chiefs, Verteidigungsminister Cheney »und möglicherweise dem Präsidenten« vorbeizuschicken.

»Also, was die Bodenoffensive angeht, haben wir immer noch nichts in Händen«, warnte ich. Ich erklärte kurz, was sich das SAMS-Team ausgedacht hatte.

»Nun, Ihr Plan für eine Luftoffensive ist so gut, daß ich will, daß die Leute ihn hören«, erwiderte er. »Aber man kann nicht bloß einen Luftangriffsplan vortragen. Man muß auch den Bodenangriff berücksichtigen.«

Ich hatte ein mulmiges Gefühl in der Magengrube. Angesichts der Tatsache, daß der Irak in keiner Weise auf das UNO-Embargo reagierte und angesichts dessen, daß mehr als zweihunderttausend junge Amerikaner draußen in der saudischen Wüste schmorten, nahm ich an, daß sich Washington endlich damit befassen wollte, was nun als nächstes zu tun sei. Ich spürte wieder meine alte Angst, man könnte uns befehlen, eine Dummheit zu begehen. »Ich würde den Vortrag gerne selbst halten«, sagte ich knapp.

»Nein, Sie bleiben da. Wenn Sie nach Washington kommen, entstehen zu viele Gerüchte.«

»Wie wäre es mit Chuck Horner?«

»Nein. Gleiches Problem.«

»Dann lassen Sie mich wenigstens meinen Stabschef schicken«, drängte ich. Damit war Powell schließlich einverstanden.

Ich hängte, kochend vor Wut, den Hörer auf und befahl Bob Johnston, innerhalb von vierundzwanzig Stunden ein Vortragsteam zusammenzustellen. In meinen Augen machte Powells Weigerung, mich nach Washington kommen zu lassen, keinen Sinn. In jedem Krieg war der Oberkommandierende zu regelmäßigen Konsultationen nach Washington zurückberufen worden. Eisenhower war zurückberufen worden, MacArthur war zurückberufen worden, Westmoreland und Abrams waren ständig zurückberufen worden. Schlimmer noch, ich hatte nun Befehl erhalten, einen Plan vorzulegen, der, wie ich glaubte, in einem Blutbad enden könnte.

Am nächsten Morgen erschien Carl Vuono zu einem lange geplanten Besuch am Kriegsschauplatz. Ich nahm ihn beiseite und machte meiner Frustration Luft: »Gottverdammt noch mal, Carl, ihr Joint Chiefs solltet die Hauptberater des Präsidenten in Kriegsangelegenheiten sein. Warum verlangt man von mir, einen Offensivplan vorzulegen, an den ich nicht glaube? Es geht hier schließlich um unsere Heerestruppen! Sie als Generalstabschef der Armee sollten dem Präsidenten sagen, daß wir keinesfalls in der Lage sind, in die Offensive zu gehen, solange wir nicht mehr Streitkräfte haben.« Vuono, der Konfrontation haßte, lächelte und sagte bloß: »Norm, Sie leisten eine wunderbare Arbeit, und wir alle stehen hundertprozentig hinter Ihnen.« Später erschienen Presseberichte, daß er sich darüber beklagt hätte, unser einstündiges Treffen habe viereinhalb Stunden gedauert und einer Psychotherapiesitzung geglichen.

Da ich nicht selbst in Washington sein konnte, instruierte ich meinen Stab und plante ihren Vortrag so sorgfältig wie eine große Schlacht. Buster Glosson würde die Luftangriffe der Phasen eins, zwei und drei vortragen, dann würde Oberstleutnant Joe Purvis, der Leiter des SAMS-Teams, ihre Bodenoffensive als Phase vier erklären. Nachdem ich ihren Erklärungen zugehört hatte, schaute ich jeden der Männer an: »Unser Kapital besteht darin, daß wir den Präsidenten nicht verscheißern. Sie sollen unsere Möglichkeiten erläutern, aber nicht dem Präsidenten erzählen, wir seien zu etwas bereit, wozu wir nicht in der Lage sind. Das ist nicht der Augenblick für eine »Wir-schaffen's-schon«-Haltung. Wenn Sie Fragen zu beantworten haben, spekulieren Sie nicht; beschränken Sie ihre Antworten genau auf das, was wir analysiert haben. Und keine persönlichen Ansichten. Wenn ich höre, daß einer von Ihnen eine Privatmeinung geäußert hat, wird er seiner Pflichten entbunden und nach Hause geschickt. Ich will nicht, daß jemand etwas sagt, das schließlich den unnötigen Tod von Tausenden von Amerikanern zur Folge haben könnte.« Ich war ziemlich sicher, daß jedermann mich klar verstanden hatte. Johnston und Glosson hatten mich schon in diesem Ton reden hören und nickten einfach; die jungen SAMS-Offiziere erblaßten.

Aber ich war noch nicht fertig. Ich bat Johnston zu mir ins Büro, wo ich drei Projektionsfolien für ihn vorbereitet hatte, die meine Vorbehalte zusammenfaßten: die Beteiligung der Alliierten, das Fehlen einer Reserve, die Tatsache, daß wir den Saudis den Angriff noch beibringen mußten, und das Risiko der Unterschätzung der irakischen Kampfkraft. Ich beschrieb dann noch eine letzte Projektionsfolie, auf der ich darauf hinwies, daß das Central Command die Mission erfüllt hatte, die uns vom Präsidenten aufgetragen worden war: Saudi-Arabien zu verteidigen. Ich kehrte zu dem Punkt zurück, auf den ich bereits in Camp David in den Tagen vor dem Beginn von »Desert Shield« hingewiesen hatte: Die Planung einer Offensive, die nicht Gefahr lief, als militärisches Desaster zu enden, erforderte mindestens ein weiteres schweres Korps von zwei gepanzerten Divisionen. Auf den Folien stand unter anderem:

> *Einschätzung des CINC*
>
> Plan für Bodenoffensive unsolide. Zur Zeit verfügen wir nicht über die Kapazität für einen Bodenangriff.
> Brauchen zusätzliches schweres Korps, um einen erfolgreichen Ausgang zu *garantieren.*
> Verteidigungsplan solide. Wie dem Präsidenten in der ersten Augustwoche versprochen, sind die Streitkräfte der Vereinigten Staaten nun in der Lage, Saudi-Arabien zu verteidigen und eine Vielzahl von Gegenschlägen gegen den Irak zu führen.

Ich wandte mich Johnston zu und sagte: »Wenn Purvis mit den Erläuterungen der Bodenoffensive fertig ist, möchte ich, daß Sie aufstehen und den Vortrag mit diesen Folien schließen.« Bob nickte grimmig. Er teilte meine Vorbehalte, was den Plan anging, aber es war äußerst ungewöhnlich für einen Kommandeur, einen militärischen Vortrag mit der Infragestellung der eigenen Darstellung zu schließen. »Ich weiß nicht, was Sie in Washington erwartet«, fuhr ich fort. »Sie können Ihnen mitteilen, General Schwarzkopf sage, sofern der Plan vorgetragen werde, müsse dieser anhand dieser Folien erläutert werden. Ich möchte, daß Sie diese Folien persönlich präsentieren. Mir ist gleichgültig, was Ihnen ein anderer befiehlt. Sie arbeiten für mich, und ich verlasse mich darauf, daß Sie an meiner Statt reden.« Johnston verstand nur zu gut, um was es ging. Nicht nur, daß er ein altgedienter Offizier war, sein vierundzwanzigjähriger Sohn gehörte einer Einheit der Marineinfanterie an, die zum Golf unterwegs war.

> 9 OKT 90 C + 63
>
> 1600 Am Morgen wurden wir darüber informiert, daß die Israelis einundzwanzig Palästinenser bei Unruhen in der Altstadt von Jerusalem getötet hatten. Gleichzeitig gab es bei uns am Tag zuvor zehn amerikanische Gefallene, die bei Flugzeug- und Hubschrauberunfällen getötet worden waren. In Gesprächen mit General Chalid wies der CINC General Chalid darauf hin, daß er

nicht voreilig die historische amerikanische Unterstützung Israels verurteilen solle, vor allem gerade jetzt, wo das amerikanische Volk zehn Unfalltote zu beklagen habe, die bei der Verteidigung Saudi-Arabiens gestorben waren.

12 OKT 90 C + 66

1530 CINC ließ sich die Richtlinien für die Ablösungen vortragen. Der Vorschlag empfahl, daß Bodenkampftruppen alle sechs bis acht Monate abgelöst werden sollten und daß der Stab des Hauptquartiers ebenfalls alle acht Monate abwechseln sollte, und zwar aus Gründen der »Gleichbehandlung«. Der CINC lehnte den Vorschlag ab. Er teilte dem Stab mit, daß jeder Vorschlag, Stabsleute in Riad nach dem gleichen Zeitraum abzulösen wie eine Einheit, die in der Wüste lebe, verrückt sei. Der CINC bot dem Stab die Gelegenheit, sechs Monate in einem »Fuchsloch« unter einer Plane in der Wüste zuzubringen, dann könne man über Gleichbehandlung reden. Der CINC wies sie an, die Vorschläge noch einmal zu überarbeiten.

Das Team hielt am Donnerstagnachmittag, dem 11. Oktober, seinen Vortrag vor dem Präsidenten im Weißen Haus. Der erste Anruf kam von Powell: »Ihre Beauftragten haben gute Arbeit geleistet. Das Weiße Haus hat beim Luftangriffsplan ein sehr gutes Gefühl, doch die Bodenoffensive stieß auf sehr viel Kritik.« Dunkel fügte er hinzu: »Einige Leute wollten wissen, wieso Sie keine einfallsreichere Lösung angeboten haben.«

»Ich habe doch die ganze Zeit gesagt, daß wir nicht über genügend Truppen für eine Bodenoffensive verfügen«, sagte ich so ruhig, wie ich konnte.

»Darauf habe ich hingewiesen.« Ein kurzer Augenblick des Schweigens, und dann fragte er auf einmal: »Wie viele würden Sie denn brauchen, um sie erfolgreich durchzuführen?«

»Ich habe immer gesagt, ein zusätzliches schweres Korps mehr, aber machen wir doch eine gründliche Analyse«, drängte ich, und wir kamen überein, die Diskussion fortzuführen, nachdem mein Stab die Frage studiert hatte. Bis jetzt hatte man von uns verlangt, bei der Planung davon auszugehen, daß keine weiteren Truppen mehr zur Verfügung gestellt werden könnten. Powell forderte uns auch auf, einen gegenteiligen Kurs zu prüfen: »Laßt mich die Mindestzahl von

Truppen wissen, die ihr braucht, um Saudi-Arabien unbegrenzte Zeit zu verteidigen.« Als ich den Hörer auflegte, war mir etwas tröstlicher zumute.

Am Samstagmorgen ergänzte Bob Johnston, der die ganze Nacht hindurch zurückgeflogen war, einige Einzelheiten, die Powell übergangen hatte. Gemeinsam mit Präsident Bush waren unter anderem Vizepräsident Quayle, die Minister Baker und Cheney, John Sununu, General Scowcroft und Bob Gates, der stellvertretende Nationale Sicherheitsberater, beim Referat dabeigewesen. »Den Fragen während des Vortrags nach zu urteilen«, sagte mir Johnston, »konnten die Leute die großen Probleme beim Plan der Bodenoffensive erkennen. Als ich Ihre Einschätzung bekanntgab, waren die meisten Ihrer Einwände bereits angesprochen worden.«

Johnston zögerte. »Das werden Sie nicht glauben«, sagte er und schüttelte den Kopf. »Als ich die letzte Folie – jene, die verdeutlicht, daß wir ein zusätzliches Korps benötigen – auflegte, sagte einer der Präsidentenberater: ›Mein Gott, er hat doch alle Truppen, die er braucht. Warum greift er denn nicht an?‹«

Das wollte ich nicht auf sich beruhen lassen. Als Powell mich am Nachmittag anrief, fragte ich wegen der Kritik nach. »Das stimmt«, sagte er. »Einer sagte sogar, ›Schwarzkopf ist bloß ein neuer McClellan.‹« Der Mann, der den Vergleich gezogen hatte, war ein Zivilist, der fast nichts von militärischen Angelegenheiten verstand, aber er hatte eine Dokumentation über den amerikanischen Bürgerkrieg im Fernsehen verfolgt, und nun war er ein Experte. Er hatte dort gesehen, wie George McClellan im Frühling 1862 sich vor Richmond geweigert hatte, die Armee von Robert E. Lee anzugreifen. Bei seinem Vergleich hatte der Berater jedoch eine winzige Tatsache übersehen: Während die Armee von McClellan der von Lee zahlenmäßig weit überlegen war, waren unsere Truppen in Saudi-Arabien den Irakern zahlenmäßig weit unterlegen. Der Berater war einer der Falken im Weißen Haus, über die Powell sich immer beklagte. Tatsächlich hatte der Berater, Powell zufolge, nach dem Treffen angedeutet, wir hätten absichtlich einen Angriffsplan mit hohen Verlustzahlen vorgelegt, um den Präsidenten von einem Bodenangriff abzuschrecken.

Wenn das Weiße Haus einen kühnen Angriffsplan wollte, so konnte ich einen bieten. Auf einem Gestell links von meinem großen Schreibtisch im Verteidigungsministerium lehnte die Karte mit der »Feindsituation«, auf der jede irakische Einheit in und um Kuwait eingetragen wurde. Mein Nachrichtenstab brachte sie dreimal am Tag auf den neuesten Stand, angefangen um vier Uhr dreißig morgens, und auf sie fiel mein erster Blick, wenn ich um sechs Uhr früh aus meinem Schlafzimmer kam. Leuchtend rote Markierungspunkte stellten irakische Divisionen dar, und während Saddam ständig einzelne Einheiten hin- und herschob, um uns im unklaren zu lassen, blieb die Aufstellung auf dem kuwaitischen Kriegsschauplatz einen ganzen Monat lang unverändert: Die Infanteriedivisionen waren entlang der südlichen Grenze und der Golfküste verschanzt, während die gepanzerten Divisionen die hinter ihnen gelegenen Stellungen verstärkten. Die Republikanische Garde war entlang der irakisch-kuwaitischen Grenze postiert. Die Iraker hatten eine Stellung eingenommen, bei der sie ihre ganze Stärke gegen jeden Angriff aus dem Süden oder dem Osten aufbieten konnten. Ihr Aufmarsch hatte zweimal so viele Soldaten und dreimal so viele Panzer in Stellung gebracht, als wir es bei der Planung von »Desert Shield« ursprünglich angenommen hatten.

Laut Lehrbuch hätte man eine solche Streitmacht mit einem Frontalangriff binden müssen, während man gleichzeitig eine noch größere Armee geschickt hätte, um sie zu überrennen, einzukesseln und in Richtung Meer zu drängen. Ich schaute mir die leuchtend roten Markierungspunkte an, die die Besatzungsarmee in Kuwait darstellten. Entlang ihrer Westflanke befand sich ein Streifen irakisches Territorium, der dreimal so groß war wie Kuwait und bis auf eine Handvoll Ortschaften und Luftwaffenbasen aus nichts als Wüste bestand. Noch wichtiger für meinen Zweck war, daß er beinahe *unbewacht* dalag. Wir hatten schon früher die Möglichkeit eines Angriffs über diesen Landstreifen besprochen, die Idee aber auf Eis gelegt, weil unsere Truppen zu sehr ausgedünnt worden wären und weil wir nicht sicher sein konnten, ob wir unsere Einheiten über eine solche Distanz hinweg mit Munition und Treibstoff versorgen könnten. Aber Washington schien nun bereit zu sein, die Entsendung zusätzlicher Divisionen in Betracht zu ziehen, und das veränderte alles. Zwar würde dies das größte Wüsten-Panzermanöver der amerikanischen Militärgeschichte werden, aber offenbar war es die beste Möglichkeit, einen Bodenkrieg schnell und entschlossen zu beenden. Am 15. Oktober teilte ich dem Planungsstab des Central Command mit, sie sollten ein zusätzliches gepanzertes Korps mit einbeziehen und einen Flankenangriff ausarbeiten.

18 OKT 90 C + 72

ZEIT UNBEKANNT Der CINC hat beim Vorsitzenden darum gebeten, die Zahl der Besucher zu reduzieren. Achtzehn größere Delegationen haben für die nächsten Wochen ihren Besuch im AOR angemeldet. Der CINC besprach die Angelegenheit auch mit dem Botschafter, der nicht nur mit dem CINC übereinstimmte, sondern auch vorschlug, daß das Central Command und die Botschaft eine gemeinsame Erklärung abgeben sollten, um dem Besucherstrom Einhalt zu gebieten.

19 OKT 90 C + 73

ZEIT UNBEKANNT Der CINC stimmte einer Mitteilung über die geplanten Richtlinien für die Ablösung von Truppen zu. Dabei ging es vor allem um den sechs- bis achtmonatigen Austausch von Kampfeinheiten und anderen Einheiten, deren Soldaten unter dürftigen oder primitiven Bedingungen leben müssen. Die Richtlinien gestatten auch einen Austausch von Soldaten, deren Lebensbedingungen denen in den Vereinigten Staaten in etwa vergleichbar waren, nach Ablauf von zwölf Monaten.

Obwohl wir noch keinen Schuß abgefeuert hatten, glich »Desert Shield« in vielem immer mehr einem ermüdenden Krieg. Ich fand mich mit Verwaltungsaufgaben überhäuft: Vorträge vor Kongreßdelegationen, Presseinterviews, Lösung von Verständigungsproblemen mit den Saudis und die Beantwortung bürokratischer Anfragen aus Washington. Wenn es mir möglich war, mich vom Hauptquartier zu lösen und die Soldaten zu besuchen, stellte ich fest, daß sie sich offenbar genauso viele Sorgen machten, wie es nun weitergehen würde, wie ich.

Am Tag, nachdem ich unseren Planungsstab in unsere neuen Offensiv- und Defensivoptionen eingewiesen hatte – eine Arbeit, die den Ausgang des ganzen Feldzuges beeinflussen konnte –, verkündete mir General Starling, mein Logistikchef, bei der morgendlichen Lagebesprechung wohl zum hundertsten Mal: »Die Saudis zahlen keine einzige unsere Rechungen.«

»Aber wir haben Zusagen von König Fahd, Prinz Sultan und Chalid«, erwiderte ich.

»Ja, Sir. Ich weiß, Sir. Aber das scheint nichts daran zu ändern.«

Oberkommandierende sollten sich nicht sorgen müssen, daß

ihnen das Geld ausgeht, vor allem dann nicht, wenn es jeden Tag zum Krieg kommen kann. Wenn möglich, handelt das Außenministerium überall dort, wo die Vereinigten Staaten militärisch präsent sind, ein finanzielles Arrangement aus, und zwar lange, bevor es zu irgendeiner Krise kommt. Aber obwohl Außenminister Baker auf der Suche nach finanziellem Rückhalt für »Desert Shield« die Welt bereist hatte, sah das Central Command wenig Geld. Kurz gesagt: Wir hatten keinerlei Unterstützungsvereinbarungen mit Saudi-Arabien abgeschlossen. Doch ich mußte Soldaten ernähren und unterbringen und zudem für ihren Transport sorgen.

Ich ging zu Chas Freeman und sagte: »Ich glaube, das sollten Sie übernehmen.«

»Das denke ich auch«, sagte der Botschafter mit seiner sanften Stimme, »aber ich muß zugeben, daß ich keine Ahnung habe, wie ich das anstellen soll.« Also baten er und ich in Washington gemeinsam um einen Experten für dieses finanzielle Problem. Gleichzeitig versuchte ich, bei Chalid etwas Überbrückungsgeld lockerzumachen.

Bei einem meiner ersten Gespräche mit Chalid war es um die Autovermietung in Riad gegangen. Als die Luftwaffe im August eingetroffen war, lieh sich jede Einheit, die Autos brauchte, sie einfach von lokalen saudischen Agenturen aus. Innerhalb weniger Wochen hatten die Vereinigten Staaten jeden verfügbaren Mietwagen in Riad in Beschlag genommen, ein Luxus, der von uns schließlich gehörig beschnitten wurde. Aber einige dieser Anmietungen waren erforderlich gewesen, und ich war zu Chalid gegangen und hatte gesagt: »Sie wissen, der König hat angeboten, den Transport zu bezahlen. Mietwagenausgaben sind Transportausgaben.«

»Selbstverständlich werden wir dafür aufkommen.«

»Und wohin sollen wir die Rechnungen schicken?«

»Nein, nein.« Er schaute mich entsetzt an. »Geben Sie mir keine Rechnungen. Geben Sie mir eine Liste mit dem, was Sie brauchen. Mein Stab wird einen passenden Unternehmer finden. Ich schließe das Geschäft mit ihm ab, und wir werden den Vertrag in meinem Hauptquartier verwalten.«

Ich versuchte ihm zu erklären, daß das so nicht ging. Amerikanische Logistikexperten im Feld konnten keinen starren, zentralisierten Entscheidungsprozeß brauchen. Jede Einheit, erklärte ich Chalid, hatte ihren eigenen kleinen Gus Pagonis, der dafür zuständig war, sich um die Soldaten zu kümmern. Die Amerikaner würden bald überall im Königreich handeln und wandeln. Ich hatte recht: In Riad zum Beispiel ging der Logistikoffizier zu den saudischen Wasserwerken und bestellte eine Riesenmenge entsalztes Wasser; in Al Jubayl unterschrieb der Logistikchef der Marineinfanterie einen Zehn-Millionen-Dollar-Mietvertrag für Truppenlager, um seine Männer unterbringen zu können.

Und jedesmal würde Chalid erklären: »Ich hätte Ihnen das für nur fünf Millionen beschaffen können! Unterschreiben Sie keine weiteren Verträge mehr!« Aber die Burschen im Feld sagten uns: »Hey, wir müssen diese Verträge unterschreiben, weil immer mehr Leute reinkommen. Irgendwo müssen wir sie schließlich unterbringen.«

»Das kann nur funktionieren«, sagte ich Chalid, »wenn Sie Offiziere bestimmen, die mit uns zusammenarbeiten und Verträge auf der Stelle unterzeichnen können.« Das hielt Chalid für vernünftig, ohne aber, so peinlich ihm dies war, in der Lage zu sein, die bürokratischen Hürden im eigenen Hauptquartier zu überwinden. Selbst wenn er seinem Logistikstab *befahl,* Zahlungen an Starling und sein Team zu leisten, umgingen sie die notwendigen Entscheidungen, und nicht ein Penny wechselte den Besitzer.

Das Washingtoner System war keineswegs weniger zentralisiert und engherzig. Obwohl wir links und rechts Verträge unterschrieben, hatten wir keine Mittel flüssig, um sie zu bezahlen. Das Verteidigungsministerium arbeitete mit der strengen Auflage, daß, außer in Zeiten eines nationalen Notstands, jede Ausgabe über zweihunderttausend Dollar der Zustimmung durch den Kongreß bedürfe. Angesichts des Umfangs der Streitmacht, die wir ins Feld schickten und der hohen Preise im Nahen Osten, konnte man davon ausgehen, daß es bei *jedem* Mietvertrag und jeder Transaktion in Saudi-Arabien um mehr als zweihunderttausend Dollar ging.

Ohne die Japaner wäre »Desert Shield« im August bankrott gegangen. Während die westlichen Zeitungen sich darüber beklagten, daß Tokio zaudere, seine eingegangene Zahlungsverpflichtung von einer Milliarde Dollar zur Sicherung Saudi-Arabiens zu erhöhen, überwies die japanische Botschaft in Riad still und unauffällig Zigmillionen Dollar auf die Konten des Central Command. Wir konnten unsere täglichen Ausgaben decken, bevor irgend jemand in Washington einen Anspruch auf das Geld erheben konnte.

Unterdessen war Dane Starlings Büro ein gigantisches Buchhaltungszentrum für Quittungen geworden, da wir jeden Dollar dokumentierten, den die Saudis uns zu erstatten versprochen hatten. Da kam einiges zusammen. Von Mitte August bis Mitte Oktober gaben

Luftwaffenstützpunkt Riad, 1991, mit der Patriot-Abteilung kurz nach einem Scud-Alarm. Meine Besuche bei den Truppen am Golf hoben immer wieder meine Moral. (Foto: David Turnley/Detroit Free Press)

Als die Soldaten im Luftwaffenstützpunkt Dharan ankamen, wurden sie zunächst in Zelten untergebracht, die sie vor der Sonne schützen sollten, bis sie zu ihren Einheiten transportiert wurden. (Foto: U.S. Military Photographer)

Riesige Zeltstädte wurden zunächst als Stützpunkte für die ankommenden Truppen errichtet. (Foto: U.S. Military Photographer)

Es machte mir große Sorgen, daß unser Luftwaffenstützpunkt eigentlich überfüllt war. Ein einziges feindliches Flugzeug, das unsere Abwehr durchbrach, hätte genügt, um ein Desaster anzurichten. (Foto: U.S. Military Photographer)

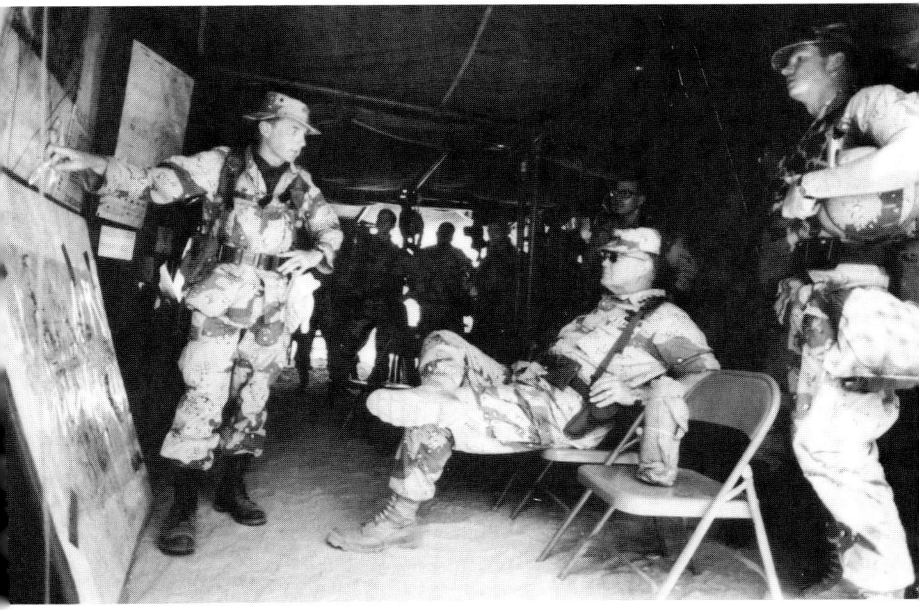

Oben: Ich war erleichtert, als im September 1990 Panzertruppen der 24. Motorisierten Infanteriedivision in Saudi-Arabien eintrafen. Oberst Paul Kern und ich bei einer Lagebesprechung auf seinem Gefechtsstand in der Wüste. (Foto: © 1990 Harry Benson)

ben: Präsident Bush bei inem Besuch in Saudi-rabien zum Thanksgiving-ay. Ich konnte ihn auf userem Flug über die vorstehenden Einsätze formieren. oto: David Valdez/White ouse Press Office)

echts: Ein Plakat für Bob opes Weihnachts-Show. Hintergrund das Dorf can. oto: U.S. Military Photo-pher)

Scheich Mohammed Ibn Said an-Nahjan, stellvertretender Stabschef der Armee der Vereinigten Arabischen Emirate und dritter Sohn des Staatsoberhaupts Scheich Said Ibn Sultan an-Nahjan, als Gast von Frankreichs Verteidigungsminister Jean-Pierre Chevènement und mir bei einem Mittagessen in der Wüste.

Ich verbrachte viele Stunden mit meinem Freund Scheich Mohammed bei der Falkenjagd in den Wüsten der Vereinigten Arabischen Emirate.

Die Kommandeure der Alliierten und die königlichen Prinzen unter einem Sonnendach während einer Ansprache König Fahds am 27. Dezember 1990.
(Foto: Official Dept. Of Defense Photograph)

27. Dezember 1990: König Fahd inspiziert die amerikanischen Truppen vom Rücksitz eines Jeeps aus.
(Foto: U.S. Military Photographer)

Generalleutnant Prinz Chalid Ibn Sultan, Kommandeur der multinationalen Streitmacht. Während des ganzen Krieges arbeiteten wir Seite an Seite im unterirdischen Kommandostand.
(Foto: U.S. Military Photographer)

Links: Kronprinz Hamad Ibn Isa el-Chalifa von Bahrain. Er und sein Vater, Scheich Isa Ibn Süleiman el-Chalifa, gaben uns während des Krieges die größte Unterstützung.

Unten: Im April 1991 kam es zu einem Zusammentreffen mit dem Emir von Kuwait, Dschabir el-Ahmed el-Sabbah, nach seiner Rückkehr ins Land.

Oben: Die Kommandeure der Koalition (sitzend von links nach rechts): Generalmajor Modani, der saudische Planungschef; Generalmajor Halaby, Ägypten; Generalleutnant de la Billière, Großbritannien; Generalleutnant Chalid, Saudi-Arabien; General Schwarzkopf, Vereinigte Staaten; Generalleutnant Roquejeoffre, Frank-

Unten links: Generalleutnant Michel Roquejeoffre, der Kommandeur der französischen Truppen und ein enger Freund.
(Foto: E.C.P. Armees-France)

Unten rechts: Generalleutnant Sir Peter de la Billière. Peter war ein ausgezeichneter Soldat, Berater, Vertrauter und Freund.
(Foto: U.S. Military Photographer)

reich; Generalleutnant Waller, Bevollmächtigter der Vereinigten Staaten; Generalmajor Habib, Syrien, und Generalmajor el-Scheich, Bevollmächtigter von Saudi-Arabien. Hinter Waller: Konteradmiral Sharp, der amerikanische Planungschef. (Foto: U.S. Military Photographer)

Unten links: Generalleutnant John Yeosock, Kommandeur aller US-Streitkräfte von »Desert Storm« und »Desert Shield«. (Foto: U.S. Military Photographer)

Unten rechts: Vizeadmiral Stan Arthur, Kommandeur der US-Flotte im Golf. Er organisierte die vollständige Blockade der irakischen Versorgungshäfen, und seine Truppen überwachten den Luft- und Seeraum am Golf. (Foto: U.S. Military Photographer)

Links: Generalmajor Barry McCaffrey, Befehlshaber der 24. Motorisierten Infanteriedivision. Er war der offensivste und erfolgreichste Bodentruppenkommandeur des Krieges.
(Foto: U.S. Military Photographer)

Unten: Oberst Jesse Johnson, Kommandeur aller Sondereinheiten am Golf. Ein großer Soldat und ein heimlicher Held.
(Foto: U.S. Military Photographer)

Unten: General Waller, General Powell, Verteidigungsminister Cheney, General Schwarzkopf und der Staatssekretär im Verteidigungsministerium, Wolfowitz, im Kommandoraum. Im Hintergrund (von links nach rechts) General Horner, General Yeosock, Admiral Arthur, General Boomer, Oberst Johnson und mein Generalstabschef Bob Johnston.
(Foto: Official Dept. Of Defense Photographer)

Rechts: Generalleutnant Chuck Horner, Kommandeur der amerikanischen Luftwaffe am Golf. Der Mann, der unsere erfolgreiche Luftoffensive plante und ausführte. (Foto: Official Dept. Of Defense Photograph)

Unten: Generalleutnant Walt Boomer, Kommandeur der amerikanischen Marineinfanterie bei dem Unternehmen »Desert Storm« und »Desert Shield«. Er und seine Leute führten einen gewagten Angriff auf die gefährlichsten Stellungen der feindlichen Verteidigung durch. (Foto: U.S. Military Photographer)

Unten: Ich war nicht nach Safwan gekommen, um zu verhandeln. Ich war gekommen, um den Irakern zu sagen, unter welchen Bedingungen wir bereit wären, unsere Feuerpause fortzusetzen. (Foto: U.S. Military Photographer)

Oben: 20. April 1990 – einer der glücklichsten Tage meines Lebens. Nach acht Monaten am Golf sah ich meine Familie wieder.
(Foto: U.S. Military Photographer)

Rechte Seite: Es sah aus, als wäre die ganze Stadt New York auf den Beinen, um uns mit einer Konfettiparade willkommen zu heißen.
(Foto: U.S. Military Photographer)

Links: Als ich das Oberkommando des Central Command am 9. August 1991 abgab, verlieh Verteidigungsminister Cheney mir sowohl die »Defense Distinguished Service Medal« als auch die »Distinguished Service Medals of the Army, Navy, Air Force, and Coast Guard«.
(Foto: U.S. Military Photographer)

Rechts: Königin Elisabeth II. kam nach Tampa, Florida, um mich zum Ehrenritter des Bath-Ordens zu schlagen.
(Foto: Jock Fistick/Tampa Tribune/Sipa)

Unten: Am 3. Juli 1991 verlieh mir George Bush, assistiert von seiner Frau, die »Presidential Medal of Freedom«. Auch Minister Cheney und General Colin Powell erhielten diese Auszeichnung.
(Foto: David Valdez/White House Press Office)

Rechte Seite: Am 15. Mai 1991 kehrte ich nach West Point zurück, wo das Kadettenkorps mich mit einer Festparade ehrte.
(Foto: © 1991 C. Russell, Academy Photo, West Point, N.Y.)

H. Norman Schwarzkopf, General der amerikanischen Armee im Ruhestand, mit seinem Hund Bear. (Foto: Michael A. Gorenflo)

wir siebenhundertsechzig Millionen Dollar aus. Als der Finanzexperte aus Washington, Generalmajor Bill Ray, am 19. Oktober endlich eintraf, brachte er die Rechnungen des Verteidigungsministeriums für Luft- und Seetransporte mit. Sie beliefen sich beinahe auf 1,9 *Milliarden Dollar.* Das war Wunschdenken seitens der Budgetspezialisten des Pentagon, denn soviel ich wußte, hatte König Fahd versprochen, unsere Transportkosten *innerhalb* des Königreichs zu bezahlen, nicht für *den Weg* dorthin.

Als ich Chalid die Ankunft von General Ray mit einer umfassenden Rechnung ankündigte, schien er erleichtert zu sein. Ich war bei ihrem Treffen nicht dabei. Ray berichtete, daß die Saudis sich bereitwillig einverstanden erklärten, die siebenhundertsechzig Millionen Dollar dem Central Command zu erstatten, aber, wie ich erwartet hatte, nicht die Auslagen des Pentagon für See- und Luftfracht. Wichtiger noch, die Saudis hatten unter Vorbehalt einer Abmachung zugestimmt, bei der in Zukunft Rechnungen bezahlt werden sollten, sobald sie eintrafen. »Es scheint, als ob wir endlich auf der gleichen Wellenlänge wären«, bemerkte ich zu meinem Stab – und fühlte mich so erleichtert, wie man sein kann, wenn einem jemand erzählt, der Scheck sei unterwegs.

20 OKT 90 C + 74

1830 Der CINC traf sich mit Generalmajor Dschabir aus Kuwait. Dschabir verlangte Unterstützung bei der Ausstattung von drei leichten Infanteriebrigaden. Dschabir befürchtete, wenn er die Überbleibsel versprengter kuwaitischer Einheiten nicht sammele, könnten diese die Sache selbst in die Hand nehmen und unversehens Feindseligkeiten auslösen. Er fügte hinzu, daß der Tag kommen werde, wo Kuwait befreit sei und eine erprobte und kampfbereite Gruppe erforderlich sein würde, um wieder für die öffentliche Ordnung zu sorgen und die Verwaltung einzusetzen. Der CINC war völlig damit einverstanden.

22 OKT 90 C + 76

1000 Während der aktuellen Lagebesprechung wurde dem CINC vorgetragen, daß viele Geschenke aus den Vereinigten Staaten und von überall aus der Welt hier einträfen. Der CINC erinnerte den versammelten Stab an die blutige Nase, die wir uns in

Vietnam geholt hatten, als illegale Unternehmungen aufflogen, die Ausrüstungsgegenstände unterschlugen und sie auf dem Schwarzmarkt verkauften. Wir dürften so etwas während der Operation »Desert Shield« nicht zulassen. Der CINC wies den Chef des Heeresjustizwesens an, eine Mitteilung zum Erlaß durch den CINC vorzubereiten, derzufolge alle Geschenkartikel in Übereinstimmung mit den Dienstvorschriften korrekt verbucht werden müßten und die Kommandeure für die Einhaltung dieser Vorschriften verantwortlich gemacht würden.

Colin Powell traf am 22. Oktober in Riad ein und gab noch einmal zu, daß wir nicht über genügend Truppen verfügten, um die Iraker aus Kuwait zu drängen. Mein Stab ging die verschiedenen militärischen Optionen durch, einschließlich eines Plans für eine Minimalstreitkraft zum zeitlich unbegrenzten Schutz Saudi-Arabiens, den er angefordert hatte. Zuletzt stellten wir unseren neuen Plan vor, die irakische Armee mit einer riesigen Flankenbewegung westlich von Kuwait einzukesseln und zu vernichten – der, wie wir betonten, nur dann möglich sei, wenn uns die Vereinigten Staaten ein zusätzliches Panzerkorps schickten. Für Powell kam der Plan nicht überraschend, da er und ich die ganze Woche über telefonisch mögliche Routen für eine solche Umzingelung durchgesprochen hatten.

Er griff sofort die naheliegende und unausgesprochene Frage auf: Vermochten wir genügend Nachschub zu transportieren, um den Angriff durchzustehen? »Logistik könnte Ihre Achillesferse sein«, sagte er. Panzer und gepanzerte Truppentransporter wären ohne weiteres in der Lage, auf weichem Sand vorwärts zu kommen, aber die riesigen Tanklaster mit Benzin, die ihnen in die Schlacht folgen, sind auf Straßen oder hartes Gelände angewiesen. Solange wir daher nicht genügend über die Wüsten des südöstlichen Irak Bescheid wußten, konnte sich unser Plan für den größten Flankenangriff der Geschichte als ein bloßes Hirngespinst erweisen. Vom politischen Risiko, die in Saudi-Arabien eingesetzten amerikanischen Streitkräfte so weit zu verstärken, daß sie beinahe den in Vietnam eingesetzten entsprachen, redete Powell nicht. Ich wußte, daß ihn das beschäftigen mußte.

Dann dankte uns Powell für unsere Arbeit, wies aber warnend darauf hin, daß Präsident Bush gewisse Zeit brauche, um zu einer Entscheidung zu gelangen. »Die Stimmung in Washington wechselt von Woche zu Woche«, erklärte er. »Vor zehn Tagen war sie kriegerisch-entschlossen, in den letzten vier oder fünf Tagen reden die Leute darüber, daß sie abwarten wollen, bis sich die wirtschaftlichen Sanktionen auswirken. Aber niemand ist bereit, eine Entscheidung zu treffen. Sie sind mit der Haushaltskrise und den Wahlen im nächsten Monat beschäftigt.« Er ging außerdem davon aus, daß sich der Präsident erst nach den Novemberwahlen entweder dafür entscheiden würde, militärisch Zurückhaltung zu üben oder aber beim Kongreß und der UNO um Erlaubnis zum Angriff nachzusuchen. Er fragte, wieviel Zeit wir benötigen würden, um die von uns angeforderten Panzertruppen ins Land zu holen. Ich schätzte drei Monate, und wir beendeten unsere Sitzung, indem wir übereinstimmend feststellten, daß der Februar ein mögliches Datum für eine Bodenoffensive sei.

Obwohl sich Powell vor allem darauf konzentrierte, zusätzliche Streitkräfte zur Verfügung zu stellen, hatte er nicht das gesagt, was ich vor allem von ihm hören wollte: daß der hochriskante Plan, mit den jetzt vorhandenen Truppen loszuschlagen, vom Tisch war. Das bedeutete, daß er ihn noch nicht von seiner Liste gestrichen hatte. Ich war daher nicht erstaunt, als er sich am nächsten Morgen noch einmal diese Option vortragen lassen wollte. Ich forderte meinen Stab auf, den Kommandoraum zu verlassen. »Kippen wir diesen Angriffsplan«, drängte ich, als wir allein waren. »Sie haben ein schlechtes Gefühl dabei und ich auch.« Ich wies darauf hin, daß die Risiken mit jedem Tag größer würden, da der Irak mehr und mehr Truppen nach Kuwait verlegte. »Wenn wir in die Offensive gehen müssen, brauche ich mehr Truppen.«

»Ich bin nicht sicher, ob wir ohne ein klares Mandat des Kongresses und der amerikanischen Öffentlichkeit mehr Truppen an den Golf entsenden können«, erwiderte er. Ich nickte. Niemand wollte ein neues Vietnam, und ich verstand Powells Entschlossenheit, politische Irrtümer ebenso zu vermeiden wie militärische. Falls wir uns der öffentlichen Unterstützung nicht sicher sein konnten, wäre es besser, gar keine Offensive zu beginnen.

Im Verlauf dieses Gesprächs traf er seine Entscheidung. »Wenn wir in den Krieg ziehen«, versprach er, »dann tun wir das nicht halbherzig. Das Militär der Vereinigten Staaten wird Ihnen geben, was immer Sie brauchen, um Ihre Sache ordentlich zu machen.« Damit hatte er sich auf unsere Seite begeben, und als er Riad mit unserer Truppenanforderung verließ, war mir, als hätte man mir eine große Last von den Schultern genommen.

29 OKT 90 C + 83

1000 Der CINC wies den Nachrichtenstab an, eine detaillierte Studie über den Einfluß des Wetters auf militärische Operationen in Kuwait und im Südirak zu erstellen, vor allem was die Mobilität betraf. Der CINC wollte, daß alles – Regen, Sandstürme, Temperaturen – erfaßt werde, beginnend vom jetzigen Zeitpunkt bis in den März/April hinein. Der CINC sagte, wir sollten alle verfügbaren Quellen nutzen und auch Leute befragen, die die betreffenden Gebiete bereist hatten.

1215 Der CINC kam einer Aufforderung von Generalleutnant Chalid zu einem kurzfristig anberaumten Treffen nach. General Chalid forderte, daß wir mindestens eine Woche vor Eintreffen eines Showstars in Saudi-Arabien eine detaillierte Beschreibung des Besuches vorlegten, samt Angabe der Aufenthaltsdauer im Lande, der Aufführungsorte der Show sowie einer Beschreibung dessen, was der Künstler darbieten werde.

Meine Erleichterung hielt nicht lange an. An jenem Samstag kehrte Powell nach Washington zurück und ließ telefonisch eine Bombe platzen. »Besser, ich verlasse die Stadt nicht mehr«, fing er an.

»Wieso nicht?«

»Während ich weg war, kam Verteidigungsminister Cheney von seiner Rußlandreise mit einer eigenen Vorstellung für einen Offensivplan zurück. Er ließ ihn durch einige der Jungs vom Joint Staff ausarbeiten und hat ihn dem Präsidenten vorgelegt.«

»Könnten Sie mir vielleicht sagen, um was es geht?«

Der Plan war so schlimm, wie man es sich nur vorstellen konnte. Auch Cheney war, wie sich herausstellte, über Bob Johnstons Erläuterungen im Weißen Haus enttäuscht gewesen und hatte beschlossen, nun selbst etwas kühnere Vorschläge zu machen. Auf seiner Irakkarte hatte er sich zwei wichtige Raketenabschußbasen ganz im Westen des Landes, volle achthundert Kilometer von Kuwait entfernt, ausgesucht. Sein Vorschlag lautete, die 82. Luftlandedivision mit Fallschirmen abzusetzen, sie durch Hubschrauberbrigaden der 101. Luftangriffsdivision und Panzerkompanien des 3. Panzer-Kavallerieregiments zu verstärken, die Raketenstützpunkte zu besetzen und dann zur wichtigsten Ost-West-Verbindung Iraks vorzustoßen.

»Hat der Joint Staff nicht auf die Schwachstellen bei diesem Ding hingewiesen?« fragte ich ungläubig und erwähnte nur ein paar davon: die Unmöglichkeit, eine größere Operation so weit von den eigenen Linien entfernt mit Nachschub zu versorgen, und die Tatsache, daß das Zentrum der irakischen Militärmacht im Osten lag. Powell bemerkte trocken, daß der Verteidigungsminister ein Mann sei, zu dem man als junger karrierebewußter Stabsoffizier nur sehr schwer nein zu sagen wage. »Ich brauche Sie, um die Geschichte zu bewerten und um mir etwas in die Hand zu geben, das *ich* einsetzen kann, um die Situation wieder unter Kontrolle zu bekommen.«

Ich war erschüttert, als ich den Hörer auflegte. Bis jetzt hatte die amerikanische Kommandokette, anders als in Vietnam, so funktioniert, wie sie es sollte. Wir erlebten keine Wiederholung des Zwischenfalls auf der »Pueblo«, wo sich Lyndon Johnson ans Mikrofon gestellt und dem Schützen eines Bombers Anweisungen erteilt hatte. Der Präsident hatte sich auf seine politische Führungsrolle beschränkt; der Verteidigungsminister hatte die Militärpolitik festgelegt; der Vorsitzende der Joint Chiefs hatte als Vermittler zwischen ziviler und militärischer Führung fungiert; und als Oberkommandierender vor Ort hatte ich die uneingeschränkte Autorität, meinen Auftrag zu erfüllen. Aber nun fragte ich mich, ob Cheney nicht einem Phänomen erlegen war, daß ich bei einigen Verteidigungsministern erlebt hatte: Übergibt man einem Zivilisten die Befehlsgewalt über Berufsmilitärs, mag er sich bald nicht mehr damit begnügen, die Politik festzulegen, sondern will vielmehr den Generälen zeigen, was ein richtiger General ist.

Wir nannten den neuen Plan »Westausflug«. Ich wies meinen Planungsstab an, ihn unvoreingenommen zu prüfen. Er leistete meisterhafte Arbeit: Achtundvierzig Stunden später faxten wir Powell eine vernichtende Analyse. Wir gaben dem Plan die Bezeichnung »Eine Brücke zuviel« und stellten ihn damit in eine Reihe mit dem überehrgeizigen Unternehmen im Zweiten Weltkrieg, bei welchem die amerikanischen und britischen Armeen in der Nähe von Nimwegen in Holland eine Niederlage erlitten hatten. Aber trotz unserer Kritik wollte der »Westausflug« nicht verschwinden: Allein in dieser Woche rief Powell dreimal mit neuen Varianten von Cheneys Stab an. Die wohl bizarrste enthielt den Vorschlag, eine Stadt im Westirak zu besetzen und sie Saddam im Austausch gegen Kuwait anzubieten. Schließlich überzeugten wir Washington, daß diese Exkursionen logistisch nicht durchführbar wären und nicht dazu beitragen würden, unsere Sache zu befördern.

Ich spürte, daß Washington sich um eine schnelle Lösung bemühte, und es lag nicht in meiner Macht, die Verantwortlichen davon abzuhalten. »Wir können nicht ständig über Nacht neue Pläne ausarbeiten«, warf ich Powell vor. An einem Tag sprach er über eine Offensive, am nächsten über eine Eindämmung des Konflikts und dann wieder über den Abzug aller Truppen bis auf eine Abschreckungsstreitmacht. Mir wurde befohlen, einen Plan für die Ablösung der Truppen auszuarbeiten, aber kaum hatte ich meine Empfehlung abgegeben, erhielt ich die Weisung, ihn zurückzuziehen, weil er den Eindruck erwecken könnte, Amerika plane eine langfristige Truppenbindung am Golf. Ich hatte das Gefühl, als ob das Central Command als Teilnehmer zu einem wichtigen Sportereignis geschickt würde, ohne daß man uns die Sportart nennen mochte. Wir rannten mit Helmen und Schulterpolstern aufs Feld, ganz auf Football eingestellt, um dort von Washington Baseballhandschuhe zu erhalten. Also legten wir pflichtbewußt die Helme und Schulterpolster ab und machten uns zum Baseballspielen bereit – worauf uns Washington einen Fußball aufs Spielfeld rollte. Nur war dies kein Spiel. Dies war eine todernste Unternehmung, bei der es um Menschenleben ging. Am Montag, dem 29. Oktober, starben zehn Matrosen an Bord des amphibischen Angriffsbootes »Iwo Jima« im Golf, als eine geborstene Dampfleitung kochendheißen Dampf freisetzte.

Unsere Verbündeten fragten sich allmählich auch, worauf wir hinauswollten, jetzt, wo die Koalition stark genug war, um Saudi-Arabien zu verteidigen. Saddam Hussein hatte klargemacht, daß er den arabischen Führern, die westliche Truppen an den Golf geholt hatten, nie vergeben würde. In Reden, die er über Radio Bagdad hielt, bezichtigte er König Fahd und Präsident Mubarak, Verräter an der arabischen Sache zu sein. Nun bemühten beide sich um die Zusicherung, daß Amerika sich erst zurückziehen werde, wenn die irakische Bedrohung ausgeschaltet sei. Währenddessen sprachen die Briten die Frage des Zeitplans an. Sir David Craig, der bei den Briten Powells Amt innehatte und diese Woche gerade in Riad war, sagte mir, daß nach Beginn des Fastenmonats Ramadan im März keine Möglichkeit für einen Angriff mehr bestünde. Wenn die Koalition angreifen wolle, müßten wir jetzt unsere Ziele definieren und schleunigst die Offensive planen. Auch Chalid hatte darauf hingewiesen. Darüber hinaus mußten wir an das Wetter denken. Es wäre weder unseren Truppen noch unserer Ausrüstung gut bekommen, bis zum nächsten Sommer zu warten.

Während ich mich mit diesen Fragen herumärgerte, begriff ich, daß ich genau die gleichen Befürchtungen hegte wie weit größere Kriegskommandeure vor mir. Sowohl Eisenhower wie MacArthur hatten sich Sorgen darüber gemacht, daß in Washington Entscheidungen mehr durch politische Erwägungen als durch die militärischen Realitäten bestimmt werden könnten. Ich wollte meinen Stab nicht mit meinen Zweifeln belasten, und sie mit meinen alliierten Kollegen zu besprechen, wäre illoyal gewesen. Aber ich meinte, es der Regierung in Washington schuldig zu sein, meinen Sorgen Ausdruck zu verleihen. Ich entschied, daß es jetzt an der Zeit sei, aktenkundig zu werden. Am Mittwoch, dem 31. Oktober, diktierte ich mittags ein langes Memorandum an Powell, in dem ich den bisherigen Erfolg von »Desert Shield« im einzelnen beschrieb und wissen wollte: »Wie soll es nun weitergehen?« Ich hoffte, daß ich mit der schriftlichen Formulierung meines Wunsches nach weiteren Anweisungen Washington dazu bringen könnte, sich zu rühren. Das Memorandum schloß mit folgenden Worten:

> Wir fahren fort, Offensivoperationen zu planen, aber offengestanden tun wir dies in einem Vakuum, aufgrund von Vorgaben, die sich jedesmal ändern, wenn irgend jemand in Washington wieder eine brillante Idee hat. Auch wenn der Stab sehr hart arbeitet und bisher ausgezeichnete Ergebnisse vorweisen kann, tut er dies unter immer größerem Druck und zu immer kurzfristigeren Terminen, bei sehr wenig Anerkennung von außen. Vielleicht ist das schon immer so gewesen, aber mir fällt keine andere Epoche der Militärgeschichte ein, in der ein Kriegskommandeur aufgefordert wurde, in wenigen Tagen, ohne jede strategische Weisung, Angriffspläne für eine Streitmacht von drei- bis vierhunderttausend Mann auszuarbeiten, und dann aufgefordert wurde, den Plan detailliert zu vertreten. Ich weiß, daß die Welt, in der wir leben, nicht vollkommen ist, und wir im Central Command werden weiterhin das tun, was man von uns verlangt, aber bei so wichtigen Angelegenheiten, bei denen es nicht nur um das Leben von Tausenden von amerikanischen Soldaten und Soldatinnen geht, sondern auch um das Prestige der Vereinigten Staaten von Amerika und um die Zukunft der freien Welt im Nahen Osten, sollten wir wenigstens in der Lage sein, gute Arbeit zu leisten.

Während das Memorandum getippt wurde, verließ ich das Hauptquartier, um eine unserer Truppenunterkünfte zu besichtigen. Als ich zurückkam, war Powell am Telefon. »Der Präsident hat seine Entscheidung getroffen. Am nächsten Wochenende kommt Außenminister Baker, um König Fahd und die anderen Alliierten aufzufordern, ihr Einverständnis zu einer Offensive zu geben. Dann bringen wir die Idee vor die UNO und verlangen, dem Irak ein Ultimatum zu stellen, sich aus Kuwait zurückzuziehen. Sie sollten sich darauf vorbereiten, Ihre Streitkräfte aufzustocken und den Krieg zu beginnen.«

»Wir groß stellen Sie sich die Verstärkung vor?« fragte ich vorsichtig.

»Dramatisch. Sie kriegen alles, was Sie haben wollten, und mehr.« Und nachdem er ein halbes Dutzend größere Verbände aufgezählt hatte, die die Joint Chiefs vorgesehen hatten, erklärte Powell, man habe entschieden, die Kräfte von »Desert Shield« fast zu *verdoppeln*. Er versprach mir, die Einzelheiten später mit mir zu bereden.

Ich hätte nie gedacht, daß ich erleichtert sein könnte, daß die Vereinigten Staaten einen Krieg begannen. Aber sosehr ich mir den Frieden wünschte, so froh war ich doch, eine klare Aufgabe zu haben. Ich instruierte meine ranghöheren Kommandeure und brachte mehrere Stabsoffiziere auf Hochtouren, um unsere Planung einer Offensive zu beschleunigen, Vorbereitungen für die Truppenneuzugänge zu treffen und um Anforderungen zu formulieren, die Außenminister Baker mit König Fahd besprechen würde.

Als ich an diesem Abend in dem Kommandoraum zur Lagebesprechung ging, begegnete ich draußen im Korridor meinem Logistikchef Dane Starling und Bill Ray, dem Finanzexperten aus dem Pentagon, und beide grinsten über das ganze Gesicht.

»Wir haben da etwas für Sie«, sagte Starling und übergab mir ein Stück Papier.

Es war ein Scheck über siebenhundertsechzig Millionen Dollar, ausgestellt auf die Regierung der Vereinigten Staaten. Unterschrieben war er von Chalid. »Die Saudis haben Wort gehalten«, bemerkte Ray.

»Was machen wir damit?« fragte ich perplex. Starling und Ray hatten an alles gedacht. Zuerst machten sie als Beleg eine Fotokopie, dann händigten sie den Scheck einem Kurier aus, der zum Flughafen eilte, mit einem der Jets des Central Command nach Paris flog, dort auf die Concorde überwechselte und es schaffte, rechtzeitig nach

New York zu kommen, um den Scheck einzulösen, bevor die Banken am Donnerstag schlossen. Das erlaubte dem amerikanischen Finanzministerium, über das Wochenende Zinsen zu kassieren, die sich Ray zufolge auf mehr als dreihunderttausend Dollar beliefen. Wir machten uns bei der abendlichen Lagebesprechung einen Spaß daraus, die Fotokopie herumgehen zu lassen und zu spekulieren, wieviel *wir* hätten verdienen können, wären wir auf dem Geld sitzen geblieben und hätten es eine Woche lang investiert, bevor wir es Washington übergaben.

Nach der Sitzung fragte B. B. Bell: »Sir, was ist nun mit Ihrer Mitteilung an General Powell?« Er hielt meine verzweifelte Bitte um klare Anweisungen hoch, die ich heute früh diktiert hatte. Ich sah mir das Memorandum an; es hatte sich erübrigt. »Legen Sie es zu den Akten«, sagte ich. Innerhalb weniger Stunden hatte sich alles verändert. Ich behielt es als Souvenir – und als Mahnung für mich, daß zwar unsere Führung Anfragen nicht immer so schnell und entschieden beantwortete, wie ich es mir wünschte, uns aber nie im Stich gelassen hatte.

1 NOV 90 C + 86

1445 In einem kurzen telefonischen Gespräch teilte der Vorsitzende dem CINC mit, daß der Präsident seine Absicht bekräftigt habe, zu Thanksgiving nach Saudi-Arabien zu fliegen. Er wird am 21. November in Djidda eintreffen und dann am 22. November nach Dharan weiterreisen, wo er den Tag damit verbringen wird, verschiedene Einheiten zu besuchen und mit ihnen Thanksgiving zu feiern.

1915 Bei der abendlichen Lagebesprechung wurde der CINC über einen Zwischenfall informiert, bei dem eine irakische MiG-25 zehn bis sechzehn Kilometer tief über die saudische Grenze eingedrungen war. Unsere Flugzeuge machten sich daraufhin bereit, das Feuer zu eröffnen, aber die MiG-25 drehte ab und flog über die Grenze zurück. Der CINC erinnerte den Operationsoffizier daran, daß wir den Krieg nicht wegen eines einzelnen Flugzeugs beginnen wollten und daß wir unsere Bestimmungen über die Eröffnung von Gefechtshandlungen sorgfältig studieren sollten.

2 NOV 90 C + 87

1530 Der CINC sagte dem Vorsitzenden, daß er nach Bahrain reisen würde, um mit dem Kronprinzen zu speisen und sich ein bißchen auszuruhen.

Sobald Außenminister Baker in Saudi-Arabien eingetroffen war und König Fahd für die weiteren Schritte um Erlaubnis gebeten hatte, sollte Präsident Bush die neue Verstärkung ankündigen. Dies war die zweite schwierige Entscheidung, die der König während der Krise zu treffen hatte, aber diesmal waren wir etwas sicherer, was den Ausgang betraf. Saddam war mit seiner Rhetorik zu weit gegangen. Er hatte Fahd, dem Wächter der beiden heiligen Moscheen, vorgeworfen, den Islam zu verraten, und sich selbst als direkten Nachfahren des Propheten Mohammed bezeichnet. Die Araber waren nun übereinstimmend zu der Meinung gelangt, der Irak gehöre bestraft. Ich flog nach Djidda, um Baker vorab zu instruieren, aber mehr hatte ich dann nicht zu tun. Anders als beim ersten Treffen im August war diesmal nur das Außenministerium beteiligt. Ich blieb im Gästepalast zurück, während Baker und Chas Freeman den König trafen.

Als Baker erklärte, daß die Vereinigten Staaten gerne eine Offensive von saudischem Territorium aus vorbereiten würden, zeigte sich der König auf die Anfrage vorbereitet und zögerte nicht zu antworten: »Während wir nach wie vor alle den Frieden wünschen, werden die saudischen Streitkräfte, wenn wir denn in den Krieg ziehen müssen, Seite an Seite mit Ihren Truppen kämpfen.« Baker deutete dann an, daß wir mindestens einhundertvierzigtausend Soldaten zusätzlich verlegen müßten. König Fahds Antwort kam prompt: »Ich habe die Truppenstärke nie beschränkt.« Daraufhin erwähnte Baker das Problem der Einbeziehung der anderen arabischen Staaten. Der König versprach, daß seine Regierung mithelfen würde, ihnen den Gedanken nahezulegen.

Als nächstes stellte Baker eine möglicherweise gefährliche Frage: Was geschähe, wenn Israel aufgrund eines irakischen Angriffs in den Konflikt hineingezogen werden würde? König Fahd erläuterte ausführlich die Schwierigkeiten, die das in der arabischen Welt auslösen würde. Es wäre besser für alle Beteiligten, sagte er, wenn Israel sich heraushielte; unter keinen Umständen würden sich die arabischen Streitkräfte darauf einlassen, auch nur den Anschein einer *Allianz* mit Israel zu erwecken. Aber dann fügte König Fahd zu Bakers und

Freemans Überraschung hinzu, daß er nicht erwarten könne, daß Israel einen Angriff tatenlos hinnähme. Auch wenn sich die Israelis verteidigten, würden die Saudis noch an unserer Seite kämpfen. Das war von König Fahd ein außerordentlich mutiger Schritt. Ihm war klar, daß er durch eine derartige Entscheidung den Zorn der ganzen arabischen Welt erregen würde, und doch verhielt er sich so, wie er es zum Schutz seines Landes und zur Bewahrung der Koalition für richtig hielt.

Baker wandte sich dann den beiden letzten wichtigen Punkten zu. Zunächst drehte es sich um das Geld: König Fahd sollte klarstellen, wofür Saudi-Arabien zahlen wollte. An diesem Nachmittag hatte ich den Minister darauf hingewiesen, daß die Saudis zusätzlich zu Treibstoff, Wasser und Transport auch für Unterkunft und Nahrungsmittel gesorgt hatten. »Wenn wir eine formelle Anfrage machen«, sagte ich, »sollten wir das einbeziehen.« Baker fragte entsprechend nach, und König Fahd erklärte sich einverstanden.

Zum Schluß mußte geklärt werden, wer bei einem Angriff das Kommando übernehmen sollte. Washington wollte eine Klausel, daß alles den Vereinigten Staaten unterstehen sollte, aber da ich so hart daran gearbeitet hatte, für echte Zusammenarbeit zu sorgen, war mir nicht wohl bei der Vorstellung, daß Baker den Saudis erklärte: »Alles hört auf Schwarzkopfs Kommando.«

»Also sagen Sie mir, was Sie brauchen«, hatte Baker geantwortet.

Ich nahm ein Blatt Papier und schrieb: »Kommando und Kontrolle: Sollte es zu militärischen Operationen kommen, wird das bestehende gemeinsame Kommando fortgeführt, jedoch steht dem Kommandeur der US-Streitkräfte bei allen militärischen Operationen die letzte Entscheidung zu.« Die erste Klausel nahm Rücksicht auf die saudische Souveränität; sie stellte sicher, daß Chalid und ich weiterhin als gleichberechtigt angesehen wurden. Die zweite Klausel garantierte, daß ich die Angriffsplanung auf Kurs halten konnte. Wir ließen die Erklärung tippen, und als Baker sich am Abend mit König Fahd traf, las er sie ihm vor und sagte: »So sieht die von den Vereinigten Staaten gewünschte Kommandostruktur aus.«

»Bitte geben Sie mir das Papier, und so soll es sein«, sagte der König.

Trotz der Zustimmung von König Fahd fühlten sich die anderen unbehaglich, daß die Leitung des Unternehmens bei den Amerikanern liegen sollte. Als ich mich wenige Tage später mit Prinz Sultan und Chalid traf, fragte Sultan deshalb ganz gezielt: »Was soll das bedeuten?« Er hielt das Papier hoch, das Minister Baker dem König überreicht hatte.

»Alles läuft weiter wie bisher«, konnte ich ihn beruhigen. »Unser gemeinsames Kommando wird weiterbestehen. Da ich jedoch über Erfahrungen bei der Planung von Offensiven habe, möchte meine Regierung, daß die letzte Entscheidung im Rahmen solcher Pläne bei mir liegt.« Dann wiederholte ich diese Erklärung mit persönlicheren Worten, um den arabischen Ton zu treffen: »Als Ihr Freund gebe ich Ihnen die Zusicherung, daß wir nichts tun werden, womit Sie oder Chalid nicht einverstanden sein könnten. Wir werden alles gemeinsam besprechen, und wir werden wie bisher zusammenarbeiten und bei jeder Entscheidung gemeinsam beraten.«

Sultans Miene hellte sich sofort auf. »Das ist ausgezeichnet«, sagte er. »Sie sind ein echter Freund Saudi-Arabiens.«

Jede Seite hatte nun, was sie brauchte. Bald danach ernannten die Saudis Chalid zum Kommandeur der Streitkräfte am Kriegsschauplatz, was dem Posten eines Oberkommandierenden entsprach.

7 NOV 90 C + 92

1415 Analyse des Nachrichtendienstes und der 513. militärischen Aufklärungsbrigade über Verkehrs- und Tansportverhältnisse in Kuwait und im südöstlichen Irak. Der Vortrag ging ein auf die Untersuchung des Terrains, die Einschätzung der Vormarschrouten, die Witterungsbedingungen bei Regen und Wind sowie die Lichtverhältnisse in den Wintermonaten. Das Fazit war, daß Mitte Februar der günstigste Termin für einen Angriff der amerikanischen Kräfte ist.

20

Ende Oktober war die Wüste etwas kühler und erträglicher geworden – an den meisten Tagen kletterte das Thermometer »nur« auf knapp vierzig Grad Celsius. Aber in einsam gelegenen Stützpunkten mit Namen wie »All-American« und »Victory« gab es wenig, was die Soldaten vom Sand, den Fliegen und den ständigen Diskussionen, ob wir in den Krieg oder nach Hause ziehen würden, ablenken konnte. Niemand hatte ihnen gesagt, was sie erwartete, und als daher Gerüchte aufkamen, wir würden an einem Plan für die Ablösungen arbeiten, hofften viele Männer und Frauen, sie würden Weihnachten zu Hause sein.

Ich konnte es ihnen nicht verübeln. Obwohl wir ihnen im Lauf der elf Wochen so viele Annehmlichkeiten wie möglich geboten hatten – unzählige Postämter, PX-Läden, Telefonzentralen und Radio- und Fernsehsender –, mußten die Soldaten schlecht sitzende Stiefel und scheußlich schmeckendes Essen ertragen, beides die Ergebnisse kurzsichtiger Entscheidungen, die das Heer vor Jahren getroffen hatte. Seit meiner Übernahme des Central Command hatte ich ständig darauf hingewiesen, daß unsere Soldaten keine Wüstenkampfstiefel besaßen, und nun trugen sie Dschungelstiefel aus der Vietnamzeit, schwarze Stiefel, die im heißen Sand zu Öfen wurden. Sie hatten Löcher entlang der Sohle, um eingedrungenes Wasser hinauslaufen zu lassen, wenn der Soldat in einen Sumpf geriet. In der Wüste ließen die Löcher natürlich den Sand hinein. Das Hauptversorgungsproblem der Armee bestand im Mangel an Köchen aus dem MRE (»Meal Ready to Eat«) – der Fertigmahlzeit. Als Nachfolger der C-Ration war das MRE ein unappetitlicher Klumpen bestrahlter Nahrung in einem Plastikbeutel, der angeblich sowohl kalt wie heiß eßbar sein sollte. Ich hatte MREs auf Übungen verspeist und sie ebenfalls nicht gemocht. Das Essen sah aus wie Kleister und schmeckte auch so, doch wir verlangten von unseren Soldaten, sich mit einer mageren warmen Mahlzeit und zwei MREs pro Tag zufriedenzugeben.

Daher war ich nicht überrascht, daß Außenminister Baker einige gereizte junge Männer und Frauen vorfand, als er am 4. November auf dem Wüstenstützpunkt der 1. Kavalleriedivision eintraf. Er hielt eine kleine Rede, legte großen Wert darauf, den Truppen für das Opfer, das sie ihrem Land brachten, zu danken und schickte sich dann an, den vor ihm angetretenen Offizieren die Hände zu schütteln. Plötzlich riefen einige Soldaten im Hintergrund: »Dürfen wir Ihnen ein bißchen heißes Wasser anbieten?« – womit sie auf das in Flaschen abgefüllte Wasser anspielten, das sie trinken mußten. Und: »Probieren Sie mal MRE!« Später, als Baker durch die Reihen der Soldaten ging, fragte ihn ein weiblicher Feldwebel ganz direkt: »Wann kehren wir nach Hause zurück?«

Vier Tage später erhielt sie ihre Antwort: nicht so bald. Präsident Bush hatte den Befehl gegeben, die Streitkräfte am Golf weiter zu verstärken. Die Verstärkung war sogar noch massiver, als Powell sie angekündigt hatte. Obwohl ich lediglich zwei gepanzerte Divisionen angefordert hatte, entschied Washington, *drei* zu schicken, plus eine Extrabrigade, die alle mit dem modernsten Panzer des Heeres ausgerüstet waren, dem M1A1. Darüber hinaus sollte das Central Command eine zweite Division sowie eine zusätzliche Brigade der Marineinfanterie erhalten, zwei weitere Flugzeugträgerkampfgruppen, ein zweites Schlachtschiff und noch dreihundert Luftwaffenmaschinen mehr. Der Präsident hatte unsere Bodentruppen verdoppelt, die Zahl unserer Panzer verdreifacht, unsere Luftstreitkräfte um dreißig Prozent aufgestockt – und das alles, um, wie er es nannte, »eine adäquate militärische Angriffsoption« sicherzustellen.

Die Nachrichten erreichten die Soldaten in der Wüste zusammen mit der Ankündigung von Verteidigungsminister Cheney, daß bis auf weiteres niemand abgelöst werden würde. Einige hatten zunächst enttäuscht reagiert, aber nun war die Unsicherheit vorbei. Die Soldaten begriffen: »Also gut, zu Weihnachten kommen wir eben nicht nach Hause.« Kommandeure schickten ihre Einheiten in die Wüste zum Offensivtraining, und ein neues Gefühl der Entschlossenheit setzte sich durch. Ich hörte Dinge wie: »Schön, bringen wir es hinter uns, versohlen wir ihnen den Hintern und kehren dann heim – damit wir nicht noch *nächste* Weihnachten hier herumsitzen müssen.«

11 NOV 90 C + 96

1745 Telefonkontakt mit dem Vorsitzenden. Der CINC besprach den Besuch der Delegation, die von dem Kongreßabgeordneten Murtha geleitet wurde, und stellte fest, daß der Besuch äußerst erfolgreich abgelaufen sei. Sie drangen in den CINC, sich zur Notwendigkeit einer Kriegserklärung durch den Kongreß zu äußern. Der CINC erklärte, Politik sei nicht seine Sache, vielmehr bestehe seine größte Sorge darin, daß eine vorzeitige Kriegserklärung den Feind alarmieren würde. Er erläuterte, wenn man um vierzehn Uhr fünfundvierzig erkläre, man beginne um fünfzehn Uhr den Krieg, sei das in Ordnung, nicht jedoch eine Erklärung vier Wochen vor dem Angriff. Der CINC stellte fest, daß die Delegation von seinem Kommentar überrascht gewesen sei, und er sagte, das sei die ganze Mühe wohl wert gewesen. Als sie abreisten, waren ihre Fragen, aus der Sicht des CINC, beantwortet und durchaus entschärft worden.

Präsident Bush kam, um Thanksgiving mit den Soldaten zu verbringen, und bei ihm beklagten sie sich nicht, sondern begrüßten ihn mit überwältigender Begeisterung. König Fahd hieß ihn Mittwochnachmittag am Flughafen in Djidda willkommen, und der Besuch begann mit einem Staatsbankett. Über Thankgsgiving bereisten wir den östlichen Teil Saudi-Arabiens, um dem Heer, der Flotte, der Luftwaffe und der Marineinfanterie Besuche abzustatten.

Auf dem Weg von Djidda zum ersten Halt beim Luftwaffenstützpunkt Dharan saß der Präsident an seinem Schreibtisch in der Präsidentenmaschine »Air Force One« und befragte mich detailliert zu unseren Koalitionspartnern, der Sicherheit der Botschaft in Kuwait City und anderen Einzelheiten. Während er mich im Flugzeug herumführte und alles tat, damit ich mich wie zu Hause fühlte, war ich immer noch ein bißchen überwältigt, mich so unmittelbar dem Präsidenten der Vereinigten Staaten gegenüberzufinden. Er hörte aufmerksam zu, als ich ihm den Plan für die Bodenoffensive erklärte. Nach einer kurzen Pause sah er mich an und fragte pointiert: »Welches ist aus Ihrer Sicht der kürzeste Bodenkrieg?«

Ich sagte ihm, es gäbe so viele Variablen und Unbekannte, daß ich darauf keine genaue Antwort wüßte. Aber er bestand auf einer Auskunft: »Geben Sie mir ein Szenarium für den günstigsten und eines für den schlechtesten Fall.«

»Bestenfalls etwa drei Tage, wenn wir davon ausgehen, daß die Iraker schnell Verluste erleiden und sich in Massen ergeben. Der schlimmste Fall wäre ein Patt. Das könnte Monate dauern.«

»Und dazwischen gibt es nichts?«

Da die Frage vom Präsidenten kam, hielt ich es für meine Pflicht, darauf eine Antwort zu finden, doch ich sorgte mich, er könne irgend etwas, was ich sagte, als Versprechen ansehen. Ich entschied mich für eine sehr vorsichtige Antwort: »Ich kann mir eine Operation vorstellen, der drei bis vier Wochen dauert, bei der wir auf zähen Widerstand stoßen, aber alle unsere Ziele erreichen und die Republikanische Garde vernichten.«

»Drei Wochen«, überlegte er.

»Das ist eine bloße Spekulation«, betonte ich. Als ich sah, wie er sich an der Frist festhielt, machte mich das nervös.

Wir landeten in Dharan, wo sich eine große Menge von amerikanischen, britischen, saudischen und kuwaitischen Luftwaffenangehörigen um eine große Sattelschlepperladefläche versammelt hatte, die mit roten, weißen und blauen Tüchern behängt war. Oberst John McBroom, der amerikanische Kommandeur des Luftwaffengeschwaders, geleitete den Präsidenten zum Rednerpult, der sehr viel Wert darauf legte, George Mitchell, den Mehrheitsführer im Senat, und Tom Foley, den Sprecher des Repräsentantenhauses, die ihn auf der Reise begleiteten, ins Rampenlicht zu stellen.

Nachdem er zu den jubelnden Soldaten gesprochen hatte, sprang er herab, und er und seine Frau gaben Autogramme und schüttelten Hunderte von Händen.

Als wir dann in einen Hubschrauber stiegen, war der Präsident sehr aufgekratzt. Doch sobald er an Bord war, übergab ihm John Sununu seinen täglichen Nachrichtenüberblick, der Berichte enthielt, daß der Kongreß vielleicht eine Sondersitzung über »Desert Shield« anberaumen würde, sowie die Ergebnisse der letzten Meinungsumfragen, die zeigten, daß die Popularität des Präsidenten so tief gesunken war wie nie zuvor. Der Präsident war enttäuscht.

»Ich verstehe wirklich nicht, wie jemand gegen unsere Haltung sein kann«, klagte er. Er hielt das Nachrichtendossier hoch und wies auf eine Zusammenstellung von Interviews mit Saddam Hussein, die von britischen und amerikanischen Fernsehkorrespondenten gemacht worden waren. »Schauen Sie sich das an. Können Sie sich vorstellen, daß jemand im Zweiten Weltkrieg Hitler interviewt hat, wie sie das heute mit Saddam tun?« Er verglich die Invasion von

Kuwait durch den Irak mit dem Einfall von Nazideutschland in der Tschechoslowakei. Ich erstarrte, als er sagte: »Wenn wir die Iraker in drei bis vier Wochen schlagen könnten, würden alle diese Kritiker auf einmal ihre Meinung ändern.« Der Präsident fuhr fort, ebenso zu sich selbst wie zu den anderen Leuten im Flugzeug, daß er sich nicht durch Meinungsumfragen oder durch den Kongreß einschüchtern lasse. Er wußte, daß er von Gesetzes wegen keiner Zustimmung durch den Kongreß bedurfte, um weiterzumachen. Er persönlich war der festen Überzeugung, daß die Vereinigten Staaten einen moralischen Kurs verfolgten. Er war sicher, daß die zivilisierte Welt damit einverstanden sein würde.

Wir landeten tief in der Wüste, wo die Truppen des XVIII. Luftlandekorps versammelt worden waren, und der Präsident hielt unter dem Jubel der Soldaten eine andere kurze Rede. Zum Schluß schenkte er ihnen einen Satz Hufeisen für ein Wurfspiel und forderte die Mannschaftsgewinner, sobald sie wieder zu Hause wären, zu einem Wettkampf auf dem Rasen des Weißen Hauses auf. Die Leute waren begeistert. Als wir in der Schlange auf den Truthahn und den Kartoffelbrei warteten, scherzte er mit den Soldaten. Die Begleiter des Präsidenten teilten sich auf, um mit den Mannschaften an Sandsack- und Sperrholztischen in der Sonne zu essen. Die Stimmung war trotz der Hitze bestens.

Als nächstes war ein Gottesdienst bei der Marine auf dem einhundertzwanzig Kilometer entfernt gelegenen Hubschrauberträger »Nassau« vorgesehen, der aus Rücksicht auf die saudischen Empfindlichkeiten außerhalb des Territorialgewässers des Königreichs festgemacht hatte. Später drängten sich die Matrosen um den Präsidenten und seine Frau, und beide ließen sich durch das Händeschütteln so lange aufhalten, daß eine von der Marine arrangierte Besichtigung des Schiffs ausfallen mußte.

Kaum war der Präsident wieder in den Hubschrauber eingestiegen, als Sununu ihm ein Telegramm mit der Nachricht überreichte, die britische Premierministerin Margret Thatcher sei zurückgetreten. Er war verblüfft – Frau Thatcher war unter den Staatsoberhäuptern der Welt seine engste Freundin und seine zuverlässigste Verbündete gewesen, und sie hatte ihm in den frühen Tagen der Golfkrise beinahe täglich zur Seite gestanden. Der Präsident traf Anstalten, um sie so bald wie möglich anzurufen, und fragte dann seinen Stab über ihren Nachfolger, John Major, aus.

Der letzte Halt war der Außenposten des Marineinfanteriekorps, nur etwa hundert Kilometer von der Grenze des besetzten Kuwait entfernt. Hier begrüßten ihn amerikanische Marineinfanteristen und Soldaten der 1. britischen Panzerdivision, die »Wüstenratten«. Der Präsident stand auf einem Hügel und hielt die härteste Rede des Tages: »Wir gehen aufs Ganze. Wir sind nicht zu irgendeinem Manöver hergekommen. Und wir werden nicht weichen, bis der Eindringling aus Kuwait verschwunden ist.« Als sie ihm zujubelten, fügte er hinzu: »Und da könnten Sie durchaus ins Spiel kommen.«

Auf dem Rückflug nach Dharan schlief er, und ich war allein vom Zuschauen bei seinem Arbeitsprogramm an diesem Tag erschöpft. Ich spürte auch die emotionale Wirkung, die sein Besuch auf meine Truppen ausübte: An diesem Tag hatte es in der Menge weder Republikaner noch Demokraten gegeben – nur Amerikaner, junge und solche mittleren Alters, die durch ihre Begegnung mit dem Präsidenten hingerissen waren. Er spürte es auch und wandte sich Sununu zu und sagte: »Wo sind Foley und Mitchell? Ich hoffe, daß sie das alles mitbekommen.«

Durch den Besuch des Präsidenten fühlten wir uns alle sehr gestärkt, aber was die Männer und Frauen von »Desert Shield« aufrechthielt, als der Krieg immer näher heranrückte, war die überwältigende Unterstützung von zu Hause. Ende November, als die Vorweihnachtszeit begann, trafen jeden Tag dreihundert Tonnen Post in Saudi-Arabien ein. Dazu gehörten nicht nur Briefe und Päckchen von Familien und Freunden, sondern auch Hunderttausende von Sendungen, die »an irgendeinen Diensttuenden« gerichtet waren – Grußbotschaften, Geschenke und Plätzchen von Privatpersonen, Schulen, Gewerkschaften, Büros, Kirchen, Bürgerbewegungen und Altenheimen. Die meisten der Briefe kamen von Amerikanern, die mit »Desert Shield« einverstanden waren und Dinge schrieben wie: »Gott segne Sie dafür, daß Sie für die Freiheit und unsere nationalen Interessen kämpfen.« Aber einige kamen von Leuten, die dachten, die Vereinigten Staaten hätten dort nichts verloren, und zum Beispiel schrieben: »Ich bin mit der Entscheidung, die Sie in diese Lage gebracht hat, nicht einverstanden, aber solange Sie dort in der Wüste sind, brauchen Sie sich über meine Unterstützung keine Sorgen zu machen. Danke für das Opfer, das Sie unserem Land bringen.«

Etwas Grundsätzliches hatte sich seit Vietnam verändert, als wir junge Amerikaner eingezogen, ihnen das Kämpfen befohlen und ihnen schließlich, als sie nach Hause kamen, die Schuld am Krieg gegeben hatten. Wir waren als Nation so weit gereift, daß wir die politische Debatte von unserer Sorge um die Sicherheit der Männer und Frauen, die in den Krieg geschickt wurden, trennen konnten.

Fast jeder General von »Desert Shield« hatte in Vietnam gekämpft, und wir alle erinnerten uns an das Gefühl, von unseren Landsleuten im Stich gelassen worden zu sein. Deswegen hatte für mich und die anderen Vietnamveteranen die Post, die uns in Saudi-Arabien erreichte, eine Wirkung, die sich nur schwer in Worte fassen ließ. Insbesondere ein Brief machte mir das klar: Er kam von meiner Schwester Ruth Ann. Ich war nie über ihre erbitterte Gegnerschaft zum Vietnamkrieg hinweggekommen, und wir hatten uns in den fünfzehn Jahren seit der Beerdigung unserer Mutter kaum gesehen und gesprochen. Der Brief endete: »Bitte vergib mir, daß ich Dir all die Jahre in Vietnam nicht geschrieben habe.« Ich las ihn an meinem Schreibtisch im Gebäude des Verteidigungsministeriums und brach in Tränen aus.

Als wir wußten, daß wir die benötigten Einheiten bekommen würden, nahm der Plan für die Bodenoffensive schnell Gestalt an. Am 14. November, weniger als eine Woche, nachdem der Präsident eine weitere Verstärkung der US-Streitkräfte am Golf angekündigt hatte, rief ich meine höchsten Offiziere nach Dharan, um ihnen zu erklären, wie wir den Irak in die Knie zwingen konnten. Ich wußte, es würde für mich die wichtigste Besprechung dieses Krieges sein, denn das waren die Männer, die den Plan im Kampf umsetzen mußten. Ich stand im »Desert Inn«, einem heruntergekommenen Gebäude, das die Armee in einen Speisesaal verwandelt hatte, neben einer drei Meter breiten Karte von Kuwait und dem Irak und sah zu, wie sie ihre Plätze einnahmen. Von den zweiundzwanzig anwesenden Generälen und Admirälen trugen fast alle zwei oder drei Sterne. Viele hatten bereits Schlüsselrollen in »Desert Shield« inne: meine Kommandeure der verschiedenen Waffengattungen Horner, Yeosock, Boomer und Mauz, Gary Luck, der Kommandeur des XVIII. Luftlandekorps, seine Divisionskommandeure McCaffrey, Peay und Jim Johnston sowie John H. Tilelli jr., Kommandeur der 1. Kavalleriedivision. Boomer hatte die Generalmajore Mike Myatt und Royal Moore, die Kommandeure der 1. Marineinfanteriedivision beziehungsweise der 3. Lufteinsatztruppe der Marineinfanterie mitgebracht. Die Neuankömmlinge waren die Chefs wichtiger Kampfeinheiten, die »Desert Shield« zusätzlich zugeteilt worden waren. Generalleutnant Fred Franks, Kommandeur des VII. Heereskorps, war aus seinem Hauptquartier in Stuttgart eingeflogen, gemeinsam mit den Generalmajoren Ronald Griffith und Paul E. »Butch« Funk, den Kommandeuren seiner 1. Panzerdivision und 3. Panzerdivision. Generalmajor Tom Rhame, Kommandeur der 1. Infanteriedivision, der berühmten »Big Red One«, war eigens aus Fort Riley, Kansas, eingeflogen. Natürlich war Generalmajor Pagonis dabei. Und in einer Ecke stand Oberst Bell mit seinem Tonbandgerät bereit. Als ich ihre Gesichter sah, hatte ich das Gefühl, daß kein anderer Kriegskommandeur der Geschichte je mit soviel Talent unterstützt worden war.

Ich hatte mich in einen Zustand äußerster Härte und Entschlossenheit hineingesteigert. Nur wenige der Kommandeure hatten auch nur entfernt eine Ahnung von dem Plan, den ich ihnen vorlegen wollte, oder den schweren Aufgaben, die ich verteilen würde. Ich war darauf angewiesen, daß jeder Mann im Raum mit ganzem Herzen hinter seinem Auftrag stand und vor Ehrgeiz brannte, wenn er die Besprechung verließ. Ich begann damit, ihnen die Notwendigkeit der Geheimhaltung einzutrichtern. Ich erwähnte, wie ein Hinweis in der Washingtoner Presse auf eine geplante Übung mit Amphibienfahrzeugen im Golf den Irak dazu veranlaßt hatte, einen Bomber mit Silkworm-Antischiffsraketen zu bestücken. »Sie werden von der Presse mit Fragen bombardiert werden. Ich wünsche nicht, daß Sie über Militäroperationen reden. Punkt. Ich will nicht, daß Sie über Ihre Kräfte reden. Punkt. Und Sie haben jedem einzelnen Ihrer Offiziere genau dasselbe einzubleuen. Mir ist es egal, was der Gefreite Snuffy sagt, aber es ist mir nicht egal, wenn sich irgendein Offizier so von der Presse einwickeln läßt, daß er den Mund nicht mehr halten kann. Ich sage Ihnen, daß ich absolut brutal, *brutal,* gegen jeden einzelnen vorgehen werde, von dem ich merke, daß er Geheiminformationen preisgegeben hat.« Ich nahm kein Blatt vor den Mund, auch überzeugt davon, daß unsere eigenen Zeitungen und Fernsehstationen zur wichtigsten Nachrichtenquelle für den Irak geworden waren. Alle anderen Quellen hatten wir sorgfältig verstopft.

Ich berichtete eingehend von den zähen Bemühungen des Central Command, Washington das Zugeständnis abzuringen, daß wir mehr Truppen benötigten, um die Iraker aus Kuwait zu vertreiben. Jetzt, wo das VII. Korps da war, sagte ich: »Mein schriftlicher Befehl aus Washington lautet nach wie vor, den Irak davon abzuhalten, Saudi-Arabien anzugreifen. Aber es steht ohne jeden Zweifel fest, daß wir uns bereit machen, in die Offensive zu gehen. Und darüber reden wir hier und jetzt in diesem Raum. Vergeßt den defensiven Bullshit, wir reden jetzt über Angriff. Und über Angriff werden wir bis zu dem Tag reden, an dem wir wieder nach Hause gehen.«

Ich schilderte ihnen meine Analyse der irakischen und unserer eigenen Streitkräfte und zählte kurz auf, was uns entgegenstand: »Es sind höllisch viele von ihnen da draußen – vierhundertfünfzigtausend zum jetzigen Zeitpunkt auf dem Schauplatz von Kuwait, sechsundzwanzig Divisionen insgesamt, und ihre Divisionen sind ebenso groß wie die unseren. Daher haben sie die Masse auf ihrer Seite. Eine weitere Stärke sind ihre chemischen Waffen. Sie haben sie in der Vergangenheit eingesetzt, und ich zweifle nicht im geringsten daran, daß sie sie auch gegen uns einsetzen werden.« Ich wies dann auf die Schwächen der Iraker hin und erinnerte die Kommandeure an unsere eigenen militärischen Stärken. Schließlich legte ich die Kampfziele fest: »Als erstes müssen wir ihre Führung – das Wort ›enthaupten‹ mag ich nicht, deshalb verwende ich einen anderen Ausdruck –, wir müssen ihre Führung ›angreifen‹ und ihre Kommando- und Kontrollsysteme lahmlegen. Zweitens: Wir müssen die Luftüberlegenheit erringen und sie behalten. Drittens: Wir müssen ihre Nachschublinien abschneiden. Wir müssen auch ihr chemisches, biologisches und nukleares Potential zerstören. Und zuletzt, das geht an die Kommandeure der Panzereinheiten, hört genau her: Wir müssen die Republikanische Garde vernichten – nicht angreifen, nicht schwächen, nicht einkesseln: Ich will, daß ihr die Republikanische Garde *vernichtet.* Wenn ihr eure Arbeit getan habt, möchte ich, daß sie als kampffähige Einheiten aufgehört haben zu existieren.« Zur Befriedigung der Vietnamveteranen – also praktisch aller im Raum – betonte ich: »Wir gehen da nicht mit einem auf den Rücken gebundenen Arm rein. Wir versprechen denen nicht, wir sind so nett wie nur irgend möglich, und wenn sie sich über die Grenze zurückziehen, dann ist es uns auch recht. Das ist Bullshit! Wir werden die Republikanische Garde vernichten.« Wenn wir den Befehl zum Angriff bekämen, würden wir unser volle militärische Stärke einsetzen und jenseits der Grenze im Irak angreifen.

»Ich werde euch jetzt ein paar Dinge erzählen, die kaum jemand weiß, vor allem in Washington nicht«, sagte ich und beschrieb die vier Angriffsphasen, die wir für »Desert Storm« ausgearbeitet hatten: zuerst die strategische Bombardierung, dann die Kontrolle des Luftraums über Kuwait, dann das Bombardement der irakischen Artillerieposten, Schützengräben und Truppen. Als letzten Punkt erklärte ich den Plan für die Bodenoffensive – eine nunmehr komplett ausgearbeitete Version, die ich Powell vor drei Wochen vorgeschlagen hatte. Auf der Karte zeigte ich den Kommandeuren die Ausgangsstellungen für ihre Einheiten. Der Plan umfaßte ein riesiges Gebiet: Um sicherzugehen, daß wir die Offensive zu unseren eigenen Bedingungen durchführen konnten, hatten wir die Grenzen des Schlachtfeldes westwärts ausgedehnt, so daß wir es mit einem Rechteck von etwa der Größe Pennsylvanias zu tun hatten. Saddams Truppen waren an der östlichen Flanke konzentriert, in und um Kuwait. Die Streitkräfte von »Desert Shield« würden sie daran hindern, sich nach Süden zu bewegen; im Osten stießen die Iraker auf die natürliche Sperre des Golfs; im Norden lag der Euphrat, der eine natürliche Barriere bilden würde, sobald die Luftwaffe von Chuck Horner die darüber führenden Brücken zerstört hatte; und im Westen gab es Hunderte von Kilometern Wüste, die Schauplatz unseres Hauptangriffs werden sollte.

Ich hatte, sagte ich, einen Bodenangriff in vier Stoßrichtungen vor. Entlang der saudisch-kuwaitischen Grenze in der Nähe des Golfs wollte ich, daß zwei Divisionen der Marineinfanterie und ein saudischer Kampfverband direkt nach Kuwait vorstießen, mit dem Ziel, Saddams Kräfte zu binden und am Ende Kuwait City einzukreisen. Ich nickte in Walt Boomers Richtung und sagte: »Ich überlasse es Boomer, herauszufinden, wie er das anstellen will, aber der Plan gibt ihm auch die Möglichkeit, mit seinen amphibischen Kräften von der See her anzugreifen.« Ich hatte einen zweiten Korridor im westlichen Teil von Kuwait für einen Parallelvorstoß durch panarabische Truppen vorgesehen, die von zwei Panzerdivisionen aus Ägypten und einem weiteren saudischen Kampfverband angeführt werden sollten. Ihr Ziel war die Straßenkreuzung nordwestlich von Kuwait City, über die der irakische Nachschub lief. Sie sollten anschließend in die Stadt vordringen und die Iraker, wenn nötig, im Häuserkampf ausschalten.

In der Zwischenzeit würde der Hauptschlag der amerikanischen Truppen aus dem Westen kommen. Ich schaute Gary Luck an und zeigte auf einen Abschnitt der saudisch-irakischen Grenze, der mehr als fünfhundertsechzig Kilometer weit im Landesinneren lag. »Ich werde das XVIII. Luftlandekorps wahrscheinlich sehr tief in den Irak hineinschicken«, sagte ich und erklärte, wie Lucks Divisionen von ihren Stellungen in nördlicher Richtung zum Euphrat vorstoßen sollten, um der Republikanischen Garde die letzte Rückzugsmöglichkeit abzuschneiden. Sobald der Sektor einmal gesichert sei, so erklärte ich ihm, sollte er mit seinen Kräften nach Osten schwenken, um sich am Angriff auf die Hauptstreitmacht der irakischen Armee zu beteiligen. Schließlich wandte ich mich an Fred Franks. »Ich glaube, es liegt so ziemlich auf der Hand, was Ihre Aufgabe sein wird«, sagte ich und zeigte auf den unmittelbar westlich von Kuwait liegenden Wüstenkorridor. »Brechen Sie hier durch, und vernichten Sie die Republikanische Garde.« Ich wollte, daß er sie mit dem Rücken gegen das Meer drängte, sie dann angriff und auslöschte. Ich konnte nicht widerstehen, hinzuzufügen: »Sobald sie verschwunden sind, bereiten Sie sich auf einen Angriff auf Bagdad vor. Denn etwas anderes wird es da draußen dann nicht mehr zu tun geben.« Ich räumte ein, daß eine Einnahme von Bagdad wahrscheinlich unnötig sei, weil der Krieg bis dahin beendet sein würde.

Die Wirkung war elektrisierend. Als wir eine Kaffeepause machten, kamen die Kommandeure nach vorn und drängten sich um die Karte. Peay und McCaffrey, denen ich Missionen mit großen Anforderungen weit draußen an der Flanke anvertraut hatte, sagten: »Wissen Sie, Sir, wir dachten, es ginge noch immer darum, daß wir uns nach diesem 08/15-Plan stur nach Kuwait durchboxen. Dieser Plan hier ist ausgezeichnet.« Walt Boomer, dessen Marineinfanteristen gerade ein solches Durchboxen aufgetragen bekommen hatten, um dem Heer eine Flankenattacke zu ermöglichen, nahm den Auftrag an, weil er wußte, daß er notwendig war. Der einzige Einspruch kam von Freddie Franks: »Der Plan sieht gut aus, aber ich habe nicht genügend Truppen, um meinen Auftrag erfüllen zu können.« Er meinte, ich solle ihm die 1. Kavalleriedivision zuteilen, die ich in Reserve hielt. Ich sagte ihm, ich würde das bedenken, wenn die Zeit gekommen sei.

Als wir zu einem weiteren Treffen zusammenkamen, teilte ich allen mit, sie sollten sich auf einen Angriffsbeginn (»D-day«) irgendwann Mitte Februar einstellen. Sofort standen jedem zwei riesige logistische Herausforderungen vor Augen. Die erste bestand darin, daß der Hauptteil unserer Panzer nach wie vor in Deutschland und in den Vereinigten Staaten stationiert war. Wir mußten immer noch mehr als drei Divisionen an den Golf verlegen, den Soldaten Zeit geben, sich zu akklimatisieren, und sie dann mit ihrer Ausrüstung Hunderte von Kilometern in nördlicher Richtung an die saudische Grenze bringen. Die zweite war in meiner Entscheidung begründet, uns erst dann in die Ausgangsposition für die Flankenattacke zu begeben, wenn wir den Luftangriff begonnen hatten. Ich wollte den

Irakern keine Möglichkeit geben, unseren Kriegsplan zu erahnen, und daraufhin ihre Verteidigung umzustellen. Ich wußte, sobald einmal unsere Luftwaffe die Aufklärungsflüge der Iraker gestoppt hatte, würden sie blind sein, und selbst wenn sie schließlich unseren Plan errieten, würde die Luftwaffe es ihnen unmöglich machen, genügend Kräfte für einen Gegenanschlag zu sammeln. Deswegen bestand ich darauf, daß Franks und Luck ihre Korps im Aufmarschgebiet bei Kuwait beließen. »Sie dürfen in Stellung gehen, sobald wir den Luftangriff beginnen«, versprach ich. »Sie müsssen mir vertrauen, daß ich Ihnen dazu genügend Zeit gebe.« Das besänftigte sie etwas, aber wir alle wußten, welch gewaltiges Unternehmen es war, zwei Korps samt Nachschub und Munition mehr als dreihundert Kilometer quer durch die Wüste zu schaffen. Ich sagte ihnen: »Ab heute werde ich euch Burschen gnadenlos drillen, damit ich sicher bin, daß Ihr logistisch vorbereitet seid.«

Nachdem ich hinterher auf ihre Fragen geantwortet hatte, versuchte ich, ihnen den Ton für die kommenden Monate einzuhämmern: »Bevor ihr geht, denkt an eines, Jungs. Damit alles klappt, brauchen wir, weil der Feind uns zahlenmäßig nach wie vor überlegen ist – ich kann es nicht anders formulieren –, Killerinstinkt bei allen unseren Offizieren da draußen.« (»To kill«, töten, ist auch der übliche militärische Fachausdruck für abschießen und ausschalten, A. d. Ü.) Ich zeigte wieder auf die Karte. »Was ich damit sagen will, ist: Wenn die Marineinfanterie hier losschlägt und die Heerestruppen dort, dann darf es keinen solchen Mist geben wie: ›Na gut, wir gehen da mal hin und stochern ein bißchen rum und schauen, ob wir durchkommen.‹ Wir brauchen Kommandeure an der Spitze, die absolut, glasklar verstehen, daß sie *durchkommen werden.* Und wenn sie einmal durch sind, werden sie nicht anhalten und darüber diskutieren. Sie werden da durchgehen und die Republikanische Garde vernichten. Ich kann mir keine Kommandeure leisten, die nicht verstehen, daß es hier nur um eins geht: um Angriff, Angriff, Angriff, Angriff und Vernichten auf jedem Schritt unseres Weges. Wenn ihr es mit jemandem zu tun habt, der das nicht kapiert, empfehle ich euch nachdrücklich, eine Kommandoenthebung in Betracht zu ziehen und ihn durch jemanden zu ersetzen, der die Aufgabe erfüllen kann.

Dann seien wir uns der Tatsache bewußt, wir stehen nun für das Prestige des Militärs der Vereinigten Staaten ein – und, wichtiger noch, für das Prestige der ganzen Vereinigten Staaten von Amerika. Das hier ist allein unsere Aufgabe. Es kommen keine weiteren Truppen mehr. Mit dem, was wir haben, werden wir die Aufgabe erfüllen. Und um unseres Landes willen dürfen wir nicht versagen. Wir können nicht versagen, und wir werden nicht versagen. Wer das hier in der Runde nicht versteht, sollte dem Unternehmen fernbleiben. Noch Fragen? Okay, viel Glück euch allen. Ihr wißt, was zu tun ist.«

Ich zehrte noch immer von der Hochstimmung dieser Lagebesprechung, als ich zwei Tage später Chalid Bericht erstattete. Anfangs war er schockiert, wie tief wir in den Irak einzufallen beabsichtigten, ließ sich aber bald für das Konzept begeistern. Ich hatte das nicht dem Zufall überlassen. Ich hatte oft gehört, daß er sich wünschte, daß saudische Kräfte Kuwait befreien sollten, und so hatten wir seine Truppen in die beiden Angriffskeile Richtung Emirat mit eingeplant. Zwei saudische Panzerbrigaden würden sich gemeinsam mit den Ägyptern und Syrern am westlichen Vorstoß beteiligen und zwei weitere im Osten angreifen, die Küstenstraße nach Kuwait City hinauf, parallel zu Boomers Marineinfanteristen. Chalid machte sich wegen der irakischen Grenzbefestigungen Sorgen – hohe Sandbollwerke, Minenfelder, moderne Stacheldrahtzäune und andere Hindernisse. Ich versprach, Berater loszuschicken, die den Saudis die für das Durchbrechen der feindlichen Linien erforderliche Taktik beibrachten, außerdem gepanzerte Bagger, Minenpflüge und anderes Gerät.

Nun mußte ich noch die heikle Aufgabe lösen: die Unterstützung unserer Koalitionspartner zu gewinnen. Obwohl die Vereinigten Staaten zwei Drittel der Bodentruppen von »Desert Storm« stellten, benötigte ich, um den Plan erfolgreich durchzuführen, die Kampfkraft der ganzen Koalition. Als der Irak am 19. November erklärte, er würde »als Verteidigungsmaßnahme im Südirak, den Provinzen von Kuwait und Basra«, 250 000 zusätzliche Soldaten einsetzen, war mir sogar noch mehr daran gelegen, daß alle mitmachten. Sollte Saddam seinen geplanten Aufmarsch in die Tat umsetzen, hätte er 680 000 Soldaten auf dem Kriegsschauplatz zur Verfügung gehabt. Mein Nachrichtendienst nahm die Ankündigung sehr skeptisch auf, aber bald stellten wir forcierte Bautätigkeiten entlang der kuwaitischen Grenze fest, da die Iraker die bisher eingerichteten Verteidigungsanlagen erweiterten. Tatsächlich gab es zusätzliche Verstärkungen, wenn auch nicht ganz so viele, wie angekündigt: Die Iraker verfügten schließlich über 545 000 Mann.

20 NOV 90 C + 105

1500 Der CINC besprach den jüngsten Überfall saudischer Fanatiker auf ein französisches Privathaus. Der besonders brutale Überfall machte dem CINC Sorgen, auch wenn kein amerikanisches Militärpersonal betroffen war. Der CINC notierte, daß er die Angelegenheit mit General Chalid besprechen wolle.

23 NOV 90 C + 108

1500 Bei der Lagebesprechung teilte der CINC dem Stab mit, daß er den Überfall saudischer Fanatiker auf die französische Botschaftsparty vor einigen Tagen mit General Chalid besprochen habe. Der CINC berichtete, daß er Chalid nachdrücklich darauf hingewiesen habe, daß er derartige Übergriffe keinesfalls dulden werde, wenn amerikanische Soldatinnen betoffen wären. Chalid wurde ziemlich energisch und versicherte dem CINC, daß in einem solchen Fall schnell und umgehend durchgegriffen werden würde.

Gleich nach Thanksgiving nahm ich Kontakt zu den Briten auf, und legte meinen Kriegsplan Generalleutnant Sir Peter de la Billière, ihrem Kommandeur am Golf, vor. Sir Peter, ein berühmter Soldat und Abenteurer, war der ehemalige Chef des Special Air Service (dem britischen Gegenstück zur GSG 9, A. d. Ü.) und der höchstdekorierte Soldat der britischen Armee. Daß ich als erstes zu ihm ging, war kein Zufall. Großbritannien hatte sich in der Krise als unser engster Verbündeter erwiesen, und er und ich waren gute Freunde geworden. Ich vertraute seinem Verstand und Urteil so sehr, daß ich ihn selbst bei sensibelsten militärischen Dingen um Rat fragte. Ich wollte, daß De la Billières gerade eingetroffene Panzerdivision, die »Wüstenratten«, gemeinsam mit Walt Boomer Kuwait angriffen. Er nickte zustimmend, als ich ihm die Einzelheiten des Angriffsplans vortrug, sagte aber schließlich unverblümt, daß die britischen Wähler etwas dagegen hätten, ihre Jungs auf einen Nebenschauplatz abgeschoben zu sehen. Ob ich nicht seine Truppen am zentralen Angriff des VII. Korps beteiligen könne. Für mich gab es kein Grund, diese Anfrage eines engen Verbündeten abzulehnen, auch wenn dies nur politisch und nicht militärisch Sinn machte. Diese Ansicht vertrat ich auch gegenüber Powell. Also trafen wir eine neue Entscheidung – gegen die nachdrücklichen Vorbehalte von Boomer, den die »Wüstenratten« sehr beeindruckt hatten und sich die Kampfkraft ihrer Panzer wünschte. Um ihn zu entschädigen, mußte ich ihm die »Tiger-Brigade« der 2. Panzerdivision aus Deutschland und zusätzliche Luftunterstützung zur Seite stellen.

Die britische Regierung richtete eine direkte Anfrage auch an Verteidigungsminister Cheney. Sie verlangte eine klare Definition der strategischen und politischen Kriegsziele der Koalition. Als Tom King, der britische Verteidigungsminister, mich bei einem Besuch beim Central Command darüber informierte, nahm ich an, daß die Anfrage in Washington einige Bestürzung auslösen würde. Daher gab ich General Grant Sharp, meinem Planungschef, den Befehl: »Entwerfen Sie eine strategische Direktive, die wir General Powell vorlegen können, wenn er danach fragt.«

Powell rief denn auch innerhalb einer Woche an, um für diesen Zweck Unterlagen vom Central Command anzufordern, und Sharp übergab mir drei maschinengeschriebene Seiten. Es war eine strategische Direktive wie aus dem Lehrbuch, und das war auch kein Wunder, denn er hatte sich den einstigen Befehl der Alliierten an Dwight Eisenhower vom Februar 1944 mit der Autorisation zum »D-Day« (Tag der Landung in der Normandie) zum Vorbild genommen. Sharps Text lautete unter anderem:

Entwurf einer strategischen Direktive an den gemeinsamen Kommandeur

1. *Aufgabe.* Führen Sie Operationen durch, um einen vollständigen Rückzug der irakischen Streitkräfte aus Kuwait in Übereinstimmung mit den Bedingungen der UN-Resolutionen und Sanktionen zu erreichen. Wenn nötig und wenn angewiesen, führen Sie militärische Operationen durch, um die irakischen Streitkräfte zu vernichten, Kuwait zu befreien und zu sichern und die Wiedereinsetzung seiner legitimen Regierung zu erlauben. Unternehmen Sie in angemessenem Rahmen Anstrengungen, um Ausländer, die gegen ihren Willen im Irak und in Kuwait festgehalten werden, zu repatriieren. Befördern Sie die Sicherheit und Stabilität der Golfregion.
2. *Befugnis.* Wenn Sie den Befehl erhalten haben, sind Sie befugt, Luftangriffe überall im Irak sowie Land- und Seeoperationen auf irakisches Territorium und irakische Gewässer durchzu-

führen, soweit dies zur Befreiung und Sicherung Kuwaits erforderlich ist, und irakische Streitkräfte, die das Territorium von Kuwait und anderen Koalitionsstaaten bedrohen, zu vernichten. Die Streitkräfte sollten darauf vorbereitet sein, Offensivoperationen nicht später als im Februar 1991 zu beginnen.

Sie sind jederzeit befugt, einen ganzen oder Teilrückzug irakischer Streitkräfte aus Kuwait auszunutzen, indem sie Streitkräfte unter Ihrem Kommando aussenden, um kuwaitisches Territorium und seine Gewässer zu sichern, sie gegen eine erneute Aggression zu verteidigen und um die Wiederherstellung einer legitimen Regierung in Kuwait zu erlauben.

Solange Sie auf den Befehl warten, die Operationen zur Verrichtung irakischer Streitkräfte durchzuführen und Kuwait zu befreien, verteidigen Sie Saudi-Arabien. Sollten irakische Streitkräfte Saudi-Arabien angreifen, sind Sie befugt in ganz Kuwait und im Irak, in deren jeweiligem Luftraum und deren Territorialgewässern, Luft-, Land- und Seeoperationen durchzuführen.

3. *Richtlinien.* Das Ziel ihrer Offensive besteht darin, die nuklearen, biologischen und chemischen Produktionseinrichtungen und Massenvernichtungswaffen des Irak zu zerstören, den Südosten des Irak zu besetzen, bis die kombinierten strategischen Ziele erreicht sind, das Kommando der Republikanischen Garde zu vernichten, die nationale Kommandostruktur der Iraker zu zerstören, zu neutralisieren oder auszuschalten, soweit möglich ausländische Staatsangehörige, die im Irak und in Kuwait festgehalten werden, zu beschützen, und die strategische Luftverteidigung des Irak zu stören oder zu unterbrechen.

Am 8. November faxten wir diesen Entwurf an Powell. Er ging spurlos unter, und meines Wissens hat Washington London niemals eine formelle Antwort erteilt. Nach ein paar Tagen überreichte ich De la Billière eine Kopie des Entwurfs, und sagte: »Dies wird Ihnen wenigstens zeigen, worauf wir *meinen*, uns vorbereiten zu müssen.«

27 NOV 90 C + 112

1510 Stabsbesprechung mit der Kongreßdelegation, die vom Kongreßmitglied Mavroules angeführt wurde. Zumindest wurde am Beispiel dieser Delegation klar, daß die Mitglieder des Kongresses sich wahrscheinlich in zwei Lager spalten. Die einen wollen die militärische Aktion jetzt, und die anderen wollen den Sanktionen Zeit geben, Wirkung zu zeigen, und das bis zu einem Zeitraum von zwei Jahren. Der CINC stellte fest, daß die Kongreßleute derart geteilter Meinung waren, daß sie während seinen Erläuterungen miteinander zu streiten begannen.

2010 Der CINC informierte den Vorsitzenden, daß sich die Kongreßdelegation nicht darüber im klaren war, daß die arabischen Stellungen vor denen der Amerikaner lagen. Sie glaubten, die Araber würden sich gar nicht beteiligen.

2 DEZ 90 C + 117

0900 CINC trifft sich mit Energieminister James Watkins. Der Besuch von Watkins beim CINC hatte den Zweck, die Zusicherung einzuholen, daß ein Angriff auf Saudi-Arabien nicht zu wesentlichen Beschädigungen der Ölfelder führen würde. Watkins lag daran, eine Rede zu halten, worin er die Hoffnung ausdrückte, daß bei einem Kriegsausbruch die Ölpreise nicht nach oben schießen würden.

4 DEZ 90 C + 119

1000 Zwei Experten der CIA haben eine psychologische Studie über Saddam Hussein erarbeitet. Der CINC hielt ihre Aussagen für so zusammenhanglos, daß der Zuhörer zu jedem beliebigen Schluß kommen könne.

5 DEZ 90 C + 120

2000 General Chalid benachrichtigte den CINC, daß er nicht darüber informiert sei, daß man Brooke Shields ein Visum verweigert habe, und er meinte, Prinz Sultan wüßte ebenfalls nichts davon. Chalid informierte den CINC, daß er bei Prinz Bandar anfragen und herausfinden werde, was geschehen sei. Der CINC erinnerte Chalid daran, daß die Saudis Gefahr liefen, jedenfalls soweit es die Vereinigten Staaten betraf, »den Krieg zu gewinnen und den Frieden zu verlieren«, und mahnte Chalid, nicht zuzulassen, daß dergleichen bei der Bob-Hope-Tour vorkomme.

Am 29. November legte der UN-Sicherheitsrat auf amerikanisches Drängen Feuer an die Kriegslunte und gestattete die Anwendung von militärischer Gewalt, sollte der Irak Kuwait nicht bis zum 15. Januar räumen. Ob nun ein schriftlicher Befehl vorlag oder nicht, es war klar, daß uns die Zeit davonlief; uns blieben nur sechs Wochen, um die Koalition auf einen Angriff vorzubereiten.

Während ich mich sehr freute, daß Chalid so bereitwillig kooperierte, wußte ich, daß der Schlüssel zu einer echten arabischen Beteiligung an »Desert Storm« die Ägypter waren. Militärisch waren sie unverzichtbar. Ich benötigte sie für die Vorhut des zweiten Angriffskeils und um die Iraker in Westkuwait festzuhalten – eine schwere Aufgabe, für die ich keine anderen Einheiten entbehren konnte. Ihre beiden Panzerdivisionen, gut trainiert und mit moderner amerikanischer Ausrüstung versehen, stellten neben unserer eigenen die größte Bodenangriffsstreitmacht dar, und wir wußten darüber hinaus, daß sie kämpfen konnte. Die Ägypter hatten seit Jahren mit den Streitkräften vom Central Command gemeinsame Manöver durchgeführt. Dies war auch die politische Nagelprobe meines Plans: Die ganze arabische Welt schaute auf Kairo und wartete ab, ob es sich der Offensive anschließen würde. Mubaraks Haltung schien darauf hinauszulaufen, daß Ägypten zwar bereit war, für die Befreiung Kuwaits zu kämpfen, nicht aber dazu, mit seinen Armeen den Irak anzugreifen. Ich hatte mir einen Plan zurechtgelegt, bei dem Ägypten und die Araber in Kuwait und die Vereinigten Staaten, Großbritannien und Frankreich im Irak kämpfen würden – aber ich wußte nicht, ob Mubarak das akzeptierte.

Am 8. Dezember flog ich unter dem Vorwand, eine gemeinsam von den Vereinigten Staaten und Ägypten betriebene M-1-Panzerfabrik zu besichtigen, nach Kairo. Ich erstattete den drei Offizieren, die ich seit meinen frühesten Tagen beim Central Command zu meinen Freunden zählte, ausführlich Bericht: General Jussuf Sabri Abu Taleb, dem Verteidigungsminister, Generalleutnant Abu Shanaf, dem Stabschef der ägyptischen Streitkräfte, und Generalmajor Omar Soliman, dem Chef des Militärischen Nachrichtendienstes. Sie begriffen auf der Stelle die politische Logik dessen, was ich von ihnen verlangte, aber sie wiesen ebenso schnell auf die militärischen Schwierigkeiten hin.

»Schauen Sie sich die Minenfelder und Hindernisse an«, sagte Abu Taleb und deutete auf eine Karte, die die irakische Front zeigte. Das Durchbrechen war eine Militäroperation, die die Ägypter stets meisterhaft beherrscht hatten: Im Jom-Kippur-Krieg von 1973 (den die Araber den »Ramadan-Krieg« nannten) hatten sie mit Israels berühmter Bar-Lev-Linie östlich des Suezkanals kurzen Prozeß gemacht. Abu Taleb wußte, wovon er sprach.

Ich betonte, daß Phase drei, unser Bombenangriff, ausdrücklich dazu angelegt war, durch die Vernichtung der irakischen Artillerie, die Zerstörung der Hindernisse und das Niederhalten irakischer Fronttruppen den Durchbruch zu ermöglichen. Ich zeigte den ägyptischen Offizieren Muster der Luftaufnahmen, die wir unmittelbar vor dem Angriff zur Verfügung stellen würden, auf denen man die Lükken in den irakischen Minenfeldern erkennen konnte. Ich beschrieb dann das Gerät und die Luftunterstützung, die wir für den eigentlichen Kampf zur Verfügung stellen würden. Sie fragten mich eine Stunde lang penibel aus und erklärten sich schließlich einverstanden. Abu Taleb sagte, er würde Präsident Mubarak empfehlen, den Plan zu akzeptieren.

9 DEZ 90 C + 124

2100 Telefonkontakt mit dem Vorsitzenden. Die beiden Chefs unterhielten sich über den Inhalt von politischen Erklärungen hinsichtlich der Gegenschläge bei Angriffen mit biologischen oder chemischen Waffen. Der Vorsitzende sagte, er würde das Weiße Haus drängen, Tarik Asis mitzuteilen, daß wir unsere Atomwaffen einsetzen würden, sollten die Iraker chemische Waffen gegen uns verwenden. Der Vorsitzende glaubte, daß Außenminister Baker dem irakischen Außenminister diese Nachricht übermitteln werde.

10 DEZ 90 C + 125

1533 Telefonkontakt mit dem Vorsitzenden. Die Chefs besprachen Angriffe auf Silos mit biologischen Waffen, wobei der CINC darauf hinwies, daß ihm General Horner versichert habe, wir würden beim Angriff auf solche Silos Munition einsetzen, die die Bakterien abtöte. Der CINC fügte hinzu, daß wir, sollten wir diese Silos nicht angreifen, nicht garantieren könnten, daß diese Mittel nicht gegen amerikanische Soldaten eingesetzt werden würden. Dies wäre eine unverzeihliche Sünde.

Unterdessen taten die Franzosen sich schwer mit der Entscheidung, welche Rolle sie in der Koalition spielen wollten. Ihr Dilemma hatte teilweise mit widersprüchlichen Handelsinteressen zu tun. Frankreich war ein bedeutender Waffenlieferant sowohl für Saudi-Arabien wie für den Irak. Auf einer mehr persönlichen Ebene spielte auch die Tatsache eine Rolle, daß Jean-Pierre Chevènement, der Verteidigungsminister, Mitglied einer Organisation war, die sich »Gesellschaft für französisch-irakische Freundschaft« nannte, und strikt dagegen plädierte, Truppen zu schicken. Anfänglich hatten die Franzosen auf einem eigenen Verteidigungsbereich bestanden und wollten unter keinem anderen Kommando stehen. Als die Saudis das ablehnten, waren sie damit einverstanden, ihre Truppen dem Kommando von Chalid zu unterstellen. Nun war nicht klar, ob sie überhaupt am Angriff teilnehmen würden.

Generalleutnant Michel Roquejeoffre, ihr Kommandeur im Golf, den ich als Freund achtete, erhielt aus Paris unterschiedliche Signale. Er hatte meine Sympathie, aber ich mußte wissen, ob wir mit den Franzosen im Kampf rechnen konnten. Schließlich ließ mich General Maurice Schmitt, der oberste Chef ihrer Streitkräfte, wissen, daß Frankreich an der Offensive teilnehmen wolle, daß er sich aber Sorgen mache, daß die nur leicht gepanzerten Fahrzeuge seiner Soldaten bei einem Frontalangriff den schweren Panzern sowjetischer Bauart unterlegen sein könnten. Ob man daher seine Streitkräfte nicht einsetzen könnte, um unsere äußerste westliche Flanke zu sichern? Ich war sofort einverstanden. Ich hatte schon lange eine Truppe für diese Aufgabe gesucht, und die französischen Einheiten waren wie dafür geschaffen.

Übrig blieben die Syrer. Mitte Dezember hatte Präsident Hafis el-Assad eine komplette Panzerdivision nach Saudi-Arabien geschickt. Die Syrer unterstanden Chalid; ihre Aufgabe bestand darin, sich dem ägyptischen Angriff auf Kuwait anzuschließen. Dennoch, ihre Anwesenheit auf dem Schauplatz beunruhigte mich. Syrien war lange ein sowjetischer Waffenkunde gewesen und gehörte zu den Ländern, die dem Außenministerium zufolge den Terrorismus unterstützen. Es war der einzige größere Koalitionspartner, den ich bei der Planung von »Desert Storm« nicht persönlich konsultiert hatte; ich fühlte mich erst wohler, als ich mich auf Chalid verließ, der mich über ihre Absichten auf dem laufenden hielt. Aber ich war keineswegs sicher, daß die Syrer mitmachen würden, wenn es wirklich zum Krieg kam, denn ihr Kommandeur machte laufend neue, widersprüchliche Angaben über ihre Kampfbereitschaft.

> 13 DEZ 90 C + 128
>
> 1600 Telefonkontakt mit dem Vorsitzenden. Der CINC berichtete über Begegnungen mit der Kongreßdelegation von Inouye, die er gerade hinter sich hatte. Er informierte den Vorsitzenden, daß das Treffen sehr gut und in positiver und freundlicher Atmosphäre verlaufen sei. Er stellte fest, daß sich die Delegation über eine Kriegserklärung des Kongresses sehr ausführlich unterhalten habe, bemerkte aber, daß dies in Korea, Vietnam oder Panama nicht geschehen sei und wahrscheinlich auch in diesem Falle nicht geschehen würde.

Der 22. Dezember kam, und so ziemlich jeder Hafen und jeder Flugplatz des Königreichs quoll über mit amerikanischer Ausrüstung, Munition und Nachschub, die alle an die Front transportiert werden mußten. Abgelegene Wüstenstraßen erlebten ihre ersten Verkehrsstaus. Zum Transport der Ausrüstung waren Zigtausende von Lastwagen erforderlich, und Gus Pagonis und seine Transportoffiziere schienen jeden Lastwagen im Königreich angemietet zu haben. Pagonis nannte das seine »Zigeunerkarawane« – die wildeste Mischung von Transportfahrzeugen und Privatwagen, die mir je unter die Augen gekommen ist. Ich stand an einer der Ausfallstraßen und beobachtete verblüfft die vorbeifahrenden Konvois. Ich sah ostdeutsche, tschechische, polnische Laster; davon waren einige so alt, daß sie gar nicht mehr fahrtüchtig wirkten. Viele Fahrer waren Lohnarbeiter aus Pakistan, Indien und Bangladesch, die nach Saudi-Arabien gekommen waren, um Arbeit zu finden. Sie dekorierten ihre Laster gerne in bunten Farben, mit Aufklebern und Spiegeln.

Die Zahl der amerikanischen Truppen im Golf betrug bereits dreihunderttausend Mann, und unsere Verstärkung aus Deutschland traf erst nach und nach ein. »Desert Shield« war schon lange auch den ehrgeizigsten Computerszenarien, die wir vor fünf Monaten erstellt hatten, entwachsen. Zum Schluß hatten wir ebenso viele Leute am Golf stationiert wie auf dem Höhepunkt des Krieges in Vietnam, nur daß der Aufmarsch dort vier Jahre gedauert hatte. Hier schafften wir es in sechs Monaten.

Angesichts eines festen Stichtages gewann »Desert Storm« immer mehr an Schubkraft. Über unseren Köpfen absolvierte die Luftwaffe der Koalition tausend Trainingsflüge täglich, während Pioniere in der Wüste Nachbildungen irakischer Schützengräben in Originalgröße bauten, damit die Kampfeinheiten ihren Angriff üben konnten. Der Angriffsplan reifte heran, während sich Feldkommandeure über die Karten beugten, das Terrain und die feindlichen Stellungen studierten und ihre Aktionen bis in die kleinsten Einzelheiten vorplanten. Im Hauptquartier beschleunigten sich meine Vorbereitungen für den Bodenkrieg. Mitte November hatte sich Generalleutnant Cal Waller in Riad als mein stellvertretender Oberkommandierender gemeldet. Nun hatte ich jemanden, der mir half, die Herde anzutreiben. Cal war ein Freund, der schon vorher in zwei Kommandostellen für mich gearbeitet hatte. Gerissen, mit freundlichen Umgangsformen und gerne Weisheiten zitierend, die er von seiner Großmutter im ländlichen Texas gelernt hatte, war er auch tüchtig und zäh. Er war meine erste Wahl für den Posten gewesen. Seinen Aufstieg in der Armee hatte er als Panzeroffizier gemacht, und er verstand etwas von Logistik. Außerdem wußte ich, daß ich ihn überhaupt nicht einschüchterte. Wir vertrauten einander so sehr, daß er in mein Büro kommen und mir ins Gesicht sagen konnte: »Hey, etwas ist total schiefgelaufen. Sie sind schuld, und Sie sollten darüber Bescheid wissen.«

Als der Aufmarsch weiter fortschritt, nahmen Cal und ich unsere militärischen Logistikexperten hart ins Gericht, um herauszufinden, ob sie die Koordinierung von Kampftruppen und Nachschub rechtzeitig für die Offensive abschließen könnten. Wochenlang drehten wir uns hier nur im Kreis. Zunächst fragten wir John Yeosock, der die Logistiker überwachte: »Wenn wir euch die Erlaubnis zur Verlegung der Truppen erst nach Beginn der Luftangriffe geben – sagen wir am 20. Januar –, wie lange dauert es dann, bis sie ihre Ausgangsstellungen für den Angriff eingenommen haben?«

»Zwei bis drei Wochen.«

Also wandten wir uns an die Korpskommandeure und wiederholten: »Wir haben bei Yeosock nachgefragt, und ihr braucht euch nicht von der Stelle zu rühren, bis wir den Luftangriff beginnen.«

Die Kommandeure haßten das – vor allem weil sie ihr Benzin und ihre Munition zuvor an Ort und Stelle haben wollten. Also übten sie auf *ihre* Logistiker Druck aus, die dann zu fachsimpeln begannen, und bald darauf kam Yeosock mit einer neuen Einschätzung und erklärte: »Nun bin ich doch nicht sicher, ob wir es wirklich schaffen können.«

Unterdessen kam es bei einigen unserer Streitkräfte aus Deutschland zu Verspätungen. Eisenbahnwaggons für den Transport von Panzern und gepanzerten Truppentransportern waren knapp; Schiffe hatten Pannen oder gerieten in Winterstürme. Etwa zwanzig Prozent unserer Verstärkung sollten erst nach dem 15. Januar bei uns eintreffen. Insbesondere die M1A1-Panzer unserer 3. Panzerdivision befanden sich noch auf hoher See. Und selbst nach ihrer Ankunft war die 3. Panzerdivision alles andere als kampfbereit. Wir würden Tage brauchen, um die Ausrüstung von Bord der Schiffe zu holen, ihren Tarnanstrich von Waldgrün auf Wüstengelb umzuändern, sie mit den Truppen zu vereinen, die Einheiten fünfhundertdreißig Kilometer in ihre vorgeschobenen Stellungen zu verlegen und ihnen Wüstentraining zu verschaffen. Letzteres war alles andere als unwichtig, denn in Europa konnten sich die Soldaten anhand von Straßen, Städten, Wäldern und anderen markanten Punkten zurechtfinden, in der Wüste gab es jedoch keine Orientierungspunkte, und selbst die Sanddünen bewegten sich. Also mußten wir ihnen in aller Eile die Benutzung der Satelliten-Navigationsausrüstung beibringen, die Navigation mit Hilfe von Himmelskörpern und die Gissung (die Ortsbestimmung durch Mutmaßung).

Jedesmal wenn ein Schiff eine Panne hatte oder in schweres Wetter geriet, tauchte Yeosock auf und erklärte, die Armee müsse ihre Schätzung, wann sie für den Angriff bereit sei, revidieren.

»Okay«, sagte ich. »Wir passen den Plan dem an; laßt uns einfach wissen, was ihr tun *könnt*.« Wenig später kam er zurück, gab uns ein neues festes Datum durch – um es jedesmal wieder ändern zu wollen. So ging das den ganzen Dezember hindurch.

Am 6. Dezember verkündete Saddam plötzlich, der Irak werde alle noch verbliebenen ausländischen Geiseln freilassen. Er nannte das eine humanitäre Geste zur Erhaltung des Friedens und fügte hinzu, daß der Irak seine Streitkräfte so weit aufgestockt hätte, daß menschliche Schutzschilde nun nicht mehr notwendig wären. Sobald die Amerikaner im Laufe der darauffolgenden Woche freigelassen worden waren, zog Washington sein restliches Personal aus der Botschaft in Kuwait City ab. Diese Vorgänge trugen wenig zur Entschärfung der Krise bei, aber sie vereinfachten unsere Kriegsplanung – wir mußten uns nicht länger über die Bombardierung menschlicher Schutzschilde oder riskante Rettungsoperationen im Irak oder in Kuwait Gedanken machen. Gleichzeitig scheiterte die letzte Friedensinitiative, der Vorschlag von Präsident Bush, Außenminister Baker zu einem Treffen mit Saddam zu schicken, während er selbst Tarik Asis im Weißen Haus empfangen würde, an Meinungsverschiedenheiten über den Zeitpunkt der Begegnungen.

Washington signalisierte uns, wir sollten eher früher als später angriffsbereit sein. »Ich war gestern im Weißen Haus, um über mögliche Daten für den Angriffsbeginn zu beraten«, teilte mir Powell am 11. Dezember mit. »Als ich den 10. oder 20. Februar als möglichen Angriffstermin bezeichnete, schnappten alle nach Luft.« Er sagte mir, falls die Krise nicht bis zum 15. Januar gelöst sei, würden alle auf sofortige Militäraktionen drängen. Ich antwortete, sollte das der Fall sein, müßten wir mit dem Luftangriff beginnen und so lange weiterbombardieren, bis wir für den Bodenangriff bereit wären.

17 DEZ 90 C + 132

1700 Telefonkontakt mit dem Vorsitzenden. Das Gespräch drehte sich um die Last zu vieler Besucher beim Central Command. Der CINC versicherte dem Vorsitzenden, er würde jeden Besucher, der auf der Liste stehe, abfertigen, doch sei es von entscheidender Bedeutung, den Besucherstrom nach dem 15. Januar zu drosseln. Der Vorsitzende versicherte dem CINC, er werde dafür sorgen und den Direktor des Joint Staff auffordern, alle Anfragen zu überprüfen. Der CINC dankte ihm und bemerkte, daß der Stab sehr müde sei und daß einigen von uns nun die Knie zittern würden.

18 DEZ 90 C + 133

(Aus einer Mitteilung an Washington von Botschafter Freeman bezüglich der Belastung durch Besucher:) »Wir begreifen die Notwendigkeit, die Unterstützung durch den Kongreß zu sichern und zu erhalten ... Das heißt aber nun nicht unbedingt, daß Washington Saudi-Arabien wie einen exotischen Vergnügungspark mit einem Viersternegeneral und einem Botschafter als Parkaufseher behandeln sollte ... Die Ausflüge nach Saudi-Arabien müssen für eine Zeitlang aufhören ... Gönnt uns eine Pause.«

Am Nachmittag des 19. Dezember kam Verteidigungsminister Cheney in Begleitung von Powell in Riad an. Cheney hatte den Auftrag, sich von unserer Lage ein Bild zu machen und dem Präsidenten Bericht zu erstatten. Wir hatten detaillierte Vorträge über jeden Aspekt unseres bisherigen Aufmarsches, über unsere Vorbereitung für »Desert Storm« samt einem Plan für eine Besetzung im Falle eines einseitigen Rückzugs des Irak aus Kuwait vorbereitet. Ich hatte den Verteidigungsminister seit August nicht gesehen und wollte ihm die Komplexität unserer Operationen und der großen Aufgaben, die wir bereits bewältigt hatten, vermitteln. Ich hatte auch noch ein anderes Motiv: ihn davon abzuhalten, uns mit ganz neuen Plänen zu überraschen.

Die Dinge nahmen keinen guten Anfang. Pete Williams, der Pressechef des Pentagon, hatte mich zuvor angerufen und mich gebeten, für die den Verteidigungsminister begleitenden Reporter eine Pressekonferenz abzuhalten. »Das ist verrückt. Ich werde mit Cheney und Powell beschäftigt sein«, antwortete ich. Williams bestand darauf, wir sollten jemand Hochrangigen zur Verfügung stellen. Also hatte ich Cal Waller darum gebeten, ohne groß darüber nachzudenken, daß er erst seit einem Monat am Kriegsschauplatz war und wenig Erfahrung mit der Presse hatte. Als die Reporter ihn wiederholt wegen der Angriffsbereitschaft des Central Command bedrängten, antwortete Cal, der sich bemühte, Entgegenkommen zu zeigen, unsere Bodentruppen seien möglicherweise erst Mitte Februar angriffsbereit – was Schlagzeilen machte, weil es im Widerspruch zur Haltung des Präsidenten stand, der mit Ablauf des UN-Ultimatums Druck auf den Irak ausüben wollte. Pete Williams und fast alle Mitglieder des Stabes für Öffentlichkeitsarbeit blieben fast die ganze Nacht auf den Beinen und waren mit der Schadensbegrenzung beschäftigt. Am Morgen gaben sie eine Erklärung heraus, daß Luftwaffe und Flotte zu einem sofortigen Angriff bereit wären.

Waller wußte, daß er die Sache verpatzt hatte, und kam am nächsten Morgen sofort zu mir, um mir das zu sagen. Ich fühlte mich verantwortlich, weil ich ihn dort hineingeritten hatte, und ich fürchtet, er könne bestraft werden. Gleich zu Beginn von »Desert Shield« hatte Cheney General Mike Dugan, den Stabschef der Luftwaffe gefeuert, weil er Reportern als geheim eingestufte Informationen zur Verfügung gestellt hatte. Als daher Cheney und Powell eine Stunde später im Hauptquartier erschienen, bat ich sie zu mir ins Büro.

»General Waller fühlt sich miserabel wegen der durch ihn verursachten Aufregung. Aber der eigentlich Verantwortliche bin ich, weil ich ihn in die Pressekonferenz geschickt habe, obwohl er erst seit kurzem vor Ort ist«, sagte ich.

Zu meiner Überraschung ließen Cheney und Powell mich wissen, daß sie sich über seine Bemerkungen keine großen Sorgen machten. Cheney scherzte sogar: »Es ist nicht immer schlecht, dem Feind gemischte Signale zu senden.«

Damit war die Sache für uns erledigt, aber sowohl Waller wie seine Familie zu Hause in den Staaten machten eine schlimme Woche durch, da die Nachrichtenkommentatoren, manche von ihnen Ex-Militärs, die nie auch nur ein Zehntel von Cals Verantwortung getragen hatten, ihn als illoyal, unehrenhaft und dumm bezeichneten. Ich sah, daß die Angriffe ihm weh taten, und wünschte, es hätte eine Möglichkeit gegeben, sie zu beenden. Ich konnte ihm jedoch nichts anderes sagen als: »Da müssen Sie einfach durch. Sie stehen so lange im Mittelpunkt, bis die Reporter eine neue Story haben.«

Wir machten mit den morgendlichen Lagebesprechungen weiter. Cheney setzte uns mit Fragen zu, wollte alles wissen, vom Mangel an Lastwagen bis zur eventuellen terroristischen Bedrohung, aber ich brauchte mir keine Sorgen mehr zu machen: Sowohl er als auch Powell zogen mit uns völlig an einem Strang. Zu meiner Erleichterung, und bis zu einem gewissen Grad auch aufgrund der Waller-Panne, räumte Cheney ein, daß die Zeitplanung der Bodenoffensive *tatsächlich* logistischen Einschränkungen unterlag. »Wir können es nicht zu früh erzwingen«, sagte er.

Als sie nach zwei Tagen voller Lagebesprechungen wieder abreisten, hatte Cheney in seiner Aktentasche eine Übersichtskarte dabei, die wir eigens hergestellt hatten, um dem Präsidenten den Bodenangriff von »Desert Storm« zu erläutern. Als er zur Rückreise aufbrach, erklärte er mir: »Allein der gewaltige Umfang des Ganzen gereicht allen Ihren Offizieren und Soldaten zur Ehre.« Dann fügte er hinzu: »Wir sind alle stolz auf das, was Sie geleistet haben, und wissen, daß Sie bereit sind, auch in Zukunft das Erforderliche zu leisten« – was mir auch noch den letzten Zweifel nahm, daß der Präsident, sollte Saddam nicht klein beigeben, uns kurz nach dem 15. Januar befehlen würde, das irakische Militär in Grund und Boden zu bombardieren.

Verteidigungsminister Cheney ließ uns ein Weihnachtsgeschenk da: die Videoaufnahme der kompletten Serie über den amerikanischen Bürgerkrieg, die Ken Burns für das Fernsehen gedreht hatte.

Die Filme machten aufgrund ihrer ernüchternden Darstellung von Tod und Zerstörung im Krieg auf jedermann im Hauptquartier einen nachhaltigen Eindruck. Obwohl wir uns in den letzten Phasen der Kriegsvorbereitung befanden, wünschte sich keiner, daß der Krieg käme. Nachdem ich mir die Videos angeschaut hatte, bekräftigte ich meinen Entschluß, daß ich, sollte ich meine Truppen in den Kampf schicken müssen, eine Möglichkeit finden würde, den Verlust an Menschenleben so gering wie möglich zu halten.

> 23 DEZ 90 C + 138
>
> 2150 Telefonkontakt mit dem Botschafter. Der CINC informierte den Botschafter über den sich zusammenbrauenden Konflikt zwischen Franzosen und Saudis wegen eines saudischen Verbots, eine französische Rockgruppe samt Tänzerinnen für die Soldaten auftreten zu lassen. Anscheinend hatte der König angemerkt, daß die Vereinigten Staaten sich, was die saudische Souveränität anginge, sehr sensibel verhielten, und selbst der Präsident der Vereinigten Staaten habe einem Gottesdienst nur auf einem Schiff auf hoher See beigewohnt. Es sei gewissenlos, wenn die Franzosen auf diesem Rockkonzert mit Tänzerinnen bestehen würden.

Ich mußte nicht nur Pläne für einen Krieg schmieden, ich mußte auch für das Weihnachtsfest in einem Kriegsgebiet Vorbereitungen treffen, in einem streng muslimischen Königreich eine besonders interessante Herausforderung. Chalid machte sich bereits mehr als einen Monat im voraus wegen religiöser Empfindlichkeiten Sorgen. Mitte November sagte er mir: »Ihr müßt eure Radiosender abstellen.«

»Aber wir haben sie gerade erst eingerichtet. Was ist denn los?« Wie sich zeigte, war die Ausstrahlung von Weihnachtsliedern der Stein des Anstoßes.

»Da weiß ich Abhilfe«, sagte ich.

»Wie?«

»Es gibt zwei Arten von Weihnachtsliedern, darunter eine rein instrumentale Version. Wir senden einfach nur die Musik.«

Chalid war erleichtert. Ich versicherte ihm, daß unsere Gottesdienste so diskret bleiben würden wie bisher. Es sollte keine Ankündigungen oder Ausstrahlungen von Gottesdiensten geben, keine Zurschaustellung religiöser Symbole, keine Krippenszenen im Freien – und das Verbot für weibliche Showstars blieb auch während der Festtage bestehen.

Damit war Chalid zufriedengestellt, aber einigen religiösen Eiferern ging das alles nicht weit genug. Auf ihr Drängen hin versuchten saudische Zensurbehörden, ein Verbot gegen im Königreich eintreffende Weihnachtskarten zu verhängen. Das bereitete uns weiter kein Kopfzerbrechen: Wir gaben ihnen einfach Zugang zu den mehreren hundert Tonnen Briefen und Päckchen, die täglich aus der Heimat einströmten, und bald warfen sie resigniert das Handtuch. Als die Feiertage näher kamen, konnte man sehen, wie in den amerikanischen Unterkünften Weihnachtssymbole zum Vorschein kamen. Beinahe jedes Zelt war mit Schnee aus der Spraydose, Zweigen und kleinen Alu-Christbäumen mit batteriegespeisten Lichterketten dekoriert, die alle von zu Hause geschickt worden waren.

Ich mußte mich immer noch mit den amerikanischen Medien auseinandersetzen – vor allem mit Dutzenden von Fernsehleuten und Fotografen, die nur darauf warteten, einen Gottesdienst in Saudi-Arabien festzuhalten. Katie Couric von NBC zum Beispiel hatte nach einem Interview gebettelt: »Oh, General Schwarzkopf, das wäre ein richtiger Knüller, wenn ich auch nur *einen* filmen könnte.« Ich lehnte ab. Ich wußte, daß es eine gute Story gewesen wäre, aber auch nur ein einziger Bericht, über, sagen wir: einen Rabbi, der anläßlich des Chanukka-Festes einen Gottesdienst auf saudischem Boden hielt, hätte König Fahd politisch keine andere Wahl gelassen, als das Landesgesetz durchzusetzen und alle weiteren religiösen Zeremonien zu verbieten. Manche Reporter hatten auch nach noch so umfassenden Erläuterungen Mühe, unsere Richtlinien zu akzeptieren, und einige versuchten dennoch, verbotenerweise zu filmen.

Am 24. Dezember erschien Bob Hope. Er und ich unterhielten uns ein wenig in meinem Büro, und dann begleitete ich ihn in die uns von den Saudis zur Verfügung gestellte Escan-Siedlung, wo er und seine Truppe an den ersten beiden Tagen ihre Shows aufführten. Nachdem ich ihn vorgestellt hatte, setzte ich mich ins Publikum – mehr als neunhundert Amerikaner, mehrheitlich von der Luftwaffe, die zu den ersten gehörten, für die »Desert Shield« ins Land gekommen waren. Die Show war nicht sehr lang – einige Requisiten waren nicht eingetroffen, und er mußte in Saudi-Arabien ohne seine Schauspielerinnen und Tänzerinnen auftreten. Aber das machte nichts. Bob Hope und Johnny Bench erzählten Witze, Aaron Tippin sang Countrymusic-Songs und schließlich trat Bob Hopes Frau Dolores auf und sang gemeinsam mit den Soldaten »White Christmas«. Die Stimmung war überwältigend und gefühlsgeladen. Wir befanden uns mitten auf einem Kriegsschauplatz. Es war Weihnachten. Wir vermißten unsere Familien. Und wir sahen eine Bob-Hope-Show – genau wie die Truppen im Zweiten Weltkrieg, genau wie die Truppen in Korea, genau wie die Truppen in Vietnam. Die jungen Männer und Frauen im Publikum fühlten sich auf einmal mit allen amerikanischen Soldaten verbunden, die in den Krieg gezogen und während der Festtage weit weg von daheim und ihren Lieben gewesen waren. Bob Hopes Truppe gab dann weitere Vorstellungen in Saudi-Arabien und reiste anschließend nach Bahrain, wo sich ihnen Ann Jillian, Marie Osmond und die Pointer Sisters hinzugesellten. Für die achttausend Luftwaffenleute, Marineinfanteristen und Matrosen, die auf der Insel ihren Stützpunkt hatten, und die Tausende von Soldaten, die sich dort auf Urlaub befanden, gaben sie weitere Vorstellungen, die, wie ich hörte, um einiges weniger spartanisch waren als die, die ich gesehen hatte.

Am Weihnachtsabend wollte ich in die Kirche gehen und bat daher einen Adjutanten, festzustellen, wo ein Gottesdienst mit Kommunion abgehalten werden würde. Dies war angeblich in Escan der Fall, und um sieben Uhr dreißig fuhren wir dorthin hinaus, in ein riesiges Zelt, das als Kirche eingerichtet war. Der Gottesdienst war, wie sich herausstellte, ökumenisch, es gab keine Kommunion, aber das machte mir nichts aus. Da ich wußte, daß ich bestimmt ein paar Tränen vergießen würde – Weihnachten übte stets diese Wirkung auf mich aus, und diesmal war es besonders gefühlsgeladen, weil ich meine Familie so sehr vermißte –, hoffte ich, einen Platz in den hinteren Reihen zu finden. Aber das Zelt war voll, und jemand hatte mir einen Platz ganz vorn reserviert, genau unter einer Reihe heller Glühbirnen. Das war wahrscheinlich ganz gut so, denn als der Gottesdienst begann und wir unsere Stimmen zu einem »Weihnachtslied« erhoben, half mir die Tatsache, daß ich an einem für meine Truppen gut sichtbaren Platz saß, meine Gefühle unter Kontrolle zu halten.

Danach servierten die Helfer der Feldgeistlichen hinten im Zelt Plätzchen, Kuchen und Kaffee. Offiziere und Soldaten drängten sich, um mit mir zu reden. Ein junger Pilot bat mich, ihm auf dem Gottesdienstprogramm ein Autogramm zu geben, wobei er sagte: »Sir, wenn ich das meinen Eltern nach Hause schicke, wird sie es sehr freuen, daß Sie am Weihnachtsabend bei uns waren.« Alle hatten sie am Nachmittag Bobe Hope gesehen, und einige sprachen darüber, wie froh sie wären, daß er herübergekommen sei, und wie die Show ihnen das Gefühl vermittelt habe, Teil der amerikanischen Militärtradition zu sein.

Ich kehrte in mein Zimmer im Verteidigungsministerium zurück. Brenda hatte mir einen kleinen Weihnachtsbaum mit Lämpchen geschickt, ich knipste ihn an, legte eine Kassette mit Weihnachtsliedern auf und war beinahe eingeschlafen, als ich in meinem Büro das rote Telefon mit der Leitung nach Washington klingeln hörte. Es war Präsident Bush. »Ich wollte den Tag nicht verstreichen lassen, ohne Ihnen und all den Männern und Frauen unter Ihrem Kommando ein frohes Weihnachtsfest zu wünschen«, sagte er. »Ich weiß, daß Sie fern von Ihren Lieben sind, aber ich möchte, daß Sie wissen, daß wir in unseren Gedanken und Gebeten bei Ihnen sind. Sie wissen jetzt, welchen Kurs wir eingeschlagen haben. Unsere Gebete gelten in den kommenden Tagen Ihnen.« Ich sagte ihm, wie sehr ich seinen Anruf schätze, und dankte ihm im Namen des Central Command.

Nachdem wir aufgelegt hatten, stellte ich wieder meine Weihnachtsmusik an und hörte bis zum Einschlafen spät in der Nacht zu.

25 DEZ 90 C + 140

0930 CINC stand auf und öffnete die Weihnachtsgeschenke. Stabsbootsmann Rick Rieger servierte zwei Gläser Orangensaft, eine Tafel Schweizer Schokolade und eine Schale mit Grapefruitstücken. Dazu erklang Weihnachtsmusik.

Als ich am nächsten Morgen aufwachte – Gott, da vermißte ich meine Familie! Alle hatten sie Geschenke geschickt: kleine, persönliche Dinge, einschließlich eines Geschenkes im Namen von Bear, unserem Hund. Cindy schickte das Gedicht »You Are My Hero« (»Du bist mein Held«), Jessica ein Video ihrer Rudermannschaft, zusammen mit einem großen Button, den sie aus ihrem und Cindys Foto gebastelt hatte. Christian schickte ein Video mit einer Natursendung. Von Bear kam eine Dose Butterkekse. Und von Brenda erhielt ich das neueste Buch des Naturschriftstellers Gene Hill.

Ich machte die Geschenke auf, als ich allein war. Das war die einsamste Stunde, die ich in Saudi-Arabien verbracht habe. Es hatte Zeiten gegeben, wo ich mich abgekämpft, erschöpft, niedergeschlagen, bedrückt gefühlt hatte – jetzt vermißte ich einfach nur meine Familie. Ich machte mir klar, daß es mehr als dreihunderttausend Amerikanern beim Unternehmen »Desert Storm« auch nicht anders ging.

Dann zog ich einen Kampfanzug an, trat in den Kommandoraum und schüttelte jedem Offizier und jedem Soldaten im Dienst die Hand. Ich wünschte ihnen fröhliche Weihnachten und dankte ihnen dafür, daß sie ihrem Land dienten. Als nächstes tat ich, was amerikanische Truppenkommandeure an Weihnachten traditionell tun: die Kantinen inspizieren. Der Zweck der Übung bestand darin, einerseits sicherzustellen, daß die Leute eine anständige Mahlzeit bekamen, und andererseits den Köchen zu danken, die seit drei Uhr früh an der Zubereitung der vielen Truthähne arbeiteten.

Es war ein klarer, windiger Tag, nicht drückend heiß, sondern mit kleinen Sandverwehungen. Ich begann in Lookheed Village, einer Siedlung in Riad, die von amerikanischen Truppen übernommen worden war. Trotzdem es noch früh war, hatten sich schon einige zum Weihnachtsessen hingesetzt, denn alle aßen in Schichten. Ich schüttelte viele Hände. Dann fuhr ich nach Escan hinaus, wo es drei riesige Kantinenzelte gab. Im ersten standen die Soldaten in langer Reihe an. Ich schüttelte jedermann in der Schlange die Hand, ging hinter das Ausgabebuffet, um den Koch und seine Helfer zu begrüßen, und arbeitete mich in der Kantine von Tisch zu Tisch durch, wobei ich allen ein fröhliches Weihnachtsfest wünschte. Dann ging ich zum zweiten und dritten Speisezelt und tat das gleiche. Ich kehrte ins erste Kantinenzelt zurück und fing mit der Begrüßung noch einmal von vorne an, weil es dort schon wieder ganz neue Gesichter gab. Schließlich setzte ich mich mit einigen Soldaten nieder und erhielt mein Weihnachtsessen.

Im Laufe von vier Stunden muß ich viertausend Hände geschüttelt haben. Wie schon so oft in meiner Armeekarriere war ich hingegangen, damit sich meine Truppen wohl fühlten, und sie hatten dafür gesorgt, daß sich meine Laune hob. Ich verließ Escan und kehrte nach Lockheed Village zurück, wo ich noch einmal die Runde machte. Am Spätnachmittag kehrte ich in das Verteidigungsministerium zurück, um mit Zuhause zu telefonieren. In Tampa war es Morgen, und ich wußte, daß meine Familie neben dem Weihnachtsbaum versammelt war. Ich sagte ihnen, daß ich sie schrecklich vermisse. Ich ließ sie wissen, wie lieb ich sie hatte und wie stolz ich auf jeden einzelnen von ihnen war. Und ich sagte, ich hätte mir vorgenommen, daß wir die nächsten Weihnachten, wo auch immer es sei, gemeinsam verbringen würden, mit viel Freizeit und hüfthohem Schnee.

26 DEZ 90 C + 141

1000 Morgendliche Lagebesprechung. Der CINC übermittelte General Powells Bericht von dessen und Verteidigungsminister Cheneys Treffen mit dem Präsidenten nach ihrem Besuch in Saudi-Arabien. Der Präsident will wahrscheinlich so bald wie möglich nach dem 15. Januar mit dem Luftangriff beginnen. Die Vorbereitungszeit ist beinahe abgelaufen; wir stehen schon fast im Krieg. Der Präsident hat geäußert, daß er meine, wir seien bereit. Außerdem stellte er sich hundertprozentig hinter unseren Plan. Der Präsident sagte, es sei ihm gleichgültig, wenn er von keinem einzigen Kongreßabgeordneten Unterstützung bekommen sollte. Er werde die Sache trotzdem zu einem erfolgreichen Abschluß bringen.

28 DEZ 90 C + 143

2000 Telefonkontakt mit dem Vorsitzenden. Die beiden Chefs besprachen die jüngsten Medienspekulationen über den Angriffsbeginn. Indem er zu Presseberichten Stellung nahm, daß der Luftangriff möglicherweise bereits am 15. Januar beginnen würde, erklärte der CINC, wir könnten Saddam den Tag des Angriffs genausogut mitteilen, damit er seine Geschütze in Bereitschaft bringen könne.

In der Woche nach Weihnachten erfuhren wir von weiteren Transportverzögerungen. Die letzten Schiffe mit der 3. Panzerdivision verließen Deutschland verspätet, weil die Feiertage die Abfertigung in den Häfen verlangsamt hatten. Am 28. Dezember begann das Heer den Beginn der Bodenoffensive erneut umzuplanen. Ein besorgter Yeosock schlug unter anderem vor, ich solle das Heer sogleich mit den Bauarbeiten für den Logistikstützpunkt »Charlie« beginnen lassen: ein riesiges Nachschublager, das zur Unterstützung des Flankenangriffs benötigt wurde.

»Sie kennen die Antwort«, beharrte ich. »Nicht vor Beginn der Luftoffensive.«

Inzwischen hatte Gus Pagonis Tabellen mit seinen revidierten Zeitplänen vorgelegt. »Angenommen, der Luftkrieg beginnt am

15. Januar«, sagte er, »dann können wir alles innerhalb eines Monats an Ort und Stelle haben.«

»Ein Monat! Gottverdammt, Gus, das ist das vierte Mal, daß wir uns darüber unterhalten, und wieder reden wir von ganz neuen Daten.« Aber ich war nicht gänzlich unzufrieden: Selbst wenn es drei bis vier Tage länger dauerte, unsere Kampfformationen zusammenzustellen, nachdem unsere Truppen vor der irakischen Grenze an Ort und Stelle waren, wären wir immer noch in der Lage, die Bodenoffensive vor dem 20. Februar zu beginnen – innerhalb des Zeitrahmens, den ich Powell zugesagt hatte.

»Sir, danach gibt es keine Veränderungen mehr.«

»Sind Sie bereit, das zu *garantieren*?« fragte ich.

Pagonis schaute mir in die Augen und baute sich in voller Größe vor mir auf: »Ja, Sir, das bin ich.«

»Unterschreiben Sie das mit Ihrem Namen?«

»Ja, Sir. Wenn Sie es von mir verlangen.«

«Das verlange ich von Ihnen, Gus.« Er unterschrieb die Tabelle, und ich wußte, daß wir nun ein Angriffsdatum hatten, mit dem wir rechnen konnten.

30 DEZ 90 C + 145

0035 Telefonkontakt mit dem Vorsitzenden. Der Vorsitzende teilte dem CINC mit, daß der Generalfeldmarschall der britischen Luftwaffe, Hine, ein Treffen mit Premierminister Major hatte, um ihm die Operation zu erläutern. Nach dem Vortrag übergab Generalfeldmarschall Hine seine Aktentaschen und den Laptop seinem Stabsoffizier. Der Stabsoffizier beschloß, einkaufen zu gehen, und ließ das Geheimmaterial im Auto liegen. Aktentaschen und Laptop wurden aus dem Auto gestohlen. Die Aktentaschen wurden wiedergefunden, aber der Laptop fehlt nach wie vor, und die Festplatte könnte den gesamten Kriegsplan enthalten. Die Londoner Gazetten haben von der Geschichte erfahren, und wenn es ein gewöhnlicher Dieb und kein Iraker war, wird er jetzt herausfinden, daß er etwas sehr viel Wertvolleres als einen Computer besitzt, und ihn an den Meistbietenden zu verkaufen suchen.

Ich erinnerte meine Offizierskollegen jeden Tag daran, daß wir uns in einem Countdown befanden, an dessen Ende der Krieg stand. Ich wollte sie psychologisch und emotional auf den Krieg einstimmen, sie darauf vorbereiten, in Begriffen wie Flüchtlingsprobleme, niedergehende Bomben- und Raketenschläge und irakische Kommandoangriffe zu denken. Die Amerikaner reagierten gut, aber über die Saudis machte ich mir Sorgen. Je näher wir dem Krieg kamen, desto ambivalenter erschienen sie mir manchmal. Ich berücksichtigte, daß ihr Militär noch nie im Krieg gestanden hatte, und versuchte, dem saudischen Hauptquartier ein Gefühl der Dringlichkeit zu vermitteln. Man hatte mir berichtet, daß die arabischen Feldkommandeure immer noch nicht über die Informationen verfügten, die sie so dringend brauchten, um die Angriffspläne ihrer Einheiten zu vervollständigen.

Am Silvesterabend reichte es mir. In einem Gespräch am Abend zuvor hatte Chalid mir mitgeteilt, daß sich die Syrer entschieden hätten, nicht anzugreifen. Da ihre »Desert-Shield«-Truppen seiner Kontrolle unterstanden, war das praktisch sein Problem. Aber je mehr ich darüber nachdachte, desto unruhiger wurde ich. Nicht nur, daß die syrische Weigerung, zu kämpfen, einen größeren Bruch in der Koalition bedeutete, sondern sie stellte den ganzen Angriffsplan in Frage – und das fiel in *meinen* Verantwortungsbereich. Ohne Unterstützung der syrischen Panzer hätten die Ägypter, die in Kuwait angriffen, einen fatalen Mangel an Feuerkraft erleiden können. Am Mittag des Silvestertages erlebten wir einen weiteren Schock: Paul Schwartz, der Leiter des Koordinationszentrums im Hauptquartier, berichtete, daß Chalid in aller Öffentlichkeit erklärt habe, daß der Krieg, unter Berücksichtigung aller Tatsachen, immer noch am besten mit einem Angriff über die Türkei begonnen werden könne. Er drückte damit das altbekannte saudische Unbehagen über einen Angriff auf einen arabischen Bruderstaat aus, aber unter den gegebenen Umständen hatte die Bemerkung nichts mit der militärischen oder politischen Wirklichkeit zu tun. Chalid war nicht in seinem Büro; ich ließ ihm mitteilen, daß ich ihn umgehend zu sehen wünsche.

Etwa eine Stunde später erschien er in meiner Tür. Ich befahl meinem Stab, den Raum zu verlassen, dann wandte ich mich dem Prinzen zu: »Was soll das mit dem Angriff über die Türkei?« wollte ich wissen. »Wo kommt das her? Wie können Sie in aller Öffentlichkeit etwas Derartiges behaupten, obwohl der König selbst damit einverstanden ist, daß der Angriff von saudischem Boden aus geführt wird? Wofür, meinen Sie, unternehmen wir diesen riesigen Aufmarsch? Wieso, meinen Sie, sind in den letzten zwei Monaten all diese Verstärkungen hier eingetroffen?«

Chalid war konsterniert. So sprach man nicht zu einem saudischen Prinzen, das wußten wir beide. »Außerdem«, fuhr ich fort, »sollten wir uns besser über die Syrer unterhalten. Wie könnt ihr zulassen, daß sie sich am Angriff nicht beteiligen?«

»Ich wollte Sie gerade diesbezüglich auf den letzten Stand bringen«, sagte er und begann, mir zu erklären, was sich hinter den Kulissen abspielte. Prinz Saud el-Feisal, der saudische Außenminister, war dabei, eine Reise nach Damaskus vorzubereiten, um mit Präsident Assad zu reden.

Ich war zu wütend, um mir Nachrichten von irgendwelchen diplomatischen Manövern anzuhören. »*Mir* ist völlig klar, was sich abspielt«, unterbrach ich ihn grob. »Die Syrer sind dreißig Jahre lang die Feinde der Iraker gewesen, und jetzt, wo endlich die Zeit zum Kämpfen gekommen ist, haben sie nicht die Nerven, selbst in den Krieg zu ziehen. Vielleicht sind sie zu feige, oder sie wollen einfach, daß ihnen jemand die schmutzige Arbeit abnimmt.«

Nun wurde auch Chalid wütend, denn ich hatte befreundete Araber beleidigt. »Das brauche ich mir nicht anzuhören«, sagte er kalt und ging.

Vierundzwanzig Stunden lang wechselten wir kein Wort miteinander. Aber nach der abendlichen Lagebesprechung am Neujahrstag kam Chalid auf mich zu und sagte: »Wir müssen uns treffen. Wir müssen miteinander reden.« Ich ging in sein Büro. Wir schwatzten, nippten Cappuccino und verbrachten die erste halbe Stunde damit, uns abwechselnd zu entschuldigen, bis unsere Freundschaft wieder im Lot war. Chalid versicherte mir dann, daß seine Regierung sich an den Plan für »Desert Storm« halten würde. Dann wandten wir uns der Frage der Syrer zu.

»Ich habe darüber nachgedacht«, sagte ich. »Was wäre, wenn ich euch eine Möglichkeit böte, die Syrien in die Lage versetzt, anzugreifen, ohne anzugreifen, sich an der Offensive zu beteiligen, ohne sich an der Offensive zu beteiligen?«

»Wie wollen Sie das machen?«

»Ihre Regierung könnte folgendes vorschlagen: Sie, General Chalid, Kommandeur der arabischen Streitkräfte, wünschen sich die Syrer als Ihre Reserve. Sie wollen, daß die Syrer den Ägyptern durch die Lücke folgen. Damit nehmen die Syrer tatsächlich an der Offensive teil, müssen aber nicht eingreifen, es sei denn, die Ägypter geraten in Schwierigkeiten. Sie müssen also nicht kämpfen, solange es nicht darum geht, anderen Arabern zu Hilfe zu kommen.«

Chalid griff diesen Gedanken begeistert auf. Bald darauf schlug Saudi-Arabien den Syrern diesen Plan vor, die Syrer akzeptierten, und in das Unternehmen »Desert Storm« kehrte wieder Harmonie ein.

3 JAN 91 C + 149

1545 Telefonanruf vom Generalfeldmarschall der Luftwaffe, Hine. Der Generalfeldmarschall tätigte diesen streng vertraulichen Telefonanruf beim CINC, um zu berichten, daß laut bestem Wissen und Gewissen der Briten durch den Diebstahl der Aktentaschen und des Laptops seines Adjutanten kein Material von wirklicher Bedeutung verraten worden sei. Eine versuchte Rekonstruktion der Festplatte deute darauf hin, daß keine Kriegsplandaten enthalten waren.

Einige Tage nachdem Chalid und ich unsere Streitigkeiten beigelegt hatten, reiste König Fahd in die Wüste, um die Truppen der Koalition zu inspizieren. Das war ein Augenblick von großer symbolischer Bedeutung für die Saudis und von langer Hand vorbereitet. Der König besuchte zuerst auf dem Luftwaffenstützpunkt King Khalid Military City eine Formation, die alle amerikanischen Streitkräfte des Königsreiches symbolisierte. Auf dem Rollfeld hatten die Saudis mit herrlichen Orientteppichen einen Inspektionsbereich abgegrenzt, gegenüber hatten wir eine Reihe von Apache-Hubschraubern aufgestellt sowie eine Formation von eintausend Mann. Ich war an diesem Morgen bei einer Probe dabeigewesen und hatte den Soldaten die Bedeutung des königlichen Besuchs erklärt: »Zuerst hat euch Präsident Bush besucht. Jetzt kommt König Fahd, um seinen Respekt zu erweisen und euch dafür zu danken, daß ihr Saudi-Arabien verteidigt. Ihr steht hier als Repräsentanten jedes amerikanischen Soldaten, Matrosen, Piloten, Marineinfanteristen und Küstenwachmanns dieses Kriegsschauplatzes. Ihr macht einen guten Eindruck! Ich bin stolz auf euch, und euer Land ist stolz auf euch. Wenn der König kommt, tragt den Kopf hoch und seid stolz auf euch. Und danke, daß ihr da draußen in der heißen Sonne aushaltet!«

Wir nahmen alle Haltung an, als König Fahd in einem Konvoi von mindestens dreißig Limousinen und Sicherheitswagen eintraf und den roten Teppich beschritt. Ich ging zu ihm hin, salutierte und sagte: »Willkommen, Eure Majestät. Meine Truppen sind bereit für

Ihre Inspektion.« Dann nahmen wir unsere Plätze im Inspektionsbereich ein und blieben stehen, während die Armeekapelle die saudische Nationalhymne und »The Star-Spangled Banner« spielte.

Bei einer traditionellen amerikanischen Militärparade hätte die führende Persönlichkeit, die zu Gast war, die Front abgeschritten oder die Soldaten von nahem inspiziert. Das saudische Protokoll sah eine derartige Prozedur überhaupt nicht vor, aber König Fahd hatte sich damit einverstanden erklärt. Wir erwarteten nicht, daß er die Inspektion zu Fuß machte; vielmehr stellten er und ich uns in den hinteren Teil eines besonders vorbereiteten Jeeps und fuhren die Formation langsam ab. Ein anderer Jeep fuhr uns voraus, an dessen Seiten wohl Dutzende von Fotografen und Kameraleuten heraushingen, um das Ereignis festzuhalten.

Während der Fahrt sagte der König auf englisch, daß die Truppen gut aussähen. Er fragte mich, ob ich irgendwelche Probleme habe, und dankte uns schließlich. Dann stieg er zurück in seinen Mercedes für die dreißig Kilometer weite Fahrt zu dem Wüstenstützpunkt, wo Chalid eine Formation von Truppen der Koalition versammelt hatte. Ich stieg in meinen eigenen Wagen, und wir schlossen uns dem Konvoi an, als er sich aus dem Luftwaffenstützpunkt schlängelte. Bald hörte die befestigte Straße auf, und die Wagen fuhren durch Wolken von Schmutz und Staub, den die Limousinen des Königs und seines Hofstaates aufwirbelten. Nach ein paar Kilometern scherten die hinteren Fahrer aus der Kolonne aus und wichen links und rechts vom Konvoi in die Wüste aus. Ich starrte verblüfft aus dem Fenster: Das Ganze sah aus wie ein Kavallerieangriff von schwarzen und weißen Luxuslimousinen, die durch die Wüste rasten. Mein Fahrer war mit den übrigen seitwärts ausgeschert, weswegen meine Leibwächter im Wagen hinter uns fast durchdrehten und versuchten, uns über Funk wieder zurück auf die Straße zu scheuchen.

Mitten in der Wüste sah ich vor uns eine riesige Truppenformation. Chalid hatte Tausende von Männern aus allen Ländern versammelt: Saudis, Syrer, Ägypter, Kuwaiter, Marokkaner, Nigerianer, Omanis, Kataris, Pakistanis, Senegalesen, Briten und Franzosen. Es gab sogar ein Kontingent tschechoslowakischer C-Waffen-Experten und ein polnisches Ärzteteam. Alle diese Truppen warteten in der heißen Sonne und wurden, da wir die Wüstenbrise bei der Auffahrt im Rücken hatten, vom Staub des Konvois eingehüllt.

Niemand erwartete von König Fahd, daß er *diese* Paradefront abnahm. Gegenüber der Formation stand eine Reihe schwarzer Zelte, die auf einer Seite offen waren und den Blick auf die Soldaten freigaben. Wir stiegen aus den Autos und gingen in ihren Schatten. Das zentrale Zelt war mit wunderschönen Teppichen, einer Reihe dickgepolsterter Sessel und in der Mitte mit einem großen Sofa für den König, vor dem ein Tisch und ein Mikrofon standen, ausgestattet.

Chalid meldete König Fahd: »Alle meine Truppen bereit zum Dienst.« Der König setzte sich und hielt den Soldaten eine lange Rede auf arabisch, die auf die Geschichte der regionalen Probleme mit Saddam Hussein und die Gründe, die die Koalition nach Saudi-Arabien gebracht hatten, einging. Prinz Sultan, der Verteidigungs- und Luftfahrtminister, saß neben dem König; ich saß vier oder fünf Plätze weiter unten, mit Peter de la Billière zu meiner Rechten. Wir saßen in unseren weichen Sesseln inmitten des prächtigen Zeltes, nippten an unseren Fruchtsäften und hörten dem König zu, und obwohl dies ein historisches Ereignis war, machte ich mir eher Gedanken über die Tausende von Soldaten, die hier in der Sonne schmorten. Der König sprach länger als eine Stunde.

Schließlich stiegen wir zurück in die Autos und fuhren nochmals durch die Wüste zu einem Ort in der Nähe von King Khalid Military City, wo wir das Mittagessen zu uns nehmen sollten. Die Saudis hatten dafür eigens einen riesigen Zeltkomplex errichtet. Aber als wir ankamen, war Gebetszeit. Die Ausländer wurden gebeten, im großen Versammlungszelt zu warten, wo Dutzende von Sesseln in U-Form aufgestellt waren. Der König war für seine Gebete in einem Privatzelt verschwunden, aber die übrigen Araber teilten sich in kleine Gruppen auf, schritten einige Meter weit in die Wüste und knieten im Sand nieder. Ich beobachtete die fromme Szene und war recht bewegt. Vor weniger als einer Stunde hatten die Arber eine wilde Hatz mit Luxusautomobilen quer durch die Wüste veranstaltet. Nun herrschte völlige Ruhe. Sie suchten sich einfach einen stillen Platz, knieten in der Wüste in Richtung Mekka nieder und sprachen ihre Gebete zu Allah.

Wir Ausländer warteten in unseren Sesseln. Wir warteten und warteten. Unterdessen kamen britische, französische und tschechische Offiziere herein, die gerade aus ihrer Formation entlassen worden waren, sowie einige amerikanische Offiziere von der ersten Parade auf dem Luftwaffenstützpunkt. Dann war Essenszeit. Die Saudis führten uns zu einem anderen Zelt mit Orientteppichen, und wir saßen mit gekreuzten Beinen am Boden. Ich befand mich direkt gegenüber König Fahd, und an meiner Seite waren Peter de la Billière und Michel Roquejeoffre. Adjutanten brachten uns das Essen – Platten mit gebratenen Lämmern und gewaltige Gemüse- und Reisportionen – und legten es uns vor. Ich befand mich wieder im Stammeszelt meiner Knabenzeit, saß mitten in der Wüste mit gekreuzten Beinen am Boden, während man mir eine üppige Mahlzeit servierte, und ich aß mit meiner rechten Hand. Während wir speisten, unterhielten wir uns mit dem König, den ich als freundlich empfand, auch wenn er meistens mit denen redete, die arabisch sprachen.

Als König Fahd sein Mahl beendet hatte, stand er auf und verließ das Zelt. Während wir folgten, bemerkte ich, daß die zweite Schicht von Gästen draußen wartete. Leutnants und Unteroffiziere, die in der Formation gestanden hatten. Aber dies war das Ende der Zeremonie, soweit es die Chefs betraf. Es fand dort kein weiteres offizielles Treffen mehr statt. Wir Kommandeure kletterten in unsere Fahrzeuge, kehrten zum Flugplatz zurück, flogen ins Hauptquartier und setzten unsere Kriegsvorbereitungen fort.

7 JAN 91 C + 153

1000 Morgendliche Lagebesprechung. Der Nachrichtendienst hat festgestellt, daß die irakische Truppenstärke am kuwaitischen Schauplatz nun 542 000 Mann beträgt, wobei fünfunddreißig Divisionen beteiligt sind.

21

8 JAN 91 C + 154

1500 Telefonkontakt mit dem Vorsitzenden. Der Vorsitzende übermittelte mündlich an den CINC den Befehl, am 17. Januar 1991 um drei Uhr früh mit dem Luftangriff zu beginnen.

9 JAN 91 C + 155

1400 Kommandeurskonferenz in Dharan. Der CINC nannte den Kommandeuren den 17. Januar, drei Uhr, als den Beginn der Phase eins.

Spät nachts am 9. Januar saß ich allein in meinem Büro in Riad und sah fern. In Genf hatten Außenminister Baker und der irakische Außenminister Tarik Asis soeben ihre Gespräche beendet – ein letzter Versuch, unsere Nation vor einem Krieg zu bewahren. Als Baker auf das Podium trat, machte er auf mich einen grimmigen Eindruck. Er sagte der Presse und dem Fernsehpublikum, daß Asis ihm keinerlei Hinweise gegeben hätte, daß der Irak bereit wäre, sich aus Kuwait zurückzuziehen. Jemand wollte wissen, zu was die Iraker bereit *wären*; Baker antwortete, das würde er sie lieber selbst sagen lassen.

Baker verließ den Raum. Bald darauf trat Asis ein, schritt zu den Mikrofonen und redete fünfundvierzig Minuten ununterbrochen – ohne Kuwait auch nur einmal zu erwähnen. Ich wußte, das war's: Wir würden in den Krieg ziehen. Die UN-Frist lief in weniger als einer Woche ab, und obwohl ich bereits vorbereitende Angriffsbefehle an meine ranghohen Kommandeure erteilt hatte, hatten wir doch alle noch auf Frieden gehofft. Das Herz wurde mir schwer, wenn ich mir die entsetzlichen Risiken ausmalte, die uns bevorstanden. Wir wußten, wir würden siegen, aber wir wußten nicht, um welchen

Preis, wußten nicht, wie die amerikanische Öffentlichkeit reagieren würde, und wußten nicht einmal, ob die Koalition halten würde.

In der darauffolgenden Woche mußte ich mich mit den in letzter Minute auftretenden Problemen herumschlagen. Wir hatten uns mit Washington über die beste Möglichkeit unterhalten, wie wir unsere Koalitionspartner über Tag und Stunde des Angriffs informieren und die Nachricht dennoch vor dem Irak geheimhalten konnten. Vor allem König Fahd, der es sich zur Gewohnheit gemacht hatte, alles, einschließlich der Staatsgeheimnisse, offen mit seinen Prinzen zu diskutieren, machte uns zu schaffen. Schließlich arbeiteten wir ein Arrangement aus, bei dem Washington Prinz Bandar einige Stunden im voraus informieren würde, dieser sollte dann den König benachrichtigen, indem er mit ihm telefonierte und das Codewort »Wie geht es meinem Lieblingsonkel?« benutzte. Die Staatschefs jeder anderen Nation, deren Truppen am Angriff teilnahmen, würden zur gleichen Zeit informiert werden.

Ich hatte mich auf eine Art geistigen Countdown eingestellt. Jeden Morgen, gleich nach dem Aufstehen, studierte ich auf der Karte neben meinem Schreibtisch die Stellungen des Gegners – wobei ich kaum zu hoffen wagte, daß die Iraker noch immer keine Truppen nach Westen verlegten. Die Karte zeigte nun nicht weniger als achtunddreißig rote Markierungspunkte, von denen jeder einzelne eine irakische Division darstellte – gemeinsam bildeten sie eine riesige Armee von 545 000 Mann, 4300 Panzern und 3100 Geschützen. Ich stellte mir den Feind vor, wie er systematisch die Grenze mit gewaltigen Hindernissen befestigte, manche davon mehrere Kilometer tief. Ich sah die Minenfelder, die Panzerfallen, die hohen Sandwälle, den Stacheldraht, die Schützengräben und die Forts fast leibhaftig vor meinen Augen. Die »Saddam-Linie«, wie sie die Nachrichtendienstler getauft hatten, erstreckte sich entlang der gesamten Südgrenze Kuwaits und zog sich noch vierundsechzig Kilometer entlang der Südgrenze des Irak hin – zweihundertachtzig Kilometer insgesamt. Sie wurde in der Annahme gebaut, daß wir frontal angreifen würden. Saddam und seine Generäle schienen ihre exponierte Flanke noch immer nicht zu bemerken. Ich wußte, wenn sich ihre Einheiten jetzt nicht nach Westen verschoben, würde unsere Luftwaffe dafür sorgen, daß sie es nicht mehr tun konnten. Denn wenn sie es versuchen sollten, während unseres Bombardements Truppen zu bewegen, wären sie für uns eine leichte Beute. Mit jedem Tag, der verging, schwanden die Chancen der Iraker, sich erfolgreich zu verteidigen.

15 JAN 91 C + 161

1330 Auf Antrag von Generalleutnant Chalid begleitete der CINC Generalleutnant Chalid zu einem Besuch bei Prinz Sultan, dem Verteidigungsminister. Prinz Sultan gab seiner Hoffnung Ausdruck, daß der Irak sich aus Kuwait zurückziehen werde. Trotzdem war er nicht optimistisch eingestellt. Der CINC stimmte zu und sagte, wir hätten so ziemlich alles getan, was wir haben tun können, bevor der Krieg ausbrach. Sultan fragte dann direkt, ob die irakischen Raketen Riad erreichen könnten. Der CINC bestätigte, daß die Raketen Riad erreichen könnten, aber daß sie nicht sehr treffsicher seien. Die Chancen, daß sie etwas von Bedeutung träfen, wären sehr gering. Der CINC erinnerte Sultan, daß wir die Stadt mit Patriot-Raketen schützen lassen würden. Sultan fragte, ob König Fahds Palast durch Patriots bewacht werden würde. Der CINC antwortete, er sei beinahe sicher, daß dies der Fall sei. Sultan gab dann dem Wunsch Ausdruck, daß wir zuerst zuschlagen und es Saddam nicht gestatten sollten, anzugreifen.

2330 Telefonkontakt mit dem Vorsitzenden. Der Vorsitzende sagte dem CINC, daß der Verteidigungsminister und er gerade den Durchführungsbefehl unterschrieben hätten und daß der Angriff auf den 17. Januar drei Uhr morgens angesetzt sei. Er sagte dem CINC, daß die Kopie unmittelbar darauf gefaxt werden würde.

ZEIT UNBEKANNT. Der Chef des Heeresjustizwesens legte dem CINC ein Schriftstück zur Genehmigung vor, das die Piloten für den Fall ihrer Gefangennahme bei den bevorstehenden Kampfhandlungen mitführen sollten. Es handelte sich um ein bedrucktes Blatt in arabischer Sprache, das eine Belohnung für den Schutz des Piloten anbot.

Oberflächlich betrachtet verlief der Tag vor dem Angriff wie mancher andere auch. Mein Stab und ich kümmerten uns um Dutzende von Routineanfragen bezüglich Finanzen, Besuchern, Unterkünften und so weiter, für die wir keine Zeit mehr haben würden, sobald einmal geschossen wurde. Trotz der Aktivitäten schien die Stimmung im Hauptquartier gedämpft zu sein; es wurde wenig gesprochen. Einige meiner ranghöchsten Offiziere wußten, daß der Beginn des Krieges unmittelbar bevorstand, aber den meisten oberen Stabsleuten war nur mitgeteilt worden, daß um zwei Uhr fünfzehn ein Treffen im Kommandoraum stattfinden würde. Ich nahm an, sie dachten sich ihr Teil.

Um Mitternacht ging ich in mein Büro zurück. Ich hatte das Gefühl, als ob ich in einer Art Traum an einem Spieltisch stehen würde – als hätte ich mein Vermögen gewettet, die Würfel geworfen und würde nun zuschauen, wie sie in Zeitlupe durch die Luft auf den grünen Filz rollten. Nichts könnte nun noch etwas daran ändern, wie sie fallen würden. Ich setzte mich hin und tat, was Soldaten tun, wenn sie in den Krieg ziehen: Ich schrieb an meine Familie und sagte ihr, wie lieb ich sie hätte.

17. Januar 1991
Fünfzehn Minuten nach Mitternacht

Meine liebste Frau und Kinder,
die Wolken des Krieges haben sich am Horizont zusammengezogen, und ich habe schon die schrecklichen Befehle erteilt, die das Ungeheuer freisetzen werden. Ich wünschte mir von ganzem Herzen, daß ich solche Befehle nie hätte erteilen müssen. Aber jetzt ist es zu spät, und was immer Gottes Wille ist, bald sind wir im Krieg.

Als Soldat, der schon dreimal in den Krieg gezogen ist, möchte ich, daß Ihr wißt, daß ich keine Angst habe. Ich weiß, daß ich dabei den Tod finden könnte, aber Ihr solltet wissen, daß ich viel geschützter bin als die meisten der prächtigen jungen Männer und Frauen unter meinem Kommando. Einige werden sterben; viele könnten sterben. Ich bete zu Gott, daß dies nicht geschieht, und sollte ich zu denen gehören, die Gott bestimmt hat, ihr Leben zu opfern, so will ich, daß Ihr wißt, daß meine letzten Gedanken Euch, meiner geliebten Familie, gehören würden.

Brenda, ich habe nie sehr viele Worte gemacht und war sehr zurückhaltend, wenn es darum ging, meine Liebe für Dich auszudrücken. Ich bedaure das zutiefst, aber das ist nun einmal meine Art. Darum wollte ich heute nacht vor allem Dir schreiben und Dir sagen, wieviel Du mir bedeutest. Ich kann Dir nicht sagen, wie oft ich Gott gedankt habe, daß ich Dich geheiratet habe, und ich kann Dir auch kaum sagen, wie oft Du mich stolz darauf gemacht hast, daß Du meine Frau bist. Vor allem in den letzten schweren fünf Monaten habe ich sehr viel Kraft daraus

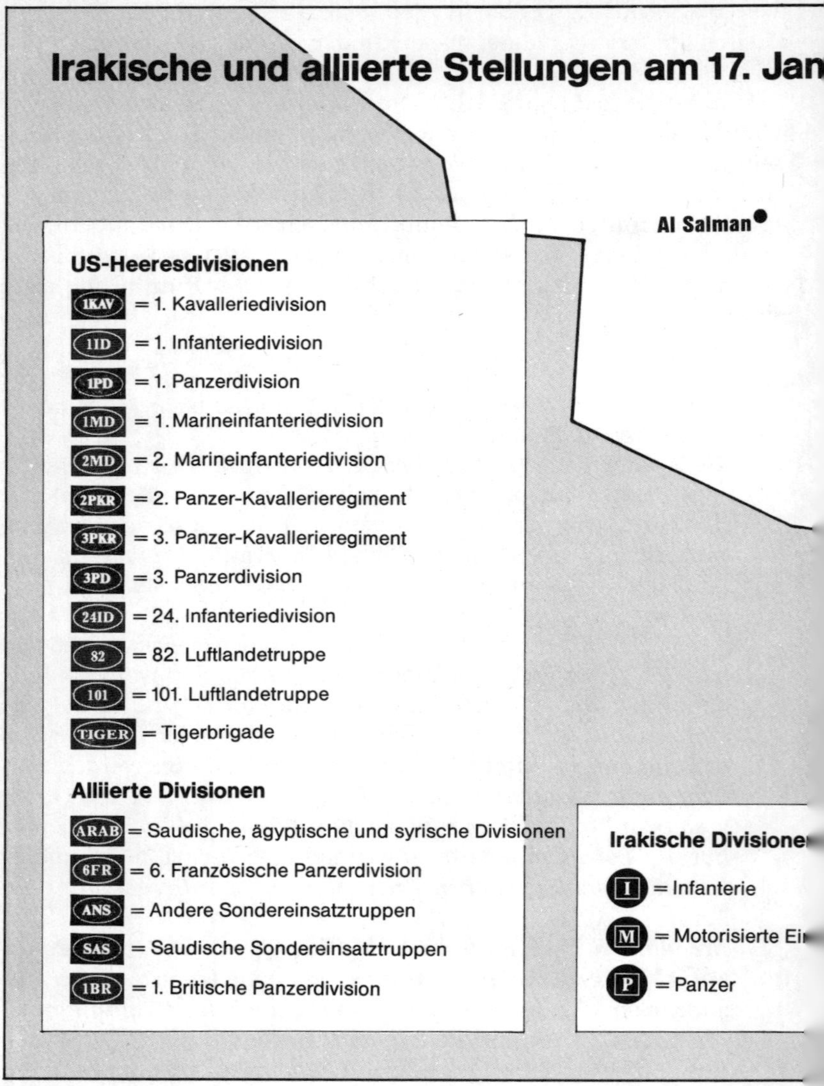
Irakische und alliierte Stellungen am 17. Jan
Al Salman
US-Heeresdivisionen
1KAV = 1. Kavalleriedivision
1ID = 1. Infanteriedivision
1PD = 1. Panzerdivision
1MD = 1. Marineinfanteriedivision
2MD = 2. Marineinfanteriedivision
2PKR = 2. Panzer-Kavallerieregiment
3PKR = 3. Panzer-Kavallerieregiment
3PD = 3. Panzerdivision
24ID = 24. Infanteriedivision
82 = 82. Luftlandetruppe
101 = 101. Luftlandetruppe
TIGER = Tigerbrigade
Alliierte Divisionen
ARAB = Saudische, ägyptische und syrische Divisionen
6FR = 6. Französische Panzerdivision
ANS = Andere Sondereinsatztruppen
SAS = Saudische Sondereinsatztruppen
1BR = 1. Britische Panzerdivision
Irakische Divisione
I = Infanterie
M = Motorisierte Ei
P = Panzer

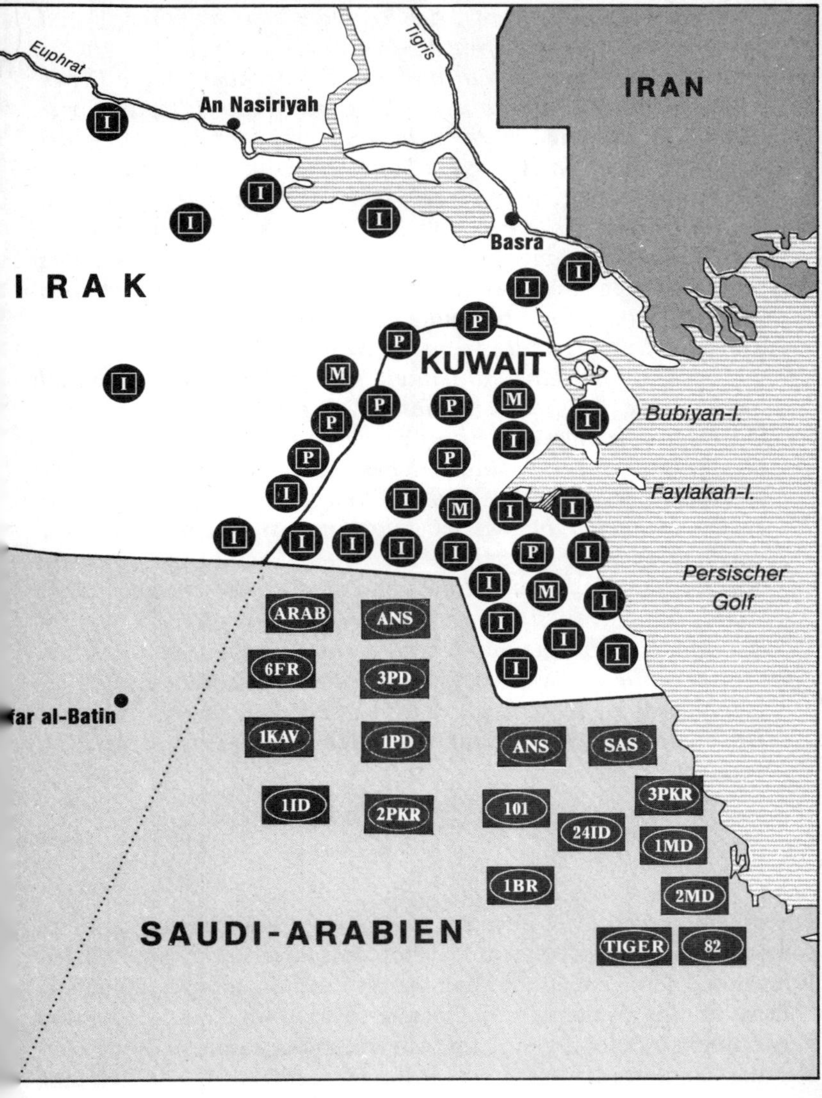

Euphrat
Tigris
IRAN
An Nasiriyah
Basra
I R A K
KUWAIT
Bubiyan-I.
Faylakah-I.
Persischer Golf
far al-Batin
ARAB
ANS
6FR
3PD
1KAV
1PD
ANS
SAS
1ID
2PKR
101
3PKR
24ID
1MD
1BR
2MD
SAUDI-ARABIEN
TIGER
82

geschöpft, daß ich wußte, daß Du da warst, immer da warst, und Dich um unsere Familie und so viele andere gekümmert hast. Dafür danke ich Dir und ebenso für viele andere Dinge: die Liebe, das Verständnis, die Vergebung, die Hilfe, die Sorge, die Unterstützung – einfach, daß du meine Brenda Pauline bist. Cindy, Jessica, Christian, ich hoffe, Ihr wißt, wie sehr ich Euch liebe. Ihr drei seid für mich der wichtigste Grund geworden, daß ich auf dieser Erde bin. Ich könnte alles verlieren, was ich besitze, aber solange ich Euch noch hätte, wäre das Leben lebenswert. Ich könnte reich und berühmt sein und alles haben, was ich wünschte, aber ohne Euch wäre mein Leben bedeutungslos, mein Herz leer, und ich würde nicht leben wollen. Ihr drei seid meine Unsterblichkeit! Ihr seid das Beste, was ich zurücklasse, wenn ich aus dieser Welt gehe. Und ein jeder von Euch hat mir diese Liebe zurückgegeben. Ich bin ein Vater, der weiß, daß ihn seine Kinder lieben, und das macht mich sehr glücklich! Wie ich Euch Weihnachten sagte, bin ich so stolz auf jeden *von Euch dafür, was* jeder *von Euch ist. Seid auch stolz auf Euch, denn Ihr seid prächtige Menschen. Danke, daß Ihr meine Kinder seid; danke, daß Ihr mich Eurer Vater sein laßt; danke dafür, daß Ihr mich liebt!*
Kümmert Euch umeinander, habt einander lieb, und wenn es Gottes Wille ist, werden wir bald wieder zusammensein. Geschieht das nicht, dann müßt Ihr wissen, daß ich, wo immer ich bin, jeden Tag mit jedem von Euch *sein werde; jeden Tag, immer!*

Euer liebender Mann und Vater
H. Norman & DAD

Ich verschloß den Brief und trug meinem Adjutanten auf, dafür zu sorgen, daß er aufgegeben wurde. Dann schrieb ich eine kurze Mitteilung an die Truppen. Schließlich war es Zeit, nach unten zu gehen.

Etwa dreißig Generäle und Obersten waren im Kommandoraum versammelt. Als ich hereinkam, gab jemand bekannt: »Meine Herren, der Oberkommandierende«. Alle nahmen Haltung an. Ich ging nach vorn und stellte mich neben eine große Karte von Irak, Kuwait und Saudi-Arabien. »Ich möchte Ihnen eine Mitteilung vorlesen, die ich soeben an die Männer und Frauen des Central Command durchgegeben habe«, sagte ich.

»DESERT-STORM«-MITTEILUNG AN UNSERE TRUPPEN

Soldaten, Seeleute, Angehörige der Luftstreitkräfte und Marineinfanteristen des Central Command der Vereinigten Staaten: Heute morgen um drei Uhr beginnen wir die Operation »Desert Storm«, eine Offensive, die die UN-Resolutionen, die besagen, daß der Irak mit der Vergewaltigung und Plünderung seines schwächeren Nachbarn aufhören und seine Streitkräfte aus Kuwait zurückziehen muß, durchsetzen wird. Der Präsident, der Kongreß, das amerikanische Volk und die gesamte Weltöffentlichkeit stehen geschlossen hinter eurem Auftrag. Ihr seid Teil der mächtigsten Streitmacht, die unser Land, in Verbindung mit unseren Alliierten, je an einem einzigen Kriegsschauplatz zusammengezogen hat, um einem solchen Aggressor zu begegnen. Ihr habt hart für diesen Kampf geübt, und ihr seid bereit. Während meiner Besuche bei euch habe ich in euren Augen eine feurige Entschlossenheit gesehen, die Aufgabe zu lösen und schnell zu lösen, damit wir in unser Heimatland zurückkehren können. Mein Vertrauen in euch ist absolut. Unsere Sache ist gerecht! Ihr müßt jetzt Donner und Blitz von »Desert Storm«, dem Wüstensturm, sein. Möge Gott euch, eure Lieben zu Hause und unser Land schützen.

H. Norman Schwarzkopf,
Oberkommandierender, US-Central Command

Ich bat Dave Peterson, den Feldgeistlichen unseres Kommandos, ein Gebet zu sprechen. Als er geendet hatte, legte Oberst Bell ein Tonband mit Lee Greenwoods Lied »God Bless America« auf. Die Stabsoffiziere nahmen Haltung an, und ich konnte in mehr als einem Auge Tränen glitzern sehen. Es war jetzt zwei Uhr dreißig, und Burt Moore, mein Operationschef, berichtete, daß unsere Flugzeuge und Cruise-Missiles in der Luft seien. »Okay«, sagte ich, »gehen wir an die Arbeit.«

Ich hatte die anderen Kommandeure gebeten, mich allein mit meinem Stab sprechen zu lassen. Nachdem ich fertig war, kamen Chalid, Peter de la Billière und Michel Roquejeoffre zu uns in die Kommandozentrale. Sie wirkten ernst.

Die ersten Schüsse von »Desert Storm« sollten genau um zwei Uhr vierzig abgefeuert werden. Dazu hatten die Bedienungsmannschaften seit dem vorangegangenen Nachmittag auf Rollfeldern in Saudi-

Arabien, Bahrain, den Vereinigten Arabischen Emiraten und Katar Kampfflugzeuge aus sechs Nationen mit Hunderten von Tonnen Raketen und Bomben beladen. Amerikanische Flugzeugträger bewegten sich im Golf und im Roten Meer in Richtung Norden, um mit ihren Kampfflugzeugen den Irak erreichen zu können. Mehrere Kreuzer und das Schlachtschiff »Wisconsin« hielten zahlreiche Tomahawk-Raketen in ihren gepanzerten Abschußboxen feuerbereit. Gleichzeitig näherten sich B-52-Bomber, die von so weit entfernten Stützpunkten wie Barksdale, Louisiana, gestartet waren, immer mehr dem Irak. Einige von ihnen waren mit ultramodernen Cruise-Missiles ausgerüstet, die ursprünglich entwickelt worden waren, um Atomsprengköpfe in die Sowjetunion zu tragen.

Ein Dutzend modernster Kampfhubschrauber von Sondereinsatztruppen des Heeres und der Luftwaffe würde den Angriff eröffnen. Da sie in fast völliger Dunkelheit nur zehn Meter über dem Boden fliegen konnten, sollten sie zwei entscheidende Radarfrühwarnstationen an der saudisch-irakischen Grenze ausschalten. Hinter den Hubschraubern sollten acht F-15-Jagdbomber in den irakischen Luftraum eindringen und das nächstgelegene Zentrum der Flugabwehr zerstören. Der Schlag würde sozusagen das Tor zum Irak aufbrechen, da er einen Korridor für Hunderte weiterer Flugzeuge eröffnete, die Ziele in ganz Irak erreichen sollten. Währenddessen hätten die F-117-Kampfflugzeuge ihre Bombenangriffe auf Bagdad begonnen.

Im Hauptquartier gab es für uns zunächst keine Möglichkeit, zu erfahren, was geschah. Jede kleinste eintreffende Information hielt ich sofort auf einem gelben Notizblock fest.

»0247: SOF (= Special Operations Forces, Sondereinsatztruppen): *ZIELE ZERSTÖRT*«: Oberst Jesse Johnson, Chef der Sondereinsatztruppen des Central Command, rief aus seinem Hauptquartier außerhalb von Dharan an, um uns mitzuteilen, daß die beiden irakischen Radareinrichtungen zerstört worden seien. Er rief etwas später erneut an, um mitzuteilen, daß alle Hubschrauber sicher zum Stützpunkt zurückgekehrt seien. Drei Uhr verstrich – die Stunde H, der offizielle Angriffsbeginn. Jetzt würden die F-117-Bomber zahlreiche Ziele in Bagdad beschießen, und allgemein sollte an Dutzenden von Orten im Feindgebiet die Hölle losbrechen.

»031: *TELEFONE GESTÖRT*«: General Leide, dessen Nachrichtenstab westliche Fernseh- und Radiosendungen abhörte, berichtete, daß die meisten Korrespondenten in Bagdad von Sendung gegangen waren, für uns ein Hinweis, daß die Telefonzentrale zerstört worden war. Eine Stunde später gingen in Bagdad die Lichter aus: Die Tomahawk-Marschflugkörper der Marine hatten bei Saddams Elektrizitätswerken ihre Aufgabe erfüllt. Gleichzeitig beschossen britische Tornado-Jagdbomber irakische Flugplätze, französische und italienische Jäger bereiteten sich auf Angriffe gegen Raketenbasen vor, und selbst die winzige kuwaitische Luftwaffe griff irakische Ziele in Kuwait an.

»0415: *KEIN WIDERSTAND BEI LUFTANGRIFF / KEINE SIGNALE ÜBER ABSCHUSS*«: Chuck Horner befand sich in seinem Kommandoposten im Keller des saudischen Luftwaffenhauptquartiers in Riad. Er berichtete, der Angriff scheine wie geplant zu verlaufen. Bisher gab es noch keine Meldungen über einen ernsthaften Widerstand der irakischen Luftwaffe und noch keine Funksignale, die abgeschossene Piloten meldeten. Wir hatten den Angriff sorgfältig gestaffelt. Zuerst kamen die Bomber; wenn sie ihr Zielgebiet verlassen hatten, folgten die Tomahawks. Wenn dieser Vorstoß abebbte, folgte die nächste Welle von Flugzeugen. Unser Ziel in den ersten achtundvierzig Stunden bestand darin, den Irakern keine Ruhe zu lassen. Wir wollten den Schock maximieren, den ein pausenloses Bombardement auslösen kann.

Horner hielt uns den ganzen Morgen telefonisch auf dem laufenden, während Piloten und Besatzungen zu ihren Stützpunkten zurückkehrten. Am frühen Nachmittag konnte ich Powell in Washington mitteilen, daß wir nicht weniger als achthundertfünfzig Aktionen durchgeführt hatten. Wir hatten viele der zweihundertvierzig Ziele auf unserer Liste in Stücke zerhauen: Saddams stark verteidigter Uferpalast in Bagdad lag in Trümmern; das ITT-Gebäude in der Innenstadt sollte Berichten zufolge »glühen«; zwei wichtige Scud-Raketenabschußbasen im Westirak waren schwer beschädigt, die nach unserer Information wichtigsten Bunker mit biologischen und nuklearen Waffen waren zerstört. Währenddessen vernichteten Geschwader von A-10-Kampfflugzeugen Nachschubdepots entlang der irakischen Front: »Sie können gar nicht schnell genug nachgeladen werden«, sagte uns die Luftwaffe. Dort wies man uns darauf hin, daß die Treffgenauigkeit zunächst geringer war als geplant – die F-117 hatten in der ersten Angriffswelle nur fünfundfünfzig Prozent ihrer Bomben ins Ziel gebracht und die F-111 etwa siebzig Prozent –, daß sich aber ihre Präzision im Laufe des Tages verbessert habe.

Wichtiger war noch: Nur zwei unserer Flugzeuge wurden als Verluste gemeldet – eine erstaunlich geringe Zahl, verglichen mit unseren Befürchtungen, daß wir am ersten Tag bis zu fünfundsiebzig Maschinen verlieren könnten. Horner und sein Planungsstab hatten offenbar ganze Arbeit geleistet, um das moderne Luftabwehrsystem der Iraker auszuschalten. Indem sie seine Radaranlagen bombardierten und zerstörten, hatten sie es geblendet; indem sie seine Kommandozentren angriffen, hatten sie es gelähmt. Obwohl die Piloten berichteten, daß es über Bagdad von Bodenluftraketen und Flakgeschossen nur so wimmelte, schossen die Iraker ungezielt in die Luft, ohne daß sie unsere Maschinen getroffen hätten. Wir hatten hingegen sechs irakische MiG- und Mirage-Jagdflugzeuge abgeschossen. Dutzende weiterer irakischer Flugzeuge stiegen zwar von ihren Basen auf, flogen aber einfach nur herum und wichen unseren Maschinen aus. Wir konnten uns keinen Reim darauf machen, was das bedeuten sollte: Hatten sie Befehl, sich auf keinen Kampf einzulassen? Fürchteten sie, von ihren eigenen Bodentruppen getroffen zu werden? Waren es Feiglinge? Horner vermutete, daß der Irak seine Luftwaffe schonte, um uns später anzugreifen. Das schien mir einigermaßen einleuchtend zu sein. »Wir werden es wissen, sobald sie die Katze aus dem Sack lassen«, sagte ich zu Powell.

Bei der abendlichen Lagebesprechung überbrachte mir Burt Moore die Mitteilung, auf die ich den ganzen Tag gewartet hatte: Das Heer hatte sich in Bewegung gesetzt, die Einheiten wurden für die Bodenoffensive umgruppiert. Auf der »Schlaglochpiste«, der desolaten zweispurigen Straße, die von der saudischen Stadt Hafar al-Batin nahe dem südlichen Zipfel von Kuwait in westlicher Richtung nach Jordanien führte, hatten die schweren Laster des XVIII. Luftlandekorps und des VII. Korps begonnen, Vorräte und Ausrüstung nach Westen zu transportieren. Am Ende des ersten Kriegstages erstreckte sich der Konvoi über eine Länge von einhundertneunzig Kilometern.

> 17 JAN 91 D-DAY [Tag des Angriffs]
>
> 1830 Telefonkontakt mit dem Vorsitzenden. CINC besprach unsere gegenwärtige Postsperre. Der CINC sagte, wir sollten weltweit einen Appell veröffentlichen: Truppen seien unterwegs und würden aller Wahrscheinlichkeit nach keine größeren Postsendungen erhalten. Wir würden die Öffentlichkeit bitten, keine Pakete zu schicken.

Am Freitagmorgen, drei Uhr früh – wir hatten zu diesem Zeitpunkt über vierundzwanzig Stunden in der Kommandozentrale verbracht –, wurden sieben Scud-Raketen aus dem Westirak auf Israel abgefeuert. Die Luftwaffe ließ sofort sieben F-15-Maschinen aufsteigen, um die Abschußbasen zu bombardieren; zur gleichen Zeit trafen Berichte über Explosionen in Tel Aviv bei uns ein. Powell rief uns an, um uns darauf hinzuweisen, daß sich Washington angesichts eines möglichen israelischen Eingreifens in heller Aufregung befinde. Es war einundzwanzig Uhr an der Ostküste, und die Sender berichteten live aus Tel Aviv, ihre Korrespondenten trugen Gasmasken. Die Israelis fanden schnell heraus, daß die Scuds konventionelle Sprengköpfe getragen hatten und kein Giftgas. Aber das war nur ein schwacher Trost. Die ganze Welt war Zeuge der Drohung gewesen, die Saddam Monate zuvor ausgesprochen hatte – daß er halb Israel mit chemischen Waffen vernichten würde.

Binnen einer Stunde kam es zu einem weiteren Abschuß – diesmal war es eine Scud aus dem Südirak, die in Richtung Dharan flog. Batterien in der Nähe des Luftwaffenstützpunktes von Dharan feuerten vier Patriot-Abwehrraketen ab. Zu unserer Freude holten die Patriots – ursprünglich als Flugzeugabwehrwaffen entworfen und erst vor kurzem umgebaut, um auch Raketen abzufangen, und nie im Kampf erprobt – die Scud vom Himmel. Dann stiegen kurz vor fünf Uhr morgens Dutzende von israelischen Kampfflugzeugen von ihren Stützpunkten auf. Wir waren darauf gefaßt, daß sie einen Vergeltungsangriff gegen den Irak fliegen würden, aber sie verließen den israelischen Luftraum nicht. Als der Freitagmorgen ohne weitere Scud-Angriffe dämmerte, berichtete uns ein erschöpft klingender Powell, daß Washington – zumindest fürs erste – Tel Aviv überredet hatte, seine Luftwaffe zurückzurufen.

Die Scud-Rakete war eine plumpe, überholte sowjetische Rakete, die ursprünglich konzipiert worden war, einen Sprengkopf von einer halben Tonne Gewicht über eine Distanz von dreihundert Kilometern zu schießen und das Ziel auf achthundert Meter genau zu treffen – präzise genug für sowjetische Zwecke, da ihre Scuds Atomsprengköpfe transportieren konnten. Die Iraker hatten herausgefunden, daß man die Reichweite der Rakete in etwa verdoppelte, wenn man zwei Scuds mit den Enden aneinanderschweißte oder die Rakete etwas verlängerte, wobei allerdings die Nutzlast drastisch reduziert werden mußte. Auf diese Weise stand ihnen letztlich eine Waffe von knapp fünfhundert Kilometer Reichweite zur Verfügung, die ein Ziel mit einem Sprengkopf von nur einhundertsechzig Pfund auf einige Kilometer genau treffen konnte. Militärisch entsprach das einer zufällig abgeworfenen Bombe, wonach das Flugzeug das Weite suchte – schrecklich für jeden, auf den die Bombe fiel, aber im allgemeinen Rahmen des Kriegsgeschehens ein bloßer Mückenstich. Jedoch war die Scud als Terrorwaffe gegen die Zivilbevölkerung gefürchtet: Im iranisch-irakischen Krieg hatten die Iraker Teheran auf ähnliche Weise mit Scuds beschossen wie die Nazis seinerzeit London mit V-2-Raketen.

Inzwischen hatten unsere Bomber jede bekanntgewordene Scud-Stellung im Westirak ausgeschaltet und dabei sechsunddreißig fest installierte Abschußrampen und zehn mobile Einheiten vernichtet. Aber ich wußte, daß die übriggebliebenen mobilen Abschußrampen uns Probleme bereiten würden – die niedrigen, achträdrigen Fahrzeuge, etwa so groß wie große Tanklastzüge, waren teuflisch schwer auszumachen.

Drei weitere Scuds schlugen in Israel ein (Tel Aviv bekam zwei ab, Jerusalem eine), und am Samstagmorgen überreichte mir mein Operationschef eine Nachricht vom Joint Staff. Die Israelis wollten ihren eigenen massiven Gegenschlag gegen den westlichen Irak führen. Sie hatten dafür hundert Flugzeuge am nächsten Morgen, hundert weitere Flugzeuge am folgenden Nachmittag vorgesehen, Angriffe mit Apache-Hubschraubern in der Nacht darauf sowie Kommandounternehmen. In jedem der Fälle sollten ihre Verbände den Irak über dem *saudiarabischen* Luftraum erreichen. Ich rief Powell sofort an: »Die Saudis werden das nie schlucken, und man kann das nicht hinter ihrem Rücken machen. Sie haben Leute in unseren AWACS-Maschinen. Sie werden es sofort mitkriegen.«

Später am Vormittag berichtete Powell, daß Prinz Bandar auf Antrag Washingtons bei König Fahd angefragt hatte, ob die Israelis Überflugrechte für ihren Angriff erhalten würden. Der König hatte abrupt reagiert: »Auf keinen Fall.« Powell sagte ferner, daß Präsident Bush dabei war, den israelischen Premierminister Yitzhak Schamir anzurufen, um ihn von der Idee eines Vergeltungsschlages abzubringen. Er würde drei Argumente anführen: Wir hätten bereits alle bekannten Scud-Basen ausgeschaltet; wir würden unsere Angriffe mit mehr Flugzeugen und mit größerer Feuerkraft fortsetzen, als die Isrealis sie aufzubringen vermochten, und ein israelisches Eingreifen würde die Koalition, an der wir so hart gearbeitet hatten, belasten und womöglich sprengen. Im Central Command hatten wir schon einen Abzug unserer Flugzeuge aus dem Westirak eingeplant, um Zusammenstöße im Falle eines isrealischen Luftangriffs zu vermeiden, als Powell erneut anrief und sagte, daß sich Israel bereit erklärt hatte, abzuwarten.

Wir konnten den Druck nachempfinden, den Israel auf Washington ausübte, weil Washington ihn prompt an uns weitergab. Zunächst schlug der Joint Staff vor, daß wir Israel erlauben sollten, Planungsoffiziere zu entsenden, die in meinem Hauptquartier in Riad sitzen und unsere Luftwaffe anweisen würden, welche Ziele sie zu bombardieren hätte. Ich sagte ihm, daß ich das für eine Schnapsidee hielte: »Wie kann jemand glauben, die Isrealis hätten bessere Informationen über die Ziele als unsere Luftwaffe? Wir beobachten diesen Teil des Irak mit der raffiniertesten Aufklärungstechnologie, die es gibt.« Außerdem konnte ich es nicht fassen, daß ich nach monatelangen Bemühungen immer noch erklären mußte, daß die Anwesenheit israelischer Offiziere die Glaubwürdigkeit des Central Command bei den Arabern untergraben würde – immer vorausgesetzt, die Saudis würden sie überhaupt in ihr Königreich lassen.

Dann erhielten wir vom Joint Staff Befehl, Ziele zu bombardieren, die auf einer Liste standen, die die Israelis Verteidigungsminister Cheney vorgelegt hatten. Die meisten Ziele hatten wir bereits getroffen; wir führten bei den anderen Angriffe durch und fanden dort nichts. Horner hatte genug: »Sir, das ist verrückt. Wir können uns nicht von ein paar Israelis, die von unserem Gesamtkriegsplan keine Ahnung haben, sagen lassen, wo wir unsere Bomben abwerfen sollen. Wir werfen Bomben auf Sanddünen. Wir setzen damit das Leben unserer Piloten aufs Spiel.« Und ich versuchte, Powell umzustimmen. »Wir tun, was Sie uns sagen, aber einfach Bomben aus dem Himmel regnen zu lassen, widerspricht jeder militärischen Logik.«

Wir reagierten auf den Druck, indem wir gut ein Drittel der mehr als zweitausend täglichen Kampf- und Unterstützungsflüge für die Scud-Jagd abstellten. F-15- und F-16-Piloten nahmen wiederholt das Risiko eines konzentrierten Beschusses mit Flugzeugabwehrraketen auf sich, um Scud-Silos und vermutete Abschußrampen im Westirak zu bombardieren. Am 19. Januar traf eine Scud-Zerstörungsflotte auf vier irakische MiGs und eine Mirage, die ihren Angriff zu blockieren versuchten. Die amerikanischen Kampfflugzeuge schossen sie alle ab. Wir hatten bereits Spezialeinheiten der Koalition tief in den Irak geschickt, um die Straßen zu beobachten und mobile Startrampen zu melden. Diese Aufträge waren äußerst gefährlich; der gesamte Irak glich einem Heerlager. Selbst Gebiete, die auf der Landkarte menschenleer aussahen, wurden unablässig von bewaffneten Patrouillen durchkämmt, die abgeschossene Piloten gefangennehmen sollten. Wir hatten auch die Witterungsbedingungen im gebirgigen Nordwesten des Irak unterschätzt. Dort herrschte Winter, und es war abwechselnd eiskalt und naß. In einer Kommandoeinheit erfroren sogar zwei Männer. Aber jeden Morgen, sobald der Bodennebel verschwand, überflogen schwergepanzerte A-10-Angriffsflugzeuge die Straßen und Täler des Westirak in der Hoffnung, Scud-Startrampen zu erwischen.

> 19 JAN 91 D + 2
>
> 1631 Telefonkontakt mit dem Vorsitzenden. Der CINC wies darauf hin, daß die erste Bombe, die wir auf Bagdad abgeworfen hatten, der Zerstörungskraft aller von den Irakern abgefeuerten Scuds (zehn) entsprach.
>
> 2055 Generalleutnant Chalid bat den CINC, ihm Karten mit allen bisher getroffenen Zielen zur Verfügung zu stellen, damit er sie Prinz Sultan zeigen könne. Der CINC lehnte ab. Wir werden sie mit Informationen versorgen, aber wir können keine Stabsleute abstellen, die für sie arbeiten.

Die mobilen Startrampen waren schwieriger aufzuspüren, als wir erwartet hatten. Einige hatten wir zerstört, aber immer wieder flogen unsere Bomber zu Stellen, von denen eine Rakete abgeschossen worden war, nur um sie verlassen vorzufinden. Wir standen vor einem Rätsel. Dann fand Chalid eine Erklärung. In Gesprächen mit unter seinem Kommando stehenden Ägyptern – die Ägypter kannten sich mit den sowjetischen Waffen aus, weil sie früher mit einer Menge davon ausgerüstet waren – hatte er herausgefunden, daß eine mobile Abschußrampe bereits sechs Minuten nach dem Abfeuern wieder davonfahren konnte. Unsere Nachrichtendienste waren von dreißig Minuten ausgegangen. Nun wurde uns alles klar: Wenn wir den Start einer Scud entdeckt und die Koordinaten an unsere startenden Piloten weitergegeben hatten, waren die Iraker schon über alle Berge.

Am Montag, dem 21. Januar, bekamen mein Stab und ich kurz nach Mitternacht einen Geschmack davon, was die Israelis durchgemacht hatten: Riad wurde mit Scuds beschossen. Wir orteten sechs Raketen, die auf uns zuflogen und in weniger als drei Minuten einschlagen würden. Überall in der Stadt ertönten Sirenen, und die Patriot-Batterien befanden sich in höchster Alarmbereitschaft; wir hielten in unserem tiefgelegenen Kommandoraum die Gasmaken griffbereit. Noch ehe eine Minute vergangen war, wurde die Tür aufgestoßen, und herein kamen Chalid und sein ganzer Stab, alle mit der Gasmaske in der Hand. Uns allen schlug das Herz bis zum Hals; der Kommandoraum im Verteidigungsministerium war nicht luftdicht, und wenn wir auch nicht annahmen, daß der Irak bei seinen Scuds chemische Sprengköpfe einsetzte – in all den Jahren, in denen wir ihre Raketentests beobachtet hatten, hatten wir nie welche entdeckt –, so warfen wir alle in diesen Minuten nervöse Blicke auf die Ventilationsschlitze des Lüftungssystems.

Die Raketen schlugen, wie nicht weiter überraschend, Kilometer entfernt ein, und wir waren alle bereits wieder bei der Arbeit, als die Berichte eintrafen: niemand getötet, niemand verletzt und *elf* von den Patriot-Batterien gemeldete Abschüsse (sie hatten wiederholt dieselben Scuds abgeschossen – das System hatte immer noch ein paar Kinderkrankheiten). Techniker, die die Scud-Einschlagstellen untersuchten, meldeten keinerlei Hinweise auf C-Waffen.

Als in den nächsten Tagen weitere Scuds auf uns abgeschossen wurden, bat mich König Fahd zu sich in den Palast. Er wollte wissen, was wir unternahmen, um die Angriffe zu stoppen, und ich erklärte ihm, wieso die Scuds an sich nur eine geringe Bedrohung darstellten. Der König schien zufrieden zu sein. Während Chalid als Dolmetscher fungierte, wollte er wissen, welche weiteren Waffen Saddam noch in der Hinterhand haben könnte. »Heute hat Saddam im Radio ein Gebet für die Einwohner von Riad gesprochen. Er sagte, er werde in zwei Tagen seine ›Spezialwaffe‹ einsetzen, um alle Leute hier zu treffen.« Ich erklärte ihm gerade, weshalb ich Saddams Drohung nicht ernst nehmen würde, als die Sirenen ertönten. Chalid stürzte aus dem Raum, um herauszufinden, was los sei. König Fahd fragte auf englisch: »Ist das ein Scud-Angriff?«

»Ja, Eure Majestät, das ist einer.«

Chalid kam zurück und schlug vor, daß der König in Deckung gehen solle: »Eure Majestät«, pflichtete ich bei, »sollten in den Luftschutzbunker gehen, nur als Vorsichtsmaßnahme. Ich glaube nicht, daß irgendeine Gefahr besteht, aber ein verirrter Gefechtskopf könnte den Palast treffen.«

Der König stand auf, dankte mir ruhig und entfernte sich mit seinen Adjutanten. So saßen Chalid und ich allein da. Ich wußte, daß wir hier, statistisch gesehen, sicherer waren als beim Überqueren einer Straße in Manhattan. Doch da es nichts Besonderes zu tun gab, als auf die Entwarnung zu warten, fragte ich den Prinzen: »Haben Sie je Ihre Gasmaske angelegt?«

»Sollte ich das?«

»Ja, Gasmasken müssen luftdicht angelegt werden. Während wir hier herumsitzen, könnte ich Ihnen zeigen, wie man das macht.«

Ich legte meine Gasmaske an, Chalid die seine und ich zeigte ihm, wie man Bänder einstellt. Im selben Augenblick kamen vier Mitglieder des Hofstaates herein. Als sie uns sahen, erschraken sie, rissen ihre eigenen Masken aus den Behältern und zogen sie hastig über.

Die Häufigkeit der Scud-Angriffe nahm zusehends ab. In der ersten Woche von »Desert Storm« hatten die Iraker fünfunddreißig Scuds abgefeuert; in der zweiten Woche achtzehn; danach brachten sie es nur gerade eben auf eine Rakete pro Tag. Die letzten Abschüsse waren fast nicht mehr zielgerichtet: Ein Raketentrupp hastete aus seinem Versteck, machte die Rampe abschußbereit, feuerte ohne zu zielen und fuhr dann so schnell wie möglich wieder davon. Man muß in aller Fairneß sagen, daß ihnen auch nicht viel anderes übrigblieb. Zu dieser Zeit setzte die Luftwaffe bereits Jagdbomber ein, die über dem Westirak rund um die Uhr patrouillierten.

Horner hatte ausgezeichnete Arbeit geleistet. In weniger als zwei Wochen hatte die Koalition dreißigtausend Einsätze geflogen. Und obwohl die Iraker behaupteten, mehr als einhundertachtzig Flugzeuge abgeschossen zu haben, hatten wir tatsächlich nur achtzehn Maschinen verloren. Horner hatte die irakische Luftabwehr systematisch zerstört, daher war es wenig wahrscheinlich, daß wir noch größere Verluste erleiden würden. Iraks Luftabwehrbatterien waren von uns angegriffen worden und die meisten Luftabwehrgeschosse bereits verfeuert oder durch Bomben zerstört. Nur fünfzehn Prozent der irakischen Luftwaffe galten als zerstört. Der Rest war in Bunkern versteckt, die wir regelmäßig angriffen, auf Stützpunkte in den Iran geflohen oder auf Feldern, in den Bergen oder in Wohngebieten versteckt. Die erste Phase von Chucks strategischem Bombardement hatte sich länger als die sechs Tage hingezogen, die er ursprünglich berechnet hatte, was mit dem schlechten Wetter und der Abstellung von Flugzeugen für die Scud-Jagd zusammenhing. Aber die Bombardierung war so effektiv, daß die Verspätung kaum etwas ausmachte.

In der letzten Januarwoche gehörte der Himmel über dem Irak der Koalition. Wir hatten genau das erreicht, was wir uns vorgenommen hatten. Wir hatten das irakische Militärsystem lahmgelegt, während

Landwirtschaft und Handel größtenteils intakt blieben und die irakische Zivilbevölkerung kaum Verluste erlitt.

In den meisten Nächten blieb ich wach, um auf mögliche Scud-Angriffe zu warten – sie erfolgten üblicherweise zwischen zwei und vier Uhr früh. Da Washington acht Stunden hinter Riad zurücklag, konnte ich mit einer Vielzahl nächtlicher Telefonanrufe rechnen, wenn die dortigen Aktivitäten am Nachmittag ihren Höhepunkt erreichten. Ich verbrachte Nachtstunden damit, verschiedene Angelegenheiten mit Chalid zu erledigen, wobei ich mithalf, die arabische Koalition und seine eigenen Kräfte für den Krieg zu rüsten. Ich ging kurz vor der Morgendämmerung zu Bett – mein Stab hatte stehenden Befehl, mich zu wecken, sollte sich etwas Wichtiges ereignen –, um vor der morgendlichen Lagebesprechung zu schlafen. Mittags legte ich mich, sofern es die Lage gestattete, zu einem zweistündigen Mittagsschlaf hin. Ich hatte mein Quartier in einen kleinen Kellerraum verlegt, genau gegenüber dem Korridor zum Kommandoraum. Ich hatte an meine Erfahrungen in Vietnam gedacht: Ich wollte neben den Funkgeräten schlafen, die mich mit meinen Truppen verbanden.

Ich bekam kaum vollständige Mahlzeiten in den Magen. Stabsfeldwebel Wayne »Smitty« Smith, der mir zur Seite stand, pflegte mich zu fragen: »Sir, was mögen Sie zum Abendessen?« Ich konnte mich normalerweise zwischen Nudelsuppe aus der Tüte (Brenda hatte einen Karton mit verschiedenen Geschmacksrichtungen geschickt) und einem Hotdog aus der Mikrowelle entscheiden. Manchmal gingen einige Stabsmitglieder zum Abendessen in den saudischen Offiziersklub und brachten mir ein Sandwich mit.

Das heißt nicht, daß ich wegen »Desert Storm« abgenommen hätte. Wann immer ich konnte, besuchte ich die Einheiten, aber meistens klebte ich einfach auf meinem Stuhl, bediente Telefone und Funkgeräte oder schaute mir Karten und Computerbildschirme an. Irgend jemand lief ständig mit einer Schachtel Plätzchen von zu Hause durch den Kommandoraum. Wir stopften uns damit voll und stöhnten dann: »Uff! Es reicht! Weg mit dem süßen Zeug!«

Ich rief zweimal in der Woche meine Familie an und versuchte die Telefonate so zu legen, daß die Kinder zu Hause waren. Wenn ich von Cindys Semesterabschlußarbeit hörte oder von den Siegen von Jessicas Ruderteam oder von Christians letzten Mathematikprüfungen, brachte das ein Hauch von Normalität in die unwirkliche Welt, in der ich mich befand. Brenda berichtete mir von ihren Aktivitäten: Sie und die Frauen anderer Generäle beim Luftwaffenstützpunkt MacDill hatten ein Hilfsprogramm für Familien organisiert, deren Männer oder Frauen am Golf waren, und die Ehefrauen junger Offiziere oder Soldaten kamen zu ihnen und baten sie bei Problemen um Rat.

Einige unserer Gespräche wurden unerwartet sehr emotional. An dem Abend, an dem der erste Scud-Angriff auf Riad erfolgte, rief ich zufällig auch zu Hause an. Christian nahm ab, und als ich ihn fragte: »Wie geht's?« antwortete er: »Nicht besonders, Dad.« Das sah ihm gar nicht ähnlich. Dann kam Brenda ans Telefon und erklärte, sie hätten gerade über das Fernsehen mitbekommen, daß Riad unter Scud-Beschuß liege. »Macht euch keine Sorgen«, beruhigte ich sie. »Die sind schon runtergekommen. Ich befinde mich zwanzig Meter unter dem Erdboden. Ich bin keineswegs in Gefahr«. Das war eine deutliche Mahnung, wie der Krieg auch die Leute an der Heimatfront betraf.

Bei einem anderen nächtlichen Anruf nahm Brenda weinend das Telefon ab. »Gott, Brenda, was ist los? Ist etwas nicht in Ordnung?« Ich dachte sofort, einem der Kinder wäre etwas zugestoßen.

Sie platzte heraus: »Ich habe gerade deinen Brief bekommen.« Mein Brief, am Vorabend des Krieges geschrieben, hatte zwei Wochen bis nach Tampa gebraucht. Sie sagte: »Norm Schwarzkopf, wenn du umkommst, spreche ich kein Wort mehr mit dir.«

Tageslicht sah ich nur, wenn ich ins Feld ging. Solange der Luftkrieg andauerte, arbeitete ich weiterhin wie verrückt am Plan für die Bodenoffensive, überwachte die Vorbereitungen und besuchte Kommandeure überall im Kriegsgebiet. Die Moral war hoch. Die Soldaten wußten, daß sie angriffsbereit waren, und sie waren froh, daß die langen Stunden des Herumsitzens in der Wüste nun ein Ende hatten. Bei einer Artillerieeinheit des 3. Panzer-Kavallerieregiments an der Front fand ich die Jungs zum Lachen und Scherzen aufgelegt. Ich sollte ihnen ein Autogramm auf eine Artilleriegranate geben und sie versprachen, daß sie diese als erste abfeuern würden, wenn wir den Angriff begannen. Ich besuchte Marineinfanteristen, die sich in der Nähe der saudisch-kuwaitischen Grenze verschanzt hatten. Ihr Motto war: »Wir gehen nicht in den Krieg, Sir, wir gehen nach Hause, und der Weg nach Hause führt eben geradewegs durch Kuwait.«

Wir hatten ganze Divisionen so weit nach vorn verlegt, daß man selbst mit dem Flugzeug oder Hubschrauber lange brauchte, um zu ihnen zu gelangen. Vom Flugzeug aus staunte ich, was das Heer geschafft hatte. Wir unterboten sogar den Zeitplan, den Pagonis aufgestellt hatte. Wo es zwei Wochen zuvor nur Wüste, eine Pipeline und ein vereinzeltes Beduinenzelt gegeben hatte, erstreckten sich nun große Tarnnetze, die Tausende von Tonnen Lebensmittel, Ersatzteile, Treibstoff, Wasser und Munition für die Offensive verbargen. Die Straße glich einer staubigen Karawane von Lastwagen, Tanklastzügen, Humvee-Jeeps, schweren Transportpanzern und gepanzerten Truppentransportern – Tausende von Fahrzeugen, die sich von Horizont zu Horizont bewegten. Was ich sah, nahm mir auch den leisesten Zweifel, daß wir den Bodenangriff Mitte Februar nicht schaffen würden.

Hexerei war nirgendwo im Spiel; allerdings hing viel vom amerikanischen Einfallsreichtum ab. Yeosock, Pagonis und ihre Leute hatten alle möglichen Probleme gelöst, die in West Point nicht auf dem Lehrplan standen. Etwa die große Lastwagenfahrerkrise. Um unsere Munition und Vorräte zu transportieren, waren wir auf Lastwagen angewiesen, die wir von zivilen Unternehmern liehen und die von Pakistanis, Bangladeschern, Filipinos und Bengalis gefahren wurden. Wir hatten Schlafquartiere für die Fahrer vorbereitet, aber sie waren es gewohnt, zu Hause zu übernachten. Wenn sie also eine Ladung Granaten an die Front geschafft hatten – eine Arbeit, die sie ohnehin nicht besonders mochten –, fuhren sie lieber in die Firmengarage und nach Hause zurück. Dann mußten wir ihren Arbeitgeber bitten, sie wieder zurückzuschicken, was angesichts der Distanzen und der umständlichen Art und Weise, in der die Saudis ihre Geschäfte betrieben, viel Zeit beanspruchte. Eines Tages entdeckte jemand, daß die Fahrer eine Schwäche für Videos amerikanischer Catcher hatten – Hulk Hogan gegen Macho Man Randy Savage, André der Riese gegen Jake die Schlange und so weiter. Also stellten Pagonis Transportoffiziere ein riesiges Zelt mit einem Großbildschirm bei unserer wichtigsten Nachschubbasis in der Nähe von Dharan auf. Jeden Morgen, wenn die Fahrer losfuhren, sagte der Offizier die nächtlichen Kämpfe an. Am Ende des Tages rasten die Fahrer zurück, um sie sich anzusehen, und sie standen uns somit für die Fahrten am nächsten Morgen gleich bereit.

Es gab jedoch auch Probleme, die nicht einmal Gus Pagonis lösen konnte. Unsere Korps- und Divisionskommandeure waren entschlossen – und zwar völlig zu Recht –, ihre Truppen wie befohlen angriffsbereit in Stellung zu bringen. Aber wenn ein General dann nicht so viele Lastwagen erhielt, wie er zu brauchen meinte, beschwerte er sich beim Hauptquartier der Dritten Armee oder stauchte Pagonis zusammen. Das geschah so oft, daß ich schließlich bei Gus nachfragen mußte, was denn los sei. »Sir, diese Kerle denken, wir hätten ein Logistiksystem wie in Europa, und sie fordern mehr als ihren gerechten Anteil an Lastwagen und Nachschub.« Ich versuchte erst gar nicht zu vermitteln, ich hatte eine bessere Idee. Powell und ich waren uns schon darüber einig geworden, daß Pagonis ebensoviel Verantwortung trug wie andere Kommandeure auf dem Kriegsschauplatz und befördert werden sollte. Also bat ich Powell, seine Ernennung zum Dreisternegeneral zu beschleunigen. Der Präsident stimmte dem Gesuch am 28. Februar zu; es war die einzige Beförderung, die wir während des Unternehmens »Desert Storm« vornahmen. Nun war Gus den anderen Feldkommandeuren im Rang gleichgestellt oder überlegen, und er konnte ihnen unverblümt seine Meinung sagen, wenn es sein mußte. Ihr Verhalten ihm gegenüber verbesserte sich schlagartig.

In den ersten zehn Tagen des Krieges war es an der Front, bis auf ein gelegentliches Artillerieduell, ruhig gewesen. Doch in der Nacht vom Dienstag, dem 29. Januar, führte die irakische 5. motorisierte Division an drei Stellen entlang der saudisch-irakischen Grenze Panzerangriffe durch. Eine der Panzerkolonnen stieß auf ein Bataillon der Marineinfanterie und wurde schnell zurückgeschlagen. Aber die beiden anderen stießen nur auf geringen Widerstand von Aufklärungseinheiten und schlugen sich bis nach Al Khafji (Chafdschi), einem Ölverarbeitungszentrum an der saudischen Küste, dreizehn Kilometer südlich von Kuwait, durch.

Al Khafji, die einzige saudische Ortschaft, die in Reichweite der irakischen Artillerie lag, war eine Geisterstadt. Die zwanzigtausend Einwohner waren geflohen, nachdem der Ort in der ersten Nacht des Krieges unter Beschuß geraten war. Wir hatten keine Truppen im Ort gelassen, wei ich Chalid sehr früh darauf hingewiesen hatte, daß Al Khafji nicht zu verteidigen wäre. »Der Gegner könnte euch jederzeit von seiner Seite der Grenze aus mit Artilleriefeuer belegen.« Chalid war der Entschluß sehr schwergefallen – er hatte von König Fahd die Anweisung erhalten, jeden Quadratzentimeter des Königreiches zu verteidigen –, aber schließlich war er einverstanden und zog seine Truppen ab.

Das Schicksal wollte es, daß Chalid gerade an dem Abend in den östlichen Teil des Landes gereist war, um seine Truppen zu inspizieren. Er telefonierte gerade mit mir, als wir eine Meldung erhielten, daß irakische Truppentransporter in der Stadt gesichtet worden seien. »Kein Problem«, versicherte ich ihm. »Wenn sie am Morgen noch da sind, können Sie einen Vorstoß unternehmen und sie rauswerfen. In der Zwischenzeit belegen wir sie mit Luftangriffen.« Bald erschien Generalmajor Abd el-Asis el-Scheich, sein Stellvertreter, um mich zu informieren, daß General Chalid am nächsten Tag einen Gegenangriff zur Rückeroberung von Al Khafji leiten würde. »Sehr gut«, sagte ich. »Genau das sollten Ihre Truppen tun. Wir geben Ihnen alle erforderliche Luftunterstützung.«

Am nächsten Morgen spitzte sich die Lage erheblich zu. Die Saudis versuchten, ein Panzerbataillon nördlich um die Stadt herumzuführen, um den Irakern den Rückzug abzuschneiden. Aber sie stießen auf sehr viel mehr feindliche Panzer, als sie erwartet hatten. Zu unserem Erstaunen versuchte die gesamte irakische 5. motorisierte Division – beinahe vierhundert Panzer und gepanzerte Truppentransporter –, über die Küstenstraße hinunter nach Al Khafji zu gelangen. Die Saudis waren gezwungen, sich zurückzuziehen, und wir schickten die Luftwaffe und die Marineinfanterie. Unsere Flugzeuge und Kampfhubschrauber belegten die feindliche Panzerkolonne den ganzen Tag mit einem höllischen Bombardement, bis sich die Piloten beklagten, daß sie wegen des Rauches keine neuen Ziele ausmachen könnten.

Mein Stab und ich waren verblüfft. Es gab keinerlei Hinweise darauf, daß der Irak eine größere Offensive vorbereitete, und Saudi-Arabien mit einer einzigen Division anzugreifen, widersprach jeder militärischen Logik. Ein Analytiker versuchte dem Unternehmen einen Sinn abzugewinnen, indem er es einen »Störangriff« nannte einen Stoß, den Verteidiger ausführen, um einen erwarteten Angriff ihrer Gegner zu stören. Aber schließlich kamen wir überein, daß es sich um ein Propagandamanöver handeln mußte: Saddam wollte der Weltöffentlichkeit zeigen, daß der Irak, trotz der Bombardierung durch die Koalition, ungebrochen war. Nur machte er dabei einen weiteren Fehler. Jetzt saß seine Division nämlich in der Falle: Wenn sie versuchte, sich zurückzuziehen, war sie noch mehr Luftangriffen ausgesetzt; südlich der Stadt nahmen ihnen amerikanische Marineinfanteristen und Einheiten aus Katar jede Möglichkeit zum weiteren Vorrücken. Chalid und sein Stab bereiteten für den nächsten Morgen einen weit größeren Gegenangriff vor.

Doch als der Tag endete und Al Khafji noch immer in irakischen

Händen war, verlor König Fahd die Geduld: Der Gedanke, daß irakische Soldaten irgendeinen Teil des Königreiches besetzt hielten, ging über die Grenzen des Erträglichen. Ich war mit unserer taktischen Stellung derart zufrieden gewesen, daß ich saudische Empfindlichkeiten völlig ignoriert hatte. Abd el-Asis suchte mich im Kommandoraum auf und deutete an, daß General Chalid große Schwierigkeiten bekommen könnte. Prinz Sultan war im Ministerium gewesen und hatte mich gesucht. Er war frustriert weggegangen, als man ihm mitteilte, ich sei im »Hyatt« gegenüber und würde eine Pressekonferenz abhalten. Abd el-Asis erinnerte mich an meinen vietnamesischen Freund Truong. Er war ein schmaler Mann, der selten lächelte und das Gewicht der Welt auf seinen Schultern zu tragen schien. Nun hatte er die unglückliche Rolle, in einer explosiven Situation als Vermittler auftreten zu müssen. »General Chalid hat Prinz Sultan erklärt, er habe Ihre Ratschläge befolgt. Daher fordert Sie Prinz Sultan auf, dem König in einem Brief zu erklären, weshalb den Irakern erlaubt wurde, Al Khafji zu besetzen.«

Mir dämmerte, daß Chalid den König, seinen Onkel, über seine Entscheidung, die Garnison aus Al Khafji abzuziehen, gar nicht informiert hatte. »Gerne«, sagte ich. »General Chalid hat genau das Richtige getan.«

Abd el-Asis ging. Ich hatte kaum mit dem Diktat des Briefes angefangen, als er in noch bedrückterer Stimmung zurückkam und sich neben mich setzte. »König Fahd möchte wissen, ob Sie Al Khafji zerstören können.«

»Wie bitte?«

»Der König will wissen, ob Sie Bomber ausschicken und Al Khafji umgehend zerstören können.« Dem König war es lieber, die Stadt dem Erdboden gleichzumachen, als sie auch nur einen weiteren Tag den Irakern zu überlassen. Es erinnerte mich an die biblische Geschichte über das Besäen der Felder mit Salz.

»Ich bedaure, aber so etwas tun wir nicht«, sagte ich. »Können Sie sich vorstellen, welchen Eindruck es machen würde, wenn die Vereinigten Staaten eine saudische Stadt in Trümmer legen würden, nur weil sie von einer Handvoll Iraker besetzt wird?«

Ich konnte sehen, daß sich Abd el-Asis sorgte, wie er dem Hof meine Antwort beibringen sollte. Aber ich war skeptisch, ob die Anfrage wirklich vom König stammte. Viel wahrscheinlicher war, daß ein Mitglied des königlichen Hofstaats, in der Absicht die Wünsche des Königs vorwegzunehmen, in seinem Namen die hypothetische Frage gestellt hatte. »Überlegen wir mal« sagte ich beruhigend. »Morgen früh werdet ihr Al Khafji besitzen. Jetzt habt ihr es nur deswegen nicht, weil ihr euch zurückgezogen habt. Die Koalition kontrolliert das saudische Gebiet, und morgen früh werden wir Al Khafji besetzen.« Dann fügte ich meinem Brief noch einen Abschnitt hinzu:

> »Ich würde nicht empfehlen, die Streitkräfte der Koalition zur Zerstörung der Stadt Al Khafji einzusetzen, und zwar aus folgenden Gründen:
>
> a) Wie ich oben angeführt habe, ist es militärisch nicht von Bedeutung, daß sich einige wenige irakische Truppen in Al Khafji befinden.
> b) Die Zerstörung der Stadt würde große Mengen von Munition verbrauchen, und wir würden wertvolle Ressourcen ohne militärischen Zweck vergeuden.
> c) Die internationale öffentliche Meinung würde es nie hinnehmen, daß es gerechtfertigt sei, daß Arabien eine seiner Städte dem Erdboden gleichmacht.
> d) Den Irakern wurden in ihrem Land unglaubliche Verluste zugefügt, und sie werden künftig noch sehr viel mehr größere Verluste erleiden. Wir müssen davon ausgehen, daß sie Gegenschläge gegen das Königreich planen. Es gibt viele Grenzstädte, und es ist nicht möglich, sie alle ständig zu verteidigen; doch selbst wenn eine andere Grenzstadt besetzt werden sollte, wird sie nach kurzer Zeit befreit werden. Ich weiß, daß es für jeden von uns sehr schwer ist, auch nur den Verlust eines Zentimeters von unserem Boden zu ertragen, aber in die Geschichtsbücher wird eingehen, daß wir unser Land nicht dadurch retteten, daß wir es zerstörten. Es wird vielmehr dadurch gerettet werden, daß wir es befreien.«

Der Brief endete mit: »Ich weise Sie höchst respektvoll darauf hin, daß Prinz Chalid eine militärisch richtige Entscheidung traf, als er keine Streitkräfte nach Al Khafji verlegte, um die Stadt zu verteidigen.« Wir steckten das Schreiben in einen versiegelten Umschlag, und Abd el-Asis überbrachte es Prinz Sultan.

Hätte der König tatsächlich Al Khafji zerstören wollen, hätte der Brief wahrscheinlich nicht genügt, ihn davon abzubringen. Doch die

Zeit arbeitete für uns. Bei Tagesanbruch starteten die Saudis mit einer Panzerbrigade, Teilen ihrer Nationalgarde und einer Einheit von Katar einen Gegenangriff. Am Nachmittag rief mich Chalid an, überglücklich über seinen Sieg. Er sagte, er habe nur geringe eigene Verluste erlitten, fünfzehn Panzer zerstört und Hunderte von Irakern gefangengenommen. Vom irakischen Standpunkt aus war die Schlacht um Al Khafji ein Debakel. Die 5. motorisierte Division, die als einer der besten Panzerverbände Saddams galt, fast so angesehen wie die Republikanische Garde, war beinahe völlig aufgerieben worden. Wir hörten später irakische Berichte ab, denen zufolge nur zwanzig Prozent der Division den Rückmarsch geschafft hatten. Während des Kampfes hatte sich die hochgerühmte Artillerie des Irak als unwirksam erwiesen. Sie hatte viel Munition verfeuert, ohne daß es ihr je gelungen wäre, sich auf unsere Truppen einzuschießen.

Mit großer Erleichterung schloß ich daraus, daß die irakische Armee nicht halb so geschickt oder gut ausgebildet war, wie man sie dargestellt hatte, und daß wir uns künftig nur über ihren Einsatz von C-Waffen ernsthaft Sorgen machen mußten. Die Schlacht stellte auch einen wichtigen Wendepunkt für die saudische Kampfmoral dar. Chalids Soldaten waren mit wenig Vertrauen in die eigene Kampfkraft in die Schlacht gezogen, aber Saddam hatte sie zu Siegern gemacht. Zuletzt war auch König Fahd zufrieden: Am Abend meldete die königliche Presseagentur triumphierend, daß Al Khafji vollständig von den »aggressiven Kräften« gesäubert worden sei.

22

31 JAN 91 D + 14

1830 Der CINC informierte den Vorsitzenden, daß wir zwei Verluste bei der Transportkompanie des XVIII. Luftlandekorps verzeichneten (ein Mann, eine Frau). Anscheinend hatten zwei Schwerlasttransporte eine Abbiegung auf der »Tapline Road«, der »Schlaglochpiste«, verpaßt und waren weiter nach Norden in Richtung kuwaitische Grenze gefahren. Als sie entdeckten, daß sie sich dem feindlichen Territorium näherten, wendete der eine Fahrer, um zu einem Kontrollpunkt der Marineinfanterie zurückzukehren, wo er Hilfe holen wollte, da der andere steckengeblieben war. Als die Marineinfanteristen eintrafen, stand zwar der Transporter noch an Ort und Stelle, die beiden Soldaten aber wurden vermißt, und es gab irakische Truppen in der Gegend. Der CINC informierte den Vorsitzenden, daß wir eine Suche durchführten und daß dies tatsächlich die erste weibliche MIA (»Missing in Action« = bei Kampfhandlungen vermißter Soldat) war. (Bagdad hatte behauptet, die Iraker hätten bei ihrem Grenzüberfall bei Al Khafji mehrere Frauen gefangengenommen.)

1 FEB 91 D + 15

0250 Nach einem B-52-Angriff auf den kuwaitischen »Nationalpark« im südwestlichen Kuwait flüchteten zahlreiche Feindfahrzeuge aus dem Gelände. A-10-Piloten berichteten folgende Abschüsse: zwanzig Panzer, elf gepanzerte Truppentransporter, zwanzig Lastwagen und drei Raketenwerfer. Die Männer meldeten, das Kampfgebiet habe »einer Wohnung voller Küchenschaben geglichen, in der man das Licht angeknipst hatte«.

Ich schrieb mir ein Zitat aus den Memoiren von General William T. Sherman heraus und klebte es mir auf den Schreibtisch: »Krieg ist das Heilmittel, für das sich unsere Feinde entschieden haben. Und ich sage, wir sollten ihnen davon geben, soviel sie wollen.« Als unsere Kampfflugzeuge in der heißesten Phase der Luftoffensive Druck machten, wußte ich, daß Saddams Soldaten in ihren Bunkern und Fuchslöchern wenig Schlaf bekamen; Tag und Nacht bombardierten unsere B-52-Jagdbomber und Kampfflugzeuge ihre Stellungen entlang der Front. Priorität hatte für uns, die schweren Waffen der Iraker auszuschalten – insbesondere die Artillerie, die eingesetzt werden konnte, um unsere Truppen mit C-Waffen zu beschießen. Aber gleichzeitig wollten wir die Moral des Feindes untergraben. In den Pausen zwischen den Luftangriffen warfen wir Millionen von Flugblättern ab, die mit Hilfe der Saudis verfaßt worden waren. Ein typisches Flugblatt zeigte auf der einen Seite eine Zeichnung mit lächelnden Saudis, die um ein Wüstenfeuer herumsaßen und einem Gast Kaffee servierten, während auf der Rückseite Saddam abgebildet war, der mit einem Messer heimtückisch einen anderen Araber angriff. Die Mitteilung auf arabisch lautete etwa: »Schau, was Saddam getan hat. Ihr besetzt das Land Eures Nachbarn. Wenn Ihr zu uns kommt, werden wir Euch als arabischen Bruder behandeln.«

Nach zwei Wochen Krieg sagten mir meine Instinkte und meine Erfahrung, daß wir, soweit es unsere Kriegsziele betraf, die meisten unserer strategischen Ziele ausreichend bombardiert hatten; jetzt war es, wie ich meinte, an der Zeit, unsere Luftwaffe vor allem gegen die Bodentruppen einzusetzen, auf die wir bei unserer Offensive treffen würden. Aber unsere Experten, ein Team von Schadenbewertungsspezialisten der Nachrichtendienste aus Washington, das dem Central Command zugeteilt war, zeigten sich damit nicht einverstanden. Ihre Aufgabe bestand darin, uns zu sagen, welche Ziele wir erneut angreifen sollten, und seit den ersten Tagen von »Desert Storm« führten sie uns im Kreis herum. Sie teilten uns etwa mit: »Sie haben es nicht geschafft, die Elektrizitätswerke in Bagdad zu zerstören«, während wir doch wußten, daß in Bagdad die Lichter ausgegangen waren. In der Anfangsphase der Scud-Jagd hatten sie uns gesagt, daß die festinstallierten Raketenrampen im westlichen Teil des Irak nur zu fünfundzwanzig Prozent beschädigt seien. Obwohl von diesen Abschußrampen nie wieder eine Scud abgefeuert worden war, durften wir nichts riskieren und schickten Dutzende von Kampfflugzeugen aus, um sie erneut zu treffen.

Die Einschätzung von Kriegsschäden war schon immer eine Kunst gewesen: Analytiker hatten Pilotenberichte, Fotos aus Bombenzielgeräten, Berichte der nachträglichen Flugaufklärung und die wenigen Informationen, die über die feindlichen Linien zu uns vordrangen, zusammengestellt. Aber die Nachrichtenleute hatten seit Jahren versucht, daraus eine exakte Wissenschaft zu machen, vor allem indem sie viele Milliarden Dollar für Überwachungstechnologie ausgaben. Analytikern wurde entsprechend beigebracht, sich größtenteils auf »harte«, durch Aufklärungsflugzeuge und Satelliten gesammelte Hinweise zu verlassen. Wenn also ein Pilot zurückkam und sagte: »Der Bunker ist vor meinen Augen explodiert«, glaubten sie ihm das nicht. Pilotenberichte, behaupteten sie, seien stets übertrieben. Aber ihre Ausrüstung war nicht ganz so perfekt, wie sie glaubten, und sie gönnten sich nicht die Freiheit, eine militärische Einschätzung abzugeben. Daher waren ihre Analysen zwar manchmal großartig, aber ebensooft im Hinblick auf die Kriterien, die ich für die Einschätzung von gegnerischen Einrichtungen, Einheiten und Ausrüstungen festgelegt hatte, völlig sinnlos. Wir konnten uns Fehlurteile nicht leisten: Zu großer Optimismus konnte dazu führen, daß wir den Bodenkrieg zu früh begannen, auf Kosten vieler Menschenleben; zu großer Pessimismus konnte dazu führen, daß wir nur dasaßen und jammerten, der Feind sei noch immer viel zu stark.

Ich ließ sie meine Einschätzung wissen. Oberst Chuck Thomas, unser wichtigster Berater zur aktuellen Nachrichtensituation, war mein ranghöchster Nachrichtenstabsoffizier gewesen, als ich die 24. motorisierte Infanteriedivision kommandiert hatte, und ich wußte, er war ein glänzender Profi, der seinen Beruf sehr ernst nahm. Jeden Abend übergab er mir die letzten Einschätzungsberichte und mußte sich von mir spöttische Bemerkungen anhören wie: »Na, wenn wir einen Bogen einer vierbogigen Brücke weggehauen haben, woraufhin wirklich alles, was darüberwill, in den Euphrat purzelt, würdet ihr Jungs vom Nachrichtendienst mir erklären, die Brücke sei bloß zu fünfundzwanzig Prozent beschädigt.«

Als wir unsere Bombenangriffe von strategischen Zielen auf die irakischen Streitkräfte verlegten, wurden unsere Probleme noch größer. Es war sehr viel leichter, festzustellen, ob wir eine Munitionsfabrik oder ein Depot für biologische Waffen in die Luft gejagt hatten, als ein Bataillon von vierzig in der Wüste eingegrabenen Panzern. Und die Republikanische Garde war buchstäblich in den Untergrund gegangen: Sie hatte Bunker für ihre Mannschaften *und* für ihre Panzer gebaut. Obwohl wir sie täglich mit bis zu dreißig Angriffen von B-52-Bombern belegten, war es daher schwer, die Wirkung genau einzuschätzen. Um das Problem zu lösen, erfanden wir eine Taktik, die wir »Panzerversenken« nannten: Wir schickten einzelne Flugzeuge aus, um einzelne Bunker aufzuklären und sie mit lasergestützten Bomben zu zerstören. Die Piloten kehrten mit Berichten über ihre Treffer zurück. Über der Erde war jedoch wenig von der Zerstörung zu sehen, und die Analytiker blieben hartnäckig dabei, daß die Einheiten der Republikanischen Garde immer noch zu fast einhundert Prozent schlagkräftig wären. Es dauerte nicht lange, und unsere Zwistigkeiten machten Schlagzeilen. Ein Artikel in der »New York Times« (verfaßt in Washington) trug die Überschrift »Irakische Elitetruppen durch Bomben kaum angeschlagen, melden Beamte des Pentagon«, während ein anderer »verfaßt in Dharan« behauptete: »Irakische Elitetruppen nach Aussage der Alliierten durch Luftangriff in Mitleidenschaft gezogen.«

Thomas war ebenso frustriert wie ich. Schließlich sagte ich ihm »Wir müssen uns eine sinnvollere Methode ausdenken.« Er zog sich einige Tage in sein Büro zurück und kam zu meiner großen Freude mit einer Methode wieder, welche die traditionelle und die ultramoderne Technik der Schadeneinschätzung so miteinander verknüpfte, daß sich daraus für alle Beteiligten ein Sinn ergab. Für jede Art von Ziel, beispielsweise feindliche Flugplätze, stellten wir in der Folge auf einem Blatt Papier die »objektive« Einschätzung der Fotoauswerter den »subjektiven« Erkenntnissen unseres Nachrichtendienstes auf diesen Flugplätzen gegenüber. Der Fotoanalytiker würde in dem Fall die Beschädigung des Flugplatzes als mäßig bis leicht einstufen: »Rollfelder nur zu zwanzig Prozent zerstört, Flugplatz nach wie vor funktionsfähig.« Aber wir wußten auch, daß die irakische Luftwaffe nicht mehr flog – die Flugzeuge, die abhoben, wurden entweder abgeschossen, oder ihre Piloten flohen in den Iran –, daher erklärte unser Nachrichtendienst die Aufgabe als zu fünfundneunzig Prozent erledigt.

Indem wir die Methoden auf diese Weise kombinierten, kamen wir zu dem Ergebnis: Wir hatten die Flugplätze ausreichend bombardiert und konnten uns nun anderen Zielen zuwenden.

Der Durchbruch von Thomas rettete Leben – den Piloten wurde das Risiko sinnloser Luftangriffe erspart – und verminderte den Druck, den die Washingtoner Analytiker auf uns ausgeübt hatten. Schließlich ließ ich ihn seine Technik auch Cheney und Powell erläutern, die, nachdem sie uns eingehend befragt hatten, zu dem Schluß kamen, daß das Central Command wußte, was es tat. Nur die CIA schloß sich unserer Sicht nicht an: Noch am Vorabend der Bodenoffensive sagte sie dem Präsidenten, daß unsere Meldungen über die Zerstörungen im Irak weit übertrieben seien. Hätten wir gewartet, bis auch die CIA von unserer Methode überzeugt gewesen wäre, würden wir noch heute in Saudi-Arabien sitzen.

4 FEB 91 D + 18

1845 Der CINC wies den Vorsitzenden darauf hin, daß die Presse verärgert sei und immer feindseliger werde. Ihr Problem besteht darin, daß es hier drüben tausend Leute gibt, von denen jedoch jeweils nur 75 zu einem bestimmten Zeitpunkt von uns zugelassen werden. Die übrigen 925 sitzen herum und haben nichts anderes zu tun, als sich zu beklagen. Merkwürdigerweise regt sich ein Großteil der Presse über den CNN auf, vor allem weil der CNN ungenau berichten würde und auf Sensationen aus sei.

8 FEB 91 D + 22

0900 Gegen Ende der morgendlichen Lagebesprechung berichtete der Offizier für Öffentlichkeitsarbeit dem CINC, daß eine Gruppe von Journalisten die Grenze überschritten, einige bewaffnete Iraker aufgelesen, sie an den Grenzposten vorbeigeschmuggelt und als Kriegsgefangene den Ägyptern übergeben hätten, und das alles, um ein Interview zu bekommen. Der CINC bemerkte, daß dabei noch jemand zu Tode kommen werde. Wenn unsere Truppen bewaffnete Iraker sehen, werden sie, statt Fragen zu stellen, einfach das Feuer eröffnen.

Am 8. Februar erschienen Cheney und Powell im Auftrag von Präsident Bush, um festzustellen, ob die Vereinigten Staaten bereit waren, einen Bodenkrieg zu beginnen. Meiner Meinung nach waren wir bereit. Im Osten der saudisch-kuwaitischen Grenze warteten unsere Marineinfanteristen und die Saudis auf den Befehl, sich in Richtung Angriffsziele in Marsch zu setzen. Westlich davon war das panarabische Korps, an ihrer Spitze die Ägypter, bereits in Stellung gegangen. Das VII. Korps unter Fred Franks hatte gerade den langen Weg aus Deutschland zum Aufmarschgelände in der Nähe der Front hinter sich gebracht und würde in ein paar Tagen in der Lage sein, die

Angriffsstellungen einzunehmen. Und weit draußen auf der Westflanke hatte Gary Luck bereits sein XVIII. Luftlandekorps in die Angriffspositionen verlegt.

Wir hatten volle acht Stunden Lageberichte für Cheney und Powell eingeplant, und vor ihrer Ankunft kam John Yeosock, um mir eine detaillierte Vorschau auf den Bericht der Dritten Armee zu geben. Meine einzige Sorge nach seinem Vortrag war sein VII. Korps. Ich hatte keinerlei Zweifel, daß das Korps nach diesem Plan rechtzeitig in die Ausgangsstellungen kam, und der Manöverplan entsprach auch der dem Korps von mir übertragenen Aufgabe, aber der Plan selbst erschien mir zu vorsichtig und ängstlich. Das VII. Korps sollte vorrücken, innehalten, umgruppieren, wieder vorrücken und so weiter. Sein Kommandeur, General Franks, bestand nach wie vor darauf, daß er eine Reservedivision brauche. Je mehr ich darüber nachdachte, desto größere Sorgen machte ich mir. Wenn einmal die grundlegenden Entscheidungen auf dem Schlachtfeld getroffen wurden, war ich nicht dabei. Ich war dann völlig von dem Können, dem Temperament und den Urteilen meiner Generäle abhängig. Aber ich konnte einen klaren Rahmen schaffen und meine Absichten sowie den Geist, in dem ich den Feldzug durchgeführt haben wollte, vermitteln. Ich erinnerte Yeosock, daß das VII. Korps nicht die gut ausgebildete, gut ausgerüstete sowjetische Armee bekämpfte, die es in Euopa als Gegner erwartete. »Ich will keine langsame, behäbige Krokodilsmentalität. Dies ist kein umständlicher Angriff. Ich will, daß das VII. Korps in die Republikanische Garde hineinschlägt. Der Feind ist keinen Dreck wert. Greift ihn kühn, schlagartig und überraschend an.«

Als Yeosock erklärte, daß Franks sich Sorgen mache, daß das VII. Korps nicht über ausreichend Männer oder Kampfkraft verfüge, um den Angriff erfolgreich durchzuführen, erinnerte ich ihn daran, daß unsere Luftoffensive die Bombardierung der feindlichen Bodentruppen vorsah und die irakische Kampfkraft ständig schwächte. Ich wiederholte: »Laß mich eines klarstellen, John. Ich will keine mechanische Abnutzungsschlacht. Wir müssen flexibel genug sein, um die sich bietenden Möglichkeiten auszunutzen. Es geht ausdrücklicht *nicht* darum, zu irgendwelchen Zwischenzielen zu gelangen und dann innezuhalten, sich neu zu bewaffnen und aufzutanken. Wenn eure Divisionen herumsitzen, bietet ihr ein breites Ziel für chemische Waffen, und dann habt ihr verloren. Ihr dürft das VII. Korps um nichts in der Welt stoppen.« Yeosock sagte, er verstehe und sei einverstanden.

Ich holte Cheney und Powell ab, als sie Freitagabend im Luftwaffenstützpunkt Riad landeten. Früh am nächsten Morgen begannen wir mit den Vorträgen. Horner, Yeosock, Walt Boomer und Vizeadmiral Stan Arthur, der Hank Mauz als Flottenkommandeur nachgefolgt war, gaben zuerst die Lagebeurteilung ihrer jeweiligen Kommandostäbe bekannt. Jeder bestätigte, daß seine eigenen Truppen angriffsbereit waren. Dann erklärte Burt Moore, mein Operationschef, daß das Heer eine zwölftägige Vorbereitungszeit benötige, um seine restlichen Truppen in Angriffsstellung zu bringen, Aufklärung im Irak zu betreiben und Wege durch Minenfelder und Hindernisse zu finden. »Das heißt, Sir«, sagte er zu Cheney, »wenn Sie uns heute grünes Licht geben, sind wir frühestens am 21. Februar angriffsbereit.« Powell warf mir einen amüsierten Blick zu – wir hatten das früheste Angriffsdatum, das ich ihm damals im Dezember genannt hatte, um einen Tag verpaßt.

Im Laufe des Tages stellte Pagonis dar, wie wir die gewaltige Truppenverlegung nach Westen in den vorgesehenen drei Wochen geschafft hatten. Cheney war des Lobes voll. Dann erstatteten Franks, Griffith von der 1. Panzerdivision und Mc Caffrey von der 24. motorisierten Infanteriedivision Bericht, wie sie ihre Aufgaben erfüllen würden – alles sehr beeindruckend, dachte ich, bis auf Franks, dessen Plan immer noch zu umständlich war und der darauf bestand, dem Verteidigungsminister und dem Vorsitzenden zu sagen, daß er die Reserve benötigen werde.

Cheney fragte, ob er mit Powell und mir privat sprechen könne. Wir zogen uns in ein kleines Büro zurück. »Norm, ich habe gehört, was Ihre Männer zu sagen haben. Jetzt sagen Sie mir, was Sie empfehlen.«

»Ich meine, wir sollten jetzt mit dem Bodenangriff loslegen. Wir werden nie besser vorbereitet sein – unsere Jungs sind rasiermesserscharf geschliffen, und wenn wir noch viel länger abwarten, vermindern wir ihre Bereitschaft. Und bei unserem Munitionsverbrauch weiß ich nicht, wieviel länger wir die Luftangriffe aufrechterhalten können. Unter der Voraussetzung, daß unser Bombardement den Feind so weit abgenutzt hat, wie wir es brauchen, ist der optimale Angriffszeitpunkt stets Mitte Februar gewesen.«

Cheney saß still da und machte sich auf einem kleinen Block Notizen. Dann schaute er mich an und fragte: »An welchem Tag soll es ihrer Meinung nach losgehen?«

»Am 21. Februar. Aber ich brauche drei oder vier Tage Spielraum, damit wir klares Wetter haben, um die Offensive in Gang zu bringen.« Ich wiederholte, was schon Boomer gesagt hatte: Gutes Wetter war besonders wichtig für die Marineinfanteristen, die langsame schwere Artillerie besaßen und daher besonders auf Unterstützung durch die Luftwaffe angewiesen waren.

»Beginnen Sie mit Ihren Vorbereitungen«, sagte Cheney ruhig. »Ich lege die Termine dem Präsidenten vor.«

Wir gingen zurück in den Vortragsraum, wo die Kommandeure warteten. »Niemals in der Geschichte unserer Nation hat das Militär der Vereinigten Staaten ein erfolgreicheres oder professionelleres Unternehmen durchgeführt«, sagte der Verteidigungsminister. Powell nickte und fügte hinzu: »Es ist fast unglaublich für mich, welch einen Auftrieb diese Krise und unsere Reaktion darauf unserm Land gegeben haben. Das sollte der Stil der einzig verbleibenden Supermacht der Welt bleiben.«

Sie reisten ab. Am Dienstag rief Powell vom Pentagon aus an, um zu sagen, daß Präsident Bush unsere Termine akzeptiert hatte. Wenn die Vereinigten Staaten und ihre Alliierten beschlossen, den Bodenangriff zu beginnen, würde der Ablauf im einzelnen von uns entschieden werden: »Sie können jederzeit nach dem 21. Februar losgehen. Das bleibt Ihnen überlassen.«

13 FEB 91 D + 27

0900 Morgendliche Lagebesprechung. Priorität bei Luftangriffen haben nach wie vor die Panzerverbände und die Artillerie im kuwaitischen Operationsgebiet, die »Hammurabi«-Division der Republikanischen Garde, Scud-Ausschaltung, Angriffe auf Panzer und Ziele in Bagdad. Zur Panzervernichtung ausgeschickte Einheiten meldeten gestern nacht die Ausschaltung von fünfundachtzig gepanzerten Fahrzeugen. In der Nacht liefen neun feindliche Kriegsgefangene über. Eine Gruppe von Beduinen und eintausend Schafe betraten den Sektor des XVIII. Luftlandekorps.

1800 Der Vorsitzende informierte den CINC, daß ein intensives Medieninteresse an unserem nächtlichen Bombardement eines Kommando- und Kontrollbunkers in Bagdad bestehe. Obwohl die Einrichtung sich schon lange auf unserer Zielliste befand und mehrfach durch CIA und DIA bestätigt wurde, war sie anscheinend voller Zivilisten, als wir sie um vier Uhr früh mit zwei

Bomben trafen. Der CINC versicherte dem Vorsitzenden, daß wir das richtige Ziel getroffen hätten und Einzelheiten des Vorfalls der Presse bei unserer heutigen abendlichen Runde mitteilen würden. (Brigadegeneral Neal informierte die Presse darüber, und obwohl dies in keiner Weise ihren Nachforschungen ein Ende setzte, schien der Bunker tatsächlich ein ausgewiesenes militärisches Ziel gewesen zu sein.)

Boomer machte sich über seinen Plan viele Gedanken, und ich warf es ihm nicht vor. Entlang fast der ganzen kuwaitischen Grenze hatten die Iraker Hindernisse von mehreren tausend Meter Tiefe gebaut, die Boomers Marineinfanteristen durchbrechen sollten, während sie unter Feuer lagen. Zuerst trafen sie auf Minenfelder – eine tödliche Mischung aus Panzerabwehr- und menschenvernichtenden Minen. Als nächstes kamen riesige Reihen von Stacheldraht, die übereinandergezogen waren, weswegen sie sich nicht auseinanderreißen ließen, und die voller Sprengladungen und Minen steckten. Dann folgten weitere Minenfelder. Dann Panzerfallen (tiefe Gräben, die Panzer nur mit Überbrückungsgerät überqueren konnten), Wälle (sechs Meter hohe Hindernisse aus schwer zu überquerendem Sand) und sogenannte »Feuergräben« (Gräben, die mit Öl gefüllt und bestimmt waren, den Angreifer mit einer Feuerwand zu konfrontieren). Dazwischen lagen verstreut Befestigungen aus eingegrabenen Panzern und Schützengräben für die irakische Infanterie. Dieser Hinderniskomplex war etwa anderthalb Kilometer tief, und auf einem weiten Abschnitt von Boomers Sektor befand sich dahinter noch ein zweiter Komplex. Das Ziel des Gegners war, unseren Angriff zu verlangsamen und die Marineinfanterie vor den Hindernissen zusammenzuschieben, wodurch der irakischen Artillerie eine Möglichkeit geboten wurde, sie aus dem dahinterliegenden Gelände zu beschießen, wenn sie ihren Durchbruch abschließen wollten. Boomer löste dieses Problem dadurch, daß er darauf bestand, daß wir unsere Angriffe auf irakische Artillerie- und Frontstellungen verdoppelten.

Er revidierte seinen Kampfplan immer wieder, um die Schwächen und Lücken auszunutzen, die von Aufklärungspatrouillen, die sich hinter die feindlichen Linien geschlichen hatten, entdeckt wurden. Am Donnerstag, dem 14. Februar, hatte er beschlossen, seinen Angriffsschwerpunkt dreißig Kilometer nach Westen zu verlegen. Er hatte sich für einen Abschnitt entschieden, bei dem die Iraker genau zu Beginn des Luftkrieges ihre Front begradigen wollten, und deswegen war der Hinderniskomplex in der Nähe der Grenze beinahe ganz aufgegeben worden, und ein zweiter Hinderniskomplex, sechzehn Kilometer dahinter gelegen, war unvollständig geblieben. Ich studierte seine Karten und pflichtete ihm bei, daß der neue Plan taktisch Sinn machte, auch wenn er uns ein paar Tage kostete – wir würden Nachschubbasen umstellen und Nachschublinien umarrangieren müssen. Ich legte den Beginn der Bodenoffensive provisorisch auf den 24. Februar fest.

Als ich Powell anrief, um ihm das mitzuteilen, bockte er. »Ich hasse es, so lange zu warten. Der Präsident will in der Sache weiterkommen.« Er erklärte, daß wir angesichts dessen, daß der sowjetische Gesandte Jegenij Primakow gerade Bagdad besucht hatte, um einen irakischen Abzug in letzter Minute auszuhandeln, Saddam keine zusätzliche Zeit mehr geben wollten, sein politisches Süppchen zu kochen. Glücklicherweise erwies sich Powells Sorge als gegenstandslos: Am nächsten Tag machte Irak ein »Rückzugsangebot«, das nichts anderes war als eine Litanei alter Forderungen, die die Koalition ohne weiteres zurückwies. Die sowjetisch-irakischen Gespräche wurden fortgesetzt, aber Präsident Bush erklärte sich damit einverstanden, der Marineinfanterie die Zeit zu geben, die sie brauchte.

14 FEB 91 D + 28

1520 Telefonkontakt mit dem Vorsitzenden. Was wir den Irakern mit unseren Flugblättern und Radiosendungen zu vermitteln versucht hatten, war die Marschrichtung, die sie zum Desertieren einschlagen mußten. Die meisten wußten nicht, wo die Front verlief, doch sobald wir anfingen, ihnen zu sagen: »Marschiert Richtung Mekka«, schien es zu klappen.

15 FEB 91 D + 29

0900 Morgendliche Lagebesprechung. Der Nachrichtendienst beschreibt die Erkenntnisse bei feindlichen Kriegsgefangenen wie folgt: Die meisten sind Veteranen des iranisch-irakischen Krieges und kriegsmüde. Sie geben Truppenstärken, Lage der Minenfelder und Bunker sowie Einschätzungen der Kampfzerstörungen an. Sie alle sagen, daß die Zahl der Überläufer weit größer wäre, gäbe es nicht die Minenfelder, die Republikanische

Garde und die Angst vor Vergeltung an den eigenen Familien. Sie erklären übereinstimmend, daß sich ihre Landsleute nach Beginn des Bodenkrieges in großer Zahl ergeben werden. Sie ergeben sich lieber Arabern, werden sich aber auch den Vereinigten Staaten ausliefern.

Unterdessen hatte Stan Arthur, der einer der aggressivsten Admiräle war, dem ich je begegnet bin, drei Flugzeugträger in die seichten und engen Gewässer des Golfs verlegt, in die die Flotte früher nicht einmal einen einzigen entsenden wollte. Nun wollte Arthur als eine Art Auftakt zum Bodenkrieg einen amphibischen Angriff auf die Insel Faylakah durchführen. Er erläuterte mir seinen Vorschlag, erklärte, daß die Flotte zehn Tage brauche, um die nötigen Schiffe vor Ort zu bringen. Obwohl ein derartiger Angriff die Iraker ablenken würde, wußte ich auch, daß die Insel gut verteidigt war und die Verluste entsprechend hoch sein konnten – so sagte ich ihm, er solle mit den Vorbereitungen beginnen und weitere Anweisungen abwarten. In der Woche nach Cheneys und Powells Besuch gelangte ein Befehl Arthurs auf meinen Schreibtisch, der Schiffe in die Angriffsstellung beorderte. Das war alles bestens, nur daß die Papiere als »Durchführungsbefehl« (execution order) bezeichnet waren, was in der militärischen Sprache bedeutet: »Wir greifen an.« Ich holte Stan umgehend ans Telefon: »Weder von mir noch vom Weißen Haus haben Sie die Erlaubnis bekommen, Ihren Vorschlag auszuführen. Wie kommen Sie dazu, Ihnen erteilte Befehle zu mißachten?«

»Das ist bloß ein Verlegungsbefehl«, protestierte er.

»Dann hätten Sie ihn auch so bezeichnen sollen. Mißverständnisse können Leute umbringen«, sagte ich ihm. »Sie dürfen Ihre Schiffe in Position bringen, aber Sie dürfen keinen amphibischen Angriff ohne meine Erlaubnis durchführen.«

Bei Yeosock wurde unterdessen eine Lungenentzündung diagnostiziert. Er ging am 14. Februar in aller Frühe ins Krankenhaus, doch drei Tage später kam Doktor Robert Belihar, der Chefchirurg vom Central Command, in die Kommandozentrale. »Schlechte Nachrichten«, sagte er. »Abgesehen von der Lungenentzündung hat General Yeosock eine schwere Gallenblasenentzündung.« Die Ärzte empfahlen eine sofortige Operation.

Ich stellte einige Fragen. Doktor Belihar sagte, daß Yeosock mindestens drei oder vier Tage Krankenhausaufenthalt brauche. Ich schlug vor, daß wir John per Krankentransport nach Deutschland ausfliegen sollten, weil ich wußte, daß seine Frau Betta dort war – sie wohnte bei ihrer Tochter, deren Mann, ein Hauptmann in der 3. Panzerdivision, nun am Golf war. Dann dachte ich einen Augenblick nach und wandte mich Waller zu, der unserem Gespräch zugehört hatte. »Cal«, sagte ich, »ich möchte, daß Sie ab heute das Kommando der Dritten Armee übernehmen. Sie sind bis auf weiteres der Kommandeur. Wenn John wieder auf die Beine kommt, wird er, wenn es die Umstände erlauben, sein Kommando erneut antreten.«

Er sagte: »Ja, Sir« und verließ die Kommandozentrale. Da ich Cal kannte, war ich sicher, daß er am Abend im Feld sein würde, um sich von seinen Korpskommandeuren Bericht erstatten zu lassen, daß er alles verändern würde, was ihm nicht behagte, um die Dinge in Bewegung zu bringen. Ich war sicher, daß sein Einspringen unsere Angriffspläne nicht gefährden würde.

Dann besuchte ich Yeosock. Er lag flach auf dem Rücken in einem makellosen Privatzimmer im Hospital des saudischen Verteidigungs- und Luftfahrtministeriums, einer ultramodernen Einrichtung, in der auch amerikanische Ärzte tätig waren, um bei der Behandlung von Kriegsverwundeten zu helfen. »Die Ärzte sagen, daß Sie operiert werden müssen, John«, sagte ich. Wir unterhielten uns über seinen Zustand und die Tatsache, daß er eine Weile dienstunfähig sein würde. Dann sagte ich es ihm: »Ich habe Cal Waller an Ihren Platz da unten gestellt. Er wird der Kommandeur der Dritten Armee sein, bis Sie wieder zurück sind.« Yeosock sagte kein Wort. Tränen liefen ihm die Wangen herab. Ich wußte, was er durchmachte – seit August war er hier, wir waren gerade dabei, eine bedeutende militärische Operation in Gang zu setzen, er sollte das Ganze kommandieren, und auf einmal konnte er nicht einmal mehr dabeisein. Ganz vorsichtig fuhr ich fort: »Ich möchte, daß Sie für den Eingriff eine Reise nach Deutschland in Betracht ziehen. Das sind Sie Betta schuldig. Wir holen Sie so schnell wie möglich wieder zurück.« Yeosock erklärte sich widerstrebend einverstanden. Er wurde noch am selben Nachmittag mit einer Maschine ausgeflogen.

Zwischen diesen Krisen studierte ich die Karten und Bildschirme im Kommandoraum und stellte mir vor, wie die Offensive sich entfalten würde. Wir hatten endlich einige Anzeichen dafür erhalten, daß die irakische Front am Zusammenbrechen war: Die Zahl der Soldaten, die zu uns überliefen, nahm jeden Tag zu; selbst Offiziere gaben allmählich auf. Unsere Flugzeuge waren Tag und Nacht in der Luft, bombardierten und beschossen irakische Stellungen; sie flogen mehr als achthundert Einsätze in vierundzwanzig Stunden. Eine Tafel an der Wand der Kommandozentrale zeigte an, daß wir fünfunddreißig Prozent der irakischen Panzer, einunddreißig Prozent seiner übrigen gepanzerten Fahrzeuge und sogar vierundvierzig Prozent seiner Artillerie zerstört hatten. Auf dem Plan mit gegnerischen Stellungen waren die Markierungspunkte, die irakische Einheiten entlang der Front darstellten, beinahe alle von Rot auf Grün umgestellt worden, was bedeutete, daß die Einheiten auf fünfzig Prozent Kampfkraft oder weniger reduziert worden waren; die Einheiten der zweiten Verteidigungslinie waren beinahe alle gelbbraun, was fünfundsiebzig Prozent Kampfkraft oder weniger bedeutete.

Ich wußte, wir würden sie schlagen – aber ich wußte nicht, wieviel Blut der Bodenkrieg kosten würde. Ich konnte mir ein Dutzend Szenarien ausmalen, bei denen die Iraker dafür sorgten, daß wir den Sieg sehr teuer erkauften, und ich erinnerte meinen Stab daran: »Ihr könnt die angeschlagenste Armee der Welt zum Gegner haben, wenn sie sich entscheidet, durchzuhalten und zu kämpfen, bringt sie euch Verluste bei; wenn sie sich entscheidet, euch mit C-Waffen einzudecken, könnte sie sogar gewinnen.« In der Vergangenheit hatte Saddam im Kampf Nervengas, Senfgas und blutvergiftende Mittel eingesetzt; und auch wenn er keine C-Waffen auf Al Khafji abgefeuert hatte, rechnete ich immer noch damit, daß er es beim Beginn unserer Bodenoffensive tun würde. Ich wurde den Alptraum nicht los, unsere Truppen könnten sich in den ersten Stunden des Angriffs in den Hindernissen der Iraker festrennen und würden dann mit chemischem Sperrfeuer eingedeckt. Wir hatten unsere Soldaten mit Schutzanzügen ausgerüstet und sie ausgebildet, einem Angriff mit chemischen Waffen standzuhalten, aber es bestand immer die Gefahr, daß sie schließlich orientierungslos herumirrten oder, schlimmer noch, in Panik gerieten. Die Vereinigten Staaten hatten seit dem Ersten Weltkrieg in keinem Gasangriff mehr gestanden. Die Möglichkeit von Massenverlusten durch chemische Waffen war der Hauptgrund dafür, daß wir im Kriegsgebiet dreiundsechzig Krankenhäuser und zwei Hospitalschiffe eingerichtet hatten; es standen achtzehntausend Betten bereit.

Ich machte mir auch Sorgen wegen des ausgedehnten, menschenleeren Gebiets im Süden des Irak, auf das der Angriff der Bodentruppen zielte. Ich fragte mich ständig: »Was weiß Saddam über seine Flanke, was ich nicht weiß? Warum hat er dort keine Truppen aufgestellt?« Die Nachrichtendienstler meinten lässig: »Vielleicht will er da draußen eine Atombombe zünden.« Dann gaben sie dem Sektor den Spitznamen »Die chemische Mordfalle.« Ich zuckte jedesmal zusammen, wenn ich sie so reden hörte. Ich litt unter der Vorstellung, Fred Franks und Gary Luck würden das Gebiet besetzen und einem riesigen C-Waffen-Angriff ausgesetzt sein, während der Gegenangriff der Republikanischen Garde sie in ihren Stellungen festnageln würde. Meine Stimmung wurde immer gereizter.

Das alles wurde noch dadurch kompliziert, daß wir nun mit mehr als dreizehntausend Reportern im Kriegsgebiet fertig werden mußen; einhundertachtzig von ihnen waren ständig als Teilnehmer des Pressepools an der Front dabei. Eines Abends Anfang Februar schalteten wir CNN ein, um eine Pressekonferenz des Weißen Hauses zu sehen. Davor wurde der Live-Bericht einer Reporterin von der Front gesendet. Sie sagte atemlos: »Wo ich bin, hat gerade ein bedeutendes Artillerieduell zwischen der 82. Luftlandedivision und den Irakern stattgefunden.«

»Das gibt's doch nicht!« rief ich aus. Die 82. Luftlandedivision war die am weitesten westlich vorgeschobene Einheit, und jeder halbwegs kompetente irakische Nachrichtenoffizier, der sich CNN anschaute, konnte ohne weiteres die Zeit notieren und dann bei seinen Streitkräften nachfragen, wo der Feuerwechsel stattgefunden hatte. Dann würde er entdecken, daß die 82. Luftlandedivision für einen Flankenangriff in Stellung gegangen war, eine Tatsache, die zu verbergen wir uns in den letzten drei Wochen sehr viel Mühe gegeben hatten. Hauptmann Ron Wildermuth, der Leiter der Öffentlichkeitsabteilung des Central Command, rief den für Öffentlichkeitsangelegenheiten zuständigen Offizier der Division an und sagte: »Ihr Burschen sollt doch diese Berichte zensieren!«

»Unser Begleitoffizier stand direkt daneben. Er war genauso schokkiert wie alle anderen auch. Aber als sie es sagte, ging es schon über den Satelliten. Zurückholen kann man es nicht mehr.«

Einige Tage später tauchte eine »Newsweek« mit einer Karte auf, die unseren Flankenangriff fast exakt wiedergab. Ich rief Powell an: »Da stimmt was nicht! ›Newsweek‹ hat soeben unseren Angriffsplan veröffentlicht. Nun können die Iraker chemische Waffen in das Gebiet verlegen und ihre Verteidigung völlig umstellen.«

»Nehmen Sie es gelassen«, mahnte Powell. »Die Zeitschrift ist seit einer Woche an den Kiosken. Andere Zeitschriften drucken andere Kriegspläne ab. Alle spekulieren sie nur.« Er hatte recht; die

Aufklärungsberichte der folgenden Tage brachten keinerlei Hinweise, daß die Iraker ihre Stellungen verlegten.

18 FEB 91 D + 32

0900 Morgendliche Lagebesprechung. In den letzten vierundzwanzig Stunden haben sich folgende Unfälle ereignet:
- Marineinfanterist in kritischem Zustand wegen Schußverletzung am Kopf; versehentliches Auslösen aus fünfhundert Meter Entfernung.
- Ein UH-1-Hubschrauber abgestürzt; Fluggerät zerstört.
- Ein versehentliches Abfeuern einer M-16; zwei Verwundete.
- Ein Unfall mit Heereslastwagen; ein Todesopfer.
- Ein Unfall mit Heeresfünftonner; ein Todesopfer.
- Ein Unfall mit Heereskleinlastwagen, zwei Todesopfer.
- Eine Schußverletzung am Kopf mit tödlichem Ausgang. (Der Unfallhergang wurde dahingehend beschrieben, daß ein Leutnant den Versammelten die Zuverlässigkeit des Sicherheitsmechanismus einer 45er-Pistole demonstrieren wollte. Er hob die Waffe an seinen Kopf, ein Schuß löste sich, und er wurde tödlich verletzt.)
- Gabelstapler der Marine stürzte vom Pier, ein Mann ertrunken.

1720 Telefonkontakt mit dem Vorsitzenden. Der CINC stellte fest, daß wir gestern einen schrecklichen Tag erlebten, was Unfälle anging – das fing bei einem Major des Sanitätsdienstes an, der die Kontrolle über einen Fünftonner verlor, was zu zwei Todesfällen führte, und hörte bei einem Leutnant der Militärpolizei auf, der sich eine Pistole mit Kaliber 45 an den Kopf hielt, um den Sicherheitsmechanismus zu demonstrieren, und sich dabei umbrachte. Alle scheinen verrückt geworden zu sein.

Wirklich groß wurde die Spannung in den Abendstunden des 18. Februar. Erst rief Powell an: »Der Nationale Sicherheitsrat sagt, wir müßten vielleicht etwas früher angreifen. Können Sie mich bis morgen wissen lassen, ob Sie das schaffen?« Er sprach in dem knappen Ton, der signalisierte, daß ihn die Falken unter Druck setzten. Dann schauten mein Stab und ich uns die Berichte über die jüngste sowjetische Friedensinitiative an: Der irakische Außenminister Tarik Asis hatte sich mit Michail Gorbatschow in Moskau getroffen und war mit einem Friedensvorschlag nach Bagdad zurückgekehrt.

Ich spürte, daß sich eine weitere Konfrontation mit Washington zusammenbraute, und wollte Powell soviel Unterstützung wie möglich geben. Am nächsten Morgen fragte ich meine Kommandeure, ob wir den Angriffstermin um zwei Tage vorverlegen könnten. Zu diesem Zeitpunkt hatte Boomer schon Aufklärungspatrouillen ins Niemandsland geschleust, die nach Korridoren durch die irakischen Hindernisse suchen sollten. »Wir können, wenn Sie es von uns verlangen«, sagte er. »Aber wir werden eine ganze Anzahl zusätzlicher Verluste hinnehmen müssen.« Für schwerere Verluste gab es keine Rechtfertigung und die anderen Kommandeure bestanden auf dem Zeitplan, der ihnen versprochen worden war. Also entschied ich mich, Powell zu sagen: »Tut mir leid, der 22. Februar ist aus dem Rennen. Wir planen nach wie vor für den 24. Februar.«

Aber als er anrief, schien ihn etwas ganz anderes zu beschäftigen. »Die Friedensinitiative könnte wirklich etwas bringen«, sagte er und beschrieb das Tauziehen, das hinter den Kulissen stattgefunden hatte. Asis hatte nach Bagdad den Vorschlag mitgebacht, der Irak solle sich unverzüglich und bedingungslos aus Kuwait zurückziehen. Der Rückzug sollte einen Tag nach dem Waffenstillstand beginnen, damit die zurückweichenden Iraker sicher sein konnten, daß sie nicht beschossen würden. Er würde in einem noch auszuhandelnden Zeitraum abgeschlossen werden. Powell sagte, Washington habe den Sowjets erklärt, der Plan sei zwar konstruktiv, er erfülle aber einige UN-Resolutionen nicht, wie die Rückgängigmachung der Annexion von Kuwait. »Desert Storm« würde deshalb weiterlaufen. Powell zufolge betrieb das Außenministerium unterdessen eine noch härtere Linie: »Sie wollen die bedingungslose Kapitulation.«

»Das alles muß von einem Arabienexperten begutachtet werden«, sagte ich. »Es scheint so, als ob die Jungs im Außenministerium wie Amerikaner denken. So ein Ultimatum klappt bei Arabern nie: Die sterben lieber.«

Wir sprachen über die militärischen Folgen eines Rückzugs, und meine Gefühle waren gemischt. Ich wußte, daß eine Vereinbarung, die Saddams Streitkräfte intakt ließ, für unsere arabischen Alliierten unbefriedigend wäre. Doch wenn wir Saddam dazu zwingen könnten, einen demütigenden Rückzug hinzunehmen, könnten wir vielleicht unseren Alliierten den Plan schmackhaft machen. »Es ist eine Frage von Menschenleben«, sagte ich Powell. »Wir haben den Irakern wahrscheinlich hunderttausend Verluste zugefügt, die uns hundert Verluste kosteten. Wieso sollten wir ihnen hundertfünfzigtausend Verluste zufügen, wenn uns das fünftausend Tote kostet? So viele Soldaten könnten wir in den ersten beiden Angriffstagen verlieren.« Ich erinnerte ihn daran, daß wir der irakischen Kriegsmaschinerie bereits schweren Schaden zugefügt hatten, und daß Saddam, wenn er gezwungen sein würde, sich schnell zurückzuziehen, sehr viele Panzer und große Mengen Ausrüstung zurücklassen müßte.

Er war einverstanden. »Wenn sie sich aus Kuwait zurückziehen, ist es ein Sieg.« Dann änderte er abrupt den Tonfall und fragte, ob wir den Angriff vorverlegen könnten.

»Ich weiß, daß Sie das nicht gerne hören«, sagte ich und teilte ihm mit, daß wir nach wie vor für den 24. planten. Darüber hinaus, sagte ich, machten wir uns über das Wetter Sorgen. Die langfristigen Prognosen sagten für diesen Tag Stürme voraus. »Deshalb könnte sich der Termin sogar noch ein bißchen weiter nach hinten verschieben.«

Powell war enttäuscht. »Ich werde die Nachricht weiterleiten, aber möglicherweise werden wir so oder so den Befehl zum früheren Angriff erhalten.«

Als ich den Hörer aufgelegt hatte, dachte ich besorgt nach und rief dann meinen ganzen Stab zusammen: »Ich will, daß ihr alle wißt, was los ist«, sagte ich und erklärte kurz die sowjetische Initiative. Wäre es nach den älteren Offizieren im Kommandoraum gegangen, so wären sie überglücklich gewesen, hätte Saddam einen Waffenstillstand annehmen und das Schlachtfeld verlassen müssen – auch wenn keiner von ihnen glaubte, daß er sich darauf einlassen würde. Die Leute zuckten zusammen, als ich die Reaktion Washingtons beschrieb; Bob Johnston, dessen Sohn in vorderster Linie stand, schüttelte den Kopf: »Die Sowjets versuchen, genau das zu erreichen, was wir wollen, und wir blocken einfach ab.«

In den nächsten vierundzwanzig Stunden erhielt ich vier weitere Anrufe von Powell, in denen er sich die Gründe, warum wir nicht gleich angreifen konnten, im einzelnen darlegen ließ. Dann unterhielten er und ich und Cheney uns per Konferenzschaltung. Ich legte dar, daß wir militärisch nichts zu gewinnen hätten: »Seine Armee fällt auseinander, und die Zeit arbeitet für unsere Seite.« Cheney war im Kongreß einer der entschiedensten kalten Krieger gewesen, und ich spürte, daß er über Moskaus Intervention nicht glücklich war. »Ich verstehe nicht, was die Sowjets dabei zu suchen haben«, knurrte er.

»Was ich Ihnen sagen kann«, antwortete ich, »ist, daß Saddam einen Mittelsmann braucht, weil die Araber ihre Geschäfte immer so betreiben. Er wird nie direkt verhandeln. Indem er einen Unterhändler bestimmt, bewahrt er sein Gesicht. Und danach wird er, gleichgültig, was er zugesagt hat, behaupten können, was er will, weil er nie mit seinem Feind gesprochen hat.«

> 20 FEB 91 D + 34
>
> 1900 Abendliche Lagebesprechung. Als der Chef der Militärpolizei meldete, daß einige unserer Kriegsgefangenenlager mangelhaft seien, weil sie nicht mindestens eine Latrine für fünfundzwanzig Soldaten aufwiesen, wie es die Genfer Konvention verlange, antwortete der CINC, daß wir, so ungern er dies zugebe, das Internationale Rote Kreuz in unser Hauptquartier bitten müßten, weil unser Hauptquartier ebenfalls in keiner Weise diesen Anforderungen entspreche.

Der ständig wachsende Druck, den Bodenangriff vorzuverlegen, machte mich verrückt. Ich konnte erraten, was los war, und nahm an, Cheney und Powell standen zwischen allen Fronten. Es mußte in Washington eine Gruppe Falken geben, die nicht Ruhe geben wollten, bis Saddam bestraft war. Wir hatten den Irak über einen Monat lang bombardiert, aber das reichte ihnen nicht. Das waren offenbar Leute, die John Wayne in »Die grünen Teufel«, die »Rambo« und »Patton« gesehen hatten und denen es leichtfiel, mit der Faust auf den Schreibtisch zu schlagen und zu verkünden: »Bei Gott, wir müssen da rein und denen ein paar Tritte in den Hintern geben! Dem Hundesohn gehört eins ausgewischt!« Natürlich würde keiner von ihnen beschossen werden. Keiner von ihnen würde den Müttern und Vätern von toten Soldaten und Matrosen eine Antwort geben müssen.

Am Mittwoch spätabends erhielten wir eine neue Wettervorhersage: mies am 24., mies am 25., mit ein paar klaren Tagen ab dem 26. Februar. Meine Kommandeure sprachen sich dafür aus, den Angriff zu verschieben – diesmal nicht nur Boomer, sondern auch Peay, dessen 101. Luftangriffsdivision für ihre Hubschrauber gutes Wetter brauchte. Ich mußte Powell davon überzeugen, und das war ein Gespräch, das ich lieber nicht vor meinem Stab führen wollte. Ich hielt es weder für anständig noch für passend, sie dem auszusetzen, was, wie ich wußte, eine echte Meinungsverschiedenheit zwischen ihren Chefs war. Also verließ ich den Kommandoraum und telefonierte von meinem kleinen Schlafzimmer hinten am Korridor aus: »Wir haben ein Problem mit dem Wetter«, begann ich. Ich hatte den Satz kaum ausgesprochen, als Powell explodierte.

»Ich habe dem Präsidenten schon den 24. genannt. Wie soll ich jetzt noch einmal zu ihm gehen und ihm erklären, es sei der 26.? Sie begreifen wohl nicht, unter welchem Druck ich stehe. Ich habe hier einen ganzen Haufen Leute, denen der russische Vorschlag entschieden gegen den Strich geht. Mein Präsident will, daß wir die Sache hinter uns bringen. Mein Minister will es. *Deshalb müssen wir es jetzt machen.*«

Ich explodierte ebenfalls »Ich will nicht den Klugscheißer spielen, aber was passiert, wenn wir am 24. angreifen und die Iraker führen einen Gegenangriff durch und wir haben eine Menge Verluste, weil wir nicht genügend Luftunterstützung bekommen? Und Sie sagen mir, daß Sie aus politischen Gründen nicht zum Präsidenten gehen wollen, um ihm zu sagen, daß er etwas unterlassen soll, was militärisch unsolide ist? Um Himmelswillen, Colin, verstehen Sie denn nicht? Der Kommandeur meiner Marineinfanterie ist zu mir gekommen und hat mir gesagt, daß wir warten müssen. Wir reden über das Leben von Marineinfanteristen!«

»Spielen Sie nicht den Oberlehrer mit Ihren Sprüchen über Menschenleben!« schrie er. Es war das erste Mal, daß ich ihn je seine Beherrschung verlieren hörte. »Was tun Sie denn? Produzieren sich vor Ihren Offizieren, und ziehen Sie etwa die große Schau ab, während Sie so mit mir sprechen?«

Ich wurde auch hitzig, weil ich alles nur Erdenkliche getan hatte, um sicherzustellen, daß unsere Unterhaltung unter uns blieb. »Ich tue das keineswegs, und ich verhalte mich Ihnen gegenüber nicht illoyal. Was ich Ihnen sagen will, ist nur, daß auch ich unter Druck stehe. Meine Kommandeure verlangen von mir, daß ich warte. Verteidigungsminister Cheney saß hier bei uns, als General Boomer erklärte, er benötige vier Tage Luftunterstützung für einen erfolgreichen Angriff. Aber Sie bedrängen mich, daß ich meinen militärischen Sachverstand ausschalte, weil es politisch opportun ist. Diesen Eindruck habe ich schon lange.« Ich versuchte, meine Stimme zu kontrollieren, schaffte es aber nicht. »Manchmal habe ich das Gefühl, ich sei in einem Schraubstock eingeklemmt – als ob mein Kopf in einem Schraubstock eingeklemmt sei. Vielleicht verliere ich mein

Urteilsvermögen. Vielleicht verliere ich meine Objektivität. Nur glaube ich das nicht.«

Powell hatte sich wieder beruhigt. »Nein, Sie verlieren sie nicht«, sagte er mir. »Sie haben gar nichts verloren. Ich habe großes Vertrauen zu Ihnen.«

Ich sagte: »Ich verstehe, wovon Sie ausgehen, aber ich will, daß auch Sie verstehen, wovon *ich* ausgehe. Ich werde die Situation hier weiter beobachten, und werde mich weiterhin mit Ihnen darüber unterhalten.« Wir stimmten beide überein, wie wichtig es war, daß wir weiterhin zusammenarbeiteten. Dann fügte ich, nun schon formeller, hinzu »Und natürlich bin ich bereit, das zu tun, was als erforderlich erachtet wird.«

»Ich werde Ihre Empfehlung dem Verteidigungsminister vorlegen«, antwortete er.

»Danke, Sir. Mehr kann ich nicht verlangen. Das ist tatsächlich mehr, als ich verlangen kann.«

Eine halbe Stunde später hatten die Wetterpropheten ihre Meinung natürlich wieder geändert: Das Wetter am 24. und 25. sollte nun doch nicht so schlecht werden. Ich rief Boomer an, der die gleiche Vorhersage erhalten hatte. »Mir wäre der 24. schon recht«, sagte er. Ich fragte bei Waller nach, der einfach sagte: »Wir sind bereit.« Ich rief Powell zurück: »Gute Nachrichten. Eine Wetterveränderung. Sagen Sie allen, am 24. geht's los.«

Die Friedensinitiative hatte nie sehr viel Chancen gehabt. Die Version der sowjetischen Vorschläge, die Saddam akzeptiert hatte, verlangte den sofortigen Waffenstillstand und eine Aufhebung der UN-Sanktionen, sobald der Irak zwei Drittel seiner Kräfte aus Kuwait abgezogen hätte. Für den Abzug sollten ihm volle sechs Wochen zugestanden werden. Powell faxte mir am Freitag um zwei Uhr morgens eine Kopie durch.

»Was meinen Sie?« fragte er und wußte ganz genau, was ich antworten würde.

»Das ist Quatsch! Geben Sie ihm sechs Wochen Zeit, um zu verschwinden, und er packt seine Waffen zusammen, geht nach Hause und erzählt überall herum, er habe es mit den Vereinigten Staaten aufgenommen. Und er verfügt nach wie vor über genügend Streitkräfte, um seine Nachbarn zu bedrohen. Er ist für die Araber ein Alptraum.«

Der Nationale Sicherheitsrat sollte gerade zusammenkommen, und Powell und ich zimmerten eine Empfehlung zusammen. Wir schlugen vor, die Vereinigten Staaten sollten einen einwöchigen Waffenstillstand anbieten: Zeit genug für Saddam, seine Soldaten, aber nicht seinen Nachschub oder wesentliche Teile seiner Ausrüstung, die zum großen Teil eingegraben oder beschädigt war, abzuziehen. Während die Iraker sich zurückzögen, würden unsere Streitkräfte ihnen auf dem Fuße folgend nach Kuwait einmarschieren, sich ihres Waffenarsenals bemächtigen und es zerstören.

»Das könnte klappen«, sagte Powell, »aber ich bezweifle, daß die Iraker mitmachen werden.«

Letztlich wollten weder Powell noch ich einen Bodenkrieg. Sollten die Vereinigten Staaten einen schnellen Rückzug des Irak durchsetzen können, wollten wir übereinstimmend darauf drängen, ihn anzunehmen. Obwohl wir Saddam nicht auf dem echten Schlachtfeld besiegt hätten, käme in der Augen der Welt – einschließlich in den Augen der arabischen Welt – ein rascher Rückzug Saddams unter den gegebenen Umständen einer irakischen Niederlage gleich. Und wir hätten sie erreicht, ohne auf unserer Seite weitere Menschenleben zu verlieren.

22 FEB 91 D + 36

1900 Abendliche Lagebesprechung. Die irakischen Offiziere sagen ihren Soldaten, sie sollten sich auf die Kriegführung mit chemischen Waffen vorbereiten, weil die Amerikaner gegen sie chemische Waffen einsetzen würden. Genauso gingen sie im irakisch-iranischen Krieg vor, wenn sie selbst chemische Waffen einsetzen wollten.

Als er hörte, daß die letzte Artilleriebrigade das VII. Korps erreicht habe, sagte der CINC, der Feind sei völlig aus seinen Stellungen geworfen worden, wir dagegen seien in der Lage, ihn anzugreifen und zu vernichten. Wir seien ihm damit weit überlegen. Jeder im Raum solle sehr stolz darauf sein. Hundert Prozent unserer Kampftruppen befänden sich nicht nur auf dem Kriegsschauplatz, sondern wären präzise in Stellung gegangen.

Am Freitagabend, dem 22. Februar, schalteten wir den Fernseher im Kommandoraum ein, um zu verfolgen, wie Präsident Bush ein Ultimatum stellte: Entweder würde sich der Irak bis Samstagmittag entschieden und bedingungslos aus Kuwait zurückziehen, oder er hätte mit einem Bodenkrieg zu rechnen.

Die Antwort darauf war uns allen klar. Während ich meine Kommandeure noch instruiert hatte, sicherzustellen, daß sie das Unternehmen notfalls abbrechen könnten (»wir können es uns nicht leisten, sie mit B-52-Bombern anzugreifen, falls sie den Rückzug beginnen«, sagte ich Horner), deutete nun alles auf einen Angriff in den frühen Morgenstunden des Sonntags hin.

Bob Johnstons Stuhl blieb leer – ich hatte ihm die Erlaubnis gegeben, an die vorderste Front zu fliegen, um die Nacht bei seinem Sohn zu verbringen – aber neben mir saß John Yeosock, der zu jedermanns Erstaunen am Abend zuvor durch die Tür der Kommandozentrale geschritten kam. »Melde mich zurück zum Dienst, Sir«, sagte er und bestand darauf, wieder das Kommando der Dritten Armee zu übernehmen. Ich war skeptisch, ob ein Mann drei Tage nach einem größeren chirurgischen Eingriff wieder auf den Beinen sein konnte, und ich schaute ihn mir genau an. Er sah sehr blaß aus. »Sie bleiben erst mal hier«, sagte ich. »Ich will Sie ein paar Tage beobachten.« Er übernahm Wallers ehemalige Aufgabe als mein stellvertretender Oberkommandierender, und etwa einmal pro Stunde löcherte er mich, daß er an seinen alten Platz zurück wolle. »Scheiße, Boß, wann lassen Sie mich wieder zurück? Mir geht's gut!«

Ich beobachtete aus meinen Augenwinkeln, wie er aufstand: »Sehen Sie – Sie verziehen das Gesicht! Sie haben immer noch Schmerzen.«

»Nein, habe ich nicht. Ich kann meine Aufgabe erfüllen.«

Sonntagmorgen, weniger als vierundzwanzig Stunden vor der Offensive, entschied ich, daß Yeosock recht hatte. Außerdem machte er mich verrückt. John war selbst unter Idealbedingungen ein finster dreinschauender Bursche, und nun machte er eine Miene, als wenn er seinen letzten Freund verloren hätte. »Schön, hören Sie schon auf, mich zu nerven«, sagte ich. »Gehen Sie, und übernehmen Sie wieder Ihr Kommando.«

Ich rief Cal Waller an und sagte es ihm. Cal wußte, daß es richtig war, Yeosock wieder einzusetzen – schließlich waren es sein Kommando und sein Stab. Aber Cal selbst hatte sich voll darauf eingestellt, unsere dreihunderttausend Soldaten bei der Offensive zu kommandieren, und war ehrlich enttäuscht. Als er ins Hauptquartier zurückkehrte, sah ich, daß ich ein langes Gesicht gegen ein anderes eingetauscht hatte.

Da der Tag der Bodenoffensive näherrückte, sagte ich den amphibischen Angriff der Marine auf die Insel Faylakah ab. Laut Plan hätte er zwei Tage vor dem Bodenkrieg stattfinden sollen, aber die Hubschrauberträger »Tripoli« und der Kreuzer »Princeton« waren auf Minen gestoßen. Amerikanische und britische Minenräumboote waren nicht in der Lage gewesen, das Gebiet zu räumen, und aus diesem Grund hatte die Flotte den Angriff nicht rechtzeitig durchführen können.

> 23 FEB 91 D + 37
>
> 1100 Treffen mit General Abu Shanaf, dem Stabschef der ägyptischen Streitkräfte. Abu Shanaf sagte dem CINC, daß die Ägypter angriffsbereit seien und wir volles Vertrauen in ihre Fähigkeiten haben sollten. Der CINC versicherte Abu Shanaf, daß ihnen, sollten sie in Schwierigkeiten gerieten, sowohl die 1. Kavalleriedivision als auch die 1. britische Panzerdivision zur Verfügung stehen würden.

Tausende von Panzern und gepanzerten Fahrzeugen – amerikanische, arabische, britische und französische – drängten sich nun in Angriffsformation gegen die Grenze, wobei die Mannschaften so gut sie konnten in ihren Fahrzeugen oder draußen auf dem Sand schliefen und, sofern sie Appetit hatten, ihre MREs aßen. An Orten, wo sie Hindernisse zu überwinden hatten, waren nun Kampfpioniere mit ihren gepanzerten Baggern und Bulldozerpanzern ganz nach vorn gerückt. Hinter den Kampfeinheiten waren Konvois von Benzin- und Munitionslastwagen aufgefahren, bereit, den Truppen in den Kampf zu folgen. Unsere Artillerie war nach vorn gegangen: Tausende von Haubitzen und Kanonen samt Tonnen von Munitionsvorrat standen bereit, die irakischen Stellungen die ganze Nacht über mit einem massiven Sperrfeuer zu belegen. Tief im Westen flog die 101. Luftangriffsdivision Hubschrauberpatrouillen weit in den Irak hinein, um Landezonen für den Angriff zu erkunden. Im Osten hatte sich das Schlachtschiff »Missouri« die kuwaitische Küste hochgearbeitet, und seine riesigen Kanonen in Erwartung eines Angriffs der Saudis und der Marineinfanterie auf irakische Einheiten gerichtet. Überall entlang der irakischen Front hatten sich die Luftangriffe der Koalition zu einem Höhepunkt gesteigert – am Vorabend der Offensive schickte sie Chuck Horner zu neunhundert Einsätzen. Das Wetter im Kriegsgebiet war klar bis auf den Osten Kuwaits, wo irakische Truppen begonnen hatten, die Stadt zu plündern und die Ölfelder in

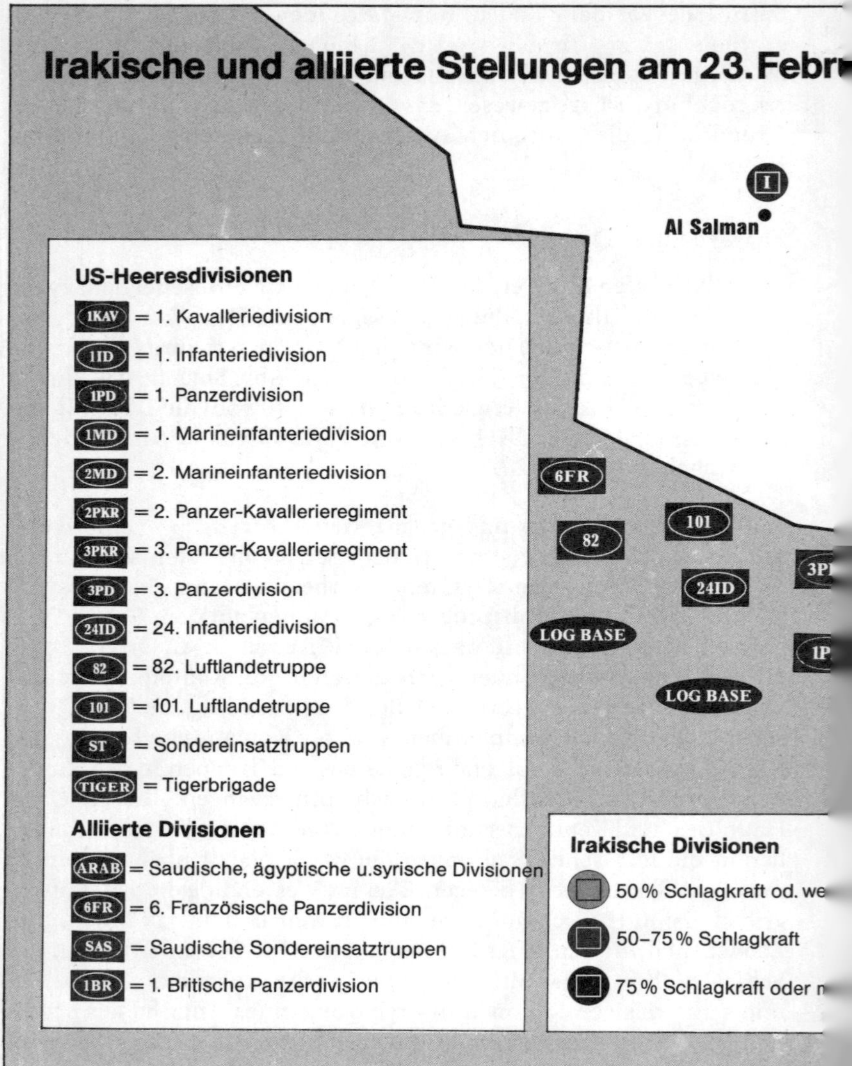
Irakische und alliierte Stellungen am 23. Febr
Al Salman
US-Heeresdivisionen
1KAV = 1. Kavalleriedivision
1ID = 1. Infanteriedivision
1PD = 1. Panzerdivision
1MD = 1. Marineinfanteriedivision
2MD = 2. Marineinfanteriedivision
2PKR = 2. Panzer-Kavallerieregiment
3PKR = 3. Panzer-Kavallerieregiment
3PD = 3. Panzerdivision
24ID = 24. Infanteriedivision
82 = 82. Luftlandetruppe
101 = 101. Luftlandetruppe
ST = Sondereinsatztruppen
TIGER = Tigerbrigade
Alliierte Divisionen
ARAB = Saudische, ägyptische u.syrische Divisionen
6FR = 6. Französische Panzerdivision
SAS = Saudische Sondereinsatztruppen
1BR = 1. Britische Panzerdivision
6FR
101
82
24ID
LOG BASE
LOG BASE
Irakische Divisionen
50 % Schlagkraft od. we
50–75 % Schlagkraft
75 % Schlagkraft oder

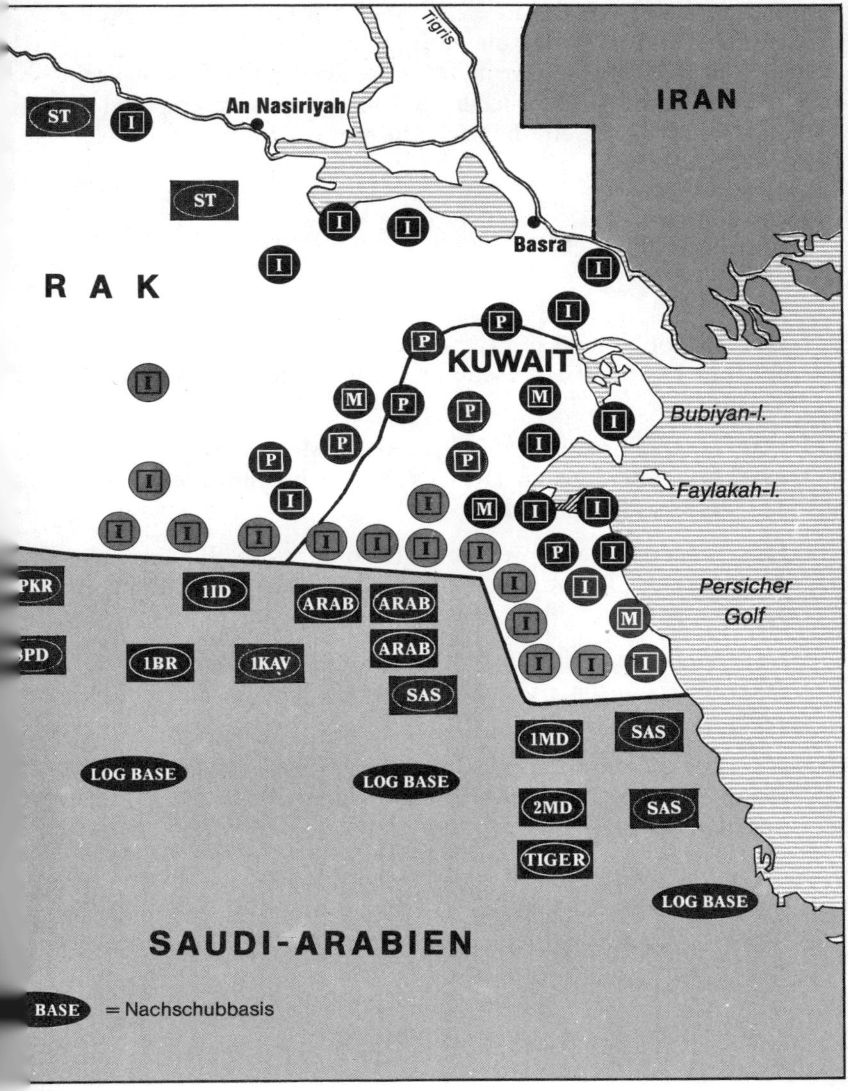

IRAN
Tigris
An Nasiriyah
Basra
RAK
KUWAIT
Bubiyan-I.
Faylakah-I.
Persicher Golf
SAUDI-ARABIEN
ST
ST
I
P
M
PKR
PD
1ID
1BR
1KAV
ARAB
ARAB
ARAB
SAS
SAS
SAS
1MD
2MD
TIGER
LOG BASE
LOG BASE
LOG BASE
BASE = Nachschubbasis

Brand zu stecken. Hier verdunkelte eine höllische schwarze Wolke den Himmel und verdeckte die zunehmende Mondsichel.

Die Frist für das Ultimatum des Präsidenten verstrich in der Nacht vom Samstag zum Sonntag. Jeder im Kommandoraum empfand das gleiche: Wir waren bereit, die Sache hinter uns zu bringen.

23 FEB 91 D + 37

1500 Telefonkontakt mit Generalmajor Peay, 101. Luftangriffsdivision. Der CINC wünschte ihm alles Gute für den kommenden Angriff.

1530 Telefonkontakt mit Generalbrigadier Tilelli, 1. Kavalleriedivision. Der CINC wünschte ihm alles Gute für den kommenden Angriff.

1550 Telefonkontakt mit Generalmajor McCaffrey, 24. motorisierte Infanteriedivision. Der CINC wünschte ihm alles Gute für den kommenden Angriff.

1703 Telefonkontakt mit Generalmajor Johnson, 82. Luftlandedivision. Der CINC wünschte ihm alles Gute für den kommenden Angriff.

1750 Telefonkontakt mit Generalmajor Funk, 3. Panzerdivision. Der CINC wünschte ihm alles Gute für den kommenden Angriff.

1750 Telefonkontakt mit Generalmajor Rhame, 1. Infanteriedivision. Der CINC wünschte ihm alles Gute für den kommenden Angriff.

1945 Telefonkontakt mit Generalmajor Griffith, 1. Panzerdivision. Der CINC wünschte ihm alles Gute für den kommenden Angriff.

23

24 FEB 91 G-DAY/D + 38

0400 Am Tag des Beginns der Bodenoffensive (»G-Day«) waren zur Stunde des Angriffs folgende ranghohe Offiziere im Kommandoraum anwesend: CINC, stellvertretender CINC, Stabschef, Generalmajor Moore, Brigadegeneral Leide, Generalmajor Starling, Brigadegeneral Neal und Gordon Brown. Die Stimmung in der Kommandozentrale war außerordentlich ruhig, denn alles, was getan werden konnte, war getan worden. Brigadegeneral Leide ging umher, unterhielt sich mit dem CINC und anderen Stabsoffizieren und gab Aufklärungsberichte durch. Ein Bericht des kuwaitischen Widerstandes besagte, daß die Iraker begannen, Kuwait City zu zerstören. Explosionen waren aus der ganzen Stadt und von den größeren Bürogebäuden berichtet worden.

In kaltem Regen und Dunkelheit und unter dem Feuerschutz von 155-mm-Haubitzen überquerten die ersten Marineinfanteristen die Grenze nach Kuwait: M-60-Panzer und Cobra-Hubschrauber als Vorhut, gefolgt von Tausenden von Soldaten in gepanzerten Truppentransportern und Humvee-Jeeps. Die Männer trugen klobige, mit Kohlenstoff ausgekleidete Schutzanzüge gegen chemische Waffen und hatten Gasmasken am Gürtel. Als Präsident Bush um sechs Uhr früh saudischer Zeit im Fernsehen erklärte, daß »die Befreiung von Kuwait nun ihr Endstadium erreicht hat«, war es der Marineinfanterie schon gelungen, die erste Linie der Grenzbefestigungen zu überwinden. Zwei saudische Panzerbrigaden und eine gemeinsame arabische Brigade anderer Golfstaaten – dieselben Einheiten, die die Iraker aus Al Khafji vertrieben hatten – arbeiteten sich durch die Grenzbefestigungen durch und fuhren auf der Küstenstraße nach Norden in Richtung Kuwait City.

Etwa vierhundertfünfzig Kilometer weiter westlich holperten die gepanzerten Wagen der französischen 5. leichten Panzerdivision fünfzig Kilometer weit durch die Steinwüste in den Irak. Gemeinsam mit einer Brigade Fallschirmjäger von der 82. Luftlandedivision sollten sie den Luftwaffenstützpunkt Al Salman und dessen Umgebung besetzen. Dies war das Gebiet, aus dem Scuds auf Riad abgefeuert worden waren, und unser westlichstes Angriffsziel. Fünfzig Kilometer östlich vom Aufmarschgebiet der Franzosen und der 82. Luftlandedivision war die 101. Luftangriffsdivision durch Regen und Nebel aufgehalten worden, war aber nun im Begriff, den größten Hubschrauberangriff der Geschichte zu beginnen. Mehr als dreihundert Apache-, Cobra-, Black-Hawk-, Huey- und Chinook-Hubschrauber, von Männern und Frauen geflogen, transportierten eine ganze Brigade samt ihren Humvee-Jeeps, Haubitzen und Tonnen von Treibstoff und Munition achtzig Kilometer in den Irak hinein. Sie hatten den Auftrag, eine riesige Angriffsbasis zu errichten, von der aus Kampfhubschrauber ohne Schwierigkeiten das Euphrattal unter Beschuß nehmen konnten.

Im Kommandoraum in Riad waren wir so weit vom Geschehen entfernt, daß wir nicht mehr wußten, als daß unsere Streitkräfte endlich unterwegs und jenseits der Grenze waren. Es konnte den ganzen Tag dauern, bis wir uns ein genaues Bild über das Fortschreiten des Angriffs machen konnten. Ich wollte verzweifelt etwas tun, *irgend etwas*, etwas anderes, als nur zu warten. Doch das Beste, was ich tun konnte, war, nicht im Weg zu stehen. Hätte ich meine Generäle genervt, hätte ich sie nur abgelenkt. Ich wußte so gut wie jeder andere auch, daß Generäle auf dem Kriegsschauplatz sich um Wichtigeres zu kümmern haben als um Informationen für ihre Vorgesetzten im Hauptquartier. Aber ich hätte alles darum gegeben, bei Barry McCaffrey und meiner alten Einheit, der 24. motorisierten Infanteriedivision, sein zu können, die einen Panzerangriff in den Irak ausführen sollte.

Doch meine Aufgabe bestand darin, im Keller bei unseren Radios und Telefonen zu wachen, den Verlauf der Offensive zu analysieren, die ranghöheren Kommandeure über den jeweiligen Fortschritt auf dem laufenden zu halten und sicherzustellen, daß wir drei strategische Ziele erreichten: den Irak aus Kuwait rauszuschmeißen, unsere arabischen Verbündeten bei der Befreiung von Kuwait City zu unterstützen und die Invasionstruppen so zu zerschlagen, daß Saddam sie nie wieder einsetzen konnte.

Als allmählich die ersten Berichte eintröpfelten, waren sie besser, als wir je zu hoffen gewagt hatten. Als die Marineinfanterie sich ihren Weg durch die ersten Hindernislinien bahnte, war sie auf keine unüberwindlichen Minenfelder gestoßen, auf keine »Flammenwände«, auf keine mörderischen Gasangriffe und nur auf geringfügigen Widerstand. Boomer hatte seine Angriffsstelle gut gewählt. Als seine Einheiten nördlich zur zweiten Hindernislinie vorstießen, berichteten sie nur von kleineren Feuergefechten und wenigen Verlusten, und am Vormittag hatten sie schon Hunderte von irakischen Kriegsgefangenen gemacht. Nachdem sie ein paar Schüsse abgegeben hatten, kletterten die Iraker einfach aus den Schützengräben heraus und ergaben sich. Die Saudis auf der Küstenstraße verzeichneten bemerkenswerte Fortschritte. Sie fuhren kilometerweit an verlassenen Bunkern und Schützengräben vorbei, bevor sie überhaupt auf Gegenwehr stießen, und auch sie berichteten von Irakern, die die weiße Flagge schwenkten. Unterdessen drangen, weit im Westen, französische und amerikanische Streitkräfte vor, ohne, wie erwartet, auf nur nennenswerten Widerstand zu stoßen.

Ich überlegte, ob ich meinen Zeitplan für die Offensive beschleunigen sollte. Unsere Hauptstreitmacht von schweren Panzern – sechszehnhundert insgesamt – wartete an der saudischen Grenze, um den zentralen Angriff zu beginnen. Er hatte drei entscheidende Ziele: Kuwait City zu befreien (die Aufgabe des panarabischen Korps der Ägypter, Syrer, Saudis, Kuwaiter und anderer Araber), die Republikanische Garde zu überrollen und zu vernichten (die Aufgabe des VII. Korps) und die irakischen Fluchtwege ins Euphrattal zu blockieren (die Aufgabe von McCaffreys Abteilung des XVIII. Luftlandekorps). Mein Kriegsplan sah vor, den Angriff erst nach vierundzwanzig Stunden in der Dämmerung des zweiten Tages durchzuführen, um Boomer vierundzwanzig Stunden zu geben, die Hindernisse zu durchbrechen und die Verteidiger entlang der Grenze unschädlich zu machen. Aber der irakische Widerstand schien zusammenzubrechen. Ich wollte die Marineinfanterie nicht stoppen, doch ich machte mir Sorgen, daß sie, wenn sie im Verhältnis zur übrigen Offensive zu weit nach vorn vorstieß, mit ihrer exponierten Westflanke die Möglichkeit zu einem massiven Gegenangriff bieten könnte.

Kurz vor Mittag traf eine entscheidende Meldung ein: Der kuwaitische Widerstand hatte gefunkt, daß die Iraker die Entsalzungsanlage von Kuwait City gesprengt hatten. Da Kuwait City keine andere Trinkwasserquelle hatte, konnte dies nur bedeuten, daß die Iraker im

Begriff waren, abzuziehen. Und wenn sie sich aus Kuwait City zurückzogen, schlußfolgerte ich, so beabsichtigten sie, Kuwait ganz aufzugeben.

Ich wußte, das war für mich das Signal zum Handeln. Die Wahl des richtigen Zeitpunkts ist im Krieg alles entscheidend, und wenn wir unseren Plan nicht anpaßten, liefen wir Gefahr, den Schwung der ersten Erfolge zu verlieren. Ich war diesen Feldzug in Gedanken tausendmal durchgegangen, hatte mir die vielen Möglichkeiten, wie er sich entfalten könnte, vorgestellt, und vermochte den fragmentarischen Meldungen, die ich erhielt, nun eindeutig zu entnehmen, daß die Iraker jeden Halt verloren hatten. Wenn wir schnell genug marschierten, konnten wir sie zwingen, aus einer für sie äußerst nachteiligen Position heraus zu kämpfen; hielten wir uns an den ursprünglichen Zeitplan, konnten sie relativ ungeschoren entkommen.

Ich hatte sowohl Yeosock wie Chalid schon Stunden zuvor angekündigt, daß ich möglicherweise den Hauptangriff vorverlegen würde. Ich nahm erneut mit Yeosock Verbindung auf; er sagte mir, daß er und seine Korpskommandeure – gestützt auf ihre Einschätzung der Kampfberichte und trotz des schlechten Wetters – *jetzt* losschlagen wollten. Ich rief Chalid an; er bestätigte, daß die ägyptischen, saudischen und anderen arabischen Kommandeure, nach einigen Debatten wegen des Wetters, ebenfalls erklärt hätten angriffsbereit zu sein. So gab ich meinen Truppen und Chalid den seinen den Befehl zum Vormarsch, und um fünfzehn Uhr dieses Nachmittags begann der Hauptschlag von »Desert Storm«.

Unsere Soldaten verstanden es, die wenigen verbliebenen Stunden Tageslicht gut auszunutzen. Die riesige Kriegskarte, die die Kommandozentrale beherrschte, zeigte, daß das XVIII. Luftlandekorps alle seine für den ersten Tag vorgesehenen Aufgaben erfüllt hatte. Am frühen Abend erreichten die Franzosen und die 82. Division Al Salman; die 101. Division hatte ihre Angriffsbasis eingerichtet und bereits Apache-Hubschrauber in der Luft, die irakische Laster auf der ins Euphrattal führenden Schnellstraße sprengten. McCaffreys 24. motorisierte Infanteriedivision überwand rauhes Hügelgelände und Schluchten, die bei Regen schlammig und tückisch werden konnten. Verblüffenderweise war er schon fünfundfünfzig Kilometer tief in den Irak eingedrungen.

Etwas östlich der Stelle, an der McCaffrey sich vorarbeitete und die Wüste begann, hatte das VII. Korps große Abteilungen der 1. Panzerdivision und 3. Panzerdivision fünfundzwanzig Kilometer tief in den Irak hinein verlegt. Vorneweg durchstreifte das 2. Panzer-Kavallerieregiment mit seinen Aufklärungshubschraubern und Spähfahrzeugen die Wüste. Weiter östlich, wo die feindlichen Grenzbefestigungen begannen, hatte die 1. Infanteriedivision des VII. Korps mehr als ein Dutzend Breschen für den Durchbruch ihrer Panzer und der der britischen 1. Panzerdivision geschlagen. General Moore berichtete, daß sowohl das VII. Korps als auch die 24. Division wahrscheinlich während der Nacht gute Fortschritte machen würden.

Jenseits des Wadi al-Batin, des trockenen Flußbettes, das die Westgrenze von Kuwait markierte, war das panarabische Korps bis zur Grenzbefestigung vorgedrungen. Zwei saudische Brigaden hatten die Führung übernommen und begannen, eine Bresche zu schlagen. Neben ihnen ging die größere ägyptische Streitmacht etwas gemächlicher vor und beschloß, nicht vor dem kommenden Morgen mit ihren Operationen zu beginnen.

Die Marineinfanterie war später am Tag auf etwas härteren Widerstand gestoßen und hatte an der zweiten Hindernislinie in einer einstündigen Panzerschlacht gekämpft. Aber bevor es Abend wurde, hatte sie den Luftwaffenstützpunkt Al Jaber erobert – das hastig verlassene Hauptquartier des irakischen IV. Korps, das ein Dutzend feindliche Divisionen im südlichen Kuwait kommandierte – und beinahe die halbe Strecke nach Kuwait City zurückgelegt. Unsere Verluste waren bemerkenswert gering – vierzehn im Kampf Gefallene. Unterdessen machten Boomers Divisionen zahllose Kriegsgefangene. Die Kriegsbestimmungen verpflichteten uns, die Gefangenen in Sicherheit zu bringen, indem wir sie schnell hinter die Front schafften. Die Marineinfanterie belud alle vorhandenen Lastwagen, aber mußte sich schließlich damit begnügen, den Irakern die Waffen abzunehmen, nach Süden zu weisen und zu sagen: »Lauft dorthin.« Hinter der Front errichteten wir Kontrollpunkte, wo wir dann die Iraker aufsammelten. Die Saudis, die nun sechzehn Kilometer auf der Küstenstraße hinter sich gebracht hatten, wurden ebenfalls von Gefangenen überschwemmt. Ich begriff, daß das Problem möglicherweise ein Segen war; sonst wäre es mir schwergefallen, das Tempo der Marineinfanterie so zu verlangsamen, daß unsere Offensive im Takt blieb. Später rief ich Boomer an, um ihm zu der großartigen Tagesleistung zu gratulieren, und er sagte mir, daß seine Verlustliste von vierzehn Gefallenen auf *einen* im Kampf Gefallenen korrigiert worden war. Doch keiner von uns brach in Euphorie aus. Wir wußten beide, daß der nächste Tag einen Angriff mit chemischen Waffen oder einen Gegenangriff irakischer Panzer bringen konnte.

Ich hatte im Laufe des Tages regelmäßig mit Powell konferiert. Seine Reaktion auf die Ereignisse war ebenso wie meine eigene vorsichtig. Wir waren beide zu erfahren, um auf der Grundlage erster, ungeordneter Kampfberichte Schlußfolgerungen zu ziehen. Um zweiundzwanzig Uhr rief ich ihn an, um ihm einen letzten Bericht durchzugeben. Ich war müde. Am Ende des Gesprächs hörte ich mich sagen, wie gerne ich das riesige Saddam-Denkmal und den Triumphbogen in der Innenstadt von Bagdad in die Luft sprengen würde. Der Triumphbogen, zur Erinnerung an den Krieg gegen den Iran errichtet, war eine riesige Skulptur zweier Hände, angeblich die von Saddam, die zwei gekreuzte Schwerter hielten. Wir hatten sowohl das Denkmal als auch den Triumphbogen während der Luftoffensive verschont, weil sie keine militärischen Ziele darstellten. Zu meiner Überraschung war Powell einverstanden – auch wenn er vorschlug, daß wir zuerst beim Präsidenten nachfragen sollten. Rechtsanwälte des Pentagon legten gegen den Vorschlag einige Tage später ihr Veto ein, doch als ich mich nun, nach den ersten zwanzig Stunden des Bodenkrieges, in dieser Nacht schlafen legte, war ich zufrieden.

Früh am nächsten Morgen kam ich in die Kommandozentrale und hastete zur Kriegskarte, um zu sehen, wie weit wir in der Nacht vorgedrungen waren. »Was zum Teufel ist mit dem VII. Korps los?« platzte ich heraus. Seine Front hatte sich nach *hinten* verschoben.

»Unsere Informationen waren gestern nicht ganz präzise, Sir«, sagte Moore. Er erklärte, daß zwar Teile des VII. Korps – vor allem Kavallerie-Aufklärungspatrouillen – tatsächlich fünfundzwanzig Kilometer weit auf irakisches Territorium vorgedrungen waren, daß aber die Panzertruppe, nachdem sie am Vortag die Grenze überschritten hatte, dann langsamer wurde. Das erklärte immer noch nicht, was ich sah. Man hatte mir gesagt, daß General Franks und sein Korps die ganze Nacht marschieren würden, und da es an ihrer Front keinen Feind gab, hatte ich angenommen, sie stünden nun im Begriff, das Operationsziel »Collins« zu erreichen. Das war ein sechzehn Kilometer breites, flaches, steiniges Wüstenoval, westlich der Stellungen der Republikanischen Garde, das als Angriffsbasis für das VII. Korps dienen sollte. Dort sollte General Franks seine Einheiten nach Osten schwenken lassen, um die Republikanische Garde anzugreifen. Ich schaute mir noch einmal die Karte an; was den mangelnden Vormarsch des VII. Korps besonders schwer verständlich machte, war der dramatische Vorstoß der 24. motorisierten Infanteriedivision weiter westlich. McCaffrey war offensichtlich die ganze Nacht weiter vorgedrungen, über weit schwierigeres Terrain, und befand sich schon fast einhundert Kilometer tief im Irak.

Ich rief Yeosock an. »Ist das VII. Korps in der Nacht stehengeblieben?« fragte ich ihn. »Also, ich möchte zwar nicht, daß die eine Unvorsichtigkeit begehen, aber soviel ich weiß, haben sie noch keinen Schuß abbekommen. Sie scheinen nur herumzutrödeln. Was geht da vor?« Yeosock sagte nur, er werde sich mit mir wieder in Verbindung setzen.

Als ich auflegte, schüttelte ich den Kopf und sah Cal Waller an. »Ich dachte, sie hätten die Hälfte des Weges zum Ziel ›Collins‹ hinter sich.«

»Zum Teufel, Sir, ich dachte, sie wären schon da!«

Einige Minuten später rief Gary Luck mit einem günstigeren Lagebericht an. »Sir, wir haben alle unsere Ziele gestern erreicht, und unsere heutigen Aufgaben haben wir bereits geschafft.« Er ging die Positionen seiner Einheiten durch und fügte hinzu: »Wir haben dreitausendzweihundert Kriegsgefangene gemacht und sind noch am Zählen.«

»Großartig, Gary.« Ich hielt inne. »Nun geben Sir mir den Rest des Berichts.« Der letzte Punkt eines Kampfberichts ist die Zahl der Gefallenen.

»Bis jetzt, Sir, einen im Kampf Verwundeten.«

Ich wußte vom Vortag, daß wir über alle Erwartungen hinaus erfolgreich gewesen waren, aber die plötzliche Erleichterung, daß wir keine großen Verluste hatten, traf mich wie ein Schlag. Ich war überwältigt. Ich dankte dem Schicksal, legte schnell auf und holte einige Male tief Luft, um mich zu beruhigen. Die morgendliche Lagebesprechung zeigte, daß wir überall auf dem Kriegsschauplatz unter einem guten Stern standen. Nach einem Tag Bodenkrieg hatten wir nur acht Tote und siebenundzwanzig Verwundete zu verzeichnen. Wir konnten zwar nicht die Zahl der irakischen Gefallenen einschätzen, wußten aber, daß wir mehr als dreizehntausend Gefangene gemacht hatten.

Als Yeosock und ich uns mittags wieder unterhielten, war ich entschlossen, noch mehr Dampf zu machen. Der Feldzug hatte sich von einem umsichtig geplanten Angriff zu einer von den Taktikern so genannten Aufreibung entwickelt, wobei eine Armee einen unsicher gewordenen Feind verfolgt und ihn in der Hoffnung, einen völligen Zusammenbruch auszulösen, zum Kämpfen zwingt. Yeosock und ich verschwendeten keine Zeit damit, die Untätigkeit des VII. Korps in der vergangenen Nacht zu diskutieren. Er bestätigte einfach, daß Franks vorsichtigerweise entschieden hatte, seinen ursprünglichen Plan zu verfolgen, auch wenn dieser auf der Annahme beruhte, daß die Iraker sehr viel härter kämpfen würden. Franks hatte darauf bestanden, alle seine Divisionen durch das Hindernis zu schaffen und dann zu stoppen, um sich auf der anderen Seite neu zu formieren. Dieser Vorgang sei nun beinahe abgeschlossen, berichtete Yeosock, und bald würde das VII. Korps sich nach Norden bewegen. Wenn alles klappte, wären sie am nächsten Tag in der Lage, die Republikanische Garde anzugreifen. Obwohl das alles nicht so schnell ging, wie ich es mir wünschte, war es akzeptabel. Unser Nachrichtendienst meldete, daß die Republikanische Garde nach wie vor ihre Stellungen an der Nordgrenze von Kuwait besetzt hielt; würde sich das VII. Korps an dem Tag entschlossen in Marsch setzen, könnte es seine Aufgabe immer noch erfüllen. Aber die Verzögerung bedeutete, daß ich McCaffrey bremsen mußte, der sich dem Euphrattal näherte. Ich wollte nicht, daß er sich ganz allein einem Gegenangriff der Republikanischen Garde gegenübersah. Ich hatte das Gefühl, als ob ich einen Wagen zu lenken versuchte, der von Rennpferden und von Maultieren gezogen wurde.

Die Marineinfanterie und die Saudis an der Küste hatten am Montag die schwersten Gefechte zu bestehen. Beide Streitkräfte schienen darauf versessen zu sein, Kuwait beinahe so schnell zu befreien, wie es die Iraker erobert hatten. Die Marineinfanterie wehrte drei irakische Gegenangriffe in einer Folge von Gefechten ab, die fast den ganzen Tag andauerten. Sie vernichteten Dutzende von irakischen Panzern, machten eine ungeheure Zahl von Kriegsgefangenen und hatten nur einen Gefallenen und achtzehn Verletzte zu beklagen. An der Küstenstraße hatten die Saudis und Soldaten der Golfstaaten alle Ziele, die ihnen im ursprünglichen Kriegsplan zugeteilt worden waren, erreicht und kamen so gut voran, daß Chalid und ich sie unbeschränkt vorrücken ließen und ihnen gestatteten, nördlich in Richtung Kuwait City vorzustoßen. Als sie schließlich am Nachmittag auf schweren Widerstand trafen, kämpften sie gut und machten viele Gefangene.

Während sich die Marineinfanterie und die Saudis Kuwait City näherten, stand die panarabische Streitmacht – die Truppen, die unserem Plan zufolge Kuwait City erobern sollten – immer noch hinten an der Grenze. Die Ägypter hatten fast den ganzen Montag damit zugebracht, Breschen in die Hindernislinie zu schlagen. Einerseits war dies ihr militärischer Stil: Sie waren zähe, methodische Kämpfer, die – wie Franks – lieber an einem vorbereiteten Plan festhielten. Aber andererseits spürte ich auch, daß hier politische Kräfte am Werk waren: Der Gedanke, andere Araber anzugreifen, war in ihrem Heimatland derart umstritten, daß ich den Verdacht hatte, die Kommandeure hätten aus Kairo den Befehl erhalten, ihre Verluste auf ein absolutes Minimum zu beschränken. Über Chalid, General Schwartz und den Stab des Koordinationszentrums drängte ich Generalmajor Abdulrahman el Kammi, den für diesen Abschnitt zuständigen Saudi, und Generalmajor Salah Mohamed Attia Halaby, den ägyptischen Korpskommandeur, endlich für Bewegung zu sorgen.

25 FEB 91 G + 1/D + 39

1510 Telefonkontakt mit dem Vorsitzenden. Der Vorsitzende gab dem CINC die Erlaubnis, das Saddam-Denkmal und den Triumphbogen zu sprengen.

1815 Der Vorsitzende rief den CINC und sagte ihm, er solle den Angriff auf das Denkmal und den Triumphbogen stoppen.

Die Spannung im Kommandoraum erhöhte sich augenblicklich, als der abendliche Wetterbericht eintraf. Wir hatten für Dienstag mit klarem Himmel gerechnet und erhielten statt dessen eine Prognose über sechsunddreißig Stunden schweren Regen, Wind und Sandstürme. Die Bewölkung würde so dicht sein, daß sie das Kampfgebiet vor unseren Luftaufklärungskameras verbarg. Ich war entsetzlich frustiert: Wir mußten die Republikanische Garde beobachten. Bis jetzt hatten sich die drei Panzerdivisionen, auf die wir es abgesehen hatten – »Tawakalna«, »Medina« und »Hammurabi« – nicht aus ihren Bunkern im Norden von Kuwait gerührt. Aber Spähtrupps des VII. Korps hatten schon mit Vorposten der »Tawakalna«-Division Schüsse gewechselt, und so wußten einige Iraker, daß wir uns ihrer Flanke näherten. Wenn sie begriffen, daß dies die Vorhut unseres Hauptangriffs darstellte, konnten sie vielleicht entkommen. Ich sagte Powell: »Wenn sie die heutige Nacht in ihren Löchern vergraben bleiben, haben wir sie. Wenn nicht, wird es eine Jagd zurück in

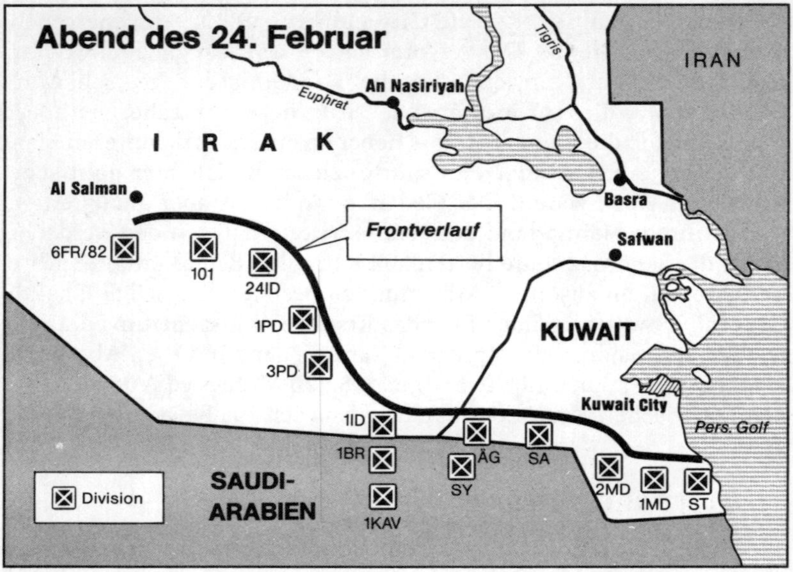
Abend des 24. Februar
Tigris
IRAN
An Nasiriyah
Euphrat
I R A K
Basra
Al Salman
Frontverlauf
Safwan
6FR/82
101
24ID
1PD
KUWAIT
3PD
Kuwait City
1ID
Pers. Golf
1BR
ÄG
SA
SY
2MD
1MD
ST
Division
SAUDI-
ARABIEN
1KAV

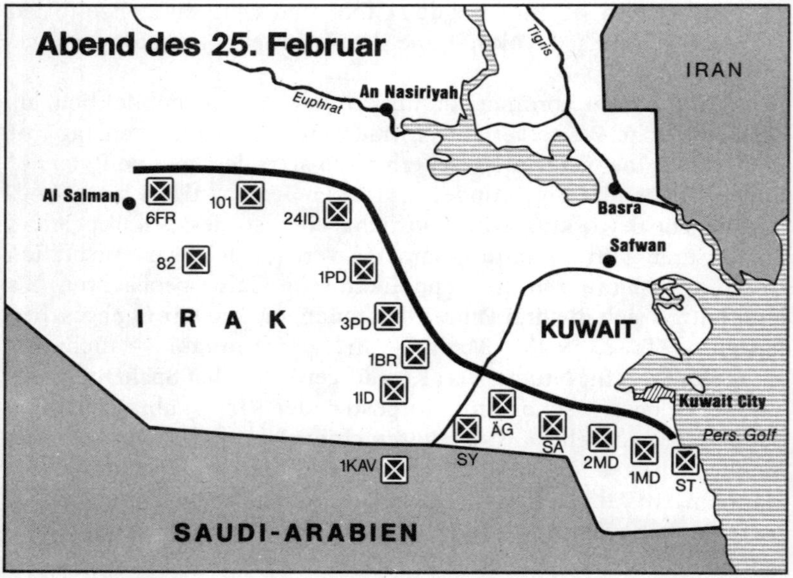
Abend des 25. Februar
Tigris
IRAN
An Nasiriyah
Euphrat
Al Salman
6FR
101
24ID
Basra
Safwan
82
1PD
I R A K
3PD
KUWAIT
1BR
1ID
Kuwait City
ÄG
SY
SA
Pers. Golf
2MD
1MD
ST
1KAV
SAUDI-ARABIEN

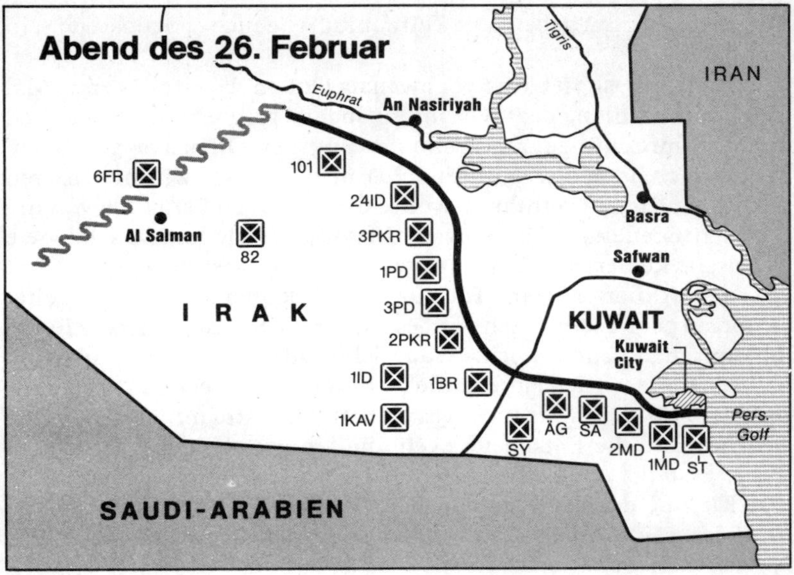
Abend des 26. Februar
Euphrat
Tigris
An Nasiriyah
IRAN
101
6FR
24ID
Basra
Al Salman
3PKR
82
Safwan
1PD
3PD
I R A K
KUWAIT
2PKR
Kuwait City
1ID
1BR
1KAV
ÄG
SA
2MD
Pers. Golf
SY
1MD
ST
SAUDI-ARABIEN

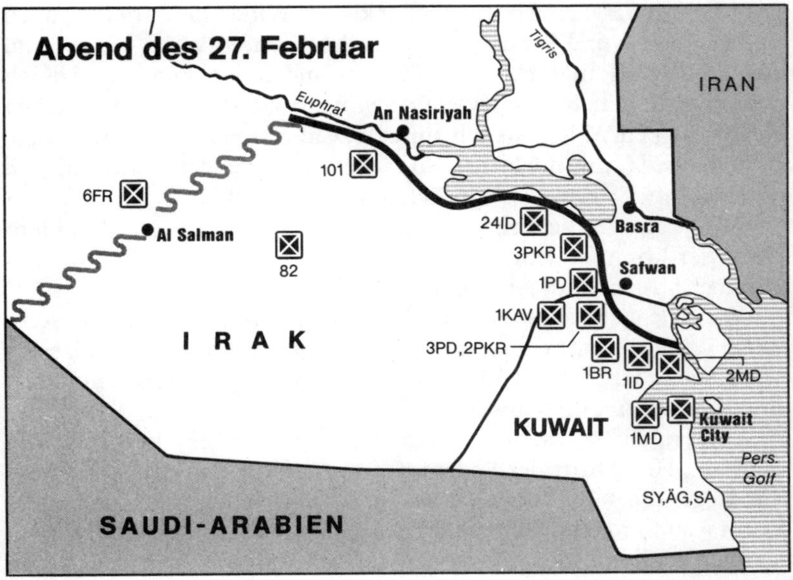
Abend des 27. Februar
Tigris
Euphrat
An Nasiriyah
IRAN
101
6FR
24ID
Basra
Al Salman
82
3PKR
Safwan
1PD
1KAV
3PD,2PKR
I R A K
1BR
1ID
2MD
KUWAIT
1MD
Kuwait City
Pers. Golf
SY,ÄG,SA
SAUDI-ARABIEN

Richtung Euphrat geben. Der Zeitpunkt hätte nicht ungünstiger sein können.«

Präsident Bush rief kurz vor zwanzig Uhr an. Es war das erste Mal seit Weihnachten, daß wir miteinander sprachen. Er hörte sich meine fünfminütige Zusammenfassung der Offensive genau an, fragte mich dann einige Minuten darüber aus, wie wir mit unseren Kriegsgefangenen verfuhren, wollte Genaueres zu Berichten von irakischen Greueltaten in Kuwait City hören (wir hatten sehr viele erhalten, keiner war bestätigt worden) und wissen, wie wir mit unseren Alliierten beim Feldzug zurechtkamen. Ich prophezeite: »Morgen oder übermorgen wird es eine große Schlacht mit der Republikanischen Garde geben.« Zum Schluß dankte ich ihm für seine Führung. Als ich den Hörer auflegte, war ich sehr beeindruckt davon, was der Präsident alles *nicht* gesagt hatte: Er hatte mir keine Befehle gegeben und die Entscheidungen, die ich getroffen hatte, nicht in Frage gestellt, und seine gezielten Einwürfe hatten ausschließlich zur Klärung der Lage gedient. Sein Vertrauen in die Fähigkeit des Militärs, seine Aufgabe zu erfüllen, hob sich von dem, was ich in Vietnam erlebt hatte, derart stark ab, daß mir das Gespräch wirklich sehr viel bedeutete.

Eine Stunde später berichtete Yeosock, daß die Panzerkolonnen des VII. Korps zwar nach wie vor auf keinen Widerstand stießen, doch wegen Regens und Sandstürmen nur langsam vorwärts kamen und sich dreißig Kilometer vor »Collins« befanden. »Ich bin froh, daß ich dem Präsidenten ›morgen *oder übermorgen*‹ gesagt habe«, meinte ich sarkastisch zu Waller, als ich auflegte. Cal war praktisch außer sich.

»Gottverdammt noch mal, Sir, wir müssen sie dazu bringen, sich zu beeilen!« Er griff sich ein Telefon.

»Cal«, sagte ich scharf, »mischen Sie sich nicht ein. Sie sind nicht mehr der Kommandeur.«

»Aber Sir, wir müssen. Darum geht es doch.«

»Yeosock weiß, daß wir Druck machen. Die Dritte Armee steht unter seinem Kommando, und Sie müssen sie ihn so führen lassen, wie er es für richtig hält.« Waller war derart frustiert, daß er aufstand und den Kommandoraum verließ.

Später in dieser Nacht stieg ich die Treppe zu Chalid hoch. Er war über den Fortschritt der Bodenoffensive erfreut und begeistert über die Siege, die seine Brigaden an der kuwaitischen Küste errangen. Dann wandten wir uns der Frage des panarabischen Korps zu. »Wenn sie sich nicht beeilen, verpassen sie den Kampf«, warnte ich ihn.

»Die Marineinfanterie bittet bereits um die Erlaubnis, Kuwait City zu befreien. Ich kann sie nicht mehr lange zurückhalten.«

Chalid wußte, daß ich bluffte – uns beiden war klar, daß die Stadt von der Koalition eingenommen werden mußte. Aber er wußte auch, daß ich vom militärischen Standpunkt im Recht war. »Machen Sie sich keine Sorgen, ich bringe sie dazu, sich in Marsch zu setzen«, versprach er. Je früher wir den Krieg beenden konnten, desto besser. Es dauerte keine Stunde, und wir erhielten die Nachricht, daß eine auf Dharan abgeschossene Scud-Rakete eine amerikanische Kaserne getroffen hatte. Die Explosion hatte achtundzwanzig unserer Leute getötet und viele andere verletzt. Es war eine schreckliche Tragödie – diese Terrorwaffe, die in den Himmel geschossen worden war und durch bloße Schicksalsfügung genau dort einschlug, wo Truppen konzentriert waren, führte uns die Grausamkeit des Krieges erneut deutlich vor Augen. Mir war schwer ums Herz.

Um zwei Uhr fünfzehn wurde ich von Brigadegeneral Butch Neal, dem Chef der Nachtoperationen, wachgerüttelt. »Sir, wir haben eine öffentliche Radiosendung von Radio Bagdad abgehört. Sie befehlen ihre Truppen aus Kuwait zurück.«

Ich ging in die Kommandozentrale und schüttelte meinen Kopf, um ihn freizubekommen. Die Offensive lief erst seit achtundvierzig Stunden, aber die Tage und Nächte rasten immer schneller vorbei. Waller war wieder an seinem Schreibtisch. »Es sieht so aus, als ob sie diesmal ernst machen«, meinte er. Wir fingen Funknachrichten des III. Korps auf, der irakischen Streitmacht, die Kuwait City besetzt hatte, denen zufolge allen Einheiten befohlen wurde, sich zurückzuziehen. Die JSTARS, unser ultramodernes Aufklärungsflugzeug, das Aktivitäten im Kampfgebiet überwachte, hatte zudem einen Konvoi von einhundertfünfzig Fahrzeugen ausgemacht, der sich in schneller Fahrt aus der Stadt in nördlicher Richtung davonmachte.

Powell rief unmittelbar danach an. Ich sagte ihm, daß wir die Straßen überwachen und jedes sich bietende militärische Ziel angreifen würden. Er bestätigte, daß wir den Angriff fortsetzen sollten – der Irak hatte keinerlei Anzeichen dafür erkennen lassen, daß er bereit war, die UN-Resolutionen zu akzeptieren. Aber Powell spekulierte: »Das könnte sehr schnell zu einem Waffenstillstand führen.«

»Wenn das in weniger als ein oder zwei Tagen der Fall ist, könnten wir ein großes Problem mit der Republikanischen Garde bekommen«, sagte ich. Da ihre Stellungen im Irak und nicht in Kuwait lagen, konnte ein schneller Waffenstillstand bedeuten, daß sie wahrscheinlich entkommen würden. Mit diesem sorgenvollen Gedanken ging ich zurück in mein Zimmer, um ein paar Stunden zu schlafen.

Als ich kurz nach Sonnenaufgang den Kommandoraum betrat, fragte ich sofort: »Wo befindet sich die Republikanische Garde?«

Leide sagte, daß die Stürme nach wie vor unsere Aufklärung beeinträchtigen. »Wir sind nicht sicher, aber wir glauben, sie haben sich nicht bewegt.« Diese Nachricht, wenn sie denn zutraf, war ermutigend. Aber dann teilte mir Burt Moore, mein Operationschef, mit, daß sich das VII. Korps *auch nicht bewegt hatte* – nur Teile der Vorhut hatten das Operationsziel »Collins« erreicht.

»Geben Sie mir Yeosock«, befahl ich.

Am Telefon bestätigte Yeosock den Bericht. »John«, sagte ich ohne Umschweife, »keine Ausreden mehr. Setzen Sie Ihre Truppen in Bewegung. Wir haben die ganze gottverdammte irakische Armee vor uns auf der Flucht. Heizen Sie dem VII. Korps ein. Ich möchte, daß Sie herausfinden, was die anderen vorhaben, und dann melden Sie sich bei mir.« Bevor ich unser Gespräch abbrach, erwähnte ich noch das XVIII. Luftlandekorps. Ich hatte die 24. motorisierte Infanteriedivision gestern mittag zurückgehalten. »Wir müssen das Euphrattal jetzt sperren«, sagte ich Yeosock. »Meinen Sie, daß McCaffrey den weiten Weg bis zum Fluß schafft?«

»Da bin ich ganz sicher.«

»Okay. Dann geben Sie ihnen jetzt den Marschbefehl. Wir können nicht länger auf das VII. Korps warten. Aber stellen Sie sicher, daß die 24. Division ausreichend Luftunterstützung erhält sowie Hubschrauberunterstützung durch die 101. Division. Die sind da draußen ganz auf sich allein gestellt.«

Gary Luck, der Kommandeur des XVIII. Luftlandekorps, rief etwas später an, und ich wiederholte meine Instruktionen wegen McCaffrey und seiner Division. »Jungs, ihr leistet großartige Arbeit«, fuhr ich fort. »Ich will, daß ihr eure nächste Aufgabe ganz genau begreift. Ihr müßt der irakischen Militärmaschinerie maximalen Schaden, *maximalen Schaden* zufügen. Ihr müßt jegliches Kriegsgerät vernichten. Laßt es nicht auf dem Schlachtfeld liegen. Wir wollen nicht, daß die Iraker in fünf Jahren erneut auf uns losgehen.«

Während ich auf Yeosocks Gegenbericht wartete, rief ich Boomer auf seinem mobilen Kommandoposten an, das waren gepanzerte

Amphibienfahrzeuge, mit denen er seinen Kampftruppen auf ihrem zweitägigen Vormarsch gefolgt war. »Wir zogen heute morgen durch ein ganzes Feld brennender irakischer Panzer«, sagte er. »Da hätte einem alten Panzerkämpfer das Herz im Leibe gelacht.« An diesem Morgen griff die 1. Division der Marineinfanterie am Südrand der Stadt gelegene irakische Stellungen beim Internationalen Flughafen von Kuwait an, während die 2. Division der Marineinfanterie, gemeinsam mit der »Tiger-Brigade«, sich nach Westen durchkämpfte, nach Jahra, wo sich die Straße aus Kuwait City mit der nach dem Irak schnitt. Die Kreuzung war der Flaschenhals, durch den die Iraker aus der Hauptstadt zu entkommen versuchen würden. Die Aufgabe war im ursprünglichen Kriegsplan der panarabischen Streitmacht zugeteilt worden, aber nun hatte Boomer gefragt, ob seine Truppen sie besetzen könnten. »Wenn ihr es ohne größeres Risiko schafft, dann legt los«, sagte ich ihm.

Ich begann mir Sorgen zu machen, daß das Wetter das VII. Korps noch mehr aufhalten könnte. In diesem Abschnitt des Schlachtfeldes regnete es sehr stark, und die Wadis füllten sich. Unterdessen wurde klar, daß die Republikanische Garde nicht länger untätig herumsaß. Ihre Kommandeure organisierten einen klassischen Gefechtsrückzug, wobei sie das Unwetter ausnutzten. Aufgefangene Funksprüche machten deutlich, daß die Division »Tawakalna« an Ort und Stelle bleiben und sich einem Hinhaltemanöver stellen sollte, während »Medina« und »Hammurabi« sich schrittweise nach Basra absetzen würden. Schließlich rief Yeosock an, Franks Vorhut sei bei Zielobjekt »Collins« angelangt, berichtete er, und Franks sei gerade dabei, seine Panzerdivisionen nach vorn zu verlegen. »Er wird angreifen, sobald alles in Stellung ist,« sagte Yeosock.

»Wann?«

»Allerspätestens mit der morgigen Dämmerung.«

Ich atmete heftig aus. Wir konnten es uns kaum leisten, einen weiteren Tag zu verlieren. Es paßte mir nicht, aber ich hatte keine andere Wahl. So, wie die Einheiten standen, konnte ich sie keinesfalls schneller dorthin schaffen. »Okay, uns bleibt nichts anderes übrig«, sagte ich. »Aber der Angriff morgen früh steht nicht zur Diskussion.« Um die Dinge zu beschleunigen, sagte ich Yeosock, er solle Franks die 1. Kavalleriedivision zuteilen, die Reserve, die zu bekommen er sich seit November bemüht hatte. Es gab keinen Grund mehr, sie zurückzuhalten: Anderswo brauchte ich sie nicht, und der langfristige Erfolg von ›Desert Storm‹ hing nun vom

VII. Korps ab. Ich war mir sicher, daß es die Republikanische Garde vernichten konnte – sofern es nur an Ort und Stelle kam, bevor der Krieg zu Ende war.

Am Mittag hörten wir, daß Moskau, das immer noch als Bagdads Vermittler fungierte, um ein Treffen des UN-Sicherheitsrates gebeten hatte, bei dem ein möglicher Waffenstillstand besprochen werden sollte. Das hatte einen Telefonanruf von Powell zur Folge, der, nach meinem Bericht über unsere Fortschritte an der Front, wissen wollte: »Können Sie das VII. Korps nicht dazu bringen, schneller vorzurücken?« Ich erläuterte den Zeitplan, auf den Yeosock und ich uns für den Angriff auf die Republikanische Garde geeinigt hatten, und schlug ihm vor, uns im Falle eines unmittelbar bevorstehenden Waffenstillstandes vielleicht noch etwas Spielraum zu verschaffen.

Es wurde sehr still am anderen Ende der Leitung. Dann sagte Powell ruhig: »Rufen Sie General Yeosock an. Sagen Sie ihm, der Vorsitzende sei wegen der ganzen Geschichte mit dem VII. Korps ziemlich aufgebracht. Ich will wissen, warum sie sich nicht vom Fleck rühren und warum sie nicht einen Feind angreifen können, der dreißig Tage lang ununterbrochen bombardiert worden ist. Sie haben nun mehr als zwei Tage manövriert und immer noch keine Fühlung mit dem Feind. Es fällt sehr schwer, das, was das VII. Korps treibt, vor irgend jemandem in Washington zu rechtfertigen. Ich weiß, daß ich nicht schlauer sein sollte als jemand direkt an der Front, aber wir sollten den Feind stellen, und zwar jetzt.«

Ich gab die Nachricht bereitwillig weiter. Ich hoffte, sie würde das VII. Korps zusätzlich anspornen, sich in Marsch zu setzen, aber der Druck aus dem Hauptquartier hatte Franks bereits auf Touren gebracht. Schon eine halbe Stunde später berichtete Yeosock, daß das 2. Panzer-Kavallerieregiment die am westlichsten gelegenen Teile der »Tawakalna«-Division angegriffen hätte. Er wies auch darauf hin, daß die 1. Infanteriedivision mit ihren schweren Panzern den Angriff zum Ende des Tages übernehmen würde. »Heißt das, wenn wir heute abend angreifen können, werden wir das tun?« fragte ich.

»Und ob«, antwortete Yeosock.

Kurz darauf – es war nun Spätnachmittag – rief Franks selbst an. »General Yeosock hat mich wissen lassen, daß eine Meldung bei Ihnen am Platze sei«, begann er förmlich. Das erste, was er erwähnte, war seine Sorge, daß einige der irakischen Einheiten, die er umgangen hatte, vorrücken und seine Flanke treffen könnten. Er wollte sie zerstört wissen, bevor sich seine Streitkräfte der Republikanischen

Garde zuwandten, und war daher im Begriff, einen Angriff nach *Süden* zu befehlen.

»Fred«, unterbrach ich ihn, »um Himmels willen, wenden Sie sich nicht nach Süden. Wenden Sie sich nach *Osten*. Ran an den Feind!« Waller, der in der Nähe saß, hörte meine Worte. Er hatte seine Fäuste geballt und starrte auf sein Pult. Ich erinnerte Franks, daß er die kampfstarke britische 1. Panzerdivision zu seiner Rechten hatte und sie einsetzen konnte, um seine südliche Flanke zu schützen. Er war sofort einverstanden. Ich brauchte den Mann nicht zusammenzustauchen – ich erkannte, daß er an dem ganz normalen Lampenfieber litt, das jeder Entscheidungsschlacht vorangeht.

Dann sagte er mir, worauf ich die ganze Zeit gewartet hatte: daß er beabsichtige, die Republikanische Garde die ganze nacht hindurch anzugreifen. »Großartig!« sagte ich. »Sie sollten heute nacht sehr aktiv sein. Lassen Sie nicht nach mit dem Druck. Lassen Sie sie nicht entkommen. Bleiben Sie ihnen auf den Fersen. Wenn wir das Wetter unterfliegen können, lassen wir sie von der Luftwaffe beschießen, wenn sie zurückweichen.«

Endlich waren wir soweit: Die größte Panzerschlacht der Militärgeschichte konnte stattfinden. Die massive Streitmacht, die wir unter Franks versammelt hatten – die 1. Panzerdivision, die 3. Panzerdivision, die 1. Infanteriedivision, die 1. Kavalleriedivision und die britische 1. Panzerdivision –, würde den irakischen Eliteeinheiten gegenübertreten, die bei der Invasion von Kuwait die Speerspitze gebildet hatten. Sieben Monate, nachdem sie in Kuwait eingefallen waren, war für die Republikanische Garde die Stunde der Abrechnung gekommen.

In der östlichen Hälfte des Kampfgebietes geriet der irakische Rückzug zum Chaos. Große Teile des irakischen II., III., IV. und VII. Korps versuchten, nach Basra zu gelangen, mußten aber entdecken, daß die Euphratbrücken zerstört waren, worauf sich die Konvois wie eingeplant in der südöstlichen Ecke des Irak stauten. Eine JSTARS-Aufklärungsmaschine, die mit Radar durch die Wolken spähte, machte für unsere Bomber Dutzende von irakischen Panzerkolonnen aus.

Ich verbrachte den Tag damit, die Aktionen zur Befreiung von Kuwait City zu koordinieren. Die Marineinfanterie hatte die Hauptstadt völlig umzingelt, und obwohl es in den Vororten noch heftige Feuergefechte gab, trafen zahlreiche Berichte ein, die Iraker hätten in der Stadtmitte ihre Stellungen aufgegeben und würden fliehen. Chalid versicherte mir, seine Truppen seien bereit, am Morgen in die Stadt vorzurücken. Das panarabische Korps, das jetzt schnell vorwärts kam, würde bei Sonnenuntergang bei der Marineinfanterie westlich der Stadt angelangt sein, während die arabischen Brigaden an der Küstenstraße bereit waren, die Stadt von Osten zu erobern. Ich rief Boomer an, um ihn vorsorglich auf diese Tatsache hinzuweisen und um zu verhindern, daß seine Marineinfanteristen die arabischen Einheiten, die sich seinen Truppen anschlossen, versehentlich unter Beschuß nahmen. Wir hatten den Bodenkrieg so organisiert, daß Truppen unterschiedlicher Sprachen auf dem Schlachtfeld getrennt blieben, aber da sie sich nun enger zusammenzogen, stieg die Gefahr solcher Zwischenfälle.

Unser Plan war, die Marineinfanterie ihre Stellungen halten zu lassen, während eine Vorhut von Kuwaitern, Saudis, Ägyptern und anderen arabischen Streitkräften als erste in die Hauptstadt einzogen. Ich ging die Einzelheiten mit Oberst Jesse Johnson, dem Chef der Sondereinsatztruppen des Central Command, durch. Seine Berater waren während des ganzen Feldzuges arabischen Einheiten zugeordnet gewesen und würden sie nun in die Stadt begleiten. Unter anderem waren sie dafür verantwortlich, unsere Alliierten, insbesondere die Kuwaiter, daran zu erinnern, daß sie gegen irakische Kriegsgefangene wegen während der Besetzung verübter Greueltaten keine Vergeltung üben sollten. Wir wollten uns die Hände nicht mit Kriegsverbrechen schmutzig machen. Johnson mußte auch ein Einsatzteam zusammenstellen, um unsere Botschaft zurückzuerobern, während die Briten und Franzosen die ihre einnahmen. »Ich will eine gleichzeitige Wiederbesetzung von allen dreien«, mahnte ich. »Keine verrückten Rennen. Keine Angeberei.«

Johnson war einer der heimlichen Helden von »Desert Storm«. Seit seiner Ankunft am Golf vor sechs Monaten war er an der Front tätig gewesen und hatte geholfen, die Koalition zusammenzuhalten. Ich gratulierte ihm zur Leistung seiner Leute: Sie hatten Aufklärungspatrouillen durchgeführt und Stoßtrupps hinter die feindlichen Linien geschleust, hatten die Saudis ausgebildet, die Kuwaiter reorganisiert und ausgerüstet und während der Kämpfe als Militärberater für die arabischen Einheiten gedient. »Es sind gute Männer, und sie haben einen guten, entschlossenen Kommandeur«, sagte ich ihm. »Und jetzt noch etwas.«

»Sir?«

»Ich weiß, daß es Sie wahrscheinlich juckt, wieder in Aktion zu treten. Aber wenn Ihre Jungs morgen die Botschaft wiedererobern, verlasse ich mich auf Sie als Kommandeur, nicht als Vorkämpfer.«

Johnson lachte. »Machen Sie sich keine Sorgen. Ich habe drei Verwundetenabzeichen und will keins mehr.«

Es gab Hunderte von Dingen, über die wir hätten überglücklich sein können, aber die Atmosphäre im Kommandoraum war nach wie vor äußerst gespannt. Wir hatten immer noch nicht das geleistet, wozu wie ausgezogen waren: die irakische Fähigkeit, die arabische Welt zu bedrohen, auszuschalten. Bis daß wir die Republikanische Garde nicht zerstört hatten, war unsere Arbeit nur halb getan, und wir alle spürten, wie die Gelegenheit dazu allmählich immer schneller schwand.

26 FEB 91 G+2/D+40

2030 Treffen mit Generalleutnant Chalid. Chalid teilte dem CINC mit, daß der Emir von Kuwait summarisch verkündet habe, der Kronprinz sei zum Militärgouverneur von Kuwait ernannt worden und habe nun das Kommando über alle in seinem Land operierenden befreundeten Streitkräfte inne. Als Reaktion darauf verlegte Chalid, auf Anweisung seines Vaters und des Königs, saudische Streitkräfte um vierundzwanzig Uhr nach Kuwait. Der CINC schlug vor, daß Einheiten aller arabischen Truppen sich in der Stadt vereinigen könnten, und Chalid war damit einverstanden. Später befahl der CINC Generalmajor Schwartz, den Saudis bei der Koordinierung zu helfen.

2115 Telefonkontakt mit Skip Gnehm, dem amerikanischen Botschafter in Kuwait. Der CINC berichtete, als wie problematisch die Saudis die Ankündigung der Kuwaiter empfinden würden. Sie beleidigten den König, indem sie den Begriff »befreundet« statt »brüderlich« benutzten. Die Saudis sind außer sich und denken über die Stornierung aller möglichen Hilfen nach, die sie den Kuwaitern anbieten wollten. Der CINC sagte, Chalid habe dennoch angeordnet, daß die vereinten Streitkräfte morgen früh die Stadt besetzen. Der CINC sagte dem Botschafter, er selbst werde sich nur um die militärische Lage kümmern und die Entscheidung, wer in Kuwait City etwas zu sagen habe, in die erfahrenen Hände des Botschafters legen.

Das VII. Korps griff die Republikanische Garde tatsächlich die ganze Nacht über an. Die Republikanische Garde kämpfte hart, um ihr Terrain zu halten, was uns nicht überraschte. Aber wir bezwangen sie, und in der Morgendämmerung machten unsere Aufklärungsberichte deutlich, daß die »Tawakalna«-Division beinahe vollständig aufgerieben war, während wir keinen einzigen Panzer verloren hatten. Die »Medina«- und »Hammurabi«-Divisionen, die durch die Entdeckung, daß sie eine starke Koalitionsstreitmacht von Westen umzingelte, in Verwirrung gestürzt wurden, versuchten ihren Rückzug in Richtung Basra zu beschleunigen. Unterdessen hatte das XVIII. Luftlandekorps einen großen Konvoi irakischer Schwertransporter zerstört, der Panzer aus dem Kriegsgebiet abzuschleppen versuchte.

Als ich die Fronten auf der Karte studierte, hatte ich das sichere Gefühl, daß der Krieg sehr bald zu Ende sein würde. Die Bodentruppen des Central Command drängten nun mit aller Macht nach Osten. Wir trieben den Feind in den Kessel, der auf der anderen Seite des Euphrats Basra gegenüberlag und der bei unserer Luftwaffe ganz nüchtern »Killbox« (»Abschußfeld«) hieß. Wir belegten jeden Konvoi, den wir entdecken konnten, mit einem höllischen Bombardement – aber zwischen den Luftangriffen flogen wir mit Black-Hawk Hubschraubern über das Kampfgebiet, die mit Lautsprechern ausgerüstet waren. Wir sagten den Irakern immer wieder auf arabisch: »Geht raus aus euren Fahrzeugen, laßt sie stehen, und ihr werdet nicht sterben. Wir lassen euch nach Hause.« Viele waren auch von selbst darauf gekommen. Ein Kommandeur eines Panzerbataillons, der sich uns ergab, hatte unseren Nachrichtenoffizieren schließlich eingestanden: »Während des irakisch-iranischen Krieges liebte ich meinen Panzer, weil er das einzige war, das mich beschützte. Aber in diesem Krieg haßte ich meinen Panzer, weil er mich umbringen konnte. Er zog das Feuer auf sich. Ich blieb sooft ich konnte, draußen und schlief so weit wie möglich von ihm entfernt.«

In Kuwait City füllten fröhliche Menschenmengen die Straßen, als kuwaitische, saudische, ägyptische und andere arabische Streitkräfte kurz nach Tagesanbruch einrollten. Auch wenn uns unten in Riad klar war, daß noch harte Kämpfe bevorstanden, fiel es schwer, uns von der Begeisterung nicht mitreißen zu lassen. Die morgendliche Lagebesprechung, bei der mein Stab die Ereignisse der vergangenen vierundzwanzig Stunden durchging, wirkte fast wie ein Freudenfest. Von den zweiundvierzig irakischen Divisionen, die sich zu Beginn des Krieges am Schauplatz aufgehalten hatten, galten nun nachrichtendienstlichen Schätzungen zufolge siebenundzwanzig als überrollt oder aufgerieben. Mindestens sechs weitere galten als kampfunfähig oder als nicht länger imstande, ernstlich Widerstand zu leisten. Nördlich von Kuwait City befand sich das irakische II. Korps auf dem Rückzug; das III. Korps, das Kuwait City besetzt hatte, war aufgerieben; alle Frontdivisionen des IV. Korps südlich der Stadt waren vernichtet worden, und die Infanteriedivisionen des VII. Korps im Westen hatten aufgegeben. Es gab keine Kommunikation zwischen Bagdad beziehungsweise Basra und den verbleibenden Divisionen im Felde mehr – jede mußte allein sehen, wie sie zurechtkam. Wir hatten achtunddreißigtausend Gefangene gemacht. Von den vierhunderttausend Soldaten, die wir über die Grenze in die Bodenoffensive geschickt hatten, wurden achtundzwanzig als gefallen, achtzig als verwundet und fünf als vermißt gemeldet. Zuletzt wies uns Ron Wildermuth, mein Chef für Öffentlichkeitsarbeit, darauf hin, daß unsere zur Berichterstattung über den Krieg eingerichteten Medienpools sich aufgelöst hatten: »Alle Reporter sind nun nach Kuwait City unterwegs. Das brauchen sie für ihre Schlagzeilen, und sie sind ganz aus dem Häuschen.« Als die Besprechung zu Ende war, befahl ich dem Stab, Pläne zur möglichst zügigen Rückverlegung der Truppen nach dem Beginn eines Waffenstillstandes auszuarbeiten (»Kampfeinheiten zuerst«, sagte ich Dane Starling).

Dann lehnte ich mich zurück, um zu beobachten, wie sich der Sieg abzeichnete. In den Presseberichten war nun der Präsident ein Held, ebenso Cheney und Powell, die Politiker und Militärexperten dagegen, die gewarnt hatten, daß ein Kriegseintritt schreckliche Folgen haben würde, hatten nun schwer an ihren Worten zu schlucken. Jedermann im Hauptquartier war sehr stolz. Ich war überglücklich.

Ich verbrachte den Rest des Tages damit, Berichte über die Kämpfe an der irakischen Nordgrenze zu überwachen, wo Yeosock und seine Generäle die Überreste von Saddams Armee immer mehr in Bedrängnis brachten. Auch wenn das Wetter übel blieb – strömender Regen, den ich »Infanteriewetter« nannte, weil er für das Dasein dieser Einheiten typisch war –, machte das VII. Korps ständig neue Fortschritte. Yeosock rief mich im Laufe des Nachmittags an, um mich wissen zu lassen, daß unsere 1. Panzerdivision nun die Stellungen der »Medina«-Division durchbrochen hatte und daß mindestens zwei vollständige Bataillone irakischer Panzer zerstört worden waren. Er sagte, die »Hammurabi«-Division sei nun auf der Flucht und verstecke sich hinter einem Ölfeld, während unsere 1. Panzerdivision sie verfolge.

»Wie lange brauchen Sie noch, um die Republikanische Garde zu zerstören?« fragte ich.

»Einen Tag mehr«, antwortete er prompt. »Morgen abend sind sie erledigt.«

Der einzige üble Zwischenfall war ein Beschuß der eigenen Seite beim VII. Korps. Eine unserer Luftwaffenmaschinen hatte aus Versehen zwei britische Fahrzeuge zerstört und dabei große Verluste verursacht. Ich bat Horner und Yeosock, besondere Vorsichtsmaßnahmen zur Vermeidung solcher Unfälle zu ergreifen, da die Gefahr immer mehr zunahm, je mehr unsere Streitkräfte sich beim Kessel von Basra zusammenzogen.

> 27 FEB 91 G+3/D+41
>
> 1545 Telefonkontakt mit Generalleutnant Horner. Der CINC sagte General Horner, dies sei kein »Ich-bring-meinen-Arsch-in-Sicherheit«-Anruf, auch wenn das so klinge. Da die »Killbox« immer enger werde, könnten wir uns Zwischenfälle, bei denen unsere Truppen ins eigene Feuer gerieten, nicht leisten. »Ich weiß, daß Sie alles in Ihrer Macht Stehende tun, aber ich mache mir Sorgen. Übrigens, heben Sie mir eine Bombe für Saddam Husseins Denkmal auf. Ich werde beim Präsidenten persönlich anfragen.«

Bald rief Powell in ganz entspannter und glücklicher Stimmung an und sagte: »Wir sollten über einen Waffenstillstand sprechen. Die Tauben beginnen, über die von Ihnen angerichteten Schäden zu murren«.

»Was meinen Sie damit?« fragte ich. Natürlich interviewten Journalisten nun Luftwaffenpiloten, die die aus Kuwait fliehenden Konvois beschossen hatten. Sobald das Gebiet um Kuwait City befreit war, hatten Reporter, die zuvor Teil des Medienpools gewesen waren, Fotos von der Schnellstraße 6 gemacht, auf der wir Montagnacht einen Konvoi bombardiert hatten. Ihnen bot sich ein Anblick der völligen Zerstörung. Sie nannten sie »Straße des Todes«: eine vierspurige Piste voller ausgebrannter Wracks von mehr als tausend Militärfahrzeugen und gestohlenen Zivillastwagen, Bussen und Autos. Diese Bilder bekamen die Leute zu sehen, als sie sich am Abend hinsetzten und ihre Fernseher einschalteten. Powell informierte mich, daß das Weiße Haus nervös wurde. »Die Berichte lassen es wie mutwilliges Töten erscheinen.«

Wir wußten beide, daß das nicht der Fall war. Auch wenn viele Iraker im Konvoi sterben mußten, waren die meisten aus ihren Fahrzeugen gesprungen und fortgerannt. Ich war irritiert. Washington war wie stets bereit, auf den kleinsten Wellenschlag der öffentlichen Meinung übernervös zu reagieren. Was ich dachte, aber nicht aussprach, war, daß das Weiße Haus am besten den verdammten Fernseher im Besprechungsraum abschalten sollte. Powell selbst schien nicht beunruhigt zu sein; er war an das politische Spiel von Ebbe und Flut gewöhnt.

»Also sagen Sie mir, was Sie tun wollen«, sagte er. Ich ging mit ihm die gegenwärtige Situation durch und gab Yeosocks Lagebeurteilung in bezug auf die Republikanische Garde weiter. Am Ende des Tages wären wir zwar in der Lage, zu erklären, daß der Irak militärisch nicht länger imstande sei, seine Nachbarn zu bedrohen, aber es würde immer noch teuflisch viele Panzer geben, die im Kessel bei Basra herumfuhren. »Daher schlage ich folgendes vor«, sagte ich. »Ich will, daß die Luftwaffe weiter Konvois bombardiert, die sich am Euphrat stauen, wo die Brücken gesprengt sind. Ich will den Bodenangriff morgen bis zum Meer weiterführen und alles, was sich auf unserem Weg befindet, völlig zerstören. So habe ich es im Kriegsplan für ›Desert Storm‹ festgelegt, und noch einen Tag, und wir haben es geschafft.« Ich hielt inne. »Sind Sie sich darüber im klaren, daß, wenn wir morgen nacht aufhören, der Bodenkrieg fünf Tage gedauert haben wird? Wie finden Sie das: der ›Fünf-Tage-Krieg?‹

Powell lachte leise. »Klingt gut. Ich gebe es weiter.« Er fügte hinzu, daß wir am Ende des Tages die Medien über den neuesten Stand informieren müßten. Ich schlug vor, die Nachrichten besser in Riad als in Washington auszugeben, weil unsere Informationen hier auf dem allerneuesten Stand wären, und er war einverstanden. Als ich den Hörer auflegte, ließ ich von zwei Zeichnern auf der Grundlage meiner Skizze eine Serie von graphischen Tafeln und Diagrammen zur Bodenoffensive anfertigen.

Den Rest des Nachmittags verbrachte ich damit, die Kampfhandlungen zu überwachen. Die Diagramme waren um neunzehn Uhr fertig, und ich trug sie nach oben, um sie für eine Stunde durchzusehen, bevor ich über die Straße ins »Hyatt« ging, um die Medien zu informieren. Die Präsentation gelang sogar noch besser, als ich gehofft hatte. Als ich aus dem Hotel kam, war ich in einer phantastischen Stimmung, und als ich die Lichter der Straße sah, fiel mir auf, daß dies erst das zweite Mal seit mehr als einer Woche war, daß ich mich außerhalb des Verteidigungsministeriums aufhielt (das erste Mal war es auch darum gegangen, die Presse zu informieren).

Powell rief um zweiundzwanzig Uhr dreißig an. »Ich bin im Weißen Haus. Wir haben uns über Ihren Vorschlag unterhalten, den Krieg nach fünf Tagen zu beenden.« Er sagte mir, daß sich in Washington die Debatte über mutwilliges Töten unangenehm verschärft habe – selbst die Franzosen und Briten hätten schon angefragt, wie lange wir denn den Krieg noch fortsetzen wollten. »Der Präsident überlegt sich, heute abend um einundzwanzig Uhr vor die Öffentlichkeit zu treten und zu verkünden, daß wir aufhören. Hätten Sie damit irgendwelche Probleme?«

Neun Uhr in Washington bedeutete fünf Uhr früh in Riad – nur sechseinhalb Stunden noch. Er wartete, als ich mir das eine Minute lang überlegte. Meine instinktive Reaktion war, daß ein schneller Waffenstillstand Leben retten würde. Wenn wir den ganzen Donnerstag hindurch angriffen, würden noch mehr unserer Soldaten getötet werden, vielleicht nicht viele, aber einige. Wichtiger noch, wir hatten unsere Mission erfüllt: Ich hatte dem amerikanischen Volk soeben erklärt, daß von der irakischen Armee nicht genug übriggeblieben sei, um eine regionale militärische Bedrohung darzustellen. Natürlich hatte Yeosock um einen weiteren Tag gebeten, und ich hätte die nächsten sechs Monate gerne damit zugebracht, das irakische Militär zu vernichten. Doch wir hatten dem Kerl in den Hintern getreten und niemandem auch nur den leisesten Zweifel gelassen, daß wir eindeutig die Sieger waren, und zwar bei sehr wenigen eigenen Verlusten. Warum nicht damit aufhören? Wieso morgen noch jemanden umbringen lassen? Das gab für mich den Ausschlag.

»Ich habe damit kein Problem«, antwortete ich endlich. »Unsere Aufgabe war die Zerstörung der feindlichen Streitkräfte, und dieser Aufgabe sind wir in jeder Hinsicht gerecht geworden. Ich werde bei meinen Kommandeuren nachfragen, aber sofern sie nicht auf irgendwelche Schwierigkeiten gestoßen sind, von denen ich nichts weiß, können wir aufhören.«

Powell erklärte, daß der Präsident einen Waffenstillstand davon abhängig machen würde, daß die Iraker zu kämpfen aufhörten und alle Scud-Angriffe einstellten, umgehend alle Kriegsgefangenen und kuwaitischen Zivilgeiseln freiließen, sich allen UN-Resolutionen beugten und andere Bedingungen mehr. Ich verlangte, daß die Erklärung auch deutlich machen sollte, daß dies nur eine vorläufige Einstellung der Angriffe sei, kein endgültiger Waffenstillstand, und daß unsere Truppen die Erlaubnis hätten, jegliche Iraker auszuschalten, die auf uns schossen. Dann sagte mir Powell, daß der Präsident ein Treffen der Generäle beider Seiten innerhalb von achtundvierzig Stunden fordern würde, um die militärischen Einzelheiten des Endes der Feindseligkeiten zu besprechen. Das überraschte mich – mir war nie der Gedanke gekommen, daß ich mit irakischen Generälen einmal an einem Tisch sitzen würde –, und wir besprachen einige Minuten, wie wir das arrangieren könnten. Plötzlich sah ich auf meine Uhr. »Colin, ich muß mit dem Telefonieren aufhören. Wir reden darüber, den Krieg in sechs Stunden und zwanzig Minuten zu Ende zu bringen, und ich muß dafür sorgen, daß die Jungs, die kämpfen, das auch erfahren.«

Ich legte auf, rief sofort Horner an und sagte ihm, er solle seine Bomber weiterhin aufmunitionieren, aber sicherstellen, daß sie in der Lage wären, um fünf Uhr aufzuhören. »Das ist noch nicht definitiv«, sagte ich. »Washington muß das noch mit unseren Alliierten klären. Aber starten Sie nichts, was Sie nicht mehr rückgängig machen könnten.«

Dann rief ich Yeosock an und informierte ihn. »Bis fünf Uhr alles wie gehabt. Ich ermutige Sie, bis dahin mit ihren Apache-Hubschraubern so viel zu zerstören wie irgend möglich«, fügte ich hinzu. Ich rief Admiral Arthur, General Boomer und Generalmajor Wayne Downing an, der die amerikanischen Sondereinsatztruppen hinter den feindlichen Linien kommandierte. Keinen schien es zu überraschen, daß ein Waffenstillstand erklärt werden sollte.

Einige Stunden später rief Powell mit der Bestätigung an: »Wir stellen die feindlichen Handlungen ein, aber es hat noch eine Änderung gegeben. Der Präsident wird seine Ankündigung um einundzwanzig Uhr machen, aber wir hören nicht vor Mitternacht auf. So wird es zu einem Hundertstundenkrieg.« Ich mußte es ihnen lassen: Sie wußten wirklich, wie man ein geschichtsträchtigtes Ereignis präsentiert.

Präsident Bush und Verteidiungsminister Cheney kamen beide ans Telefon, um zu gratulieren. Schließlich nahm Powell noch einmal den Hörer und sagte: »Okay, es bleibt dabei. Feuereinstellung acht Uhr Ortszeit morgen früh.«

Ich war in mein Privatquartier gegangen, um den Anruf entgegenzunehmen; nun kehrte ich zurück in den Kommandoraum und erklärte die Bedingungen für die Einstellung der Kampfhandlungen unserem Stab. »Unsere Streitkräfte bleiben, wo sie im Irak sind«, befahl ich. »Ich will, daß sie alles verlassene Militärgerät und jeglichen Nachschub in ihrer Umgebung zerstören.«

Ich erklärte dem Stab, daß das Weiße Haus eine Bedingung hinzugefügt habe, derzufolge die Iraker im Kriegsgebiet ihre Ausrüstung zurücklassen und sich zu Fuß nach Norden begeben müßten – eine Bedingung, die ich begrüßte, da sie uns erlaubte, die Aufgabe, ihre Waffen zu vernichten, zu Ende zu bringen. Aber Johnston warf ein, daß sich dies unmöglich vollständig werde durchsetzen lassen: »Sir, wir können sehr viele Straßen blockieren, aber wir werden nie in der Lage sein, die Iraker, die schon beim Fluß sind, davon abzuhalten, die Brücken zu reparieren, und ihre Ausrüstung nach Norden zu schaffen, wenn wir sie nicht angreifen.«

Er hatte natürlich recht. Es gab gepanzertes Gerät in großer Zahl – vielleicht zwei Divisionen entsprechend –, das gegen die Pontonbrücken bei Basra drängte: eine bunte Mischung aus alten T-55-Panzern des Baujahrs 1950 und BTR-Truppentransportern bis hin zu einigen Dutzend modernster T-72-Panzer, die zurückgewichen waren, als das VII. Koprs zögerte, die Republikanische Garde anzugreifen. Wir hatten das Gerät die ganze Nacht hindurch bombardiert, und am Abend des folgenden Tages hätten wir es auch vollständig zerstören können, wenn wir die Staus unter Feuer genommen und Apache-Hubschrauber den Fluß entlang ausgeschickt hätten, um alle Panzer anzugreifen, die versuchten, ihn zu überqueren und sich in Sicherheit zu bringen.

Wir diskutierten die Konsequenzen. Wir haßten den Gedanken, auch nur *einen* irakischen Panzer zu verschonen, vor allem nicht die T-72-Panzer der Republikanischen Garde. Früher oder später würden diese Panzer für einen bösartigen Zweck eingesetzt werden. Aber von einem rein militärischen Standpunkt aus betrachtet, ebenso wie vom Standpunkt unserer arabischen Alliierten, brauchten wir uns keine Sorgen zu machen. Selbst um auch nur eine einzige funktionsfähige Division aus den Überbleibseln zusammenzustellen, würden die Iraker sehr lange brauchen. Die Ausrüstung war ein einziges Durcheinander: Das Gerät war größtenteils schlecht gewartet, und es fehlten Ersatzteile (die Sowjets hatten mit der Lieferung aufgehört), und vieles war defekt und zusammengeschossen. Darüber hinaus konnten die Iraker nicht einfach Männer in die Panzer setzen und erklären: »Wir haben zwei Divisionen.« Sie würden Jahre brauchen, um kleine Einheiten aufzustellen und auszubilden, dann Kompanien, dann Bataillone und so weiter. Angesichts des Chaos, dem sie sich gegenübersahen, würden sie wahrscheinlich fünf bis sechs Jahre dazu benötigen.

Die Entscheidung war zu schwerwiegend für das Central Command. Wir mußten Washington fragen. Also rief ich Powell an, wiederholte Johnstons Einwand und warnte: »Wenn Sie diesen Waffenstillstand ausrufen, sind wir zur Tatenlosigkeit verdammt und müssen zusehen, wie die Republikanische Garde ihre T-72-Panzer über die Pontonbrücken fährt.«

»Können Sie sie heute nacht vernichten?« wollte er wissen. Ich sagte, ich hätte Yeosock schon angewiesen, seine Hubschrauberangriffe zu verdoppeln; wir hatten ohne Unterbrechung Apaches mit dem Befehl in der Luft, rücksichtslos jeden Panzer zu zerstören, den sie finden konnten.

»Okay«, sagte Powell. »Ich setze mich noch einmal mit Ihnen in Verbindung.« Zwanzig Minuten später rief er wieder an und erklärte, das Weiße Haus habe nun verstanden, daß einige Panzer entkommen würden, und beschlossen, das hinzunehmen. Da wir die Iraker nicht zwingen konnten, ihre Ausrüstung ohne weitere Schußwechsel aufzugeben, war jene Bedingung aus der Erklärung des Präsidenten gestrichen worden.

Yeosock und ich hatten immer noch eine bedeutende Entscheidung zu treffen: Wo sollten wir den Bodenangriff stoppen? Das XVIII. Luftlandekorps hatte inzwischen schon ein großes Stück des Irak erobert; das VII. Korps jagte Überbleibsel der Republikanischen Garde im nördlichen Kuwait. Wenn ich mir die Karte anschaute, konnte ich nur ein Problem ausmachen: die wichtige Kreuzung fünf Kilometer nördlich der kuwaitischen Grenze, wo sich die Hauptstraße 6 aus Kuwait City und die Hauptstraße aus Umm Qasr auf dem Weg nach Basra trafen. Wenn wir die Kreuzung nicht blockierten, würde noch mehr irakisches Gerät entkommen. Ich wollte auch den nahe gelegenen Berg bei Safwan sichern, weil die Iraker viele Scuds aus diesem Gebiet nach Dharan geschickt hatten. Die nächste Einheit des VII. Korps, die 1. Infanterie-Division, war fünfundzwanzig Kilometer entfernt; Yeosock meinte, sie könnte die Kreuzung ohne weiteres vor dem Waffenstillstand erreichen. »Großartig!« sagte ich. »Nehmt sie ein, solange ihr keinen großen Kampf beginnt, den ihr nicht rechtzeitig beenden könnt. Das wäre ein idealer Ort für ein Militärlager.«

Ich stellte noch einmal sicher, daß alle meine Feldkommandeure vom Waffenstillstand wußten. Dann legte ich mich erschöpft zu Bett. Als Präsident Bush zwei Stunden später vor die Fernsehkameras trat, um zu erklären, daß der Golfkrieg vorüber sei, war ich bereits fest eingeschlafen.

24

28 FEB 81 G+4/D+42

1145 Der CINC kam in die Kommandozentrale zurück. Obwohl es keinen offiziellen Lagebericht gab, wurde dem CINC mitgeteilt, daß der Waffenstillstand plangemäß eingetreten sei. Die 1. Infanteriedivision war von Kuwait aus nach Norden vorgestoßen und befand sich nun im Irak, und die 24. motorisierte Infanteriedivision hatte im Osten angegriffen und bei einer Straßenkreuzung knapp südlich von Basra gestoppt. Kampfhubschrauber flogen gestern nacht Einsätze, zerstörten aber nicht viele Panzer.

Powell und ich hatten überlegt, die Waffenstillstandsgespräche an Deck des Kriegsschiffes »Missouri« durchzuführen. Douglas MacArthur hatte die japanische Kapitulation 1945 auf jenem Deck entgegengenommen, und ich wollte in aller Deutlichkeit zeigen, daß diese Begegnung, trotz anderslautender Bezeichnung, in jeder Hinsicht eine Kapitulation war. Aber letztlich erwies sich die Idee als unpraktisch. Der Präsident hatte uns bis zum Beginn der Gespräche nur achtundvierzig Stunden Zeit gegeben – bis Samstagmorgen. Die Anreise der irakischen Delegation auf ein Kriegsschiff inmitten des Golfs – ganz zu schweigen von der Unterbringung militärischer Repräsentanten jeder Koalitionsnation und den Scharen von Reportern, die von dem Ereignis berichten wollten – wäre so kurzfristig ein kompliziertes, wenn nicht gar unmögliches Unterfangen gewesen.

Dann entschieden wir uns für den Luftwaffenstützpunkt Jalibah – eine große militärische Einrichtung etwa fünfzig Kilometer südlich des Euphrat, die am dritten Tag des Krieges vom XVIII. Luftlandekorps erobert worden war. Mir gefiel diese Wahl, weil Jalibah einhundertfünfzig Kilometer tief im Irak lag, wodurch der Ort ebenfalls die irakische Niederlage deutlich machte, und ohne weiteres für die irakischen Delegationen zu erreichen war; sie brauchten nur von Basra auf der Autostraße 8 einhundertdreißig Kilometer nach Westen zu fahren. Powell war einverstanden, und nachdem wir die Zustimmung des Weißen Hauses eingeholt hatten, machte sich das Außenministerium daran, Bagdad davon in Kenntnis zu setzen, wobei die Sowjets als Vermittler fungierten.

28 FEB 91 G+4/D+42

1900 Abendliche Lagebesprechung. Der CINC sagte zu Generalleutnant Horner, daß wir nach wie vor darauf angewiesen seien, im Luftraum über Bagdad Präsenz zu demonstrieren, und General Horner meinte trocken: »Wir haben zwei Optionen, Unterschall oder Überschall.« Der CINC wies darauf hin, daß die Patrouillen Tag und Nacht durchgeführt werden sollten, und entschied sich für die Überschall-Option. Man würde die Flugzeuge zwar nicht unbedingt sehen, aber der Überschallknall werde alle wissen lassen, daß wir da seien.
Der CINC sagte dem Stab, man setze uns unter Druck, die Soldaten so bald wir möglich nach Hause zu entlassen. Die Heimkehr des ersten Kontingents werde mehr symbolischen Charakter haben, aber dann würden wir dazu übergehen, die Sache voll in die Hand zu nehmen. Der CINC besprach Sicherheitsfragen. Er wollte, daß jeder den Slogan übernehme: »Kein einziges Leben mehr.« »Wir dürfen nicht mehr die Unfallrate haben wie beim Beginn des Unternehmens. Ich will die Kommandeure dafür verantwortlich machen. Das soll bis zur untersten Ebene bekannt werden.«

Ich wartete im Kommandoraum, da mir klar war, daß bestimmt wieder neue Probleme gelöst werden mußten, aber ich war sicher, daß schließlich alles seinen Gang nehmen würde. Als das Telefon endlich um zwei Uhr früh am Freitag klingelte, war Yeosock in seinem Hauptquartier am Apparat. »Es gibt ein Problem mit dem Luftwaffenstützpunkt Jalibah. Gary Luck sagt, es sei dort zu gefährlich. Überall liege scharfe Munition herum.«

»Na toll«, sagte ich. »Das hätten wir gestern wissen müssen.« Ich schaute auf meine Karte. »Okay, weichen wir auf den Flugplatz Safwan aus.« Er lag nördlich der kuwaitischen Grenze und war nur drei Kilometer von der Straßenkreuzung, die zu erobern ich dem VII. Korps gestern früh befohlen hatte, entfernt.

Wenige Minuten später rief Yeosock zurück. »Wir haben keine Truppen dort.« Ich schaute mir den Lageplan genau an. Der ganze Sektor, in dem das Rollfeld lag, war danach eindeutig von der 1. Infanteriedivision besetzt worden. Außerdem hatte Burt Moore es mir selbst in seiner Meldung bestätigt, als ich heute früh in den Kommandoraum kam. »Wenn wir auch nicht auf dem Rollfeld selbst sind, müssen wir doch Einheiten in der Nähe haben, oder? Verlegen Sie einfach einige Truppen in das Gebiet.« Yeosock sollte den Befehl ausführen. Unterdessen hatte ich Powell darauf hingewiesen, daß wir das Treffen aus Jalibah verlegen mußten und an einen Ort bei Safwan dachten. Uns blieben kaum noch vierundzwanzig Stunden, bevor die Waffenstillstandsverhandlungen beginnen sollten.

Ich überdachte noch einmal mein Gespräch mit Yeosock und wurde unruhig. Safwan war nur ein Asphaltstreifen in der Wüste, aber ganz abgesehen davon, daß wir es als Treffpunkt benutzen wollten – der ganze Sektor war für uns entscheidend, wenn wir den Rückzug schweren Geräts aus Kuwait blockieren und noch vorhandene Scud-Bunker zerstören wollten. Ich hatte angenommen, daß unsere Truppen nach dem Ende der Kampfhandlungen die Zeit genau dafür genutzt hätten. Nun war ich mir nicht mehr so sicher. Andererseits schien kein Grund zur Aufregung zu bestehen: Ich hatte so viele Berichte bekommen, daß unsere Truppen in dem Gebiet waren, daß eine kleine Kräfteverlegung die Situation ins Lot bringen würde.

Aber Yeosock rief kurz vor der Dämmerung an und bestätigte meine schlimmsten Befürchtungen: Wir hatten niemanden in Safwan – nicht am Rollfeld und nicht auf dem nahe gelegenen Berg, wo die Scuds angeblich versteckt waren, von der Straßenkreuzung, die ich den Bodentruppen ausdrücklich zu erobern befohlen hatte, ganz zu schweigen. Die Hubschrauber der »Big Red One« hätten zwar Kampfpatrouillen entlang der Schnellstraße geflogen und keine feindlichen Kräfte gemeldet, sagte er, aber ihre Soldaten hätten den Sektor nie betreten. Mir war zumute, als hätte man mir einen Tiefschlag versetzt. »Warum haben sie dann gemeldet, sie hätten es besetzt?« wollte ich wissen.

»Ich weiß es nicht. Wir haben die gleichen Meldungen erhalten, Sir«, sagte er hilflos. »Ich muß beim VII. Korps nachfragen.«

Damit war meine letzte Sicherung durchgebrannt. »Ich habe Ihnen *befohlen*, das VII. Korps an die Straßenkreuzung zu schicken«, brüllte ich. »Ich will einen *schriftlichen* Bericht, warum mein Befehl mißachtet wurde und warum dieser Auftrag als ausgeführt gemeldet wurde, obwohl das nicht der Fall war.« Ich wußte, daß es legitime Gründe geben konnte, warum man den Sektor nicht besetzt hatte, aber es war völlig inakzeptabel, daß man unzutreffende »Auftrag-ausgeführt«-Meldungen an mein Hauptquartier weitergereicht hatte. Die Tatsache, daß zwei Tage verstrichen waren, ohne daß man etwas zu ändern versucht hatte, machte das Ganze nur noch schlimmer. Mir war, als hätte man mich angelogen. Mein ganzer aufgestauter Frust und meine Wut über das VII. Korps kochten hoch.

»Ich will, daß das Rollfeld von Safwan und der Berg bei Safwan besetzt und gründlichst aufgeklärt werden«, befahl ich, »und ich will, daß jegliche feindliche Ausrüstung zerstört wird. Ich muß mich darauf verlassen können, daß Sie für einen sicheren Treffpunkt sorgen. Lassen Sie sich nicht in ein größeres Feuergefecht hineinziehen. Wenn sich dort eine große feindliche Streitmacht befindet, müssen Sie sich zurückziehen. Haben Sie meinen Befehl verstanden?«

»Ja, Sir.«

»Meinen Sie, Sie sind in der Lage, diesen Auftrag auszuführen?«

»Ja, Sir.«

Ich konnte nicht aufhören. »Wenn nicht, lassen Sie es mich wissen, und ich schicke ein Korps der Marineinfanterie dorthin.«

»Wir können das erledigen«, sagte er knapp.

»Gut so, John. Und stellen Sie es ja geschickt an. Ich will kein Leben von Soldaten riskieren, um die Ärsche von Offizieren zu retten, die ihre Aufgaben nicht erfüllt haben.«

Ich war mit Yeosock hart ins Gericht gegangen, aber ich wußte, daß er verstand, wieso. John war ein großartiger Kommandeur, der mein stellvertretender zweiter Generalstabschef für Planung im Pentagon gewesen war, und als das Kommando der Dritten Armee frei wurde, hatte ich mich sehr dafür eingesetzt, daß er befördert und an den Posten versetzt wurde. Ich wußte, daß er zäh genug war, um meine Gefühle von meinen Absichten und Befehlen zu trennen, und daß er die Aufgabe erledigen würde. Ich ging zu Bett.

Mittags kam ich in die Kommandozentrale zurück, wo Waller und Moore auf mich warteten. »Nicht nur, daß uns Safwan nicht gehört«, sagte Waller und schüttelte den Kopf, »sondern eine irakische Einheit hat das Rollfeld besetzt. Und die Iraker haben *Panzer* an den wichtigsten Straßenkreuzungen stehen.« Safwan als Ort für Waffenstillstandsverhandlungen zu wählen, erschien mir immer unplausibler: Wenn die Iraker das Rollfeld besaßen, kämen wir zu ihnen und nicht sie zu uns. Und militärisch war der Gedanke, daß der Feind den Sektor immer noch besetzt hielt, unerträglich.

Ich holte sogleich Yeosock wieder ans Telefon. Er berichtete, daß die 1. Infanteriedivision des VII. Korps an diesem Morgen zur Straßenkreuzung gefahren wäre, dort aber fünfzehn Panzer der Republikanischen Garde und einen Brigadekommandeur vorgefunden habe. Ich sagte ruhig: »Wir müssen diese Straßenkreuzung besetzen, John.«

»Aber es herrscht Waffenstillstand!«

»Es gibt keinen Waffenstillstand. Es gibt eine zeitweilige Außerkraftsetzung der Offensivoperationen zu unseren Bedingungen. Ich möchte, daß Sie die Iraker auffordern, sich zurückzuziehen. Wenn sie angreifen, erwidern Sie das Feuer. Und bis es soweit ist, besorgen Sie uns einen Ort, wo das Treffen stattfinden kann. Prüfen Sie noch einmal den Luftwaffenstützpunkt Jalibah.«

> 1 MÄRZ 91 G + 5/D + 43
>
> 1255 Telefonkontakt mit dem ägyptischen Verteidigungsminister Abu Taleb. Als ihm für den großen Sieg gedankt wurde, antwortete der CINC, daß alles viel schneller gegangen sei, als wir es je erwartet hätten. Es war eine gute Teamleistung von allen. Ihre Streitkräfte haben hervorragende Arbeit geleistet. Sie sind in Kuwait, was sehr gut ist. Wir werden darauf achten, einen guten Frieden zu erhalten.

Inzwischen war es früher Morgen in Washington. Ich meldete ein dringendes Gespräch mit Powell an, der mich von zu Hause anrief. »Was ist los?« fragte er.

Ich gab ihm schnell das Dilemma mit Safwan bekannt. »Fest steht jedenfalls, daß wir wahrscheinlich kaum für ein Treffen morgen früh bereit sind.«

Trotz der Tatsache, daß es erst fünf Uhr früh war, schien Powells Stimmung sehr entspannt zu sein. »Machen Sie sich da keine Sorgen«, sagte er und erklärte, daß die Kommunikation über Moskau zwischen dem Irak, den Vereinigten Staaten und der UNO derart langsam verlief, daß man in Washington ohnehin von einer eintägigen Verspätung ausging. Dann kam er wieder auf Safwan zurück und wollte wissen, was sich genau abgespielt hatte und bestätigte nach einem zehnminütigen Gespräch den Befehl, den ich Yeosock gegeben hatte, sowie auch meinen Plan.

Ich rief erneut Yeosock an, der grimmig mitteilte: »Der irakische Kommandeur erklärt, er weiche nicht vom Fleck.«

»Schön. Ich habe die Angelegenheit mit dem Vorsitzenden besprochen. Sie unternehmen folgendes. Sie haben dort die gesamte 1. Infanteriedivision. Sie setzen eine Übermacht von Truppen ein, umzingeln den Kerl vollständig und sorgen dafür, daß er das sieht. Dann sagen Sie ihm: ›Wir können keine irakischen Einheiten so nahe bei unseren Truppen dulden. Sie müssen das Gebiet verlassen, oder wir nehmen Sie gefangen. Wir tun das zum Schutze unserer Soldaten. Wenn Sie kämpfen, werden wir Sie vernichten.‹«

Yeosock fragte: »Und wenn er nicht muckst...?«

»Wir bluffen. Ich möchte nicht, daß Sie angreifen. Wenn er nein sagt, sagen Sie mir das, und wir werden uns wieder etwas ausdenken. Aber er hat nur eine Panzerkompanie. Es sollte nicht weiter schwer sein, ihn zum Abzug zu bewegen, ohne einen Schuß abzufeuern.«

1 MÄRZ 91 G + 5/D + 43

1407 Telefonkontakt mit Botschafter Freeman. Der CINC brachte den Botschafter auf den letzten Stand, was die Waffenstillstandsverhandlungen betraf. Der CINC bemerkte auch, daß Kronprinz Abdullah gewarnt habe, die Iraker würden versuchen, den CINC bei den Verhandlungen zu ermorden. Der CINC betonte, daß wir jedermann vor dem Betreten der Verhandlungsräume durchsuchen würden.

1540 Telefonkontakt mit dem Vorsitzenden. Der CINC sagte dem Vorsitzenden, daß wir von mehreren Mitgliedern der Koalition gebeten worden wären, »das Papier zu unterschreiben«. Der CINC habe ihnen versichert, daß es kein Papier geben werde. Der CINC berichtete dem Vorsitzenden von der Morddrohung und stellte fest, daß Frieden um einiges mühsamer sei als Krieg.

Ich behielt die Aktion bei Safwan genau im Auge, in der Hoffnung, einen größeren internationalen Zwischenfall vermeiden zu können. Ich informierte Powell über jeden Schritt. Am Spätnachmittag hatte ein Brigadekommandeur der 1. Infanteriedivision die Straßenkreuzung mit fünfzig Panzern umzingelt. Um das Maß voll zu machen, hatte er noch drei Kompanien Soldaten in Bradley-Kampfwagen mitgebracht und ließ schwerbewaffnete Apaches aufsteigen. Dann näherte er sich dem irakischen Kommandeur. Nachdem er, wie angewiesen, sein Sprüchlein aufgesagt hatte, wies er auf seine Panzer und fügte hinzu: »Meine Männer brennen darauf zu kämpfen.« Es dauerte nicht lange, und der Iraker hatte seinen Panzern befohlen, das Feld zu räumen.

Wir verlegten auch Einheiten auf das Rollfeld, und in der Nacht befahl ich Pagonis, den Ort für das Treffen vorzubereiten. Dann rief ich Tom Rhame, den Kommandeur der 1. Division an, dessen Truppen die irakische Delegation an der Straßenkreuzung abholen und zum Flugfeld eskortieren würden. Zuerst gratulierte ich ihm zur unblutigen Einnahme von Safwan, und dann beschrieb ich, wie ich die Ankunft der Iraker gestalten wollte. »Ich möchte sicherstellen, daß die Iraker gleich den richtigen Eindruck bekommen. Daher möchte ich, daß Sie entlang der Zufahrtsstraße zum Flugfeld reichlich Kampfgerät auffahren. Aber stellen Sie es dort nicht bloß ab, sondern bringen Sie es in Kampfstellung – aber sorgen Sie dafür, daß es gut zu sehen ist. Ich möchte, daß die Iraker überall einsatzbereite, unbeschädigte, erstklassige amerikanische Panzer und gepanzerte Truppentransporter zu sehen bekommen.«

»Geht klar«, sagte er. »Wir wissen genau, was wir zu tun haben.« Ich konnte ihn beinahe durch das Telefon grinsen hören.

Währenddessen war Bagdad nicht in der Lage gewesen, mit den Überresten seiner sich noch im Kessel von Basra befindlichen Armee Kontakt aufzunehmen, daher blieb der Kriegsschauplatz, als diese Einheiten sich nach Norden zu bewegen versuchten, ein sehr gefährlicher Ort. Am Samstagmorgen, dem 2. März, zwei Tage nachdem die Kampfhandlungen angeblich aufgehört hatten, kam ich in den Kommandoraum und entdeckte zu meiner Überraschung, daß wir gerade eine größere Schlacht im Euphrattal hinter uns hatten. Offensichtlich hatten zwei Bataillone der Republikanischen Garde am Abend zuvor genug davon, darauf zu warten, sie die Pontonbrücke bei Basra überqueren durften, und sich auf der Autostraße 8 nach Westen aufgemacht. Zweimal waren sie auf Bradley-Kampfwagen gestoßen, die als Aufklärer für die 24. motorisierte Infanteriedivision operierten, und beide Male hatten sie mit Panzerangriffsraketen das Feuer eröffnet. In der Morgendämmerung waren sie auf eine amerikanische Sperre gestoßen und hatten erneut angegriffen. McCaffrey hatte mit einem Panzer- und Hubschrauberangriff geantwortet, die irakische Panzerkolonne zerschlagen und dreitausend Gefangene genommen, ohne auch nur einen Verlust zu erleiden. Mir war das keineswegs unwillkommen: Die Republikanische Garde hatte in ihrer typischen Arroganz die scheinbar schwachen amerikanischen Kräfte entdeckt und ohne zu ahnen, daß eine ganze Heeresdivision im Wege stand, entschieden: »Die schießen wir zusammen.« Ich war froh, daß die Waffenstillstandserklärung des Präsidenten unseren Streitkräften das Recht gab, zurückzuschießen, wenn sie angegriffen wurden. Doch der Zwischenfall hatte noch einmal deutlich gemacht, wie dringend notwendig Waffenstillstandsvereinbarungen waren, die beide Seiten auf dem Schlachtfeld definitiv voneinander schieden.

Die irakische Delegation wurde nun um elf Uhr vormittags in Safwan erwartet. Ihre Hauptvertreter sollten zwei Dreisternegeneräle sein, von denen ich nie etwas gehört hatte: Generalleutnant Sultan Hashim Ahmad, der stellvertretende Stabschef ihres Verteidigungsministeriums, und Generalleutnant Salah Abud Mahmud, der Kommandeur des nun zerschlagenen III. Korps. Auf unserer Seite waren es Chalid und ich, gemeinsam mit den Beobachtern der vielen Länder der Koalition, die an dem Krieg teilgenommen hatten. Die Punkte auf der Tagesordnung blieben auf militärische Angelegenheiten beschränkt, aber die Begegnung würde ungeheure symbolische Bedeutung haben – es wäre das erste Mal, daß sich die beiden Seiten an einem Verhandlungstisch gegenübersaßen.

Zwei Tage zuvor hatte uns Powell gebeten, einen Entwurf der militärischen Bedingungen vorzulegen, die der Irak erfüllen müßte, um den Waffenstillstand endgültig zu machen. Diese Punkte wurden zur Vorbereitung des Treffens nach Bagdad übermittelt. Ich hatte eine Stunde damit zugebracht, im Kommandoraum auf und ab zu gehen, um den sogenannten »Bezugsrahmen« zu diktieren. An erster Stelle standen die sofortige Freilassung aller Kriegsgefangenen der Koalition, außerdem vollständige Auskunft über im Kampf als vermißt gemeldete Soldaten sowie die Übergabe aller eventueller sterblicher Überreste. Obwohl das nicht viele unserer Truppen betraf, war es von entscheidender Bedeutung, über jeden einzelnen Fall Rechenschaft zu erhalten. Was ich unter gar keinen Umständen wollte, war eine Wiederholung des Dramas um Kriegsgefangene und Vermißte des Vietnamkrieges.

Der nächste Punkt betraf die Maßnahmen, die ich für erforderlich hielt, um das Kriegsgebiet sicher zu machen. Zum Beispiel müßten uns die Iraker mitteilen, wo in Kuwait sie Minen und Sprengfallen gelegt hatten, sowie alle Lagerorte chemischer, biologischer oder nuklearer Waffen offenlegen. Es sollte nicht dazu kommen, daß unsere Truppen ahnungslos über solche Depots stolperten. Ebenso wichtig war, daß wir eine Demarkationslinie zogen und die beiden Armeen räumlich trennten, um schießfreudige Soldaten daran zu hindern, weitere Zwischenfälle wie die Schlacht im Euphrattal auszulösen.

Mein Stenograph, Stabsbootsmann Rick Rieger, hatte alles sorgfältig notiert, und wir faxten Powell den vierseitigen Entwurf. »Es scheint so ziemlich dem zu entsprechen, was wir uns vorstellen«, war seine Antwort gewesen. »Ich gebe es weiter.«

Die schriftlichen Instruktionen aus Washington ließen auf sich warten, und als der Samstagabend immer näher rückte, meinte ich scherzhaft, interessant sei nun, was zuerst käme: die Autorisierung zur Gesprächsführung oder die Gespräche selbst. Mehr ins Gewicht fiel, daß der »Bezugsrahmen« spurlos verschwunden zu sein schien. Jedesmal wenn ich mit Powell sprach, erkundigte ich mich: »Ist das Dokument in Ordnung? Wollt ihr, daß ich noch was anderes abdecke?«

»Es wird koordiniert«, antwortete er. Wie sich herausstellte, wurden die Waffenstillstandsbedingungen vom Verteidigungsministerium, dem Außenministerium und dem Weißen Haus geprüft, und die diversen Büros hatten Mühe, mit dem Tempo der Ereignisse Schritt zu halten.

Während ich wartete, sprach ich mich mit Chalid ab. Seine Regierung überlasse mir gerne die Gesprächsführung, sagte er, bis auf einige wenige arabische Themen, die er persönlich zur Sprache bringen wolle. Ganz oben auf seiner Liste stand die Frage nach den Zivilgefangenen: Die irakische Armee hatte bei ihrem Rückzug gut dreitausend junge kuwaitische Männer als Geiseln genommen, und die Saudis wollten auch sie beim Gefangenenaustausch einbezogen wissen. Chalid hatte auch vor, darauf zu bestehen, daß der Irak die Souveränität Saudi-Arabiens formell anerkenne: »Sie müssen versprechen, daß ihre Soldaten nie mehr die Grenze unseres Königreiches überschreiten werden.«

2 MÄRZ 91 G + 6/D + 44

1510 Telefonkontakt mit dem Vorsitzenden. Der CINC sagte dem Vorsitzenden, daß wir gerade einen Bericht der CIA erhalten hätten, demzufolge er nun unserer Einschätzung der in der Offensive zerstörten Panzer zustimme. Der CINC teilte dem Vorsitzenden mit, daß General Leide und Oberst Thomas den Bericht an sich genommen und eingerahmt hätten.

Zur Not würde ich in Safwan improvisieren können. Zum einen waren die Gespräche auf militärische Angelegenheiten beschränkt, und ich wußte, was da zu tun war; zum anderen hatte unsere Seite *gewonnen*, und so waren wir in der Lage, die Bedingungen zu diktieren. Trotzdem wäre mir wohler zumute gewesen, wenn ich dieses Verhandlungszelt im vollen Bewußtsein, für die Vereinigten Staaten zu sprechen, hätte betreten können. Wenn ich an einer Stelle hart bleiben mußte, würde ich viel überzeugender wirken, wenn ich sagen könnte: »Die Vereinigten Staaten bestehen darauf«, als »Schwarzkopf besteht darauf«.

Es war spät am Samstagabend, als Powell endlich bestätigte, die Tagesordnung sei angenommen und via Moskau nach Bagdad geschickt worden. Das Außenministerium hatte unseren Entwurf mit nur einer einzigen Veränderung angenommen: Überall dort, wo ich geschrieben hatte: »Die Teilnehmer der Koalition werden ... *verhandeln*«, hatte das Außenministerium »die Teilnehmer der Koalition werden ... *besprechen*« eingesetzt. Nur das Außenministerium durfte für die Vereinigten Staaten von Amerika verhandeln – das Militär nicht.

3 MÄRZ 91 G + 7/D + 45

0700 Der CINC erhielt einen letzten Lagebericht seines Stabes vor der Abreise nach Safwan. Es wurde darauf hingewiesen, daß die Iraker ihre Zustimmung zur Teilnahme am Treffen nach Washington signalisiert hätten, daß es aber dort zu eingehenden Diskussionen über den Rang der irakischen Delegierten gekommen sei. Washington erklärte es schließlich für akzeptabel, wenn Generalleutnant Ahmad die Delegation anführe und von Bagdad entsprechend autorisiert worden sei.

Früh am nächsten Morgen kletterte ich in mein Flugzeug, um die erste Etappe meiner Reise nach Safwan zurückzulegen. Ich wurde begleitet von Michel Roquejeoffre, dem französischen Kommandeur, und einem halben Dutzend meiner Stabsmitglieder. Niemand war zu großen Unterhaltungen aufgelegt. Ich sah zum Fenster hinaus und dachte an die kommende Verhandlung. Ich wollte, daß das Treffen ein geradliniger militärischer Austausch sein würde, ohne Triumphgeschrei, ohne Wichtigtun und ohne Demütigung der Iraker. Aber andererseits wollte ich nicht, daß sie glaubten, wir würden nur vergeben und vergessen. In der Nacht zuvor hatte ich Chalid erklärt: »Bitte keine arabischen Verbrüderungsszenen, wenn die Iraker eintreffen. Keine Umarmungen oder Küsse auf beide Wangen.«

Chalid sah mich verdutzt an. »Ich reiche ihnen nicht einmal die Hand!«

»Sehr gut, das habe ich auch nicht im Sinn.«

Als wir zu unserer Landung in Kuwait City ansetzten, ging ich die Gesprächspunkte noch einmal durch. Alles schien in Ordnung zu sein, doch ich fühlte mich unruhig. Ich konnte zwar keinen Fehler ausmachen, aber gab es da irgendwo doch einen Widerspruch, der mir entgangen war? Irgendein Schlupfloch, das die Iraker ausnutzen könnten?

Unsere Maschine flog durch das strahlende morgendliche Sonnenlicht unter einem blauen Himmel, der sich so weit erstreckte, wie das Auge reichte. Doch unterhalb des Flugzeugs breitete sich eine unheimliche und pechschwarze Finsternis aus. Plötzlich begriff ich: Das mußte der Rauch der brennenden Ölquellen sein, von denen ich in unseren Kampfberichten gehört hatte. Als wir tiefer gingen, durchstießen wir zuerst zarte bräunliche Wolken, dann wurde es vor dem Fenster pechschwarz. Ich schaute zu Roquejeoffre hinüber; er blickte mit weit aufgerissenen Augen entsetzt zurück. Als wir zur letzten Etappe unserer Landung ansetzten, dachte ich plötzlich: »So muß die Hölle aussehen.« Meine Unruhe hatte nichts mit dem Treffen zu tun.

Dann landeten wir, rollten aus und stoppten. Es war neun Uhr dreißig vormittags, aber draußen sah es aus wie im Winter, wenn es dämmert. Die Autos fuhren mit eingeschalteten Scheinwerfern. Der Flugplatz war von Ölfeldern umgeben, und als ich heraustrat, starrte ich auf die brennenden Bohrlöcher, die sich bis an den Horizont erstreckten.

Am Ende der Rollbahn wartete Fred Franks mit einigen Leuten

seines Stabes. Da Safwan nun zum VII. Korps gehörte, hatte er beschlossen, mich den Rest des Weges zu eskortieren. Sein Black-Hawk-Hubschrauber, der als Kommandoposten ausgerüstet war, stand in der Nähe bereit. Als wir uns begrüßten, wirkte er verkrampft; ich nahm an, daß er sich fragte, ob ich auf die Einnahme von Safwan zu sprechen kommen würde. Auf meinem Schreibtisch in Riad lag die fünfseitige Erklärung, die er Yeosock vorgelegt hatte. Sie lief darauf hinaus, daß das VII. Korps die Straßenkreuzung »mit Hubschraubern aus der Luft« eingenommen habe. Den irreführenden Bericht, daß das VII. Korps die Straße real besetzt hätte, schrieb Franks einem Mißverständnis zu. Auch wenn seine Argumente bloße Spiegelfechterei waren – jeder Offizier weiß, daß man etwas nicht dadurch besetzen kann, daß man es bloß überfliegt –, gelangte ich zu dem Schluß, daß man mir weder absichtlich den Gehorsam verweigert, noch mich bewußt getäuscht hatte. Außerdem gehörte Safwan nun uns, und niemand wurde bei der Einnahme verletzt. Nachdem ich sichergestellt hatte, daß Powell die Einzelheiten kannte, sagte ich ihm, ich hätte mich entschieden, die Angelegenheit auf sich beruhen zu lassen.

Ich war nun auch der Auffassung, daß ich mit meiner Kritik des langsamen Fortkommens des VII. Korps während des Bodenkrieges zu streng gewesen war. In der Abgeschiedenheit eines tief unter dem Boden gelegenen Kommandoraums, wo man nicht mit der ungeheuren Aufgabe konfrontiert ist, bei ungünstigem Wetter gewaltige Streitkräfte über fremdes Terrain gegen einen unbekannten Feind führen zu müssen, meint man natürlich leicht, es besser zu wissen. Mir war klar, daß es nicht nur eine richtige Art gab, eine Schlacht zu schlagen. Franks war ein fähiger Kommandeur, der seinen Auftrag so durchführte, wie er ihn verstanden hatte, und er sah sich genau wie ich der Herausforderung gegenüber, die Mission zu erfüllen und dabei so weit wie irgend möglich das Leben seiner Soldaten zu schonen. Wir werden wahrscheinlich nie erfahren, ob es einen so großen Unterschied gemacht hätte, wäre die Republikanische Garde ein oder zwei Tage früher angegriffen worden. Was ich wußte, war, daß wir Saddams Streitkräften eine vernichtende Niederlage beigebracht und jedes einzelne unserer militärischen Ziele erreicht hatten. Damit war ich zufrieden.

Wir hoben ab und flogen nördlich der sogenannten »Straße des Todes« entlang. Wir konnten die ausgebrannten Wracks der Militär- und Zivilfahrzeuge sehen, die die Iraker benutzt hatten, um mit ihrer

Beute aus Kuwait City zu fliehen. Automatisch begann ich, die verschiedenen Teile der sowjetischen Ausrüstung zu benennen, die ich vor vielen Jahren zu identifizieren gelernt hatte: T-55- und T-62-Panzer, BRT und BRDM und so weiter. Alle diese Dinge lagen hier völlig zerstört vor uns am Boden.

Etwa sechzehn Kilometer nördlich von Kuwait City gelangten wir aus dem Rauch heraus, und der Himmel wurde wieder blau. Aber die brennenden Ölquellen blieben am Horizont sichtbar. Plötzlich übermannte mich der Zorn. Dieses ökologische Desaster hatten die Iraker angerichtet – es betraf nicht nur Kuwait, sondern die ganze Region, und der Rauch sollte sich schließlich über die Welt verteilen. Ich hatte Riad mit dem Entschluß verlassen, die Waffenstillstandsgespräche auf ruhige, unaufgeregte, professionelle Art und Weise zu führen. Aber als wir in Safwan landeten, war ich schlicht und einfach wütend.

Wir kamen am Ende der Rollbahn zum Stehen, wo mir beim Aussteigen Tom Brokaw und eine Handvoll anderer Journalisten begegneten. Brokaw fragte so etwas wie: »General Schwarzkopf, was gedenken Sie mit den Irakern auszuhandeln?«

»Das sind keine Verhandlungen«, schnauzte ich ihn an. »Ich habe nicht im Sinn, denen irgend etwas zuzugestehen. Ich bin hier, um ihnen mitzuteilen, was genau wir von ihnen erwarten.«

Pagonis, der für den Ort der Zusammenkunft zuständig war, und Brigadegeneral Billy Carter, der die Verantwortung für die Sicherheit trug, führten mich herum. Die Rollbahn befand sich in einer natürlichen Senke und war von sandigen Hügeln umgeben, und auf diesen Hügeln zählte ich mindestens vierzig Panzer und Bradley-Kampfwagen, deren Geschützläufe in unsere Richtung wiesen. Die 1. Infanteriedivision hatte sich gründlich an meine Anweisungen gehalten. »Wieviel Gerät steht da draußen?« fragte ich Carter.

»Sir, wir haben Stellungen bis zur Straßenkreuzung.«

Wir hatten die Iraker angewiesen, mit weißen Flaggen von Basra zu dieser Straßenkreuzung zu fahren. Unsere Truppen würden sie dort erwarten und sie in von amerikanischen Soldaten gesteuerte Humvee-Jeeps umsteigen lassen, um sie dann direkt zum Rollfeld zu bringen. Auf dem Weg zum Treffpunkt würden die Iraker an Dutzenden von Apache-Hubschraubern vorbeifahren, die an beiden Seiten der Piste auf einer Länge von fast zweihundert Metern aufgestellt und mit 30-mm-Kanonen und Hellfire-Raketen bestückt waren.

Pagonis hatte am Tagungsort seine gewohnten Wunder gewirkt.

Zwei Tage zuvor war Safwan ein leerer Asphaltstreifen gewesen, jetzt gab es dort einen Hubschrauberlandeplatz und eine wohldurchdachte Anordnung von Zelten: eines, in dem Beobachter der Koalition und Übersetzer bei der Ankunft durchsucht wurden, ein anderes, um sie unterzubringen, während sie auf das Treffen warteten, und ein drittes, das mit Kommunikationsmitteln ausgerüstet war und als mein Hauptquartier dienen sollte. Es gab auch einen Versammlungsbereich für Journalisten und ein mit amerikanischen und saudischen Flaggen dekoriertes Freiluftpodium für eine Pressekonferenz nach dem Treffen. In der Mitte lag schließlich das drei Meter fünfzig hohe, olivgrüne Zelt für die Zusammenkunft.

Carter geleitete mich hinein. Er und Pagonis hatten die Dinge genau richtig arrangiert: Es gab einen einfachen, rechteckigen Holztisch in der Mitte, mit drei Stühlen auf unserer Seite für Chalid, mich und unseren Dolmetscher, drei Stühle auf irakischer Seite für die Generäle Ahmad und Mahmud und ihren Dolmetscher, dahinter eine Zusatzreihe für die Mitglieder der irakischen Abordnung und hinter unseren Plätzen einen großen Sitzplatzbereich für die Beobachter der Koalition und ihre Dolmetscher. Pagonis hatte den Tisch persönlich ausgesucht und durchblicken lassen, daß er ihn nach den Verhandlungen dem Museum der Smithsonian Institution überlassen wollte, falls sie je die Begegnung bei Safwan nachstellen wollten.

Es war elf Uhr vormittags. Das Funkgerät knisterte: Die Iraker waren an der Straßenkreuzung angelangt. »Wo ist Chalid?« wollte ich wissen.

»Er ist im Hubschrauber unten am Flugfeld«, sagte jemand.

»Was!?« Ich wandte mich an Pagonis. »Sagen Sie ihm, wenn er nicht gleich herkommt, müssen wir die Iraker aufhalten.«

»Ich hole ihn, Sir.« Pagonis wollte sich gleich zur anderen Seite des Rollfelds aufmachen, als wir einen riesigen weißen Hubschrauber mit aufgemalter Krone sahen, der auf uns zurollte. Fahd hatte Chalid den königlichen Hubschrauber geliehen. Er stoppte im Zeltbereich, und Chalid, der einen Kevlar-Kampfhelm und eine übergroße Wüstenschutzbrille trug, blieb im Türrahmen stehen und schaute sich um. Ich eilte zu ihm. »Gehen wir! Sie sind gleich da!«

Wir schafften es, gerade zehn Sekunden vor den Irakern beim Durchsuchungszelt zu sein. Ihre Eskorte preschte auf das Flugfeld – zwei M1A1-Panzer, zwei Bradley-Kampfwagen, dann acht Humvee-Jeeps, jeder mit einem amerikanischen Soldaten am Steuer und mit einem Iraker auf dem Beifahrersitz. Einige Apache-Hubschrauber, die nur drei Meter über dem Boden flogen, bildeten die Nachhut.

Ich stand im Eingang des Durchsuchungszeltes und beobachtete die Iraker, die das letzte Stück des Weges zu Fuß gingen. Ich war in Kampfanzug und Feldmütze, sie in grünen Galauniformen und schwarzen Baretts erschienen. General Ahmad, der Leiter, war ein untersetzter Typ mit einem dicken Schnurrbart im Saddam-Stil. Auf einmal erkannte ich ihn – er hatte zu den Irakern gehört, die uns bei der Parade am Nationaltag der Vereinigten Arabischen Emirate vor mehr als einem Jahr so verächtlich behandelt hatten. Er wirkte äußerst nervös.

Ich wandte mich an den neben mir stehenden Übersetzer vom Central Command und erklärte: »Übersetzen Sie, was ich sage.« Er nickte. »Zunächst gehen wir in dieses Zelt, wo jeder durchsucht wird, der den Versammlungsort betritt.«

Ahmad schob sein Kinn vor. »Es besteht kein Anlaß, uns zu durchsuchen. Wir haben unsere Waffen in unseren Fahrzeugen zurückgelassen.«

»Sagen Sie dem General, dies sei keine Verhandlung. Jeder, der das Zelt betritt, wird durchsucht.«

»Ich weigere mich, mich durchsuchen zu lassen, wenn der ranghöchste Teilnehmer der amerikanischen Seite nicht ebenfalls durchsucht wird.«

»Ich *bin* der ranghöchste Teilnehmer der amerikanischen Seite.«

Er trat einen Schritt zurück und schaute mich ungläubig von oben bis unten an. »Wer sind Sie?«

»Ich bin General Schwarzkopf.«

Er sagte knapp: »In Ordnung.« Wir gingen hinein, und ich stellte mich auf und wurde von der Militärpolizei gründlich durchsucht. Sie hatten schon einen ganzen Tisch voll Waffen bei den Koalitionsbeobachtern eingesammelt. Als nächstes ließ sich Ahmad durchsuchen. Dabei bemerkte ich, wie einige seiner Untergebenen bei diesem Anblick höhnisch kicherten und spotteten. Ich dachte grimmig, daß dies kein besonders guter Anfang sei.

Wir betraten das Versammlungszelt, und ich zeigte den Irakern, wo sie zu sitzen hatten. Die Presse wurde kurz eingelassen, um zu fotografieren, wie wir einander gegenübersaßen. Ahmad setzte ein unsicheres kleines Lächeln auf und dachte wahrscheinlich, dies sei der Beginn eines Schauprozesses. Aber bevor wir das Treffen eröffneten, schickten wir die Fotografen und Reporter hinaus.

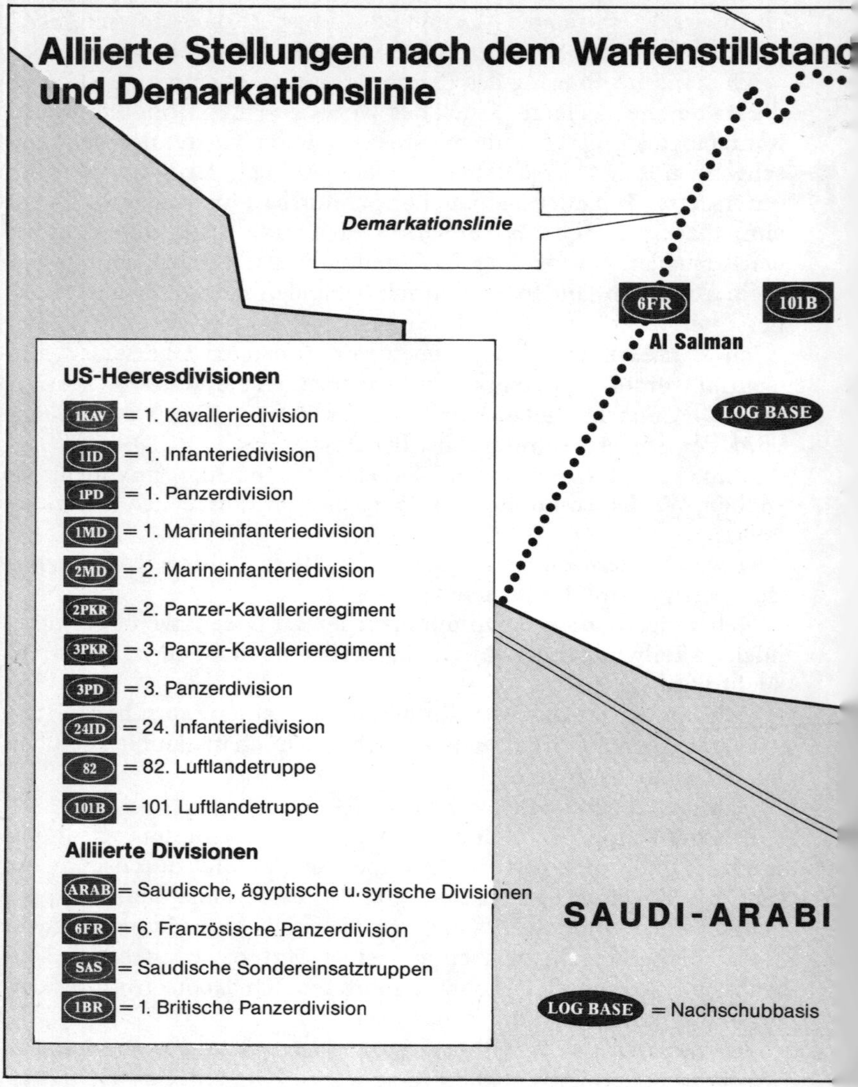
Alliierte Stellungen nach dem Waffenstillstand
und Demarkationslinie
Demarkationslinie
6FR
101B
Al Salman
LOG BASE
US-Heeresdivisionen
1KAV = 1. Kavalleriedivision
1ID = 1. Infanteriedivision
1PD = 1. Panzerdivision
1MD = 1. Marineinfanteriedivision
2MD = 2. Marineinfanteriedivision
2PKR = 2. Panzer-Kavallerieregiment
3PKR = 3. Panzer-Kavallerieregiment
3PD = 3. Panzerdivision
24ID = 24. Infanteriedivision
82 = 82. Luftlandetruppe
101B = 101. Luftlandetruppe
Alliierte Divisionen
ARAB = Saudische, ägyptische u. syrische Divisionen
6FR = 6. Französische Panzerdivision
SAS = Saudische Sondereinsatztruppen
1BR = 1. Britische Panzerdivision
SAUDI-ARABI
LOG BASE = Nachschubbasis

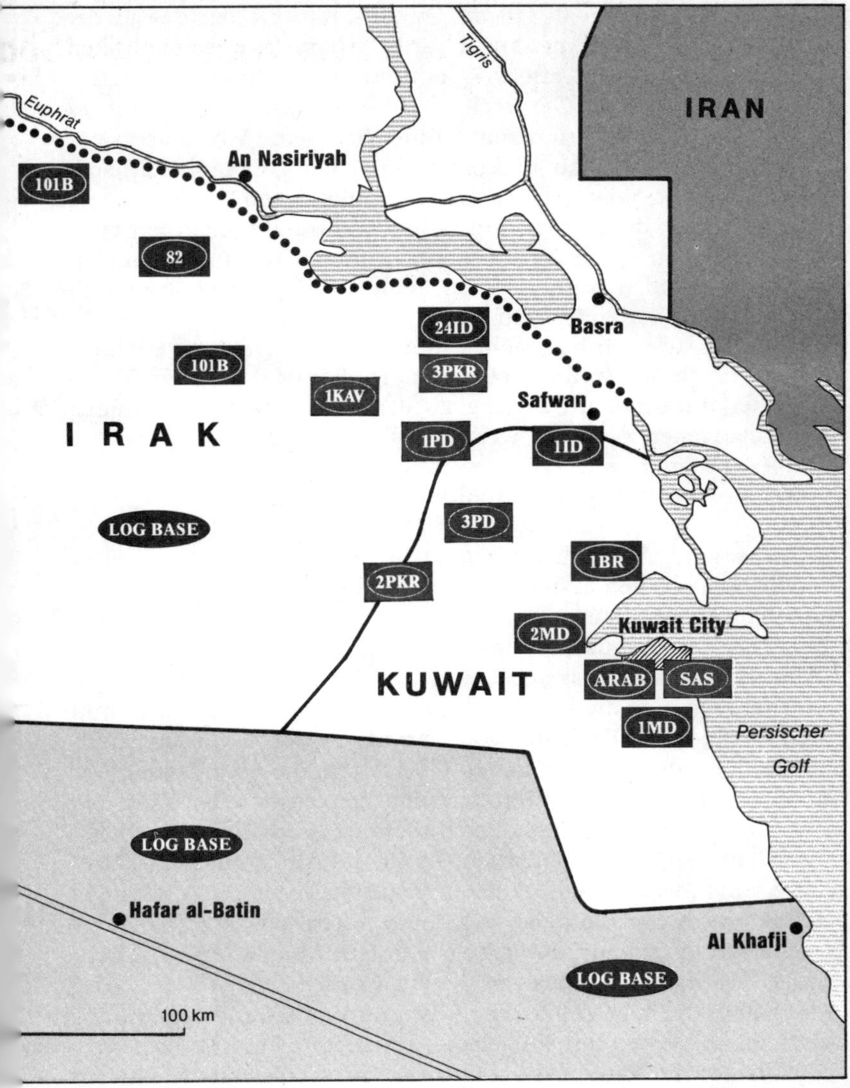
IRAN
Tigris
Euphrat
An Nasiriyah
101B
82
24ID
Basra
3PKR
101B
1KAV
Safwan
I R A K
1PD
1ID
LOG BASE
3PD
1BR
2PKR
2MD
Kuwait City
KUWAIT
ARAB
SAS
1MD
Persischer
Golf
LOG BASE
Hafar al-Batin
Al Khafji
LOG BASE
100 km

Ich begann damit, daß ich die Iraker daran erinnerte, daß der Zweck unserer Zusammenkunft darin bestand, die militärischen Bedingungen für einen Waffenstillstand auszuhandeln, und ich informierte sie, daß wir das Gespräch auf Tonband festhielten, damit es für jede Seite dokumentiert sein würde. Als meine Worte übersetzt wurden, hörte Ahmad zu, nickte und sagte dann, er sei bereit, sich mit jedem Punkt unserer Tagesordnung zu befassen.

Ich erwartete, die Iraker würden sich von nun an ziemlich viele Notizen machen – jede Vereinbarung, nahmen wir an, würde erst geschlossen werden können, wenn sie die Möglichkeit hatten, sich mit Saddam in Verbindung zu setzen.

»Das erste, was wir besprechen möchten, sind die Kriegsgefangenen«, sagte ich. Ich stellte meine erste Forderung – daß dem Roten Kreuz der unmittelbare Zugang zu den vom Irak festgehaltenen Kriegsgefangenen gestattet werden sollte –, und Ahmad erklärte prompt: »Das wird erledigt.«

»Das wird erledigt?« wiederholte ich erstaunt.

»Ja.«

»Das ist gut.« Als nächstes, sagte ich, wollten wir die Freilassung der Kriegsgefangenen besprechen. Er stimmte sogleich zu. »Wir sind bereit, alle Kriegsgefangenen sofort freizulassen, auf jede dem Roten Kreuz genehme Art und Weise.«

Ahmad war zweifellos autorisiert, auf der Stelle Vereinbarungen zu treffen. Ich ging die Liste unserer Bedingungen Punkt für Punkt durch – die Identifizierung von Vermißten der Koalitionsstreitmacht, Übergabe von sterblichen Überresten, die Offenlegung von Minenfeldern und von Bunkern mit nichtkonventionellen Waffen in Kuwait und so weiter. Die Iraker waren mit allem einverstanden.

Es gab nur einmal Widerspruch, als Chalid Ahmad nach den Tausenden von kuwaitischen Zivilisten fragte, die gegen ihren Willen in den Irak verschleppt worden waren. Wir wollten, daß sie als Kriegsgefangene galten und zurückgebracht wurden; Ahmad leugnete hartnäckig, daß irgend jemand verschleppt worden sei. »Als der Krieg begonnen hatte, haben sich viele Kuwaiter irakischer Abstammung entschlossen, in den Irak zu gehen«, behauptete er.

»Wir haben die Namen aller Kuwaiter, die mit Gewalt verschleppt wurden«, antwortete Chalid. Dabei blieb er, bis Ahmad widerstrebend eingestand: »Wir haben niemanden gegen seinen Willen verschleppt, aber sollte es einen solchen Fall geben, wird die Person als Kriegsgefangener behandelt.«

»Dann müssen wir über *alle* Kuwaiter informiert werden, die sich im Irak aufhalten«, sagte Chalid. Ahmad räumte zu keinen Zeitpunkt ein, daß es Zivilgefangene gab, und wir begnügten uns schließlich mit seiner Zusicherung, daß jedermann, der seit dem Überfall auf Kuwait in den Irak gekommen war, das Recht erhalten sollte, sich mit dem Roten Kreuz in Verbindung zu setzen und das Land zu verlassen, wenn er es wünschte.

Zuletzt kam ich auf die Waffenstillstandslinie zu sprechen. »Wir hatten gestern einen unglücklichen Zwischenfall, als unsere Truppen in eine unnötige Schlacht hineingezogen wurden«, begann ich. Ahmad widersprach heftig und wollte wissen, wieso wir die irakische Panzerkolonne im Euphrattal aufgerieben hatten. »Die von Ihnen beschossenen Truppen befanden sich auf dem Rückzug«, erklärte er.

»Aber leider schossen sie zuerst.« Das bestritt er, und so warf ich ein: »Darüber könnten wir uns unterhalten, bis die Sonne untergeht, und würden uns doch nie einig werden. Wichtig ist, daß wir sicherstellen, daß dergleichen nie wieder vorkommt.«

Ich wußte, um was es Ahmad ging: Er hatte den Befehl erhalten, kein Territorium preiszugeben, und die von uns vorgeschlagenen Waffenstillstandslinien lagen weit innerhalb der irakischen Grenzen. Die Atmosphäre wirkte nun gespannt. Als ich sagte, wir hätten eine Karte vorbereitet, unterbrach er: »Stimmen wir darin überein, daß dies keine endgültige Linie ist?«

»Dies ist absolut keine endgültige Linie«, versicherte ich ihm.

»Und das hat nichts mit Grenzen zu tun?«

»Das hat nichts mit Grenzen zu tun. Das ist nur eine Sicherheitsmaßnahme. Wir haben nicht die Absicht, unsere Truppen dauernd auf irakischem Territorium zu stationieren, sobald der Waffenstillstand einmal unterschrieben worden ist.«

Aber Ahmad war noch nicht zu Ende. Er wollte wissen, wieso die Koalition überhaupt Truppen in sein Land geschickt hatte, »nachdem wir uns aus Kuwait zurückgezogen und dies im Fernsehen und Radio bekanntgegeben hatten«.

Ich war entschlossen, mich nicht ablenken zu lassen. »Auch dabei handelt es sich um eine Angelegenheit, über die der General und ich stundenlang diskutieren könnten. Ich meine, wir müssen dies der Geschichte überlassen.«

»Gerade der Geschichte wegen habe ich es erwähnt«, gab er zurück. Dann trat kurzes Schweigen ein. Schließlich schien er bereit zu sein, das Gespräch fortzusetzen, und was die Maßnahmen zur Verhinderungen weiterer Feindseligkeiten zwischen unseren Truppen anging, erklärte er: »In dieser Angelegenheit werden wir zusammenarbeiten.«

Jetzt, da wir die Hauptpunkte der Koalition durchgesprochen hatten, schloß sich ein kurzes Gespräch darüber an, auf welche Weise Fahrzeuge im Waffenstillstandsgebiet orangefarbene Flaggen zeigen würden, um die friedliche Absicht zu demonstrieren. Dann fragte ich: »Gibt es noch andere Punkte, die der General besprechen möchte?«

»Sie kennen den Zustand unserer Brücken und unseres Kommunikationsnetzes?« Ich nickte, indem ich an den gewaltigen Schaden dachte, den unsere Bombardierungen angerichtet hatten. »Wir würden gerne Hubschrauberflüge durchführen, um Regierungsbeamte in Gebiete zu bringen, in denen Straßen und Brücken zerstört sind. Das hat nichts mit der Front zu tun. Dies betrifft nur den Irak selbst.« Mir erschien die Forderung legitim. Und angesichts dessen, daß die Iraker sich mit allen unseren Forderungen einverstanden erklärt hatten, meinte ich, es sei unangebracht, ihnen keine einzige Forderung zuzugestehen: »Solange die Flüge nicht dort stattfinden, wo wir sind, ist das absolut kein Problem. Also lassen wir die Hubschrauber aufsteigen. Das ist ein sehr wichtiger Punkt, und ich möchte sicherstellen, daß er festgehalten wird: Militärhubschrauber dürfen über dem Irak fliegen, aber keine Jagdflugzeuge, keine Bomber.«

Dann sagte Ahmad etwas, was mir hätte zu denken geben sollen: »Meinen Sie damit, daß bewaffnete Hubschrauber schon im Irak fliegen dürfen, aber nicht die Jagdflugzeuge? Denn die Hubschrauber sind dieselben, sie transportieren jemanden irgendwohin ...«

»Ja. Ich werde die Luftwaffe anweisen, keine Hubschrauber über irakischem Territorium abzuschießen, auf dem keine unserer Truppen stationiert sind.« In den folgenden Wochen entdeckten wir, was der Hundesohn tatsächlich im Sinn gehabt hatte: den Einsatz von Kampfhubschraubern, um die Rebellionen in Basra und anderen Städten zu unterdrücken. Aber da war es schon Sache des Weißen Hauses, zu entscheiden, wie weit sich die Vereinigten Staaten in die irakische Innenpolitik einmischen wollten. Aber laut den nachrichtendienstlichen Mitteilungen, die bei uns im Central Command eintrafen, hätte es wenig bewirkt, hätten wir die irakischen Kampfhubschrauber gezwungen, am Boden zu bleiben. Die Panzer und die Artillerie der vierundzwanzig irakischen Divisionen, die das kuwaitische Kriegsgebiet nie berührt hatten, wirkten sich auf die Aufständischen weit verheerender aus.

Danach gab es nur noch einen Augenblick, wo Ahmad irgendwelche Gefühle zeigte. Er legte eine Aufstellung aller vom Irak festgehaltenen Kriegsgefangenen der Koalition vor. »Wir haben insgesamt einundvierzig«, sagte er. Ich notierte, während er herunterlas:

17 Amerikaner
2 Italiener
12 Briten
1 Kuwaiter
9 Saudis

Wir vermißten jedoch noch mehr Leute, und ich holte schnell unsere Vermißtenliste hervor, aber er unterbrach mich. »Und nun hätten wir auch gerne die Zahlen der Kriegsgefangenen unserer Seite.«

»Gestern abend sechzigtausend«, antwortete ich. »Oder mehr als sechzigtausend, denn es ist schwer, sie alle zu zählen.« Er wurde kreidebleich: Er hatte keine Vorstellung von der Größe ihrer Niederlage gehabt.

Als wir das Treffen vertagten, mußten wir einige Minuten warten, da Oberst Bell sicherstellte, daß für jede Seite ein vollständiger Satz von Tonbändern aufgenommen worden war. Wir übergaben den Irakern ihren Satz und eskortierten sie nach draußen. Der Konvoi wartete. Ich begleitete Ahmad zum ersten Humvee, und Chalid begleitete Mahmud zum zweiten. Die Presse umringte uns und fotografierte, aber ich gab darauf nicht besonders acht. Mir war daran gelegen, die Iraker loszuwerden. Wir hatten erledigt, was wir uns vorgenommen hatten, und je schneller die Delegation sicher unterwegs und aus unserer Zone war, desto besser.

Als Ahmad den Humvee-Jeep erreichte, drehte er sich um, nahm Haltung an und salutierte. Ich gab den Gruß zurück. Er streckte seine Hand aus, ich schüttelte sie und wünschte ihm eine wohlbehaltene Rückkehr. Er schaute mich an und sagte: »Als Araber trage ich keinen Haß in meinem Herzen.« Dann stieg er ein, und die Konvois fuhren wieder in einer Wolke von Staub davon, von M1A1-Panzern, Bradleys und Apaches begleitet.

Chalid und ich gaben eine kurze Pressekonferenz und gingen dann zurück in das Besprechungszelt, in dem wir und die Koalitionsgeneräle uns gegenseitig gratulierten. Generalmajor Mario Arpino aus

Italien war überglücklich, als er hörte, daß beide seiner vermißten Piloten am Leben waren. General Dschabir, der mich vor dem Treffen zur Begrüßung umarmt hatte, war entzückt, daß der eine vermißte kuwaitische Pilot in Sicherheit war. Peter de la Billière zeigte gemischte Gefühle: Freude, als er von den zwölf britischen Kriegsgefangenen hörte, und Trauer, daß nicht mehr seiner vermißten Landsleute auf der Liste standen. Wir alle waren erleichtert, daß das Treffen so gut verlaufen war, aber keiner von uns konnte sich wirklich zufrieden fühlen, ehe nicht alle unsere Gefangenen wohlbehalten zurückgekehrt waren und wir über jeden unserer Vermißten genau Bescheid wußten. Ich rief Powell an und gab ihm einen ausführlichen Bericht, beglückwünschte Pagonis und Carter zu ihren hervorragenden Vorbereitungen und ging dann hinaus, um den Truppen zu danken, Hände zu schütteln, Autogramme zu geben und mit Soldaten für Schnappschüsse zu posieren. Schließlich waren sie die Leute gewesen, die uns all dies ermöglicht hatten.

Endlich stiegen Franks und ich in seinen Black Hawk.

»Ihre Männer haben gute Arbeit geleistet, als sie das herrichteten«, sagte ich ihm.

Er dankte mir und strahlte.

Während wir über die verwüstete Landschaft zurückflogen, erzählte mir Franks von den riesigen Munitionsvorräten, die seine Soldaten im südlichen Irak gefunden hatten. Er wies mich darauf hin, daß es Wochen dauern könnte, bis seine Einheiten den Befehl ausgeführt hätten, daß jegliche feindliche Munition zu zerstören sei.

»Wir müssen die Munition sprengen oder rausschaffen«, beharrte ich. »Wenn wir sie zurücklassen, setzen sie sie wieder ein.« Ich wollte ihm klarmachen, daß die Arbeit noch nicht getan war. Ich gab ihm auch zu verstehen, daß der Flughafen von Kuwait in seinem Verantwortungsbereich lag und ein Austauschplatz für Kriegsgefangene werden könnte. Er nickte zustimmend.

Als wir wieder in Kuwait City ankamen, bestieg ich gleich mein Flugzeug und startete in Richtung Riad. Ich wußte, daß sich mein Hauptquartier nun in eine Verwaltungsmühle verwandeln würde. Wir mußten Truppen und Gerät nach Hause schaffen – eine schöne, aber gigantische und komplizierte Aufgabe. Wir mußten Kuwait City wieder zum Leben erwecken, das hieß, die Wasserversorgung wieder instand setzen und zum Funktionieren bringen, ebenso die Stromversorgung und das Telefonnetz, der Polizei helfen, die Ordnung aufrechtzuerhalten, nach Sprengfallen forschen und den Strand nach Minen absuchen, den Hafen wiedereröffnen und tausend andere Dinge mehr. Und bis uns ein von der UNO bestätigtes Waffenstillstandsabkommen erlaubte, unsere Besetzung aufzuheben, mußten wir als Regierung des Südirak fungieren – für Ordnung sorgen, die grundlegendsten Dienstleistungen erbringen und uns um die Tausende von Flüchtlingen kümmern, die vor den Unruhen im Norden flohen. Schließlich mußten wir dem Roten Kreuz helfen, die insgesamt achtzigtausend irakischen Kriegsgefangenen so schnell wie möglich aus Saudi-Arabien zu schaffen.

Aber das alles konnte warten, bis das Flugzeug gelandet war. Zum ersten Mal empfand ich so etwas wie – nicht Triumph, nicht Ruhm – sondern Erleichterung. Ich schaute nach unten auf den kuwaitischen Himmel, der immer noch dunkel vom Krieg befleckt war, und zum unberührten saudischen Himmel, der vor mir lag, und sagte mir selbst wieder und wieder: »Es ist tatsächlich vorbei.«

16 MÄRZ 91 G + 20/D + 58

0820 Unterhaltung mit der vom Kongreßabgeordneten Ford angeführten Kongreßdelegation. Ein Gesprächspunkt waren die Frauen in der Armee – wie sie sich gehalten hätten. Der CINC: »Großartig!«

1100 Der CINC verließ das Verteidigungsministerium für einen Besuch auf Generalleutnant Chalids Wüstenfarm mit Hydrokulturanbau, wo er den Tag verbrachte.

17 MÄRZ 91 G + 21/D + 59

1725 Telefonkontakt mit dem Vorsitzenden. Der CINC beschrieb seinen jüngsten Vortrag vor einer Kongreßdelegation und berichtete, daß die Senatoren, die gegen den Krieg gestimmt hatten, die Hälfte der Zeit in Anspruch nahmen, da sie dem CINC die Gründe für ihre damalige Entscheidung erklären wollten.

Ich wartete anderthalb Monate, bevor ich um Erlaubnis bat, nach Hause zurückzukehren. Inzwischen war die Regierung von Kuwait bereits wieder eingesetzt worden, und die Aufräumungsarbeiten waren gut vorangeschritten, obwohl die Experten annahmen, es würde viele Monate dauern, bevor man alle brennenden Ölquellen löschen konnte. Wir hatten unsere Kriegsgefangenen zurückerhalten, Tausende von Irakern zurückgeschickt und den Saudis geholfen, ein riesiges Lager für irakische Zivilflüchtlinge einzurichten. Und wir hatten es geschafft, mehr als die Hälfte unserer Soldaten nach Hause zu bringen. Als ich Powell anrief, um zu sagen, ich dächte, es sei nun an der Zeit, das Hauptquartier des Central Command zurück in die Vereinigten Staaten zu verlegen, stellte er Dutzende von Fragen, um sicherzustellen, daß wir genügend Kommandeure zurückließen, um mit jedem auftauchenden Problem fertig zu werden. Schließlich entschied er: »Ich spreche den Präsidenten darauf an.«

Ich wußte, daß es Siegesfeiern geben würde, wenn ich ankam. Unsere Soldaten waren als Helden gefeiert worden, als sie in die Staaten zurückkehrten, und unsere arabischen Alliierten hatten mich schon mit Zeremonien und Orden überhäuft. Aber an dem Tag, als ich in mein Flugzeug stieg, um nach Hause zurückzukehren, konnte ich nur an meine Familie denken. Auch wenn mir klar war, daß jeder andere Mann und jede andere Frau von »Desert Storm« von seinen oder ihren Lieben getrennt gewesen war, hatte ich daran am schwersten zu tragen gehabt. Ich fühlte mich der kostbaren Zeit mit meinen Kindern beraubt, die ich nie hatte missen wollen: Meine Tochter Jessica erreichte gerade das Alter, in dem sie erwachsen wurde und das elterliche Heim Richtung College verließ; mein Sohn war gerade dabei, von einem kleinen Jungen zu einem Mann zu werden. Der Krieg hatte für mich an dem Tag angefangen, als ich unser Heim verlassen und Cindy sagen mußte, ich wisse nicht, ob ich Weihnachten nach Hause käme. Er würde nicht zu Ende sein, bis daß ich meine Familie wiedersah.

Eine große Menschenmenge wartete bei unserer Landung an der Piste des Luftwaffenstützpunktes MacDill. Als ich aus der Flugzeugtür trat, schaute ich mich nach einer amerikanischen Flagge um und salutierte. Einige Wochen zuvor hatten das unsere Kriegsgefangenen bei ihrer Ankunft in Riad getan, und ich wiederholte die Geste für sie. Als ich die Gangway hinabstieg, sah ich dann meine Familie. Alle waren sie gekommen, Brenda, Cindy, Jessica, Christian, Sally und Bear, und warteten vorne, vor der Menge. Ich breitete meine Arme aus, und sie rannten auf mich zu, um mich am Fuß der Treppe zu empfangen. Es war wie ein wunderbarer Ringkampf. Meine Kinder umarmten mich, Brenda umarmte mich, Sally umarmte mich, Bear sprang um uns herum, und dazu drängten sich noch die Reporter und Fotografen dazwischen.

Es waren Tausende von Menschen auf dem Rollfeld – ältere Ehepaare, die mit amerikanischen Flaggen winkten, Teenager in T-Shirts mit der Aufschrift »God Bless America« und »Wenn du kein Patriot bist, bist du eine Scud«, kleine Kinder in Wüstenkampfanzügen. Ich sah überall Gelb aufleuchten, weil so viele gelbe Bänder trugen. Während mein Stab und ich uns zum Podium durcharbeiteten, schüttelten uns die Leute die Hände, klopften uns auf die Schulter und streckten uns ihre Babys entgegen, wobei Tausende von Blitzlichtern losgingen. Ein Vietnamveteran im Dschungelkampfanzug mit großem Schnurrbart und Haaren, die bis zur Mitte seines Rückens reichten, umarmte mich und schluchzte: »Danke, danke, endlich habt ihr es richtig gemacht.« Ich stieg auf das Podium, salutierte, als die Kapelle der 24. motorisierten Infanteriedivision die Nationalhymne spielte, stand neben Brenda, als uns der kuwaitische Botschafter dafür dankte, daß wir sein Land befreit hatten, und sprach dann selbst ein paar Worte.

Zu guter Letzt fuhren wir nach Hause. Dort ging es dann turbulent zu: Cindy, Jessica und Christian redeten alle gleichzeitig auf mich ein und zeigten mir die Briefe und Dinge, die die Leute geschickt hatten, Bear bellte, Brenda fragte, was ich mir zum Essen wünschte, und jeder wollte mich dazu bringen, doch die Weihnachtsgeschenke, die sie für mich zur Seite gelegt hatten, zu öffnen. Das Telefon klingelte, und Ruth Ann war dran, die versprach, daß wir uns bald sehen würden. Sally sprang jede halbe Stunde auf, um die Fernsehberichte zu verfolgen – sie hatte während des Krieges den Fernseher kaum aus den Augen gelassen und diese Gewohnheit noch nicht aufgegeben. In den Nachrichten wurden *wir* gezeigt – wie wir uns am Luftwaffenstützpunkt umarmten. »Komm, Sally«, lachte ich, »der Krieg ist vorbei. Du kannst das Ding abstellen.« Sie zuckte mit den Schultern und lachte schließlich auch. Es fiel ihr ebenso schwer, das zu glauben, wie mir selbst.

In den Monaten danach gab es jede Menge Feiern, das Heimkehrerfest der Stadt Tampa, die Siegesparade in Washington, die Konfettiparade in New York und andere mehr. Aber ich hatte immer noch meine Arbeit als Chef des Central Command zu leisten. Falls die Iraker sich weigerten, die UN-Resolution über die Inspektion ihres Nuklearpotentials einzuhalten oder drohten, die Hilfsgüterlieferungen an die Kurden zu stören, mußte ich Pläne für eventuell erforderliche Militäroperationen entwerfen. Ich überwachte die Vorbereitung des ausführlichen offiziellen Berichts über den Krieg und wurde aufgefordert, vor vier Komitees des Kongresses Auskünfte zu geben.

Bevor ich Riad verließ, hatte mich Mike Stone, der für die Armee zuständige Staatssekretär, besucht und wissen wollen, was ich als nächstes vorhabe. »Mir liegt sehr daran, Sie als Generalstabschef zu sehen«, sagte er. Ich teilte ihm mit, ich hätte mir schon lange vorgenommen, in Ruhestand zu gehen, sobald die Krise vorbei sei, und wies ihn darauf hin, daß, wer immer die Nachfolge Vuonos antrete, die Aufgabe übernehmen müsse, die Armee zu verkleinern. »Ich möchte lieber mit einem großen Sieg aufhören, als tausend Niederlagen durch den Kongreß hinzunehmen«, sagte ich ihm. Die Aufgabe ging an General Gordon Sullivan, den ich schon lange kannte und der genau die richtige Mischung aus Härte und Anstand besaß.

Was meinen Nachfolger betraf, so entschieden sich Cheney und Powell zu meiner Freude für Joe Hoar, meinen Ersten Stabschef beim Central Command. Ich war wochenlang mit der Planung der Zeremonie anläßlich des Kommandowechsels beschäftigt, die wegen der zahlreichen königlichen Prinzen und vielen anderen ausländischen Würdenträgern, die teilnehmen wollten, beinah zu einem kleinen Staatsempfang wurde.

Ich machte einen Abschiedsbesuch in Ägypten, Saudi-Arabien und Kuwait. Auf dem Rückweg legte ich einen Zwischenhalt in England ein, wo mich die Wärme, mit der mich die Regierung willkommen hieß, verlegen machte – ich konnte den Briten gar nicht genug für die Unterstützung danken, die sie uns am Golf gewährt hatten. Als wir in Riad waren, hatte Peter de la Billière gescherzt, ich hätte zwar die Königreiche des Nahen Osten gesehen, aber keine Ahnung von dem seinen, und er nahm mich, als der offizielle Teil des Besuches zu Ende war, auf eine Tour zu einigen der schönen alten Schlösser und Burgen von Herefordshire mit.

Ich legte auch einen Zwischenhalt in Frankreich ein, wo mich Michel Roquejeoffre in Aubagne, der Heimat der französischen Fremdenlegion, erwartete. Mit einer aufwendigen Zeremonie verlieh mir General Maurice Schmitt den Orden der Ehrenlegion und General Raymond Le Corre, der Kommandeur der Fremdenlegion, ernannte mich zu einem Lanzenkorporal ehrenhalber, was in Amerika dem Rang eines Gefreiten entspricht.

Nach dem feierlichen Mittagessen flogen wir mit Hubschraubern zu einem Schloß in den Hügeln der Provence, das die Fremdenlegion nach dem Indochinakrieg gekauft hatte. Es war das Altersheim der Legionäre. Manche hatten bei ihrem Eintritt in die Legion von der Bestimmung Gebrauch gemacht, die ihnen erlaubt hatte, unter fremden Namen, ohne irgendwelche Informationen über ihre Vergangenheit, beizutreten; sie hatten keine Familie oder kein Land, in das sie heimkehren konnten, und waren auch nicht in der Lage, sich wieder in die Gesellschaft zu integrieren. So verdienten sie sich ihren Lebensunterhalt auf dem Schloß, das über einen eigenen Weinberg, eine eigene Gießerei sowie Töpfer- und Schreinerwerkstätten und eine Buchbinderei verfügte. In jeder Werkstatt, die wir betraten, nahmen die Männer, die dort arbeiteten, Siebzig- und Achtzigjährige, Haltung an. Ihr ganzer Stolz war immer noch, Soldat zu sein.

Draußen hatten meine Gastgeber lange Holztische unter Tarnnetzen aufgestellt. Als die Sonne sank und der Wind von den Bergen die drückende Hitze vertrieb, kamen die Legionäre ins Freie – weißhaarige, betagte Deutsche, Österreicher, Schweizer, Bulgaren, Polen und Franzosen, viele von ihnen mit weißen Vollbärten und einige ohne Zähne. Sie hatten ihre Jacken zu ihren alten Hemden und Hosen übergezogen und sich ihre Orden an die Brust geheftet. Unter den Tarnnetzen tranken wir Champagner – die Flaschen wurden, wie es die europäische soldatische Tradition gebot, von den Legionären mit dem Säbel geköpft. Dann setzten wir uns zu einem ländlichen französischen Abendessen mit Pasteten, Aufschnitt, Früchten, Gemüsen und Brot nieder, das mich an die Mahlzeiten erinnerte, die ich als Schuljunge in der Schweiz gekannt hatte – ergänzt natürlich durch ungeheure Mengen Wein. Als schließlich das Mahl beendet war, begannen sie, ihre alten Lieder zu singen – langsame, schöne Melodien, die beinahe an Trauermärsche erinnerten und bei denen es stets um zurückgelassene Familien, Freundinnen und Länder ging. Als die Männerstimmen immer lauter wurden und die jungen Legionäre einfielen, wurde ich von meinen Erinnerungen überwältigt.

Da packte es mich: Noch drei Wochen, und ich würde im Ruhestand sein! Ich hatte mich nie als hundertprozentigen Militärmenschen gesehen – ich war sicher, daß ich meinen Weg auch als Zivilist machen konnte –, aber ich begriff plötzlich, daß ich, seit ich vor fünfundvierzig Jahren Princeton verlassen hatte, um zu meinem Vater nach Teheran zu ziehen, ein Soldatenleben geführt hatte. Ich wußte, daß ich die Kameradschaft derjenigen vermissen würde, die gemeinsam große Schwierigkeiten durchgestanden haben. Es war ein Band, das alle alten Soldaten zusammenschloß, nicht nur die unserer Armee, sondern auch die der Fremdenlegion, des deutschen

Panzerkorps, der Roten Armee und, wie ich annahm, selbst des Vietcong. Als ich mir diese alten Kriegsgäule ansah, wußte ich, daß mir die Armee fehlen würde.

Am Freitag, dem 30. August, legte ich meinen Kampfanzug an und meldete mich im Personalbüro des Central Command. Eine junge Soldatin überreichte mir meine Entlassungsurkunde und sagte: »Sir, das ist Ihre DD-214. Wir empfehlen Ihnen, die Urkunde in einem Banksafe zu hinterlegen, da sie der einzig offizielle Beweis dafür ist, daß Sie gedient haben.« Ich unterschrieb die Papiere, erhielt meinen Pensionärsausweis und ging, nachdem ich für einen Schnappschuß mit allen jungen Soldaten im Büro posiert hatte, zu meinem Wagen. Craig »Max« Maxum, der Oberfeldwebel, der seit Beginn von »Desert Storm« für meine Leibwächter zuständig war und nach wie vor nie von meiner Seite wich, fragte: »Ist das alles?«

»Max, das war's.«

»Sir, das ist nicht richtig. Fünfunddreißig Jahre beim Militär, und Sie unterschreiben einfach ein Stück Papier, und dann ist es vorbei? Sir, das ist nicht richtig. Wir sollten etwas *unternehmen*.«

»Wir haben Paraden genug gehabt.« Aber Max blieb verstört.

Am Abend darauf gaben einige Freunde für Brenda und mich ein Essen. Wir kamen kurz vor Mitternacht nach Hause. Ich hatte soeben den Wagen in die Garage gebracht, als Max sagte: »Nur noch siebzehn Sekunden, Sir.«

Zunächst verstand ich nicht. »Was meinen Sie damit?« fragte ich. Er schaute mich nur komisch an, und ich begriff, daß er über meine Pensionierung sprach. »Halt die Klappe, Max. Ich möchte nicht darüber reden.« Ich lachte.

»Sir, es erscheint mir einfach nicht richtig. Kein Feuerwerk, keine große Parade, keine Ehrenstaffel in der Luft.«

Da war es bereits Mitternacht. Meine Armeekarriere war vorüber.

Nachwort

Nach meinem Ausscheiden aus der Armee vor einem Jahr habe ich ausgedehnte Reisen durch die Vereinigten Staaten und Europa unternommen. Überall stellte man mir die gleichen Fragen über den Verlauf und den Ausgang des Golfkrieges. Nachdem sich die Nachkriegseuphorie allmählich gelegt hatte, begannen die Analysen. Einige Leute stellten Fragen, und andere kritisierten, was wir am Golf erreicht hatten und wie der Krieg geführt worden war. Im folgenden gebe ich die Antworten auf die Fragen, die mir am häufigsten gestellt wurden.

Die erste Frage lautete natürlich: *Weshalb sind wir nicht bis nach Bagdad vorgestoßen und haben »die Sache zu Ende geführt«?*

Dazu muß deutlich gesagt werden, daß man zu keiner Zeit daran gedacht hatte, bis nach Bagdad vorzustoßen. Obwohl alle die sogenannten Experten im nachhinein diese »Entscheidung« kritisieren, gab es bei Kriegsende kein einziges Staatsoberhaupt, keinen Diplomaten, keinen Nahostexperten und auch keinen Kommandeur, der, soweit ich weiß, eine Fortsetzung des Krieges und die Einnahme von Bagdad empfohlen hat. Die Beschlüsse der Vereinten Nationen, welche die legale Basis für unsere militärischen Operationen am Persischen Golf bildeten, umrissen sehr deutlich das Ziel dieses Unternehmens: Wir sollten die irakischen Streitkräfte aus Kuwait hinauswerfen. Das berechtigte uns dazu, alle notwendigen Maßnahmen zu ergreifen, um diesen Auftrag zu erfüllen, und dazu gehörten auch Vorstöße auf irakisches Gebiet. Aber wir waren nicht berechtigt, in den Irak einzumarschieren, um das ganze Land oder seine Hauptstadt zu besetzen.

Wenn wir uns an den Vietnamkrieg erinnern, sollten wir erkennen, daß einer der Gründe dafür, daß wir die Unterstützung der Weltöffentlichkeit für unser Vorgehen verloren, die Tatsache war, daß wir keine international anerkannte Legitimation für unsere Intervention in Vietnam besaßen. Am Golf war das genaue Gegenteil der Fall. Es gab nicht weniger als neun Beschlüsse der Vereinten Nationen, die unser Vorgehen autorisierten, und wir wurden dabei praktisch von der ganzen Weltöffentlichkeit unterstützt. Aber diese Unterstützung wurde uns nur dafür gewährt, daß wir die irakischen Streitkräfte aus Kuwait hinauswarfen, nicht aber für eine Einnahme von Bagdad.

Wenn wir uns die militärischen Lagekarten für den am Boden geführten Krieg ansehen, können wir erkennen, daß arabische Streitkräfte zu keinem Zeitpunkt in den Irak vorgestoßen sind. Nur britische, französische und amerikanische Truppen haben auf irakischem Territorium gekämpft. In diesem Buch habe ich ausführlich über die Bedenken unserer Verbündeten im Hinblick auf die Möglichkeit gesprochen, daß eine arabische Nation eine andere angreift. Ich bin überzeugt, wenn beschlossen worden wäre, den ganzen Irak zu besetzen und Bagdad einzunehmen, wäre die Koalition, für deren Zustandekommen wir so hart gearbeitet haben, zerbrochen. Ebenso bin ich davon überzeugt, daß die einzigen Streitkräfte, die sich an einem solchen militärischen Vorgehen beteiligt hätten, britische und amerikanische gewesen wären. Selbst die Franzosen hätten in einem solchen Fall die Koalition verlassen.

Hätten sich die Vereinigten Staaten und Großbritannien entschlossen, Bagdad gemäß der Genfer und der Haager Konvention zu besetzen, hätte man uns als Besatzungsmächte angesehen, und wir hätten daher *alle* Kosten tragen müssen, die eine Wiedereinsetzung einer irakischen Regierung und andere Dienstleistungen für die Bevölkerung des Irak verursachten. Aus den Erfahrungen, die ich in der kurzen Zeit gesammelt habe, die wir nach dem Krieg im besetzten irakischen Gebiet geblieben sind, habe ich die Überzeugung gewonnen, daß wir nach einer Besetzung des ganzen Irak das Land nicht einfach wieder hätten verlassen können, und daß wir, nicht die Vereinten Nationen, die Besatzungskosten hätten tragen müssen. Und ich bin überzeugt, daß der ohnedies stark beanspruchte amerikanische Steuerzahler diese Last nicht gerne auf sich genommen hätte.

Schließlich sollten wir nicht vergessen, wie Saddam diesen ganzen Krieg zu charakterisieren versucht hat. Er behauptete sofort, dies sei *kein* Krieg gegen die irakische Aggression in Kuwait, sondern die westlichen kolonialistischen Nationen hätten mit ihrem Eingreifen als Lakaien der Israelis versucht, die einzige arabische Nation zu vernichten, die bereit war, den Staat Israel zu zerstören. Hätten die Vereinigten Staaten und Großbritannien den Irak allein angegriffen und Bagdad besetzt, dann wäre jeder Bürger in der arabischen Welt heute davon überzeugt, Saddam habe die Wahrheit gesagt. Statt dessen wissen die Araber jetzt, daß die Streitkräfte der westlichen *und* der arabischen Nationen Seite an Seite gegen die Aggression des Irak gekämpft haben, und daß die westlichen Nationen nach der Befreiung von Kuwait ihre Streitkräfte abgezogen und wieder nach Hause geschickt haben. Hier waren wir in der Tat strategisch klug genug gewesen, den Krieg *und* den Frieden zu gewinnen.

Die nächste Frage, die mir gestellt wurde, ergibt sich aus der ersten: *Ist dieser ganze Krieg nicht umsonst gewesen, da Saddam noch lebt und im Irak herrscht?*

Ich muß gestehen, daß ich rein gefühlsmäßig ebenso wie viele andere gerne gesehen hätte, daß Saddam Hussein in irgendeiner Form für seine Handlungsweise zur Verantwortung gezogen würde. Die Möglichkeit dafür besteht immer noch. Aber am besten können wir diese Frage beantworten, wenn wir uns überlegen, was geschehen wäre, wenn Saddam mit seiner Aggression Erfolg gehabt und es keinen Golfkrieg gegeben hätte.

Erstens würde er heute über das gesamte Öl in Kuwait und vielleicht sogar auf der ganzen arabischen Halbinsel verfügen, und wir dürfen nicht vergessen, daß Saddam vor dem Krieg sowohl Kuwait als auch die Vereinigten Arabischen Emirate bedrohte. Der einzige Zugang zu den Vereinigten Arabischen Emiraten von Kuwait aus führt durch das saudiarabische Territorium, in dem die Ölquellen liegen. Aber selbst wenn wir annehmen, daß er sich mit seiner Aggression auf Kuwait beschränkt hätte, wäre das ein sehr deutliches Signal für alle anderen Nationen am Persischen Golf gewesen, das sie nicht hätten übersehen können. Alle ihre Entscheidungen wären künftig durch die Furcht vor einem irakischen Eingreifen bestimmt worden, und Saddam hätte sein offen eingestandenes Ziel erreicht, den Ölpreis auf dem Weltmarkt drastisch zu erhöhen, was sich außerordentlich ungünstig auf die bereits geschwächte Weltwirtschaft ausgewirkt hätte. Noch verhängnisvoller wäre es jedoch gewesen, wenn er den einmal eingeschlagenen Weg weitergegangen wäre und mit seinen wesentlich erhöhten Einnahmen aus dem Ölgeschäft seine bereits im Vergleich zu den anderen Nationen im Nahen Osten sehr starken Streitkräfte weiter ausgebaut und sein nukleares, biologisches und chemisches Arsenal vergrößert hätte. Es ist nicht schwer, sich vorzustellen, was dies für die Zukunft Israels und die Sache des Weltfriedens hätte bedeuten können.

Statt dessen ist ein militärisch geschwächter Saddam gezwungen, sich hinter die Grenzen seines Landes zurückzuziehen. Seine Anlagen zur Erzeugung nuklearer, biologischer und chemischer Waffen sind zerstört, und das wird auch so bleiben, wenn es uns gelingt, zu verhindern, daß er sie künftig auf die gleiche Weise einrichten kann wie bisher – mit Hilfe skrupelloser westlicher und östlicher Firmen, die sich mehr für den materiellen Gewinn als für den Weltfrieden interessieren.

Saddams Streitkräfte haben eine vernichtende Niederlage hinnehmen müssen und stellen keine Bedrohung mehr für irgendeine andere Nation dar. Von größter Bedeutung ist es vielleicht, daß Saddams irrationale, militante Stimme in der arabischen Politik keine Rolle mehr spielt, weil er das Unvorstellbare getan, eine arabische Brudernation angegriffen und dann in einer demütigenden militärischen Schlappe das Gesicht verloren hat. Der Friedensprozeß im Nahen Osten macht zum großen Teil als Folge dieser Niederlage und des Sieges der Koalition im Golfkrieg deutliche Fortschritte; die Palästinenser, andere Araber und die Israelis haben sich an den Verhandlungstisch gesetzt, und unsere Geiseln sind befreit worden. Hat sich unser Unternehmen nun gelohnt? Ich bin davon überzeugt.

Schließlich wird es im Gegensatz zu dem, was wir in »Rambo«-Filmen sehen, nicht einfach sein, eines Mannes wie Saddam habhaft zu werden und ihn vor Gericht zu stellen. In Panama, einem kleinen Land, wo schon vor Beginn militärischer Operationen Tausende von Amerikanern die Vorgänge beobachteten, konnten wir lange Zeit einen Burschen mit Namen Noriega nicht finden. Ich glaube kaum, daß wir auch bei der Besetzung des ganzen Irak Saddam in dem riesigen Militärlager gefunden hätten, das dieses Land darstellt.

Was ist nun zu den zahlreichen Vorfällen zu sagen, von denen wir nach Beendigung des Krieges gehört haben, wo einige Soldaten durch Beschuß durch die eigene Seite (Friendly fire) getötet wurden?

Ich verabscheue den Ausdruck. Sobald ein Geschoß die Mündung eines Gewehrs verlassen hat oder eine Rakete von einem Flugzeug abgefeuert worden ist, sind sie nicht mehr als »freundlich« zu bezeichnen. Leider sind, seit es Kriege gibt, viele Soldaten durch die Wirkung eigener Waffen gestorben. Das Chaos auf dem Schlachtfeld, wo schnelle Entschlüsse über Leben und Tod entscheiden, hat sehr häufig dazu geführt, daß Soldaten in jedem Krieg, den die Vereinigten

Staaten geführt haben, durch eigenes Feuer getötet wurden. Sogar auf dem großen Truppenübungsplatz in Kalifornien, wo die simulierten Treffer durch Laser und Computer angezeigt werden, ist es zu vielen solchen Unfällen gekommen. Das bedeutet nicht, daß wir uns damit abfinden müssen, ja nicht einmal in einem einzigen Fall. Und in einem Krieg, in dem wir auf unserer Seite nur wenige Gefallene zu beklagen hatten, war es besonders tragisch, wenn eine Familie einen Sohn oder eine Tochter auf diese Weise verlieren mußte.

Im Golfkrieg war unser Problem, daß unsere technologische Fähigkeit, Ziele genau zu treffen, größer war als die Fähigkeit, sie zu identifizieren. Wir haben jahrelang daran gearbeitet, die Treffsicherheit unserer Waffen im Einsatz gegen feindliche Ziele zu erhöhen, denn um die zahlenmäßig überlegenen sowjetischen Panzerverbände abzuwehren, hätten wir möglichst viele feindliche Panzer zerstören müssen, bevor sie gegen unsere Streitkräfte eingesetzt werden konnten. Nun stellten wir fest, daß die Verhältnisse in der Wüste die Bekämpfung solcher Ziele auf große Entfernung begünstigten. Schon bald erkannten wir die Gefahr, die dadurch für unsere eigenen Kräfte entstand, und beauftragten unsere Techniker, Mittel und Wege zu finden, die es uns erlaubten, Freund und Feind deutlich voneinander zu unterscheiden. Leider fand man keine technische Lösung, die nicht auch die Gefahr vergrößert hätte, daß unsere Kräfte vom Gegner erkannt und vernichtet wurden. Mit anderen Worten: Alles, was es uns erleichtert hätte, unsere eigenen Truppen als solche zu erkennen, hätte dem Feind die gleiche Möglichkeit gegeben. Wir mußten uns deshalb auf andere Identifizierungsmethoden verlassen, die auf allen Ebenen gewissenhaft angewendet wurden. Die am häufigsten geübte war natürlich die genaue Beachtung der »Lage auf dem Schlachtfeld«. Wenn man weiß, daß keine eigenen Kräfte vor einem liegen, müssen alle Truppen, die man im Vorfeld erkennt, feindliche Einheiten sein.

Bedauerlicherweise sind in der unüberschaubaren Lage auf dem Schlachtfeld Fehler gemacht worden, die zum Verlust von Menschenleben geführt haben. Wir müssen bessere und sicherere Möglichkeiten finden, unseren Auftrag zu erfüllen. In jedem Gefechtsbericht, der von meinem ehemaligen Stab und von den Stäben der mir unterstellten Verbände vorgelegt wurde, ist dieses Problem als ein besonders dringendes angesprochen worden, das einer sofortigen Lösung bedürfe. Alle Teilstreitkräfte bemühen sich darum, technologische Möglichkeiten zu finden, aus diesem Dilemma herauszukommen.

Eine andere Frage, die mir oft gestellt wird, lautet: *Wie haben sich unsere modernen Waffensysteme bewährt?*

Meine Antwort ist immer die gleiche: »Über alle Erwartungen gut.« In den ersten Tagen unseres Einsatzes stießen wir infolge der harten Umweltbedingungen in der Wüste auf unvorhergesehene Schwierigkeiten. Der feine, staubige Sand in Saudi-Arabien verstopfte die Luftfilter in einigen unserer gepanzerten Fahrzeuge. Dieses Problem fand eine rasche Lösung, als die amerikanischen Techniker neue Filter entwickelten. Dann stellten wir fest, daß der Sand die Rotorblätter der Hubschrauber angriff, und die Fachleute umkleideten die Rotorblätter mit einer Folie, die sie weitgehend vor der Erosion schützte. Ebenso wie unter anderen extremen Umweltbedingungen, zum Beispiel in der Arktis und im Dschungel, mußten wir uns auch an die in der Wüste gegebenen Verhältnisse gewöhnen, aber der bewährte alte amerikanische Pioniergeist hat uns stets geholfen. Wir lernten, uns diesen Gegebenheiten anzupassen, und unsere Ausrüstung zeigte sich trotz aller Befürchtungen den Anforderungen gewachsen. Nach vier Tagen dauerndem Einsatz in der Wüste war der technische Zustand von Fahrzeugen und Waffen besser als bei den meisten Truppenteilen im Frieden.

Bestimmte Waffensysteme sind von einzelnen aus persönlichen Motiven kritisiert worden. Dazu gehörte auch die Patriot-Rakete. Die Kritiker bewiesen damit aber nur ihre eigene Unkenntnis hinsichtlich des Verwendungszwecks dieser Rakete. Sie sollte zur Verteidigung von Punktzielen wie Flugplätzen, Nachschubbasen oder Stabsquartieren gegen feindliche Angriffe von Flugzeugen oder Raketen eingesetzt werden. Ich kenne keinen einzigen Fall, in dem es der Patriot nicht zu hundert Prozent gelungen wäre, das von ihr zu schützende Ziel wirksam zu verteidigen. Die Tatsache, daß sich diese Waffe auch bei der Verteidigung größerer Räume bewährt hatte, war ein zusätzlicher Erfolg, denn wir konnten mit ihrem Einsatz ganze Städte so erfolgreich schützen, wie wir es nie erwartet hätten. Auch die Leistungsfähigkeit der von Flugzeugen abzuwerfenden Präzisionsbomben ist kritisiert worden, und man hat diese Kritik damit begründet, daß das jeweilige Ziel nicht immer schon beim ersten Mal getroffen wurde. Manchmal mußte es zwei- oder dreimal bombardiert werden, bis es zerstört war. Das mag so gewesen sein, aber waren diese Kritiker in Vietnam gewesen? Ich hätte meinen linken Arm dafür hergegeben, wenn unsere Luftwaffe in Vietnam nur halb so gut gewesen wäre wie im Golfkrieg. Sicherlich hat unsere moderne Munition nicht in allen Fällen unsere Erwartungen zu hundert Prozent erfüllt, aber das ist angesichts ihrer Komplexität und der Tatsache, daß viele dieser Waffen wegen des Krieges in großer Eile entwickelt werden mußten, verständlich. Unsere Waffensysteme waren allem, was wir vorher hatten und was der Feind jetzt besitzt, so weit überlegen, daß das amerikanische Volk sehr stolz auf die amerikanische Technologie sein kann, die sie hergestellt hat.

Schließlich werde ich auch oft gebeten, mich zur *Art künftiger Konflikte und zur Stärke unserer Streitkräfte* zu äußern.

Ich meine, pensionierte Generäle sollten sich hüten, über Dinge zu reden, für die sie nicht mehr verantwortlich sind. Nachdem ich das gesagt habe, muß ich zugeben, daß ich glaube, einige generelle (und das soll kein Wortspiel sein) Bemerkungen zu diesem Thema machen zu dürfen. Ich persönlich bin überzeugt, daß es in absehbarer Zukunft keine bewaffneten Konflikte geben wird, bei denen starke aus Bodentruppen bestehende Armeen einander an breiter Front gegenüberstehen werden, wie das im Ersten und Zweiten Weltkrieg geschehen ist oder wie es hätte geschehen können, wenn die NATO in einen Krieg gegen die Staaten des Warschauer Pakts verwickelt worden wäre. Künftig werden militärische Konflikte denen ähnlich sein, die wir in der jüngsten Vergangenheit erlebt haben. Die beiden militärischen Operationen, an denen wir im Nahen Osten beteiligt waren, sind eine Folge regionaler Konflikte gewesen, die Proportionen annahmen, welche die ganze Welt in Mitleidenschaft zogen. Der »Tankerkrieg« war eine Folge des Krieges zwischen dem Iran und dem Irak, und der Golfkrieg entstand aus einer Konfrontation zwischen dem Irak und anderen ölerzeugenden Nationen. Wie ich schon an anderer Stelle gesagt habe, gab es zu der Zeit, als ich Befehlshaber des Central Command wurde, allein in meinem Verantwortungsbereich dreizehn Konflikte. Seit jener Zeit sind viele von ihnen beigelegt worden, aber andere sehr viel besorgniserregendere sind an ihre Stelle getreten. Man muß nur die tragischen Ereignisse im früheren Jugoslawien betrachten oder die ethnischen, religiösen und nationalistischen bewaffneten Konflikte in der ehemaligen Sowjetunion, um zu erkennen, daß solche gefährlichen regionalen Auseinandersetzungen auch zukünftig andauern werden. Und jede von ihnen könnte dazu führen, daß auch wir in einen Krieg verwickelt werden.

Was also sagt uns das über die künftige Stärke unserer Streitkräfte? Erstens erkennen wir, daß eine Verringerung der Streitkräfte möglich ist. Es sagt uns aber nicht, daß eine solche Reduzierung in beliebigem

Maß *allein* aufgrund politischer oder fiskalischer Überlegungen vorgenommen werden dürfe. Es erschreckt mich, wenn ich höre, daß vorgeschlagen wird, den Etat unserer Streitkräfte um hundert Milliarden Dollar zu kürzen, nur weil dieses Geld auch anderswo gebraucht werden kann. Die Aufgabe unserer Streitkräfte ist es, unsere nationalen Interessen zu schützen und unser Land zu verteidigen. Bevor wir unsere Streitkräfte wesentlich verringern, sollten wir gründlich analysieren, welches unsere nationalen Interessen in den kommenden zwanzig Jahren sein werden und wo und wie wir unsere Streitkräfte unter Umständen werden einsetzen müssen. Nur dann können wir wirklich beurteilen, wie stark unser militärisches Potential sein sollte. Erst dann können die Abstriche gemacht werden. Mir wurde gesagt, daß eine solche Analyse gegenwärtig im Verteidigungsministerium vorgenommen wird.

Schließlich müssen wir dafür sorgen, daß unsere Streitkräfte flexibel genug bleiben, um auf unvorhergesehene Ereignisse angemessen reagieren zu können. Es ist nicht immer leicht, zutreffende Voraussagen zu machen, und bisher ist es uns nicht immer gelungen zu sagen, wo wir einmal werden kämpfen müssen. Hätte mich jemand im Juni 1956, an dem Tage, an dem ich meine Ausbildung in West Point abgeschlossen hatte, gefragt, wo ich in den Jahren meiner Dienstzeit für mein Land kämpfen würde, dann hätte ich nicht gewußt, was ich sagen sollte. Ich bin aber absolut sicher, daß ich *nicht* gesagt hätte: »In Vietnam, Grenada und im Irak.«

An dem Tag, als ich Riad verließ, um in die Vereinigten Staaten zurückzukehren, sagte General Chalid in einer Rede etwas, über das jeder Amerikaner nachdenken sollte. Er sagte: »Wenn es auf der Welt nur eine Supermacht geben soll, dann müssen wir Gott dafür danken, daß es die Vereinigten Staaten von Amerika sind.« Wenn ich daran denke, welche Nationen in den vergangenen fünfzig Jahren zur einzigen Supermacht in der Welt hätten aufsteigen können, und das waren Tojos Japan, Hitlers Deutschland, Stalins Rußland und Maos China, und an die Finsternis, die sich über diese Welt ausgebreitet hätte – wenn das geschehen wäre, dann muß ich die Weisheit der Worte Chalids bewundern. Wenn wir heute die einzige Supermacht sind, tragen wir eine ungeheure Verantwortung sowohl für uns selbst als Nation als auch für die ganze übrige Welt. Ich weiß nicht, was diese Verantwortung für die Zukunft unseres großen Landes bedeuten wird, aber ich werde immer darauf vertrauen, daß das amerikanische Volk die Fähigkeit haben wird, sich *jeder* Herausforderung zu stellen.

Danksagung

Der erste, dem ich danken möchte, ist mein Koautor Peter Petre. Er ist ein hervorragender Schriftsteller. Und, noch viel wichtiger für mich, er hielt anhand meiner Berichte nicht nur das auf dem Papier fest, was geschehen war, sondern auch die Gefühle, die dabei eine Rolle spielten. In den vielen Monaten unserer Zusammenarbeit forderte er mich stets aufs neue heraus und forschte gründlich nach, um sicherzustellen, daß wir den Tatsachen auch wirklich auf den Grund gegangen waren. Beim Schreiben dieses Buches arbeiteten wir Hand in Hand.

Marvin Josephson ist der Mann, der mich für den Buchmarkt gewann, als ich mich bei der Armee pensionieren ließ. Ich hätte keinen besseren Mentor wählen können. Er führte mich sicher durch die labyrinthischen Pfade einer Buchherstellung und hat unsere Arbeit stets ehrlich und zutreffend kritisiert, selbst wenn wir die Kritik nicht hören mochten.

Das Buch baut auf den Vorarbeiten meines persönlichen Mitarbeiterstabes auf. Während und nach der Golfkrise stellten Oberst B. B. Bell, Major Roger Murtie und Stabsbootsmann Rick Rieger freiwillig viele dienstfreie Stunden zur Verfügung, um Informationen zu sammeln und mir bei der Zusammenstellung meiner privaten Aufzeichnungen zu helfen. Meine persönliche Assistentin Lynn Williams führte unsere Fotorecherchen durch und erledigte dabei auch geschickt Entwürfe, Kopien, Faxe, Post, Telefonanrufe, Sachanfragen, Organisation von Reisen und zahllose Besuche bei mir zu Hause. Beth Lefft und Anne-Marie Giacobone, Mitarbeiterinnen in Marvin Josephsons Büro, und Mary Buckley, meine Bürokraft, nahmen sich gleichfalls der Hunderte von Fax-Sendungen, Telefonanrufen und der gesamten Post an.

Kathy Robbins stellte sich voll und ganz hinter Peter Petre und gab treffende Kommentare zu den verschiedenen Entwürfen. Sie verdient eine Auszeichnung. Hervorragend wurden wir auch von Elizabeth Mackey und Steven Bromage von »The Robbins Office« unterstützt. Marshall Loeb, der leitende Redakteur von der Zeitschrift »Fortune«, ermöglichte es meinem Koautor kurzfristig, mit mir zusammen am Buch zu arbeiten, und er zeigte sehr viel Verständnis, als es darum ging, Peters Urlaub zu verlängern, damit wir unsere Arbeit abschließen konnten.

Verpflichtet bin ich auch Jack Hoeft und Linda Grey von »Bantam Books« für ihre Überzeugung, daß ich etwas zu berichten hatte, was eines Buches wert sei, und ihr Vertrauen darauf, daß wir das entsprechende Buch auch abliefern konnten. Damit dies ganz sicher geschah, erledigte die erfahrene Linda Grey viele der Hausarbeiten für uns, in denen Autoren normalerweise steckenbleiben, wenn sie eigentlich mehr als genügend Zeit hätten, ihr Buch zu schreiben. Unsere Redakteurin, Beverly Lewis, mußte mehr als einmal meinen Zorn mit ihrem Großmut ertragen. Sie übernahm auch die Aufgabe einer Projektleiterin; mit ihrer bemerkenswerten Fähigkeit, komplizierte Sachverhalte zu handhaben, hätte sie hervorragend ins Central Command gepaßt. Unser Lektor, Len Neufeld, sorgte mit großem Sachverstand dafür, daß alles klappte.

Jean Kidd dürfte wohl die geschickteste, schnellste Sekretärin der Welt sein. Während viele das tippen, was sie gehört zu haben *meinen*, hielt Jean genau das fest, was ich tatsächlich sagte, trotz meiner militärischen Fachausdrücke und Abkürzungen, von den ausländischen Namen ganz zu schweigen. Und sie arbeitete dabei blitzschnell. Natasha Perkel war eine Hexenmeisterin bei der Erstellung von Karten, die sowohl verständlich als auch möglichst vollständig waren. Selbst wenn ich sie zum zwanzigsten Mal mit derselben Karte ans Zeichenbrett zurückschickte, zeigte sie unerschöpfliche Geduld, und die Zusammenarbeit mit ihr war ein Vergnügen.

Vicky Sufian und Sari Wilson trugen die Hauptlast unserer Recherchen und kamen hervorragend mit einem Manuskript voller Namen, Daten, Orte, historischer Anspielungen, militärischer Berichte und Terminologie zurecht. Ihnen fähig zur Seite standen Anne Tardos, Jackson Mac Low und Chris Gray. Befragen durften sie dabei unter anderem Janet Bacon, Peter Bechtold, Walter Bradford, Anne Branner, Richard Bulliet, John Carland, Jeffrey Clarke, Karl Cocke, Vincent Demma, Ingeborg Godenschweger, Martha Guenther, Geraldine Harcarik, William Hartley, Richard Hobson, Susan Keogh-Fisher, Jeams Knight, Oberst Shirin Labip, Gladys Mazer, Hauptmann Steven Michael, Jean Nichols, Generalleutnant Gus Pagonis, Carolyn Piper, James Speraw Jr., Major Rick Thomas, Joyce Weisner und Hauptmann Darlene Wilson. Ein Großteil des Manuskripts ist in der inspirierenden Atmosphäre von »The Project for Public Spaces« und »The Writers Room« entstanden.

Peters Frau Ann Banks war die erste Leserin des Manuskripts und erteilte uns wertvolle redaktionelle Ratschläge. Ihre Tochter Kate erduldete die langen Abwesenheiten ihres Vaters mit einem Verständnis, das weit über ihr Lebensalter hinausging. Unser Dank gilt Oberst Richard Banks und seiner Frau Isabel, die Peter Einsichten ins militärische Leben boten und Transportmöglichkeiten zur Verfügung stellten, während Peter in Tampa arbeitete.

Meine beiden Schwestern ermöglichten Peter Einblicke in unsere Familie und meine Jugendzeit, die ich nie hätte bieten können. Ruth Ann Schwarzkopf-Barenbaum stellte Geschichten und Fotos zur Verfügung, durch die entscheidende Lücken in der Geschichte geschlossen werden konnten, und schickte ständig ermutigende Briefe. Sally Schwarzkopf trug die Originalkorrespondenz aus den Jahren meines Vaters im Iran bei und erwies sich als unschätzbare Informationsquelle, was unsere Kindheit und unsere Jahre im Ausland anging. Ich bin dankbar für ihre Liebe und ihr Verständnis.

Als ich mich pensionieren ließ, hofften Brenda, Cindy, Jessica und Christian, den Ehemann und Vater nun endlich ganz zur Verfügung zu haben. Statt dessen verschwand ich tage- und nächtelang und ganze Wochenenden über im Studierzimmer, in dem Peter und ich arbeiteten, während sich im Haus immer mehr Schachteln, Dokumente, Fotografien und Tonbänder stapelten. Ich hoffe, sie können stolz auf das sein, was wir geschrieben haben. Ohne ihre Liebe, Geduld und Unterstützung hätte ich die Arbeit nie leisten können.

Bibliographischer Hinweis

Neben den Erinnerungen Grants erwiesen sich folgende Bücher bei unseren Arbeiten von Nutzen:

Stephen E. Ambrose, *Duty, honor, Country: A History of West Point.* Baltimore, 1966.

C.D.B. Bryan, *Friendly Fire. New York, 1976.*

Leo J. Coakley, *Jersey Troopers: A Fifty Year History of the New Jersey State Police.* New Brunswick, N.J., 1971.

Stanley Karnow, *Vietnam: A History.* New York, 1983.

David Lamb, *The Arabs: Journeys Beyond the Mirage.* New York, 1987.

T.H. Vail Motter, *The Persian corridor and Aid to Russia.* Aus der Serie: *The United States Army in World war II.* Washington, D.C., 1952.

Col. John A. Warden III, *The Air Compaign: Planning for Combat.* Washington, D.C., 1988.

Als es darum ging, die Ereignisse aus diesem Buch in einen größeren Zusammenhang zu stellen, haben wir von den Artikeln folgender Journalisten, die über »Desert Storm« berichteten, profitiert: Dean Fischer, Joe Galloway, Youssef Ibrahim, David Lamb und Molly Moore.

Personen- und Sachwortverzeichnis

A

Abd el-Asis 553ff.
Abd el-Rahman, Prinz 405
Abdullah, Prinz 405f., 437, 616
Abdul Rahman, Achmad 368
Abrams, Creighton 197, 227, 252, 455, 472
Abrüstungsgespräche 383
Abu Shanaf, Safy 368, 510, 579
Abu Taleb, Jussuf Sabri 510f., 615
Achromejew, Sergei 360
Ad Dammam (Saudi-Arabien) 458
Ägypten 368, 372, 374, 399, 409
Äthiopien 368
Afghanistan 294f., 368, 383
Afrika 368
Ahmad, Sultan Hashim 618, 620, 624ff., 629ff,
Airborne Association 118
Air Force War College 436
Alexandria 409
Al Faw 378
Al-Faw-Feldzug 401
Al Jaber 587
Al Jubayl 417, 439, 453f., 459, 480
Al Khafji 552–557, 569, 583
Alkoholismus 8, 41, 69f.
All-American 493
Allen, George 45
Alliierte Streitkräfte 288
Alpha-Kompanie 326
Al Salman 584
Americal Division 200
American Veterans Association, Atlantic City 185
Anchorage, Alaska 265
Anderson, Gene 350
Andrews 410
An-Lao-Tal (Südvietnam) 172
Annandale, Virginia 260, 312
Arabische Liga 398f.
Aramco 446
Arlington 7
Armee, ägyptische 470
Armee, britische 470, 498
– 1. Panzerdivision 579, 599
Armee der Republik von Vietnam (ARVN) 144
Armee, deutsche 507
– 3. Panzerdivision 524
Armee, französische 470
Armee, irakische
– II. Korps 603
– III. Korps 618
– 5. motorisierte Division 556
Armee, syrische 470
Army and Air Force Exchange Service (AAFES) 349
Army Operation Center 358
Army War College 237, 239f., 248, 251f., 254f., 259f., 262, 309, 353
Arnett, Peter 159f.
Arpino, Mario 631
Arthur, Stan 563, 567, 607

Asis Abd el-Rahman Ibn Abd el-, Prinz 369
Asis Abdullah Ibn Abd el, Prinz 373
Asis III., Abd el-, König 369
Assad, Hafis el- 512, 527
Austin, Hudson 343 f.
Australien 292
AWACS-Überwachungsflugzeuge 458, 463, 544

B

Bad Kreuznach 296
Baez, Joan 137
Bagdad 379, 416, 427 f., 484, 503, 540 ff., 546, 557, 564, 566, 572, 603, 612, 618, 620, 639 ff.
Bahrain 372 f., 458, 464, 490, 521
Baker, James 400, 476, 488, 490 ff., 494, 511, 516, 532
Bandar Ibn Sultan, Prinz 368, 405 ff., 509, 533, 544
Barbados 332, 345
Barenbaum, Kadia 181 f.
Barenbaum, Miriam 181 f.
Barenbaum, Nicole 181 f.
Barenbaum, Ruth Ann s. Schwarzkopf, Ruth Ann
Barenbaum, Simon 181, 249
Barksdale, Louisiana 540
Bar-Lev-Linie (Israel) 511
Barney 106
Barth, Lou 71 f.
Bartholomees, Jim 175
Bartholomew, Lonnie 266
Basra 392, 505, 599, 602 f., 605, 609, 611 f., 623, 630
Batangan-Halbinsel 219, 222 f., 227, 247
Baumholder 296
»Beast Barracks« 83
Bechtold, Peter 365, 371
Beg, Mirza Aslam 368
Beirut 328, 422
Belihar, Robert 567
Bell, Burwell Baxter 404, 408 f., 411, 423, 425, 431, 439, 489, 500, 539, 631
Belutschen 49 f.
Bench, Johnny 520
Bennewitz, Ekhard 256 ff.
Berlin 126–132, 306
Bhutto, Benazir 368
Billière, Sir Peter de la 506, 508, 530, 539, 632, 636
Bishop, Maurice 331, 343
Blank, L. Maitland 76
Bluefield, West Virginia 27 f.
Boatner, Jim 271 f., 288, 318
Bombenflugzeuge 98, 152, 294, 409, 425, 540
Bong Son 171 f., 175
Boomer, Walt 453, 461, 499, 502 f., 505 f., 563 ff., 572, 574 ff., 585, 587, 596 f., 600, 607
BOQ 145
Bordentown Military Academy 41 f., 75
Bowman, Ruth Ann s. Schwarzkopf, Ruth Ann
Bradley-Kampfwagen 24, 78, 194, 261, 300, 353, 616 f., 623 f.
Bradley, Omar 98
Brandtner, Marty 404, 406
Brandt, Willy 132
Bratton, Tom 228 ff., 240 f., 244
»Brave Shield« 280 f., 283
Brcic, Stanko 64
Bricker, John 40
Bridgeton (Schiff) 359
British War Relief 30
Brokaw, Tom 623
Brown, Gordon 468, 583
Brown, Rick 296, 299, 308
Brummitt, Leroy David 105, 113, 115
Bryan, C. D. B. 245, 247 f.
BTR-Truppentransporter 608

Bubiyan 378, 394
Burba, Ed 414, 430
Burns, Ken 518
Bush, George 9, 397f., 400, 403, 406f., 411, 418ff., 423, 428f., 457, 476, 482, 490, 494f., 516, 518, 522, 524, 528, 544, 552, 561, 564, 566, 577, 582f., 588, 592, 604, 606f., 610, 618

C

Calloway, Howard 257
Calvert 106
Calvigny 342f.
Cameron, Tom 228
Camp David 398, 400, 403, 457, 473
Camp Duc Co s. Duc Co
Camp Kilmer 23
Camp Pendleton (Kalifornien) 320
Camp Simth 290
Camp Swampy (Georgia) 316
Cam Ranh Bay 232
Carlisle 251
Carlucci, Frank 369, 371
Carter, Billy 623f., 632
»Carter-Doktrin« 295, 320
Carter, Jimmy 287, 294f.
Cavazos Richard 282f., 284, 289, 301, 310ff., 316, 318, 321, 327, 329, 350f.
Central Command 10, 320, 327, 361f., 364–368, 371ff., 375ff., 379–383, 385, 387, 389, 391–395, 397, 399ff., 403, 408–411, 413, 416, 418, 420, 424, 426, 433, 440, 443, 454, 464, 467f., 473, 477ff., 481, 486ff., 493f., 500, 507, 510, 516f., 522, 538ff., 544f., 558, 567, 600, 602, 609, 625, 630, 634ff., 638, 645
Chalid Ibn Sultan, Prinz 437, 439, 442f., 445, 447, 449f., 459, 464f., 474, 478ff., 484, 486, 488, 491f., 505f., 509f., 512f., 519f., 526–530, 534, 539, 546f., 549, 552–556, 586, 590ff., 595, 599ff., 618f., 621, 624, 626, 629, 631, 633, 646
Chalifa, Hamad Ibn Isa el- 464
Chalkd 586, 590ff., 595, 599ff., 618f., 621, 624, 626, 629, 631, 633, 646
Charlie 524
Charlie-Brown-Flughafen 328
»Charm School« 285
Cheney, Dick 9, 385f., 391, 393, 397, 400, 403–410, 418ff., 426f., 432, 472, 476, 484f., 494, 507, 517f., 524, 545, 560, 562ff., 567, 573ff., 603, 607, 636
Chevenement, Jean-Pierre 512
China 646
Chivers, Johnny 17, 24
Chruschtschow, Nikita 126f., 133
Chugach-Mountains 265, 272
Chu Lai 200ff., 217f., 220ff., 224, 226, 228, 240
Chu Pong 166f.
CIA (Central Intelligence Agency) 374, 377, 397f., 400, 404, 434, 448, 450, 456, 461, 463, 465f., 469, 474f., 478, 481f., 484, 489, 495, 506, 509, 511, 513, 516, 561, 564, 620
CINC 519, 522, 524f., 528, 532, 534, 542, 546, 557, 561, 564f., 571, 577, 579, 583, 591, 601, 604, 611f., 615f., 620, 633
Civilian Conservation Corps 279
Clausewitz, Carl von 467
Claxton 318, 348
Clemons, Joe 211f., 219, 224ff., 231
CNN 445f., 456, 561
Cody, Bill 194, 248
Cody, Nancy 194, 248
»Collins« 588f., 592, 596f.
Columbia Labor Youth League 73
Combined Arms Center 355, 362
Combined Forces Command Korea 355, 362
Command and General Staff College 192, 194, 467

Cougill, Dan 376
Couric, Katie 520
Craig, Sir David 486
Crist, George 361
Crowe, William 360f., 364, 372, 384f., 431
Cruise-Missiles 539
Cuéllar, Javier Pérez de 454
Curtis-Le-May-Schule 422
C-Waffen 529, 547, 556, 558, 569f.

D

D-Day 503, 507, 542
Defense Communications Agency 377
Defense Intelligence Agency (DIA) 376f., 393, 564
Defense Planning Guidance 384
DePuy, William 255f., 269, 309
Desert Inn 499
»Desert Shield« 7, 411f., 416–419, 421f., 426, 429, 437f., 450, 452ff., 458, 473, 477ff., 482, 487f., 496, 498f., 503, 513, 517, 520, 526
»Desert Storm« 7, 9f., 417, 426, 431, 472, 501, 505, 510, 512, 514, 517f., 523, 527f., 539, 548f., 552, 558, 572, 586, 597, 600, 605, 634, 638
Deutschland 375, 646
Dharan (Saudi-Arabien) 369, 411, 413, 440, 445f., 448, 450ff., 454, 458, 489, 495f., 498f., 532, 540, 543, 595, 609
Dhau 380
Diego Garcia 399, 453
Dien Bien Phu 89, 145, 182
Djidda 489f., 495
Dong, Du Quoc 156, 165, 172
Downing, Wayne 607
Drewfs, Hank 376
Dschabir 396, 481, 632
Duc Co 150, 153, 156–159, 162, 164f., 167, 223
Dugan, Mike 517
Dylan, Bob 137

E

Earnest Will (Schiff) 359
Ecole Internationale (Ecolint), Genf 58, 61–64, 144
Edwards, Teddy 20
Eglin, Florida 389
Ehlert, Norm 376, 380f.
Einstein, Albert 303
Eiselle 130
Eisenhower, Dwight D. 24, 78, 126, 194, 358, 472, 487, 507
El-Sabbah-Familie 464
England 375
1. Marine Expeditionary Force 453
Erster Weltkrieg 20, 242, 596, 645
Escan 469, 520f., 523
Escudero Stanley 377, 468
Esery 80
Euphrat 502, 629
European Command, Stuttgart 367

F

Fahd, König 369, 390, 403, 405–408, 410, 436f., 442, 448, 464, 478, 486, 488, 490f., 495, 520, 528–531, 533f., 544, 547, 552, 554, 556, 624
Fahd, Mohammed Ibn, Prinz 448
Family Action Council 347
Faylakah 567, 578
Feeley, John F. 393f., 396, 398
Feuerbasis Dottie 223, 227
Finthen (Mainz) 297f., 307
Fliegerabwehrkanonen ZSU 23/24 424
Flugabwehrgeschütz »Sergeant York« 261
Fogarty, Bill 376
Foley, Tom 496, 498

F-15-Bomber 540
F-117-Bomber 540
Forces Command 350, 362, 368, 429f.
Ford, Gerald 258ff., 633
Foreign Service Institute 365, 371, 374
Fort Belvoir, Virginia 99
Fort Benning, Georgia 98, 133, 135, 151, 232, 255, 271
Fort Bliss, Texas 412
Fort Bragg, North Carolina 123f., 282, 320, 409, 414
Fort Campbell, Kentucky 104f., 107, 116, 119, 122f., 127, 133, 251, 317, 412, 446
Fort Carson, Colorado 253
Fort Dix, New Jersey 93
Fort Frederick, Grenada 331, 336f.
Fort Hancock, New Jersey 23
Fort Hood, Texas 310
Fort Irwin, Kalifornien 324, 326, 346
Fort Knox, Kentucky 99
Fort Leavenworth, Kansas 192f., 195, 239, 353f.
Fort Lewis, Washington 275, 277f., 280, 286, 288f., 318, 324, 354f.
Fort MacArthur, Kalifornien 138
Fort McClellan, Alabama 257
Fort McPherson, Georgia 386f.
Fort Monmouth, New Jersey 99
Fort Myer, Virginia 352, 365
Fort Ord, Monterey 354
Fort Putnam 93
Fort Richardson, Alaska 265, 267, 277, 280
Fort Riley, Kansas 500
Fort Rupert, Grenada 331, 336
Fort Sill, Oklahoma 99
Fort Stewart, Georgia 272, 317, 319f., 322f., 345, 348–351, 355, 412
Frankfurt/Main 66f., 71, 296, 304
Frankreich 375, 458, 512
Franks, Fred 499, 503f., 561ff., 570, 588, 590f., 597ff., 621f., 632
Frazer, Harvey 140
Freeman, Chas 374, 403ff., 408, 467f., 479, 490f., 516, 616
Friedensbewegung 250
Fulda 296
Funk, Paul E. »Butch« 500, 582

G

Galvin, Jack 318
Gansenheim 297
Garibaldi 65
Gates, Bob 404, 476
Gatling-Kanone 458
G-Day 583
General Office Management Office (GOMO) 288f., 292
Genf 61
Genfer Konvention 574, 640
Gholam 56
Glasnost 360
Glaspie, April 379, 382
Glennville 318, 348
Glosson, Buster 466, 473
Gnehm, Skip 601
Goldwater, Barry 137
Golf 416
Golfkrieg 610, 639, 641–645
Golfkrise 389–633
Golf von Aden 368
Gonzales 108f.
Gorbatschow, Michail 572
Gorder, Chuck 154f., 180
Gordon, Walt 186f.
Gorman jr., Paul F. 90
Grand Anse-Campus 337, 339ff., 344
Grand Mal 337, 339
Grant, Ulysses S. 7
Graves, Dick 327ff.
Greenwood, Lee 539
Grenada 328–333, 339, 343f., 454, 646
Grenadakrise 435
Grenville 330, 335, 337, 340
Griffith, Ronald 500, 563, 582

Großbritannien 458
»Guam« 294, 333, 335 f., 339, 342, 344

H

Haager Konvention 640
Hadlai Hull 256
Hafar al-Batin 542
Haig, Alexander 288
Halaby, Salah Mohammed Attia 591
Hall of Heroes 365
Hamad, Mohammed el- 369
Hammurabi-Division 564, 591, 597, 602 f.
Hanoi 164
Hao 145, 270
Harlem Globetrotters 130
Harrelson, Keith 184
Hartman, Familie 191
Harvard University 185
Hassan, König 410
Hauptmann, Bruno 22
Heady, Gene 69 f.
Heidelberg 71
Hellfire-Raketen 458, 623
Henderson, Mr. 65
Herefordshire 636
Heß, Rudolf 128
Hill, Gene 522
Hine 525, 528
Hinesville 317, 348 f., 446
Hitler, Adolf 16, 23 f., 91, 420, 496, 646
Hoar, Joe 375 f., 381, 392, 636
Ho Chi Minh 182, 243
Hoffman, Harold 22
Holden, William 98
Hollingsworth, James 89 f., 99 f., 183
Holsinger, Brenda s. Schwarzkopf, Brenda
Holsinger, Elsie 190 f., 235, 248
Holsinger, Jesse Jefferson 190 f., 195, 248, 261, 312
Hop 145, 270
Hope, Bob 510, 520 ff.
Hope, Dolores 521
Horner, Chuck 400, 404, 406 f., 412, 415 ff., 421, 425, 427, 436–439, 458, 463, 466, 472, 499, 502, 511, 541 f., 545, 548, 563, 578 f., 604, 607, 612
Horton, David 92 f., 100
Howe, Jon 385
Howell, Nat 395, 403
Hubschrauber
– Apache 261 300, 353, 402, 412, 461, 528, 544, 584, 586, 607 f., 617, 623, 625, 631
– Black Hawk 261, 353, 584, 602, 622, 632
– Chinook 584
– Cobra 412, 583 f.
– Huey 302, 584
Hue 177
Hughes, Art 404, 406
Hull 257
Humvee-Jeeps 584, 624, 631
Hung 147 f., 163, 177, 270
Hunter-Gault, Charlayne 463
Hunter, Savannah 322
Hussein, König 372
Hussein, Saddam 378, 384, 389, 392, 394, 401 f., 407, 412, 414, 417 f., 420–424, 426, 428, 432 f., 439 f., 456, 458, 461, 463, 465 f., 469, 477, 485 f., 490, 496, 502, 505, 509, 515 f., 518, 534, 541, 543, 547, 553, 556, 558, 566, 569, 572 ff., 576 f., 584, 603 f., 622, 625 f., 640 ff.

I

Ia-Drang-Fluß 165, 167, 200
Inouye, Daniel K. 377
»Instant Thunder« 417, 422, 426, 466
»Internal Look« 387 ff., 393, 401
Internationales Rotes Kreuz 574
Irak 42, 359, 368, 371 f., 378 f., 384,

388 ff., 392 ff., 397 f., 407, 409, 416, 418 f., 423 f., 426, 432, 434, 457 f., 461, 464 f., 467–470, 472, 474, 484, 488, 490, 492, 497, 499, 501 f., 505, 507 f., 510, 512, 515 ff., 533 f., 538 ff., 546 f., 553, 566, 572, 584, 595, 605, 608, 629, 640 f., 645 f.
Iran 294, 320, 325, 327, 359, 368 f., 371 f., 378, 383 ff., 388, 391, 397, 645
Iran Air (Schiff) 359
Iran, Gendarmerie im 45
Iran, Kommunismus im 45
Islam 442, 444, 490
Islamabad 294, 368
Israel 367 f., 373 f., 461, 475, 490 f., 511, 544 f., 641 f.
Iwo Jima (Schiff) 486

J

»Jack Frost« 266, 272
Jagdflugzeuge 542, 558, 560, 578
Jahra 419, 597
Jalibah 611 ff., 615
Japan 374 f., 646
Jean, Raymond 182 f.
Jefferson City, Missouri 430
Jefferson, Thomas 28
Jemen 368, 372, 398, 428
Jerusalem 544
Jillian, Ann 521
Johannes Paul II., Papst 306 f.
Johnson, Brad 262
Johnson, H. T. 414
Johnson, Charles E. 131 f.
Johnson, Jesse 430, 540, 582, 600 f.
Johnson, Jim 499
Johnson, Lyndon B. 139, 164, 242, 485
Johnson, Slade 220
Johnston, Bob 392, 423, 425, 472 f., 476, 484, 573, 578, 608 f.
Joint-Capabilities-Plan 384
Joint Chiefs of Staff 286, 352, 355 f., 358, 360 f., 364, 367 f., 384 f., 391, 393, 397, 404, 409, 411 f., 418, 427, 431, 465, 472, 484 f., 488, 516, 544 f.
Joint Task Force, Middle East 376
Jolley, Bob 266
Jom-Kippur-Krieg 511
Jordanien 372, 378, 399, 542
JSTARS 595, 599

K

Kaaba 444
Kairo 366, 368
Kalter Krieg 137, 383 f.
Kambodscha 149, 164 f., 458
Kammi, Abdul Rahman el 591
Kampfflugzeuge 412, 458, 541, 543, 545 f., 557
Katar 372, 456, 458, 464, 540, 556
Kelley, P. X. 295
Kennedy, John F. 134, 137 f.
Kennedy, Robert 191
Kent State University 235
Kha 170 f.
Khan, Ghulam Ishaq 368
Khe Sanh 361
Khomeini, Ruhollah 294
King-Fahd-Luftwaffenstützpunkt 459
King Khalid Military 528, 530
King Khalid Military City 417, 439, 459
King, Martin Luther 191
King, Tom 507
Kissinger, Henry 253
Kjellstrom 238
Kompanie »Bravo« 325
Kontum 163, 199
Koran 444
Korea 292, 355, 374 f., 513, 521
Koreakrieg 8, 88, 90, 100, 104, 106, 108, 110 f., 140, 154, 211, 249, 267, 280, 282, 293, 412
Kraus, Billy 17

Kuba 344
Kubakrise 137
Kuwait 359, 373, 378 f., 389–394, 397 f., 402 f., 406, 412, 416–419, 421, 424 ff., 433 f., 456 ff., 461, 464 f., 467 f., 470, 477, 481 f., 484 f., 488, 498–507, 510, 517, 526, 532 ff., 538, 541 f., 550, 552, 557, 572 f., 576 f., 579, 583 f., 587, 590, 595, 599, 611, 613, 619, 629, 632 f., 639 ff.
Kuwait City 393, 395 f., 469, 495, 502, 515, 583, 585 f., 591 f., 602, 609, 621, 623

L

Laird, Melvin 253, 259
Lakehurst 24
Lamb, David 446
»Landezone Bajonett« 208 ff., 212, 214 f., 218
Langley 408
Larkin, Dick 255 ff.
Lash, Ginger 194, 248
Lash, Pete 194, 248
Latham, Willard 263, 267–272, 278, 318
Lawrenceville, New Jersey 14, 22, 24, 29, 31, 34, 40, 52, 94
Leal, Carlos 109 f.
Leckinger, Paul 151
Le Corre, Raymond 636
Le Duc, Tho 253
Lee, Robert E. 476
Lee, Will 203 f., 208, 219
Le Hardy, Judy 248
Le Hardy, Ward 248
Leide, Jack 393, 395, 540, 583, 596, 620
LeMay, Curtis 98
Libanon 367
Libyen 367
Lieberman, Jacob 49
Lieberman, Michael 48, 57
Lindbergh 15, 21 f., 37
Livingstone jr., George 154
Livsey, Bill 295–301, 303, 308, 318, 355
Lodge, Henry Cabot 176
London, Julie 136
Long Binh 197 ff., 201
Long, Bob 293, 295 f., 330
Long, Robert L. G. 293
Lord, Philips H. 15, 86
»Los Angeles Times« 138
Luck, Gary 414, 499, 502, 504, 562, 570, 589, 596, 612
Luftabwehrraketen Hawk Mod. II 381
Luftabwehrraketen Hawk Mod. III 381
Luftbrücke 131

M

Mabry, George 197, 200
MacArthur, Douglas 78, 472, 487, 611
MacDill, Luftwaffenstützpunkt 366
Mackmull, Jack 321
Madigan-Militärlazarett 355
Mahmud, Salah Abud 618, 624, 631
Mainz 296 ff., 304, 312, 318, 355
Major, John 497, 525
Mandrake 23
Mannheim 296
Maplewood, New Jersey 79, 81, 94
Marokko 367, 410
Marshall, George C. 24 f., 432
Marshall, S. L. A. 211
Marsh, Jack 259
Martin, Samuel Rucks 90, 99, 232
Maurette, Madame 62, 144
Mauz, Hank 426 ff., 499, 563
Mavroules 509
Maxum, Craig »Max« 638
Maxwell, Alabama 436
McBroom, John 496
McCaffrey, Barry 412, 459, 461, 499, 503, 563, 582, 584 ff., 589 f., 596, 617

McCarthy, Joseph 89
McCarthy, Mike 185
McCarthy, Tom 138
McClellan, George 476
McDonald, Wes 329–332
McGuiness, Jack 381
McKay, Mrs. 42
Medina 442
»Medina«-Division 591, 597, 602 f.
Mekka 442, 444, 530
Mekongdelta 195
Meloy, Stanley 226 f.
Meo, Larry de 241
Mericle, Russ 117
Metcalf, Joseph 329, 332 f., 335–345
Meyer, Edward C. Shy 313 f., 316
Middle East Force 376
Middlesex Transportation Company 18
Mildren, Frank 197
MILES 301
Militärischer Nachrichtendienst, Washington 376, 392
Military Assistance and Advisory Group 73
Military Assistance Command Vietnam (MACV) 139 f.
Missionsschule, presbyterianische 48, 51, 58, 62
Missouri (Schiff) 579, 611
Mitchell, George 496, 498
MLRS 353
Mohammed, Prophet 490
Mohammed, Scheich 390 f.
Montoya 108 f.
Moore, Burt 183, 539, 542, 563, 583, 587 f., 596, 613 f.
Moore, Hal 100
Moore, Royal 499
Moshiri 56
Moshiri, Changes 56
Moslems 443, 452
Mount McKinley 271
Mubarak, Hosni 408 ff., 486, 510 f.
Mullen, Michael 245–248
Murphy, Mrs. 235
Murtha 495
Mussolini, Benito 24
Mustin, Hank 364
Myatt, Mike 499
My Lai 218, 220, 223, 227

N

Naher Osten 359, 362, 364–367, 371 f., 377 f., 380 f., 383, 385, 389, 391 ff., 402, 415, 418, 427, 430, 443, 465, 487, 636, 641 f., 645
Nahjan, Mohammed Ibn Said an-, Scheich 381
Nahjan, Said Ibn Sultan an-, Scheich 381
Nassau (Schiff) 497
Nasser, Turki Ibn, Prinz 452
Nationaler Sicherheitsrat 396, 433, 571, 576
Nationalgarde von Georgia 321
Nationalgarde von South Carolina 322
National Security Agency (NSA) 95, 234, 249, 377
NATO 117, 252, 283, 293, 295, 374, 385, 645
Naughton, Francis 144, 153
NBC 520
Neal, Butch 565, 583, 595
Neuseeland 292
Newark College of Engineering 81
New Deal 279
»Newsweek« 570
New York 7, 23
»New York Times« 242, 560
Nghi 150–154, 157
Nha Trang 171
Nidal, Abu 421
Nimwegen (Holland) 485
Nixon, Richard 196, 270, 404
Norfolk 329, 333, 338, 345

North American Aviation 138
Northrop Institute 136
Nürnberger Prozesse 91
Nunn, Harold 69
Nunn, Sam 377, 385

O

Oberlin 181, 235
Oeakley, Bob 374
Officers Personnel Directorate 236
Oman 390, 464
OPEC 389f., 447
O'Shei, Don 258ff.
Osmond, Marie 521
O'Toole, Peter 380

P

Pagonis, Gus 451, 453, 466, 479, 500, 513, 524f., 551f., 563, 617, 623f., 632
Pahlewi, Mohammed Reza 45f., s. a. Schah
Pakistan 294, 368, 374, 377
Palästina 373
Panama 513
Panzer
– Abrams 402
– M 1 A 1 494, 515, 624, 631
– M 1 261, 300, 353, 501, 510
– M 60 450, 453, 583
Parsons, Russ 186, 189
Patillo, Hugh 237
Patriot-Abwehrraketen 261, 534, 543, 546f., 644
Patte, Chris 376
Patton, George 24, 66, 78, 89, 122
Pearl Harbor 23, 290
Pearls 330, 335, 337
Peay, Binney 412, 459, 461, 499, 574, 582
Peck, Gregory 211
»Peninsula-Shield« 411
Pennsylvania 248, 502
Pentagon 194, 255f., 258, 260–263, 266, 285, 288, 292f., 302, 309, 312f., 327, 354, 356f., 360f., 365, 374, 377, 384f., 392, 396, 400, 404, 412, 418, 425, 427, 429, 431, 433f., 451, 453, 466, 488, 517, 564, 588, 614
»Pentagonpapiere« 242
Pentomic-Division 104
Perestroika 360
Pershing-Raketen 261, 300
Persischer Golf 294f., 359f., 368, 371, 374, 378, 639, 641
Persischer Korridor 25
Peterson, Dave 539
Phantom 48 219, 223
Philadelphia Eagles 71
Philippinen 292
Pickering, Tom 395–400, 403, 414, 417–421, 426–430, 432ff.
Pleiku 146, 149, 151, 153, 155, 158–163, 199
Plosay, John J. 105f., 110f., 116
Pointer Sisters 521
Point Salines 331, 335, 337, 339–342
Pork Chop Hill 211
Port of Spain 343
Powell, Colin 9, 386, 391, 393, 431, 459, 465, 467, 472, 475f., 482–489, 494, 502, 506ff., 516ff., 524f., 534, 541, 543ff., 552, 560, 562ff., 566f., 570–577, 588, 591, 595, 598, 603–607, 609, 611ff., 615f., 618ff., 622, 632, 634, 636
»Praying Mantis« 359
Presley, Elvis 136
Primakow, Jewgenij 566
Princeton, New Jersey 14, 22f., 34f., 37, 40ff., 53, 94, 579, 637
Professional Development Section 236, 263
»Project Concise« 257

Pueblo (Schiff) 485
Purvis, Joe 473 f.

Q

Quanbeck, Alton H. 90
Quang, Ngai 200, 218
Quayle 400, 476
Qui Nhon 164, 171
Qui Nhong 171

R

Ramadan-Krieg 511
Ramsey, Lloyd B. 201, 226
Rapid Deployment Force 295
Ray, Bill 488 f.
»Ready Brigade« 409
Reagan, Ronald 355, 367, 386
»Recondo«-Brigade 278
Record, Jim 376, 388
Reforger 310
Reid (Schiff) 427
Reimer, Denny 421, 434
Republikanische Garde (Irak) 399, 401, 425, 457, 463, 477, 496, 501–504, 556, 559 f., 562, 564, 566, 570, 585, 588, 590 ff., 595–599, 601 f., 604 f., 608 f., 615, 617 f., 622
Resurrection-Paß, Gebirgspfad 273
Rhame, Tom 500, 582, 617
Riad 368 f., 410, 422, 426 f., 431, 433, 436, 439 f., 442, 445, 447 ff., 457, 463 f., 466 ff., 475, 479, 483, 486, 517, 523, 532, 534, 541, 546 f., 550, 563, 584, 605 f., 622 f., 632, 634, 636, 646
Richmond Hill 331, 336, 343, 476
Riefenstahl, Leni 91
Rieger, Rick 522, 619
Riscassi, Bob 103, 255 ff., 296 f., 299, 308, 354, 356, 365
Riscassi, Virginia 297
Rocket Pocket 202, 208, 214, 245, 247
Rogers, Bernard 285 ff., 409
Rogers, Craven C. Buck 375, 431
Rom 73
Romano, Vince 154, 157
Roosevelt, Franklin D. 18, 369, 467
Roquejeoffre, Michel 512, 531, 539, 621, 636
Rosh-ha-Schana 443
Rote Armee 382, 638
»Rote Barone« 159
Rotes Kreuz 626, 629, 633
Rotes Meer 368
Rowen, Henry 385 f.
Rozier, Jack 300
Rumaila-Ölfeld 391, 394
Rußland 646

S

Sabbah, Dschabir el Ahmed el- 391, s. a. Dschabir
Sabbah, Nawaf el Ahmed el Dschabir el-, Scheich 461
Sadler, Jack 289 ff., 296
Safwan 609, 612–618, 620–624
Saigon (Südvietnam) 197, 200, 226
Salines 330, 341, s. a. Point Salines
SAMS-Team 470, 472 f.
Samuel B. Roberts (Schiff) 359
Sanii, Misjad el- 372, 378 ff., 391
Sarkis, Charlie 92
Saturn-Triebwerke 138
Saud el-Feisal, Prinz 405, 527
Saudi-Arabien 368 f., 371–374, 390, 394, 397 ff., 402, 406 ff., 412–415, 418, 425, 430 f., 436, 442 f., 445, 447, 452, 454, 457 f., 461, 464, 466, 474 ff., 482, 484, 485, 489–492, 495, 498 f., 508 f., 512, 516, 521 f., 524, 538 ff., 561, 619, 633
Savannah 318

Schah von Persien 25, 41, 45ff., 49, 56f., 294
Schamir, Yitzhak 544
Schatt el-Arab 25, 378
Schewardnadse, Eduard 400
Schmitt, Maurice 636
Scholtes, Dick 329, 331f.
School of Advanced Military Studies 467
Schwartz, Paul 438f., 526, 591, 601
Schwarzkopf, Brenda 187–193, 195, 200f., 215, 231, 234f., 239f., 241f., 245, 248–251, 259f., 265ff., 272–275, 277, 280f., 284, 289, 297, 303, 308, 312, 317f., 323, 328, 345, 351f., 354f., 365, 434f., 522, 550, 634f., 638
Schwarzkopf, Christian 281, 317f., 345, 354f., 365, 434, 522, 550, 634f.
Schwarzkopf, Cynthia Pauline (Cindy) 235, 239, 245, 248, 267, 306, 312, 317f., 323, 345, 354f., 365f., 434f., 522, 634f.
Schwarzkopf, H. Norman (Vater) 13–26, 28f., 32ff., 41–47, 50–55, 58ff., 64–68, 70, 72ff., 79–82, 95, 102, 119f.
Schwarzkopf, Jessica 248, 267, 306, 312, 317f., 323, 345, 354f., 365, 434, 522, 634f.
Schwarzkopf, Ruth Ann 13–18, 22, 24ff., 27ff., 30–35, 37–42, 53–55, 58, 62, 65f., 70, 73f., 81f., 89, 95, 102, 119f., 181ff., 185, 188, 191, 235, 249, 275f., 366, 499, 635
Schwarzkopf, Sally 13, 17f., 30, 34f., 37, 41, 54ff., 58, 66, 70, 95, 120, 188, 191, 234, 248–251, 275f., 365, 634f.
Scoon, Sir Paul 330, 337
Scott, Will 297f., 307
Scowcroft, Brent 397, 400, 427, 476
Scud-Raketen 541f., 544–550, 558, 564, 584, 595, 606, 609, 613
Sea Girt, New Jersey 43
Sennewald, Bob 350
Seoul 355
Sharp, Dan 265, 408f.
Sharp, Grant 376, 404, 507
Shaw, South Carolina 320
Shelton, Don 290–293
Shields, Brooke 509
Simulator, atomarer 123
Sinclair, Mike 241
Sirohey, Iftikhar Ahmed 368
Sloan, Jack 101f.
Smith, H. Alexander 79
Smith, Wayne 549
Snodgrass, John 142f.
Snowhawk 269
Soliman, Omar 510
Somalia 377
South Bay Women's College 136
Sowjetunion 360, 388
Soyster, Mary Ann 317
Sparkman, John J. 257
Special Air Service 506
Special Operations Forces (SOF) 540
Stalin, Josef 25, 45, 131, 646
Stalingrad 25
Starling, Dane 404, 408, 478, 488, 583, 603
Starr, Doug 459
Steuben, Friedrich von 269
Stevens, Ted 377
St. George's 330f., 336f., 339, 341, 343
Stone, Mike 636
Strategisches Armeekommando (Strategic Army Corps) 99, 104, 117
Strategisches Luftkommando (Strategic Air Command) 98f., 294
Sudan 365, 368
Suddath, Leroy 92f., 100, 133, 139, 144, 260
Südkorea 287 s. a. Korea
Suezkanal 467, 511
Sullivan, Gordon 636
Sultan, Chalid Ibn, Prinz 436
Sultan, Kabus Bin Said 390

Sultan, Prinz 409, 464, 478, 491f., 509, 530, 534, 546, 554f.
Sununu, John 400, 476, 496f.
Syrien 367

T

Taiwan 292
Tampa 366, 394, 418, 420, 439, 442, 635
»Tank« 359ff., 431
»Tankerkrieg« 368, 372, 376, 383, 392, 645
Tan Son Nhut 142, 146, 172, 175, 179, 270
Tarik, Asis 511, 516, 532, 571f.
TASS 46
»Tawakalna«-Division 591, 597f.
Taylor, Pete 324
Teheran 44–48, 52, 57, 294, 544, 637
Teherankrise 295
Tel Aviv 367, 543f.
»Tet-Offensive« 191
Thani, Chalifa Ibn Hamad al- 456
Thatcher, Margret 497
»The Des Moines Register« 246
»The New Yorker« 245
Thomas, Chuck 559f., 620
Thurman, Max 313–317, 325, 351
Tilelli jr., John H. 499
Tippin, Aaron 520
Tojo 24, 646
Tomahawk-Raketen 540f.
Tonkin, Golf von 139
Training and Doctrine Command (TRADOC) 255f., 269, 271, 300f., 309, 313, 346, 354
Travis 142
Trefry, Dick 287
Trenton, New Jersey 15
Trinidad 343
Trinkle, Mike 154, 157f.
Tripoli (Schiff) 579
Trobaugh, Ed 329, 339f., 342
Trophy Point 85
Troup, Bobby 136
True Blue 330, 337
Trujillo, David 216f.
Truman, Harry S. 372
Truong, Ngo Quang 165f., 168, 172–178, 194, 226, 262, 554
Tunesien 367
Tuwaijri, Abd el-Asis Ibn Abdul Mohsen el-, Scheich 373
Twentynine Palms, Kalifornien 280, 453

U

Umm Qasr 378, 394, 609
UNO 415, 465, 483, 488, 615, 633
UNO-Embargo 472
UNO-Resolutionen 426f., 507, 539, 572, 595, 607, 635
UNO-Sanktionen 576
UNO-Sicherheitsrat 398, 426, 428, 510, 598
UNO-Ultimatum 517, 532
U.S. Army
– 3. Armee 568, 614
– 3. Bataillon 156f., 167
– 5. Bataillon 167
– 8. Bataillon 154, 156f.
– 1. Division 617
– 8. Division 309
– 9. Division 283, 312
– 24. Division 318, 323, 345, 461
– 82. Division »Al Salman« 586
– 101. Division 104, 461, 586
– 5. motorisierte Division 552f.
– 24. motorisierte Division 316f.
– VII. Heereskorps 499
– 172. Infanteriebrigade »Alaska« 262
– 1. Infanteriedivision 170, 500, 598f., 609, 611, 613, 616, 623
– 9. Infanteriedivision 195f., 200, 275

– 23. Infanteriedivision 200
– 8. motorisierte Infanteriedivision 295f., 301, 308, 311
– 24. motorisierte Infanteriedivision 320f., 345f., 352, 378, 384, 413, 459, 586, 589, 596, 611, 617
– 6. Infanterieregiment 202f., 210
– 1. Kavalleriedivision 165, 168, 171, 494, 499, 503, 579, 597, 599
– I. Korps 356
– II. Korps 599
– III. Korps 310, 595, 599, 603
– IV. Korps 587, 599, 603
– V. Korps 310, 386
– VII. Korps 308, 500, 506, 542, 561f., 585–592, 596, 598f., 602ff., 608f., 612–615, 622
– 101. Luftangriffsdivision 320, 412, 451, 459, 484, 574, 579, 584
– 9. Luftflotte 320, 362, 412, 602, 609, 611
– XVIII. Luftlandedivision 585
– 82. Luftlandedivision 123f., 320, 329f., 332, 339, 341f., 378, 408f., 446, 451, 454, 466, 484, 570, 584
– 101. Luftlandedivision 104f., 110, 144
– 187. Luftlande-Infanterieregiment 105
– 3. Luftlandekampfgruppe 124
– XVIII. Luftlandekorps 320f., 327, 414, 497, 499, 502, 542, 562, 564, 586, 596, 602, 609, 611
– 1. Marine Expeditionary Force 320
– 1. Marineinfanteriedivision 499
– 7. Marine Expeditionary Brigade 453
– 1. Panzerdivision 500, 563, 586, 599, 604
– 3. Panzerdivision 310f., 500, 515, 587, 599
– 2. Panzer-Kavallerieregiment 587, 598
– 3. Panzer-Kavallerieregiment 459, 550
– 1. Rangerbataillon 272, 322, 329

V

Valence, Ed 117
Valley Forge (Militärakademie) 75–80, 269
Vanderploog, Paul 300
Van Eiweegen, Earl S. 158f.
Vereinigte Arabische Emirate 371f., 381, 389ff., 458, 464, 540, 625
Vereinte Nationen 133, 362, 371, 639f.
Victory 493
24. Taktische Zone 149ff.
Vietcong 142ff., 146, 148ff., 152–155, 159, 161, 171ff., 202, 205, 209f., 212ff., 217ff., 224f., 243, 246, 638
Vietnam 8, 134, 138–141, 145f., 152, 416, 455, 513, 521, 549, 646
Vietnam Heroica (Schiff) 343
Vietnamkrieg 184, 186, 194, 201, 213, 238, 242, 246, 280, 361, 400, 410, 429, 453, 498, 639, 644
Vincennes (Schiff) 376
Vinh Loc 149–152, 161
Vogt, Hermann 307
Vuono, Carl 308–312, 318, 321, 352ff., 356–359, 361f., 364f., 429f., 472f., 636
V-2-Raketen 544

W

Wadi al-Batin 587
Wakenheim 297
Walker, Jack 259f.
Waller, Carl 514, 517f., 568, 578, 589, 592, 595, 599, 614
Walters, Barbara 11
Warden, John 422–425

Warner, John W. 318, 377
Warner, Volney 280ff.
Warschauer Pakt 252, 296, 300, 310, 645
Washington, George 37
»Washington Post« 250, 344, 364f., 431
Wasserstoffbombe 88, 98
Waters, Dick 43
Watkins, James 509
Wayne, John 574
Webster, William 397f., 400
Weinberger, Caspar 355, 386
Weinstein, Tom 103, 365
Weisner, Maurice F. 290f., 293, 330
Westmoreland, William C. 125, 164, 197, 237, 252, 472
West Palm Beach 43f.
West Point 10, 13, 15, 20, 25, 40, 52, 66, 69, 72, 76, 78–106, 111f., 116ff., 121, 133, 135, 137ff., 142, 144, 166, 172, 177, 180–186, 188, 191f., 194, 220, 229, 232, 258–261, 291, 296, 309, 313, 380, 551, 646
– Waffengattungen 97
Whelan, Tom 116, 121, 123f., 317
Wickham, John 351f., 354, 356
Wiesbaden 296f.
Wildermuth, Ron 570, 603
Williams, Paul 310f., 406
Williams, Pete 404, 517
Wisconsin (Schiff) 540
Wisner, Frank 374
Woerner, Fred 232
Wolfowitz, Paul 385f., 404, 406, 409
Woman's Christian Temperance Union 27
Women Strike for Peace 182
Wright, Jimmy 17

Y

Yale University 185
Yeosock, John 404, 408, 415f., 436ff., 461, 499, 514f., 524, 551, 562f., 567f., 578, 586, 589f., 592, 596ff., 603–607, 609, 612–616, 622
Yeosock, Betta 568

Z

Zia ul-Haq, Mohammed 368
Zweiter Weltkrieg 61, 91, 100, 106, 110, 126, 154, 180, 197, 219, 227, 242, 293, 369, 412, 432, 470, 485, 496, 521, 645